GORGES D'HÉRIC
Bédarieux
Olargues
Clermont-l'Hérault
A750
MONTPELLIER
MARSEILLE
Béziers et ses environs
p.377
PÉZENAS
Palavas-les-Flots
A9
La Grande-Motte
AIGUES-MORTES
ÉTANG DE VACCARÈS
Mèze
Saint-Chinian
ÉTANG DE THAU
SÈTE
Saintes-Maries-de-la-Mer
Minerve
Béziers
CANAL DU MIDI
AGDE
CANAL DU MIDI
GOLFE DU LION
Valras-Plage
D6009
Narbonne
Narbonne-Plage
Abbaye de Fontfroide
Sigean
MER MÉDITERRANÉE
Tautavel
A9
ÉTANG DE LEUCATE
D900
Vieux-Perpignan
Perpignan
25 km

## Avis aux GEOVoyageurs

Entre l'enquête faite sur le terrain et la parution du guide, les établissements proposés peuvent avoir disparu et certaines informations peuvent avoir été modifiées : n'hésitez pas à nous faire part de vos commentaires et de vos corrections !

## Boîte aux lettres GEOGuide

5, rue Gaston-Gallimard 75328 Paris Cedex 07
www.geo-guide.fr contact@geo-guide.fr

GEOGUIDE

# Languedoc

Sabine Albertini
Lara Brutinot
Pierre Guitton
Nicolas Peyroles
Assia Rabinowitz
Hélène Spiral

**Ont également collaboré à cet ouvrage**
Christine Barrely, Frédéric Denhez,
Saskia Leblon, Elisabeth Mauris,
Bruno Moysoulier

# LANGUEDOC

## GEOPANORAMA



## GEOPRATIQUE



## GEOREGION

## GEOBIO



## GEODOCS

## LANGUEDOC

**Gorges de Chassezac (p.333),** dans les Cévennes.

# Voyagez à la carte

GEOGuide a sélectionné pour vous des lieux de séjour, des sites à visiter, des adresses-plaisir et des activités multiples. Choisissez ce qui vous ressemble et goûtez pleinement votre voyage...

## ... au gré de vos envies

### Au grand air

Grâce à son climat privilégié, le Languedoc se prête à merveille aux activités de plein air : randonnée, kitesurf, natation, canoë-kayak...



### Gourmand

Des grandes tables de Montpellier aux fermes-auberges à aligot de Lozère, sans oublier le poisson et les huîtres du littoral : à table !



### Au bord de la mer

Où que vous soyez, la Méditerranée ne se trouve jamais à plus de 2h de route. Voile, plage et fruits de mer sur fond de Grande Bleue !



### En famille

Emmenez les enfants camper au bord de l'eau, se promener à dos d'âne dans les Cévennes, en croisière sur le canal du Midi...



### Antique

En plus de vestiges prestigieux – pont du Gard, arènes... –, les musées sauront aussi vous intéresser à la riche histoire régionale.



## ... au fil de nos itinéraires

### GEOPLUS En trois jours



### GEOPLUS Canal du Midi

## LANGUEDOC

**Le pont du Gard (p.257),** au cœur du site préservé des gorges du Gardon.

GEOPANORAMA

# COMPRENDRE LE LANGUEDOC

# Géographie et paysages

## Une région adossée à ses montagnes

Enserrée par la montagne Noire, les monts du Carroux et les Cévennes, la grande plaine languedocienne s'étire jusqu'au littoral. Derniers soubresauts du Massif Central, ces terres orgueilleuses aux géologies indécises sont tour à tour granitiques, schisteuses et calcaires, des calcaires déposés par la Méditerranée qui, à l'ère secondaire, montait jusqu'en Lozère. Les fleuves que sont l'Hérault, l'Orb, le Vidourle et les "gardons" y prennent vie dans le secret de leurs roches. Alternant tourbières, pâturages austères et chaos granitiques, les courbures amples du mont Lozère (1 699 m) ferment la région vers le nord, adossées aux larges plateaux vides de l'Aubrac et de la Margeride. C'est le plus haut sommet de la barrière montagneuse que forment les Cévennes, en surplomb de la plaine languedocienne. Le mont Lozère se prolonge au sud-ouest par les *chams* (causses en occitan), plateaux calcaires où la forme torturée des déserts de pierre contraste avec le profil émoussé du granit lozérien. Au sud-est, les corniches des Cévennes dessinent un autre paysage, rythmé par de longues crêtes schisteuses et acérées, culminant au mont Aigoual (1 567 m). Elles délimitent de profondes vallées plantées de châtaigniers et sillonnées de sentiers de transhumance.



## La côte languedocienne

Sur près de 130km, un long cordon littoral aux horizons rectilignes dévoile de larges plages. En toile de fond : les étangs lagunaires (Thau, Mauguio, Vacarès). Ces anciens golfes marins ont été isolés par des barres alluviales, les lidos, qui s'appuient et se consolident autour de piliers rocheux, comme le célèbre mont Saint-Clair à Sète. Le long de la côte s'égrène un chapelet de stations balnéaires. Figure emblématique de cette côte, La Grande-Motte marque la frontière avec la Petite Camargue. Classée par la convention Ramsar "zone humide d'importance internationale", la Petite Camargue aux sols fragiles et mouvants développe ses entrelacs de terres et d'eaux sur la rive droite du Petit Rhône. Ces terres amphibies que les hommes ont investies pour y installer des manades, des salines et des rizières abritent aussi des réserves botaniques. Désormais la Petite Camargue entretient un juste équilibre entre ses activités humaines et la conservation de son milieu, et s'est vue décerner à ce titre le label "Man and Biospher" par l'Unesco.

## Les plaines et les vallées fluviales

Capricieux, limoneux, les fleuves dévalant des montagnes ont créé des plaines alluviales amplement ouvertes aux voies de communication. Largement colonisées par la vigne, les vallées de l'Aude, de l'Hérault, du Lez, du Vidourle présentent des paysages où l'homme a fortement imprimé sa marque. Entretenus avec passion, les ceps dessinent des alignements disciplinés. Sur les rivages de l'Orb, l'oranger, plante ornementale, se dore au soleil. Dans les plaines traversées par le Gardon, l'olivier vient rappeler que le Languedoc cousine avec la Provence.

## Les gouffres, avens et sites ruiniformes

Image facile mais efficace : la région est un gruyère. Les Demoiselles, l'aven Armand sont les vedettes d'un réseau de grottes aux vastes dimensions où l'on trouve aussi Trabuc, Clamouse ou Dargilan, pour ne citer que les plus fréquentées. Une dizaine de sites sont ouverts au public, sécurisés et souvent magnifiés par un éclairage approprié. Tous abondent en lacs souterrains, en extraordinaires concrétions qui défient les lois de la physique et que des oxydes minéraux ont colorées au hasard du suintement des eaux. Ne vous attendez pas à trouver des peintures rupestres, ce que l'on admire, ici, ce sont des curiosités géologiques. Le sous-sol calcaire du Languedoc présente le réseau souterrain le plus important de France : c'est là qu'est née la spéléologie à la fin du XIXe siècle, grâce notamment à Édouard-Alfred Martel (1859-1938) qui consacra sa vie aux gouffres des Cévennes. Mais que les claustrophobes se rassurent, le délicat et patient travail d'érosion de l'eau sur les roches poreuses et solubles (calcaire, kartz) peut aussi s'apprécier en surface sur le site ruiniforme de Nîmes-le-Vieux, ou encore dans les cirques de Navacelles et de Mourèze et bien évidemment dans les gorges et canyons dont la région est riche : Tarn, Jonte, Dourbie, etc.

### Carte d'identité

**Superficie de la région** 16 951km², env. 130km de littoral
**Points culminants** Mont Lozère 1 699m (Lozère) et mont Aigoual 1 567m (Gard)
**Départements** Gard (30), Hérault (34), Lozère (48)
**Population totale** 1 831 340 hab.
Gard : 121 hab./km²
Hérault : 171 hab./km²
Lozère : 15 hab./km²

PANORAMA

# Les milieux naturels, la faune et la flore

Grâce à une situation bioclimatique exceptionnelle où se mêlent influences méditerranéennes, continentales, et même océaniques, grâce encore à une géologie et à des paysages d'une grande diversité, la région Languedoc-Roussillon, faiblement touché par la pollution, recèle l'un des patrimoines naturels les plus riches de France. Répertoriés par le ministère de l'Environnement, un peu moins de 1 000 sites d'intérêt écologique, botanique et faunistique couvrent environ 46% du territoire. Ici, la nature préserve ses droits : l'immense parc national des Cévennes (6% de la superficie de la région), trois parcs naturels régionaux (Haut-Languedoc, créé en 1973, Narbonnaise en Méditerranée, créé en 2003, et Pyrénées catalanes, créé en 2004), de vingt réserves naturelles, sans compter les sites acquis par le Conservatoire du littoral. Enfin, n'oublions pas que les eaux de baignade de la région ont toujours passé avec brio les tests de qualité !

## Les milieux forestiers, le goût des extrêmes

**LA GARRIGUE** Cette formation végétale se reconnaît les yeux fermés à la trilogie de ses parfums : thym, romarin, lavande. Vestige d'anciennes forêts dégradées par l'homme, elle se satisfait des sols calcaires pauvres des moyennes montagnes du Haut-Languedoc et des Corbières. Ce milieu ouvert, peuplé de bouquets de chênes kermès aux allures de bonsaï et de buissons de genêts épineux, abrite une faune abondante : la perdrix rouge, le lézard vert, le lapin de garenne, une multitude de papillons, et l'inoffensive couleuvre de Montpellier, qui peut atteindre 2m et fuira à votre approche avec vélocité. Avec un peu de chance et une bonne vue, vous distinguerez, en vol, l'aigle de Bonelli, reconnaissable au plumage blanc de son ventre et à ses ailes brunes (une trentaine de couples recensés dans la région en 2009). Bien sûr, la cigale, partout présente en terres méridionales, assure une bande-son continue.

**LES FORÊTS** On imagine mal de nos jours qu'une gigantesque forêt couvrait jadis toute la région méditerranéenne. Dans le nord du Languedoc, il reste quelques superbes domaines forestiers dont les amples châtaigneraies des Cévennes sont les plus représentatives. Depuis le début du XX^e^ siècle, la surface forestière a doublé : elle occupe plus du tiers du territoire. Cette évolution s'explique non seulement par les boisements et les reboisements mais aussi par la reconquête forestière de terrains autrefois occupés par des cultures ou des pâturages et aujourd'hui abandonnés. Toutes les forêts de montagne sont traversées de torrents sauvages, que fréquentent la truite fario. On apprécie aussi la beauté des forêts méditerranéennes à chênes verts, qui, chaque année, accueillent des millions de touristes mais qui sont soumises aux risques d'incendies dévastateurs.



## Les espaces littoraux et les zones humides

**LA PETITE CAMARGUE** Le Petit Rhône s'étire sur un lit de sable ou de marécages. Le fleuve, la mer, la terre, tout se mêle et se noie. Les roselières brouillent encore les frontières de ce monde mouvant. La Petite Camargue est menacée à moyen terme par la montée des eaux consécutive au réchauffement climatique. Cet écosystème fragile abrite une foule d'oiseaux migrateurs, sédentaires ou indécis : le flamant rose, la sarcelle, le courlis cendré, la spatule et la cigogne. C'est aussi le pays des chevaux blancs et des taureaux noirs, celui d'une flore singulière dont l'emblème est la salicorne, plante grasse qui se plaît dans les eaux saumâtres et que l'on utilise en cuisine comme condiment. Parce qu'elle s'empourpre en été, les gardians l'ont baptisée "lavande des mers". La salicorne et la saladelle prolifèrent sur le sol argileux des "sansouires", ces prairies salées inondables où broutaient naguère les moutons, aujourd'hui remplacés par les bovins et les chevaux. L'homme a su apprivoiser cet univers hostile, acclimatant un vignoble, aménageant des marais salants.

**LES ÉTANGS** L'aspect actuel de la côte est l'aboutissement d'un long travail commencé au début de l'ère quaternaire. Au cours des différentes glaciations, la mer a reculé, mettant à sec des étendues considérables de sédiments. Les vents ont arraché le sable et l'ont déposé en dunes, loin à l'intérieur des terres. Enfin, lorsque la mer a atteint son niveau actuel, le courant ligure et les vents d'ouest ont étalé le cordon dunaire. Au cours de ce processus, des bras de mer se sont retrouvés isolés et ont formé des lagunes. Du Grau-du-Roi à Saint-Cyprien, dans le prolongement de la Petite Camargue et reliés à la mer par des canaux naturels (les graux), une dizaine d'étangs se succèdent. Là, avec la "sagne", les pêcheurs se construisent des abris rudimentaires, d'où ils traquent les poissons (anguilles, mulets, dorades) et les coquillages (clovisses, palourdes ou tellines). Moules et huîtres sont cultivées, elles, dans le bassin de Thau. Côté littoral, ces étangs sont ourlés de dunes naturelles sculptées par les vents et gravement endommagées, en été, par le piétinement des vacanciers. Pour les protéger, les municipalités dressent des "ganivelles" qu'il est conseillé de ne pas franchir. Derrière ces fines clôtures en bois de châtaignier, une graminée dont les racines en réseaux fixent le sable, l'oyat, peut croître en paix et maintenir la dune en place.

## Les causses

À 1 000m d'altitude, sur les solitudes calcaires des causses, le regard porte loin, le silence règne en maître, souligné par le souffle du vent et le chant des oiseaux (bruant, pie-grièche, huppe fasciée). Sur ces paysages qui évoquent la steppe, à la fois sublimes et austères, la roche déchiquetée fait naître une forte impression de chaos : des canyons entaillent la pierre, des rochers jaillissent, sculptés par l'érosion… Oasis de couleur dans cet univers minéral, des cuvettes d'effondrement – les dolines – recueillent les sédiments, permettant de rares cultures. Mais si l'eau court en sous-sol, elle manque en surface. La végétation adaptée à la sécheresse est constituée de graminées et d'arbustes rampants ou épineux (buis, genévrier, prunelier, amélanchier, grande carline). Les brebis s'en accommodent, mais, dans une région touchée par l'exode rural et la déprise agricole, les vocations de bergers se tarissent. La raréfaction des troupeaux trouble l'équilibre écologique ; les pâturages se couvrent de ronces mais aussi de discrètes orchidées, le chardon bleu ou la lavande sauvage étouffent sous la broussaille. Pourtant, les causses nous font toujours le cadeau de cette scène mille fois photographiée : les moutons se désaltérant, le soir venu, dans ces mares naturelles formées sur une couche d'argile perméable appelées "lavognes".



# Environnement

**DES TRENTE GLORIEUSES AU CONSERVATOIRE DU LITTORAL** Jadis infesté par les moustiques vecteurs de malaria, le littoral languedocien a été aménagé dans les années 1960 par l'Etat, désireux de le convertir en un pôle touristique d'envergure. Cet univers économiquement pauvre – exception faite du port de Sète –, faiblement peuplé (quelques pêcheurs et sauniers), se transforme alors en un véritable Eldorado. Sur les marais démoustiqués et assainis jaillissent des architectures modernistes, aujourd'hui déjà datées. Huit stations verront ainsi le jour parmi lesquelles La Grande-Motte, Le Grau-du-Roi, Palavas-les-Flots ou Port-Leucate sont les plus connues. Elles affichent insolemment leur vocation balnéaire et restent les sites incontournables du farniente et de la baignade pour une clientèle qui mêle "locaux" venus de Nîmes et Montpellier et touristes du nord de la France et d'Europe. Mais, par un heureux retournement de l'histoire et dans un souci d'écologie qui l'honore, l'État rachète depuis quelques années certains territoires pour les soustraire à la spéculation immobilière. Cinquante sites sont ainsi désormais protégés par le Conservatoire du littoral, vigilant protecteur des côtes.

**UNE REMONTÉE BIOLOGIQUE SPECTACULAIRE** Classé "Réserve de biosphère" par l'Unesco (1985), le parc national des Cévennes a vu, depuis sa création en 1970, sa faune s'accroître en des proportions inespérées. Parce qu'on est loin des agricultures chimiques, des industries, et que la protection est stricte, le Parc – bien qu'il soit habité dans sa zone centrale – abrite une multitude d'espèces dont il est le seul refuge et qui ont – après réintroduction pour certaines – massivement recolonisé leur écosystème : vautours fauves et moines, castors, mouflons, cerfs, tétras, aigles royaux, pics noirs, chouettes de Tengmalm, loutres, et un étonnant batracien : la grenouille rieuse. Preuve que l'homme et la nature peuvent être réconciliés. Depuis 2013, le territoire des Causses et des Cévennes est inscrit sur la liste du Patrimoine mondial de l'Humanité.



# Climat

## Un ensoleillement exceptionnel

Le climat du Languedoc est naturellement méditerranéen, avec des hivers cléments, des étés chauds, voire torrides mais il se caractérise aussi par de forts contrastes et des amplitudes thermiques exceptionnelles. Tout en restant agréables, le printemps et l'automne subissent des précipitations dont l'abondance et la concentration ont des répercussions catastrophiques sur le régime des cours d'eau. Les Languedociens sont intarissables sur les débordements du Vidourle, du Lez ou du Gardon, baptisés "vidourlades", "lézades" ou encore "gardonades". Ce climat devient beaucoup plus rigoureux en Lozère, mais cette rudesse permet de skier l'hiver de l'Aubrac aux Cévennes. Une destination idéale en été, pour la chaleur des journées et la fraîcheur nocturne difficile à trouver dans les plaines et sur le littoral. Au printemps, le spectacle, et le parfum subtil, de la vigne en fleur s'ajoute à celui des vergers gardois et des châtaigneraies cévenoles. Et c'est en automne que des hêtraies de la montagne Noire aux forêts de Lozère, la chasse aux cèpes et aux bolets est ouverte dans un flamboiement de feuillages.

**SOUS LA CARESSE DU SOLEIL**

La douceur des températures en Languedoc, région baignée de lumière, n'est pas un mythe : la moyenne annuelle atteint 16°C (pour 12,1°C en région parisienne) et l'on compte 2 687h d'ensoleillement par an à Montpellier (pour une moyenne de 1 973h en France).

## Le mistral et la tramontane

Parce qu'ils sont généralement porteurs de pluie, les vents de mer, le marin ou le grec, font la joie des maraîchers. Mais les maîtres des lieux sont le mistral et la tramontane, deux vents de terre venus pour l'un, du nord, et pour l'autre du nord-ouest, qui soufflent avec brutalité, l'un dans la vallée du Rhône, l'autre en Languedoc. Il faut avoir l'âme d'un *funboarder* pour leur trouver du charme. Le mistral est actif en moyenne 150 jours/an, principalement dans la région de Nîmes. "Le vent qui vient à travers la montagne me rendra fou", écrivait Victor Hugo, et on constate en effet que le mistral, s'il dure, altère l'humeur.

# Histoire

## Les premiers habitants (il y a 450 000 ans)

Le front plat, fuyant, les sourcils proéminents et de petite taille (1,60m), l'*Homo erectus* ("celui qui marche debout") habitait la région voilà 450 000 ans. Il vivait là en tribus, menacé par les animaux sauvages, maniant outils et armes rudimentaires (des galets affûtés), maîtrisant encore mal le feu et mangeant crue la viande de ses proies : chevaux, rhinocéros des prairies, rennes ou cerfs. Celui dont on a retrouvé le crâne habitait la caune de l'Arago, une grotte entre Tautavel et Vingrau, dans le département des Pyrénées-Orientales, en bordure du Languedoc. Il est mort à vingt ans, nous disent les paléontologues. S'il nous émeut tant, c'est qu'il est notre plus vieil ancêtre connu, l'un des plus vieux Européens dont on ait retrouvé trace.



## La fin de la préhistoire (de -10000 à l'an 0)

À partir de -6500, les populations jusqu'alors nomades se sédentarisent, pratiquant l'agriculture et l'élevage. Bientôt, les hommes se regroupent dans des villages fortifiés qu'ils érigent sur des collines aménagées, les *oppidums*, d'où ils surveillent les routes et guettent l'arrivée d'éventuels commerçants grecs et étrusques. Ces agglomérations s'organisent en de véritables cités aux plans élaborés (parfois en forme de damier). Le Languedoc compte des *oppidums* remarquables par leur taille et leur intérêt : Ambrussum et Ensérune – l'un des plus grands de France – dans l'Hérault.

## La "Narbonnaise" (120 av. J.-C.-Ve siècle)

Pour avoir un accès rapide à la péninsule Ibérique annexée à la suite des guerres puniques, les Romains partent à la conquête du littoral gaulois, qu'ils occupent. Ils créent une vaste province qui court de Toulouse à Genève, laquelle, réorganisée, deviendra, en 27 av. J.-C., la "Narbonnaise". Première étape de la romanisation : le cadastre, opération qui consiste à partager les terres agricoles entre colons. Les Romains bâtissent ensuite des aqueducs pour acheminer l'eau, et des villes pour accueillir les migrants venus d'Italie. Port créé de toutes pièces, 100% romain, Narbonne est alors la capitale politique de la province, et sa population ne cessera de croître pendant les deux premiers siècles de notre ère. Les vignes se développent autour de Béziers, autre cité nouvelle. Baptisée la "Rome française", Nîmes ne cesse d'embellir. Les arènes peuvent accueillir 25 000 amateurs de combats de gladiateurs. Les Romains aménagent de grandes voies de communication. La première d'entre elles, la voie Domitienne, relie l'Italie à l'Espagne en longeant la côte. Cette route stratégique est jalonnée d'étapes, de colonies de vétérans, d'auberges et d'ateliers où se fabriquent les amphores. Une autre voie s'ouvre de Narbonne à Bordeaux, favorisant les échanges. La "Narbonnaise" exporte des céréales, du bétail, du vin et des minerais (cuivre, or, argent). Tout est en place pour quatre siècles de paix et de prospérité, c'est la *Pax Romana*.

# L'hérésie cathare (XIe-XIIIe siècle)

**LA NAISSANCE D'UNE DOCTRINE DISSIDENTE** Au Moyen Âge, pas un seul domaine de la vie temporelle n'échappe à l'emprise de l'Église catholique. Son influence – politique, culturelle, économique – est omnipotente, mais cette mainmise ne va pas sans résistances. Dès le XIe siècle, des chrétiens dissidents condamnent les dérives de Rome, l'avidité de ses prêtres, l'abandon des idéaux fondateurs. En tête des contestataires viennent les cathares. Cette foi nouvelle se fonde sur une lecture puriste de l'Évangile de Jean et du manichéisme, doctrine arrivée en France dans le sillage des croisés et qui s'inspire de croyances chrétiennes orientales. De la Rhénanie à la Catalogne, de l'Italie du Nord au Midi de la France, les cathares prêchent une absolue pureté de mœurs, la justice sociale, l'ascèse, la paix et accessoirement le végétarisme. Une utopie totale qu'ils vivent au quotidien, organisés en de grandes communautés parmi lesquelles on distingue deux grands courants : les "dualistes mitigés", pour qui le diable n'est qu'un envoyé de Dieu révolté, et les "dualistes absolus" pour qui le Mal est éternel. Tout comme les premiers chrétiens, les cathares ne pratiquent ni l'eucharistie ni le culte de la Vierge et baptisent par simple imposition des mains. Plus de liturgie spectaculaire, ni d'images pieuses. Les femmes accèdent aux mêmes grades religieux que les hommes. C'est ainsi que "Parfaits" et "Parfaites", ou Bons-Hommes et Bonnes-Femmes pratiquent l'ensemble des sacrements, le *consulamentum*.

**EN DEÇÀ DU BIEN ET DU MAL**

Les cathares, dont le nom vient du grec *katharos*, "pur", reprennent la doctrine de Mani (IIIe s. ap. J.-C.) en convenant de deux principes premiers égaux et antagonistes, l'un du Bien, l'autre du Mal.

PANORAMA

**DES CROISADES CONTRE LES ALBIGEOIS** Dans tout le Languedoc, les églises sont désertées, les comtes et leurs vassaux rallient la foi nouvelle, les puissants seigneurs Trencavel en tête, vicomtes de Béziers et de Carcassonne. Avec la complicité de Philippe Auguste, roi de France, le pape Innocent III réinvente le vieux concept d'hérésie et remet au goût du jour celui du feu purificateur. À partir de là, l'histoire des cathares se confond avec la litanie des bûchers et des massacres dont ils sont victimes. En 1209, la première croisade contre les albigeois est menée par Simon de Montfort : des milliers de personnes sont assassinées à Béziers, au hasard des pillages. "Tuez-les tous, Dieu reconnaîtra les siens", aurait dit l'abbé de Cîteaux qui confiait à Dieu le soin de faire le tri entre les cathares et les bons chrétiens. D'autres hostilités suivront, toutes sanglantes, notamment dans le pays audois.

**LE RATTACHEMENT À LA FRANCE** La fin des croisades contre les Albigeois et la signature du traité de Paris, en 1229, donnent le signal du rattachement du Languedoc à la France. Le comte de Toulouse, Raymond VII, qui régnait sur la province par le biais de ses alliances, prête allégeance au roi de France, Louis IX, met ses terres à sa disposition et offre Jeanne, sa fille unique, comme épouse pour l'un de ses frères. Les territoires concédés sont immenses, de Toulouse à Carcassonne, de Nîmes à Mende et au Gévaudan. En 1271, à la mort de Jeanne, qui n'a pas eu d'héritier, le Languedoc revient définitivement à la France.

## Les guerres de Religion (XVIe-début XVIIIe siècle)

**L'ÉMERGENCE D'UNE NOUVELLE ÉGLISE** Camisard, protestant ou huguenot, quelle différence ? Le protestantisme désigne la religion réformée en ce qu'elle diffère des dogmes de l'Église catholique. Huguenots est le surnom donné aux protestants calvinistes de France et les camisards sont les huguenots cévenols insurgés, qui portent en signe de reconnaissance une chemise blanche (en langue d'oc, chemise se dit *camiso*). Au début du XVIe siècle, richissime et corrompue, l'Église catholique exerce un pouvoir sans partage. Dans toute l'Europe, de plus en plus de fidèles appellent au changement, à la Réforme. Luther, moine et philosophe catholique allemand, tente de convaincre le pape de renouer avec une doctrine plus épurée, plus exigeante spirituellement. Condamné par sa hiérarchie en 1520, il continue de prêcher pour de stricts préceptes religieux considérés comme le point de départ de la Réforme. Français émigré en Suisse, Calvin lui emboîte le pas et surenchérit dans la rigueur en glorifiant la doctrine de saint Augustin, notamment la communion et le baptême ; il met également en valeur le travail et autorise le prêt. Cette nouvelle Église, protestante ou réformée, prône un retour aux Écritures et à la responsabilité individuelle face à Dieu, sans la médiation du prêtre. Nombreux sont ceux qui voient entre catharisme et protestantisme une certaine proximité théologique.



**LA RÉVOLTE DES CAMISARDS** Déjà acquis aux thèses de Calvin, les marchands suisses en route vers les ports de Méditerranée font escale dans le Bas-Languedoc. Leurs idées germent aisément sur le terreau d'une population brisée par les épidémies, la famine et dont les prêtres se livrent impunément à la débauche et au commerce des indulgences. Intimidations, massacres protestants et catholiques vont se succeder pendant près de deux siècles. L'Édit de Nantes (1598) assure une paix relative, mais sa révocation, en 1685, déclenchera des révoltes dans les Cévennes, bien acquises à la Réforme malgré la présence d'un fort parti catholique. De 1702 à 1704, las des répressions et des humiliations, les camisards prennent les armes au nom de la liberté de conscience. C'est l'insurrection générale. Il faudra 30 000 soldats, les dragons du roi, et des combats d'une violence inouïe pour venir à bout de quelque 3 000 camisards. Cette guérilla durera au-delà de l'armistice de 1704 et ne prendra véritablement fin qu'en 1710 avec la mort du "prophète" et camisard Abraham Mazel. Au contraire des cathares, les protestants ne sont pas des vaincus de l'histoire. Leur foi a survécu, leur exigence de liberté aussi. Pendant la guerre mondiale de 1939-1945, les Cévennes se sont massivement impliquées dans la Résistance, les camisards se sont mués en maquisards, avec toujours la même farouche volonté d'indépendance. Le musée du Désert, près d'Anduze, retrace de façon passionnante la vie des protestants au temps des persécutions.

## L'essor économique (fin XVIIIe-début XIXe siècle)

Au milieu du XVIIIe siècle, la misère régresse, les épidémies cessent, la courbe démographique s'envole. La région respire. Jusqu'alors interdite pour cause de surproduction, la culture de la vigne redémarre (en 1750) et l'aristocratie urbaine investit dans de grands domaines viticoles. Dans les Cévennes, où l'on pleure la mort des châtaigniers détruits par le gel, un nouvel arbre apparaît, le mûrier, hôte naturel du ver à soie. La sériciculture démarre modestement dans les fermes cévenoles, puis de manière industrielle dans les filatures de Saint-Jean-du-Gard ou d'Alès. C'est la vogue des bas de soie qui s'exportent bien au-delà des frontières. Mais l'activité textile de la région ne se réduit pas à la sériciculture ; on tisse le drap de chanvre ou de lin dans l'Hérault et la Montagne noire, les cotonnades en Catalogne et la serge à Nîmes. Dans cette toile robuste, utilisée pour confectionner des bâches et des voiles, les Américains tailleront leurs premiers jeans. Les moyennes vallées de l'Aude se spécialisent dans la chapellerie, un artisanat plus confidentiel mais très actif. À la même époque, on commence à extraire un charbon dans le bassin d'Alès, d'un gisement connu depuis le Moyen Âge, complexe, aux veines fines, mais que de nouvelles techniques permettent d'exploiter à grande échelle. Au début du XIXe siècle, la sidérurgie régionale se place au deuxième rang national après Le Creusot. Enfin, le Lozérien Jean-Antoine Chaptal (1756-1832), chimiste et homme politique, implante la première usine chimique de France à Montpellier, déjà riche d'une longue tradition pharmaceutique et possédant une célèbre faculté de médecine.



# Économie

Fermeture des mines, déclin de la métallurgie... La région connaît une période de crise à partir de 1960. Reconversion oblige, elle met le cap vers les activités industrielles de haute technologie : électronique, informatique, recherche médicale. La société IBM s'implante en 1965 à Montpellier et, dans son sillage, naît toute une constellation de PME de sous-traitance. Installés dès 1960, laboratoires et unités de fabrication pharmaceutiques prospèrent, une activité qui profite une fois de plus à l'axe Sète-Montpellier-Lunel-Nîmes. Aujourd'hui, c'est le secteur tertiaire (services, tourisme, santé, administration) qui emploie et recrute le plus (soit 80% des actifs) et s'il est toujours élevé, et même supérieur à la moyenne nationale, le taux de chômage se stabilise enfin autour de 14% (contre 10% environ pour l'ensemble de la France). Le tourisme affiche de bons chiffres, la création d'entreprises aussi, et les résultats économiques encourageants des années précédentes se confirment. Un seul bémol : l'agriculture.

## Le plus grand vignoble de France

**LES RAVAGES DU PHYLLOXÉRA** Entre le Languedoc-Roussillon et la vigne, c'est une histoire d'amour qui remonte à l'Antiquité. Déjà les Romains s'approprient les terres pour y cultiver la vigne de la région dont les vins sont aisément transportés à Rome par voie de mer. À la fin de l'Empire, ce sont les moines qui reprennent le travail engagé et améliorent la qualité des vins avec la mise en place de nouveaux procédés. Plus tard, la construction du port de Sète et celle du canal du Midi permettent aux vins d'accéder à de nouveaux débouchés commerciaux ; ce négoce connaît ses embellies, tel l'essor du XVIIIe siècle, et ses tragédies, comme la destruction massive du vignoble par le phylloxéra. Cet insecte parasite, apparu en 1869, s'attaque aux racines des vignes et les ravage. À partir de plants américains importés, le vignoble sera reconstitué en quelques décennies par des propriétaires terriens aisés qui se lancent alors dans l'exploitation intensive et mettent tout en œuvre pour "faire pisser la vigne". À cela s'ajoute la concurrence du "vin artificiel" : mélanges de vins, adjonction de sucre (chaptalisation) ou de raisins secs. Le cours du vin s'effondre. Résultat, une crise économique dévastatrice et durable, ponctuée de manifestations de vignerons durement réprimées : neuf morts en 1907 à Narbonne.

**UNE POLITIQUE DE VALORISATION** À la fin des années 1960, une révolution s'opère : sélection draconienne des plants, abandon de la productivité au profit de la qualité, valorisation des terroirs. Le vignoble languedocien et roussillonnais retrouve la voie du succès. Fort de ses 246 000ha – cf. Les vins (p.31) –, il fournit un tiers de la production nationale, dont 12% en AOC. Mais si la mutation est réussie, il existe toujours une viticulture à deux vitesses. L'une, violemment concurrencée par l'étranger, propose en abondance des vins de consommation courante ; tandis que l'autre, privilégiant des techniques de vinification plus sophistiquées, s'ouvre au marché international. On voit aussi s'opposer deux systèmes de commercialisation : les caves particulières, qui vendent généralement au détail et/ou à l'exportation, et les caves coopératives, qui fournissent leur production en vrac à des négociants tout en proposant, pour un nombre de plus en plus important d'entre elles, des vins de qualité. Quant aux producteurs bio, ils sont de plus en plus présents dans le paysage languedocien (cf. Dossier Bio). Malgré ses difficultés récurrentes, le Languedoc-Roussillon apparaît comme un futur Eldorado viticole et de nombreux investisseurs étrangers à la région ont acquis des domaines dans l'Aude et l'Hérault. Attention, cependant, au risque de surproduction, qui incite l'Union européenne à subventionner l'arrachage de pieds de vignes…



## Le Midi Rouge

La grande crise du phylloxera, à la fin du XIXe siècle, a signé la ruine des petits vignerons et, paradoxalement, l'explosion des grands domaines, plus solides et plus productifs. Profitant de la raréfaction des vignes et de la pénurie, ils ont replanté de façon intensive. Mais dès 1904, la surproduction les guette. Les prix s'effondrent, la concurrence des vins algériens commence à se faire sentir. Si les vignerons les plus riches s'en tirent à peu près, les plus pauvres ne peuvent survivre. L'insatisfaction et la révolte grondent chez les petits propriétaires et les ouvriers viticoles. Ils ne tardent pas à se regrouper en comités de défense que le gouvernement de Clemenceau peine à prendre au sérieux. Le 9 juin 1907, 700 000 manifestants envahissent Montpellier et Narbonne se révolte. Le gouvernement dépêche l'armée qui tire sur la foule, faisant neuf morts. Le calme finit par revenir mais les viticulteurs ont retenu la leçon. Ils s'organisent en syndicats et en coopératives pour lutter contre la surproduction et piloter les pressions politiques, posant l'un des fondements du Midi Rouge, de tendance communiste ou radical-socialiste.

## Le pari d'un élevage de qualité

**ÉLEVAGE EXTENSIF ET NOUVELLES AOC** Le pâturage et l'espace : voilà le secret d'une viande goûteuse. En Lozère, les herbages occupent 80% des terres agricoles. Les troupeaux de superbes bœufs au pelage roux et aux cornes effilées vivent en semi-liberté sur des territoires immenses. Dans ces hautes terres, l'élevage bovin, pivot de l'économie rurale, bénéficie des aides destinées à l'agriculture de montagne. Le cheptel, certes modeste en comparaison du troupeau national, produit des viandes très estimées (veau de Langogne, bœuf d'Aubrac). Plus surprenant, les gardians consentent à élever sur les vastes sansouires de Camargue des taureaux de boucherie, viande incarnate au goût sauvage estampillée d'une AOC depuis 1996. Les moutons des Causses, eux aussi, broutent sur de grands domaines et de bons herbages, race lacaune principalement pour le lait, servant à la fabrication du roquefort, mais aussi la viande et la laine, et la rustique Blanche du Massif central (race mixte) qui a remplacé dans les années 1970 la Caussenarde. Cet élevage extensif est désormais largement déterminé et subventionné par les instances européennes : il s'agit non seulement de produire de la viande et du fromage, mais aussi d'entretenir les paysages, notamment par la valorisation d'une tradition pastorale ancestrale à laquelle les touristes sont sensibles.

PANORAMA

## Le tourisme, une valeur sûre qui évolue

Avec une fréquentation touristique en constant progrès, le littoral rafle évidemment la mise. Pourtant, une nouvelle tendance se dessine, née de l'engouement actuel pour le tourisme vert, la randonnée et les sports de pleine nature. Un tourisme rural qui parie sur l'absence de pollution, la convivialité, la qualité et les produits du terroir. Les offices de tourisme proposent des sélections d'établissements ayant reçu des distinctions souvent décernées par les chambres des métiers. Qu'ils concernent les auberges, les artisans charcutiers ou pâtissiers, ou encore l'hôtellerie, ces labels récents sont fiables. Jolie performance, le Languedoc-Roussillon se hisse au troisième rang du thermalisme français. La région propose une belle palette de soins : eaux sulfurées pour les affections de la peau et des voies respiratoires, eaux bicarbonatées sodiques dites "sédatives" pour les troubles digestifs et nerveux. Marginal mais prometteur, le tourisme fluvial séduit une clientèle française et étrangère, principalement allemande et anglaise. La région a donc investi pour améliorer l'accueil sur les berges de ses canaux, ceux du Midi, de la Robine, et du Rhône à Sète. Enfin, un tourisme gastronomique, "quasi œnologique", a fait son apparition, encouragé par les progrès constants de la qualité des vins de la région.

**GLOIRE INTERNATIONALE**
Quinze millions de touristes recensés en moyenne ces dernières années, dont plus de cinq millions d'étrangers (Allemands en tête, talonnés par les Britanniques et les Néerlandais). Outre ses atouts naturels, la région a développé de grandes capacités d'accueil : campings, hôtels mais aussi gîtes ruraux et remarquables chambres d'hôtes.

# Population

Les trois quarts des 2 600 000 habitants de la région administrative Languedoc-Roussillon se concentrent sur un axe Nîmes-Montpellier-Béziers-Narbonne-Perpignan, c'est-à-dire dans les villes et les zones périurbaines. Après cinq décennies de croissance démographique, la région reste la région la plus attractive de l'Hexagone. Elle a connu, entre 1990 et 1999, une forte croissance de sa population (près de 9%) et, sur la décennie suivante, encore une augmentation spectaculaire de 13%, selon l'Ined (2009) ! En un demi-siècle, plusieurs vagues d'immigration se sont succédé : les Italiens ont précédé les Espagnols – saisonniers de la vigne – et ces derniers les pieds-noirs, rénovateurs de l'agriculture et de la pêche. Enfin, Portugais et Maghrébins ont constitué une main-d'œuvre bon marché pour l'industrie, les grands chantiers et la récolte des fruits. Aujourd'hui, ce sont les citadins du Nord qui se fixent ici, avides de soleil et d'une nouvelle "qualité de vie", mais, une fois de plus, ce flux migratoire profite essentiellement aux zones urbaines.



## Un refuge pour les retraités européens

Une retraite au soleil, entre barbecue et pétanque ? C'est un idéal très répandu si l'on en croit les chiffres. Le Languedoc-Roussillon arrive en tête des régions françaises pour le taux d'entrée des personnes âgées de soixante à soixante-quinze ans. Ce sont surtout des "seniors" de l'Île-de-France, des couples généralement aisés, qui aspirent à la tranquillité d'une région douce et lumineuse. Une nouvelle tendance s'observe : beaucoup de "seniors" hollandais, belges ou suisses leur emboîtent le pas, bénéficiant eux aussi de retraites substantielles. Ainsi, le Languedoc-Roussillon présente une pyramide des âges vieillissante, les personnes de plus de soixante ans, soit 25% des habitants, y étant surreprésentées. Mais les grandes villes, et notamment Montpellier, attirent une population jeune, constituée de nombreux étudiants.

## La fin de l'exode rural ?

Longtemps victime d'un exode chronique, la Lozère voit sa population augmenter depuis quelques années. Selon les statistiques de l'Ined, le département le moins peuplé de France comptait, en 2010, 7 770 habitants de plus qu'en 1999. La nature, le calme et l'espace seraient-ils devenus des valeurs porteuses ? Mais ce progrès ne doit pas cacher les disparités démographiques criantes du Languedoc-Roussillon. Quand l'Hérault affiche une densité de population largement supérieure à la moyenne nationale, la Lozère compte 15 habitants au km$^2$, et même moins de 2 pour certains sites.

# Identité

## La fierté du drapeau

Croix de Toulouse sur fond rouge : le drapeau occitan flotte, dans cette région, de Nîmes à Carcassonne. En Languedoc, on est loin de la France du Nord, jugée ici cérémonieuse, tristounette, et même un peu suffisante. On raille gentiment les Parisiens, leur accent pointu et leurs voyelles trop nasales. On ne considère évidemment plus les "nordistes" avec terreur comme au Moyen Âge, quand les Languedociens craignaient la brutalité et le fanatisme des chevaliers d'Outre-Loire venus semer la mort en terre cathare. Ici, quand on "monte" à la capitale, c'est pour aller à Montpellier. Dans les années 1970, autour de chanteurs aux carrières confidentielles tels Marti, Patric, le mouvement occitan se durcit et milite pour une France fédéraliste, une Occitanie autogérée. Feux de paille. Mais la langue d'oc a repris quelques couleurs, notamment grâce aux *calendretas* et à une meilleure visibilité médiatique, cf. La langue d'oc, ci-dessous.

## La patrie des troubadours



Si elle déborde des frontières du Languedoc, la culture occitane s'y est magistralement illustrée. Tout commence au milieu du XIe siècle quand, de retour de croisade, les seigneurs éblouis par les splendeurs byzantines aspirent à une vie plus brillante. Se dessine alors un idéal nouveau : celui du chevalier courtois qui, un siècle plus tard, trouvera son apogée à la cour d'Ermangarde, vicomtesse de Narbonne, et dans les maisons aristocratiques de Montpellier, Nîmes, Carcassonne ou Béziers – siège de l'actuel Cirdoc, centre interrégional de documentation occitane. Il ne s'agit plus

### La langue d'oc

Au Moyen Âge, la frontière linguistique courait de la Garonne jusqu'au bassin du Var, incluant une partie du Massif central et des Alpes ; au sud de cette ligne "oui" se disait "oc", au nord, "oil". On distinguera alors deux grandes entités, la région de langue d'oil et celle de langue d'oc où, en fait, le parler n'est pas uniforme mais très disparate, variant selon les patois locaux. Cette langue d'oc (appelée aussi occitan) est issue du latin parlé, au même titre que l'espagnol, le catalan ou le français. En 1539, pour tous les actes administratifs, l'édit royal de Villers-Cotterêts impose aux Languedociens l'usage du "français de la capitale". La langue d'oc entame alors un irréversible déclin. Mais l'occitan bénéficie de la vogue romantique de la fin du XIXe siècle dans les milieux artistiques et littéraires. Redevenu à la mode avec le renouveau des langues régionales, il couvre plusieurs dialectes, dont le languedocien, parlé de Toulouse à Montpellier. Proche du catalan (parlé en Roussillon, en Andorre et en Catalogne) et du provençal, il n'est pratiquement plus utilisé couramment et classé par l'Unesco parmi les langues gravement menacées. Depuis les années 1970, on a créé plus d'une trentaine de *calendretas*, des écoles bilingues pratiquant l'immersion linguistique. L'Institut d'études occitanes du Languedoc, à Béziers, organise régulièrement des séminaires, formations et lectures en occitan.

de combattre pour Dieu seul, ni même pour son seigneur, mais pour sa dame. Pour séduire, la valeur guerrière ne suffit plus : le chevalier doit faire preuve d'élégance, d'esprit et de culture. Le moindre baron s'entoure de troubadours qui, non contents de chanter l'amour, écrivent aussi, toujours en rimes, des satires politiques et des pamphlets. Animées de fêtes incessantes, les cours du Midi inventent un nouvel art d'aimer et une civilisation du raffinement qui gagneront ensuite le reste de la France. La femme y tient sa place, et celles que frustrait le rôle d'égérie deviennent créatrices à leur tour. Beaucoup de troubadours furent des troubadoures. Le très romantique XIXe siècle redécouvre l'amour courtois, sa littérature et la fameuse langue d'oc. Depuis, ce retour de flamme pour la culture occitane ne s'est pas démenti et, dans la foulée, on a ressuscité des fêtes colorées, au caractère bien trempé, comme les carnavals et les charivaris (carnaval des Pailhasses à Cournonteral, fête du Pétassou à Trèves dans les Cévennes). Ces rites festifs qui conjuraient jadis des peurs ancestrales sont devenus l'occasion de joyeux délires. Les carnavals du Languedoc sont des modèles d'extravagance. On y joue toujours l'amour courtois, mais sur des rythmes plus frénétiques que ceux de la harpe ou du flûtiau, et les serments d'amour se font désormais en français.



## Sports traditionnels

Dans toute la région, les garçons sont initiés au **rugby** dès le berceau. Le club de Béziers fut le meilleur dans les années 1970 (onze titres de champion de France entre 1971 et 1984 !), avant de connaître un déclin aujourd'hui enraillé. Quant à l'équipe de Montpellier-Hérault, elle joue maintenant dans la cour des grands : n'a-t-elle pas disputé, pour la première fois, la finale du championnat de France en mai 2011 ? Match perdu, certes, mais avec les honneurs ! Autre sport typiquement régional, les **joutes nautiques**. Sur le littoral et notamment à Sète, Agde et Béziers, de juin à septembre, les jouteurs vêtus de blanc s'affrontent tels des chevaliers en un combat singulier, un bouclier dans une main, un pavois appuyé sur l'épaule. Leur destrier ? la proue d'une barque. Ces joutes sont l'occasion de réjouissances, tout comme le sont les **corridas** autour desquelles les aficionados organisent les ferias, de véritables transes populaires. Symbole s'il en est de la force virile, le taureau est profondément respecté dans la culture languedocienne. Son élevage mobilise les passions. Les fêtes inspirées de la culture taurine espagnole sont nombreuses en Languedoc et de plusieurs natures. La plus célèbre est la corrida, sorte de combat très chorégraphié entre le torero et le taureau. Elle s'achève par la mise à mort du taureau. Parmi les plus célèbres ferias comportant des corridas, celles de Nîmes ou de Béziers attirent des milliers d'aficionados. Elles ne sont autorisées que dans les villes qui peuvent justifier d'une tradition taurine ancienne et ininterrompue…

**LE TAMBOURIN**
Pratiqué surtout dans l'Hérault, ce jeu confronte deux équipes de cinq joueurs. La balle doit être mise hors de portée de l'adversaire grâce aux coups joués avec le tambourin. Des compétitions ont lieu régulièrement, qui opposent même équipes locales et clubs venus de l'étranger, notamment d'Italie !

Moins sujettes à polémique, les courses camarguaises n'impliquent pas de mise à mort de l'animal mais une joute entre l'homme et le taureau pour récupérer une cocarde fixée entre ses cornes. Très populaires également, les lâchers de taureaux ou de vachettes dans les rues d'une ville ou d'un village sont l'occasion de courses poursuite effrénées et parfois dangereuses. La plupart des ferias conjuguent ces trois traditions taurines.

# Architecture

## Un riche patrimoine mégalithique

Sépultures érigées par une humanité aux rites sociaux bien établis, les dolmens n'ont pas livré tous leurs mystères. Les plus anciens datent du IVe millénaire av. J.-C. (néolithique). Comportant deux ou trois salles en enfilade, ils présentent une forme trapézoïdale spécifique dans le Languedoc, et certains d'entre eux (causse de l'Orthus) n'ouvrent pas vers l'est – exposition la plus courante – mais vers le sud-ouest. Si les dolmens sont nombreux, les menhirs le sont moins et pourtant la région compte l'un des plus beaux champs de pierres levées de France, les Bondons. Attention, il ne faut pas confondre les montjoies lozériens avec des menhirs ; ces imposantes pierres taillées marquent les limites d'un pâturage et datent du XIIe siècle. Remontant à la fin du chalcolithique, donc plus récents, des vestiges de villages accréditent l'existence d'une société déjà bien structurée. Ces derniers s'organisent en un groupement de cabanes aux murs épais, aux toits probablement couverts de chaume ou de lauzes légères. Les habitants portaient des bijoux, fabriquaient des poteries, cultivaient le blé, élevaient le porc, le mouton, pêchaient à bord de canots rudimentaires et chassaient accompagnés de leurs chiens. C'était il y a 4 000 ans. On peut visiter le village de Cambous reconstitué.

## La prospérité romaine

Arènes, temples, arcs de triomphe, aqueducs… Un inventaire rapide suffit à convaincre du phénoménal impact qu'ont eu les Romains. Le fil conducteur de cet héritage : la voie Domitienne (*via Domitia*), voie militaire qui longe la côte de Beaucaire à Port-Vendres. Apothéose du génie bâtisseur romain, le pont du Gard donne à lui seul une idée de l'effort consenti par l'Empire pour la prospérité de cette province. Il s'agit là d'une "romanisation" profonde, systématique, presque amoureuse tant on y met d'attention et d'énergie. Le pont du Gard inaugure une nouvelle technique de construction, celle dite du "frottement doux" : la poussière très fine dégagée au moment de la pose des énormes blocs de calcaire soude les pierres en se mêlant à l'eau que l'on fait couler pendant la manœuvre. Dans *L'Ombre infinie de César (regards sur la Provence)*, l'écrivain Lawrence Durrell écrit : "La taille exceptionnelle des constructions de cette nature en impose car ces édifices gigantesques sont l'expression d'un projet démocratique, sans vocation religieuse, visant l'ensemble du peuple et son confort. Les aqueducs acheminaient l'eau, les arènes étaient des lieux de distraction." Aujourd'hui, les arènes de Nîmes ont gardé leur vocation festive. Le quartier d'Antigone à Montpellier, d'inspiration gréco-romaine avec ses colonnes, ses pilastres, ses corniches gigantesques, peut être interprété comme un clin d'œil de Ricardo Boffil aux fastes de l'Empire romain. Mais, pour ces nouveaux palais, l'heure de la pierre est révolue, c'est de béton qu'ils sont faits.

## L'art roman

D'abord très sobre, surtout préoccupé d'équilibre architectural, l'art roman se propage de Lombardie en Languedoc. Il accompagne la création de grandes abbayes, dans un territoire qui a été successivement occupé par les Wisigoths et surtout par les musulmans. Son objectif est d'abord didactique : il s'agit de réaffirmer le dogme catholique et d'en renforcer la spiritualité. Cette double fonction est assurée par des édifices imposants et grandioses, tels la cathédrale de Maguelone ou le monastère de Saint-Guilhem-le-Désert, et une sculpture très aboutie. Côté architecture, on note les rangées d'arcatures et les frises en dents d'engrenage si typiques des églises lombardes. Côté décor, bestiaires et végétaux exubérants le disputent à des scènes tantôt inspirées de l'art romain des sarcophages, tantôt influencées par l'art oriental. Le plus bel exemple d'art roman languedocien se trouve à l'abbatiale de Saint-Gilles-du-Gard, dont le foisonnement de scènes et de personnages traduit parfaitement la volonté pédagogique. Dans un autre registre, tout aussi spectaculaire, l'abbaye de Gellone, à Saint-Guilhem-le-Désert, présente toute l'élégance rythmée de l'architecture lombarde. À l'opposé, la cathédrale Saint-Étienne d'Agde illustre, dans l'austère sobriété de son basalte sombre, le besoin d'un sanctuaire pour défendre la foi.



## L'architecture rurale

**UNE ARCHITECTURE ADAPTÉE** Purement fonctionnelle, avare d'effets, l'architecture rurale est déterminée par le climat et le type de matériaux à disposition. En Languedoc, les belles pierres ne manquent pas. L'architecture se fait aussi l'écho de contraintes liées à l'économie villageoise : il faut inclure l'étable ou la bergerie quand on est éleveur, la cave si on est vigneron, et la ferme doit s'adapter à d'éventuels changements. Ainsi, dans les Cévennes, lorsque les paysans se reconvertissent dans l'élevage du ver à soie, il leur faut soit construire une magnanerie attenante, soit rehausser la maison d'un étage. Derrière ces murs sombres de schiste, tout tient sous le même toit, les hommes, les animaux et les réserves. D'épais murs en pierres sèches, un calcaire grisé extrait du sol, des toits de lauzes, de rares ouvertures : la silhouette puissante de ces fermes du causse semble être l'émanation même du paysage. Le plus souvent, la bergerie occupe le rez-de-chaussée ; le toit voûté en pierre soutient le premier étage, auquel on accède par un ample escalier extérieur, en pierre toujours, puisqu'ici le bois est rare. Cet escalier se termine par une terrasse couverte. Ces bâtisses à la beauté rude sont surtout superbement efficaces pour lutter contre le vent et les rigueurs de l'hiver.

**LE PAYSAGE CONSTRUIT** La pierre sèche, celle qu'on glane sur le sol, empilée sans mortier, sert de matière première pour bâtir les abris qui jalonnent les pâturages et les vignobles, appelés capitelles ou cazelles selon la région. Ce sont des maisonnettes rondes, aveugles, de la hauteur d'un homme debout et dont le toit de lauzes forme un dôme. Toutes semblables, et chacune différente, l'une légèrement ovale, l'autre étirée en pain de sucre, etc. Les bergers y attendent l'éclaircie, les vignerons y remisent des outils. Dans certains vignobles, ces abris deviennent des maisonnettes, crépies de chaux et couvertes de tuiles, où l'on peut séjourner en été, quand la ville devient caniculaire. Ce sont les mazets, devenus pour la plupart de belles résidences secondaires. Autre abri temporaire, le buron, où les vachers d'Aubrac fabriquaient le fromage quand les troupeaux étaient à l'estive, de mai à octobre. En basalte ou en granit, ils sont construits à flanc de pâturage, tapis dans l'herbe, n'ont qu'une pièce et qu'une seule ouverture : la porte. Les burons aujourd'hui abandonnés sont transformés en auberges.



## Les architectures défensives

Cette région de passage entre montagne et littoral, frontalière de surcroît, a toujours subi des vagues d'invasions et attisé les convoitises (occupation romaine, invasions barbares des IIIe et Ve siècles). Au Moyen Âge, les villes s'enrichissent, bourgeois et seigneurs s'accordent sur la nécessité de les fortifier contre les bandits et autres rançonneurs de grand chemin. Il s'agit de protéger les habitants, mais surtout de rassurer les commerçants et les banquiers, bref de sauvegarder une économie naissante. Ceinturée de remparts, Aigues-Mortes servira à saint Louis de base pour lancer ses croisades. Marvejols a conservé de beaux vestiges de ses fortifications, et le plan de nombreuses villes est marqué par les anciens remparts, souvent détruits au XIXe siècle, comme à Mende, Pézenas, Uzès…

### Les circulades

Lovées en spirale autour d'une colline, les circulades se concentrent surtout dans l'Aude, mais l'on en rencontre aussi beaucoup dans l'Hérault. Vus du ciel, ces curieux villages dévoilent la perfection géométrique de leur plan concentrique. Initialement, le village s'est constitué en agglutinant les maisons autour d'un point central, le château féodal, dans le cas d'un village castral, l'église pour un village ecclésial. La répartition des habitations se fait, soit en fonction du rang social – les plus proches du château sont les plus importants et les mieux protégés –, soit par métiers – c'est plutôt le cas pour le village ecclésial. La topographie du site joue aussi un grand rôle : les circulades occupent en général le sommet d'une colline ronde et permettent de guetter l'ennemi éventuel ou de mieux se défendre.

## L'empreinte du classicisme

Au XVIIe siècle, après une épidémie de peste et presque un siècle de guerres de Religion, les villes du Languedoc, exsangues, tentent de se reconstruire. L'opération se fait sous l'œil implacable du roi Louis XIII, fervent catholique. Il s'agit de renforcer le pouvoir central en ces terres d'hérésie calviniste. Les notables sont priés de faire allégeance. Paris, ses mœurs et ses modes deviennent le modèle obligé. On érige des arcs de triomphe, on trace des boulevards, des promenades, on ouvre des jardins. Les nouvelles demeures s'inspirent de l'architecture en vogue dans la capitale, le classicisme et sa pureté formelle. "On dirait que cette architecture a trouvé ici son milieu idéal, son ciel et son climat", dira l'académicien natif de Sète, Valery Larbaud. Le goût s'affirme pour des façades équilibrées, symétriques, percées de grandes fenêtres et ornées de frontons. Le tout en pierre de taille. Habilement dissimulés au fond des cours, derrière des portes cochères trop souvent closes, ces hôtels particuliers ont fière allure avec leurs majestueux escaliers monumentaux "entre cour et jardin" qui sont la gloire du style montpelliérain. S'illustre alors toute une dynastie de grands architectes royaux languedociens, dont Jean-Antoine Giral est le plus fameux. La prospérité installée (viticulture, textiles, débuts de l'industrie chimique), la bourgeoisie enrichie investit dans le foncier, achète de grands domaines à la lisière des villes pour y loger des villas ou des castels toujours d'inspiration classique. Construites en pierre ocre, plantées d'ifs et de citronniers, certaines de ces folies évoquent la lointaine Toscane.



## Un patrimoine industriel varié

C'est avec un pincement au cœur que l'on s'enfonce dans les mines désaffectées du bassin minier d'Alès. Une mine témoin, émouvant voyage dans la mémoire cévenole, retrace l'histoire houillère de la révolution industrielle à nos jours. Autre vestige d'un monde industriel englouti, la manufacture royale textile de Villeneuvette, fondée au XVIIe siècle et dont l'activité a cessé en 1954. Le portail d'entrée en affiche d'emblée les valeurs : "honneur au travail". La conception de la vie ouvrière qui s'illustre ici se rapproche du paternalisme. Autour de la manufacture et de la maison du directeur, on découvre une ville en réduction avec ses maisons bâties pour les employés, son école, ses dispensaires, et même sa caserne de pompiers. Une vie quasi autarcique. Le Languedoc compte également des pôles industriels bien vivants qui méritent une visite. Pyramides de sel d'un blanc immaculé flottant en apesanteur dans les brumes de chaleur, les gigantesques Salins du Midi composent un univers singulier. Autres curiosités : près de Sainte-Enimie, on peut visiter les sources Quézac, à la Salvetat-sur-Agout, celle de la célèbre eau minérale, ou encore, à Marseillan, les caves de Noilly Prat, cet apéritif créé en 1813.

# Peinture

Du XVIIe au XIXe siècle, Montpellier connaît une effervescence culturelle sans précédent. Quelques peintres montpelliérains vont accéder à une notoriété nationale. De Sébastien Bourdon (1616-1671), influencé par les écoles de la Renaissance italienne, à Frédéric Bazille (1841-1870), l'un des inventeurs de l'impressionnisme, ils furent nombreux à briller, qui dans l'art religieux (Antoine Ranc, père et fils), qui dans la peinture purement décorative (Troy). L'art contemporain régional est marqué, à la fin des années 1960, par le mouvement Support/surface, mené par le Montpelliérain Vincent Bioulès et le Nîmois Claude Viallat, et par le travail d'artistes sétois, les frères Hervé et Richard Di Rosa accompagnés de Robert Combas, qui participent au mouvement Figuration libre. Quant à Pierre Soulages, s'il est originaire de l'Aveyron, il a beaucoup travaillé à Sète et sa donation d'œuvres au musée Fabre de Montpellier est une contribution majeure au patrimoine culturel régional.

# Artisanat

## L'art de la terre



La tradition potière du Languedoc remonte au début du néolithique. Après quelques millénaires de pratique, la région maîtrise avec brio toutes les techniques, des plus répandues – terres vernissées, grès cuit au bois, faïences utilitaires – aux plus inattendues comme cet art de la pipe en terre sculptée, à tête de chat ou de fou du roi. Depuis le début des années 1980, les potiers du Gard relèvent le pari de ressusciter une production qui fit la gloire de la région du XVIIe au XIXe siècle. Anduze a forgé sa réputation autour de ses grands vases de jardin qui ornaient déjà l'orangerie de Versailles. Le vrai vase d'Anduze, dont le succès ne tarit pas, est façonné au tour à pied, décoré sur ses flancs d'une guirlande en festons ; c'est l'oxyde de cuivre qui lui donne ce vert unique, lustré et printanier, qui le caractérise. Un peu partout, de nouveaux potiers se sont installés, artisans ou artistes à l'origine d'une production souvent de très grande qualité. Saint-Jean-de-Fos, dans l'Hérault, a voulu rendre hommage à cet art très ancien en installant dans les anciens ateliers d'Albe Sabadel, Argileum, la Maison de la poterie.

## L'art du tissage

Le tissage de la soie est miraculeusement sauvé. La dernière filature a fermé ses portes en 1965 à Saint-Jean-du-Gard, condamnant la tradition séricicole à hanter les mémoires et les musées. Mais, en 1977, un instituteur passionné fait renaître l'art de la soie près d'Anduze, en élevant quelques vers à soie dans sa classe. Ce qui n'était au début qu'une activité pédagogique et récréative prend vite de l'ampleur. Aujourd'hui, une association s'est créée, une plantation de mûriers prospère et de jeunes artisans formés par leurs aînés maîtrisent désormais ce travail "comme naguère", du ver au tissu. Aujourd'hui, le jersey de soie, nouvelle spécialité, s'impose sur le marché du bio.

## L'art du verre

Les "gentilshommes verriers" de l'Hérault ? Des nobles ruinés qui, comme tous les aristocrates du royaume, se sont vu accorder par Charles VII le privilège de souffler le verre. Jusqu'à la Révolution, une production abondante et prestigieuse a alimenté la région en bouteilles destinées à la viticulture et en fioles pour apothicaires. Cette activité a été relancée en 1990 dans l'arrière-pays héraultais, autour de la commune de Claret.

# Gastronomie

De la mer à la montagne, des jardins roussillonnais aux pâturages lozériens, la palette agricole est riche et la gastronomie varie au hasard du voyage. Une gastronomie qui s'appuie sur une multitude d'AOC et de labels qui garantissent la qualité, celle des viandes notamment. Ail, huile d'olive, herbes de la garrigue : voilà le tiercé aromatique d'une bonne partie de la région et notamment de la côte, qui décline les saveurs provençales. Les poissons de Méditerranée ont inspiré mille cuisines : bourrides, brandades, marinades, bouillinades, tourtes (ici baptisées "tielles"), rouilles, etc. Sans oublier les coquillages, les huîtres, et les moules qu'on déguste à la brasucade, grillées sur braises de sarments et arrosées d'une huile épicée. En montagne, de la Lozère à la montagne Noire, les charcuteries artisanales ont du caractère et de l'originalité ; il suffit pour s en convaincre de goûter les saucisses aux herbes ou la grande diversité de pâtés à découvrir chez tous les artisans de la région. Et pourquoi ne pas profiter du voyage pour apprendre à aimer l'eau ? La santé coule de source en Languedoc : Quézac et ses fameuses bouteilles bleues, Perrier, dont les bulles sont mondialement connues ou encore Salvetat, elle aussi pétillante.

PANORAMA

## Spécialités du terroir

**L'ALIGOT DE LOZÈRE** Une création diabolique parce qu'irrésistible ! Sur une base de pomme de terre en purée, on mélange de la tomme fraîche d'Aubrac, du beurre, de l'ail écrasé et du lard fondu jusqu'à obtenir – si on a le coup de main – une pâte lisse et onctueuse. Si l'on est déraisonnable ou insatiable, on peut y ajouter des saucisses aux herbes de Florac, des morilles à la crème ou des cèpes à la cévenole. Ou, plus sobrement, une tranche de jambon de pays poêlée, car dans ces terres de Lozère aux généreuses gastronomies, il y aura sûrement au dessert du pain perdu aux pruneaux, de la fougasse bien sucrée ou une tarte aux myrtilles. Pour déguster et apprécier cette spécialité, rendez-vous dans les anciens burons de l'Aubrac transformés en auberge, cf. Nasbinals (p.316).

**MERVEILLEUX ESCARGOTS** On plaint sincèrement ceux qui "font le nez" sur les caragoulettes. Les escargots, on s'en régale partout en Languedoc-Roussillon et peu de régions leur font honneur avec autant d'inventivité – à laquelle se mêle parfois un rien de cruauté. Vous connaîtrez ici l'escargot dans tous ses états : grillé sur braises, bouilli puis mijoté en sauce, enrobé d'un aïoli ou revenu avec une farce aux noix, amandes, jambon et anchois.

**FROMAGES ET DESSERTS** La Lozère, forte de ses pâturages parfumés, produit en caves naturelles de fameux fromages de vache à pâte persillée, le bleu des Causses, mais aussi le laguiole, également vendu sous l'appellation fourme d'Aubrac. Avec le lait de brebis, certaines coopératives ont tenté une

# Les vins AOC du Languedoc-Roussillon

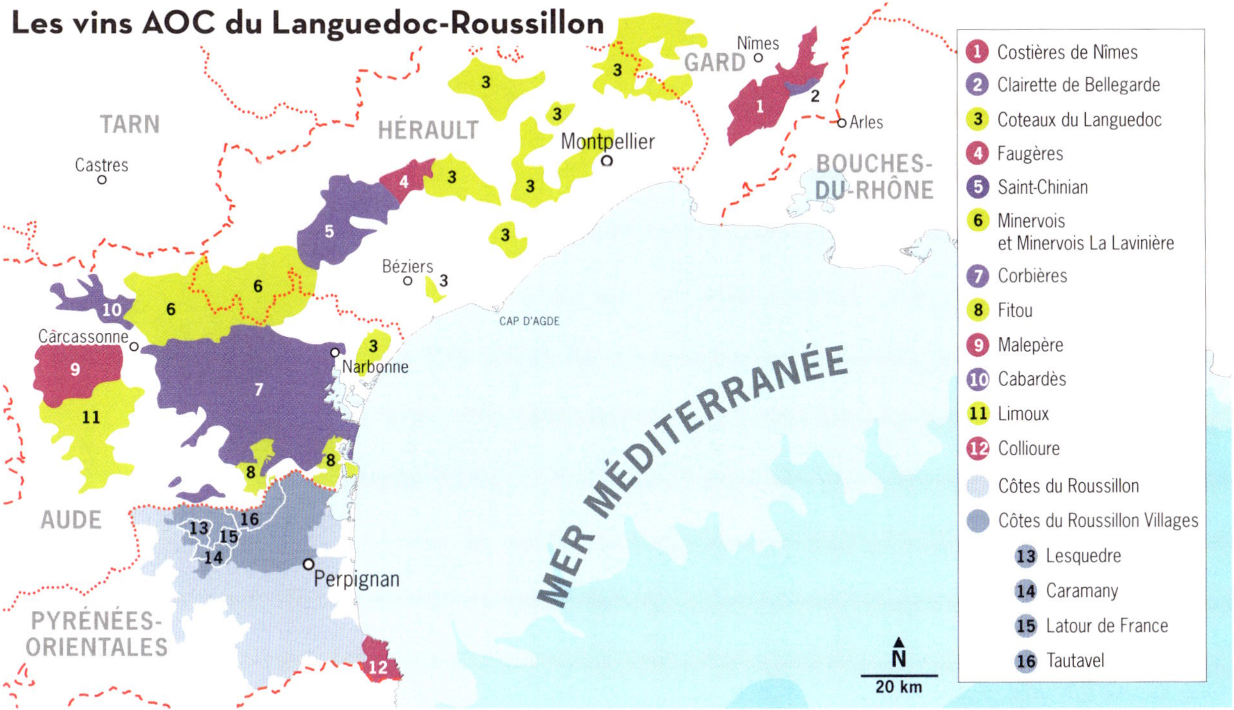

réplique de feta pour écouler les surplus. Régalons-nous plutôt de pélardons, ces délices crémeux, légèrement acidulés, que l'on fabrique à la ferme, de la montagne Noire aux Cévennes. La bergeronnette ou pérail, un des rares fromages de brebis à pâte molle, fait de plus en plus d'adeptes. Mais le Languedoc a aussi la "goule sucrée", on y fabrique un nombre incalculable de douceurs : croquants de Nîmes et de Mende, grisettes et guimauves de Montpellier, berlingot de Pézenas, fraise Tagada d'Uzès, etc. Il vous faudra aussi goûter à la fougasse d'Aigues-Mortes et aux navettes de Sète…

## Les vins

Toutes les gammes de vins sont représentées ici, tous les prix, toutes les saveurs, toutes les couleurs, blancs, rouges, rosés. On y trouve même des muscats connus depuis le Moyen Âge et produits aujourd'hui à Lunel, Mireval, Frontignan, Saint-Jean-de-Minervois. Il y a tant de vins à découvrir, tant de cépages, de crus, tant de variétés liées aux particularismes géologiques ou climatiques, tant et tant de tentations que le mieux est de se laisser guider par les "routes des vins" qui, de coopératives en caveaux, jalonnent les vignobles. C'est la manière la plus simple et la plus conviviale de faire connaissance avec les trente-six AOC du Languedoc-Roussillon que se partagent trois zones de viticulture, celle de la vallée du Rhône, celle des coteaux du Languedoc qui va de Nîmes aux confins de l'Aude, et enfin celle du Roussillon. Et pour les mordus, les férus d'œnologie, des "séjours vignerons" avec hébergement dans les fermes viticoles, initiation, dégustation et balades parmi les vignes sont régulièrement organisés dans la région. Sans oublier le développement de la viticulture bio, qui prend d'année en année davantage d'importance (cf. Dossier Bio).

La feria de Nîmes (p.179).

**Joutes nautiques,** port de Sète (p.116).

# INFORMATIONS UTILES DE A À Z

# ALLER DANS LA RÉGION EN AVION

## de France

**Air France** Air France assure des liaisons entre Paris et Montpellier (env. 10/j., 1h15 de vol, AR à partir de 100€), et entre Lyon et Montpellier (1 à 3/j. dont certains effectués par la filiale Brit Air, 55min de vol). Et aussi 1 à 3 vols/j. Paris-Rodez (opérés par Brit Air, durée 1h15), ce qui peut être commode pour se rendre en Lozère. Les tarifs appliqués varient en fonction de la date d'achat, de l'âge et du statut (couple, étudiant...). *49, avenue de l'Opéra 75002* ***Paris*** *Tél. 3654 www.airfrance.fr*

**Ryanair** Cette société *low cost* assure, au départ de Beauvais, 3 à 4 vols hebdomadaires vers Béziers. Tarifs et promotions disponibles sur le site Internet. ***France*** *Tél. 0892 562 150 www.ryanair.com*

## de Belgique

**Ryanair** La compagnie *low cost* opère, au départ de Charleroi, 4 à 5 vols hebdomadaires vers Nîmes et 3 vols/sem. vers Montpellier. Tarifs et promotions disponibles sur le site Internet. *www.ryanair.com* ***Belgique*** *Tél. 0902 33 660* ***France*** *Tél. 0892 562 150*

## de Suisse

**Air France** Pas de vol direct de Genève vers le Languedoc. À partir de 363CHF AR pour Montpellier (env. 10 vols/j.), avec changement à Paris, et 362CHF AR pour Perpignan (env. 10 vols/j.). ***Suisse*** *Tél. 0848 747 100 www.airfrance.ch*

## du Canada

**Air Canada** Air Canada n'assure pas de liaison directe vers le Languedoc mais vous pouvez prendre un vol (1 à 2 vols/j.) direct Montréal-Paris (AR à partir de 900$ env.) puis une correspondance pour le sud, cf. de France (p.34). *www.aircanada.com* ***France*** *Aéroport Roissy-Charles-de-Gaulle Paris Terminal 2A Porte 5 Tél. 0825 880 881 (0,15€/min)* ***Canada*** *Tél. 1 888 247 2262*

## mesures de sécurité pour le bagage de cabine

Lorsqu'ils passent aux points de contrôle de sécurité des aéroports européens et canadiens, les voyageurs peuvent avoir en leur possession des produits liquides (gels, substances pâteuses, lotions, contenu des récipients à pression, dentifrice, gel capillaire, boissons, potages, sirops, parfums, mousse à raser, aérosols...) à condition que les contenants ne dépassent pas, chacun, 100ml ou 100g et qu'ils soient regroupés dans un sac en plastique transparent à fermeture par pression et glissière, bien scellé, d'une capacité maximale de 1l (environ 20cmx20cm). Les articles ne doivent pas remplir le sac à pleine capacité ni en étirer les parois. Un seul sac est permis par personne. Les aliments pour bébé et le lait, quand les passagers voyagent avec un enfant de deux ans ou moins, de même que les médicaments vendus sur ordonnance et les médicaments essentiels en vente libre ne sont pas soumis à ces restrictions. Nous vous conseillons donc de placer dans vos bagages de soute, avant l'enregistrement, tous les produits liquides dont vous n'aurez pas besoin en cabine.

Et si on partait quelques jours ?
SmartCITY
LA CAPITALE "SO BRITISH" EN SAVOIR PLUS
WEEK-END À
Londres
Accueil
Top 20
Quartiers
Adresses
Pratique
e-mail + text + phone
© Samott/Fotolia.com
SmartCITY Le guide week-end interactif
Une sélection de bonnes adresses géolocalisées, les activités, les visites et toutes les informations pratiques pour réussir son voyage.
Paris
Londres
New York
Rome
Barcelone
Venise
Berlin
Lisbonne
Bruxelles
Budapest
20 destinations disponibles sur l'App Store
2,69 €
… Amsterdam, Dublin, Florence, Istanbul, Madrid, Montréal, Prague, San Francisco, Stockholm, Vienne.
guides Gallimard

# ALLER DANS LA RÉGION EN TRAIN

## de France

**SNCF** Des TGV partent plusieurs fois par jour de Paris-Gare de Lyon vers le Languedoc : une quinzaine de départs/j. pour Nîmes (3h) et Montpellier (3h20 de trajet), une dizaine pour Béziers (4h15). Comptez pour un billet AS Loisir Standard, 2de classe, à partir de 90€ pour Nîmes, Montpellier et Béziers. Trajets directs possibles au départ d'autres villes de province. Également des trains à tarifs intéressants avec la formule iDTGV (achat en ligne, billets non remboursables), cf. réductions SNCF (p.36). *Tél. 3635 www.voyages-sncf.com www.idtgv.com*

## de Belgique

**SNCB** Un TGV part quotidiennement de Bruxelles pour rejoindre le Languedoc. Il dessert entre autres Nîmes, Montpellier et Béziers. Billet AS pour Perpignan à environ 150€ en 2de classe. *Tél. 07 079 79 79 www.b-rail.be*

## de Suisse

**CFF** Au départ de Genève, un TGV gagne quotidiennement Nîmes et Montpellier. Billet AS Genève-Montpellier à environ 95FS (plein tarif en 2de classe). *Tél. 0900 300 300 www.cff.ch*

## réductions SNCF

La SNCF propose des cartes de réduction et des avantages aux professionnels, grands voyageurs, familles nombreuses, groupes, etc. Meilleurs prix en réservant sa place au cours des trois mois qui précèdent le départ (tarif Prem's) ou en achetant son billet iDTGV sur Internet dès que possible (à partir de 6 mois avant le départ).

**SNCF** *Tél. 3635 www.voyages-sncf.com www.idtgv.com www.ter-sncf.com*

## pass InterRail

Les compagnies de chemin de fer de plusieurs pays européens se sont unies pour proposer deux pass, permettant de voyager en 1re ou en 2de classe. *www.interrailnet.com*

**Global Pass** Il est valable dans 30 pays, pour une durée de 5 jours à un mois, sans limite de trajets. Pour un pass de 5 jours (utilisable sur une période de 10 jours) en 2de classe, comptez 276€ en plein tarif, 181€ pour les moins de 26 ans. Pour 1 mois, comptez 658€ en plein tarif, 435€ pour les moins de 26 ans.

**One Country Pass** On l'utilise dans un seul pays européen, choisi parmi 27, pour une durée de 3, 4, 6 ou 8 jours consécutifs ou non, sur une période d'un mois. En France, le prix du pass pour un adulte en 2de classe va de 212€ (trois jours d'utilisation) à 329€ (huit jours). Tarifs réduits pour les jeunes et les enfants.

# ALLER DANS LA RÉGION EN CAR

## de Belgique

**Eurolines** Cette compagnie propose, au départ de Bruxelles, 2 ou 3 liaisons par semaine pour Nîmes (à partir de 63€ AS), jusqu'à 3 liaisons par semaine pour Montpellier et Béziers (à partir de 73€ AS). *Coach Station Rue du Progrès, 80 CCN Gare routière 1000* ***Bruxelles*** *Tél. 022 741 350 www.eurolines.be*

## pass et réductions

Le pass Eurolines, valable 15 ou 30 jours consécutifs, permet de voyager entre de nombreuses villes

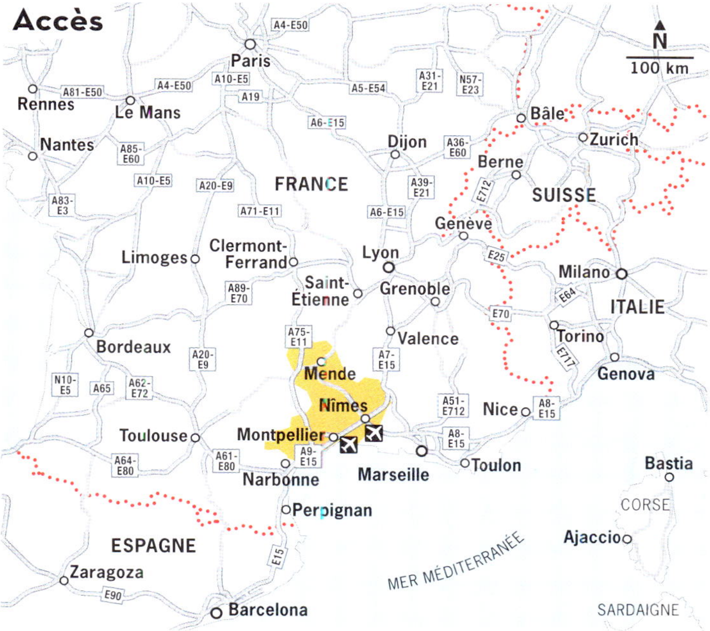




européennes. Le pass jeune pour une durée de 15 jours est à partir de 180€. Et compter 210€ minimum pour le pass adulte. Des réductions, jusqu'à 70% sur la plupart des destinations, sont proposées en fonction de la date d'achat ; plus la réservation est éloignée de la date de départ, plus la réduction est importante. Par ailleurs, une réduction de 10% sur les tarifs flexibles Eurolines est attribuée aux jeunes ainsi qu'aux seniors. *www.eurolines-pass.com* et *www.eurolines.eu*

## ALLER DANS LA RÉGION EN VOITURE

### formalités

Pour circuler dans l'Union européenne, munissez-vous des papiers du véhicule, de l'attestation d'assu-

### en voiture : distances, parcours et coûts

**JUSQU'À MONTPELLIER**

| Villes de départ | Distance | Durée | Autoroutes | Péages |
|---|---|---|---|---|
| **Bruxelles** | 1 030km | 10h30 | A30-A31-A6-A7-A9 | 55€ |
| **Genève** | 440km | 4h45 | A41-A48-A49-A7-A9 | 43€ |
| **Paris** | 750km | 7h30 | A10-A71-A75 | 43€ |
| **Marseille** | 170km | 2h | A7-A54-A9 | 10€ |
| **Strasbourg** | 795km | 7h45 | A35-A36-A31-A46-A7-A9 | 54€ |
| **Clermont-Ferrand** | 340km | 3h45 | A75 | 7€ |
| **Bordeaux** | 485km | 5h | A62-A61-A9 | 40€ |

rance, de votre permis de conduire et d'une carte d'identité nationale ou d'un passeport.

## ASSURANCES

Il n'y a pas de risque particulier à visiter la région, il n'est donc pas nécessaire de souscrire une assurance spécifique. Dans tous les cas, n'oubliez jamais que les sociétés de cartes de crédit (Gold, Visa, Eurocard Mastercard) proposent une assistance médicale automatiquement comprise dans le prix de la carte. Cependant, vous bénéficiez d'une assurance voyage uniquement si vous réglez votre séjour avec votre carte.
**Europ Assistance** *Tél. 01 41 85 93 65 www.europ-assistance.fr*
**Mondial Assistance** *Tél. 01 42 99 82 81 www.mondial-assistance.fr*



### pannes ou accidents de voiture

La majorité des contrats d'assurance automobile comprennent un service d'assistance en cas de panne ou d'accident, qui prend en charge les frais de remorquage et de dépannage, ainsi que les frais de rapatriement et/ou d'hébergement des passagers le temps des réparations (si le véhicule est immobilisé). Certaines compagnies participent également aux frais de location d'un véhicule de remplacement et proposent des options supplémentaires qui couvrent aussi les pannes d'essence, jusqu'alors non prises en charge.

### sports à risques

Si vous pratiquez des sports à risques, renseignez-vous bien auprès de votre mutuelle car certains ne sont pas couverts et demandent de souscrire une assurance spéciale ; d'où l'intérêt de les pratiquer sous la protection d'un club qui, lui, est assuré pour vous !

### perte et vol

**CARTE DE PAIEMENT** Quelle que soit votre carte, un seul numéro de téléphone pour la déclaration : 0892 705 705.

**CHÉQUIER** Pour faire votre déclaration, le Centre national d'appel chèques perdus ou volés est disponible 24h/24h au 0892 68 32 08. Et n'oubliez pas d'appeler immédiatement votre banque pour faire opposition !

**TÉLÉPHONE** Notez bien le numéro d'identification IMEI de votre appareil ; il s'affiche quand vous composez *#06# sur votre clavier et vous sera demandé par votre opérateur pour toute déclaration de perte ou de vol.

## BUDGET ET SAISONS TOURISTIQUES

Le budget d'un **hébergement** en Languedoc peut varier selon différents paramètres : le lieu, la saison ou encore le type d'établissement. Sur le littoral, il peut s'avérer plus difficile de se loger à petit prix en plein été, à moins d'opter

| GAMME DE PRIX | RESTAURATION | HÉBERGEMENT |
|---|---|---|
| Très petits prix | moins de 10€ | moins de 40€ |
| Petits prix | de 10 à 15€ | de 40 à 60€ |
| Prix moyens | de 15 à 25€ | de 60 à 80€ |
| Prix élevés | de 25 à 45€ | de 80 à 120€ |
| Prix très élevés | plus de 45€ | plus de 120€ |

pour le camping, une solution qui peut finalement se révéler plutôt bruyante, brûlante (car l'ombre s'y fait rare), parfois même venteuse... et surpeuplée. Le plus sage est de réserver à l'avance dans le petit hôtel convoité, ou bien d'opter pour un repli vers l'arrière-pays. Les campings y sont plus tranquilles et les autres formules d'hébergement (gîtes d'étape, chambres d'hôtes, hôtels) souvent moins onéreuses. En juillet et août, pensez tout de même à réserver : il n'y a rien de plus agaçant que d'errer pendant des heures pour trouver ou dormir, au lieu de se baigner ou de se promener... Pour se loger, le budget va de 18€ pour 2 personnes et un véhicule en camping, à 70€ en moyenne pour une chambre double confortable, avec l'alternative intermédiaire du gîte d'étape (environ 15€/pers.). Attention : plusieurs nuits consécutives sont exigées dans certaines chambres d'hôtes et côté **restauration**, la demi-pension est obligatoire dans certains établissements. Pour se nourrir correctement, il faut en général compter 15€ au minimum, et tabler plutôt sur 30€/pers. sur les terrasses de la côte.

### gamme de prix

Au fil des pages de votre GEOGuide, vous retrouverez une classification des différentes catégories d'hébergement et de restauration indexée sur les prix. Pour l'établir, nous nous sommes basés, d'une part, sur les prix estimés d'une chambre double (sans petit déj.), et d'autre part sur le prix d'un repas composé d'une entrée et d'un plat, ou d'un plat et d'un dessert, sans boisson, en haute saison.

## CARTES ROUTIÈRES

La carte de la région la plus récente et la plus agréable à lire est la carte IGN n°R17 Languedoc-Roussillon au 1/250 000. Elle permet une approche globale et panoramique claire, tout en étant très précise sur les itinéraires et sites traversés (index des localités au verso). Il existe également la Blay Foldex n°115 au 1/200 000, avec un index des communes et des sites touristiques qui peut s'avérer pratique. Michelin édite une carte régionale indéchirable au 1/200 000 (n°526) mais préférez celles au 1/150 000 (n°339 pour le Gard et l'Hérault). Plus détaillées encore sont les cartes touristiques locales Top 100 de l'IGN (1cm = 1km), où figurent les courbes de niveaux, les sentiers de grande randonnée (GR®) et de nombreux pictogrammes d'informations touristiques : monuments mais aussi sites d'escalade, pistes cyclables, golfs, etc.



## CHOISIR SON VIN

La région est un paradis pour les **amateurs de vin** : dans le Gard, les côtes-du-rhône, lirac, tavel, et costières-de-nîmes. Dans l'Hérault, les AOC faugères et saint-chinian ainsi que les douze communes de l'appellation coteaux-du-languedoc, mais aussi le minervois, sans oublier le muscat de Lune, cf. Les vins (p.31).

**www.vins-languedoc-roussillon.fr** Informations, actualités et cartes sur les vins, les cépages, les vignerons.

**www.terredevins.com** Toute l'actualité des vins.

## FÊTES ET MANIFESTATIONS

Ici le temps de la fête s'imprègne d'un mélange explosif de traditions culturelles tour à tour maritimes, rurales, musicales (musique classique ou world music), d'œnologie comme de gastronomie, d'identité occitane, de

## calendrier des fêtes et manifestations

| | |
|---|---|
| **Janvier** | **Journée de la truffe** 3e dimanche, Uzès |
| **Février** | **Carnaval** Mardi gras, Pézenas |
| **Mars** | **Festival du livre et de la bande dessinée** Bagnols-sur-Cèze |
| | **Fête des potiers à Pâques** Le Vigan |
| **Avril** | **Printival Bobby-Lapointe** Pézenas, www.printivalbobylapointe.com |
| | **Fêtes taurines** Jusqu'en octobre, Le Grau-du-Roi |
| **Mai** | **Arabesques Festival** Rencontre des arts du monde arabe, Montpellier. www.festivalarabesques.fr |
| | **Saperlipopette** Spectacles pour petits et grands au domaine d'O, Montpellier. www.domaine-do-34.eu |
| | **Festival nature du parc national des Cévennes** Jusqu'en octobre |
| | **Rencontres vigneronnes** Jusqu'en octobre, Minerve |
| **Mai/juin** | **Feria de Pentecôte** Nîmes |
| **Juin** | **Printemps des comédiens** Montpellier, www.printempsdescomediens.com |
| | **Fête de la Saint-Pierre** (fête des pêcheurs), Le Grau-du-Roi |
| | **Festival international du roman noir** Frontignan |
| | **Fête de la Saint-Pierre**, Bouzigues |
| | **Festival du dessin de presse** Palavas-les-Flots |
| **Tout l'été** | **Festival musique, terroirs et vins** Dans la région (rens. au CDT) |
| | **Joutes nautiques** Fin juin-fin août (finales pendant la semaine du 25 août), Sète |
| | **Les rencontres d'été de la Chartreuse** Jusqu'en août, V lleneuve-lez-Avignon |
| | **Les *Vindredis*** Festival vigneron, six vendredis, Bédarieux |
| | **Estiv'Alès** Alès |
| **Juillet** | **Fête de l'olivier** Bize-Minervois |
| | **Festival de Thau** Musiques du monde, étang de Thau |
| | **Festival de musique de l'abbaye de Gellone** Saint-Guilhem-le-Désert |
| | **Les Nuits musicales** Musiques anciennes et baroques, Uzès |
| | **Festival Voix Vives** Rencontres de poètes du monde entier. 9 jours en juillet, Sète |
| | **Festivals des Nuits de Sel** Danse contemporaine, Aigues-Mortes |
| | **Festival de musique classique : dans les églises et temples des villages** Le Vigan |
| **Mi-juillet** | **Festival interfolk 48** Langogne |
| | **Spectacles dans les villages** Vallée de l'Orb (rens. dans les OT) |
| | **Festival de jazz** Junas, www.jazzajunas.asso.fr |
| | **Festival de Radio France et Montpellier Languedoc-Roussillon** www.festivalradiofrancemontpellier.com |
| | **Festival pyromélodique "Les Nuits d'or"** Jusqu'à fin août, La Grande-Motte |
| **Fin juillet** | **Foire de la Madeleine** Beaucaire |
| | **Les Voix de la Méditerranée** Chanteurs, poètes et conteurs, Lodève, www.voixdelamediterranee.com |
| | **Festival Nomade des musiques du monde** 2e quinzaine de juillet, Pays d'Uzège |

| | |
|---|---|
| **Fin juillet/ début août** | **Festa d'Oc** Musique occitane et musiques du monde, Béziers |
| **Août** | **La Canourgue noire** La Canourgue |
| | **Festival vin et musique** Hérault |
| **Mi-août** | **Les Nuits d'O** Chaque nuit s'organise autour d'un thème (forêt, années 30, etc.) à travers concerts, films, bals et repas. Domaine d'O, Montpellier. 2e quinzaine d'août |
| | **Feria** Corridas, spectacles équestres, musiques et vins, etc., Béziers |
| | **Fête de Mèze** 3e et 4e semaine d'août, Mèze |
| | **Rencontres musicales internationales** Bagnols-sur-Cèze |
| | **Fête de la Saint-Gilles** Saint-Gilles |
| **Septembre** | **Feria des vendanges** Castries |
| | **Feria des vendanges** Nîmes |
| | **Terrabio** Remoulins |
| **Octobre** | **Les Internationales de la guitare** Montpellier |
| **Fin octobre/ début nov.** | **Cinémed, festival du cinéma méditerranéen** Montpellier, www.cinemed.tm.fr |
| **Novembre** | **Balade du primeur** Dans les caves, domaines et châteaux du Gard |
| | **Afrique à Bagnols** Bagnols-sur-Cèze |
| | **Fête des primeurs** 3e w.-e. de nov., Bagnols-sur-Cèze |
| | **Fête votive** Courses, abrivados, etc., Saint-Laurent-d'Aigouze |

PRATIQUE

théâtre ou d'histoire, ou encore de peinture ou de littérature... De janvier à avril, place aux carnavals et aux fêtes légendaires, dédiées à un saint patron. À la Pentecôte, la poussière se soulève dans les arènes et c'est la saison des ferias qui commence, dans un tourbillon de corridas, courses de taureaux et spectacles équestres. En été de nombreuses manifestations et des festivals sont organisés au bord de la mer comme dans l'arrière-pays. Les dates et programmes sont disponibles auprès des comités et offices de tourisme.

## HANDICAPÉS

Avant de vous rendre sur l'un des sites de visite, d'hébergement ou de loisirs de la région, assurez-vous qu'il a été aménagé pour vous accueillir. La plupart des musées et lieux de spectacles ont prévu des accès et circulations adaptés, de même que les hôtels récents. En ce qui concerne les sites escarpés (notamment en Lozère et dans les Cévennes, mais aussi, par exemple, Saint-Guilhem-le-Désert et les grottes), renseignez-vous par téléphone, ou bien auprès des différentes délégations départementales de l'Association des paralysés de France.

**APF** *17, bd Auguste-Blanqui 75013* ***Paris*** *Tél. 01 40 78 69 00 www.apf.asso.fr*
**APF départementales** ***Gard-Nîmes*** *265, chemin du Mas-de-Boudan Tél. 04 66 29 27 07 http://dd30.blogs.apf.asso.fr* ***Hérault-Montpellier*** *1620, rue de Saint-Priest Tél. 04 67 10 03 25 http://dd34.blogs.apf.asso.fr* ***Lozère-Mende*** *35, rue du Collège Immeuble Le Mazel Tél. 04 66 65 06 13*

## HÉBERGEMENT

### campings

C'est la solution la plus bucolique et la moins onéreuse, qui peut pourtant, dans les endroits très touristiques, imposer une promiscuité pesante.

**FFCC** La Fédération française de camping et caravaning édite chaque année un guide national très complet (17,40€ pou- les non-adhérents). *78, rue de Rivoli 75004* **Paris** *Tél. 01 42 72 84 08 www.ffcc.fr*

**Gîtes de France** Répertoire complet d'adresses de camping à la ferme disponible sur commande. *56, rue St-Lazare 75009* **Paris** *Tél. 01 49 70 75 75 www.gites-de-france.com*

**FUAJ** La Fédération des auberges de jeunesse propose elle aussi des nuitées en camping (guide à commander par correspondance). *Tél. 01 44 89 87 27 www.fuaj.org*

## auberges de jeunesse

Il en existe 4 en Languedoc et aux abords immédiats : Montpellier, Sète, Nîmes et Arles, au confort et au charme inégaux. Certaines sont situées dans des sites d'exception (surplombant la garrigue et la mer...), d'autres sont très excentrées et sinistres. Mais toutes ont l'avantage de ne pas coûter très cher (à partir de 12€ la nuit), une fois la carte d'adhésion acquise (7€ pour les moins de 26 ans et 11€ pour les plus de 26 ans). Guide par correspondance ou sur le site Internet.

**FUAJ (France)** *27, rue Pajol 75018* **Paris** *Tél. 01 44 89 87 27 www.fuaj.org*

## chambres d'hôtes, gîtes et fermes-auberges

**CHAMBRES D'HÔTES** Les chambres chez l'habitant peuvent se trouver dans de modestes demeures comme dans des manoirs élégants (sans jamais dépasser le nombre de 5 par établissement). Les tarifs varient donc en fonction du standing, mais toutes vous réservent un accueil personnalisé et de qualité, à partir de 40€ la nuit pour 2 pers. petit déjeuner inclus. Le site Internet des Gîtes de France en répertorie un grand nombre, mais il en existe d'autres dont les listes sont disponibles auprès des comités départementaux de tourisme et offices locaux. En réservant, pensez à demander si un service de table d'hôtes est assuré.

**GÎTES** La Fédération des gîtes de France propose, en plus de la chambre d'hôtes, 3 formules d'hébergement : le gîte rural, le camping à la ferme – cf. campings (p.41) – ou le gîte d'étape. Les gîtes ruraux, loués au week-end ou à la semaine, offrent une occasion de vivre "comme à la maison", dans des résidences individuelles ou mitoyennes meublées qui peuvent s'avérer pleines de charme, à la montagne, à la campagne ou au bord de la mer. Comptez au minimum 300€/semaine pour 4-5 pers. Les gîtes d'étape ou gîtes de séjour sont situés auprès des sites et sentiers de randonnées. À l'origine destinés aux marcheurs, VTtistes ou sportifs de tous poils, ils se révèlent idéaux pour les groupes qui souhaitent séjourner un week-end ou plus en étant autonomes et en disposant d'une cuisine. Le coût d'une nuitée s'élève à environ 15€. Enfin, attribué par le WWF en collaboration avec les Gîtes de France, le label Panda s'applique à certains hébergements situés dans un parc national ou régional.

**Gîtes de France** La fédération met en ligne sur son site Internet, pour certains départements, la liste des gîtes de Frances, des gîtes Panda, des gîtes d'étape ou de groupe. À partir de 3€ par téléchargement. *Tél. 01 49 70 75 75 www.gites-de-france.com*

**www.pour-les-vacances.com** Des pages spéciales Languedoc avec adresses et photos de chambres d'hôtes et de gîtes. *Tél. 09 64 07 44 17*

**FERMES-AUBERGES** Sur une initiative des chambres d'agriculture, cette autre formule s'apparente à celle des gîtes et propose des nuitées, avec

PRATIQUE

table d'hôtes et produits gourmands à déguster...

**Réseau Bienvenue à la ferme** *Tél. 01 53 57 11 50 www.bienvenue-a-la-ferme.com* **Gard** *Tél. 04 66 04 51 07* **Lozère** *Tél. 04 66 65 62 00*

### locations saisonnières

Vous pouvez louer à la semaine ou au week-end des appartements et maisons, entre particuliers notamment. Parmi les sites Internet qui proposent ces services, www.abritel.fr est l'un des plus fournis en offres, ainsi que www.locations-france.com, www.sejournet.com

### hôtels

**HÔTELLERIE CLASSIQUE** On trouve dans la région toute la gamme des hôtels, du modeste 2-étoiles aux établissements plus luxueux de type Relais du Silence (www.relaisdusilence.com) ou Relais et Châteaux (www.relaischateaux.com). Les premiers peuvent avoir gardé un air d'antan, avec peintures et mobilier des années 1950, ce qui leur confère un certain cachet ; d'autres ont été rénovés de façon moins esthétique, mais ils offrent souvent des emplacements intéressants, face à la mer ou sur des places de village animées. Dans des sites d'exception, les seconds proposent toutes les prestations de qualité pour un séjour haut de gamme, dans un décor raffiné. Entre les deux, consultez les listes et offres de séjour des comités départementaux de tourisme : ils négocient parfois des tarifs qu'ils combinent en formules "Découverte" avec chéquiers gourmands, passeports musées, etc., cf. Informations touristiques (p.43).

**HÔTELLERIE ÉCONOMIQUE** Les grandes chaînes d'hôtellerie économique sont représentées aux abords des grandes villes. Elles proposent 24h/24 des chambres standard, propres et fonctionnelles (pour 1, 2 ou 3 personnes), à des prix avantageux.

**Formule 1** À partir de 24€ la chambre (de 1 à 3 pers.). *Tél. 0892 685 685 www.hotelformule1.com*

**Ibis Budget Hotels** À partir de 29€ la chambre. *Tél. 0892 688 900 www.ibisbudget.com*

**Première Classe** À partir de 25€ environ la chambre. *www.premiereclasse.fr*

## INFORMATIONS TOURISTIQUES

### région

**Comité régional de tourisme du Languedoc-Roussillon** *L'Acropole 954, av. Jean-Mermoz 34000* **Montpellier** *Tél. 04 67 20 02 20 www.sunfrance.com*

### départements

**Comité départemental de tourisme du Gard** *3, rue de la Cité-Foulc 30010* **Nîmes** *Tél. 04 66 36 96 30 www.tourismegard.com*

**Comité départemental de tourisme de l'Hérault** *Av. des Moulins Cedex 4 34184* **Montpellier** *Tél. 04 67 67 71 71 www.herault-tourisme.com*

**Comité départemental de tourisme de la Lozère** *14B, bd Henri-Bourrillon 48000* **Mende** *Tél. 04 66 65 60 00 www.lozere-tourisme.com*

## MÉDIAS

### presse

**QUOTIDIENS** En kiosque chaque matin, *Le Midi libre* couvre l'intégralité de l'actualité de la région avec ses 26 éditions locales et ses suppléments sports, loisirs et économie. *La Dépêche du Midi* concerne essentiellement l'Aude mais sa diffusion déborde dans l'ouest de l'Hérault.

**www.midilibre.com** Pour retrouver le quotidien en ligne ainsi que de nombreuses informations touristiques (calendriers des manifestations, etc.).

**www.ladepeche.fr** Le quotidien accessible en ligne.

**HEBDOMADAIRES** *Le Midi libre* édite, le vendredi, un supplément *Midi libre loisirs* consacré au Languedoc. *La Gazette de Nîmes*, tout comme *La Gazette de Montpellier*, référencent, dans leur magazine du jeudi, les événements culturels et les lieux de sortie. La Lozère a également son heddomadaire : *La Lozère nouvelle*. *L'Hérault Tribune* se fait l'écho des informations municipales des villes d'Agde au Grau-du-Roi.



## télévision et radio

France 3 Sud a une programmation régionale, avec un bulletin d'informations tous les soirs avant 19h (avant 20h à Nîmes) et toute une gamme d'émissions diffusées essentiellement le week-end. Sur les ondes du littoral, on peut suivre l'actualité locale (informations générales, sportives et culturelles) sur Grand Sud FM (92.5 FM) ou sur l'antenne régionale de France Bleu Gard Lozère (www.francebleue.fr). Radio Escapade (www.radioesca pade.org) promeut les initiatives locales des Cévennes de de 7h à 22h, avec de vastes plages musicales. Partout ailleurs, on capte les antennes locales des radios nationales. Deux chaînes locales de télévision diffusent des informations sur le Languedoc : TV Sud (Gard, Hérault et sud de la Lozère) et Télé Draille (Cévennes, uniquement par Internet).

**www.france3.fr** Pour connaître la programmation détaillée.

**www.teledraille.org** Reportages sur les Cévennes.

# PLAGES

De sable fin ou de galets, ourlées de dunes ou de rochers, sauvages et naturistes ou aménagées... le bord de mer est ici un kaléidoscope que l'on découvre en fonction de ses envies du moment. Entre Agde et Port-Camargue, les plages de sable clair ou noir s'acoquinent avec des espaces sauvages de dunes, marécages et étangs. Au milieu, de solides îlots de tourisme et de fête – au Cap-d'Agde en particulier – mènent, dans quelques stations, un rythme trépidant. Les plages de Palavas sont plus longues et aérées que celles de La Grande-Motte : on s'y sent moins entassés en été... De la même façon, les plages de Port-Camargue sont plus larges que celles du Grau-du-Roi... Mais pour éviter la foule, il suffit parfois de venir plus tôt, ou plus tard ! Bains du matin et bains de minuit ont également leur charme...

**PLAGES NATURISTES** Pour pratiquer le naturisme en toute liberté, il existe de nombreuses plages, de Valras-Plage à l'Espiguette en passant par le Cap-d'Agde, Maguelone et bien d'autres.

**Fédération française de naturisme** *5, rue Regnault 93500* **Pantin** *Tél. 01 48 10 31 00 www.ffn-naturisme.com*

**Association régionale de naturisme en Languedoc-Roussillon** *i-06 Les Jardins de Vénus 1, rue de la Nature Port-Leucate 11370* **Leucate** *Tél. 09 75 68 98 22 www.languedoc-naturisme.com*

## climat et saisons

| | |
|---|---|
| **Saison touristique** | De mi-juin à fin septembre |
| **Ensoleillement** | Environ 2 600h/an |
| **Précipitations** | De 500 à 600mm/an sur le littoral<br>à plus de 2 000mm/an sur la barrière cévenole |
| **Vents** | Tramontane : 192j./an en moyenne<br>Mistral : 150j./an en moyenne |
| **Température de la mer** | 22°C (au maximum en été) |
| **Prévisions Météo-France** | 0899 71 02 (+ n° du département) ou 3250 |
| | www.meteofrance.com |

# QUAND PARTIR ?

Pour le farniente à la plage, le canoë en rivière ou une initiation au canyoning, choisissez impérativement l'été. Il faut en effet toute l'ardeur du soleil à son zénith pour chauffer les eaux du Tarn ou celles d'un littoral souvent rafraîchi par la tramontane. Mais, pour des virées amoureuses, des échappées culturelles ou des randonnées paisibles, préférez le printemps. C'est aussi à cette saison que le Languedoc s'adonne aux liesses des carnavals et de la semaine sainte. On fête les vendanges en septembre, du Minervois à la région nîmoise. L'hiver, il faut chausser les chaînes pour s'aventurer sur les hauts plateaux lozériens qui invitent au ski de fond et aux balades en raquettes.

# SÉCURITÉ ET DANGERS

## bulletins météorologiques

Au bord des rivières et torrents et en montagne, la première précaution à prendre avant de pratiquer toute activité est de consulter la météo. Météo France vous réserve ses bulletins quotidiens au 3250 ou au 08 99 71 02 suivi du numéro du département : 34 pour l'Hérault, 30 pour le Gard et 48 pour la Lozère. Vous pouvez aussi consulter le site www.meteofrance.com

## incendies

Évitez absolument de partir en randonnée à pied ou en kayak si des orages ou averses violentes sont annoncés, mais également en cas de mélange détonant de canicule et de vent violent : dans les garrigues, pinèdes et maquis, un incendie est vite arrivé... En général, évitez tout feu de camp en zone sèche, abstenez-vous de fumer et prévenez les pompiers (au 18 ou 112 d'un portable) au moindre soupçon de fumée.

# SPORTS ET LOISIRS

## randonnée pédestre

**LE RÉSEAU DES SENTIERS** Les GR®, sentiers de grandes randonnées, sont balisés en rouge et blanc. Ces itinéraires, le plus souvent linéaires, sont complétés par les GRP® (grandes randonnées de pays, balisage jaune et rouge) qui forment des boucles. Enfin, les PR® (promenade et randonnée, balisées d'un trait jaune) sont des marches qui ne dépassent jamais 6h et sont donc accessibles à tous. Les sentiers sont recensés par les CDT et les offices de chaque localité, et répertoriés dans leurs brochures spéciales, avec balisage et tracé. Les portions des GR® sont répertoriées pour leur part dans des guides spécifiques, édités par la Fédération française de randonnée pédestre (FFRP) et ses comités départementaux. Le topo-guide "Le Languedoc-Roussillon... à pied autour des voies historiques", édité en partenariat entre le Comité régional de tourisme et la Fédération française de randonnée pédestre, est vendu en librair e (13,80€).

**EN INDIVIDUEL** Les chemins, sentiers et itinéraires s'entrecroisent et s'emmêlent pour vous offrir des parcours singuliers, aussi multiples que variés, de longueurs et de difficultés diverses, ouverts aux goûts et choix de chacun. Pour les plus sportifs, quelques sommets se hissent sur la pointe des pieds : les monts Lozère (1 699m) et Aigoual (1 567m), le pic de Nore (1 211m, point culminant de la Montagne noire) ou encore le pic Saint-Loup (659m). Les randonneurs confirmés peuvent organiser de beaux parcours sur plusieurs jours avec des étapes tel le GR®70 ou chemin Stevenson (252km au total). Les sentiers de découverte - balisés par le parc national des Cévennes, par les parcs régionaux, par l'ONF ou les communes - sont moins longs (ils s'effectuent en quelques heures) et accessibles à tous. Ils sont tantôt culturels, tantôt botaniques ou historiques.

**Fédération française de randonnée pédestre** *64, rue du Dessous-des-Berges 75013* **Paris** *Tél. 01 44 89 93 90 www.ffrandonnee.fr*

**Comités départementaux** ***Gard*** *Tél. 04 66 74 08 15 http://gard.ffrandonnee.fr* ***Hérault*** *Tél. 04 67 41 78 58 http://herault.ffrandonnee.fr* ***Lozère*** *ffrandonnee48@orange.fr*

**AVEC ACCOMPAGNEMENT** De nombreux prestataires et associations répertoriés par les CDT proposent, localement, d'organiser des journées ou séjours de randonnée à pied, avec un âne ou un véhicule pour le portage des sacs. Les grands voyagistes spécialistes du trekking et du voyage à pied offrent, pour leur part, des semaines thématiques dans la région, en hiver comme en été (à pied ou en raquettes), combinées avec des étapes gourmandes, des visites culturelles, picturales ou musicales, des soins de thalassothérapie ou des navigations en péniche sur le canal du Midi.

**Chemins du Sud** *Tél. 04 90 09 06 06 www.cheminsdusud.com*

**Terres d'Aventure** *Tél. 0825 700 825 www.terdav.com*

**Atalante** *Tél. 04 72 53 24 80 www.atalante.fr*

**Chemins du Sud** *Tél. 04 90 09 06 06 www.cheminsdusud.com*

**CONSEILS** Selon la typologie du terrain que vous empruntez, veillez à ne pas glisser, tomber dans un trou ou buter contre un obstacle bien caché. Autrement dit, soyez attentif et vigilant, et ouvrez grands les yeux, surtout si vous êtes avec des enfants. L'idéal pour pratiquer des activités en terrain accidenté est de se faire accompagner par un guide de randonnée ou un moniteur sportif.

**CARTES** Pour la randonnée, les cartes les plus adaptées sont les cartes Top 25 au 1/25 000 (1cm = 250m) avec mention des sentiers, refuges et aires de camping, toutes éditées par l'IGN.

## randonnée équestre

Chacun des cinq départements de la région dispose de plusieurs milliers de kilomètres d'itinéraires réservés aux cavaliers. Promenades sur les plages, cavalcades en Camargue, dans les Cévennes, les causses... Les lieux pour pratiquer ne manquent pas : clubs, centres et fermes équestres pullulent en bord de mer comme dans l'arrière-pays. Ils proposent des promenades à la journée, des cours et des séjours d'initiation ou de perfectionnement pour tous les niveaux, pour adultes et enfants, et certains, des randonnées sur plusieurs jours.

**Fédération française d'équitation** *www.ffe.com*

**Comité régional de tourisme équestre** Sur le site Internet sont répertoriées les randonnées, balades et promenades par zone géographique ainsi que les coordonnées des clubs et gîtes. *www.telr.net*

**Comités départementaux** *Gard Tél. 06 07 25 52 52* ***Hérault*** *Tél. 06 03 08 10 46* **Lozère** *Tél. 04 66 48 53 71*

## cyclotourisme

Sillonner la région en deux-roues est un plaisir qui se décline sur vélo de route ou sur VTT, le long des voies aménagées ou des sentiers. Pas moins de 332km de pistes cyclables relient Beaucaire à Cerbère : on peut ainsi rouler au bord du littoral du Languedoc-Roussillon tout en étant à l'abri des voitures.

**Ligue de cyclotourisme du Languedoc-Roussillon** *Tél. 04 68 86 25 13 ou 06 70 31 51 84 http://languedoc-roussillon.ffct.org*

**Comités départementaux** *Gard Tél. 04 66 27 53 59 ou 06 70 02 70 63* ***Hérault*** *Tél. 06 80 62 59 74* ***Lozère*** *Tél. 04 66 65 16 30 ou 06 30 90 42 64*

## golf

Le Languedoc compte 14 golfs (dont 7 dans l'Hérault), mais tous n'ont pas de parcours 18 trous. Les compacts et les 9 trous permettent néanmoins de s'entraîner et de se faire plaisir, même s'ils n'offrent pas les mêmes qualités de longueur et de tactique de jeu que les grands terrains. Un Golf Pass propose, pour 210€, 5 *green fees* valables dans certains golfs (pour un seul et même joueur). Consultez les coordonnées des golfs sur Internet, en visualisant tous les parcours et informations techniques.

**Ligue régionale de golf** *Tél. 04 66 68 22 62 ou 06 77 11 64 32 www.liguegolflanguedocroussillon.org*

**Comités départementaux** *Gard Tél. 04 66 68 22 62* **Aude** *Tél. 04 68 65 11 27* **Lozère** *Tél. 04 66 32 88 17*

## escalade

Pour crapahuter à flanc de rocher, les parois de la région sont autant de voies royales vers le paradis. Il y en a pour tous les niveaux, des débutants aux plus chevronnés. Pour les enfants, de nombreuses via ferrata faciles d'accès ont été aménagées dans la région, notamment autour de Nîmes... Sur celles du Caroux, de Navacelles ou de la Séranne, dans l'Hérault, on se fait battre le cœur un peu plus fort, et dans les gorges de l'Hérault ou de la Cesse, c'est encore beaucoup de plaisir. En Lozère, les gorges de la Jonte donnent un vertige délicieux.

**Fédération française de la montagne et de l'escalade** *Tél. 01 40 18 75 50 www.ffme.fr*

**Comité régional Languedoc-Roussillon** *www.crlr-ffme.fr*

**Comités départementaux** *Gard Tél. 06 20 54 01 28* ***Hérault*** *Tél. 04 67 41 78 16* **Lozère** *Tél. 04 66 42 93 47*

## plongée sous-marine

**SITES** Sur les fonds sableux du littoral languedocien, quelques épaves permettent de découvrir la plongée et de se faire plaisir sans trop s'effrayer.

**CLUBS** Pour choisir un club, le seul critère objectif est aussi le plus sub-

PRATIQUE

jectif : le courant qui passe, ou ne passe pas, entre vous et l'encadrement. C'est primordial, surtout pour les débutants : dans l'eau, votre vie dépend du moniteur qui vous guide ! C'est moins important pour les "autonomes", quoiqu'ils doivent se méfier des instructeurs qui ne les mettent pas assez en garde contre l'envie de "taper" les 60m (profondeurs communes en Méditerranée) et ne leur expliquent rien sur la plongée qu'ils vont réaliser. Comptez 40€ la plongée (sans location d'équipement) et 45€ le baptême environ. L'accident est très rare, mais ses conséquences sont souvent très graves. Autant ne pas se tromper de club. Il existe deux types de structures : les clubs affiliés à la FFESSM (Fédération française de plongée) et les clubs adhérents des associations américaines (Padi, Naui, SSI). Les premiers sont plus adaptés pour la formation de plongeurs autonomes et les seconds parfaits pour débuter. Le baptême se fait dans moins de 5m d'eau, pendant au maximum une demi-heure, avec un moniteur qui prend son temps... et parfois tient la main de son élève angoissé !

**Fédération française d'études et de sports sous-marins** *Tél. 04 91 33 99 31 www.ffessm.fr*

**FFESSM Pyrénées-Méditerranée** *Tél. 05 31 61 53 70 www.ffessmpm.fr*

**Comités départementaux** *Aude contact.codep11@ffessmpm.fr* ***Hérault*** *secretariat.codep34@gmail.com*

## spéléologie

Les apprentis spéléologues peuvent se réjouir : l'eau s'est infiltrée avec malice dans toutes les roches de la région... Des Cévennes au massif de l'Espinouse et jusqu'à l'Aubrac, le réseau souterrain égrène ses grottes et rivières cachées, ainsi que quelques belles cavités, qui s'abordent avec des moniteurs diplômés, garants de votre sécurité. Safaris souterrains, initiation et stages à volonté, dans les très nombreux clubs et écoles de la région. De belles journées en perspective.

**Fédération française de spéléologie** *Tél. 04 72 56 09 63 http://ffspeleo.fr*

**Comité régional de spéléologie** *Tél. 04 67 76 99 89 paul.redon@wanadoo.fr*

**Comités départementaux** *Gard Tél. 04 66 23 64 97 ou 06 08 98 03 44 http://cds30.fr* ***Hérault*** *http://cds34.free.fr* ***Lozère*** *Tél. 04 66 45 75 12 ou 06 76 18 34 72 http://speleo-lozere.com*

## sports d'eau vive

**CANOË-KAYAK** À coup de pagaies, vous passerez sous le pont du Gard, descendrez gorges, canyons et défilés le long de nombreux cours d'eau : Orb, Cèze, Hérault, Gardon, mais aussi Tarn et Lot, dangereux dans leur cours supérieur, mais bien plus paisibles dans leur cours inférieur. À moins que vous ne préfériez les grands espaces calmes et plats comme les étangs et canaux de la Camargue, au milieu de nuées d'oiseaux...

**Comité régional de canoë-kayak** *Tél. 04 67 82 16 63 www.crck.org/languedocroussillon*

**Comités départementaux** *Gard Tél. 04 66 02 08 91* ***Hérault*** *Tél. 04 67 41 78 40* ***Lozère*** *Tél. 04 66 49 25 97*

**RAFTING, NAGE ET HYDROSPEED** Sensations fortes garanties sur le cours du haut Allier, dans les environs de Langogne, de même que dans les gorges du Tarn. Spectacle splendide.

## sports nautiques

**VOILE** Sur les rives des lacs et sur les plages, tous les types d'embarcation se louent, à l'heure, à la journée, au week-end ou à la semaine : planche

à voile, petit catamaran et dériveur, ou plus grand voilier... Avec moniteur ou skipper pour les plus novices, et en toute liberté pour les autres, qui doivent toutefois respecter quelques précautions par vent fort. Pour les locations de voiliers et autres sorties en mer, voir les offices de tourisme.
**Ligue régionale de voile** *Tél. 04 67 50 48 30 www.ffvoilelr.net*
**Comités départementaux** *Gard Tél. 06 85 76 97 01* **Lozère** *Tél. 06 85 76 97 01* **Hérault** *Tél. 06 77 64 26 69*

**PLANCHE À VOILE** Les plans d'eau plats des lacs et étangs sont parfaits pour s'initier. Pour les mordus de fun-board, les vastes étendues maritimes offrent plus de possibilités... mais aussi plus de dangers, surtout par vent de terre ! Liste des clubs sur le site de la Fédération française de voile.
**Fédération française de voile** *www.ffvoile.fr*

**KITESURF** Un sport de glisse en vogue, très impressionnant pour les débutants et les spectateurs médusés... Les plans d'eau fermés peuvent être plus rassurants pour débuter, en particulier ceux dont la profondeur ne dépasse pas 1m, parfaits pour tomber et remonter sans s'épuiser (par exemple l'étang de l'Or, à partir de la base de Mauguio dans l'Hérault). Pour s'élancer vers le large, les nombreux centres du littoral louent tout l'équipement nécessaire. Il y a également une école de kitesurf à Frontignan. Coordonnées des sites et clubs sur Internet ou auprès de la Ligue de vol libre dont dépend cette activité qui se pratique entre air, terre et mer, cf. vol libre, ci-après.

## vol libre

**PARAPENTE, DELTA, CERF-VOLANT DE TRACTION** Voler sans moteur, juste porté par le souffle du vent ou les courants d'air ascendant, peut être grandiose dans les Cévennes, au-dessus du cirque de Mourèze ou de celui, vertigineux, de Navacelles. Il existe, en Lozère, un site plus adapté que les autres pour apprendre à décoller et atterrir : Ispagnac-Paros, près de Quézac.
**Fédération française de vol libre** *Tél. 04 97 03 82 82 http://federation.ffvl.fr*
**Ligue de vol libre du Languedoc-Roussillon** *Tél. 04 67 55 75 74 www.lvllr.net*

**PARACHUTISME** Pour s'initier, suivre un stage ou simplement s'informer, commencer par visiter le site de la Ligue, puis celui du centre de Pujaut (Gard), le plus développé de la région.
**Fédération française de parachutisme** *Tél. 01 53 46 68 68 www.ffp.asso.fr*
**Ligue de parachutisme sportif du Languedoc-Roussillon** *Tél. 06 10 16 87 55*
**École française de parachutisme de Pujaut Languedoc-Méditerranée** *Aérodrome de Pujaut Tél. 04 90 26 41 83 www.skydive-pujaut.com*
**Para Club du Gard** École de parachutisme de Nîmes. *Aérodrome de Nîmes-Courbessac 30000* **Nîmes** *Tél. 04 66 23 52 59 ou 06 10 14 28 33 http://paraclubdugard.com*

## sports d'hiver

Pour combiner neige et soleil, les paysages de Lozère sont bien agréables pour glisser, en ski alpin parfois mais surtout en ski de fond. Sans oublier les raquettes : cette alternative est idéale pour parcourir les plateaux des causses. Dans la région, de nombreux clubs et guides accompagnateurs proposent, à partir des offices de tourisme locaux, des balades à la journée. La Fédération française de

PRATIQUE

ski regroupe toutes les activités, avec coordonnées des clubs et descriptifs des stations.

**Fédération française de ski** *Tél. 04 50 51 40 34 www.ffs.fr*

**Comité régional** *Cévennes et Languedoc Tél. 04 67 82 16 77 (Hérault, Gard et Lozère) http://skicevennes languedoc.free.fr*

### pêche

En mer ou en rivière, les amateurs trouveront dans la région de quoi se faire plaisir. N'oubliez pas les permis pour la seconde option, les contrôles sont fréquents.

**www.unpf.fr** Site de la Fédération de la pêche en France qui présente toutes les informations sur la pratique de la pêche dans tous les départements français.

**www.lozerepeche.com** Tout sur la pêche en Lozère, les sites, les parcours *"no kill"* et les coordonnées de guides de pêche.

**www.pecheherault.com** Tout sur la pêche dans l'Hérault.

## THERMALISME ET THALASSOTHÉRAPIE

Eaux de source riches en propriétés curatives, eaux de mer revitalisantes et régénératrices... Faites votre choix selon vos besoins en matière de santé : cicatrisation, soins des rhumatismes, des voies respiratoires, du stress... ou bien selon vos envies : remise en forme, détente, minceur... Des Cévennes au littoral, vous trouverez une multitude d'établissements de thermalisme ou de thalassothérapie qui vous proposeront des formules à la journée, au week-end ou à la semaine. Vous obtiendrez les listes complètes auprès des comités départementaux de tourisme. Il existe également des réseaux spécialisés et, bien sûr, des voyagistes qui vous proposeront à leur tour leur sélection, avec ou sans hébergement. Les centres de thalasso du littoral sont présents de Valras-Plage à Port-Camargue, en passant par La Grande-Motte.

**Centre d'informations thermales** *Tél. 0811 90 80 80 www.medecinether male.fr www.afreth.org*

**Allô Thalasso** *Tél. 01 53 21 86 11 www. allo-thalasso.com*

## TOURISME FLUVIAL

Découvrir la région du pont d'une péniche ou d'un bateau est un luxe très accessible : les embarquements de groupe à la journée et les locations de bateaux sans permis s'effectuent à Beaucaire, Saint-Gilles, Agde et Sète. À la vitesse ronronnante de 10 à 30km/h, ils vous feront glisser le long des rivières et canaux : canal du Midi (cf. Canal du Midi : amarres fixez, amarres larguez ! p.394), canal d'Agde à Sète, Petit Rhône et Petite Camargue... Tous les itinéraires et documentations sont disponibles auprès des CDT.

**Locaboat Holidays** *Tél. 03 86 91 72 72 www.locaboat.com*

**Les Canalous** *Hérault* ***Agde*** *Tél. 03 85 53 76 74 www.canalous-plaisance.fr*

## TRANSPORTS INTÉRIEURS

### transports en commun

**TRAIN** Le réseau des TER (trains express régionaux) permet de longer tout le littoral jusqu'à Nîmes, d'où l'on peut se rendre à Aigues-Mortes et au Grau-du-Roi par une ligne TER. De Béziers on remonte aisément jusqu'à la Lozère, tout comme de Nîmes en traversant Alès et les Cévennes.

**SNCF** *Tél. 3635 www.ter-sncf.com*

PRATIQUE

**CAR** De nombreuses compagnies d'autocars sillonnent la région : dans certains départements, elles sont près d'une dizaine à se répartir les secteurs. Les horaires et itinéraires sont disponibles auprès des OT et des gares routières, mais aussi des gares SNCF.

### transports individuels

**RÉSEAU ROUTIER** Un grand axe routier principal traverse d'un bout à l'autre la plaine littorale : c'est l'autoroute A9, dite la Languedocienne. S'y greffe l'axe poursuivant vers l'ouest, l'autoroute A61 de Narbonne à Toulouse via Carcassonne, et celui remontant vers le nord : l'A75 vers Clermont-Ferrand par Pézenas, Clermont-l'Hérault et Lodève, cf. Aller dans la région en voiture (p.37). Un réseau de routes nationales permet ensuite de rejoindre les villes importantes, sur le littoral comme dans l'arrière-pays. Puis c'est un entrelacs de routes départementales, autant d'occasions de s'imprégner du charme des lieux, dans les garrigues et la montagne comme au pays cathare.

**LOCATION DE VOITURES** Toutes les grandes sociétés de location ont leurs agences principalement dans les grandes villes et dans les aéroports.
**Ada** *Tél. 0825 169 169 www.ada.fr*
**Avis** *Tél. 0821 23 07 60 www.avis.fr*
**Europcar** *Tél. 0825 358 358 www.europcar.fr*
**Hertz** *Tél. 0825 861 861 www.hertz.fr*

## URGENCES

D'un téléphone portable, même sans réseau ni forfait, un seul numéro, le 112.
**Samu** *Tél. 15*
**Police** *Tél. 17*
**Pompiers** *Tél. 18*

## VISITES

### milieux naturels

**ORNITHOLOGIE** Toujours en quête de zones humides tranquilles pour se nourrir et se reposer, les oiseaux ont inscrit la région au palmarès de leurs escales et lieux de vie favoris. Pour découvrir la magie du peuple migrateur, le printemps et l'automne sont des saisons privilégiées, en Petite Camargue comme au bord de tous les étangs côtiers en particulier. Pour être accompagné ou orienté, adressez-vous aux associations et groupes ornithologiques de la région : ils organisent tous types de sorties sur le terrain.
**LPO *Hérault*** *Tél. 04 67 78 76 24 www.lpo.fr*
**Centre ornithologique du Gard** *Tél. 04 66 63 85 74 www.cogard.org*
**ALEPE (Association lozérienne pour l'étude et la protection de l'environnement)** *Montée Julhers 48000* ***Balsièges*** *Tél. 04 66 47 09 97 http://lozere.alepe.over-blog.com*

**PARCS ET JARDINS** Le dynamisme d'une poignée d'amoureux des jardins

PRATIQUE

### Tableau kilométrique

| | Béziers | Le Vigan | Lodève | Mende | Montpellier | Nîmes |
|---|---|---|---|---|---|---|
| **Lodève** | 64 | 53 | | | | |
| **Mende** | 201 | 102 | 144 | | | |
| **Montpellier** | 68 | 63 | 53 | 173 | | |
| **Nîmes** | 118 | 80 | 106 | 145 | 52 | |
| **Villeneuve-lez-A.** | 157 | 132 | 145 | 172 | 93 | 43 |

nous permet, année après année, de découvrir des merveilles habituellement cachées derrières palissades et murets. L'association Praedium Rusticum assure la coordination du Temps des jardins, un événement qui a lieu du 1er mai au 31 octobre et qui voit s'enchaîner visites et animations dans les jardins publics et privés. Informations et calendrier par téléphone ou sur Internet.

**Praedium Rusticum, Association des parcs et jardins du Languedoc-Roussillon** *Château de Flaugergues 1744, av. Albert-Einstein 34000* ***Montpellier*** *Tél. 04 99 52 66 39 www.jardins languedoc.com*

**SENTIERS D'OBSERVATION ET D'INTERPRÉTATION DES PAYSAGES** Les nombreux sentiers aménagés dans le parc naturel régional du Haut-Languedoc et dans le parc national des Cévennes permettent d'être attentif à la faune et à la flore mais aussi à l'architecture, aux sols, aux rapports entre l'homme et la nature… Renseignez-vous auprès des offices de tourisme ou des nombreux points infos répartis dans les parcs nationaux. La documentation y est complète.

**Parc national des Cévennes** *Château de Florac 6bis, place du Palais 48400* ***Florac*** *Tél. 04 66 49 53 01 www.cevennes-parcnational.fr*

**Parc naturel régional du Haut-Languedoc** *Maison du Parc BP 9 34220* ***Saint-Pons-de-Thomières*** *Tél. 04 67 97 38 22 www.parc-haut-languedoc.fr*

## musées et expositions

**DRAC Languedoc-Roussillon** Pour connaître l'actualité et le programme des activités des associations de mise en valeur, d'étude et de protection du patrimoine culturel de la région, vous pouvez contacter la direction régionale des Affaires culturelles ou visiter son site Internet. *Tél. 04 67 02 32 00 www.culturecommunication.gouv.fr*

## itinéraires thématiques

Le Languedoc se prête bien à la découverte thématique et les professionnels du tourisme ont su mettre en valeur des itinéraires et les baliser parfaitement : routes des vins du Minervois ou encore art roman, fournissant pour certains des plaquettes informatives que vous trouverez sur place dans les offices de tourisme ou que vous pouvez demander avant votre départ auprès du comité régional de tourisme, cf. Informations touristiques (p.43).

**http://languedocroussillon.free.fr** Le site de BEL'R (Bienvenue en Languedoc-Roussillon). Informations générales sur la région, puis département par département, avec liste d'infos utiles et contacts divers.

GEOREGION



# MONTPELLIER ET SES ENVIRONS

V

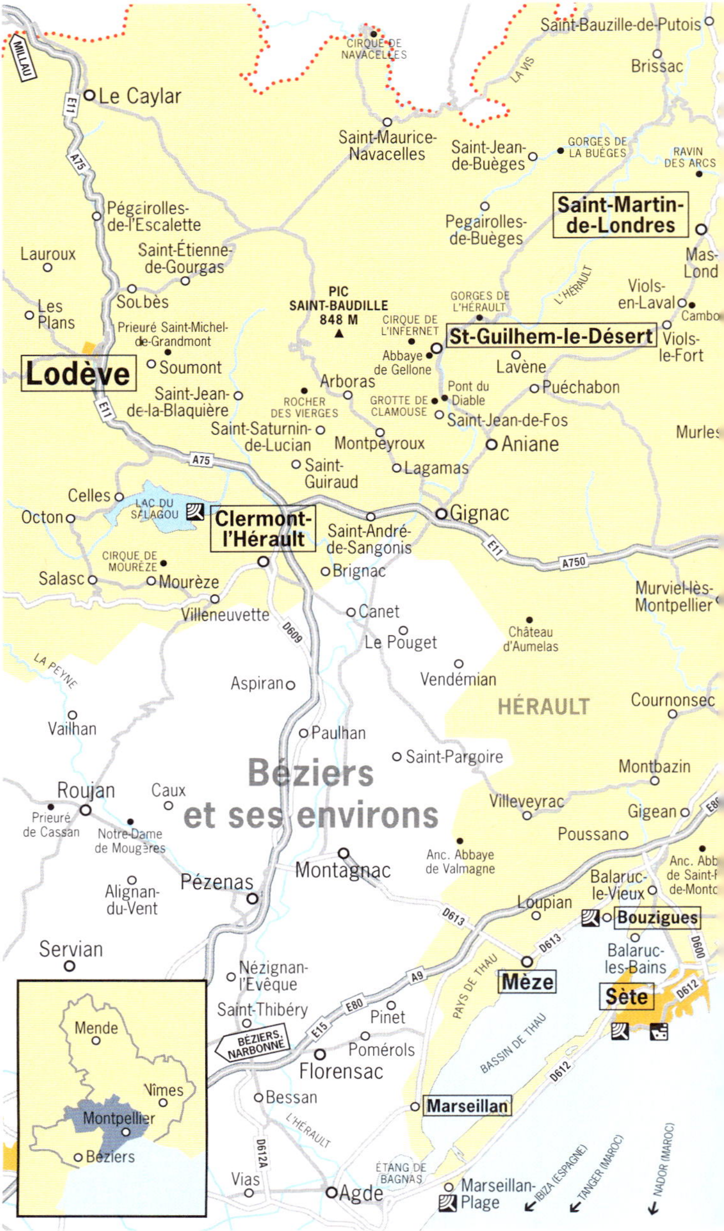
MILLAU
E11
A75
Le Caylar
CIRQUE DE NAVACELLES
Saint-Bauzille-de-Putois
Brissac
LA VIS
Saint-Maurice-Navacelles
Saint-Jean-de-Buèges
GORGES DE LA BUÈGES
RAVIN DES ARCS
Pégairolles-de-l'Escalette
Pegairolles-de-Buèges
Saint-Martin-de-Londres
Lauroux
Saint-Étienne-de-Gourgas
Mas-Lond
Les Plans
Soubès
PIC SAINT-BAUDILLE 848 M
L'HÉRAULT
Viols-en-Laval
Cambo
GORGES DE L'HÉRAULT
Prieuré Saint-Michel-de-Grandmont
CIRQUE DE L'INFERNET
St-Guilhem-le-Désert
Viols-le-Fort
Lodève
Soumont
Abbaye de Gellone
Lavène
Arboras
Saint-Jean-de-la-Blaquière
ROCHER DES VIERGES
GROTTE DE CLAMOUSE
Pont du Diable
Puéchabon
Saint-Jean-de-Fos
Saint-Saturnin-de-Lucian
Montpeyroux
Aniane
Murles
A75
Saint-Guiraud
Lagamas
Celles
LAC DU SALAGOU
Octon
Clermont-l'Hérault
Gignac
Saint-André-de-Sangonis
E11
A750
CIRQUE DE MOURÈZE
Salasc
Mourèze
Brignac
Murviel-lès-Montpellier
Villeneuvette
Canet
D609
Le Pouget
Château d'Aumelas
LA PEYNE
Vendémian
Aspiran
HÉRAULT
Cournonsec
Vailhan
Paulhan
Saint-Pargoire
Béziers et ses environs
Montbazin
Roujan
Caux
Villeveyrac
Gigean
Prieuré de Cassan
Notre-Dame de Mougères
Poussan
Anc. Abbaye de Valmagne
Montagnac
Alignan-du-Vent
Pézenas
Balaruc-le-Vieux
Anc. Abb de Saint-F de-Monte
D613
Loupian
Bouzigues
Servian
PAYS DE THAU
D613
Balaruc-les-Bains
Nézignan-l'Evêque
Mèze
A9
Sète
D612
D600
Saint-Thibéry
E80
Pinet
BÉZIERS, NARBONNE
E15
Poméros
Florensac
BASSIN DE THAU
D612
Mende
Nîmes
Montpellier
Béziers
Bessan
Marseillan
L'HÉRAULT
D612A
ÉTANG DE BAGNAS
Vias
Agde
Marseillan-Plage
IBIZA (ESPAGNE)
TANGER (MAROC)
NADOR (MAROC)

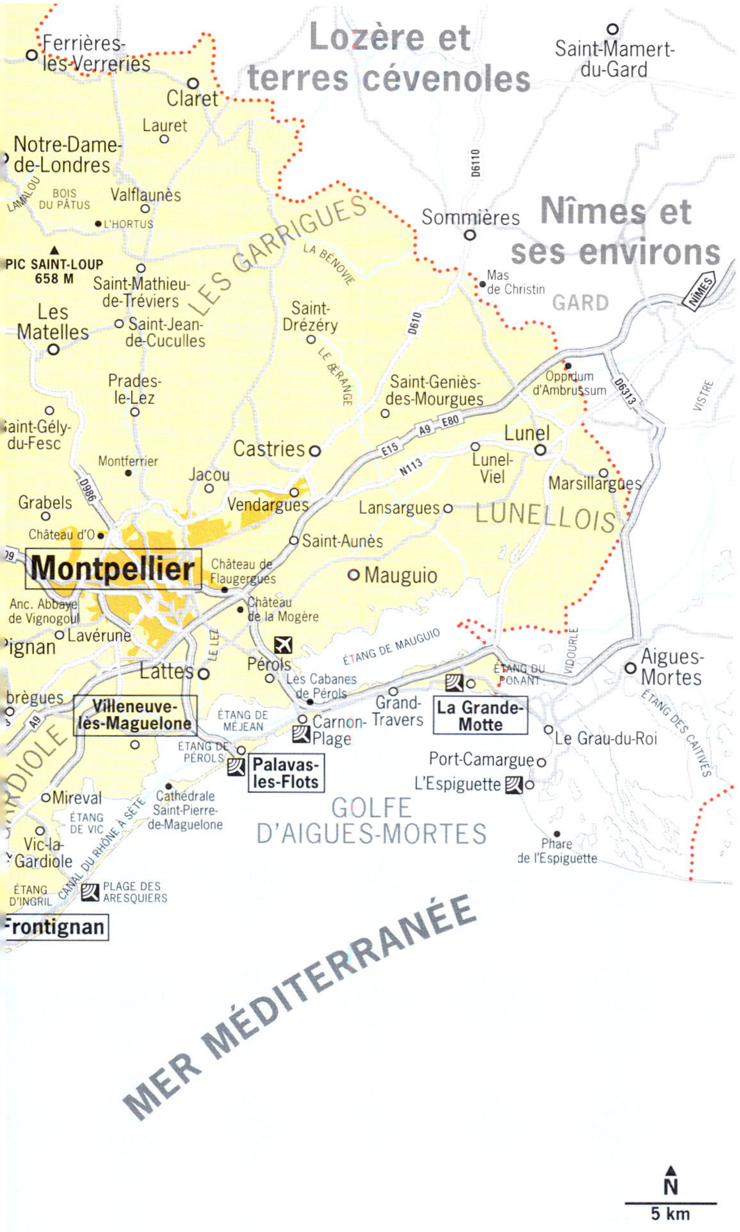


MONTPELLIER ET SES ENVIRONS

# ★ MONTPELLIER

34000

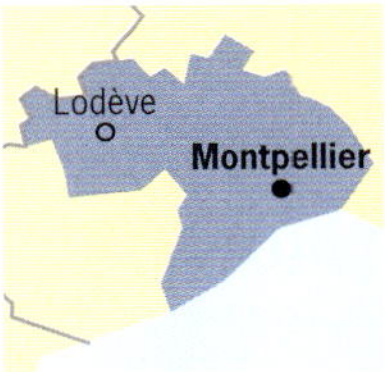


**En arrivant à Montpellier, il faut choisir sa clé : histoire, architecture, médecine, religion... Ou bien les prendre toutes et, le trousseau à la ceinture, arpenter la ville au gré de ses passions : ici l'amateur d'art et l'érudit confirmé, le scientifique et le poète, le flâneur et même le passionné de shopping finissent par se retrouver au coin d'une ruelle, l'œil éclairé d'une étrange lumière... Là réside le charme de la ville : il opère parfois sans qu'on y prenne garde, alors que sur la place de la Comédie le tintamarre gronde et que depuis une heure on tourne en rond sans retrouver la sortie... On peste et on s'assied sur une marche, au bord d'une petite place posée là comme par magie, avant de se calmer doucement. Alors Montpellier révèle ses vrais visages – tout en contrastes, en oppositions – et on l'aime telle qu'elle est.**

**LA GRIFFE DE L'HISTOIRE** Montpellier a été fondée à l'initiative de la famille Guilhem autour de 1040. Les échanges commerciaux s'effectuent à partir du port de Lattes et la population augmente à vue d'œil. En 1204, un mariage fait passer la ville dans le domaine du royaume d'Aragon puis, en 1349, elle est cédée au roi de France. Outre son commerce avec l'Orient, Montpellier est déjà réputée pour ses écoles de médecine, réunies au XIII$^{e}$ siècle en Faculté. Les chirurgiens les plus prestigieux y font carrière et attirent à eux moult vocations, donations, protections. De cette époque on retrouve bien sûr les bâtiments de la faculté, quelques tronçons des anciennes fortifications, et un exceptionnel bain rituel juif – le *mikvé*.

**UN LABORATOIRE D'ARCHITECTURE** La diversité architecturale de la ville saute aux yeux : des XVII$^{e}$ et XVIII$^{e}$ siècles flamboient encore nombre d'hôtels particuliers, sobres en façade et splendides dès le porche passé. Cours ouvragées, escaliers monumentaux et élégance partout accrochée, les belles demeures prennent leurs aises sur les solides fondations médiévales dont résistent, ici et là, une fenêtre à meneaux, une voûte en ogive. À cette époque, la ville se remet des sanglants conflits entre catholiques et protestants qui ont entraîné la destruction quasi complète

## Carte d'identité de "Montpellier et ses environs"

| | |
|---|---|
| **Département** | Hérault (34), 6 101km$^2$ (1 100 000 hab.) |
| **Ville principale** | Montpellier (260 600 hab.) |
| **Informations touristiques** | CDT 04 67 67 71 71 OT Montpellier 04 67 60 60 60 |
| **Espace protégé** | Réserve naturelle de l'étang de l'Estagnol |
| **Lieux de baignade** | Plages du Petit et du Grand Travers (Carnon-Plage), plage de La Grande-Motte, plage des Aresquiers (Villeneuve-lès-Maguelone), plage de la Corniche (Sète), plage de Frontignan, miniplage de Bouzigues (étang de Thau) |

des églises : en 1622, la place forte huguenote capitule et Louis XIII fait construire une citadelle, dont il ne reste aujourd'hui que quelques vestiges, qui dissuadera les protestants de toute nouvelle rébellion… Au XIXe siècle, des émules d'Haussmann y tracent de larges boulevards aux massives façades. Puis, à la fin du XXe siècle, Montpellier se réveille et, à l'initiative de Georges Frêche (1938-2010), maire de 1977 à 2004, des architectes du monde entier – le Catalan Bofill en particulier, mais aussi Portzamparc, Chemetov, Huidobro et bien d'autres – inventent de nouvelles formes et révolutionnent la cité : ainsi naissent le centre commercial du Polygone, l'opéra du Corum, les quartiers d'Antigone, ponctués d'une médiathèque translucide et, plus récents, ceux de Port-Marianne, le long du Lez. Cette ébullition architecturale de grande ampleur a repris de plus belle depuis ces dernières années : après le très moderne stade de rugby Yves du Manoir (Cervantès, Bonon, Gal, 2007), voici la gigantesque salle de spectacle Arena (A+ Architecture, 2010), l'hôtel de ville de Montpellier (Nouvel, 2011) déplacé à Port-Marianne, et enfin, conçu par Zaha Hadid, la spectaculaire Cité des savoirs et du sport pour tous (2012), siège des archives départementales, associée au développement de l'écoquartier de Pierresvives. Plusieurs projets de logements à grande échelle doivent encore voir le jour dans un futur proche, comme dans le quartier Saint-Roch. Alors que le réseau de tramway ne cesse de s'étendre, accompagnant la croissance de cette métropole très dynamique.



# MODE D'EMPLOI

## accès

### EN AVION

Nombreux vols au départ de Paris et de la province, avec Air France. Des navettes relient la ville en 15min.

**Aéroport de Montpellier-Méditerranée** *Au sud de la ville Tél. 04 67 20 85 00 www.montpellier.aeroport.fr*

**Hérault Transport** *Tél. 04 34 88 89 99 www.herault-transport.fr*

### EN VOITURE

Montpellier est reliée à Nîmes par l'A9/E15 et la N113 (52km), à Béziers par l'A9/E15 (69km), et à Lodève par la N109-A750-A75/E11 (56km).

### EN TRAIN

Paris-Montpellier direct en TGV au départ de la gare de Lyon en 3h20 (plusieurs trains par jour), Nîmes-Montpellier en 30min.

**Gare SNCF (plan 3, C4)** *Pl. Auguste-Gibert*

**SNCF** *Tél. 3635 www.voyages-sncf.com www.idtgv.com www.ter-sncf.com*

### EN CAR

**Hérault Transport** Les cars de cette compagnie desservent Béziers via Pézenas (lignes 103 puis 216). *Tél. 04 34 88 89 99 www.herault-transport.fr*

## orientation

Le centre historique – des ruelles entrelacées en forme d'écusson –, partiellement piéton, est entouré de boulevards périphériques. Étudiez bien le sens de circulation de ces grands axes pour ne pas être bloqué par des sens interdits (très nombreux ici). Pour rejoindre le nord de la ville, suivez la direction du Corum, des Beaux-Arts, de Nîmes et des hôpi-

# Plan 1 Montpellier, tramway

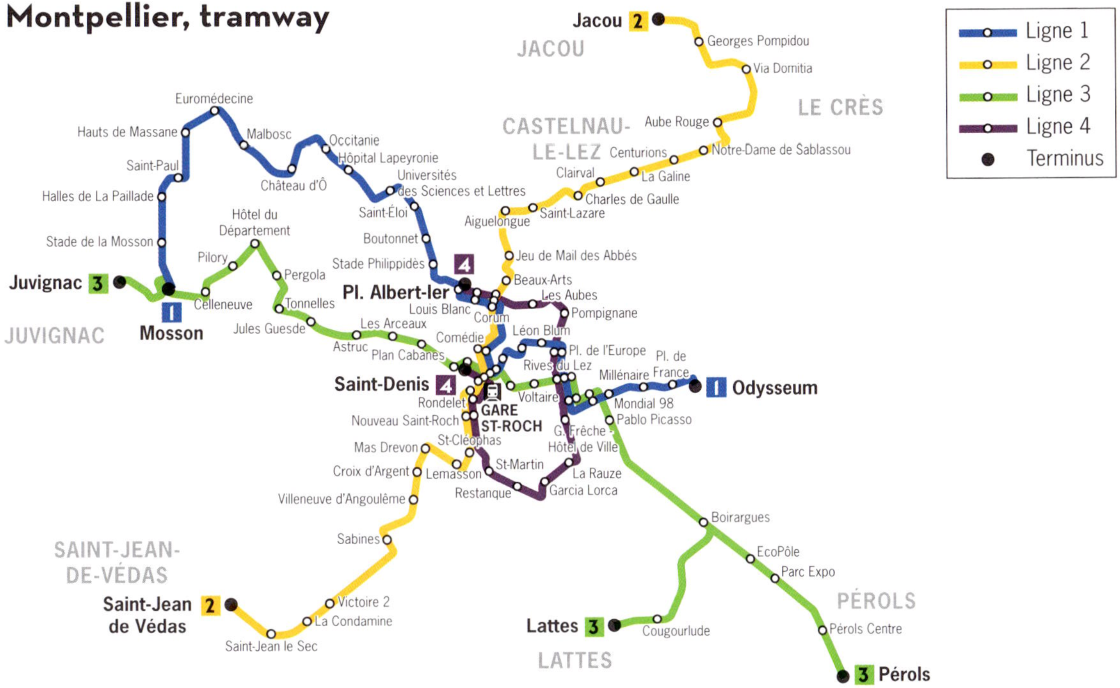

taux. Les plages (au sud), le centre historique et Béziers (à l'ouest) sont bien indiqués. La place de la Comédie (plan 4, B2), au sud-est de l'Écusson, fait le lien avec la ville nouvelle, à l'est : de ce côté se trouvent la gare (plan 3, C4), le Polygone – centre commercial – (plan 3, D3) et le quartier Antigone (plan 3, D3). Les parkings payants – souterrains et aériens – jalonnent la périphérie : garez-y votre voiture, car ailleurs le parking est difficile, et toute infraction vite verbalisée. Vous pouvez aussi laisser votre véhicule sur l'un des 10 parkings du tramway pour emprunter les wagons bleus ou les wagons fleuris, en fonction de votre destination (pratique et économique).

## informations touristiques

**Office de tourisme (plan 3, C3)** Les **visites guidées** sont parfois l'occasion unique de pénétrer dans certains lieux privés, fermés à clé… En 2h, par un(e) conférencier(ère) de l'office de tourisme, visite du centre historique tous les mer., sam. et dim. à 14h30 toute l'année, et tlj. en été à 10h30 et 17h. Nombreuses visites à thème, vivantes et de qualité – pour la plupart pédestres – toute l'année : nocturnes (en été, le lundi), cours d'hôtels particuliers, faculté de médecine, sur les pas de saint Roch… Quelques circuits en canoë et en tramway (adulte de 9 à 15€). La **City card**, valable 24h, 48h ou 72h (de 12 à 31€, demi-tarif pour les enfants) offre des entrées gratuites ou des réductions à certains spectacles et attractions touristiques intra et extra-muros, ainsi que l'accès gratuit aux transports urbains *À la jonction de la place de la Comédie et de l'Esplanade Charles-de-Gaulle Tél. 04 67 60 60 60 www.resamontpellier.com Ouvert juil.-sept. : lun.-ven. 9h-19h30, w.-e. 9h30-18h ; oct.-juin : lun.-sam. 10h-18h, dim. 10h-17h*

## location de voitures

**ADA** ***Aéroport*** *Tél. 04 67 20 02 12 www.ada.fr* ***Gare SNCF*** *12bis, rue Jules Ferry Tél. 04 67 92 78 77*
**Europcar** ***Aéroport*** *Tél. 04 67 99 34 18 www.europcar.fr* ***Gare SNCF*** *22, av. de Maurin Tél. 04 67 06 89 03*

## se déplacer en ville

Des lignes de **bus** de jour et de nuit, quatre lignes de **tramway,** entre Lavérune et Prades-le-Lez, traversent l'agglomération entre 5h et 1h ; l'une d'elles relie la gare aux principaux centres névralgiques de la ville. Forfaits : journalier (3,80€), à la semaine (15€), "famille" (jusqu'à 5 pers., 5,80€ pour 24h), et tickets 10 voyages avec correspondances gratuites (12€). En vous garant sur les parkings qui jalonnent les lignes de tram, vous bénéficierez d'un billet (4,40€/j.) incluant un AR tramway ou bus pour tous les occupants du véhicule. TAM

## Tableau kilométrique

| | Montpellier | Maguelone | Bouzigues | Lac du Salagou | Sète |
|---|---|---|---|---|---|
| **Maguelone** | 12 | | | | |
| **Bouzigues** | 30 | 29 | | | |
| **Lac du Salagou** | 53 | 56 | 47 | | |
| **Sète** | 36 | 26 | 15 | 59 | |
| **Saint-Guilhem** | 46 | 50 | 62 | 25 | 75 |

## Plan 2 Montpellier, agglomération

**Restauration** (n°1 à 6)
Le Des Lys** — **1** B2
Le Dilemme — **2** B2
Le Jardin des Sens — **3** B1
Le Méridien** — **4** B2
Réserve Rimbaud — **6** B1

**Café, lieu de sortie** (n°10)
L'Alternatif* — **10** B1

**Hébergement** (n°20 à 24)
Chambres d'hôtes Les 4 étoiles — **23** B1
Chambres d'hôtes Mon jardin en ville — **24** B2
Hôtel des Arceaux — **20** A1
Hôtel du Parc — **21** B1
Le Jardin des Sens — **22** B1

**Shopping** (n°30 et 31)
Caves Notre-Dame* — **30** B2
La Cave des Arceaux — **31** A1

*À RETROUVER DANS LA PARTIE DÉCOUVRIR **À RETROUVER DANS LE DOSSIER BIO

gère aussi un service de location de **vélos** (0,50€/h), VTC et électriques, et propose des fiches itinéraires pour sillonner le centre et la périphérie.
**TAM (plan 3, C4)** *6, rue Jules-Ferry Tél. 04 67 22 87 87 www.tam-way.com Ouvert lun.-sam. 7h-19h*
**Vélomagg' (plan 3, C4)** *27, rue Maguelone (en face de la gare) Tél. 04 67 22 87 87 Ouvert tlj. 8h30-19h30*
**Taxi 2000** *Tél. 04 67 04 00 60*

## marchés

**Marchés alimentaires** Halles Castellane (plan 4, B2), halles Laissac (derrière la gare, (plan 3, B4) et halles Jacques-Cœur (à Antigone, (plan 3, D3). *Tlj.*
**Marché des Arceaux (plan 2, A1)** *Mar. et sam. matin*
**Marché paysan (plan 3, D3)** Dans le quartier d'Antigone. *Ouvert dim. 8h-13h30*

**Puces** Dans le quartier de la Mosson (plan 2, A1), accessible en tram. *Dim.*

## fêtes et manifestations

**Arabesques festival** Rencontre des arts du monde arabe : conte, théâtre, musique, littérature, calligraphie, peinture. *Domaine d'O. www.festivalarabesques.fr Plusieurs jours en mai*

**Saperlipopette** Spectacles pour petits et grands au domaine d'O. *www.domaine-do-34.eu Mi-mai*

**Festival des sports extrêmes** Compétitions sportives regroupant les adeptes de BMX, roller, skateboard, etc. *Fin mai ou début juin*

**Comédie du livre** Célébration de la littérature et des livres, rencontres avec des écrivains, animations. *En mai ou juin*

**Printemps des comédiens** Ce festival, créé en 1987, programme entre 25 et 30 compagnies nationales et internationales. *Tél. 04 67 63 66 67 www.printempsdescomediens.com Juin*

**Montpellier Danse** Un rendez-vous international – le meilleur de la chorégraphie actuelle. *Tél. 0800 600 740 www.montpellierdanse.com Fin juin-début juil.*

**Festival de Radio-France à Montpellier** Des concerts de toutes les musiques : classique, jazz, world ou variétés. Une sélection rare et de grande qualité. *Tél. 04 67 61 66 81 www.festivalradiofrancemontpellier.com Juil.*

**Les Nuits d'O** Chaque nuit s'organise autour d'un thème (forêt, années 1930, etc.) à travers concerts, films, bals et repas. 2e *quinzaine d'août*

**Les Internationales de la guitare** Des concerts de guitare flamenco, swing manouche, jazz, classique. *Tél. 04 67 66 36 55 les-ig.com Fin sep.-début oct.*

**Cinemed** Depuis 1979, ce festival favorise la découverte des films, des réalisateurs et des acteurs des deux rives de la Méditerranée. *Tél. 04 99 13 73 73 www.cinemed.tm.fr Fin oct.-début nov.*

# DÉCOUVRIR
# L'Écusson

☆**Les essentiels** Les ruelles du cœur ancien, la place de la Comédie, le musée Fabre **Découvrir autrement** Profitez du festival Montpellier Danse pour voir un spectacle et des visites guidées de l'OT pour découvrir les hôtels particuliers et le *mikvé*

Quinze minutes suffiraient, s'il y avait moins à voir, pour traverser de part en part le ☆**cœur de la ville** ceinturé de remparts au XIIIe siècle dont ne subsistent que les **tours des Pins** (plan 3, A1) et de la **Babote** (plan 3, B4). Un boulevard circulaire en suit le tracé, s'ouvrant, de la place de la Comédie (plan 4, B2) au **Corum** (plan 3, C1-C2), sur une large esplanade. La **rue Foch** (plan 4, A1), percée haussmannienne dans l'alignement de la promenade du Peyrou, fait une jonction toute schématique entre les quartiers universitaires au nord et la ville des marchands au sud. À l'arrière de la place de la Comédie jusqu'aux rues **de la Loge** (plan 4, B2) et **Saint-Guilhem** (plan 4, A2-B2), le quartier dit aragonais, dont **Saint-Roch** (plan 4, A2) et la **place Jean-Jaurès** (plan 4, B2) constituent les pôles principaux.

### L'ÉCUSSON, DE SABRE ET DE GOUPILLON

Au XIII^e siècle, Montpellier et Montpellieret, les deux bourgs initiaux, l'un seigneurial et l'autre épiscopal, sont réunis à l'intérieur de la "commune clôture". Marchands et érudits participent désormais de concert à la prospérité et au renom de la ville. Autour de feu Notre-Dame-des-Tables – à l'emplacement de l'actuelle place Jean-Jaurès –, le négoce est florissant. On y brasse les monnaies, les denrées, mais aussi les idées. Varié et cependant homogène, le centre a gardé la trace de son ancien découpage en sixains (un quartier autour d'une paroisse afin de faciliter la collecte de l'impôt).

Entre les rues Saint-Guilhem et Foch, on décèle encore autour des rues **Sainte-Anne** (plan 4, A2) et Saint-Firmin le plan circulaire du premier village des Guilhem. Au nord de la rue Foch, la Canourgue chic jouxte les facultés et la **cathédrale** (plan 3, A1-B1). À l'est le périmètre autour des **rues du Cannau et de l'Aiguillerie** (plan 4, B1) rappelle, par la concentration d'hôtels particuliers, le quartier parisien du Marais.

**Hôtels particuliers** Les guerres de Religion furent particulièrement dévastatrices pour l'architecture religieuse. Ce n'est donc pas du côté des églises (la plupart néogothiques, XIX^e s.) qu'il faut chercher le patrimoine, mais dans les bâtiments civils. Dans les étroites rues aux noms des corporations de marchands et d'artisans qui firent de Montpellier une cité médiévale prospère, les maisons gothiques vont, du XVI^e au XIX^e siècle, s'embellir d'escaliers suspendus, de ferronneries délicates, de gypseries inspirées. Le faste n'y est jamais ostentatoire et c'est sur cour, à l'abri du regard de passants trop pressés, que s'impose la véritable façade. Cette discrétion affichée tient sans doute à la contrainte qu'impose aux architectes le dense et compact bâti médiéval existant, mais on peut aussi y déceler l'attitude toute protestante d'une bourgeoisie qui répugne à faire étalage de sa richesse. Ces architectes ingénieux, certains établis en véritable dynastie comme les Giral, imposent un style et donnent à la ville – "un magasin de belles demeures" en dira Mme de Staël – son visage à la fois intime et opulent. Une soixantaine d'hôtels sont ainsi répartis dans la ville, propriétés privées pour la plupart, presque tous habités. Quelques-uns s'ouvrent dans le cadre des visites thématiques de l'office de tourisme.

## La place de la Comédie, l'Esplanade et le Corum

Piétonne, la ☆**place de la Comédie** (plan 4, B2), vaste espace au pavement ovoïde (d'où son surnom de "place de l'Œuf"), est le centre névralgique, incontournable de Montpellier. Lieu de passage, de rencontres, c'est aux Grands Boulevards parisiens et haussmanniens qu'elle fait songer avec ses façades chargées de guirlandes rococo et surmontées de dômes ou bulbes surprenants, son théâtre aux allures de petit opéra et ses grands cafés dont les terrasses débordent généreusement. Beautés indifférentes à l'animation constante de la place comme aux chérubins potelés qui batifolent dans le socle moussu de la fontaine, les Trois Grâces sont tout à leur danse. Proche de l'opéra, la **tour de la Babote** (plan 3, B4) est le dernier vestige, avec la **tour des Pins** (plan 3, A1), (p.80), de l'enceinte fortifiée du XIII^e siècle.

Surélevée et flanquée d'une tourelle carrée, elle assure depuis le XVIIIe siècle une fonction d'observatoire d'astronomie. La tête dans les étoiles, ce fut certainement le cas de cet audacieux qui en 1783, sous les yeux de Montgolfier, s'élança de son sommet pour un premier saut en parachute. À l'est, la Comédie s'offre une belle échappée verte sur l'**Esplanade** (plan 3, C2-C3), ancien Champ-de-Mars adouci en jardin public. En remontant vers le Corum, kiosque, fontaines à jets d'eau, cascade et pelouses accueillantes invitent à la détente. Dernières-nées des sculptures qui habitent le parc, les formes alanguies des cinq Allégories réalisées par Allan McCollum ont perdu leur couleur primaire sous un badigeon gris métallisé. Le **pavillon populaire** (plan 3, C2-3), ex-cercle des étudiants de la ville où se déroulaient les grandes manifestations populaires au XXe siècle, est aujourd'hui dédié aux expositions photographiques. En face, l'ancien cinéma Pathé accueille, derrière sa façade rococo, le festival Cinémed. Fermant l'esplanade, le **Corum** (plan 3, C1-C2), autant palais des congrès qu'auditorium, forteresse de béton et de granit rose, est une réponse architecturale à la citadelle de Richelieu, toute proche. Les arts plus solides que les armes… Au sommet d'une volée d'escalier, la terrasse panoramique permet d'embrasser la ville et ses faubourgs.

☆ **Musée Fabre (plan 3, C2)** Réputé pour ses peintures des grandes écoles européennes et françaises du XVIe au XVIIIe siècle, le musée entièrement rénové et modernisé dans les années 2000 est l'œuvre de quatre architectes, dont Daniel Buren, qui a signé le décor de l'esplanade d'entrée : trois édifices, trois époques, trois styles différents. La muséographie confère une nouvelle dimension aux collections présentées, maintenant ouvertes à l'art contemporain. La visite conduit de l'ancien collège des Jésuites en passant par l'hôtel de Massilian jusqu'au nouveau bâtiment conçu pour accueillir les collections contemporaines (entre autres la donation Soulages, les expositions et les œuvres du groupe Support/Surface). Le **parcours ancien** présente des œuvres du XVIe au XVIIIe siècle, dont de superbes portraits de Greuze ainsi que des toiles des écoles flamande et hollandaise, Dou, van Mieris, Rubens… Le **parcours moderne** suit l'évolution de la peinture de Delacroix à Renoir et Caillebotte en passant par Courbet et permet de découvrir Frédéric Bazille. Ce jeune peintre montpelliérain mort à 28 ans à la guerre de 1870 s'inscrit parmi les plus talentueux des pré-impressionnistes. Le **parcours contemporain** rend compte des courants majeurs de la peinture et de la sculpture du XXe siècle et des recherches des mouvements d'avant-garde de ce début du XXIe siècle. Il se conclut sur les toiles monumentales "outrenoir" de Pierre Soulages. Une galerie multimédia, des salons d'interprétation, des audioguides vous permettent d'établir votre propre plan de visite. Également un centre de documentation, un auditorium et une salle de consultation des arts graphiques. Parallèlement le musée propose des expositions temporaires.
*13, rue Montpelliéret Tél. 04 67 14 83 00 www.museefabre.fr Ouvert mar.-dim. 10h-18h Fermé 1er jan., 1er et 8 mai, 1er nov., 25 déc. Tarif 6€ (7€ avec l'hôtel de Cabrières), réduit 4€*

**Hôtel de Cabrières-Sabatier-d'Espeyran (plan 3, C2)** Depuis les importants travaux de rénovation du musée Fabre (2010), l'hôtel de Cabrières-Sabatier-d'Espeyran abrite le département des arts décoratifs du musée. Il est

## Plan 3 Montpellier, centre

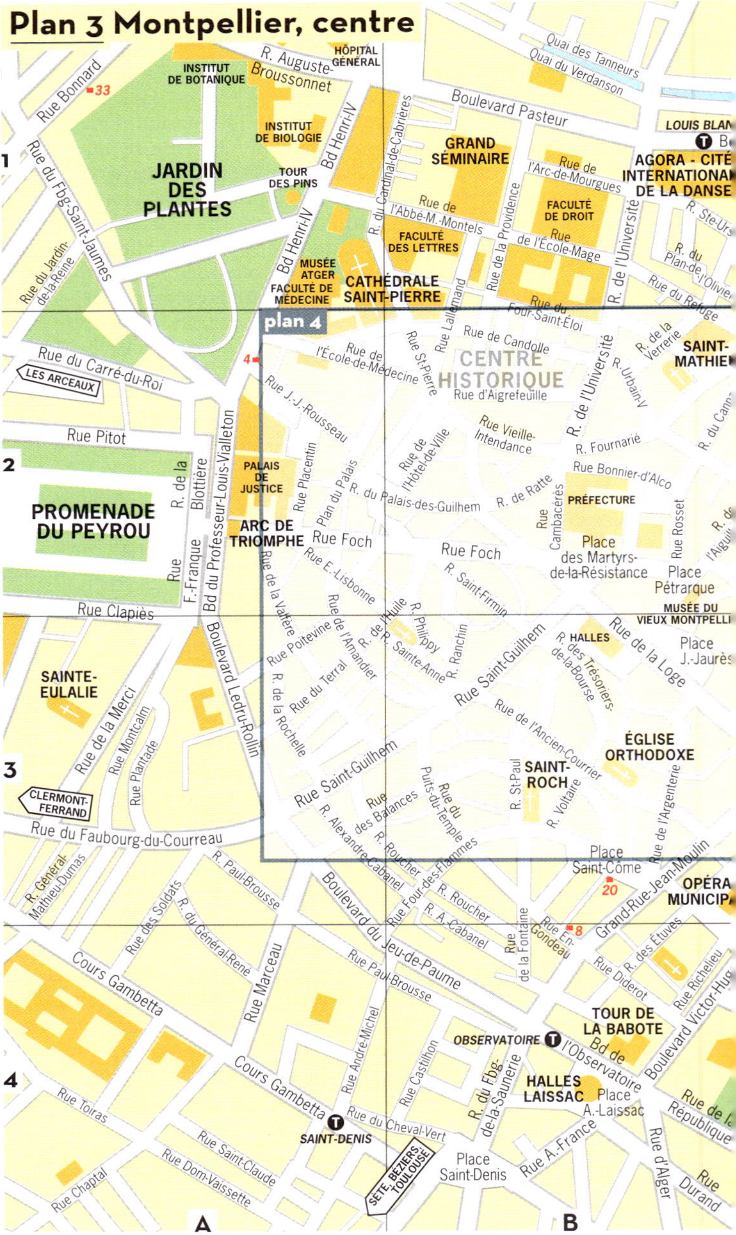

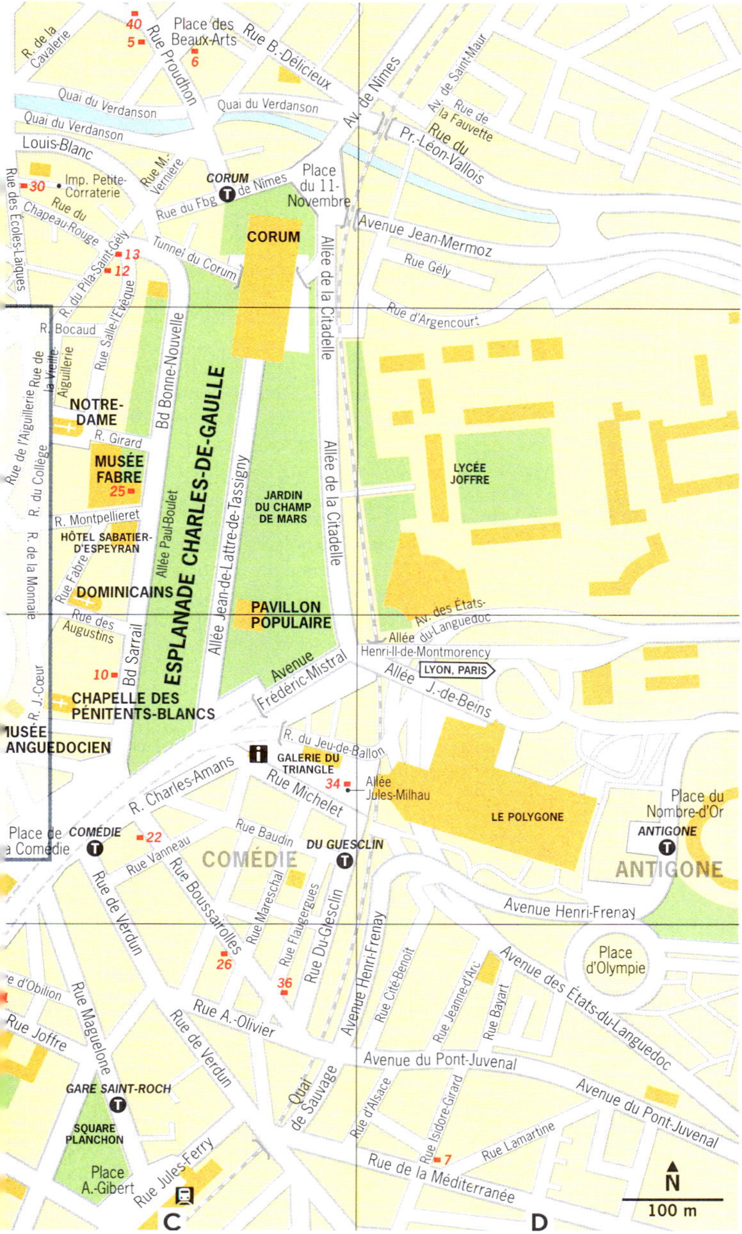

Place des Beaux-Arts
Rue B.-Délicieux
Rue Proudhon
R. de la Cavalerie
Quai du Verdanson
Louis-Blanc
Av. de Nîmes
Av. de Saint-Maur
Rue de la Fauvette
Rue du Pr.-Léon-Vallois
Imp. Petite-Corraterie
Rue du Chapeau-Rouge
Rue M.-Vernière
CORUM
Rue du Fbg de Nîmes
Place du 11-Novembre
Avenue Jean-Mermoz
Rue Gély
Rue des Écoles-Laïques
Tunnel du Corum
Allée de la Citadelle
Rue d'Argencourt
R. du Pila-Saint-Gély
Rue Salle-l'Évêque
R. Bocaud
Rue de la Vieille-Aiguillerie
Bd Bonne-Nouvelle
ESPLANADE CHARLES-DE-GAULLE
NOTRE-DAME
R. Girard
MUSÉE FABRE
Rue de l'Aiguillerie
R. du Collège
LYCÉE JOFFRE
JARDIN DU CHAMP DE MARS
R. Montpellieret
HÔTEL SABATIER-D'ESPEYRAN
Allée Paul-Boulet
Allée Jean-de-Lattre-de-Tassigny
R. de la Monnaie
Rue Fabre
DOMINICAINS
PAVILLON POPULAIRE
Av. des États-du-Languedoc
Rue des Augustins
Allée Henri-II-de-Montmorency
Bd Sarrail
Avenue Frédéric-Mistral
LYON, PARIS
Allée J.-de-Beins
R. J.-Cœur
CHAPELLE DES PÉNITENTS-BLANCS
MUSÉE LANGUEDOCIEN
R. du Jeu-de-Ballon
GALERIE DU TRIANGLE
R. Charles-Amans
Rue Michelet
Allée Jules-Milhau
LE POLYGONE
Place du Nombre-d'Or
ANTIGONE
Place de la Comédie
COMÉDIE
Rue Vanneau
Rue Baudin
DU GUESCLIN
Rue de Verdun
Rue Boussairolles
Rue Maréschal
Rue Flaugergues
Rue Du-Guesclin
Avenue Henri-Frenay
Place d'Olympie
Rue Cité-Benoit
Rue Jeanne-d'Arc
Rue Bayart
Avenue des États-du-Languedoc
Rue d'Obilion
Rue Maguelone
Rue Joffre
Rue A.-Olivier
Avenue du Pont-Juvenal
Quai de Sauvage
Rue d'Alsace
Rue Isidore-Girard
Rue Lamartine
GARE SAINT-ROCH
SQUARE PLANCHON
Place A.-Gibert
Rue Jules-Ferry
Rue de la Méditerranée
40
5
6
30
13
12
25
10
34
22
26
36
7
C
D
N
100 m

**Restauration** (n°4 à 13)
Art Café — **5** C1
Au Goûter de Jeanne* — **8** B4
Gustave* — **6** C1
La Grange — **4** A2
La Petite place* — **7** D4
Le Jardin des glaces* — **10** C3
Morceau de lune — **12** C1
Pizzeria Sicilia — **13** C1

**Cafés, bars et lieux de sortie** (n°20 à 25)
Fitzpatrick's Irish Pub **20** B3
Insensé — **25** C2
La Chistera — **21** C4
Le Barberousse — **22** C3
Rockstore — **24** C4

**Hébergement** (n°30 à 36)
Auberge de jeunesse — **30** C1
Hôtel Les Fauvettes — **33** A1
Ibis Comédie — **34** C3
Le Mistral — **36** C4

**Shopping** (n°40)
Chic et Bohème* — **40** C1

*À RETROUVER DANS LA PARTIE DÉCOUVRIR



agencé en trois parties : le rez-de-chaussée présente une collection de plus de 500 céramiques ainsi que des pièces d'orfèvrerie issues de la collection Jean Thuile. Les appartements de réception du comte Charles Despous de Paul, au mobilier noir et doré dans le goût du Second empire, occupent le 1er étage. Et une exposition chronologique de meubles précieux et d'objets d'arts du XVIIIe siècle provenant de l'appartement de Renée Sabatier d'Espeyran conclut la visite. *6 bis, rue Montpelliéret Tél. 04 67 14 83 00 http://museefabre.montpellier-agglo.com Ouvert mar.-dim. 14h-18h Fermé 1er jan., 1er et 8 mai, 1er nov., 25 déc. Tarif 4€ (7€ avec le musée Fabre), réduit 2,50€*

### ● Où se restaurer en sortant des musées ?

☺ **Le Bar du musée (plan 4, B1 n°17)** De bonnes grillades, de copieuses salades-repas garanties bio (de 7,50 à 15€)... Au déjeuner, il y a souvent foule dans la petite salle comme sur la minuscule terrasse à quelques mètres du musée Fabre. À moins que vous ne préfériez tester l'endroit dans sa version bar à vins et goûter l'ambiance des soirées DJ les vendredi et samedi soir (sauf en été)... *1, rue Montpellieret Ouvert lun.-sam.*

### ● Où manger une glace ?

**Le Jardin des glaces (plan 3, C3 n°10)** Une cinquantaine de parfums, tous maison, autour de 4€ les 2 boules. *25, bd Sarrail Tél. 04 67 66 01 07 Ouvert juil.-août : tlj. 9h-1h*

## La place Jean-Jaurès et alentour

Cœur battant du négoce montpelliérain médiéval, la place Jean-Jaurès (plan 4, B2) est l'endroit où se rejoignaient les deux chemins principaux qu'empruntaient les marchands à dos de mule, les pèlerins en route pour Compostelle, les étudiants et les grands seigneurs. À partir de la place de la Comédie, on y accède par la rue de la Loge (anciennement rue Daurade en référence au métal doré travaillé par les nombreux bijoutiers et non au poisson !) qui a gardé l'effervescence commerciale qui faisait d'elle au Moyen Âge l'artère principale de la ville. La Loge (aujourd'hui disparue) dont il s'agit ici est celle des marchands – mi-bourse, mi-tribunal de commerce –, édifiée par Jacques Cœur au milieu du XVe siècle. C'est dans cette rue que serait né saint Roch, saint patron de la ville. De l'**église Sainte-Marie**, renommée Notre-Dame-des-Tables lorsque les changeurs de monnaie s'installent sur son parvis, ne demeure que la crypte qui accueille le musée de l'Histoire de Montpellier (entrée sur la place Jean-

**RDV PLACE JEAN-JAURÈS**
Pour donner rendez-vous sur la place Jean-Jaurès, vous n'aurez que l'embarras du choix. Ceux qui en tiennent pour les endroits tendance préféreront la terrasse du café Joseph, qui reste un *must*.

Jaurès, fermé pour une durée indéterminée). De nos jours, le charme de la place tient à son animation, et à ses nombreux restaurants et cafés sont souvent bondés. En bordure de la place, les **halles Castellane**, dans le style Baltard, accueillent au rez-de-chaussée un beau marché quotidien. À l'arrière, la façade de la **quincaillerie Estoul** dégage un certain charme rétro. Rue des Trésoriers-de-la-Bourse, n'hésitez pas à entrer au n°4. L'hôtel du même nom, aujourd'hui **maison Heidelberg** dédiée à l'amitié franco-allemande, possède une très belle cour – qui mène à un jardinet – dotée d'un de ces somptueux escaliers par lesquels se jugeait autrefois le statut social des notables de la ville. Tout près, l'austère façade de l'**hôtel Jacquet** aux délicates fenêtres gothiques domine la mignonne place Saint-Ravy ; rue de la Vieille, l'**hôtel de Gayon**, maison-tour du XIVe siècle, abrite un foyer de jeunes travailleuses. Pentue et couverte en partie d'une voûte en ogives, la pittoresque rue du Bras-de-Fer débouche sur celle de l'Ancien-Courrier. Au XVIIIe siècle le "bureau des lettres" y était installé. Dans l'une et l'autre rues, les belles demeures et les boutiques chic se succèdent et parfois s'imbriquent. Dans la cour pavée de l'**hôtel de Montcalm** (5, de l'Ancien-Courrier), on peut se restaurer, trouver son bonheur parmi les cintres d'un dépôt-vente de luxe ou dans une galerie d'art, ou simplement admirer les voûtes médiévales.

## La rue Jacques-Cœur

**Musée languedocien, hôtel des Trésoriers-de-France (plan 4, B2)** De la cour intérieure du bâtiment s'élance derrière un imposant double portique à colonnes un escalier monumental qui mérite le "*nec pluribus impar*" (à nul autre pareil) ciselé sur la frise de corniche à la gloire du Roi-Soleil. Au-dessus des caves voûtées réservées aux expositions temporaires sont exposés dans les salles romanes du rez-de-chaussée sculptures, bas-reliefs et chapiteaux, certains venant du cloître de Saint-Guilhem-le-Désert. Aux étages, dans les salles d'apparat des trésoriers – un beau plafond à caissons polychrome, des murs au bleu dense parsemé de fleurs de lys – sont présentées des pièces de collection rassemblées par la Société archéologique de Montpellier, propriétaire des lieux : mobilier, faïences de Montpellier et vaisselle médiévale ainsi que d'anciens poids de commerce du Languedoc, des plaques de brides muletières… À elle seule, la sphère céleste de Coronelli, mathématicien et géographe vénitien du XVIIe siècle, où s'entrelacent lions, licornes, Argonautes des constellations et signes du zodiaque, mérite une visite. *Hôtel des Trésoriers-de-France 7, rue Jacques-Cœur Tél. 04 67 52 93 03 www.musee-languedocien.com Ouvert mi-juin-mi-sept. : lun.-sam. 15h-18h ; mi-sept.-mi-juin : lun.-sam. 14h30-17h30 Fermé j. fér. Tarif 7€, réduit 5€*

**Chapelle des Pénitents-Blancs (plan 4, B2)** Relié à la maison Jacques-Cœur par une arche traversant la rue, ce qui permettait au chanoine de passer de ses appartements à la chapelle Sainte-Foy en toute quiétude, cet édifice, malgré

**DU CŒUR À L'OUVRAGE**

L'hôtel des Trésoriers-de-France, l'ancienne maison de Jacques Cœur, est à la hauteur de la destinée de l'audacieux et talentueux marchand – armateur et grand argentier du roi Charles VII. Sa devise "À vaillans cuers, riens impossible" trouve à son arrivée en 1432 dans cette ville tolérante et cosmopolite un écho favorable. Pendant son séjour d'une quinzaine d'années, il dynamise le commerce de la ville en l'ouvrant sur l'Orient. Aux XVIe et XVIIe siècles, la belle demeure devient le pied-à-terre des souverains lors de leurs voyages en Languedoc et l'architecture du lieu prend un tour royal.

un état de conservation médiocre, vaut pour les lambris et sculptures en bois doré (deux anges porte-flambeau encadrent l'autel) et surtout son plafond baroque à compartiments où s'exprime la sensibilité artistique et spirituelle de la contre-réforme. Les toiles qui le composent, réalisées dans la seconde partie du XVIIe siècle, illustrent les vies de la Vierge et du Christ, ordonnées autour d'une représentation de Dieu. C'est à la confrérie des Pénitents-Blancs qu'est confiée la réfection de l'église. Cet ordre de laïcs pratiquants en marge des Franciscains est également chargé de l'entretien des croix qui, à partir de 1622, parsèment la ville. Érigées à l'emplacement des temples ou des hauts lieux du jansénisme, elles affirment le retour à la foi catholique telle que l'entend le pouvoir royal. La chapelle fait partie d'un des circuits de visites proposés par l'office de tourisme. *14, rue Jacques-Cœur En face du Musée languedocien www.penitents.fr Ouvert lors des offices : mar. et jeu. à 9h45*

## La place Pétrarque et la rue de l'Aiguillerie

**Rue Embouque-d'Or (plan 4, B1-B2)** Par cette rue, on pénètre dans un triangle d'or riche en demeures aristocratiques : hôtels de Manse au décor sculpté de guirlandes en façade de la cage d'escalier, Baschy du Cayla… Suivez au choix les rues de Girone, Bonnier-d'Alco ou Fournarié ; chacune cache quelque merveille derrière de belles portes qui parfois s'entrouvrent. Rue de l'Aiguillerie (plan 4, B1) : hôtels de Montferrier, de Planque dont les fenêtres s'ornent de mascarons, allégories du temps qui passe (n°23), celui de la Société royale des sciences… jusqu'à la petite place Pétrarque (plan 4, B1-B2), où l'hôtel de Varennes, qui abrite des salles de conférences et deux musées, mérite à lui seul qu'on s'y arrête. Derrière sa façade (XVIIIe s.) cohabitent avec bonheur des voûtes gothiques, un puits médiéval et un escalier suspendu monumental du XVIIe siècle : un vrai condensé des strates architecturales de Montpellier. En remontant vers le nord, on suit l'antique chemin des pèlerins de Compostelle, matérialisé par des coquilles de bronze incrustées dans le pavage des rues. Rue du Pila-Saint-Gély (plan 3, C1), le logis du Chapeau-Rouge accueillait les voyageurs. Pas tous si on en croit la légende de saint Roch dont la statue au coin de la rue de la Vieille-Aiguillerie (plan 3, C2) rappelle la fin tragique, cf. Roch au martyrologe (p.70).

**Musée du Vieux-Montpellier, musée Fougau (plan 4, B2)** Deux musées dans le même édifice : au 1er étage, le musée du Vieux-Montpellier vaut surtout pour la première salle : les plans de la ville aux siècles derniers vous

# Plan 4 Montpellier, centre historique

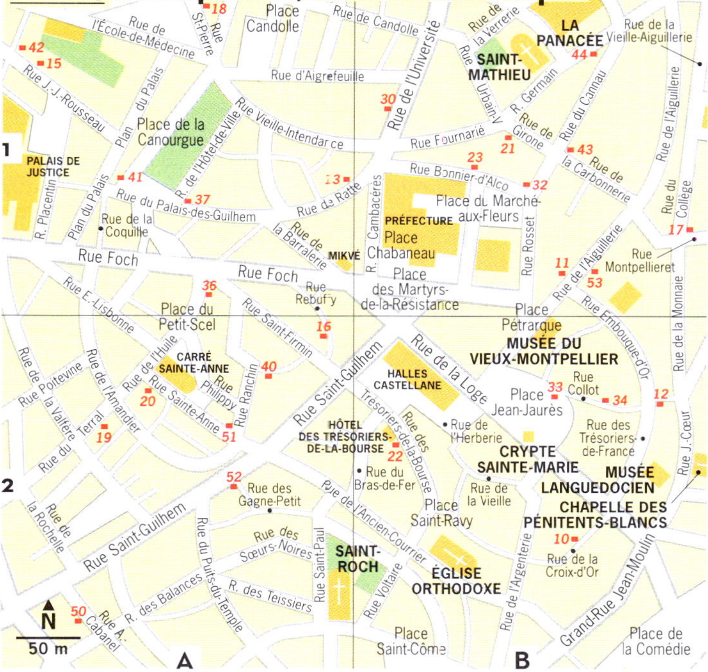


## Restauration (n°10 à 23)

Bleu Thé — 10 B2
Cellier-Morel-La Maison de la Lozère — 11 B1
L'Acolyte — 12 B2
L'Atelier* — 16 A2
Le Bar du musée* — 17 B1
Le Melody — 18 A1
Le Petit Jardin — 15 A1
Le Pré vert* — 20 A2
Le Symposia** — 13 A1
Les Blés d'or* — 22 B2
Mesdames messieurs** — 21 B1
Pastis Restaurant — 19 A2
Tamarillos — 23 B1

## Cafés, bars et lieux de sortie (n°30 à 37)

Café Joseph — 33 B2
Circus — 34 B2
Comptoir de l'Arc* — 37 A1
La Tavola da Pepe — 30 B1
Le Café de la Mer — 32 B1
O'Carolan's — 36 A1

## Hébergement (n°40 à 44)

Chambre d'Autres — 40 A2
Chambres d'hôtes Baudon de Mauny — 43 B1
Hôtel du Palais — 41 A1
Le Guilhem — 42 A1
Nid d'Oiseau** — 44 B1

## Shopping (n°50 à 53)

Atelier Myriam A.* — 50 A2
Elisa Johnston* — 51 A2
La Cloche à fromage* — 52 A2
La Quintessence* — 53 B1

*À RETROUVER DANS LA PARTIE DÉCOUVRIR
**À RETROUVER DANS LE DOSSIER BIO

**SE DÉLECTER DE GRISETTES**
Une herboristerie traditionnelle : des centaines de feuilles et de poudres, vendues en sachet ou sous forme de crèmes et onguents. Nombreuses pâtes de réglisse, dont les fameuses grisettes de Montpellier.
☺ **La Quintessence (plan 4, B1 n°53)** *26, rue de l'Aiguillerie Tél. 04 67 60 58 22 www.laquintessence.net Ouvert mar.-sam. 9h45-12h30 et 13h30-19h*

aideront à mieux comprendre l'articulation des différents quartiers de la capitale languedocienne. Belle collection de meubles anciens. Au 2e étage, le musée Fougau (*lou fouguau*, le foyer en occitan) évoque la vie quotidienne du vieux Montpellier. *Hôtel de Varenne 2, pl. Pétrarque* **Musée du Vieux-Montpellier-musée Fougau** *Tél. 04 67 66 02 94 Ouvert mar.-dim. 10h-13h et 14h-18h Tarif 3€ (billet valable 1 sem.) incluant le Parcours Muséographique (musée de l'Histoire de Montpellier, musée du Vieux-Montpellier, pharmacie et chapelle de la Miséricorde), moins de 26 ans gratuit* **Musée Fougau** *Tél. 04 67 84 31 58 Ouvert mer.-jeu. 15h-18h*

**Pharmacie de la Miséricorde (plan 4, B2)** Cette œuvre charitable créée au début du XVIIe siècle n'a fermé ses portes qu'en 1965. Les dames patronnesses y distribuaient le bouillon aux indigents tandis que les sœurs préparaient médicaments et onguents. Belle collection de faïences et pots médicinaux. *2, rue de la Monnaie À voir dans le cadre des visites de l'OT et du Parcours Muséographique (cf. Musée du Vieux-Montpellier)*

### Où acheter un en-cas ?

**Les Blés d'or (plan 4, B2 n°22)** Une boutique où se procurer d'excellentes fougasses aux grattons, moelleuses au dedans et croustillantes au-dessus. Mais aussi des feuilletés au chèvre, des parts de quiche maison, et des couques catalanes… *5, rue des Trésoriers-de-la-Bourse Tél. 04 67 60 46 17 Ouvert lun.-sam. 7h-13h* **Autre adresse (plan 4, B2)** *Halles Castellane Ouvert lun.-sam. 7h30-13h30 et 16h-19h*

## Le quartier Saint-Roch

À l'ouest de la Grand-Rue Jean-Moulin, très commerçante, le quartier Saint-Roch (plan 4, A2-B2) aligne galeries d'art et enseignes de bon goût. Du beau, du chic, et bien sûr du patrimoine à revendre. Rue du Puits-du-Temple, voyez le magistral linteau du portail de l'hôtel de Fizes. Ses guirlandes foisonnantes semblent enchaîner deux personnages à une hotte remplie de fruits. À l'angle de la rue des Tessiers, un puits constitue le seul vestige d'une ancienne commanderie des Templiers. Une fresque murale en trompe l'œil fait face à la monumentale et inachevée **église Saint-Roch**. Faute de moyens, sa façade néogothique attend toujours les ornements, et les niches leurs statues de saints. Celle de saint Roch est dans le chœur. Le sculpteur (Baussan) a donné au jeune homme

**ROCH AU MARTYROLOGE**
Escorté d'un chien fidèle, ce fils de riches négociants rentre malade dans sa ville natale après un long voyage en Italie où il s'est consacré à soigner les pestiférés. Pris pour un espion, il finit ses jours en prison, sans broncher. Un saint martyr, sans nul doute, que la ville fête chaque 16 août !

du XIV^e siècle les traits de Frédéric Bazille, cf. Musée Fabre (p.63). Au pied de l'église un jardinet, une fontaine et des terrasses avenantes, et dans les rues alentour des boutiques, ateliers de créateurs et d'artisans.

**Place Saint-Côme (plan 4, B2)** François de Lapeyronie, maître chirurgien de Louis XV, légua une fortune pour que soit construit un amphithéâtre d'anatomie à la hauteur de l'enseignement médical de la ville. Dans le très élégant pavillon octogonal coiffé d'un dôme, l'École pratique d'opération et de dissection ne fonctionna en fait qu'une cinquantaine d'années, avant d'être transférée à la Révolution dans les locaux de l'École de santé, cédant les lieux à la Bourse de commerce et depuis 1920 à la chambre de commerce et d'industrie.

### ● Où trouver bijoux et objets de décoration ?

**Atelier Myriam A. (plan 4, A2 n°50)** Grand choix de bijoux et d'objets de décoration de créateurs en verre et céramique. *6, rue Alexandre-Cabanel Tél. 06 10 51 97 23 Ouvert mar.-sam. 14h-18h et sur rdv.*

## Le quartier Sainte-Anne

En traversant la rue Saint-Guilhem, on passe dans le quartier Sainte-Anne (plan 4, A2), un peu moins guindé, un peu plus artiste. Les universités sont toutes proches. Autour du conservatoire, des ateliers de luthiers côtoient quelques antiquaires et bouquinistes. Les hautes tours de l'église Sainte-Anne dominent la place du Petit-Scel et le rocher moussu de sa fontaine. Désaffectée, l'église renommée carré Sainte-Anne accueille des expositions d'art contemporain. **Ateliers de luthiers** *À découvrir lors d'une visite guidée proposée par l'OT* **Carré Sainte-Anne** *25, rue Philippy Tél. 04 67 60 82 11 Ouvert été : mar.-dim. 11h-13h et 14h-19h ; hiver : mar.-dim. 10h-13h et 14h-18h Uniquement lors des expositions Fermé 1^er jan., 1^er mai, 25 déc. Entrée libre*

### ● Où craquer pour une pièce unique ?

**Elisa Johnston (plan 4, A2 n°51)** Cet atelier-boutique séduira celles qui aiment le détail qu'on ne remarque pas d'emblée, la finition qui signe la différence. Petits hauts autour de 50€, jupes à partir de 80€. La boutique accueille également une créatrice pour enfants, Manade, qui propose des vêtements évolutifs. *7, rue Sainte-Anne Tél. 04 67 60 28 61 www.elisajohnston.com Ouvert lun.-mer. et ven.-sam. 10h-18h, jeu. 14h-18h*

### ● Où acheter du fromage ?

**La Cloche à fromage (plan 4, A2 n°52)** Un fromager – David Krutt – comme on rêverait d'en avoir un près de chez soi. En attendant, profitez-en : les fromages – roqueforts, pélardons, tommes du Larzac... – sont excellents ! *23, rue Saint-Guilhem Tél. 04 67 66 17 32 www.fromagerie-tourrette.com Ouvert lun. 10h-13h et 16h-19h, mar.-jeu. 8h30-13h et 16h-19h, ven.-sam. 8h30-19h*

### ● Où faire une pause déjeuner ?

**Le Pré vert (plan 4, A2 n°20)** Plats du jour, formule avec une tarte salée, un dessert et un café (15€), à consommer dans le salon d'hiver ou en terrasse, autour de petites tables ou sur des transats. Thés et glaces toute la journée.

Formule brunch le week-end (20€). *10, rue Sainte-Anne Tél. 04 67 02 72 81 Ouvert mi-juin-mi-sept. : mar.-sam. 12h-22h, dim.-lun. 12h-18h30 ; mars-mi-juin, mi-sept.-oct. : tlj. 10h-18h30*

**Au Goûter de Jeanne (plan 3, B4 n°8)** L'endroit parfait pour un déjeuner sur le pouce : quiche, tarte ou plat du jour (env. 9€) faits maison et généreux en légumes. Service en terrasse ou sur les banquettes en salle. Desserts maison (4,80€). *11, rue En-Gondeau Tél. 04 67 66 39 19 Ouvert lun.-sam. 9h-16h Fermé 3 sem. en août et 1 sem. à Noël*

### ● Où déguster de bons vins ?

**L'Atelier (plan 4, A2 n°16)** Ambiance intime, canapés confortables, déco délicate qui laisse s'exprimer les expositions d'art contemporain qui s'y succèdent, on y apprécie vins et champagnes. Assiettes à partager 15-16€. *4, rue Rebuffy Tél. 04 67 57 47 23 www.latelier-jeanfleuriste.fr Ouvert mar.-sam. uniquement soir Fermé mi-juil.-fin août*

## Du palais de justice à la préfecture

**Place de la Canourgue (plan 4, A1)** Sur cette place, plus encore que sur d'autres, se lit dans une chronologie à rebours l'histoire de la ville. Ici se dressait au XIe siècle le château fort autour duquel la ville embryonnaire a

### L'Hérault gourmand

#### Restaurants gastronomiques


Le Petit Jardin (Montpellier) ___ 91
Cellier-Morel-La Maison de la Lozère (Montpellier) ___ 91
Tamarillos (Montpellier) ___ 91
Le Jardin des Sens (Montpellier) ___ 92
Les Demoiselles Dupuy (Sète) ___ 127
Le Jardin du Naris (Marseillan) ___ 142
Octopus (Béziers) ___ 402
Ô Bontemps (Magalas) ___ 403
Ocre Rouge (Hérépian) ___ 442


#### Vins (producteurs, caves, événements)


La Cave des Arceaux (Montpellier) ___ 82
Domaine Ellul-Ferrière (Castries) ___ 87
Frontignan Muscat (Frontignan) ___ 113
Domaine du Mas rouge (Vic-la-Gardiole) ___ 115
La Cave de Rabelais (Mireval) ___ 115
Domaine La Madeleine-Saint-Jean (Marseillan) ___ 140
Cave de L'Ormarine (Pinet) ___ 142
Domaine d'Aupilhac ___ 149
Au Fil du vin (Clermont-l'Hérault) ___ 158
Mas des Chimères (Octon) ___ 160
Domaine Alain Chabanon (Lagamas) ___ 161
Domaine Virgile Joly (Saint-Saturnin-de-Lucian) ___ 161
Mas Bruguière (Valflaunès) ___ 168
Château de Cazeneuve (Lauret) ___ 168
Caves Paul-Riquet (Béziers) ___ 388

pris corps. Ici se trouvait la mairie (hôtel Richer-de-Belleval) construite à l'emplacement du palais des Guilhem ; ici, enfin, aurait pu s'élever la nouvelle cathédrale Saint-Pierre, reconstruction de celle que les guerres de Religion avaient en partie ruinée. Mais le projet n'a pas abouti. Aérée, bordée d'hôtels particuliers, cette place hautement raffinée est ornée d'une fontaine aux Licornes en hommage au marquis de Castries, ministre de la Marine de Louis XVI et maréchal de France. Au coin de la rue de la Coquille, l'hôtel de Sarret et son évidement en forme de trompe continuent d'interroger les passants.

**Autour de la place Chabaneau (plan 4, B1)** Sur la place Chabaneau se dresse la troisième fontaine emblématique de Montpellier, représentée sous les traits d'une robuste jeune femme déversant les eaux acheminées par l'aqueduc des Arceaux. Dans les ruelles adjacentes résidait au Moyen Âge une forte communauté juive.

☺ **Mikvé (plan 4, A1)** Emmuré dans les fondations d'un bâtiment quasi anonyme où une synagogue du XIIe siècle est en cours de restauration, ce bain destiné aux purifications rituelles est le seul élément du patrimoine hébraïque médiéval ouvert au public, si les travaux le permettent. Les dernières marches d'un escalier étroit entre des murs massifs plongent dans la transparence d'une eau à la pureté de jade. À mi-descente, une petite salle, peut-être un "déshabilloir", s'ouvre sur le bassin par la délicate fenêtre géminée dite "des témoins". Un espace en marge du monde. *1, rue de la Barralerie www.maimonide-institut.com Visites guidées uniquement (rens. à l'OT)*



**La Panacée (plan 4, B1)** Ce centre de culture contemporaine a ouvert ses portes en 2013 dans l'ancien Collège Royal de médecine (1450). Le bâtiment réhabilité par la ville est une superposition de styles, les parties les plus anciennes datant du XIIe siècle. Il affiche aujourd'hui cinq espaces d'expositions, aux murs blancs et au style épuré, qui s'organisent autour d'un patio central. Ce lieu est destiné à présenter des œuvres d'artistes français ou internationaux à la pointe de l'art contemporain et des arts numériques, tout en les rendant accessibles à tous. Ainsi apprécie-t-on la présence d'un médiateur dans chacune des salles, disponible pour éclairer le public sur les réalisations. La première saison (2014) présente notamment des expositions autour des technologies de la communication et leurs avancées, d'une vision ironique du système de l'art… Il est également possible d'assister à des conférences ou à des spectacles dans l'auditorium, de participer à des ateliers pour adultes et pour enfants ou encore de se documenter au centre de ressources. À midi et en soirée, Le Café attire artistes, étudiants en résidence et visiteurs dans son écrin ultra-design qui ouvre lui aussi sur le patio (tapas et formules *aperitivo* à base de produits frais). *14, rue de l'École-de-Pharmacie Tél. 04 34 88 79 79 www.lapanacee.org Ouvert mer.-jeu. 12h-20h, ven.-sam. 12h-22h, dim. 10h-18h Entrée libre Visite guidée gratuite mer. et sam. à 15h* ***Le Café*** *Tél. 04 99 63 45 68 Ouvert mer.-sam. 10h-1h, dim. 10h-18h*

### ● Où boire un verre ?

**Comptoir de l'Arc (plan 4, A1 n°37)** Bar, resto, galerie, musique *lounge*, Le Comptoir de l'Arc est résolument moderne, voire branché. *Happy hour* de 18h à 21h : laissez-vous tenter par une coupe de champagne (5€) sous les micocouliers de la place de la Canourgue. Brunch le dimanche de 12h à 16h *2, rue de l'Hôtel-de-Ville Tél. 04 67 60 30 79 Ouvert tlj. 7h-1h*

## Autour de la faculté de médecine

**Cathédrale Saint-Pierre (plan 3, A1)** Deux imposants piliers supportant un monumental porche à baldaquin, une longue nef surmontée de tours-clochers, la cathédrale Saint-Pierre a la puissance du gothique méridional des édifices pontificaux en Avignon. Car c'est un pape, Urbain V, qui en décide la construction en 1364, honorant ainsi la ville où il a étudié et enseigné. Elle n'est alors que la chapelle Saint-Benoît du monastère attenant, l'actuelle faculté de médecine. Ce n'est que près de deux siècles plus tard, lorsque l'évêché quitte l'île de Maguelone pour Montpellier, cf. Villeneuve-lès-Maguelone (p.107), qu'elle devient cathédrale dédiée à saint Pierre. Elle est la seule église de la ville à avoir survécu sans dommage irréparable aux protestants radicaux pendant les douloureuses guerres de Religion. À la contre-réforme, Richelieu en entreprend une première restauration. Le transept et le chœur néogothique, ainsi que le portail au tympan finement ciselé côté rue du Cardinal-de-Cabrières, datent du XIXe siècle. À l'intérieur, l'orgue, les belles toiles de l'école française du XVII^e siècle et le *choretto*, vestige de l'ancien cloître, en constituent les attraits majeurs. *Rue de l'École-de-Médecine Tél. 04 67 66 04 12 Ouvert lun.-sam. 9h30-12h et 14h30-18h Programme, s'adresser au secrétariat paroissial (6bis, rue Abbé-Montels)* **Choretto** *Visites guidées uniquement*

**Faculté de médecine (plan 3, A1-A2)** Une longue rampe pavée en calade conduit à l'entrée principale encadrée des statues de Lapeyronie, fondateur de l'académie de chirurgie et médecin de Louis XV, et Barthez, médecin de Louis XVI et de Napoléon I^er. Rien ne vous empêche de vous mêler aux étudiants pour entreprendre le tour des bâtiments, mais l'office de tourisme vous en assure une visite assez complète et vous permettra même d'accéder au conservatoire d'anatomie rouvert depuis 2010. Passé le grand hall décoré de bustes de médecins illustres, un escalier mène à la bibliothèque dont le fonds encyclopédique recèle quelque 900 manuscrits dont 650 médiévaux. Poursuivez jusqu'à la salle des actes (où l'on soutient les thèses) et les anciens appartements privés de l'évêque. *Entrée sur le parvis de la cathédrale Visites guidées (rens. à l'OT)*

☺ **Musée Atger (plan 3, A1)** Nul schéma d'anatomie dans ce plus vieux musée de la ville installé dans les anciens salons d'apparat de l'évêché de l'université de médecine, mais les dessins des plus grands maîtres de la peinture des XVI^e, XVII^e et XVIII^e siècles que Xavier Atger, collectionneur avisé et enthousiaste, céda au début du XIX^e siècle à sa ville natale. Rubens, Bourdon, Fragonard... mais aussi Giambattista Tiepolo et ses superbes visages, effleurés de la pointe d'un crayon, aussi expressifs qu'épurés. *2, rue de l'École-de-Médecine Tél. 04 34 43 35 80 Ouvert lun., mer. et ven. 13h30-17h45 Fermé j. fér., août et vac. scol. Noël Entrée libre*

**Jardin des Plantes (plan 3, A1)** Créé en 1593, il était destiné à enrichir les connaissances botaniques des futurs médecins et apothicaires. Toujours partie intégrante de l'université de médecine, il est aussi un délicieux jardin qui a conservé du XVI^e siècle un tertre artificiel aux terrasses conçues pour accueillir les végétaux selon leurs besoins spécifiques. Son créateur, Richer de Belleval,

### Loin de cité, loin de santé

L'enseignement médical à Montpellier est né de la pratique, celle d'un noyau de médecins et enseignants, embryon de la future faculté qui, au début du XIII^e siècle, obtient par bulle papale le statut d'*Universitas medicorum*, prête à rivaliser avec les prestigieuses universités de Bologne ou de Padoue. À la Renaissance, elle s'émancipe de la tutelle de l'Église et partage avec Paris le monopole des études médicales. Elle se dote du premier jardin des plantes de France. Rabelais, Nostradamus, Rondelet, Lapeyronie... y sont étudiants ou enseignants. À la Révolution, la faculté s'installe dans l'ancien monastère Saint-Benoît réquisitionné.

GEOPLUS

# Montpellier en trois jours

**En un long week-end vous n'épuiserez pas les charmes de cette ville. Aussi, après avoir découvert les lieux et les animations majeurs, laissez votre flair vous guider.**

## Vendredi

### MATINÉE

9h **Place de la Comédie** (p.62) Petit déjeuner en terrasse au centre vital de Montpellier, face à la fontaine des Trois Grâces ; vous prendrez le pouls d'une ville qui déclare ne jamais dormir.

10h **Autour de la place Jean-Jaurès** (p.66) Muni de l'indispensable plan détaillé du centre, entrez dans la vieille ville par a rue de la Loge et poursuivez jusqu'à la place Jean-Jaurès. Sous les halles Castellane, achetez une fougasse au stand des Blés d'or en prévision d'une petite faim.

10h30 **Le quartier Saint-Roch** (p.70) Entrez-y par la rue des Trésoriers-de-la-Bourse. Pénétrez au n°4 : l'hôtel des Trésoriers-de-la-Bourse, aujourd'hui maison Heidelberg, renferme dans sa cour l'un des plus beaux escaliers monumentaux de la ville. Place Saint-Ravy, prenez la rue de l'Ancien-Courrier.

CONSEIL Affinez votre perception de la ville en participant à la visite guidée de l'OT. Vous découvrirez ainsi le *mikvé* (p.73), fermé aux visites individuelles.

NE KLAXONNEZ PLUS, MARCHEZ ! Autour du centre historique, presque entièrement piéton, le plan de circulation paraît souvent obscur, les places de stationnement sont quasi inexistantes et les contraventions fréquentes. Trois bonnes raisons pour laisser votre voiture dans l'un des parkings payants (surveillés). Les moins chers se situent en première périphérie, mais, grâce au tramway, vous ne serez qu'à quelques minutes du cœur de Montpellier.

11h **Rue de l'Ancien-Courrier** Dans cette rue aux pavés de marbre, arrêtez-vous au n°5, dans la cour de l'hôtel de Montcalm (p.66), où vous attendent, entre autres, une galerie d'art et un dépôt-vente pour dénicher quelques pièces de luxe… Cette artère abrite par ailleurs nombre de boutiques haut de gamme, souvent installées au rez-de-chaussée des hôtels particuliers. Autant de lieux à découvrir, de vitrines à regarder ou de portes à pousser, pour le plaisir des yeux – ou plus, selon son budget. Terminez la matinée en flânerie.

12h30 **Bleu Thé** (p.90) Déjeunez et reprenez des forces dans l'ombre fraîche de la rue de la Croix-d'Or.

### APRÈS-MIDI

14h **Musée languedocien** (p.67) Par la rue de la Loge, rejoignez la rue Jacques-Cœur et l'hôtel des Trésoriers-de-France, siège de la grande finance au temps de Jacques Cœur. Entrez dans la cour de la demeure médiévale agrémentée au XVIIe siècle d'un escalier monumental puis jetez un coup d'œil aux collections du Musée languedocien, sans oublier la très belle sphère céleste de Coronelli.

16h **La place Saint-Côme** (p.71) Sous la coupole de l'amphithéâtre étaient autrefois disséqués les cadavres ; c'est aujourd'hui le siège de la chambre de commerce. Vous l'atteindrez par la rue Jean-Moulin. Puis remontez par les rues Copes-Gambes et du Plan-d'Agde jusqu'à la place Saint-Roch et son église inachevée.

16h30 **Église Saint-Roch** (p.70) Découvrez, dans le chœur, la statue de saint Roch aux traits de Frédéric Bazille et faites une pause dans le petit jardinet à l'ombre salvatrice ou à l'une des terrasses alentour.

17h **Le quartier Sainte-Anne** (p.71) Plus artiste, il se trouve de l'autre côté de la rue Saint-Guilhem. Au n°23, la fromagerie La Cloche à Fromage (p.71) est excellente. Rue Philippy, le Carré Sainte-Anne (p.71) organise des expositions d'art contemporain, à moins que vous ne souhaitiez chiner chez les quelques antiquaires et bouquinistes du quartier.

FESTIVITÉS ESTIVALES
En juillet, pensez à réserver, auprès de l'office de tourisme, vos places de concert dans le cadre du festival de Radio France, ou du cycle Montpellier Danse.
**Office de tourisme** (p.59).

19h **L'Atelier** (p.72) Un apéritif rue Rebuffy, dans une atmosphère délicate et artistique. Dans un tout autre genre, le pub O-Carolan's (p.88) saura satisfaire les amateurs de Guiness et autres breuvages irlandais.

OÙ POSER SES VALISES ?
L'hôtel du Palais (p.93) vous permettra de rester intra-muros, dans le quartier de caractère de la place de la Canourgue ; l'hôtel du Parc (p.93), au charme certain, est quant à lui situé à moins de 10min à pied du centre historique. Dans les deux cas, accueil chaleureux et service efficace.

### SOIRÉE

20h **Pastis Restaurant** (p.91) Dîner raffiné rue du Terral (réservation indispensable).

22h **La Tavola de Pepe** (p.88) Pour un dernier verre au son du jazz manouche, ou, pour une ambiance plus hype, au Circus (p.88).

## Samedi

### MATINÉE

9h **Le Pré vert** (p.71) Brunch en terrasse rue Sainte-Anne.

10h **Cathédrale Saint-Pierre** (p.74) Passez devant la faculté de médecine (p.75), ancien monastère dont la chapelle, fortifiée d'un puissant baldaquin, constitue la cathédrale de la ville. Ne manquez pas l'ancien cloître et sa belle collection de peintures du XVIIe siècle.

11h **Jardin des Plantes** (p.75) Après la tour des Pins (p.80), vestige de l'ancienne enceinte, vous rejoindrez le jardin des Plantes, hors les murs, où vous pourrez

GEOPLUS

➤ cheminer entre bambouseraie et jardin anglais.
12h30 **Le Dilemme** (p.90) Déjeunez derrière la gare Saint-Roch ; le dilemme en question consistera à choisir parmi des plats tous plus alléchants les uns que les autres !

**APRÈS-MIDI**
14h30 **Villeneuve-lès-Maguelone** (p.107), à 12km de Montpellier) À pied ou à bord d'un petit train (p.109), traversez l'étang et gagnez la fragile presqu'île où la cathédrale de Maguelone (p.108), splendeur de pureté romane, ignore le temps et la folie des hommes, isolée parmi les vignes et les pins.
16h **Baignade** Devant Maguelone, profitez du lido préservé (p.109).
18h00 **Étangs et salins** Retournez à Montpellier par le chemin des écoliers. La D116 suit l'étang et les anciens salins ; passé Vic-la-Gardiole (p.115), elle vous conduira au pont des Aresquiers.

**UN SAUT À LA PLAGE** (p.84) Le week-end, les routes vers la côte et les abords de Montpellier sont souvent encombrés en fin de journée. Évitez de calculer le temps de trajet en fonction des kilomètres…

**SOIRÉE**
20h **La Maison de la Lozère** (p.91) vous attend pour dîner ; autre possibilité, le Tamarillos (p.91), où vous pourrez expérimenter une très subtile cuisine de fleurs et de fruits.

**VERS LE PIC SAINT-LOUP** Si vous préférez l'alternative pic Saint-Loup (p.167), 30min de route au nord de Montpellier), arrêtez-vous sur le chemin du retour pour goûter les vins du Mas Bruguière (p.168) et dînez au Pet au Diable (p.169) dans le village médiéval des Matelles.

22h30 **Le Comptoir de l'Arc** (p.74) Terminez la soirée rue du Puits-du-Temple, ou bien mettez le cap sur le Rockstore (p.89), pour danser jusqu'à point d'heure.

## Dimanche

**MATINÉE**
9h **Café Joseph** (p.88) Petit déjeuner face à l'agitation de la rue, confortablement installé en terrasse sur la place Jean-Jaurès.
10h **Les hôtels particuliers** (p.62) Visitez le triangle d'or de la rue Embouque-d'Or à la place Pétrarque, de la rue Fournarié à Bonnier-d'Alco, rue de Girone, rue de l'Aiguillerie et du Pila-Saint-Gely. Prenez votre temps, chaque angle de rue recèle des surprises.
11h30 **Antigone** (p.82) Traversez l'Esplanade, où des passionnés d'échecs s'affrontent sur un terrain de jeu peint au sol, et le Polygone, pour découvrir le quartier néoclassique d'Antigone, jusqu'aux rives du Lez. Profitez-en pour déambuler dans les allées du marché aux halles Jacques-Cœur et, en suivant la rive droite du Lez, empruntez la promenade jusqu'au moulin de Salicate.
13h **Réserve Rimbaud** (p.91) Déjeuner romantique à la fraîche au

**FESTIVAL DE MUSIQUE ANCIENNE** (p.108) En juin, pour prolonger votre escapade à Villeneuve-lès-Maguelone, pourquoi ne pas assister à l'un des concerts donnés dans le cadre somptueux de la cathédrale ?

bord de l'eau chez cette digne héritière de la Guinguette du Père Louis ; ou bien retournez dans l'Écusson pour une petite collation de tapas "qualité terroir" à L'Acolyte (p.90).

### APRÈS-MIDI

14h30 **Le musée Fabre** (p.63) Il présente, entre autres, dans une scénographie très étudiée, une intéressante collection de peintures flamandes, l'œuvre de Frédéric Bazille et la toute nouvelle dotation du peintre abstrait Pierre Soulages.

16h30 **Jardin du Peyrou** (p.81) Traversez le centre par la rue Foch en jetant un coup d'œil aux vitrines de luxe, rejoignez la place royale du Peyrou (p.81), et profitez du début de soirée dans les jardins suspendus de la promenade, à l'arrière de l'arc de triomphe. Vous atteindrez ainsi les Arceaux (p.82), aqueduc façon pont du Gard qui traverse les faubourgs tranquilles avant de se perdre dans la garrigue.

19h **Le Comptoir de l'Arc** (p.74) De retour intra-muros, offrez-vous une coupe de champagne sous les micocouliers de la très raffinée place de la Canourgue.

**AVIS AUX GASTRONOMES** Ne manquez pas de vous offrir un repas au Jardin des Sens (p.92). Vous pourrez même vous transformer en apprenti cuisinier en assistant aux cours dispensés par les assistants des frères Pourcel !

**POUR LES AMATEURS DE FOLIES** C'est dans la campagne, autour de la ville, que les notables montpelliérains des XVIII$^{e}$ et XIX$^{e}$ siècles affichent leur fortune dans de somptueuses demeures d'agrément, les Folies. Au château de la Mogère (p.85), ou à celui de Flaugergues (p.86), tous à 3km au sud-est de la ville, les jardins, comme les bâtiments, dénotent un goût exquis.

### SOIRÉE

20h **Le Petit Jardin** (p.91) Dîner raffiné dans le calme d'un jardin de micocouliers séculaires.

22h30 **Le Café Joseph** (p.88) Pour une fin de soirée animée, allez prendre un verre dans cette institution prisée par la jeunesse montpelliéraine.

consacra ses forces et ses deniers à la restauration de l'endroit, dévasté lors des affrontements religieux du XVIIe siècle. Démonstration grandeur nature de la rigueur de l'"école systématique" chère à Linné qui classifie les plantes par familles, il s'enrichit au XIXe siècle d'une nouvelle serre, d'un arboretum et d'un jardin anglais. Sur 4,5ha, 2 000 espèces sont cultivées, dont quelques "sujets" historiques comme le ginkgo biloba mâle planté à la fin du XVIIe siècle et devenu autofertile par greffon de branches femelles, ou le phillyrea au tronc creux qui reçoit les vœux des amoureux. Suivant la tradition humaniste des maîtres enseignant au fil des allées, on y étudie, on s'y prélasse du bassin aux nénuphars géants à la bambouseraie touffue, ou on y médite comme André Gide et Paul Valéry près du tombeau de Narcissa. *Bd Henri-IV Tél. 04 67 63 43 22 www.univ-montp1.fr/patrimoine/jardin_des_plantes Ouvert juin-sept. : mar.-dim. 12h-20h ; oct.-mai : mar.-dim. 12h-18h Visite à thèmes sur inscription en juil.-août Entrée libre*



**Tour des Pins (plan 3, A1)** Accolée au jardin des Plantes, la tour des Pins (XIIe-XIVe s.) est, comme la tour de la Babote, un vestige de l'enceinte fortifiée de Montpellier qui enserrait la ville au Moyen Âge. À en croire les prophéties de Nostradamus, tant que pousseront des pins à son sommet, Montpellier restera debout. Peut-on vraiment accuser la ville de superstition si elle s'applique à y remplacer les arbres morts ?

**Agora – Ancien couvent des Ursulines (plan 3, B1)** L'ordre des Ursulines apparaît à Montpellier à la contre-réforme ; ce sont elles qui prennent en main la "rééducation" des jeunes filles protestantes nouvellement converties au catholicisme. Ce bastion de la "vraie foi" a tout d'une forteresse. À la Révolution, le couvent devient bagne pour femmes étouffant leur destin sous la rotonde écrasante. En 1981 la ville entreprend la réhabilitation des lieux et leur transformation en **Cité internationale de la danse** regroupant le Centre chorégraphique national et le festival international Montpellier Danse. Modernisé en 2000, le lieu prend alors le nom d'Agora afin de s'affirmer comme une place de choix et d'échange entre le public et les artistes. *18, rue Sainte-Ursule Tél. 04 67 60 83 60 www.montpellierdanse.com*

# Les quartiers limitrophes

☆ **Les essentiels** La promenade du Peyrou, l'architecture néo-antique du quartier Antigone **Découvrir autrement** Admirez le pic Saint-Loup du château d'eau, place du Peyrou ; longez le Lez à pied ou à vélo ; cuisinez avec les toques du Jardin des Sens, cf. Carnet d'adresses (p.88)

## Au nord du Corum

À deux pas au nord de l'Écusson, au nord du Corum, les faubourgs populaires (proches des anciens abattoirs) Boutonnet et des Beaux-Arts font rarement l'objet de visite. Le Festival des fanfares (http://festivalfanfare.free.fr/), en juin, et les "Boutographies" (rencontres photographiques, www.boutographies.com) en mars sont l'occasion d'aller prendre l'air du temps dans un bistrot de quartier, à L'Alternatif ou à l'Art Café. **L'Alternatif (plan 2, B1 n°10)** *53, rue du Faubourg-Boutonnet Tél. 04 67 40 52 36 Ouvert tlj. 7h-22h* **Art Café (plan 3, C1 n°5)** *13, rue Proudhon Tél. 04 67 72 29 63 Ouvert lun.-sam. 7h-1h*

### ● Où chiner et prendre le thé ?

☺ **Chic et Bohème (plan 3, C1 n°40)** La plus grande brocante du centre-ville, où se mêlent, dans un bric-à-brac subtilement ordonné, meubles anciens, belle vaisselle centenaire, postes à galène, lampes modern-style et de jolis objets contemporains à prix très doux. À l'arrière des salles d'exposition se cache un salon de thé délicieux entre les murs d'un jardin insoupçonnable. *31, rue Proudhon Tél. 04 67 10 99 94 www.chic-boheme.com Ouvert lun.-sam. 10h-19h*

### ● Où déjeuner façon trattoria ?

**Gustave (plan 3, C1 n°6)** À l'abri des larges parasols de Gustave, quelques longues tables couvertes de nappes rouges à gros pois blancs sont dressées devant les étals du marché quotidien. Une manière joyeuse et très décontractée de partager les excellentes recettes de Nathalie Richin, cuisinière raffinée et perfectionniste. Si l'attente pour une place assise est trop longue, tous les plats sont à emporter. Toujours parfumés aux embruns de la Méditerranée. Assiettes 13-16€, desserts 5€, le tout fait maison. Gustave fait aussi épicerie fine. *4, pl. des Beaux-Arts Tél. 04 67 70 37 87 Ouvert lun.-ven. 10h30-15h30*

## Le Peyrou

☆ **Promenade du Peyrou (plan 3, A2)** Jusqu'à la fin du XVIIe siècle, le Peyrou n'était qu'un promontoire pierreux qui allait se perdre dans les garrigues. Point culminant aux portes de la ville, il s'y tenait des foires et les Montpelliérains aimaient venir y respirer un petit air de "montagne". L'artillerie de Louis XIII aussi ! Elle s'y installa pour canonner les protestants retranchés derrière les murs d'enceinte, lors du siège de 1622. Son aménagement en parc dès 1690 "pour le charme des habitants et le prestige de la ville" se poursuivit au XVIIIe siècle. Un arc de triomphe un an plus tard puis la statue équestre de Louis XIV le consacrèrent **place royale**. Ce n'est qu'en 1774 que furent réalisés et mis en service l'aqueduc Saint-Clément et le château d'eau. *Accès libre*

**Arc de triomphe (plan 3, A2)** C'est une véritable allégeance de la ville au Roi-Soleil que révèle cette porte monumentale. Un médaillon sculpté face à la ville rappelle aux protestants locaux que l'hérésie huguenote est bien vaincue. Un second évoque le récent chantier pharaonique du canal du Midi et sa promesse de prospérité pour toute la région. Côté campagne, deux autres médaillons affirment la puissance "pacificatrice" du monarque représenté en Hercule terrassant un lion (l'Angleterre) et la grandeur de ses glorieuses batailles dans les Flandres. Le tout est couronné d'une inscription en latin évoquant les 72 ans de règne de Louis le Grand. Gravée dans la pierre, une telle longévité vaut presque éternité !

**Statue équestre (plan 3, A2)** Cette statue que Louis XIV offre à Montpellier, ville méritante dans sa lutte contre l'hérésie protestante, aurait dû trôner en centre-ville. Mais faute d'y trouver un emplacement avec un recul suffisant, elle est installée en 1718 "aux champs", sur la nouvelle esplanade, dans l'encadrement de la porte monumentale avec la condition qu'aucun bâtiment ne dépasse jamais le niveau de l'esplanade. Même si l'actuelle statue de bronze, une copie de 1838, est deux fois moins imposante que l'originale, déboulonnée et fondue pour faire des canons à la Révolution, le Roi-Soleil, perché les pieds ballants sur une monture à laquelle manquent les étriers, jouit toujours de la même vue panoramique, du pic Saint-Loup à la mer.



**Les Arceaux (plan 3, A2)** De leur vrai nom "**aqueduc Saint-Clément**", ils acheminent, en 1772, les eaux de deux sources captées à env. 15km jusqu'à un bassin aux portes de la ville. Cinquante-trois grandes arcades surmontées de 183 petits arceaux lui donnent un petit air antique. C'est d'ailleurs le pont du Gard qui inspira son constructeur, l'ingénieur Pitot. Deux ans après la réalisation de l'ouvrage, un **château d'eau**, petit temple octogonal aux élégantes colonnes corinthiennes, est édifié au centre du bassin. Au pied des Arceaux s'est développé au XIXe siècle un faubourg ouvrier. Un marché bien fourni, des tournois de pétanque animés – à suivre de la terrasse de **La Cigale**, bistrot emblématique – donnent dans la journée à ce quartier un côté "village". Tranquille et bon enfant le jour, l'ombre des Arceaux dissimule la nuit tombée des trafics bien moins présentables. *À l'ouest du Peyrou* **La Cigale** *7, bd des Arceaux Tél. 04 67 92 66 30 Ouvert lun.-sam. 7h-1h*

### ● Où parler vin avec des spécialistes ?

**La Cave des Arceaux (plan 2, A1 n°31)** Cette cave où se fournissent quelques grands restaurants de Montpellier organise le samedi des "Rencontres vigneronnes". Elle fait épicerie, fine et bio pour l'apéritif. *7, rue Marioge Tél. 04 67 92 44 84 www.cave-arceaux.com Ouvert lun.-jeu. 9h-13h et 14h-19h30, ven. 9h-13h et 16h-19h, sam. 9h-20h*

## ☆ Antigone

Passé le Polygone (plan 3, D3), espace de champ de tir reconverti en forteresse de la consommation, on accède à la place du Nombre-d'Or par "les Échelles de la ville", grand panorama d'escaliers dignes d'une "cité idéale" Renaissance. Des Neptune, des nymphes, des éphèbes de bronze ou de pierre animent les fontaines et les espaces ouverts et souvent venteux qui portent des noms de divinités ou de cités grecques. *À l'est de la place de la Comédie*

**Une ville recomposée** Cette mythologie improbable prend corps à la fin des années 1970, lorsque Georges Frêche, nouveau maire de Montpellier, confie l'extension de la ville à l'architecte catalan Ricardo Bofill, dont il partage le goût de l'antique et des projets à grande échelle. En 1984, à l'arrière du bloc de béton du Polygone, centre commercial réalisé par le précédent maire, "Anti(poly)gone", une ville recomposée, sort de la vingtaine d'hectares de friches que l'armée a vendue à la municipalité. Derrière les colonnes, les frontons néoclassiques, 2 500 logements sociaux ; les investisseurs privés viendront ensuite. Aux antipodes des Zup construites dans le seul but qu'on y loge, le quartier d'Antigone fut conçu pour qu'on y vive. L'unité de style de Bofill, scandée par les places du Nombre-d'Or, du Millénaire, de Thassalie et d'Europe, s'est ensuite enrichie de contributions d'autres grands architectes. Une piscine olympique, une superbe bibliothèque signée Paul Chemetov, des cafés, des restaurants, des bureaux, le marché du dimanche matin ont apprivoisé l'urbanisme monumental pour faire d'Antigone un authentique lieu de vie.

**Une ouverture maritime** Pas plus que d'antique, Montpellier n'a de véritable passé maritime, et l'activité portuaire de Lattes (l'ancienne Lattara romaine) sur le Lez à quelques kilomètres en aval ne survécut pas à l'ensablement du delta. En aménageant les rives de ce petit fleuve côtier aux crues impétueuses de promenades bucoliques en amont, et de bassins destinés à la plaisance dans le quartier Jacques-Cœur, en aval, Montpellier affirme sa soif d'ouverture sur la mer. Pour preuve, l'hôtel de ville a été transféré en 2011 à Port-Marianne, l'un des pôles urbains qui, de base nautique en aquarium, regardent cap au large.

**Une balade le long du Lez** Au centre du demi-cercle de l'esplanade de l'Europe, une Victoire de Samothrace ouvre large ses ailes à l'hôtel de région qui, de l'autre rive du Lez, par-dessus Antigone et la ville ancienne, répond au monumental arc de triomphe de la place royale du Peyrou. Sur votre gauche, en suivant la rive droite du Lez, une charmante promenade conduit à l'ancien moulin de Salicate. Le tram (ligne 2), station Pompignane, vous ramènera au centre.



### ● Où trouver des vins de terroir ?

**Caves Notre-Dame (plan 2, B2 n°30)** Cette immense cave, la plus ancienne de la ville, propose une très bonne sélection de produits. Dégustations autour d'un domaine prestigieux ou d'un cru particulier. *1348, av. de la Mer (sur la route des plages, près de l'autoroute A9) Tél. 04 67 64 48 00 www.cavesnotredame.com Ouvert mar.-sam. 9h30-12h30 et 14h30-19h30*

## Le quartier de la gare

Au sud de l'Écusson, ce quartier tranche sur le beau vernis du cœur de ville. Les bars de nuit lui donnent son ambiance animée ; n'y manquez pas le mythique Rockstore (p.89) dont la façade, une Cadillac encastrée au-dessus de la porte, est classée monument historique. Le quartier est en pleine restructuration depuis l'arrivée du tramway : quelques grands projets de construction de logements, d'espaces verts et de commerces devraient aboutir en 2014.

**Square Planchon (plan 3, C4)** Face au temple protestant, de style néoroman, pur XIX$^{e}$ siècle, un charmant jardin est dédié au sauveur de la viticulture française. C'est en effet Jules-Émile Planchon, savant botaniste qui, dans les années 1870, préconisa, pour enrayer l'épidémie de phylloxera, d'utiliser comme porte-greffe des pieds de vigne américains, plus résistants au redoutable puceron. Le Languedoc durement touché lui éleva donc une stèle. À Jules-Émile Planchon les viticulteurs… et les amateurs reconnaissants. *Rue Maguelone Ouvert la journée*

### Où faire une pause tapas au calme ?

☺ **La Petite place (plan 3, D4 n°7)** Une enclave paisible en retrait de l'agitation des quartiers de la gare et de la Comédie : sur une très belle place décorée d'un de ces grands trompe-l'œil dont Montpellier a le secret, La Petite place déploie une vaste terrasse très accueillante qui propose dès potron-minet le petit déjeuner. Toute la journée tapas asiatiques et cuisine légère et aromatisée sont à consommer sur place ou à emporter. En été, des concerts sont organisés tous les jeudis soirs. *Pl. François-Jaumes Tél. 06 12 57 16 84 http://surlaplacerestaurant.com Ouvert été : tlj. 8h-0h ; reste de l'année : lun.-mer. 8h-20h, jeu.-sam. 8h-0h*

# Les environs de Montpellier

**Serre amazonienne-Parc zoologique de Montpellier (plan 2, B1)** La serre amazonienne est l'attraction majeure du parc zoologique : le visiteur-voyageur remonte le fleuve Amazone jusqu'à sa source pour découvrir tout au long de son parcours les animaux et les végétaux représentatifs des cinq biotopes de l'Amazonie. Girafes, caïmans, anacondas, mygales géantes, singes hurleurs, tatous et fourmiliers... dans un décor naturel planté d'orchidées, de palmiers, de fougères... La scénographie spectaculaire, un orage toutes les 15min, garantit l'ambiance. *50, av. Agropolis* ***Montpellier*** *(2km au nord du centre-ville) Tél. 04 99 61 45 50 http://zoo.montpellier.fr* **Serre amazonienne** *Ouvert Pâques-Toussaint : mar.-dim. et j. fér. 10h-18h30 ; reste de l'année : mar.-dim. et j. fér. 9h-17h Tarif 6,50€, 6-18 ans 2,50-3€, moins de 6 ans gratuit* **Parc zoologique** *Mêmes horaires Entrée libre*

## Choisir sa plage autour de Montpellier

Entre les stations balnéaires (sept, de La Grande-Motte à Marseillan) super équipées, et bien bétonnées, une plage, mi-sable mi-gravier s'étire presque sans discontinuité le long du mince lido qui sépare de la mer le chapelet d'étangs de la côte languedocienne. De Montpellier, on peut opter pour deux directions. Plein est vers La Grande-Motte, via **le Grand et le Petit-Travers** de Carnon-Plage. Vous y trouverez un grand nombre de plages dites privées – matelas payants et restaurants animés. Si vous choisissez le sud-ouest vers Frontignan, accessible à vélo en 15km de piste cyclable, vous pourrez bronzer sans marques disgracieuses, sur la **plage des Aresquiers**... Avec tout de même quelques bistrots pour vous sustenter, au débouché du grand parking de l'entrée. Les paysages sont agréables, les plages ourlées de dunes et d'oiseaux fous, mais surpeuplées en été. De Villeneuve à La Grande-Motte, le sable se déroule sans fin en passant par **Palavas-les-Flots** et **Carnon-Plage**... Les campings, les locations, les glacières, les transistors et les raquettes également : à vous de juger. Pour piquer une tête et s'en retourner, cela peut passer...

**Aquarium Mare Nostrum (plan 2, B2)** Avec 24 bassins et environ 400 espèces représentatives des différents territoires, l'aquarium aménagé au sein d'Odysseum, la zone "ludico-commerciale" située à l'est de Montpellier, est l'un des plus grands d'Europe. Une scénographie sophistiquée vous entraîne de la Méditerranée à la mer de Chine en passant par le cap Horn et le cercle polaire. Cris des mouettes, sirènes de bateaux, fracas des vagues accompagnent cette navigation entre merveilles tropicales et mystères des grandes profondeurs. *Allée Ulysse* ***Montpellier*** *(2km à l'est de Montpellier, Tram ligne 1 Arrêt Place-de-France) Tél. 04 67 13 05 50 www.aquariummarenostrum.fr Ouvert juil.-août : tlj. 10h-20h ; sept.-juin : dim.-jeu. 10h-19h, ven.-sam. 10h-20h Tarif 15,50€, 5-12 ans 10,50€, forfait famille 48€, moins de 5 ans gratuit*

**Abbaye du Vignogoul** Sur le site d'un ancien monastère cistercien du XII^e siècle, on peut visiter l'église, de style gothique mais encore largement inspirée des formes romanes. Sa nef étroite flanquée sur toute la hauteur de contreforts robustes s'élève solitaire au milieu des vignes. Contournez l'abbaye pour admirer son chevet et, se découpant sur le ciel, les dents de scie des pignons de pierre déployés en éventail. ***Pignan*** *(15km à l'ouest de Montpellier) Tél. 06 01 73 57 70 www.abbaye-de-vignogoul.fr* ***Visite libre*** *Demander la clé au secrétariat d'Actions Jeunes Ouvert lun.-ven. 10h-12h et 14h-16h* ***Visite guidée*** *Toute l'année : sam. 15h-17h ; mai-fin juil. : dim. 16h-18h30 Tarif 4€, réduit 2€*

## De folies...

**Domaines Bonnier-de-la-Mosson, de Grammont et de Méric** Elles se visitent, ces folies, ou bien entrouvrent juste leurs jardins pour permettre quelques flâneries. Certaines folies appartiennent désormais aux communes où elles sont situées. À l'ouest de la ville, le **domaine Bonnier-de-la-Mosson** (plan 2, A1) ; accessible par le tram ou l'avenue de Lodève), celui de **Grammont** (plan 2, B1), à l'est de l'agglomération (D24), sont propriétés de la ville de Montpellier. Leurs parcs offrent de belles promenades ; Grammont abrite le centre d'art dramatique du Théâtre des Treize Vents. À quatre stations de tram (ligne 2) du centre, les jardins du **domaine de Méric** (plan 2, B1), résidence d'été de la famille du peintre Frédéric Bazille, ont servi de cadre à nombre de toiles exposées au musée Fabre. *Ouvert la journée*

**ÉLOGE DE LA FOLIE** Tout autour de Montpellier se sont construites aux XVIII^e et XIX^e siècles des demeures grandioses, peut-être un peu clinquantes pour l'époque, inspirées des villas italiennes des environs de Venise : les folies. Ces résidences d'agrément qui rivalisent de luxe signent la richesse des notables de Montpellier, aristocrates au service du pouvoir royal ou grands bourgeois au commerce florissant.

## ... en châteaux

**Château de la Mogère (plan 2, B2)** L'élégante façade du XVIII^e siècle, surmontée d'un fronton, se reflète dans le bassin d'un parc qui semble hésiter entre le goût anglais et l'ordonnancement classique des jardins à la française. En apothéose un "buffet" d'eau de style rocaille étale ses mosaïques et ses bouquets de coquillages. Le château est occupé par la même famille depuis sa construction. *2235, route de Vauguières* ***Montpellier*** *(3km au sud-est du centre-ville dir. Palavas) Tél. 06 61 14 72 01 www.lamogere.fr Tarif 6€, réduit 3€ (château et jardins)* **Jardins** *Mêmes horaires que le château Tarif 3€*

**Château de Flaugergues (plan 2, B1)** Bienvenue chez le comte et la comtesse de Colbert. Ici aussi jardin à la française, parc à l'anglaise, plus un vignoble, des caves de vinification et de dégustation et un restaurant. La demeure, monumental et sobre bâtiment du XVIIIe siècle, a conservé son mobilier d'époque et surtout un escalier démesuré qui à lui seul occupe un quart de l'espace habitable. *1744, av. Albert-Einstein* ***Montpellier*** *(2km à l'est du centre-ville) Tél. 04 99 52 66 37 www.flaugergues.com Ouvert juin-juil., sept. : mar.-dim. 14h30-19h ; oct.-mai : lun.-sam. sur rdv Visite accompagnée pendant les périodes d'ouverture Tarif 9,50€, réduit 7€* **Jardins** *Ouvert juin-sept. : lun.-sam. 9h-12h30 et 14h30-19h, dim. et j. fér. 14h30-19h ; oct.-mai : lun.-sam. 9h-12h30 et 14h30-19h Tarif 7€, réduit 4€* **Caveau** *Mêmes horaires que les jardins Tarif, se rens.* **Restaurant** *Ouvert lun.-ven. uniquement midi*



**Domaine d'O (plan 2, A1)** Propriété du conseil général de l'Hérault (comme le château d'Alco tout proche), le parc de 23ha est ouvert au public, qui peut y admirer le château d'O (XVIIIe s.), assister à des spectacles, rencontrer des artistes... Programmation éclectique et ouverte sur l'état du monde contemporain. *178, rue de la Carriérasse* ***Montpellier*** *(2,5km au nord-ouest du centre-ville, Tram ligne 1) Tél. 04 67 67 31 00 ou 0800 200 165 (billetterie) www.domaine-do-34.eu* **Parc** *Ouvert hiver : mar.-dim. 9h-17h30 ; reste de l'année : mar.-dim. 9h-19h En accès libre*

**Château de l'Engarran** Derrière ses grilles monumentales, le petit château du XVIIIe siècle s'élève sur les fondations d'une ancienne métairie. À la tête de cet ancestral domaine viticole, deux femmes, héritières de cinq générations de vignerons et surtout de vigneronnes avisées. L'édifice abrite un petit musée consacré à la vigne et au vin. ***Lavérune*** *(8km au sud de Montpellier) Tél. 04 67 47 00 02 www.chateau-engarran.com* **Caveau** *Ouvert tlj. 10h-13h et 15h-19h Visite guidée du parc et des extérieurs sur rdv*

**Château d'Assas** Quelques vestiges du château médiéval et une collection d'instruments de musique anciens dont un clavecin sur lequel Scott Ross (1951-1989), organiste et claveciniste américain, enregistra la majeure partie de sa discographie. *1, route Saint-Vincent* ***Assas*** *(13km au nord-est de Montpellier) Tél. 06 80 93 08 63 Ouvert lors des journées du Patrimoine et des concerts d'été ou visite sur rdv*

## Lattes

☺ **Musée archéologique Lattara (plan 2, B2)** Sur le site de l'antique Lattara – ville portuaire occupée du VIe siècle av. J.-C. au IIIe siècle de notre ère. Passionnant, abondamment fourni et documenté. *390, av. de Pérols* ***Lattes*** *(6,5km au sud-est de Montpellier) Tél. 04 67 99 77 20 http://museearcheo.montpellier-*

*agglo.com Ouvert lun. et mer.-ven. 10h-12h et 13h30-17h30, sam.-dim. 14h-18h Tarif pendant les expositions 3,50€, réduit 2€ (en dehors des expositions, 2,50€, réduit 1,50€) Gratuit tous les 1er dim. du mois*

**Maison de la Nature** On y trouve une foule d'informations sur la vie de l'étang de Méjean, qui borde la petite ville de Lattes, et sur l'observation des oiseaux (nidification de cigognes retransmises en direct par caméra vidéo !). La maison organise des sorties naturalistes et constitue le point de départ de sentiers de randonnée : par exemple, en été, le **sentier des Flamants roses** et le **sentier de la Cigogne**. *Chemin des Étangs* ***Lattes*** *(6,5km au sud-est de Montpellier) Tél. 04 67 22 12 44 www.ville-lattes.fr/maisondelanature Ouvert juil.-août : tlj. 9h-12h et 16h-20h ; sept.-juin : mar.-mer. et ven.-dim. 14h-18h (lun. et jeu. lors des expositions uniquement)* ***Sorties naturalistes*** *Toute l'année : mer. à 9h30 et jeu. à 15h30 pour les 7-12 ans Tarif 4€, réduit 2€*

## Castries

Un castrum militaire surplombait au début de notre ère la *via Domitia* qui traverse l'antique province de Septimanie. Puis vint un château féodal autour duquel se pressaient quelques maisons. La transformation de cette bourgade entre garrigue et Camargue débute au tournant du XVIIe siècle avec la construction, sur la hauteur, d'un château et d'un aqueduc indispensable pour irriguer ses jardins princiers dessinés par Lenôtre. Sept kilomètres d'arches rondes s'enfoncent dans la garrigue. Remarquez dans le village les courbes harmonieuses de l'ancien moulin à huile. ***Castries*** *(22km au nord-est de Montpellier par la RN110)* **Office de tourisme** *25, rue Sainte-Catherine Tél. 04 99 74 01 77 www.ot-castries.fr*

### ● Où trouver des vins d'exception ?

**Domaine Ellul-Ferrière** Des vins vendangés à la main, vinifiés avec soin, aux arômes amples et profonds de fruits rouges mais aussi de garrigue et d'épices. Le "libre ellul" se garde bien, les romarins se boivent dès maintenant, et la gourmandise se déguste avec délice : 14 mois d'élevage pour ce grenache en surmaturité ! ***Castries*** *(env. 22km au nord-est de Montpellier) Tél. 04 67 02 28 28 ou 06 15 38 45 01 www.domaine-ellul.com Ouvert lun.-sam. 17h-19h*

### ● Randonner à cheval

**Haras de Castries** Équitation de haute école mais aussi randonnées à la carte, stages et initiation. *Chemin de Bannière* ***Castries*** *(22km au nord-est de Montpellier) Tél. 06 30 10 52 04 www.harasdecastries.fr Ouvert toute l'année*

# CARNET D'ADRESSES

## Lieux de sortie

### Bar à tapas

**La Tavola da Pepe (plan 4, B1 n°30)** Ambiance feria et swing manouche le soir ; tapas (2,60-4,60€) et autres spécialités espagnoles, chaleureux et pas sectaire. **Écusson** *8, rue de l'Université Tél. 04 67 02 19 25 Ouvert mar.-sam. 19h-1h*

### Bars

**Insensé (plan 3, C2 n°25)** Sur le parvis de l'hôtel Fabre, une terrasse en bois exotique, du mobilier métallique haut perché, mais aussi des tables basses aux poufs et aux fauteuils sombres au confort arrondi, le dernier-né montpelliérain de la "Pourcel compagnie" joue la touche branchée et graphique dans l'esprit de la nouvelle scénographie du musée. Pour y déguster plus qu'un verre, on va se servir au snacking. Menus sandwich ou salade à 11,50€. Dans la deuxième salle, on sert des formules (2 plats 24€, 3 plats 29€). **Écusson** *39, bd Bonnes-Nouvelles Tél. 04 67 58 97 78 Ouvert mar.-sam. 12h-14h et 20h-22h, dim.-lun. 12h-14h*

**Le Café de la Mer (plan 4, B1 n°32)** Le rendez-vous *gay friendly* de Montpellier, avec une terrasse agréable sur la place. **Écusson** *5, pl. du Marché-aux-Fleurs Tél. 04 67 60 79 65 Ouvert haute saison : tlj. 8h-1h ; basse saison : tlj. 15h-1h*

**Circus (plan 4, B2 n°34)** Branché, donc bondé le week-end, ce bar *lounge* attire les jeunes qui aiment la musique cool, les mojitos, les fauteuils en cuir et les alcôves à l'ambiance tamisée. Cocktails 7-8€. **Écusson** *3, rue Collot Tél. 04 67 60 42 05 Ouvert mi-juin-fin juin, début sept. : tlj. 19h-2h ; reste de l'année : tlj. 18h-1h Fermé juil.-août*

**Café Joseph (plan 4, B2 n°33)** Lounge-bar en soirée où se presse la jeunesse dorée montpelliéraine. Concerts et, en hiver, soirées DJ. **Écusson** *3, pl. Jean-Jaurès Tél. 04 67 66 31 95 Ouvert tlj. 9h-1h*

**Le Barberousse (plan 3, C3 n°22)** Rhum à gogo, roulis de la foule et grosse chaleur dans ce bar au sous-sol version cale de bateau pirate… ***Quartiers limitrophes*** *6, rue Boussairolles Tél. 04 67 58 03 66 www.barberousse.com Ouvert mar.-sam. 18h-1h*

### Pubs

**La Chistera (plan 3, C4 n°21)** Depuis que le MHR (le club de rugby de la ville) s'illustre dans le Top 14, La Chistera, ancienne salle de sport métamorphosée en pub-brasserie par le célèbre joueur François Trinh-Duc, ne désemplit pas. Rendez-vous incontournable les jours de match, le lieu est au quotidien fréquenté par tout ce que le monde du rugby compte de célébrités. Plat du jour 13€, à la carte beau choix de viande grillée et plats roboratifs du sud-ouest à partir de 20€. **Écusson** *2 bis, rue d'Obilion Tél. 04 67 55 39 51 http://la-chistera.com Ouvert juil.-août : tlj. 11h-15h et 19h-2h ; sept.-juin : lun.-sam. 11h-15h et 19h-1h*

**O'Carolan's (plan 4, A1 n°36)** Ce pub ressemble comme un frère au Fitzpatrick's de la place Saint-Côme. Et pour cause : par vagues successives les différents membres de la famille Holmes quittent Dublin pour ouvrir de nouveaux pubs irlandais. Un troisième a vu le jour sur la place des Beaux-Arts. *Écusson 5, rue du Petit-Scel Tél. 04 67 60 98 18 Ouvert avr.-oct. : tlj. 13h30-1h ; nov.-mars : lun.-ven. 17h30-1h, sam.-dim. 15h30-1h*

**Fitzpatrick's Irish Pub (plan 3, B3 n°20)** Montpellier aime le rugby, les Irlandais aussi, et tout autant le foot mais on n'a pas besoin d'attendre un match ou une troisième mi-temps pour boire une "pinte de bitter", lire la presse britannique, grignoter un "ham & cheese toasty" au Fitzpatrick's. Dans la tradition, on se sert au bar et on savoure en terrasse ou sous les vieilles pierres une Guinness (3,90€ le demi) ou un whiskey du Connemara (7,20€). *Écusson Pl. Saint-Côme Tél. 04 67 60 58 30 Ouvert été : tlj. 14h-2h ; reste de l'année : tlj. 14h-1h*

## Boîtes de nuit

**Rockstore (plan 3, C4 n°24)** Une institution ! Café rock et discothèque, avec cinq bars pour satisfaire les goûts éclectiques. Auparavant, l'immeuble a connu une vie bien plus sage : église et couvent des Cordeliers au XIIe siècle, temple pendant la période réformée de la ville, puis église de nouveau, puis garage automobile, cinéma et enfin... Rockstore ! *Quartiers limitrophes 20, rue de Verdun Tél. 04 67 06 80 00 www.rockstore.fr Ouvert mar.-sam. 23h-5h30 Entrée libre*

**La Villa rouge** Très électro et très gay sans être sectaire. Dans un étonnant patio où se côtoient de nombreux bars – chacun avec une ambiance différente –, on passe de belles soirées animées par des DJ architendances. *4, chemin de la Calade* ***Lattes*** *(6,5km au sud-est de Montpellier) Tél. 04 67 06 52 15 www.la-villarouge.fr Ouvert mai-sept. : mer.-sam. 23h-6h ; oct.-avr. : jeu.-sam. 23h-4h30*

# Restauration

## petits prix

**Pizzeria Sicilia (plan 3, C1 n°13)** Pâtes copieuses, pizzas moelleuses, tiramisu léger et... 10,50€ la formule déjeuner, à partir de 14,50€ le soir. *Écusson 20, rue du Pila-Saint-Gély Tél. 04 67 66 30 98 www.pizzeriasicilia-restaurant.com Ouvert mar.-jeu. 12h-14h30, ven.-sam. 12h-14h30 et 19h-23h30*

**Le Melody (plan 4, A1 n°18)** Au pied de la cathédrale Saint-Pierre et jouxtant le conservatoire, une terrasse sur pilotis dans d'exquis courants d'air ! La cuisine est simple et parfumée : salade marocaine et couscous – aux raisins, amandes et cannelle – délicieux. Formule 2 plats 13€ et formule dégustation 15€, mais aussi salades, tartes, galettes et plats du jour, le tout sur fond de jazz de Méditerranée, aux envolées de musique arabo-andalouse. L'après-midi, le Melody fait aussi salon de

### Et aussi...

#### Pour une pause déjeuner



#### Pour savourer une glace, un gâteau



#### Pour une pause apéritif

thé. ***Écusson*** *18, rue Saint-Pierre Tél. 04 67 60 56 20 Ouvert lun.-sam. 12h-15h*

**Bleu Thé (plan 4, B2 n°10)** Tout près de la rue de la Loge et de la place de la Comédie, une ruelle tranquille et fraîche avec une terrasse ombragée. À l'heure du déjeuner, vous y trouverez de grandes salades très agréables autour de 12€, mais aussi des plats du jour (13€ avec un verre de vin et un café) ou encore des crêpes (5-13€). Service continu et salon de thé l'après-midi. ***Écusson*** *6, rue de la Croix-d'Or Tél. 04 67 60 41 81 Ouvert mar.-dim. 11h-19h30*

**Art Café (plan 3, C1 n°5)** De grandes salades et des viandes du jour (8,50-12€), dans un décor de bois et de lignes épurées. Expos d'artistes sur les murs. On y va aussi pour un café ou un apéritif tapas (3-12€). ***Quartiers limitrophes*** *13, rue Proudhon Tél. 04 67 72 29 63 Ouvert lun.-sam. 6h30-1h Fermé 1er mai*

## prix moyens

**La Grange (plan 3, A2 n°4)** Une petite salle très nature – bois et végétaux – pour une cuisine à base de produits frais exclusivement : des poissons du jour marinés ou grillés, des toasts campagnards et des soupes, hiver comme été. Entrées et desserts à 8,50€, plats de 13,50 à 25€, et menu déjeuner (plat + dessert) 13,50€. ***Écusson*** *30, rue Jean-Jacques-Rousseau Tél. 04 67 54 68 80 Ouvert lun.-mar. et jeu.-ven. 12h-14h et 19h-21h30, sam. 19h-21h30*

☺ **Le Dilemme (plan 2, B2 n°2)** Une salle côté mer, une autre côté terre ; deux ambiances, l'une d'Outre-Atlantique, l'autre hexagonale, comme la carte de ce restaurant où le dilemme consistera à choisir parmi des propositions toutes plus alléchantes les unes que les autres. Menus de 14,90 à 20,90€. ***Quartiers limitrophes*** *12, rue Farges (derrière la gare) Tél. 04 67 69 02 13 Ouvert tlj. 11h30-15h et 18h30-22h30*

**L'Acolyte (plan 4, B2 n°12)** En salle, ambiance feutrée et fauteuils confortables, dans les assiettes, poissons et coquillages de première fraîcheur. L'Acolyte est aussi un bar à vins et le verre de crus locaux est à partir de 3€. Une heureuse alternative aux sempiternelles tapas... À la carte comptez entre 15 et 25€. ***Écusson*** *1, rue des Trésoriers-de-France Tél. 04 67 66 03 43 Ouvert lun.-sam. 18h30-1h Fermé 15 jours en été*

## prix élevés

**Morceau de lune (plan 3, C1 n°12)** Vénérables murs de pierre et mobilier contemporain, cuisine soignée, un grand amour des bons vins – les bouteilles tapissent un mur entier – servis décantés en carafe, plus quelques bonnes idées comme ces soirées surprises 5 mets-5 vins (de 40 à 60€), vous aurez compris qu'il est utile de réserver. Menus de 28 à 32€. ***Écusson***

| GAMME DE PRIX | RESTAURATION | HÉBERGEMENT |
| --- | --- | --- |
| Très petits prix | moins de 10€ | moins de 40€ |
| Petits prix | de 10 à 15€ | de 40 à 60€ |
| Prix moyens | de 15 à 25€ | de 60 à 80€ |
| Prix élevés | de 25 à 45€ | de 80 à 120€ |
| Prix très élevés | plus de 45€ | plus de 120€ |

*14, rue Pila-Saint-Gély Tél. 04 67 52 80 59 www.restaurant-morceau-de-lune.fr Fermé fêtes de fin d'année*

**Pastis Restaurant (plan 4, A2 n°19)** Depuis 2008, Daniel Lutrand et Jean-Philippe Vivant ont pris les rênes de ce restaurant où pierre et bois se mêlent pour constituer un décor de bon goût. Côté tables, joliment dressées, des surprises, et toujours des surprises. Le chef se fait fort de laisser libre cours à son inspiration au gré des produits du marché, et s'appuie sur le talent de Jean-Philippe, le sommelier des lieux. Formule 2 plats à 25€ à midi et menu 3 plats à 36€. Petite mais agréable terrasse bordant la place de l'église Sainte-Anne. ***Écusson*** *3, rue du Terral Tél. 04 67 66 37 26 www.le-pastis.fr Ouvert mar.-sam.*

**Le Petit Jardin (plan 4, A1 n°15)** Ce restaurant gastronomique réputé du centre historique se partage entre une salle à la déco contemporaine et un splendide jardin (pas si petit que ça !) peuplé de bambous et de micocouliers séculaires. Des menus raffinés et classiques (36 et 50€). Le bar à vin contigu propose en soirée une formule "petits plats" plus exotique et plus accessible (7-19€ le plat). ***Écusson*** *20, rue Jean-Jacques-Rousseau Tél. 04 67 60 78 78 www.petit-jardin.com Ouvert nov.-avr. : tlj. 12h-14h30 et 19h30-22h30 ; mai-oct., 24 déc.-2 jan. : mar.-sam. 12h30-14h30 et 19h30-22h30, dim. 12h-14h30*

## prix très élevés

**Réserve Rimbaud (plan 2, B1 n°6)** Pour renouer avec le temps des cerises et des guinguettes au bord de l'eau, une longue terrasse qui épouse les courbes du Lez où, le jour, barbotent les canards et, la nuit, se reflètent les bougies. Le cadre idéal pour un dîner d'amoureux. Bien sûr les prix ont grimpé depuis la première auberge du Père Louis où l'on venait s'encanailler en 1835, il faut dire qu'aux baguettes officie Charles Fontès, qui a fait ses classes chez Alain Dutournier. Menu carte 35€ au déjeuner, 65€ au dîner. ***Quartiers limitrophes*** *820, av. de Saint-Maur (tram station Aubes) Tél. 04 67 72 52 53 www.reserve-rimbaud.com Ouvert mar.-ven. 12h-14h et 20h-22h, sam. 20h-22h, dim. 12h-14h Fermé 1 sem. en jan.*

**Cellier-Morel-La Maison de la Lozère (plan 4, B1 n°11)** Des produits du terroir ou de la mer travaillés entre tradition et fantaisie par Éric Cellier, avec en accompagnement de chaque plat un remarquable aligot – une onctueuse purée de pommes de terre et tomme de Lozère. Formules 32€ (à midi en semaine) et 55€ ; menu à environ 65€. Cadre élégant et épuré, terrasse au cœur d'un hôtel particulier. Délicieux ! ***Écusson*** *27, rue de l'Aiguillerie Tél. 04 67 66 46 36 www.celliermorel.com Ouvert lun., mer. et sam. 20h-21h30, mar. et jeu.-ven. 12h-13h30 et 20h-21h30 Fermé j. fér. et 1re quinz. d'août*

**Tamarillos (plan 4, B1 n°23)** On pratique ici la cuisine des fruits et des fleurs : de l'entrée au dessert, Philippe Chapon mêle essences et saveurs. C'est original, délicieux et frais, splendide à regarder et à déguster. Le menu dégustation ouvre les yeux et les papilles à la curiosité. Les desserts sont encore autant de promesses de bonheur : ils lui ont valu deux fois la médaille de champion de France – du temps où il officiait chez Guy Savoy, à Paris. Quant à la "carte des Fluides", bien fournie en vins, elle offre aussi le plaisir de déguster une eau affinée maison, calme ou pétillante... Vaisselle recherchée et verrerie venue des quatre coins du monde, originale et élégante. Salades créatives de 14 à 19€. Formule déjeuner (2 plats, lun.-ven.) 18€ ; menus de 38 à 90€. **Écusson** *2, pl. du Marché-aux-Fleurs Tél. 04 67 60 06 00 www.tamarillos.biz Ouvert tlj. 12h-15h et 19h-22h Réservation appréciée*

☺ **Le Jardin des Sens (plan 2, B1 n°3)** Une étoile au Michelin. Un espace tout de verre et de lumière, un sommet de ravissement culinaire. Le service est prévenant sans être guindé, la décoration contemporaine, et la proposition de mets à couper le souffle... Tout commence par une avalanche de petites mises en bouche, parfumées et délicates, pendant que dans les verres se mêlent textures et couleurs de saison – orange carotte ou vert petit pois. Puis ce sont des effets de température – du granité glacé au tiède beignet –, des jeux de formes et de présentation. De grandes émotions parfois, au fondant d'une viande, au mariage de saveurs. Le sucré l'emporte quelquefois sur le salé puis soudain le plateau magique arrive : une vague de fromages divins appelle une excellente bouteille de vin rouge, à moins que sur les chèvres et le roquefort un blanc ne soit plus approprié... La kyrielle de desserts et mignardises clôt cette extase en de douces ondes satinées... Formule déjeuner de 48 à 80€ jeudi et vendredi. Menu 87€ le soir en semaine et menu gastronomique de 132 à 179€. Pour cuisiner avec des grands chefs on traverse la rue. Juste en face du restaurant, un petit cube accueille les gastronomes amateurs pour une série de cours de haut vol (75€), animés par les assistants des frères Pourcel. Jacques et Laurent Pourcel – les chefs sublimes – ont créé une annexe du Jardin des Sens, moins onéreuse, à deux pas, avenue François-Delmas : La Compagnie des Comptoirs. Menu à l'ardoise 29€ et carte. **Quartiers limitrophes** *11, av. Saint-Lazare Tél. 04 99 58 38 38 Ouvert mar. et jeu.-sam. midi et soir, lun. et mer. uniquement soir* **L'Atelier de cuisine du Jardin des Sens** *Tél. 04 67 79 07 68 Ouvert mar.-mer. et sam. 9h-12h, jeu.-ven. 18h30-21h30*

## Dans les environs

### prix élevés

☺ **Un bistrot dans les vignes** Du jazz, du vin et des grillades... un avant-goût du paradis. À quelques kilomètres du centre ville de Montpellier, le dépaysement est garanti au cœur de ce vaste domaine viticole, dont la réputation des vins n'est plus à faire. À l'ombre des tilleuls et des oliviers, les grillades (de 12 à 22€) crépitent sur leur lit de ceps de vigne et le soir, en été, ce sont les tapas (de 8 à 15€) qui agrémentent les soirées jazz sous la lune. *Mas du Ministre Chemin du Ministre* **Mauguio** *(7km à l'est de Montpellier) Tél. 04 67 12 19 09 www.le-bistrot-dans-les-vignes.com Ouvert lun.-mar. et sam. uniquement midi, mer.-ven. midi et soir*

# Hébergement

### petits prix

**Auberge de jeunesse (plan 3, C1 n°30)** En face du couvent des Ursulines, dans un bâtiment de caractère, elle offre une centaine de lits (chambres de 3 à 10 lits). 20,20€ la nuit. **Écusson** *Imp. de la Petite-Corraterie, rue des Écoles-Laïques Tél. 04 67 60 32 22 www.fuaj.org Ouvert début jan.-nov. Accueil 8h-11h et 14h-minuit*

**Hôtel Les Fauvettes (plan 3, A1 n°33)** Dans une rue assez calme, jouxtant le jardin des Plantes, un petit hôtel entièrement rénové doté de chambres simples et propres. Petite cour pour le petit déj. ou une bonne lecture. Comptez 38€ la double avec lavabo, 47€ avec douche, et 50€ avec douche et toilettes. Petit déjeuner buffet avec pain fait maison 7,50€. ***Écusson*** *8, rue Bonnard Tél. 04 67 63 17 60 www.hotel-lesfauvettes.fr Ouvert toute l'année*

## prix moyens

**Le Mistral (plan 3, C4 n°36)** Sans prétention ni coquetterie excessive, un bon rapport qualité-prix. De 64 à 72€ la double avec douche (petit déj. 9€). ***Écusson*** *25, rue Boussairolles Tél. 04 67 58 45 25 www.hotel-le-mistral.com Ouvert toute l'année*

**Hôtel des Arceaux (plan 2, A1 n°20)** Une maison du XVIII^e siècle, charme, accueil chaleureux, terrasse et chambres personnalisées... Double de 75€ (standard) à 140€ (standing). Petit déj. 9,50€. ***Quartiers limitrophes*** *33-35, bd des Arceaux Tél. 04 67 92 03 03 www.hoteldesarceaux.com Ouvert toute l'année*

## prix élevés

☺ **Hôtel du Parc (plan 2, B1 n°21)** Dans une maison du XIX^e siècle, une vingtaine de chambres pleines de charme où l'on se sent très vite comme chez soi. Teintes ocre et orangées, gaies et chaleureuses, avec quelques tableaux, divers objets et pièces de mobilier en bois et fer forgé. Double de 59 à 108€, clim. et minibar. Petit déj. en terrasse ou dans la chambre (10€). Accueil toujours souriant, disponible et efficace. Également un parking privé gratuit. ***Quartiers limitrophes*** *8, rue Achille-Bégé Tél. 04 67 41 16 49 www.hotelduparc-montpellier.com Ouvert toute l'année*

**Ibis Comédie (plan 3, C3 n°34)** Évidemment il vous manquera le charme des vieilles pierres mais cet ancien Méridien reconverti Ibis offre l'avantage d'être parfaitement situé entre Comédie et Antigone. Cent chambres vastes, service courtois, parking payant au sous-sol. De 70 à 109€ selon la saison pour 2 pers., prix promotionnels le week-end (attention, à env. 100m, l'Ibis Centre offre pour presque le même tarif des prestations beaucoup moins intéressantes). ***Écusson*** *Le Triangle, allée Jules-Milhau Tél. 04 99 13 29 99 www.ibishotel.com Ouvert toute l'année*

**Hôtel du Palais (plan 4, A1 n°41)** Près de la place de la Canourgue, cet hôtel respire l'authenticité... Pas de grand confort ni de déco particulièrement soignée, mais une occasion de loger dans un quartier de caractère. Double avec clim. de 80 à 95€. Celles avec salle de bains à partir de 85€ sont plus agréables. Petit déj. à 8, 12 ou 16€. Parking payant à proximité. ***Écusson*** *3, rue du Palais-des-Guilhem Tél. 04 67 60 47 38 www.hoteldupalais-montpellier.fr Ouvert toute l'année*

**Le Guilhem (plan 4, A1 n°42)** Des chambres de bon standing – classiques, pastel ou fleuries – pas irréprochables mais avec le charme de l'ancien... Une chambre particulièrement splendide, voûtée de pierre et parfaitement fraîche, meublée de façon contemporaine dans des tons acidulés, s'ouvre sur un jardin : la n°100, à partir de 189€ la nuit. Chambre double à partir de 97€. ***Écusson*** *18, rue Jean-Jacques-Rousseau Tél. 04 67 52 90 90 www.leguilhem.com Ouvert toute l'année*

## prix très élevés

☺ **Chambres d'hôtes Les 4 étoiles (plan 2, B1 n°23)** Quatre très belles chambres aux noms étoilés dans une maison des années 1930, typique du quartier de l'Agriculture, un des plus recherchés de Montpellier, à quelques minutes à pied du centre-ville. Et aussi à deux pas des Arceaux et de son merveilleux marché du samedi matin. Chambre double à partir de 94€ (basse saison) et 125€ (haute saison), petit déjeuner compris. ***Quartiers limitrophes*** *3, rue Delmas Tél. 04 67 02 47 69 www.les4etoiles.com Ouvert toute l'année*

**Chambres d'hôtes Mon jardin en ville (plan 2, B2 n°24)** Le ravissement opère dès que l'on pousse la porte. Au bout d'une allée, une belle maison de maître du XIXe siècle se niche dans un vaste parc arboré. Le premier étage est réservé aux 3 chambres d'hôtes, lumineuses et décorées avec élégance (de 130 à 160€/2 pers.). Une adresse rare pour être au calme, accéder au centre historique en une dizaine de minutes à pied et se rafraîchir éventuellement dans la piscine au retour. ***Quartiers limitrophes*** *23, av. de Palavas Tél. 04 67 64 00 35 www.monjardinenville.com Ouvert toute l'année*

**Chambre d'Autres (plan 4, A2 n°40)** Une belle et vaste chambre chez le propriétaire des lieux, amateur de plantes et d'antiquités, dans l'hôtel de Mende, construit au XIVe siècle. Cet hôtel particulier, situé dans une rue piétonne du centre historique, fut construit dans les dernières années du XIVe siècle pour héberger les douze étudiants médecins originaires du Gévaudan. 135€ pour deux, petit déj. inclus. Table d'hôtes 40€. ***Écusson*** *3, imp. du Merle-Blanc Tél. 04 34 22 81 22 ou 06 62 07 33 52 www.alexandre-gumbau.fr Ouvert toute l'année*

**Chambres d'hôtes Baudon de Mauny (plan 4, B1 n°43)** Le luxe du XVIIIe élégamment et justement mixé à celui du XXIe siècle. Demeure exceptionnelle, cet ancien hôtel de maître merveilleusement préservé offre 8 chambres très contemporaines pour un séjour inoubliable, mais coûteux. Chambre double de 165 à 315€, petit déj. 15€/pers. ***Écusson*** *1, rue de la Carbonnerie Tél. 04 67 02 21 77 www.baudondemauny.com Ouvert toute l'année*

**Le Jardin des Sens (plan 2, B1 n°22)** Associé au célèbre restaurant éponyme, cf. Le Jardin des Sens (p.92), voici un Relais&Châteaux à la lisière du centre-ville, dans une large avenue tranquille. Des chambres élégantes et confortables, au mobilier contemporain dans des teintes de bois et d'ocre, encore. Dans un astucieux petit jardin, une piscine. Chambre double standard à partir de 215€ entre avril et octobre (175€ en basse saison) et jusqu'à 485€ pour les suites les plus spacieuses (415€ hors saison). Petit déj. de 18 à 29€ selon la formule. ***Quartiers limitrophes*** *11, av. Saint-Lazare Tél. 04 99 58 38 38 www.jardindessens.com Ouvert toute l'année*

## Dans les environs

### prix élevés

☺ **Chambre d'hôtes Le Vieux Cyprès** En banlieue, dites-vous ? Oui. Est-ce rédhibitoire puisque vous pouvez rejoindre la ligne du tram (2) à Saint-Jean-de-Védas où vous laissez votre voiture ? Deux chambres d'hôtes (65-75€) qui vous confirment dans l'idée qu'il ne s'agit pas là d'un hôtel déguisé. Dans une maison ingénieusement aménagé, vous serez en effet reçu en hôte de marque par un couple franco-philippin enthousiaste, curieux, cultivé, aux petits soins. Le dîner (29€) – c'est monsieur qui cuisine – est un vrai régal ; le petit déjeuner, complet, varié, exotique, est compris dans le prix de la chambre. *3, imp. du Vieux-Cyprès* ***Lavérune*** *(8,5km au sud-ouest de Montpellier) Tél. 04 67 69 08 10 www.auvieux cypres.fr Ouvert avr.-nov.*

**prix très élevés**

**Cabanes du Domaine Saint-Jean de l'Arbousier** Voici une alternative vraiment originale, même si elle est un peu onéreuse, à la classique nuit d'hôtel à Montpellier. Nichées dans les arbousiers et les pins parasols d'un domaine viticole dont les origines remonteraient au XII<sup></sup>e siècle, 4 cabanes perchées accueillent les amoureux de nuits étoilées. Avant ou après la montée dans les cimes, une dégustation s'impose : celle des excellents AOC produits dans les vignes autour du Domaine. Cabanes pour 2 pers. 130 € avec petit-déj. *Domaine Saint-Jean de l'Arbousier* ***Castries*** *(20 km à l'est de Montpellier) Tél. 04 67 87 04 13 www.les cabanesdel'arbousier.fr*



# LA GRANDE-MOTTE

*34280*

**Depuis la première pyramide que Jean Balladur, principal concepteur de la ville, fait sortir du sable en 1968, bien des audaces en matière d'urbanisme ont bousculé notre conception du bien-vivre en bord de mer. Pourtant La Grande-Motte suscite toujours des avis sans concession. On adore ou on déteste, souvent plus pour ce qu'elle incarne que pour ce qu'elle est vraiment, un îlot vert posé sur un banc de sable. Plus de cinquante ans après, l'usure du temps et l'expansion des habitations tendent à brouiller le concept et l'esthétique originels, mais ils ont aussi atténué la violence du geste fondateur. Moins glorieuses que naguère, les pyramides emblématiques continuent de donner sens à un paysage urbain cohérent et hautement réfléchi. Bien des réalisations sur la côte languedocienne, simples opérations immobilières, ne peuvent en dire autant.**

**SUR LA PLAGE LE BÉTON** Avant que les grands projets gaulliens d'aménagement du littoral ne transforment radicalement la physionomie des côtes, quelques cabanes et de fortes colonies de moustiques se partageaient le vent et le sable de la Petite Camargue languedocienne. La Grande-Motte, du nom d'une des fermes de la lande, est née d'une volonté politique forte et sans appel, comme toutes les villes nouvelles, de Sète à Aigues-Mortes en passant par Rochefort. Nous sommes dans les années 1960. Le tourisme pépère d'avant-guerre n'est plus de saison. Autant pour limiter les opérations immobilières anarchiques que pour retenir les vacanciers qui filent droit sur la Costa Brava, il faut aménager des structures d'accueil et des espaces d'animations, des cités balnéaires au confort de ville moderne.

Le projet, dirigé par l'architecte Jean Balladur (cousin de l'homme politique), va dépasser ce simple cahier des charges, pour donner corps à une utopie poétique de matins radieux dans un ensemble dédié au soleil, imaginée pour une vie meilleure. Comme son maître Le Corbusier, c'est en artiste que Balladur esquisse le projet ; sur le terrain nu, "cette terre indécise", les silhouettes des pyramides se précisent. Lyrique, Jean Balladur l'est assurément lorsqu'il s'attache à "ajuster les promenades au pas des promeneurs, les terrasses de café au soleil couchant, les places aux joueurs, les commerces à la frivolité des femmes, le port à la garde des bateaux, la plage à la nudité des baigneuses et aux jeux d'enfants". Mais reconnaissons que, pris dans la foule de l'été et la fièvre des distractions, il n'est pas facile de déceler les finesses de cette démarche architecturale. Conçue pour les loisirs et l'insouciance des vacanciers, La Grande-Motte se peuple de résidents à l'année. Une cinquantaine à la fin des années 1960… ils sont plus de 7 000 aujourd'hui, et, si la ville séduit toujours nombre de retraités, elle est devenue le cadre de vie d'étudiants et de jeunes couples de l'agglomération montpelliéraine en mal de logements adaptés.

**DU YIN ET DU YANG EN ARCHITECTURE** C'est un voyage au Mexique qui aurait décidé Jean Balladur à adopter la pyramide comme forme de référence, reprenant de l'architecture aztèque la volonté de traduire en forme géométrique les monts avoisinants. Ici c'est l'arête du pic Saint-Loup et au loin la courbe des Cévennes que l'architecte dessine sur la ligne plane de la côte. Mais, dans la conception générale de la ville, c'est à la philosophie taoïste qu'il emprunte. Aux pyramides blanches du Ponant, dressées vers le soleil, répondent les courbes colorées dans les dunes du Couchant, la ville yin lovée au pied de la ville yang. Au centre, les symboles de la communauté des hommes : la place, la fontaine, la mairie, l'église. Mais la forme et la disposition des bâtiments, aussi élaborées soient-elles, ne suffisent pas à créer une ville où s'équilibrent les mondes. Pour J. Balladur, "l'architecture, c'est le vide, ce qui est en creux, ombré dans les plans […]. L'imaginaire des hommes a toujours fait le paradis dans un jardin […]. C'est un jardin qu'il fallait offrir". Ce parc couvre aujourd'hui les trois quarts de la superficie de La Grande-Motte. Le spectre de la bétonisation n'aura duré que le temps de la pousse des arbres.

# MODE D'EMPLOI

## accès

### EN VOITURE

La Grande-Motte se trouve 22km à l'est de Montpellier par la D66, la D62, la D59. La route passe entre les étangs de Maugio, au nord, et de Pérols, au sud.

### EN TRAIN

Liaisons quotidiennes avec toutes les grandes villes et avec la gare TGV de Montpellier. Service régulier de cars pour La Grande-Motte avec Hérault Transport (ligne 106).

**SNCF** *Tél. 3635 www.voyages-sncf.com*

**Hérault Transport** *Tél. 04 34 88 89 99 www.herault-transport.fr*

### EN CAR

Plusieurs liaisons quotidiennes avec Montpellier (Hérault Transport, ligne 106). Service régulier vers Nîmes et Aigues-Mortes avec Edgard Transport (ligne C32).
**Hérault Transport** *Tél. 04 34 88 89 99 www.herault-transport.fr*
**Edgard Transport** *Tél. 0810 33 42 73 www.edgard-transport.fr*

### EN BATEAU

144 postes d'escale.
**Capitainerie** *Tél. 04 67 56 50 06*

## orientation

À partir de la 4-voies Montpellier-Lunel, l'avenue du Général-Leclerc conduit au cœur de La Grande-Motte, c'est-à-dire au port, encerclant à l'est le "centre historique" de la ville jusqu'au Point Zéro et desservant, par l'avenue du Maréchal-de-Lattre-de-Tassigny, le quartier de la Motte-du-Couchant et la plage du Grand-Travers, à l'ouest. De part et d'autre du port, pas de route en bord de mer mais une promenade piétonne qui fait le lien entre ville et plages. À l'arrière de ce périmètre, vers le petit étang du Ponant, les villas donnent un air de faubourg au quartier de Haute-Plage. Dans les rues le stationnement est libre mais les places sont évidemment chères en plein été. Les parkings du centre sont payants (à l'heure), ceux du Point Zéro peuvent être utilisés avec des abonnements à la semaine (45€ env.), ceux situés derrière le palais de justice sont gratuits.

## informations touristiques

**Office de tourisme** Il propose des circuits découverte qui permettent d'appréhender l'organisation de la ville : pendant les vacances scolaires et en été (5€). Il fait office de centrale de réservation d'appartements (locations saisonnières) via son site Internet. *55, rue du Port Tél. 04 67 56 42 00 www.lagrandemotte-tourisme.com Ouvert juil.-août : tlj. 9h-20h ; avr.-juin, sept. : tlj. 9h30-12h30 et 14h-18h30 ; oct.-mars : tlj. 9h30-12h et 14h-18h* **Antenne OT** *Quartier de la Motte-du-Couchant Centre commercial Roxim Ouvert juil.-août : tlj. 10h-13h et 16h-19h*

## location de vélos

**Bump cycles** 8€ la journée, 31€ la semaine. *172, rue des Artisans Tél. 04 67 29 87 73 Ouvert juil.-août : tlj. ; sept.-juin : lun.-sam.*

## marchés, fêtes et manifestations

**Marché** *Dim. matin (et jeu. matin de juin à sept.)*
**Marché paysan** *Au Ponant Mer. matin (toute la journée en juil.-août)*
**Art éphémère** Toni Thoneick réalise des sculptures de sable sur la plage de la place Diana. *http://tonisculpteur.free.fr Les week-ends de beau temps (sauf juil.-août)*
**Fêtes camarguaises** *Fin juin*
**Festival "Les Nuits d'or"** Spectacles pyromélodiques. *Mi-juil.-fin août : 1 fois par sem.*
**Carnaval d'été** *Fin août*

# DÉCOUVRIR

☆ **Les essentiels** L'église Saint-Augustin, le site gallo-romain d'Ambrussum
**Découvrir autrement** Découvrez les passerelles piétonnes de la Motte-du-Couchant

## La Grande-Motte

On ne visite pas La Grande-Motte, mais on peut l'observer comme une ville à lire dans son ensemble, et découvrir sa cohérence grâce à quelques repères majeurs symboliques et sensibles. On peut donc se placer au port, face à la grande **pyramide** aux trois bras et à ses sœurs qui en s'élevant s'écartent pour n'offrir aucun obstacle au ciel. Ensuite, on longe la mer vers l'est et le **Point Zéro**, qui marque autant l'origine que l'espace infini sans destination propre. Retour vers la place centrale et l'☆**église Saint-Augustin** dont l'écharpe de béton blanc entoure une cloche du XVII$^{e}$ siècle, seule antiquité de la ville, comme un voile de communiante. Vers l'ouest, dans le **quartier du Couchant**, les pyramides s'allongent, se courbent, composant, selon Jean Balladur, "une sorte d'accord musical légèrement dissonant en accouplant deux formes simples : un cercle interrompu et un trapèze irrégulier". Pour enjamber les rues, des passerelles aux formes symboliques et aux noms de contes pour enfants : passerelle Astronomique, des Escargots, des Monstres, des Lampadophores (itinéraires disponibles à l'office de tourisme). Vous pouvez aussi partir à leur découverte avec les Écologistes de l'Euzière, association au talent pédagogique éprouvé.
**Les Écologistes de l'Euzière** *Tél. 04 67 59 54 62 Rens. à l'office de tourisme*

### ● Où sortir ?

**La Dune Club** Assez généraliste et facile d'accès, aussi bien pour la musique que pour l'ambiance. Une myriade de bars, et chaque soir un thème différent. *Route des plages Le Grand Travers Tél. 04 34 00 20 31 Ouvert saison : tlj. 23h-5h ; hors saison : fin de semaine 23h-5h*

### ● Pratiquer le golf

**Golf de La Grande-Motte** Trois parcours dessinés sur le modèle des golfs de Floride pour satisfaire aussi bien les débutants que les joueurs classés (un compact de 6 trous, un "petit" 18-trous, par 58, et un "grand" 18-trous, par 72). Entre 58 et 62€ le green-fee sur le grand 18-trous, selon la saison. *Av. du Golf Tél. 04 67 56 05 00 www.ot-lagrandemotte.fr/golf.php Ouvert juin-sept. : tlj. 8h-20h ; oct.-mai : tlj. 8h-18h*

### ● Aller à la plage

Sujet polémique dans nombre de stations de la côte, ici les plages privées sont indissociables de La Grande-Motte, où il serait sacrilège que le vacancier s'ennuie. Les DJ célèbres, la restauration de prestige (les émules des incontournables frères Pourcel y tiennent paillote) sont chouchoutés par la municipalité au nom de l'entretien du littoral et surtout du rajeunissement de la clientèle. Parmi les plus prisés, l'Effet Mer aux transats particulièrement moelleux et La Paillote Bambou, la branchée. Pour ne pas mélanger les serviettes et les dou-

dous des petits, la plage des Bikinis a un espace réservé aux familles. Les plages publiques rapetissent ou s'éloignent. Celle du **Grand-Travers** en direction de Carnon vit peut-être ses dernières heures "libres et démocratiques" avant que ne soient entrepris les grands travaux, indispensables pour la survie du lido que la mer grignote. **L'Effet Mer** *Plage du Grand-Travers Tél. 04 67 56 02 14 www.effetmer.com Ouvert avr.-sept.* **La Paillote Bambou** (p.101) *Plage du Grand-Travers Tél. 04 67 56 73 80 www.lapaillotebambou.com Ouvert avr.-sept.* **Plage des Bikinis** *Esplanade Jean-Baumel La Motte-du-Couchant Tél. 04 67 56 10 40 www.plage-des-bikinis.com Ouvert avr.-sept.*



### ● S'initier à la voile ou préférer le kayak

**Centre nautique** Découverte du catamaran et du kayak en toute saison, en mer ou sur l'étang du Ponant. Stages (cinq demi-journées) à partir de 205€ pour les adultes (enfants sur Optimiste 130€). Cours et location de planches à voile et d'aviron. *Esplanade Jean-Baumel Tél. 04 67 56 62 64 Ouvert juil.-août : tlj. 8h30-19h30 ; fév.-juin, sept.-nov. : lun.-ven. 9h-12h30 et 13h30-17h30, sam.-dim. 13h30-17h30*

### ● Se refaire une santé

**Thalasso-Méditerranée** Cet institut de thalassothérapie propose des formules journée (d'env. 50 à 200€/pers.), week-end (de 195 à 345€ sans hébergement) et cure (3-6 jours). *615, allée de la Plage Point Zéro Tél. 04 67 29 13 13 www.thalasso-grandemotte.com Ouvert fév.-fin déc.*

### ● Faire une promenade naturaliste

☺ **L'Échappée verte** Canoë sur les canaux et les étangs de la **Petite Camargue**, dès 6 ans, à quelques kilomètres de La Grande-Motte, avec des moniteurs naturalistes. En matinée, au coucher du soleil ou à la journée. De 30 à 40€ la sortie (15€ pour les moins de 12 ans). *Tél. 06 13 07 04 03 www.echappeeverte.com Ouvert toute l'année*

☺ **Découverte du Vivant** Moins réputé que les zones de côtes rocheuses, le Golfe du Lion regorge pourtant de vie. De l'automne au printemps, c'est la bonne période pour aller observer les oiseaux marins. La société Découverte du Vivant propose, au départ de la Grande-Motte, des sorties naturalistes à bord du catamaran *Le Picardie*. Au fil de la balade qui longe la côte camarguaise, on peut contempler des pingouins tordas (en hiver), plusieurs espèces de puffins, des labbes et bien d'autres espèces. On y admire surtout les plongeons spectaculaires des fous de Bassan et, avec de la chance, des dauphins, des thons rouges ou des poissons-lune. Les commentaires passionnants des ornithologues complètent les observations. *Tél. 06 10 57 17 11 www.decouverteduvivant.fr Ouvert sept.-mai : w.-e. (1 à 2 sorties/mois, durée 4h) Tarif adultes 45€, 13-17 ans 40€, 5-12 ans 35€*

## Les environs de la Grande-Motte

**Mauguio** C'est la porte d'entrée de la **Camargue** où, conformément à la carte postale, les chevaux sont gris, les taureaux bien noirs, et les flamants toujours roses. Ce fief des seigneurs de Melgueil, si puissants qu'ils battaient monnaie au Moyen Âge, s'enrichit financièrement au XIXe siècle grâce au développement de la viticulture et humainement avec l'arrivée d'une forte communauté de travailleurs espagnols. La romeria de Mauguio (début juin) célèbre par des corridas et des sévillanes ces amitiés melgorienno-andalouses. Le maraîchage a pris le relais de la vigne, et son marché de primeurs est si réputé qu'on y vient de Montpellier. *23km au nord-ouest de La Grande-Motte Tél. 04 67 29 05 47 (Mairie) www.mauguio-carnon.com* **Marché** *Bd de la Démocratie Dim. (mar. et jeu. pl. de la Libération)* **Marché aux fleurs** *Pl. de la Libération Dim.*



**Lunel** Au voyageur pressé, il n'est pas facile d'aborder Lunel, petite ville frontalière de la Grande Camargue. Sauf s'il est grand amateur de corrida – les spectacles taurins aux arènes San-Juan sont très réputés – ou amoureux de livres rares. Car c'est le musée Médard, 5 000 livres rares et précieux dont une quinzaine de manuscrits médiévaux et des éditions originales uniques au monde, qui constitue sans doute la plus grande richesse patrimoniale de Lunel. Aux XIIe et XIIIe siècles, ce sont les juifs lettrés chassés d'Espagne par la *Reconquista* chrétienne qui en font une cité ouverte et prospère. En centre-ville quelques vestiges de l'époque médiévale : une belle maison gothique, la porte Notre-Dame et la tour des Prisons, portions de l'enceinte fortifiée, et les Caladons, passage voûté entourant l'ancienne place du marché. Sachez enfin que la notoriété de Lunel tient aussi à ses vins réputés, un muscat qui rivalise avec les frontignan et mireval voisins, et un AOC coteaux-du-languedoc-saint-christol. ***Lunel*** *(17km au nord de La Grande-Motte)* **Office de tourisme** *16, cours Gabriel-Péri Tél. 04 67 71 01 37 www.ot-paysdelunel.fr*

### MÉDARD LE MENTOR

En offrant à Lunel son cabinet de lecture, à la condition expresse qu'il serve à l'éducation de ses concitoyens, Louis Médard, "négociant humaniste" du XIXe siècle, se situe dans la tradition d'érudition et de tolérance de Lunel. **Musée Médard** *Pl. des Martyrs-de-la-Résistance Lunel Tél. 04 67 87 84 85 www.museemedard.fr En travaux Réouverture courant 2014 Se rens. pour les horaires Entrée libre*

☆ **Oppidum d'Ambrussum** Le site gallo-romain d'Ambrussum date du IVe siècle av. J.-C. Sur la colline, un oppidum, les traces d'un village fortifié gaulois qui eut son heure de gloire au tournant de notre ère (du IIe siècle av. J.-C. au IVe siècle de notre ère). Si ces vestiges d'habitations et de bâtiments publics sont d'un haut intérêt archéologique, le charme du site tient surtout à l'arche solitaire du pont Ambroix, rescapée des onze arches primitives pour la plupart emportées par les crues violentes du Vidourle, et à l'antique route pavée qui garde la trace, dans le pavage quasi intact, des lourds chariots qui empruntaient la très passante voie Domitienne. ***Villetelle*** *(25km au nord de La Grande-Motte) Tél. 04 67 02 22 33 www.ambrussum.fr Ouvert toute l'année Accès libre (plan sur place) Fermeture du parking 15min après celle du musée Visite libre gratuite (1h30 env. à travers la garrigue) Visite guidée 5€, réduit 4€ (6,50€/5,50€ avec le musée)*
**Musée de l'oppidum d'Ambrussum** Le musée accueille des expositions permanente et temporaires ainsi qu'une salle audiovisuelle retraçant l'évolution d'Ambrussum. *Chemin d'Ambrussum Ouvert juil.-août : mar.-dim. 10h-12h30 et 14h30-19h ; juin, sept. : mar.-ven. et dim. 10h-12h30 et 14h-17h30, sam. 14h-17h30 ; oct.-mai : mar.-ven. 14h-17h30, sam.-dim. 10h-12h30 et 14h-17h30 Fermé jan., 1er nov.,*

*25 déc. Visite libre gratuite Visite guidée 3€, réduit 2€ (6,50€/5,50€ avec le site) sur rés. ou en se joignant à celle qui est organisée à heure fixe les sam. et dim. après-midi (horaire saisonnier, se rens.)*

# CARNET D'ADRESSES

## Restauration

### prix moyens

**La Paillote Bambou** En semaine, la formule (22€) comprend une grande plage, un transat, une salade-repas et une boisson. *Grand-Travers* ***La Grande-Motte*** *Plage du Grand-Travers Tél. 04 67 56 73 80 Ouvert avr.-sept. : tlj. 10h-1h*

**L'Ombrine** Cuisine traditionnelle (comme la décoration) à base de poisson. Menus de 19,90 à 39€. Les plateaux de fruits de mer de qualité sont rassasiants (75€ pour deux) et si vous voulez manger les pieds dans l'eau, ou... sur votre yacht, on vous emballe le tout. *93, quai d'Honneur* ***La Grande-Motte*** *Tél. 04 67 56 57 36 www.restaurant-lombrine.com Ouvert haute saison : tlj. 12h-15h et 19h-23h ; reste de l'année : jeu.-mar. 12h-15h et 19h-23h Fermé jan.*

### prix élevés

**L'Estrambord** L'enthousiasme, appellation d'un menu (30€), est la signification du terme occitan *estrambord*, mot fétiche des courses camarguaises. Et, même sans taureau, vous ne pourrez que vous "estramborder" pour la décoration psychédélique de ce très grand établissement, à la fois bar et restaurant, un des piliers de la vie nocturne grand-mottoise. Grandes salades de 15 à 19€, viandes et poissons de 19 à 29€. *8, quai Georges-Pompidou* ***La Grande-Motte*** *Tél. 04 67 56 50 50 www.lestrambord.com Ouvert tlj. 12h-15h et 19h-23h*

### prix très élevés

**Alexandre** Le cadre d'exception, la cuisine recherchée : les deux arguments avancés par les Languedociens pour vous expliquer pourquoi, de Sète à Uzès, toutes les familles ont déjà au moins une fois dans leur vie fêter des noces d'or ou d'argent, un bac ou un anniversaire chez Alexandre, l'excellent restaurant de poisson avec vue imprenable sur la Grande Bleue ou la marina. Menus restaurant de 50 à 80€, menu bistrot (juin-sept.) à partir de 22€ à midi. *Esplanade Maurice-Justin* ***La Grande-Motte*** *Tél. 04 67 56 63 63 www.alexandre-restaurant.com Ouvert été : mar.-sam. 12h-13h45 et 19h30-21h15 ; reste de l'année : mer.-sam. 12h-13h45 et 19h30-21h15, dim. 12h-13h45*

## Hébergement

Pour vous loger, comptez avant tout sur les résidences de tourisme et les appartements meublés particulièrement nombreux. L'office de tourisme en tient la liste (studios ou 2-pièces le plus souvent). Cinq campings, tous regroupés dans un quartier très boisé, en léger retrait du centre, dans le quartier de la Motte-du-Couchant, et quelques hôtels, aux tarifs élevés, complètent l'offre d'hébergement de la station.

### campings

**La Petite Motte** Environ 18€ l'emplacement pour deux en haute saison. Un très bon rapport qualité-prix. *195, allée des Peupliers* ***La Grande-***

**Motte** *Tél. 04 67 56 54 75 www.camping-lapetitemotte.com Ouvert avr.-sept.*

**Le Garden** Le plus proche de la plage. Emplacements (100m²) séparés par des haies à 29,50€. *Av. de la Petite-Motte* ***La Grande-Motte*** *Tél. 04 67 56 50 09 www.legarden.fr Ouvert avr.-mi-oct.*

### prix moyens

☺ **Chambres d'hôtes Au Soleil** Dans une belle maison bourgeoise du XVIIIe siècle, 3 grandes chambres rénovées avec goût par la maîtresse de maison qui sait aussi bien manier les pigments à l'ancienne que chiner dans les brocantes. Quand il fait trop frisquet pour séjourner au patio, on petit déjeune dans une salle à manger de belle taille, ou à la cuisine. Et on s'attarde à discuter... 75€ pour 2 avec petit déj. Repas sur demande 25€. *9, rue Pierre-Brossolette* ***Marsillargues*** *(17km au nord de La Grande-Motte) Tél. 04 67 83 90 00 ou 06 89 54 26 69 www.ausoleil.info Ouvert toute l'année*

### prix élevés

**Hôtel Saint Clair** Les chambres donnent pour la plupart sur un patio, ouvert sur un jardin, et, à quelques mètres, la plage... De 70 à 110€ la chambre suivant le confort et la saison. *Av. de l'Europe* ***La Grande-Motte*** *Tél. 04 67 56 57 77 www.hotelsaintclair.com Ouvert mi-fév.-mi-nov.*

### prix très élevés

**Le Méditerranée** Les magnolias du parc, le teck autour de la piscine, les fauteuils confortables en terrasse et la décoration d'artiste dans les chambres, cela a un prix : de 80 à 250€ la chambre double (320€ de juin à septembre). *277, allée du Vaccarès* ***La Grande-Motte*** *Tél. 04 67 56 53 38 www.hotellemediterranee.com Ouvert toute l'année*

# PALAVAS-LES-FLOTS

34250

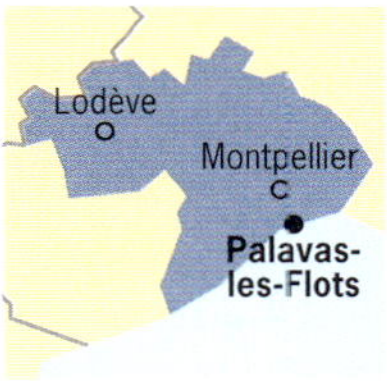


**Il faut le talent d'un humoriste pour qu'un nom de port de mer passe dans le langage courant. Depuis Albert Dubout, célèbre dessinateur d'origine marseillaise, Palavas-les-Flots – "un univers en ciel et mer", "entre mer et nature" (devises) – est l'archétype de la station balnéaire familiale et populaire. Dans ce gros bourg aux airs d'opérette, les vacanciers continuent d'affluer.**

## MODE D'EMPLOI

### accès

#### EN VOITURE

Palavas-les-Flots se trouve 12km au sud de Montpellier par la D986.

#### EN CAR

Une liaison très régulière (lignes 131 puis 106) entre la gare routière (av. de la Gare-Albert-Dubout) et Montpellier.

**Hérault Transport** *Tél. 04 34 88 89 99 www.herault-transport.fr*

## orientation

Palavas est un renflement du lido côtier que des voies fluviales coupent en quatre. De Montpellier, la 4-voies, entre les étangs de Pérols et de l'Arnel, traverse le canal du Rhône-à-Sète et se scinde au rond-point de l'Europe pour distribuer les rives droite et gauche du centre de part et d'autre du Lez. La rive droite concentre la plupart des résidences locatives. Sur la rive gauche, passé le cœur du village, se succèdent des plages de sable, publiques et privées. Au bout des quais, une télécabine, le transcanal, franchit le Lez à son embouchure (2€ l'AR). Stationnement gratuit, 5 parkings en plein centre dont 4 rive gauche (avenue de la Gare-Albert-Dubout).

## location de deux-roues

**Vél'euro** Location de vélos à la demi-journée et à la journée, de 1 à 2€. Casque et siège enfant non fournis. *Tél. 04 67 07 73 50 (Stations : capitainerie) ou 04 67 07 73 45 (halte camping-cars)*

## informations touristiques

**Office de tourisme** Organisation de balades guidées et mise à disposition de topo-guides du centre. *Le phare de la Méditerranée Tél. 04 67 07 73 34 www.palavaslesflots.com Ouvert juil.-août : tlj. 10h-20h ; avr.-juin, sept. : tlj. 10h-13h et 14h-18h ; oct.-mars : lun.-sam. 10h-13h et 14h-18h*

## marchés, fêtes et manifestations

Tout l'été, "toro"-piscine, courses camarguaises et autres animations taurines.

**Marchés** *Rue Saint-Roch Mer. matin* ***Rue Maguelone*** *Ven. matin* ***Parking des arènes*** *Dim. matin*

**Marché aux puces** À côté des arènes. *Sam. 7h-13h*

**Marché nocturne d'artisanat** *Esplanade rive droite En été : ven. à partir de 18h*

**Feria de la mer** Bodegas, corridas. *Tél. 04 67 50 39 56 Début mai*

**Festival du dessin de presse** *Fin juin, début juil.*

**Cinéma de plein air** Projections en plein air, 5€. *Cours Sainte-Florence En juil.-août*



# DÉCOUVRIR Palavas-les-Flots

☆ **Les essentiels** La vue du sommet du phare de la Méditerranée, le musée Albert-Dubout **Découvrir autrement** Partez en kayak explorer les espaces protégés des étangs

☆ **Phare de la Méditerranée** Lumières jaunes, vertes et blanches en mouvement dans la nuit, une flèche bleu sidéral pointant vers l'espace, le phare de la Méditerranée va-t-il se propulser dans l'intergalactique ? De jour, on est rassuré : sa masse blanche ajourée de gros pois écrasant les ruelles à ses pieds est bien ancrée à la terre. Deux ascenseurs extérieurs (2€) conduisent au pont-promenade de cette tour de 45m, ex-château d'eau bâti autour du seul bâtiment vraiment historique de la ville, la redoute de Ballestras. Cela laisse songeur, mais au pays de Dubout, rien ne paraît impossible ! À son sommet, le restaurant tournant La Brasserie du phare (tél. 04 67 68 61 16) vaut surtout pour le **panorama** sur les étangs et la mer.

**Redoute de Ballestras** Sans son château d'eau protecteur, cf. Phare de la Méditerranée (p.103), ce petit fort (1744) n'aurait sans doute pas résisté à la fièvre de construction et de démolition qui a touché Palavas à la fin du XXe siècle. Patiemment démonté et reconstruit au bout d'une passerelle piétonne sur l'étang du Levant, il plante le décor à l'arrivée dans la ville. La forteresse miniature abrite un musée consacré à Albert Dubout. Le musée du Petit Train, dans le parc du Levant, retrace l'épopée du chemin de fer de 1872 à 1968 à travers les dessins de l'humoriste et des photos.

☆ **Musée Albert-Dubout** Des grosses dames flanquées de messieurs chétifs et de chats hystériques au petit train farci de touristes, Albert Dubout (1905-1976) avait ses sujets de prédilection, souvent liés à Palavas-les-Flots. Citoyen à mi-temps de la station balnéaire, le dessinateur humoriste a su croquer le quotidien de ses habitants comme personne. Un trait de crayon tendre et incisif auquel la ville rend hommage dans la redoute de Ballestras. Expositions temporaires. *Tél. 04 67 68 56 41 www.dubout.fr Ouvert juil.-août : tlj. 10h-12h et 16h-21h ; avr.-juin, sept. : mar.-dim. 14h-19h ; mars, oct.-nov. : mar.-dim. 14h-18h ; déc.-fév. : w.-e. et j. fér. 14h-18h (et vac. scol.) Tarif 5€, réduit 2,30-3,50€ Pas de toilettes sur place*

**Port** Une authentique activité de pêche a résisté au "tout tourisme". Les filets aux teintes vives sèchent sur les quais du Lez, on y débarque le poisson chaque jour. Les quais en ville accueillent aussi des bateaux de plaisance mais la plupart sont amarrés dans le vaste avant-port (2 000 anneaux en tout) en eau profonde côté Méditerranée. **Capitainerie** *Tél. 04 67 07 73 50*

**Musée du Patrimoine Jean-Aristide Rudel** Ce lieu présente, d'une part, l'œuvre des peintres Jean-Aristide Rudel (1884-1959) et de son fils Jean Rudel (1917-2008) et, d'autre part, l'histoire de Palavas, du lido à la pêche et des pirates barbaresques à la station balnéaire actuelle. *533, av. de l'Évêché-de-Maguelone Tél. 09 63 69 01 40 www.palavaslesflots.com Ouvert juil.-août : tlj. 10h-13h et 15h30-19h30 ; sept.-juin : mer.-dim. 10h-12h et 14h-18h (pendant les vac. scol.) Tarif 5€, réduit 2,50€, moins de 12 ans gratuit*

## ● Où acheter du poisson ?

**Au Poisson bleu** Le matin en direct à l'arrivée des bateaux, sinon à la poissonnerie Au Poisson bleu. Du frais garanti. La maison fait aussi traiteur, vous pourrez y trouver de quoi préparer un généreux pique-nique bien local. Et pourquoi ne pas vous installer en terrasse pour déguster quelques poissons et crustacés ? *10, rue Simon Tél. 04 67 68 42 98 Ouvert mai-sept. : tlj. 8h30-13h et 16h-20h ; oct.-avr. : ven.-dim. 8h30-13h et 16h-19h*

## ● Où prendre un petit noir ?

**Le Côté café** Rive droite, ce café propose plusieurs sortes de cafés et thés aromatisés mais également des jus de fruits tout juste pressés et bien frais. *15, bd des Guilhem (rive droite, au croisement de la rue Maguelone) Tél. 04 67 71 91 35 Ouvert tlj. 7h30-16h Fermé dim. hors saison*

## Où manger sur la plage ?

**Windsurf** Rien de plus agréable par une chaude soirée d'été que de s'installer les pieds dans le sable en dégustant des tapas (3,50-5€) accompagnés d'un verre de rosé bien frais tout en contemplant la mer. Dans ce restaurant de plage, l'ambiance est bien moins guindée et plus paisible que dans la plupart de ceux qui foisonnent entre Palavas-les-Flots et la Grande-Motte. Pour les grosses faims, le restaurant propose aussi des plats (poisson à la plancha, viandes, salades). Comptez de 25 à 30€ pour un repas. Dans la journée, on peut lézarder sur un matelas (10€/jour en semaine et 12€/jour le week-end). *Plage de Maguelone (du centre de Palavas-les-Flots, prendre la direction de la cathédrale de Maguelone, se garer au parking au bout de la D62E2) Tél. 04 67 68 01 57 www.restaurant-plage-palavas.com Ouvert mai-mi-sept. : tlj. 9h-1h*

## Où savourer une glace ?

**Le Glacier Catalan** Depuis 1950 on y sert des coupes glacées (de 7,50 à 18€) absolument gargantuesques (pensez-y lors de la commande) en terrasse sur le port (rive gauche) ou à l'intérieur dans un décor plus chaleureux. On peut bien sûr aussi emporter les cornets gourmands (2 boules, 4€). *5 et 21, quai Paul-Cunq Tél. 04 67 68 44 45 ou 04 67 68 04 31 www.glaciercatalan.fr Ouvert juil.-août : tlj. 9h-2h ; mai-juin, sept. : tlj. 10h-1h ; fév.-avr., oct.-nov. : tlj. 11h-20h*

## Où sortir ?

**Casino** Pour tenter le jackpot, 500 machines à sous vous attendent au casino. *1, bd Foch Tél. 04 67 68 00 01 www.casinopalavas.com Ouvert tlj. 11h-4h*

**Bar des vedettes** Karaoke tous les soirs. *24, quai Paul-Cunq Tél. 04 67 50 58 64 Ouvert été : tlj. 9h-2h ; reste de l'année : tlj. 9h-1h*

## Palavas, les vagues et la vogue

Tout commence par quelques bicoques de pêcheurs disséminées le long des étangs, puis au XVIIIe siècle un fortin, et une petite compagnie militaire pour surveiller le littoral où rodent des corsaires. Au milieu du XIXe siècle, une première commune voit le jour et très vite un petit train va y conduire les Montpelliérains touchés par la vogue des bains de mer. Il manquait un titre pour consacrer la ville station balnéaire. En 1929 c'est fait, depuis le village se nomme Palavas-les-Flots. Le phare de la Méditerranée aux allures de soucoupe volante de BD domine la rive gauche, celle des pêcheurs, aux rues étroites et maisons modestes. Rive droite les premières villégiatures d'été, les villas et chalets baptisés "Pitchoune", "Marguerite" "Abri côtier"... gagnèrent sur le sable, dans le style bains de mer que caricaturera si bien le dessinateur Dubout. C'était avant que la vague moderniste ne s'abatte sur le village dans les années 1960 et 1970. À l'entrée de la ville, les cabanes sur les bords du canal d'Arnel permettent d'imaginer le Palavas d'avant.

## Aller à la plage

Rive droite comme rive gauche, vous pourrez choisir entre plages publiques ou privées avec équipements de plage et restaurants-paillotes. Le Zénith, sur la rive droite, est la plus branchée ; rive gauche, Le Bain de soleil attire une clientèle familiale. **Le Zénith** *Av. de l'Évêché-de-Maguelone (rive droite) Tél. 06 09 97 63 65 www.zenithplage.com* **Le Bain de soleil** *Pl. de l'Hôtel-de-Ville (rive gauche) Tél. 06 13 90 80 57*

## Fendre les flots

**Zénith Plage** Location de canoës... ou d'un indémodable pédalo. De 8 à 10€ la demi-heure. Un restaurant sur place. *Av. de l'Évêché-de-Maguelone (rive droite) Tél. 06 09 97 63 65 www.zenithplage.com Ouvert mai-sept. : tlj.*

**Palavas kayak de mer** Pour découvrir les espaces protégés des étangs tout proches (ou plus lointains) et le rivage de la Méditerranée, le Palavas kayak de mer organise des sorties pour débutants, amateurs ou confirmés (25€/demi-journée). Initiation à la pirogue 30€/demi-journée. *Bassin de plaisance Les 4 canaux (rond-point à l'entrée de Palavas) Tél. 04 67 50 79 84 www.palavaskayakdemer.com Ouvert tlj. Sur rdv*

# CARNET D'ADRESSES

## Restauration

### prix moyens

**Au 10 Place du Marché** 600g de moules marinière dans votre assiette, accommodées "traditionnel" ou "exotique"... Menus de 16,90 à 28,90€. *11, rue Saint-Roch* ***Palavas-les-Flots*** *Tél. 04 67 68 57 41 Ouvert juil.-août : mar.-dim. 12h-13h30 et 19h-22h30 ; sept.-nov., fév.-juin : mer.-dim. 12h-13h30 et 19h-21h Fermé déc.-jan.*

**Le Petit Lézard** Pas de vue sur mer ni sur étang, on vient ici pour la cuisine bien élaborée à base de produits de la Grande Bleue, servie en terrasse (protégée de la rue) et dans deux vastes salles. Premier menu 13€ à midi, 24€ le soir, plats de poisson autour de 20-28€. *63, av. de l'Étang-du-Grec* ***Palavas-les-Flots*** *Tél. 04 67 50 55 55 www.petit-lezard.com Ouvert tlj. 12h-14h et 19h45-22h30 Fermé 3 sem. autour de Noël*

### prix élevés

**L'Escale** Pour sa vue sur la Méditerranée, sa cuisine de la mer traditionnelle et raffinée, malgré sa déco un peu dépassée et ses tarifs (premier menu déjeuner 22€, comptez env. 40€ le soir et à la carte). Autres menus à 30, 38 et 46€. *5, bd Sarrail (rive gauche)* ***Palavas-les-Flots*** *Tél. 04 67 68 24 17 www.restaurant-escale-palavas-*

| GAMME DE PRIX | RESTAURATION | HÉBERGEMENT |
|---|---|---|
| Très petits prix | moins de 10€ | moins de 40€ |
| Petits prix | de 10 à 15€ | de 40 à 60€ |
| Prix moyens | de 15 à 25€ | de 60 à 80€ |
| Prix élevés | de 25 à 45€ | de 80 à 120€ |
| Prix très élevés | plus de 45€ | plus de 120€ |

*les-flots.com Ouvert juil.-août : ven.-mar. 12h-14h et 19h30-21h45, mer.-jeu. 19h30-21h45 ; sept.-juin : jeu.-mar. 12h-14h et 19h30-21h45 Fermé 1 sem. en jan.*

## Hébergement

### prix moyens

**La Maison des fées** Dans le Palavas de la "belle époque", donc au calme, une chambre d'hôtes toute simple, toute blanche (75€ la nuit) et une petite cour où prendre le petit déjeuner. *42, rue Blanche-de-Castille (rive droite)* ***Palavas-les-Flots*** *Tél. 04 67 58 14 80 ou 06 85 22 93 56 Ouvert toute l'année*

### prix très élevés

**Hôtel Amérique** Quarante-sept chambres autour d'une piscine. De 71 à 131€ pour deux selon la saison. Petit déj. 8€. Wifi. *7, av. Frédéric-Fabrèges (rive droite)* ***Palavas-les-Flots*** *Tél. 04 67 68 04 39 www.hotelamerique.com Ouvert toute l'année*



# VILLENEUVE-LÈS-MAGUELONE

34750

**C'est un village au milieu des terres, bordé de marais d'eau douce tendant vers le salé… On en part à pied, à vélo ou en voiture, sur les routes et les chemins ondulés, bosselés, pour rejoindre la mer et atteindre, tout au bout d'une presqu'île, la splendide cathédrale abandonnée qui se dresse dans un cadre exceptionnel. Non loin, la plus belle plage de la région, aux abords moins bétonnés qu'à Palavas et à La Grande-Motte, aux dunes peuplées de petits animaux et d'oiseaux.**

## MODE D'EMPLOI

### accès

**EN VOITURE**

Villeneuve-lès-Maguelone se trouve à 12km au sud de Montpellier par la D986 (dir. Nîmes, Béziers-Sète, Lattes…) et la D185.

**EN CAR**

La ligne 102 relie quotidiennement Montpellier au village de Villeneuve-lès-Maguelone.

**Hérault Transport** *Tél. 04 34 88 89 99 www.herault-transport.fr*

### orientation

Le village est composé d'un entrelacs de ruelles, traversé par une rue principale, la Grand-Rue. On se gare sur le pourtour, devant les commerces ou sur les parkings aménagés. À moins de 1km du centre, vous êtes en bordure d'un vaste étang aux noms multiples. À l'est, côté terre, il s'appelle étang de l'Arnel et, côté cathédrale, il devient l'étang du Prévost. À l'ouest, au pied du massif de la Gardiole, l'étang de Vic prend, au-delà du canal du Rhône-à-Sète, le nom de Pierre-Blanche. La zone autrefois exploitée par les salins, à 3km plein sud de Villeneuve, se situe dans l'étang des Moures.

## informations touristiques

**Service municipal du tourisme** *En face de l'école Dolto Tél. 04 67 69 75 92 ou 06 38 81 66 86 www.villeneuvelesmaguelone.fr Ouvert mai-sept. : tlj. 9h30-12h30 et 14h-18h Permanence téléphonique hors saison*

## fêtes et manifestations

**Festival de musique de Maguelone** Concerts de musique ancienne et de musique baroque. *Tél. 04 67 60 69 92 www.musiqueanciennemaguelone.com Début juin*



# DÉCOUVRIR

☆**Les essentiels** La cathédrale de Maguelone **Découvrir autrement** Découvrez les étangs dans le cadre des visites organisées par le Syndicat mixte des étangs littoraux

## Villeneuve-lès-Maguelone et ses environs

L'exploitation du sel en lisière d'étang et la culture du chasselas, ce raisin de table aux petits grains ronds et ambrés, ont assuré à la localité jusque dans les années 1970 des revenus confortables. Villeneuve demeure avant tout aujourd'hui un satellite résidentiel de Montpellier. L'**église Saint-Étienne** (XIIe s.), dans le centre ancien, constitue un bel exemple d'art roman languedocien. Elle recèle une Vierge à l'Enfant, œuvre du sculpteur italien Jean Barrata (1670-1740). **Église Saint-Étienne** *Ouvert mer. et ven. 10h-12h Visite mer. et sam. 9h30-10h30*

☆☺ **Cathédrale de Maguelone** Sur une ancienne île qu'un lido, mince cordon sableux, relie à la terre ferme, le site est exceptionnel, préservé de toute intrusion. Entre le VIe et le XVIe siècle un port, une cité épiscopale avec des fortifications, un château et plusieurs églises occupèrent cet îlot avant d'être transférés à Montpellier. Entre les vignes et la mer, la pureté des lignes, essentiellement romanes, de la cathédrale fortifiée – en partie démantelée sur ordre de Richelieu au XVIIe siècle – en fait un chef-d'œuvre de grâce et d'art mêlés. Le site est aussi un des hauts lieux de la musique ancienne. Le festival rassemble chaque été les plus grands interprètes du répertoire Renaissance médiéval et baroque. Aujourd'hui, ce sont "Les Compagnons de Maguelone", un CAT (centre d'aide par le travail), qui gèrent le fabuleux patrimoine naturel et monumental de Maguelone. Ils y développent la viticulture et l'aquaculture, et participent à la restauration de la cathédrale. ***En voiture*** *Début mai-mi-sept. : du centre-ville, prendre la direction des plages, rue Maguelone et chemin du Pilou jusqu'au parking Prévost (4€) puis 800m à pied, navette gratuite ou petit train* ***À pied ou à vélo*** *Traverser la passerelle sur le canal, contourner par la droite la porte de Maguelone, arrivée à la plage. Prendre ensuite le petit chemin fléché (2km en tout) ; mi-sept.-début mai : accès* *direct en voiture Ouvert tlj. 9h-18h Entrée gratuite Audioguide 3€* **Petit train** *Circule de début mai à mi-sept.* **Passerelle** *Ouvert début mai-15 sept. : tlj. 8h-20h30 ; 16-30 sept. : tlj. 10h-19h ; avr., oct. : lun.-ven. 13h-18h, sam.-dim. 10h-18h ; nov.-mars : lun.-ven. 13h-17h, sam.-dim. 10h-17h* **Les Compagnons de Maguelone** *Domaine de Maguelone Tél. 04 67 50 63 63 www.compagnons-de-maguelone.org*

**Les églises fortifiées** On les trouve essentiellement aux environs de l'étang et près de la mer : à Montbazin, l'église Saint-Pierre et ses fresques romanes, à Loupian, l'église Saint-Hippolyte et son chevet crénelé, à Vic-la-Gardiole, l'église Sainte-Léocadie, tout en calcaire coquillier, et à Villeneuve-lès-Maguelone, l'église Saint-Étienne, dont le chevet roman affiche un style lombard.

## Jouer à Tarzan ou au roi Arthur

**Les Rochers de Maguelone** Les Rochers de Maguelone rassemblent deux parcs d'aventure et de découvertes. Les amateurs de sensations fortes iront s'essayer aux 22 parcours acrobatiques et à la tyrolienne géante d'**Accro'parc**... tandis que les plus rusés iront résoudre les énigmes liées à la quête du Graal pour retrouver leur chemin dans le labyrinthe d'**Explor'parc**. *Chemin de la Diligence* ***Villeneuve-lès-Maguelone*** *(3km du centre-ville par la D116 dir. Mireval) Tél. 06 60 60 02 01 ou 04 67 27 86 26 www.lrdm.fr Ouvert juil.-août : tlj. 10h-20h ; avr.-juin, sept. : mer. et sam. 13h30-19h, dim. et j. fér. 10h-19h (et vac. scol.) ; fév.-mars, oct.-nov. : mer., w.-e. et j. fér. 13h30-18h (et vac. scol.)*
**Accro'parc** *Tarif 15,50-24€*
**Explor'parc** *Tarif 10-12€*

## Approcher la nature au plus près

**Syndicat mixte des étangs littoraux** Entre 18000 et 6000 avant notre ère, le niveau de la mer a monté, puis un cordon dunaire s'est formé, isolant des lagunes qui, progressivement, se sont comblées... Faune et flore ont colonisé ces étangs saumâtres, entre eau douce et eau salée. Des balades nature sont régulièrement organisées sur place pour découvrir le passé salinier de Maguelone, les réserves d'oiseaux, la flore et la faune côtières et dunaires, les sentiers du Méjean, etc. Les enfants se voient aussi proposer des ateliers nature (5€, durée 2h). *Salines de Villeneuve Chemin des Salins Tél. 04 67 13 88 57 www.siel-lagune.org*

### Piquer une tête à Villeneuve ou dans les environs

À horaires variables selon la saison, le pont sur le **canal du Rhône-à-Sète** est fermé à la circulation pour permettre le passage des bateaux. Pour vous baigner "au pied" de la cathédrale de Maguelone, empruntez la passerelle qui enjambe le canal du Rhône-à-Sète et prenez à droite. Vers l'est, vous rejoignez rapidement (6km par les D185 et la voie express) les **plages de Palavas-les-Flots**. Si vous souhaitez profiter d'une baignade plus tranquille, dirigez-vous vers **Les Aresquiers**, à environ 15km au sud-est par la D116 dir. Vic-la-Gardiole, puis la D114 et enfin la D60 qui longe le lido jusqu'à Frontignan.

# CARNET D'ADRESSES

## Hébergement

### petits prix

**Hôtel Pinède** Une élégante maison du XIXᵉ siècle, à la sortie du village, dans un parc arboré. Atmosphère hors du temps, grands volumes et chambres fraîches : 57€ la double. Petit déj. 6,50€. *4, rue Paul-Doumer* ***Fabrègues*** *(8km au nord-ouest de Villeneuve par la D185) Tél. 04 67 85 11 90 www.hotelpinede.com Ouvert toute l'année*

### prix élevés

**Domaine de Launac-le-Vieux** Si vous rêvez de baldaquins, de pierres séculaires, de voûtes et d'escaliers médiévaux, tout cela enclos dans les robustes remparts d'une commanderie des Templiers, qui cache en outre une chapelle romane. De 85 à 112€ pour 2 pers. (prix dégressif selon la durée du séjour, petit déj. compris). *Launac-le-Vieux* ***Fabrègues*** *(8km au nord-ouest de Villeneuve par la D185) À Fabrègues, D613 dir. Mèze Tél. 04 67 85 16 08 http://launaclevieux.free.fr Ouvert toute l'année*

# FRONTIGNAN

*34110*

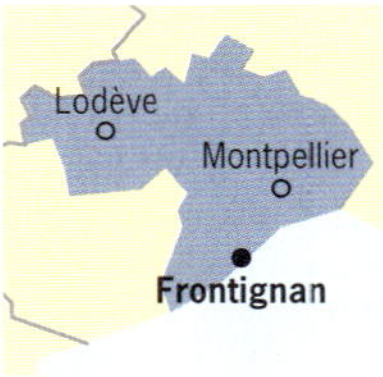


**Un grand vignoble, une plage immense, un port, des églises forteresses, des collines boisées et des étangs… Frontignan concentre sur son territoire les paysages de l'Hérault. Pourtant, dérouté par les cicatrices de son passé industriel et les lotissements qui mitent ses faubourgs, on serait tenté de filer droit sur Sète au pittoresque garanti. Dommage ! On passerait à côté de la plage des Aresquiers, peut-être la plus belle de la région, du panorama au sommet du massif de la Gardiole, des flamants très roses sur le sel très blanc des anciens salins de l'étang d'Ingrill, d'une ville ancienne dont le plus précieux patrimoine se déguste à petites lampées : le muscat.**

**LE SOLEIL EN BOUTEILLE** Impossible en arrivant à Frontignan d'ignorer que vous arrivez dans la capitale du muscat, ce vin doré à souhait qui puise sa force (15° minimum) et sa saveur chaude, "musquée", de fruit bien mûr dans le sol caillouteux de la garrigue qui entoure la ville. Autour de lui les anecdotes abondent. Au Moyen Âge on le prescrivait comme fortifiant. Pour Voltaire, il était la seule extrême onction à laquelle il vaille de croire et il avait sa place à la table de Thomas Jefferson, troisième président des États-Unis. Quant à la légendaire bouteille aux cannelures torsadées, on la devrait aux puissantes mains d'Hercule, de passage dans la région, si friand de ce nectar qu'il voulut en extraire jusqu'à la dernière goutte ! Déclaré AOC depuis 1936, le vignoble du muscat de Frontignan couvre 750ha en surplomb de l'étang d'Ingrill, plantés d'un cépage antique, dit-on, l'*apianae* aux petits grains serrés qu'on laisse sur pied rôtir au soleil après maturité pour augmenter leur teneur en sucre. Cette technique de "passerillage" inspira au XVIIIe siècle un certain marquis bordelais en visite dans la région. Il l'appliqua dans ses vignes de Sauternes. Les grappes auxquelles il manqua le soleil du Midi ne séchèrent pas mais se couvrirent de "pourriture noble". Le château-yquem était né !



# MODE D'EMPLOI

## accès

**EN VOITURE**
Frontignan se trouve au sud-ouest de Montpellier, à 33km par l'A9, à 27km par la route côtière (D612).

**EN TRAIN**
Une trentaine de trains desservent quotidiennement Frontignan.
**Gare SNCF** *Bd de la République En centre-ville*
**SNCF** *Tél. 3635 www.voyages-sncf.com*

**EN CAR**
**Hérault Transport** La compagnie Hérault Transport assure des liaisons avec Montpellier, Sète et les villes du bassin de Thau (ligne 102). *Tél. 04 34 88 89 99 www.herault-transport.fr*

**EN BATEAU**
**Subdivision Maritime et de Navigation Hérault Est** Le canal du Rhône à Sète passe à deux pas du centre-ville. Un pont levant permet à heure fixe le passage des bateaux. *Pointe Caramus Tél. 04 67 46 65 80 www.vnf.fr Heures de levées du pont avr.-10 nov. : tlj. 8h30 et 16h ; 11 nov.-mars : tlj. 16h*

## orientation

Trois kilomètres séparent Frontignan-Ville de Frontignan-Plage. Le bus des plages (la ligne 12) les relie tlj. (sauf dim. hors saison). Entre les deux, à travers l'étang, passe le canal reliant le Rhône à Sète. À l'extrémité ouest, la zone d'activité La Peyrade tire son nom du pont, réalisé au XVIIIe siècle, sur l'étroit chenal qui le sépare de Sète. Le centre ancien est inscrit dans un cercle, souvenir de l'enceinte médiévale, elle-même cernée de cinq boulevards. Le centre-ville est réglementé zone bleue, mais les parkings (av. de la Libération et bd Gambetta) sont gratuits et à deux pas de l'église Saint-Paul et du musée. Une piste cyclable suit le lido de la gare en centre-ville au pont des Aresquiers, et se poursuit dans le bois du même nom vers Vic-la-Gardiole.

## informations touristiques

**Office de tourisme** De mi-juin à mi-sept., le lundi à 11h, présentation de la ville et des animations, et dégustation de muscat. Nombreuses promenades à thème pour découvrir, dans les environs, les anciens salins, la faune et la flore de la garrigue, le vignoble et le travail des muscatiers. *Av. des Étangs Tél. 04 67 18 31 60 www.frontignan-tourisme.com Ouvert juil.-août : tlj. 9h-19h ; avr.-juin, sept. : lun.-ven. 9h-12h et 14h-18h, sam. 14h-18h, dim. 9h30-12h et 14h30-17h ; oct.-mars : lun.-ven. 9h-12h* **Point**

**d'information** *Rue Lucien-Salette (en centre-ville) Tél. 04 67 18 50 04*

## fêtes et manifestations

**Festival international du roman noir** Cf. encadré ci-dessous. *Tél. 04 67 92 53 48 ou 04 67 18 50 04 www.polar-frontignan.org Dernière sem. de juin*

**Les Emmuscades** Dégustation de muscat, repas et projection d'un film. *www.emmuscades.com En été*

**Les rencontres du sud** Elles célèbrent les liens historiques de Frontignan avec l'Espagne, le Portugal et l'Italie (musique, danse et traditions). *Fin juillet-début août*



# DÉCOUVRIR

☆**Les essentiels** L'église Saint-Paul dans le centre, la plage sauvage des Aresquiers, le massif de la Gardiole **Découvrir autrement** Visitez les anciens salins, découvrez les joies du kitesurf sur l'étang d'Ingrill, naviguez sur le canal du Rhône-à-Sète

# Frontignan

## Frontignan-Ville

C'est sur l'emplacement d'un domaine agricole gallo-romain qu'une cité se développe au pied du massif de la Gardiole. Au XIIIe siècle, on y vit de la pêche et de la vigne. Elle est alors propriété des rois d'Aragon. Lors de la création de Sète au XVIIe siècle, les Frontignanais font partie des premiers "immigrés" qui œuvrent à la construction de la ville nouvelle. Leur surnom de "ventres bleus" aurait pour origine la laine indigo, récupérée sur un bateau naufragé et utilisée en ceinture. Port et bourg agricole, la ville devient industrielle au XXe siècle. Une usine de soufre, une raffinerie, une cimenterie, autant de cibles qui valurent à Frontignan des bombardements massifs pendant la Seconde Guerre mondiale. Dans l'après-guerre, on pense plus reconstruction que protection du site et le cachet de la ville va se diluer dans un tissu un peu anarchique de faubourgs et d'usines. En marge du prédominant muscat,

### Mortel festival

Depuis 1997, la ville de Frontignan et l'association Soleil noir organisent le Festival international du roman noir. On y rencontre les maîtres du genre, les Fred Vargas, Jean-Bernard Pouy, Éric Halphen... On discute intrigues, meurtres et grands frissons lors de tables rondes thématiques, savantes et populaires. Ce festival de référence ne se cantonne pas à la seule littérature mais s'ouvre largement au monde du *thriller* dans tous ses états : arts plastiques, BD, cinéma, théâtre, concerts... Et à qui profite le crime ? À nous ! Pour tout renseignement : *www.polar-frontignan.org*

l'aménagement du port de plaisance lui donne un nouveau souffle. La revalorisation des friches industrielles, une gestion plus soucieuse des richesses environnementales et la mise en valeur du centre ancien semblent être les axes de développement de Frontignan.

☆ **Église Saint-Paul** Du premier édifice roman, Saint-Paul n'a conservé que quelques arcs en plein cintre sur le flanc droit de la nef, construit en calcaire dur, de couleur blanche. Au XIVe siècle, lorsque la ville s'entoure de remparts, elle est reconstruite en calcaire tendre, de couleur jaune, selon le plan classique du gothique méridional à nef unique, fortifiée, et sa tour clocher rehaussée d'une tourelle à mâchicoulis. Le portail à archivoltes est décoré d'une frise de poissons et de bateaux. À l'intérieur, le plafond aux poutres peintes mérite une attention particulière. *Rue du Député-Lucien-Salette Tél. 04 67 48 11 49 Ouvert lun.-sam. 9h-18h Visite guidée Fin juin-mi-oct. : mer. à 15h*

**Musée d'Histoire locale** L'ancienne chapelle des Pénitents-Blancs (XVIe s.) abrite le musée municipal où sont mises en valeur l'histoire et la vie locale. Une place importante est consacrée à l'archéologie sous-marine, ainsi qu'aux expositions temporaires. *4bis, rue Lucien-Salette Tél. 04 67 18 50 05 ou 04 67 48 26 69 Ouvert mars-nov. : mer.-lun. 10h-12h et 14h-18h Entrée gratuite*

**Les anciens salins** Pendant plus de six siècles, les berges de l'étang d'Ingrill, côté continent, ont été laborieusement exploitées jusqu'en 1968 quand les Salins du Midi ferment le site de Frontignan. Ils sont devenus une réserve unique pour la faune et la flore des zones humides, un havre pour les hérons, flamants, le royaume de la sansouire et de la salicorne. On peut s'y promener seul (plan à l'office de tourisme) ou accompagné par un animateur de l'EID (Entente départementale pour la démoustication) en charge, avec le Conservatoire du littoral, de la sauvegarde de ce site naturel protégé. ***En voiture*** *Partir du quai Voltaire, traverser la voie ferrée et prendre la rue des Cheminots ou chemin de Pielles Un chemin carrossable sur la droite conduit au cœur des salins jusqu'au bord de l'étang (env. 3km du centre-ville)* **À pied** *Laisser sa voiture au parking de la Salle-de-l'Aire (derrière la gare) Prendre le chemin qui longe le canal et mène en 20min au cœur des salins Tél. 04 67 18 31 60 (OT de Frontignan)* **EID** *Tél. 04 67 63 67 63 www.eid-med.org*

## ● Où acheter du muscat de Frontignan ?

**Frontignan Muscat** Arômes de cacao d'un muscat vingt ans d'âge, fraîcheur et vivacité d'un jeune cru ou notes florales idéales à l'apéritif ? Vous n'aurez que l'embarras du choix dans cette coopérative ou au caveau du château de la Peyrade… *14, av. du Muscat (dir. La Peyrade) Tél. 04 67 48 12 26 www.frontignan muscat.fr Ouvert juil.-août : tlj. 9h30-19h30 ; avr.-juin, sept. : tlj. 9h30-12h30 et 14h30-19h ; oct.-mars : tlj. 9h30-12h30 et 14h30-18h30* **Château de la Peyrade** *La Peyrade (à 3,5km de Frontignan-Ville D2 dir. Sète) Tél. 04 67 48 61 19 www.chateaulapeyrade.com Ouvert lun.-sam. 9h-12h et 14h-18h30*

## ● Où sortir ?

**Le Because** Café littéraire, restaurant, ou bistrot où l'on va pour un simple café, un en-cas copieux (tortilla avec salade 4€, sandwich 2,50-4€, plat du jour 9-11€), pour son billard et pour l'ambiance. *9, rue Anthérieu Tél. 06 63 44 18 22 www.lebecausebar.com Ouvert lun. 11h-22h, mar.-sam. 8h-22h (1h en été), dim. 10h-14h*

## Frontignan-Plage

Quelques galets à proximité du port, puis du sable, celui de la ☆ **plage des Aresquiers** qui, hormis les grandes périodes d'affluence, a gardé son caractère sauvage. Frontignan est une station balnéaire plutôt familiale à l'urbanisme maîtrisé : quelques petites résidences de vacances vers le port de plaisance et des villas le long du lido. La plage du port est équipée d'un tapis d'accès pour handicapés. **Capitainerie** *Av. des Étangs Tél. 04 67 18 44 90*

### ● Pratiquer des sports nautiques

**Tramontana** Frontignan est le spot de wind et kitesurf du département. Au pied de la Gardiole, l'étang d'Ingrill, qui bénéficie de bons vents, est l'endroit pour s'initier à ces sports, sans grand danger : on y a pied partout ! Cours et location de matériel sur rdv. *Tél. 06 89 43 90 96 http://tramontana-windsurf.com Ouvert Pâques-Toussaint*

**Plongée Passion** Sur le plateau rocheux de plusieurs kilomètres qui borde la plage des Aresquiers, on peut voir évidemment de beaux poissons, des plantes colorées, mais aussi des grottes, des arches et des tunnels. Plongée passion y emmène néophytes et plongeurs confirmés de février à novembre. Baptêmes de 45 à 50€. *Résidence Les Flamants Port-Est 1, av. Ferdinand-de-Lesseps Tél. 04 67 18 40 80 www.plongee-passion.com Ouvert toute l'année*

### ● Naviguer sur le canal

**Popeye** Si vous souhaitez vous prélasser au fil de l'eau, voici le *Popeye*. Il vous emmène au marché de Sète le mer. à 9h (retour à 12h30) en juil.-août (15€, réduit 7€). *Tél. 06 10 65 40 22 ou 04 67 18 31 60 (possibilité de réserver à l'OT) www.popeye3.com*

### ● Suivre une formation en "rigologie"

**École de rire** On ne plaisante pas, le rire, on croit que c'est inné mais ça se travaille ! À l'école de rire qui tient session sur la plage Le Chant des vagues (à l'est du port), vous apprendrez les différentes techniques de ce bienfait universel. Rassemblement international des rieurs, première semaine de mai. Également des cures de rire hors saison. *1, rue de la Coste Tél. 06 25 70 69 36 www.ecolederire.org*

## Les environs de Frontignan

☆☺ **Massif de la Gardiole** Pour découvrir les trésors naturels mais aussi humains de ce massif qui domine l'étang d'Ingrill, suivez Jacky et ses amis, tous des gens du cru. À ce jour 26 circuits thématiques vous dévoileront, tapies dans la garrigue, les capitelles de berger, les grottes préhistoriques, mais aussi la vie secrète du flamant rose et celle des petits amphibiens, habitants des mares et des trous d'eau qui garantissent la fraîcheur de ces collines boisées.

Festives, ouvertes à tous, les balades se font à pied le plus souvent. 6€ env. la demi-journée avec étapes gourmandes hors des sentiers battus, peut-être un peu plus si vous prenez l'option apéritif au muscat dans les ruines de Saint-Félix de Montceau et coucher de soleil sur l'étang. **Association JMJM** *Tél. 06 75 18 22 35 Inscription à l'office de tourisme de Balaruc-les-Bains Tél. 04 67 46 81 46*

**Abbaye Saint-Félix-de-Montceau** Ce monastère de moniales (XII^e s.), bénédictin ou cistercien selon les époques, était rattaché à la puissante abbaye de Valmagne (p.135). Souvent admonestées par la hiérarchie pour leur conduite frivole, harcelées par les attaques des "routiers", bandits de grand chemin qui écument ces collines isolées après la guerre de Cent Ans, les moniales désertent le lieu au XVI^e siècle pour une retraite dans le village proche de Gigean. Dans les pins odorants du massif de la Gardiole, il n'en reste que des ruines. Une association de sauvegarde de l'abbaye entreprend de débroussailler, révéler, consolider les vestiges de la chapelle romane, des bâtiments conventuels, de l'abbatiale gothique dont les vastes ogives soutiennent, en guise de voûtes, le profond du ciel. Ces travaux, hélas, semblent dénaturer en partie les lieux. Mais trois jardins médiévaux de fleurs, senteurs et simples gagnés sur les ronces nous rappellent que le bonheur de la vie est sur terre. ***Gigean** (15km au nord-ouest de Frontignan) Rejoindre la N113 via Balaruc-le-Vieux puis dir. Montpellier À Gigean, Saint-Félix-de-Montceau est bien indiqué La route grimpe jusqu'au parking de l'abbaye On peut poursuivre ce chemin carrossable jusqu'au sommet du massif* **Site** *Visite libre* **Église** *Ouvert lun. 9h-15h* **Association de sauvegarde de l'abbaye** *37, rue Caraussane* **Sète** *Tél. 04 67 43 34 81 www.saintfelix-abbaye.fr*

**Vic-la-Gardiole** Petit village haut perché entre marais et étang. L'église fortifiée Sainte-Léocadie (XII^e s.), enchâssée dans les rues tortueuses, tout en calcaire coquiller, est monumentale. ***Vic-la-Gardiole** (7,5km au nord-est de Frontignan)* **Office de tourisme** *Hôtel de ville Bd des Aresquiers Tél. 04 67 78 94 43 www.tourisme-viclagardiole.fr*

## ● Où goûter du muscat de Mireval ?

**La Cave de Rabelais** Mireval, l'autre grand muscat de la région. La référence ici est non plus à Hercule mais à Rabelais, qui fit l'apologie du muscat dans son *Pantagruel. Av. de Verdun* ***Mireval** (8,5km au nord-est de Frontignan) Tél. 04 67 78 01 80 www.muscatmireval.com Ouvert 15 juin-15 sept. : lun.-sam. 9h-12h et 15h-19h ; 16 sept.-14 juin : mar.-sam. 9h-12h et 15h-19h*

**Domaine du Mas rouge** Ses récoltes sont souvent primées et le cadre, contre le bois des Aresquiers, vaut le détour. *30, chemin de la Poule-d'Eau* ***Vic-la-Gardiole** (7,5km au nord-est de Frontignan) Tél. 04 67 51 66 85 www.domainedumasrouge.com Ouvert juin-sept. : lun.-sam. 10h-13h et 15h-19h ; oct.-mai : lun.-sam. 10h-12h et 14h30-18h30 Visite mi-juin-mi-sept. : ven. 11h*

# CARNET D'ADRESSES

## Restauration, hébergement

### prix moyens

**Le Poisson rouge** Sur la terrasse en teck en ras de plage, vous goûterez les plats typiques tels que bourride, rouille de seiche. Menus 16€ (à midi), 22 et 32€ et carte. *32, rue Paul-Riquet* ***Frontignan-Plage*** *Tél. 04 99 04 05 53 www.lepoissonrouge34.fr Ouvert avr.-oct. : tlj. 12h-14h et 20h-23h ; nov.-mars : dim.-mer. 12h-14h, jeu.-sam. 12h-14h et 20h-21h30*

**Le Mas de Jacquet** Entre le village et la plage des Aresquiers (4km et une piste cyclable), cinq grandes chambres d'hôtes (dont 2 familiales) installées dans une ancienne cave à vins restaurée chez ces producteurs de muscat doux et sec. 70-80€ pour 2 pers., selon la saison, avec petit déj. sous les canisses de la terrasse. Piscine et cuisine d'été. *21, bd des Aresquiers* ***Vic-la-Gardiole*** *(7,5km au nord-est de Frontignan) Tél. 04 67 78 43 03 www.masdejacquet.com Ouvert début mars-fin oct.*

# ★ SÈTE

34200

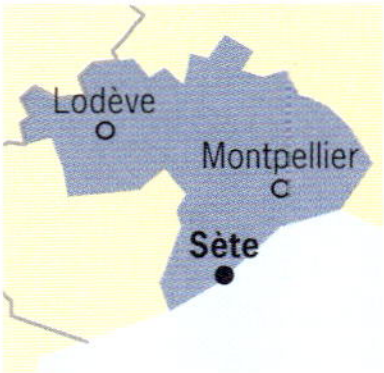


**Arrivez à Sète en fin d'après-midi, quand le soleil rougeoie et que les eaux prennent une teinte intense, nacrée. Les premières lumières s'allument sur la ville et quelques éclats pétillent sur le mont Saint-Clair et les coteaux. Sur la droite, la masse profonde de l'étang de Thau, son quadrillage de tables et ses huîtres par millions. Sur la gauche, la mer et, devant, des usines, des fabriques, de l'industrie à peine cachée. Plus on s'approche et plus on se sent cerné par l'eau. Les goélands tournoient, quelques barques passent le cap de la Pointe-Courte et s'enfoncent dans l'étang. La nuit, on entend les moteurs des chalutiers géants s'ébrouer vers le large en ronronnant.**

**VISAGES D'UN PORT** Le long du canal Royal, c'est toute la vie d'un port qui déroule ses filets. Celui de Sète est une création de Louis XIV, menée à bien par Colbert en 1666 et développée en parallèle du canal du Midi. Il débouche dans l'étang et amena longtemps vins et céréales. Le spectre d'un trafic de taille – celui du vin – tremblote encore sur les quais, devant les immeubles témoins de l'enrichissement d'autrefois. Aujourd'hui, Sète reste très active. Entre chalutiers et cargos, les ferries font la navette avec l'Espagne et avec la rive africaine de la Méditerranée. Reste aux poètes la parole et aux artistes les couleurs : Sète vibre des vers de Valéry et fredonne Brassens, qui reposent tous deux dans ses cimetières…

# MODE D'EMPLOI

## accès

### EN VOITURE

De Montpellier, prenez la D612 (bondée en été) qui passe par Frontignan, ou bien l'A9 (sortie 33) puis la D600 (36km). D'Agde, la D612 débouche sur la plage puis longe la corniche (aussi très fréquentée) (25km). Pour remonter vers Bouzigues ou vers l'autoroute plus tranquillement, essayez la direction de Balaruc - plus fluide parfois.

### EN TRAIN

Sur la ligne TGV Paris-Béziers.
**SNCF** *Tél. 3635 www.voyages-sncf.com*

### EN CAR

Ligne directe au départ de Montpellier (102) et, avec changements, au départ d'Agde, Pézenas, Clermont-l'Hérault.
**Hérault Transport** *Tél. 04 34 88 89 99 www.herault-transport.fr*

## orientation

Dominée par le mont Saint-Clair, entourée d'eau, Sète ressemble à une île : au sud, la mer, et au nord l'étang de Thau, reliés par le canal Royal qui traverse la ville. D'autres voies et plans d'eau ont été aménagés au fil des siècles pour faciliter le transport des marchandises et des voyageurs, ce qui désoriente quelque peu le visiteur. En bordure de l'étang, tout au nord, on trouve le **quartier de la Pointe-Courte** (plan 5, B1), sur la rive gauche du canal en regardant la mer), puis, en remontant le canal Royal, on aboutit, tout au sud, au **vieux bassin** (plan 6, B3). Sur la rive droite les rues remontent vers le **Quartier Haut** (plan 5, B2) et grimpent jusqu'au sommet du **mont Saint-Clair** (plan 5, A1). Une route file le long de la **corniche** (plan 5, A2) vers les plages et vers Agde, une autre tourne autour du mont pour rejoindre l'étang puis la ville, encore. Autant d'itinéraires à explorer pour se familiariser avec la singularité sétoise...

## informations touristiques

**Office de tourisme (plan 6, A2)** Muni d'une tablette numérique (5€ la demi-journée, 8€ la journée), vous découvrirez les différentes facettes de Sète au fil des différents itinéraires thématiques proposés. Vous pourrez également suivre une visite accompagnée de la criée aux poissons (6€) ou encore visiter la cave et l'usine d'embouteillage de la Cave de Listel (avr.-sept. : mar.-mer. à 15h), ou un mas conchylicole à Marseillan ou Loupian. Avec le City pass (à partir de 8€), vous bénéficiez d'un itinéraire de visite thématique et de l'accès à 1, 2 ou 3 des musées de la ville (espace Brassens, musée Paul-Valéry, musée des arts modestes). 60, *Grand-Rue Mario-Roustan Au-dessus du quai, dans la rue parallèle, rive droite Tél. 04 99 04 71 71 www.tourisme-sete.com Ouvert juin-sept. : tlj. 9h30-19h ; avr.-mai, oct. : tlj. 9h30-18h ; nov.-mars : lun.-ven. 9h30-17h30, sam. 9h30-12h30 et 14h-17h30, dim. et j. fér. 9h30-13h*

## accès Internet

**Le Cyberphone (plan 6, A1)** 2€/h. *13, rue du 11-Novembre (pl. Aristide-Briand) Tél. 04 67 18 48 38 Ouvert lun.-sam. 9h30-13h et 15h-20h30*

## transports urbains

**Réseau Totem** Sept lignes de bus forment un réseau entre la gare, le

## Plan 5 Sète, agglomération

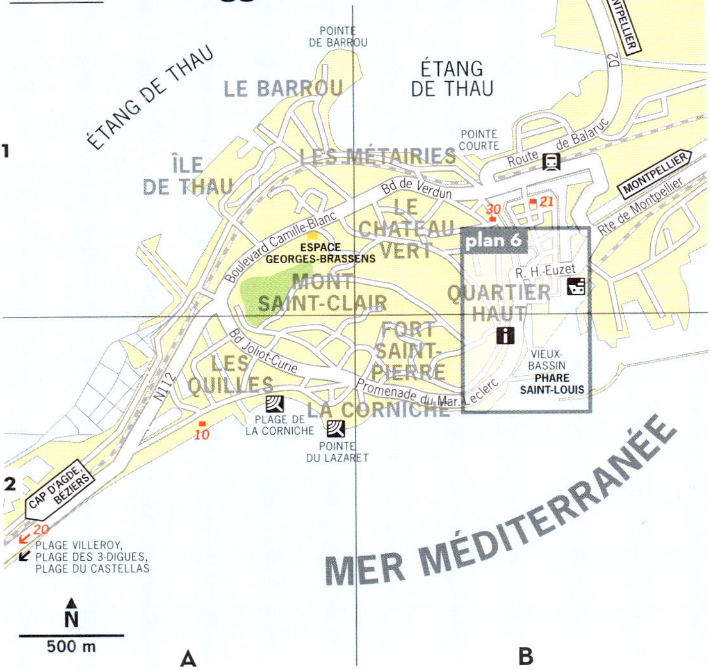


**Lieux de sortie** (n°10)
La Ola ______ **10** A2

**Hébergement** (n°20 et 21)
Au Valéry ______ **21** B1
Le Castellas ______ **20** A2

**Shopping** (n°30)
Biscuiterie Pouget* ______ **30** B1

*À RETROUVER DANS LA PARTIE DÉCOUVRIR

centre-ville, les plages (ligne 9), le mont Saint-Clair et le cimetière marin et 4 lignes de bus desservent les communes alentours. **Vente de tickets (plan 6, A1)** *Quai de la Résistance Tél. 04 67 74 18 77 Ouvert lun.-ven. 9h-12h15 et 14h30-18h Vente également à l'OT et dans les bus*

## marchés

**Marchés** Le grand jour du marché est le mercredi : tout autour des halles (plan 6, A2) s'offrent à la vue et à la vente les meilleurs produits de la région (fruits, olives, vêtements...). Le marché du vendredi – av. Victor-Hugo (plan 6, B1) – est réputé, lui, pour être moins cher.

**Marché au poisson (plan 6, A2)** Grande variété de poissons (sans oublier les seiches et les calamars...) aux halles le matin. Sète défend bien sa place de premier port de pêche français en Méditerranée ! *Tlj. sauf lun. (puisque les chalutiers ne sortent pas le dimanche)*

**Marché aux puces (hors plan 6)** Le rendez-vous de la movida sétoise. *Pl. de la République Dim. matin*

## fêtes et manifestations

**Quand je pense à Fernande** Chanson française. *Mi-juin*
**Fête de la Saint-Pierre** La fête du saint patron des pêcheurs. *1er week-end de juil.*
**Festival Voix Vives** Rencontres de poètes du monde entier. *9 jours en juil.*
**Les joutes nautiques** Les équipes des sociétés de joutes s'affrontent sur le canal Royal dans des combats ancestraux hautement codifiés. *Fin juin-fin août*
**Jazz à Sète** Dans le théâtre de la Mer, un ancien fort battu par les vagues, superbe cadre musical. *http://jazzasete.com En juil.*
**Fiestasète** Musique latine et des Caraïbes, à Sète et dans les environs : Poussan, Gigean, Balaruc. Animations diverses. *Tél. 04 67 74 48 44 www.fiestasete.com Fin juil.-début août*
**Fête de la Saint-Louis** Spectacles de rue, feux d'artifice et bals à volonté. En apothéose, tournoi final des jouteurs catégorie poids lourds. *1 semaine fin août*
**Festival international d'art performance** L'avant-garde de l'art fait son show dans les rues. *www.infraction.info Mi-sept.*



# DÉCOUVRIR

# Sète

☆ **Les essentiels** Le panorama du sommet du mont Saint-Clair, le musée Paul-Valéry, l'espace Georges-Brassens, les tielles de Cianni-Marcos et de Dassé **Découvrir autrement** Assistez aux joutes nautiques l'été dans le port de Sète et au retour des chalutiers

Est-ce la proximité de la mer, l'ouverture sur le large – le Maroc, l'Algérie, l'Espagne – ou bien encore la sensation d'être presque sur une île, en partance pour les royaumes de l'imagination et de la création ? Sète compte de nombreux artistes. De très célèbres y sont nés, comme Brassens et Paul-Valéry, ou encore Combas et les frères Di Rosa, d'autres, séduits par la vitalité de la lumière, comme François Denoyer et Pierre Soulages, en ont fait leur ville d'adoption.

## Le Quartier Haut

Le plus ancien de la ville. Passé les quais, des escaliers grimpent à vif les flancs du mont Saint-Clair, les rues hautes en couleur de ce petit Naples en Languedoc (les Italiens s'y installent en masse à la fin du XIXe s.) tortillonnent entre les façades modestes. Quand on est près de s'essouffler, une échappée éblouissante sur la mer vient nous requinquer. Encore un peu populaire, déjà branché, artiste assurément, à l'image de "La Mama" de Richard Di Rosa, coquine épanouie qui exhibe courbes voluptueuses et lèvres tentatrices place de l'Hospitalet (plan 6, A2-A3).

☆ **Mont Saint-Clair (plan 5, A1)** Au fur et à mesure de la montée par la rue de Belfort les maisons se raréfient. Dans des parcs qu'on imagine somptueux, les villas cossues ont remplacé les "baraquettes" et les petites vignes modestes. Au sommet, on reprend son souffle devant Notre-Dame-de-la-Salette et le panorama, simplement prodigieux. Si le courage vous manque, un bus (ligne 5) vous y conduit. Il poursuit sa route jusqu'aux Pierres-Blanches, forêt domaniale à l'est de la presqu'île d'où la vue porte jusqu'au Canigou.

☆ **Espace Georges-Brassens (plan 5, A1)** Le poète-chanteur-guitariste, l'anar moustachu, né à Sète en 1921, mort en 1981, vous parle dans le creux de l'oreille et vous mène sur ses pas depuis ses débuts jusqu'au plus profond de ses chansons. Visite d'une heure environ avec casque d'écoute, vidéo en continu, photos et musique. Projection de films et récitals inédits. En contrebas, le cimetière Le Py où est enterré le chanteur. Dans la ville, un circuit thématique, proposé par l'office de tourisme, vous entraîne sur les traces de Brassens et donne aussi l'occasion de découvrir l'artiste (5€). *67, bd Camille-Blanc (dir. Corniche, île de Thau ou hôpital) Tél. 04 99 04 76 26 www.espace-brassens.fr Ouvert juin-sept. : tlj. 10h-18h ; oct.-mai : mar.-dim. 10h-12h et 14h-18h Fermé j. fér. sauf 14 juil., 15 août et 1er nov. Tarif 5€. réduit 2€*

**Cimetière marin (plan 6, A3)** Nul besoin de connaître les 29 strophes du poème vibrant de lumière que Paul Valéry publie en 1920 pour être troublé par la poésie du vieux cimetière Saint-Charles. En hommage au poète qui y est inhumé en 1945, il devient "marin" et gagne l'éternité. À quelques pas Jean Vilar repose lui aussi face au soleil levant et au vieux fort Saint-Pierre devenu théâtre de plein air, et qui porte son nom. *Bien indiqué à partir de la route de la Corniche Tél. 04 67 74 25 62 Ouvert tlj. 8h-19h*

**SUR LA TOMBE DE VALÉRY**

"Ô récompense après une pensée / Qu'un long regard sur le calme des dieux !"

☆ **Musée Paul-Valéry, Beaux-Arts et Traditions sétoises (plan 6, A3)** C'est ici que bat le cœur de l'art sétois. Surplombant la mer et le cimetière marin, ce musée illustre, à travers les toiles de peintres, les dessins et maquettes d'architecture, l'histoire de la ville et la vie de ses habitants. Une place importante est réservée aux œuvres d'artistes régionaux des XIXe et XXe siècles, et aux créations contemporaines. La salle consacrée aux dessins et peintures de l'écrivain sétois Paul Valéry (1871-1945) présente aussi certains de ses manuscrits et divers objets de son enfance sétoise. Un espace est dédié enfin aux joutes languedociennes. L'historique, le règlement des tournois, le vocabulaire, les figures légendaires, la présentation en est encyclopédique. *148, rue François-Denoyer (à côté du cimetière marin) Tél. 04 99 04 76 16 www.museepaulvalery-sete.fr Ouvert avr.-oct. : tlj. 9h30-19h ; nov.-mars : mar.-dim. 10h-18h Fermé 1er jan., 1er nov., 25 déc. Tarif 5€, réduit 2€ (musée et exposition 7€, réduit 3€) Gratuit 1er dim. du mois pour l'expositon permanente Visite commentée 1€*

**Atelier de l'étoile (plan 6, A3)** Dans le Quartier Haut, Claude Cabrol jette ses couleurs sur les toiles et nous réveille les pupilles. *122, Grande-Rue-Haute Tél. 04 67 46 04 18 ou 06 27 67 23 63 claudecabrol@orange.fr Ouvert sur rdv*

**Vivi Navarro (plan 6, A3)** Si la mer toujours recommencée et les navires qui la sillonnent vous fascinent, les œuvres et la démarche de Vivi Navarro vous séduiront. À découvrir dans son atelier. *87, Grande-Rue-Haute Tél. 06 81 03 41 88 www.embarquements-vivinavarro.com Ouvert sur rdv*

# Plan 6 Sète, centre

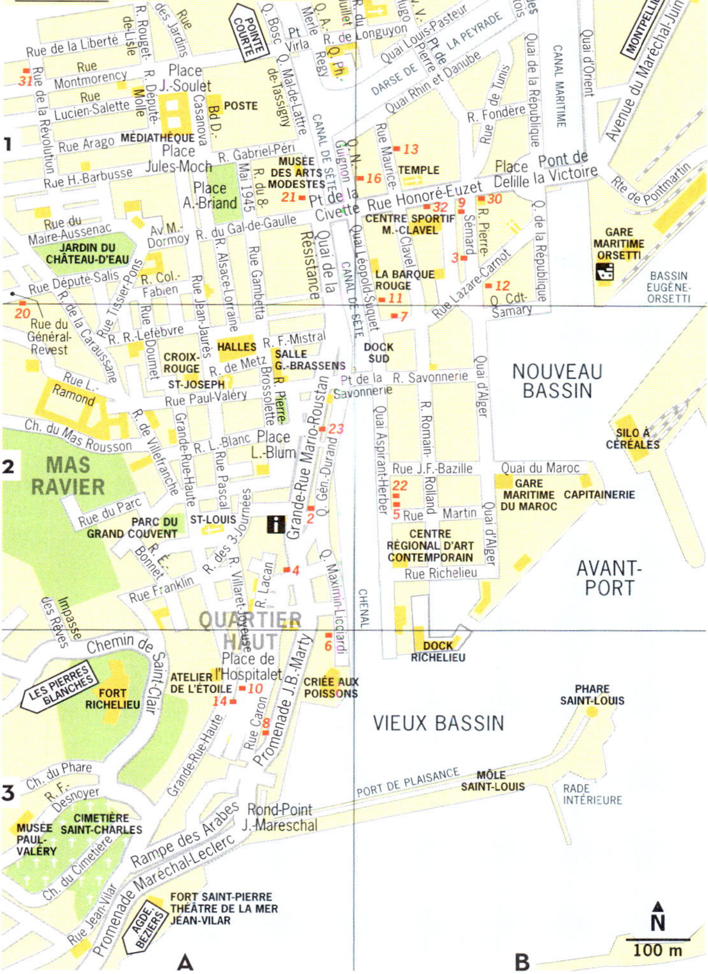


**Restauration** (n°2 à 11)
- Au Bout d'la rue ____ **4** A2
- Chez Gino ____ **8** A3
- L'Auberge aveyronnaise ____ **3** B1
- La Palangrotte ____ **2** A2
- La Part des Anges** ____ **11** B1
- Le Nautic* ____ **5** B2
- Les Binocles ____ **9** B1
- Les Demoiselles Dupuy ____ **6** A3
- Pulcinella Luigi ____ **10** A3
- The Marcel ____ **7** B2

**Cafés, bars et lieux de sortie** (n°12 à 16)
- Chez Lulu ____ **12** B1
- La Bodega ____ **16** B1
- Le Social ____ **14** A3
- Les Amis de Georges ____ **13** B1

**Hébergement** (n°20 à 23)
- Auberge de jeunesse ____ **20** A1-A2
- L'Orque bleue ____ **22** B2
- Le Grand Hôtel ____ **21** A1
- Les Joutes royales ____ **23** A2

**Shopping** (n°30 à 32)
- Cianni-Marcos* ____ **30** B1
- Dassé* ____ **31** A1
- Pâtisserie Le Frescati de Sète* ____ **32** B1

*À RETROUVER DANS LA PARTIE DÉCOUVRIR
**À RETROUVER DANS LE DOSSIER BIO

## La ville basse

C'est ici, le long des multiples quais de la ville quadrillée de canaux, traversée de douze ponts, que s'impose l'image d'une "île singulière" si chère au cœur des Sétois. Sète fut port avant de devenir cité, et c'est à l'abri du Môle, longue et impressionnante jetée, que l'on s'installe, prospère, dans le commerce du vin, la tonnellerie et la pêche, et le tourisme. Au cœur de la ville, les chalutiers continuent d'amarrer **quais de la Consigne** (plan 6, A3) et **du Général-Durand** devant les restaurants alignés. C'est ici que Sète s'enflamme chaque été pour les champions des joutes et qu'en automne on traque la daurade, qui après avoir frayé dans l'étang tente de rejoindre la pleine mer. Traversez le **pont de la Savonnerie** (plan 6, A2-B2) pour contempler, du **quai Aspirant-Herber** (plan 6, B2) où accostent les thoniers, cette Venise de poche. Un autre pont, un autre canal, vers les quais d'Alger et du Maroc (plan 6, B2) longés de vastes chais, témoins de la prospérité du négoce au XIXe siècle, et en face la gare maritime et les voyages trans-Méditerranée. Par le pont de Pierre (plan 6, B1), on entre dans le quartier de la Bordigue où le théâtre Molière et les demeures haussmanniennes remplacent au XIXe siècle les antiques pêcheries.

☺ **Pointe Courte (plan 5, A2)** On les dit repliés sur leur minuscule territoire, les pointus, ces pêcheurs qui ne regardent que l'étang et semblent bouder la Grande Bleue. Pour accéder à ce village dans la ville, où Agnès

### L'Hérault balnéaire

#### Les plus belles plages

La Dune Club (La Grande-Motte) — 98
Piquer une tête à Villeneuve ou dans les environs — 109
Frontignan-Plage (Frontignan) — 114
Le Cap-d'Agde — 408
Le Grau-d'Agde et La Tamarissière — 411

#### Sports

Centre nautique (La Grande-Motte) — 99
Zénith Plage (Palavas-les-Flots) — 106
Palavas kayak de mer — 106
Tramontana (Frontignan) — 114
Plongée Passion (Frontignan) — 114
Popeye (Frontignan) — 114
Yacht-club de Mèze — 134
Cercle de voile de Marseillan — 141
École de voile des Glénans (Marseillan) — 141
Centre nautique du Cap-d'Agde — 409

#### Restauration

La Paillote Bambou (La Grande-Motte) — 101
Windsurf (Palavas-les-Flots) — 105
Les Demoiselles Dupuy (Sète) — 127
Les Jardins de la mer (Bouzigues) — 132

#### Hébergement

Le Grand Hôtel (Sète) — 129
Aloha Village (Sérignan) — 404

Varda tourne, en 1954, son premier long-métrage, *La Pointe Courte*, il faut déjouer les pièges des escaliers, des ponts, des routes qui, à l'arrière de la gare, paraissent tourner en rond. Pas de magasins, pas d'attraction pour touristes, mais un bistrot, Le Passage, et de petites maisons qui débordent généreusement dans les rues étroites et perpendiculaires où l'on vit, s'attable et s'apostrophe. Des barques sur le flanc, des filets de pêche et tout un bric-à-brac émouvant soulignent la ligne douce des berges de l'étang de Thau. **Le Passage** *1, quai Mistral Tél. 04 67 74 21 25 Ouvert juin-sept. : tlj. 7h30-1h ; reste de l'année : lun.-ven. 7h30-15h, sam.-dim. 7h30-20h*

☺ **MIAM-Musée international des Arts modestes (plan 6, A1)** L'endroit est original et drôle, graphique, assurément… Fondé par Hervé Di Rosa et Bernard Belluc, il présente à travers les collections et expositions temporaires quelques délires d'artistes dans un grand et vivifiant méli-mélo d'objets du quotidien, scénographiés, détournés de leur fonction par un tourbillon de formes et de couleurs… *23, quai du Maréchal-de-Lattre-de-Tassigny Tél. 04 99 04 76 44 www.miam.org Ouvert avr.-sept. : tlj. 9h30-19h ; oct.-mars : mar.-dim. 10h-12h et 14h-18h Fermé 1er jan., 1er mai, 1er nov., 25 déc. Tarif 5€, réduit 2€*

**Centre régional d'Art contemporain (plan 6, B2)** Des expositions temporaires d'artistes nationaux et internationaux en vogue : jeunes talents et (futures) valeurs sûres à découvrir. *26, quai Aspirant-Herber (en face de la criée, de l'autre côté du canal) Tél. 04 67 74 94 37 http://crac.languedocroussillon.fr Ouvert juin-sept. : lun. et mer.-ven. 12h30-19h, sam.-dim. 15h-20h ; oct.-mai : lun. et mer.-ven. 12h30-19h, sam.-dim. 14h-19h Entrée gratuite*

**Dock Sud (plan 6, B2)** Sculpture, peinture mais aussi photo font l'objet d'expositions régulières de grande qualité dans la galerie Dock Sud. Les grands peintres sétois d'aujourd'hui, Puyuelo, Franceli, Gilles Marie Dupuy, Champieux se partagent l'affiche. Ils sont accompagnés de quelques toiles d'exception de maîtres ayant eu des affinités avec Sète tels que Desnoyer, Fusaro, Blondel, Seguin, Couderc… Les fondateurs du lieu appréciant autant l'art que le bon vin, on est souvent invité à découvrir simultanément les valeurs sûres de la création contemporaine et les bons crus locaux. À noter, un atelier d'artistes chinois a ouvert ses portes en 2013 au 11, quai Léopold-Suquet (visite sur rdv). *2, quai Aspirant-Herber Tél. 04 67 74 00 77 www.dock-sud.com Ouvert tlj. 10h30-12h30 et 15h30-19h30*

● **Où acheter les meilleures tielles ?** L'une des spécialités sétoises : une tourte fourrée de petits poulpes cuisinés à la tomate. Très savoureux et idéal pour le pique-nique… Nous vous recommandons deux adresses ; aller ailleurs serait s'exposer à de bien cruelles déceptions !
☺ **Cianni-Marcos (plan 6, B1 n°30)** Le roi de la tielle à Sète depuis 1937… Toutes les tailles, tous les tarifs (de 2,30 à 18,50€) et toujours la même saveur, entre moelleux et parfumé. *24, rue Honoré-Euzet (angle rue Pierre-Sémard) ainsi que sous les halles Tél. 04 67 74 16 23 ou 04 67 74 52 28 Ouvert mar.-dim. 8h-20h*
☺ **Dassé (plan 6, A1 n°31)** Un autre grand maître de la tielle. La sauce, légèrement relevée, est un régal. *35, rue de la Révolution Tél. 04 67 53 65 33 Ouvert lun.-sam. 8h-13h et 17h-20h, dim. 8h-13h*

## Où trouver de très bons biscuits et un excellent frescati ?

**Biscuiterie Pouget (plan 5, B1 n°30)** Depuis près d'un siècle, la biscuiterie Pouget fabrique ces biscuits doux comme du miel, à l'arôme subtil de citron, d'anis ou de fleur d'oranger. *47, quai de Bosc Tél. 04 67 74 72 38 Ouvert mer.-sam. 8h-12h30 et 15h-18h*

**Pâtisserie Le Frescati de Sète (plan 6, B1 n°32)** Le frescati est un entremet fondant qui dissimule sous un nappage meringué au café un biscuit généreux en rhum et raisins blonds. Il y a une centaine d'années, il faisait les délices de la bonne société sétoise. Cette pâtisserie perpétue la tradition. *6, rue Honoré-Euzet Tél. 04 67 74 38 49 www.patisserie-aprile.fr Ouvert tlj. 7h-20h, j. fér. 7h-14h Fermé 1re quinz. juil., une sem. à la Toussaint et en fév.*

## Où faire une pause déjeuner ?

**Le Nautic (plan 6, B2 n°5)** À toute heure ou presque en saison, on peut acheter sur les quais des brochettes pour calmer les petites faims. À l'opposé de l'agitation du quai, Le Nautic dispose une vingtaine de tables tranquilles face aux chalutiers pour manger simplement – mais de façon copieuse – des poissons frais et des brochettes. *10, quai Aspirant-Herber Tél. 04 67 74 65 17 http://restaurantlenautic.eresto.net Ouvert avr.-oct. : mar.-dim. 12h-14h30 et 19h30-23h*

## Où savourer une glace ?

☺ **Chez Gino (plan 6, A3 n°8)** En été, les glaces typiquement napolitaines de Chez Gino (p.126), confectionnées par la mamma d'Angèle, la patronne, sont uniques. À ne pas manquer ! *10, promenade J.-B.-Marty Tél. 04 67 74 27 37 Ouvert toute la journée en saison*

## Explorer les fonds marins

**Sète Croisières** À bord du *Sub Sea Explorer*, un gros bateau jaune à coque transparente, on admire Sète des quais, puis on s'échappe vers l'étang de Thau pour découvrir en vision sous-marine les élevages d'huîtres et de moules du bassin conchylicole. *Embarquement pont de la Savonnerie Tél. 04 67 46 00 46 www.sete-croisieres.com Juil.-août : tlj. à 11h, 14h30, 16h30 et 18h15 ; hors saison : deux départs/j., se rens. sur les jours*

## Louer un bateau sans permis

**Cap Caraïbes** Location de bateaux à moteur, avec ou sans permis, à partir de 80€ les 2h (100€ en haute saison). *Port des Quilles sur la Corniche Tél. 04 99 04 07 85 ou 06 81 29 33 29 www.caraibes34.com Ouvert toute l'année*

## Aller à la plage

Au plus près de la ville, vous pourrez aller à pied, en suivant une promenade bien aménagée, vous baigner sur les plages surveillées **du Lazaret** et **de la Corniche** (plan 5, A2). Une fois dépassée la zone, dite touristique, du canal des Quilles, commence la **plage de Villeroy** (accessible en bus, ligne 3), animée de nuit comme de jour par les bars-restaurants de plage. Équipées de rampes, tiralo, tapis de cheminement, les plages du Lazaret, Villeroy, des 3-Digues et du Castellas ont obtenu le label Tourisme Handicap. De là jusqu'à **Marseillan-Plage** s'étirent, entre mer et étang : 12km d'une bande sableuse reconstituée en 2011 et d'une nouvelle route littorale dotée de quatre parkings gratuits.

### ● S'initier à la croisière

**Cap au large** La mer est une grande famille et Cap au large en a fait son credo. Grand cœur pour cette association qui a aménagé un de ses bateaux pour ouvrir la voile de croisière aux handicapés. On embarque pour une demi-journée (30€), un jour, une semaine ou… un mois. *53, bd Chevalier-de-Clerville Tél. 04 30 17 19 87 ou 06 32 49 57 75 www.capaularge.org Ouvert toute l'année*

# CARNET D'ADRESSES

## Lieux de sortie

### Bars

☺ **Le Social (plan 6, A3 n°14)** L'annexe de la Jeune Lance sétoise, mais aussi le temple de la fête au Quartier Haut – une fête de quartier, qui mêle genres et générations sans hésiter. On y vient en voisin boire un pastis en picorant quelques tapas, un hamburger ou un fish & chips, et on finit par y passer la soirée, pris dans une spirale de bonne humeur contagieuse, emporté par la musique qui tonne dans tout le quartier. En contrebas, le port se tient coi. Quelques cargos – grosses baleines abandonnées – semblent cligner de l'œil pour qu'on les fasse monter jusqu'au Social… Du port, monter la rue des Pêcheurs – elle croise la Grand-Rue – sur 25m puis à gauche la rue d'Elia : au bout, un escalier y grimpe tout droit ! On y est en quelques minutes. *35, rue Villaret-Joyeuse* ***Sète*** *Tél. 04 67 74 54 79 Ouvert mai-sept. : tlj. 17h-1h ; oct.-avr. : jeu.-sam. 18h-1h, dim. 12h-1h*

**Chez Lulu (plan 6, B1 n°12)** Au débouché du port de commerce, un rendez-vous pour les marins en escale et les habitués. Certains soirs, Fellini s'y serait sûrement senti comme chez lui : dans les coulisses d'un port qui relie Alger et Tanger, des personnages traversent la scène comme dans un rêve, tous plus singuliers les uns que les autres… *30, rue Lazare-Carnot* ***Sète*** *Tél. 04 67 74 67 59 Ouvert lun.-sam. 9h-1h*

### Restaurant cabaret

**Les Amis de Georges (plan 6, B1 n°13)** Si la visite de l'espace Brassens vous a mis en appétit, sachez que chez Les Amis de Georges, le dîner spectacle commence à 20h. Guitare, chant et ambiance copains d'abord. Menus à 23 et 33€. *38, rue Maurice-Clavel* ***Sète*** *Tél. 04 67 74 38 13 ou 06 25 55 79 50 www.brassens-resto.com Ouvert haute saison : mar.-dim. ; reste de l'année : ven.-sam.*

### Bars et boîtes de nuit

**La Ola (plan 5, A2 n°10)** Ambiance festive pour ce bar de plage où la musique tonne ses basses vers la mer, dans un décor de couleurs vives et de bois. Soirées avec DJ, animations et concerts *live*. Des grillades, de la seiche à la rouille et des salades, midi et soir, à 10-15€. *Promenade du Lido Triangle de Villeroi* ***Sète*** *Tél. 04 67 53 07 14 www.laola.fr Ouvert avr.-sept. : tlj.*

**La Bodega (plan 6, B1 n°16)** Pour finir la nuit, danser jusqu'à l'aurore, traîner de dernier verre en dernier verre… Sur le quai – en face des restos –, donc bien pratique d'accès. Si vous dormez à Sète, vous pourrez… rentrer à pied ! *21, quai Noël-Guignon* ***Sète*** *Tél. 04 67 43 09 65 Ouvert mer.-sam. 23h-5h*

# Restauration

En été, les établissements de plage (**plages de la Corniche et de Villeroy**, dir. Marseillan) sont une alternative aux tables de la ville, souvent coûteuses et surcotées. Dans cette catégorie l'ACD (Assis, couché, debout), face à la mer, La Ola ou Les Salines proposent grillades ou cuisine méditerranéenne. Les plats concoctés à La Paillote sont plus ancrés dans la gastronomie sétoise. La Barque bleue est idéale pour les amateurs d'une ambiance "bonne franquette" et familiale : petits prix et bar à huîtres. **ACD** *Tél. 04 67 43 56 99 Ouvert mai-sept. : tlj.* **La Ola** (p.125) *Tél. 04 67 53 07 14 Ouvert avr.-sept. : tlj.* **La Paillote** *Promenade du Lido Tél. 06 24 36 53 46 Ouvert mai-sept. : tlj. 9h-1h* **Les Salines** *Plage de la Fontaine Tél. 04 67 53 05 25 Ouvert avr.-sept. : tlj.* **La Barque bleue** *Plage de la Corniche Tél. 06 72 45 64 89 www.labarquebleue.fr Ouvert avr.-sept.*

## petits prix

**Au Bout d'la rue (plan 6, A2 n°4)** La recette du piste de moules est simple : il suffit de faire macérer des moules crues dans du citron, de l'ail et du piment. Encore faut-il savoir bien doser. C'est le cas dans ce bistrot qui sert également des en-cas raffinés, tapas variées (de 2 à 6,50€), huîtres de qualité (15€ la douzaine) et vin de producteurs triés sur le volet au verre (2-4,50€). *70, Grand-Rue Mario-Roustan (au bout de la rue)* **Sète** *Tél. 04 99 04 95 89 Ouvert haute saison : tlj. 10h-2h ; reste de l'année : 10h-1h*

**Pulcinella Luigi (plan 6, A3 n°10)** Gino, le frère d'Angèle, cf. Chez Gino (p.126), a choisi de grimper dans le "quartier haut". Sa pizzeria, établie juste à côté du célèbre bar Le Social (p.125), est bien sûr la meilleure de Sète. Les mozzarella sont di buffala et viennent de Naples, les tomates et les poivrons ont été séchés au soleil d'Amalfi et l'huile d'olive est garantie italienne. Un régal à des prix absolument modiques. Pizza de 8 à 15€. *34, rue Villaret-Joyeuse* **Sète** *Tél. 04 67 46 03 95 Ouvert été : jeu.-mar. 18h30-1h ; reste de l'année : jeu.-mar. 18h30-23h Fermé déc.-jan.*

## prix moyens

☺ **Chez Gino (plan 6, A3 n°8)** C'est Angèle qui, de main de maître, tient cette gelateria spaghetteria del Corso, le nom officiel de ce haut lieu de la véritable cuisine napolitaine à Sète. Originaire de la côte amalfitaine,

### Et aussi...

**Pour une pause déjeuner**

Cianni-Marcos ........ 123
Dassé ........ 123
Le Nautic ........ 124

**Pour savourer une glace**

Chez Gino ........ 124

| GAMME DE PRIX | RESTAURATION | HÉBERGEMENT |
|---|---|---|
| Très petits prix | moins de 10€ | moins de 40€ |
| Petits prix | de 10 à 15€ | de 40 à 60€ |
| Prix moyens | de 15 à 25€ | de 60 à 80€ |
| Prix élevés | de 25 à 45€ | de 80 à 120€ |
| Prix très élevés | plus de 45€ | plus de 120€ |

elle met un point d'honneur à cuisiner des produits importés d'Italie et des recettes transmises de génération en génération. Menu déjeuner 15€ (entrée, plat, dessert), le dimanche 20€, le soir à la carte uniquement. Excellentes glaces, cf. Où savourer une glace ? (p.124). *10, promenade J.-B.-Marty* **Sète** *Tél. 04 67 74 27 37 Ouvert jeu.-mar. 12h-15h et 19h-23h Fermé déc.-jan.*

**La Palangrotte (plan 6, A2 n°2)** Vous trouverez ici des produits de la pêche du jour, accommodés à la sétoise et avec un certain talent – sans faute ni maladresse. Cadre un peu austère, sans terrasse mais avec les fenêtres ouvertes sur le quai. Les Sétois considèrent ce restaurant comme leur meilleure table... Menus de 16 à 35,50€ et formule 2 plats à 20,50€ à l'ardoise. Belle sélection de vins. *1, rampe Paul-Valéry-quai Général-Durand* **Sète** *Tél. 04 67 74 80 35 Ouvert mar.-dim. (fermé dim. soir hors saison)*

☺ **L'Auberge aveyronnaise (plan 6, B1 n°3)** Présentation recherchée de plats 100% terroir, 100% savoureux, dignes des bons petits plats de nos grands-mères. À l'abri de l'agitation des quais et des déballages de poisson, on se régale de civet, de champignons sauvages, de toutes les saveurs de l'arrière-pays qui, pour Arnaud et Guislaine Abitbol, les hôtes, remonte jusqu'en Aveyron. Formule-carte 2 plats 21€ et menu 28€. *15, rue Pierre-Sémard* **Sète** *Tél. 04 67 74 32 30 www.laubergeaveyronnaise.com Ouvert jeu.-ven. et dim.-mar. 12h-14h et 19h-22h, sam. 19h-22h*

## prix élevés

☺ **Les Binocles (plan 6, B1 n°9)** Elle s'appelle Mickaëla, mais pour tout le monde à Sète, c'est Micka, la star du fourneau aux grandes lunettes fantaisistes. Des lunettes, elle en a tellement qu'elle les expose dans son petit restaurant, Les Binocles, si bien nommé. L'étonnante collection n'est que l'atout le plus mince de cette très bonne table sétoise. Micka veille au grain et fait tous les matins son marché aux halles. Le résultat, dans l'assiette, est savoureux, délicieux, généreux... Une très bonne adresse ! Formule 2 plats 25€, 3 plats 33€. *25, rue Pierre-Sémard* **Sète** *Tél. 04 99 04 98 35 Ouvert août-juin : mer.-dim. midi et soir Fermé juil.*

**The Marcel (plan 6, B2 n°7)** De la décontraction, comme le tricot de corps du même nom, un rien de contre-culture et une cuisine locale de bon aloi pour une addition qui tourne autour de 35€. *5, rue Lazare-Carnot* **Sète** *Tél. 04 67 74 20 89 Ouvert mar.-sam. 12h-14h30 et 19h-22h30 Fermé fin déc.-début jan. et fin juin-début juil.*

☺ **Les Demoiselles Dupuy (plan 6, A3 n°6)** Non, vous ne trouverez pas ici de vieilles repriseuses de filets ni de cuisinières bougonnes et légendaires : les demoiselles sont les huîtres et moules de Gilles Dupuy – docteur en ostréiculture, ancien architecte et artiste peintre, toujours... Les coquillages viennent de l'étang de Thau et les poissons de la criée du jour : tarama maison, ragoût de seiches, dorades marinées, sardines et rougets grillés... À l'intérieur, ambiance des entrepôts voûtés du quai, et derniers tableaux du maître des lieux. En terrasse, des tables en inox et des lampes tempête pour s'arrimer au quai. Bons produits, bon accueil et bonne ambiance – à l'écart des lieux touristiques. De 20 à 60€/pers. pour 2 plats. *4, quai Maximin-Licciardi* **Sète** *(rive droite) Tél. 04 67 74 03 46 Ouvert tlj. 12h-14h30 et 19h-22h30*

# Hébergement

## camping

**Le Castellas (plan 5, A2 n°20)** Vous trouverez le seul camping de Sète en bord de plage, sur le mince lido qui relie Sète à Marseillan. 38-44€ l'emplacement pour deux (19€ en basse saison). Piscine et restaurant. *RN112* **Sète** *(15km au sud-ouest de Sète) Tél. 04 67 51 63 00 http://campings.village-center.fr Ouvert début avr.-fin sept.*

## très petits prix

**Auberge de jeunesse (plan 6, A1-A2 n°20)** Sur les hauteurs du mont Saint-Clair : la pente est raide mais là-haut, la vue est somptueuse depuis les terrasses en escalier, à l'ombre des arbres centenaires. Chambres doubles et quadruples. Nuitée + petit déj. 21€/pers. *Villa Salis 7, rue du Général-Revest (ou rue de Belfort)* **Sète** *Tél. 04 67 53 46 68 www.fuaj.org* **Accueil** *Ouvert mars-juin, sept.-nov. : tlj. 8h-11h30 et 18h-22h ; juil.-août : tlj. 7h30-23h Dernière admission à 18h Fermé déc.-fév.*

## petits prix

**Au Valéry (plan 5, B1 n°21)** Un voyage dans le temps – les années 1950 assurément... L'un des hôtels les moins chers de Sète, et sans doute aussi l'un des plus accueillants. Petites chambres propres à partir de 37€ pour 2 pers. avec douche et toilettes sur le palier, et à 47€ avec douche et toilettes privatives (52€ en été). Demandez celles donnant sur la courette, plus fraîches et plus tranquilles. Petit déj. 6€ et garage 6€. *20, rue Denfert-Rochereau* **Sète** *Tél. 04 67 74 77 51 www.hotelauvalery.com Ouvert toute l'année*

## prix très élevés

**L'Orque bleue (plan 6, B2 n°22)** Sur le quai, rive gauche. La façade, qui date du XIX^e siècle, veille de son regard de pierre et de fer sur les chalutiers à ses pieds amarrés. Un peu sonore côté canal, mais tellement typique : le ronronnement des moteurs qui partent à la pêche, dès 3h, puis l'agitation du quai, dès 8h... Préférez les chambres sur l'arrière pour le calme. Climatisation. De 70 à 130€ selon la saison. Petit déj. 9€. *10, quai Aspirant-Herber* **Sète** *Tél. 04 67 74 72 13 www.hotel-orque bleue-sete.com Fermé jan.*

**Les Joutes royales (plan 6, A2 n°23)** Dans une des plus anciennes maisons des quais, 5 chambres d'hôtes avec vue imprenable sur le grand canal, le port et la criée. Idéal pour assister aux fêtes de la Saint-Louis, à condition de réserver au moins un an à l'avance ! Une bonne adresse pour sa situation exceptionnelle et les services offerts (lave-linge et cuisine à disposition), même si la déco reste un peu impersonnelle. Chambre double avec balcon de 120 à 160€ en été, de 105 à 130€ hors saison, avec le petit déj. *29, quai Général-Durand* **Sète** *Tél. 04 99 04 99 61 www.joutes-royales.com Ouvert toute l'année*

| GAMME DE PRIX | RESTAURATION | HÉBERGEMENT |
|---|---|---|
| Très petits prix | moins de 10€ | moins de 40€ |
| Petits prix | de 10 à 15€ | de 40 à 60€ |
| Prix moyens | de 15 à 25€ | de 60 à 80€ |
| Prix élevés | de 25 à 45€ | de 80 à 120€ |
| Prix très élevés | plus de 45€ | plus de 120€ |

☺ **Le Grand Hôtel (plan 6, A1 n°21)** Le plus bel hôtel de la ville, où règne encore une charmante atmosphère d'autrefois – mais sans pour autant être démodée : les rénovations s'enchaînent et le design a sa place parmi les moulures et les patines rafraîchies. Magnifique patio où, ponctuellement, des œuvres d'art s'affichent. Double de 85 à 200€ hors saison (de 120 à 230€ en juil.-août). *17, quai de Lattre-de-Tassigny* **Sète** *Tél. 04 67 74 71 77 www.legrandhotelsete.com Fermé pendant les fêtes de fin d'année*



# BOUZIGUES

*34140*

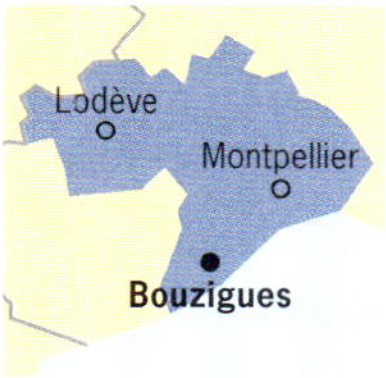


**Vous visiterez le musée de l'étang de Thau, discuterez avec quelque ostréiculteur, vous vous promènerez le long du quai avant de goûter les coquillages – là-bas, tout au bout, dans l'un des mas aménagés. Mais, avant ou après, vous découvrirez ce bassin en bateau, car naviguer entre les tables et les parcs reste une expérience à ne pas manquer, pour comprendre, sentir ce qui se trame là, sous le bleu turquoise des flots...**

## MODE D'EMPLOI

### accès

**EN VOITURE**
À 30km au sud-ouest de Montpellier. A9 sortie Poussan, puis D600 (dir. Béziers, Poussan, Mèze...) et D613.

**EN CAR**
Liaisons avec Montpellier (ligne 103), Sète (ligne 120) et Béziers (lignes 103 et 216, changement à Pézenas).
**Hérault Transport** *Tél. 04 34 88 89 99 www.herault-transport.fr*

### orientation

Tout ici est concentré en bord d'étang, et c'est sur le parking du port de plaisance (quelques places ombragées) que nous vous conseillons de vous garer.

### informations touristiques

**Point tourisme municipal** *Quai du Port (au musée de l'Étang) Tél. 04 67 78 33 57 www.bouzigues.fr Ouvert juil.-août : tlj. 10h-12h30 et 14h30-19h ; mars-fin juin, sept.-oct. : tlj. 10h-12h et 14h-18h ; reste de l'année : tlj. 10h-12h et 14h-17h*

### fêtes et manifestations

**Brocante** Sur la promenade devant le port. *Les lundis de Pâques et de Pentecôte*
**Fête de la Saint-Pierre** Traditionnelle procession et bénédiction en mer puis offrande d'une barque qu'on enflamme sur la digue. *Dernier week-end de juin*
**Fête de la Saint-Jacques** Fête patronale. *Dernier w.-e. de juil.*
**Foire aux huîtres** *1er ou 2e w.-e. d'août*

# DÉCOUVRIR

☆**Les essentiels** Le musée de l'Étang **Découvrir autrement** Retrouvez votre âme d'enfant à la Cure gourmande de Balaruc, sur la presqu'île voisine

## Bouzigues

En arrière du front de "mer" où s'alignent les restaurants, on découvre, au fil des rues étroites, des maisons modestes et des chais imposants, souvenirs du Bouzigues "pinardier", avant que l'huître n'en devienne l'unique star.

☆**Musée de l'Étang de Thau** Une approche pédagogique et vivante, à travers la reconstitution d'un mas ostréicole à l'époque héroïque, vous fera découvrir les activités humaines liées à la richesse de l'étang : pêche, ostréiculture et mytiliculture ; vous mesurerez l'importance de ces métiers dans la vie et la culture locales. *Quai du Port Tél. 04 67 78 33 57 www.bouzigues.fr/musee Ouvert juil.-août : tlj. 10h-12h30 et 14h30-19h ; mars-juin, sept.-oct. : tlj. 10h-12h et 14h-18h ; reste de l'année : tlj. 10h-12h et 14h-17h Tarif 4€, réduit 3€*

● **Où déguster des huîtres ?** Au village, la plupart des restaurateurs – nombreux sont aussi producteurs – proposent dégustation sur place et vente à emporter. Quant à choisir parmi les nombreux mas ostréicoles qui jalonnent la route vers Loupian et Mèze, fiez-vous à votre observation : un aspect avenant et bien tenu reste le meilleur gage de produits de qualité.
**L'Arseillère** Pour 13€ on vous servira douze huîtres charnues et un verre de vin. *Av. Louis-Tudesq Tél. 04 67 78 84 12 Ouvert mai-sept. : mar.-dim. 11h-16h30 et 18h30-23h ; oct.-avr. : mar.-dim. 11h-16h30*
**La Côte bleue** En vous éloignant du centre, vous pourrez vous procurer quelques douzaines de "Côte bleue" (18€), marque déposée par Louis Tudesq, père fondateur de l'ostréiculture bouzigaude, il y a près de 100 ans ! Ses successeurs, les membres de la famille Archambeau, ont développé autour de l'exploitation un motel et un restaurant réputé. *Av. Louis-Tudesq Tél. 04 67 78 30 87 www.la-cote-bleue.fr Ouvert mi-juin-sept. : tlj. 11h30-14h et 19h30-21h30 ; oct.-mi-juin : jeu.-mar. 11h30-14h et 19h30-21h30*

● **Aller à la plage** Deux plages vous attendent pour faire trempette. L'officielle, celle de la Trémie (en direction des mas ostréicoles), et, à l'opposé, au-delà du musée, la "plagette" que vous partagerez avec les Bouzigauds et les Bouzigaudes. Pour trouver aménagements et animations, il vous faudra aller à Mèze ou bien à Balaruc-les-Bains (station familiale). Souvenez-vous que les eaux tièdes de l'étang de Thau sont très riches en sel (35% l'été) et en matières organiques : avis aux peaux hypersensibles...

## Les environs de Bouzigues

**Montbazin** Ce village, dont le centre a conservé la trace de ses enceintes médiévales, abrite une curiosité. Dans l'imposante chapelle Saint-Pierre

(XII$^{e}$ s.) aux puissants contreforts typiques du roman languedocien, une fresque à l'inspiration byzantine, bien conservée, habille les pans de l'abside.
**Montbazin** *(11km au nord-est de Bouzigues par la D119)* **Mairie** *Tél. 04 67 78 72 02 www.montbazin.fr Ouvert lun.-jeu. 8h30-12h et 15h-18h, ven. 8h30-12h et 15h-17h, sam. 9h-12h*

## Balaruc-les-Bains, Balaruc-le-Vieux

Délicat d'accéder à ces deux communes distinctes à travers l'entrelacs de voies, de ronds-points et d'impasses vers des centres commerciaux. Si vous ne perdez pas le nord, vous découvrirez que le plus ancien n'est pas celui qu'on croit. En bout de presqu'île, la station thermale de Balaruc-les-Bains est fière de ses vestiges antiques. Depuis des siècles, "goutteux", arthritiques et rhumatisants viennent soulager leurs douleurs dans les boues bienfaisantes extraites

### Coques en stock

Il faut attendre le XX$^{e}$ siècle pour que l'élevage des huîtres et des moules que l'on consomme pourtant depuis des temps immémoriaux passe de l'âge de la cueillette à celui d'une production organisée. C'est un Arcachonnais, Gatien Lafite, qui lance la première exploitation. Mais le grand homme est enfant du pays. Louis Tudesq, maçon de son état, eut l'idée de fixer les huîtres au ciment sur une pyramide de béton, immergée au fond de l'étang. La technique de la culture verticale, en suspension, qui réglait les problèmes induits par l'absence de marées, s'affina, le support s'allégea. Collés à des pieux de palétuvier, aujourd'hui à des cordages synthétiques, les "bébés" huîtres (le naissain vient principalement de Bretagne), toujours immergés en eau profonde, vont grandir très rapidement. Contrairement aux producteurs de l'Atlantique qui proposent à la vente des coquillages de différentes grosseurs, ce sont des huîtres de calibre moyen (3/4) que vous trouverez presque uniformément dans votre assiette et sur les étals. Deuxième activité liée à l'étang, la mytiliculture, ou élevage des moules, suit les mêmes techniques en suspension. Mais les huîtres font de l'ombre aux moules, encore plus aux autres coquillages, les palourdes par exemple, ou les clovisses, qu'on pêche à la clovissière, un râteau agrémenté d'un filet. Produits sensibles, les huîtres peuvent souffrir de tout déséquilibre du milieu ambiant, dont la chaleur excessive à l'origine de la redoutable malaigue, (ces "mauvaises eaux" qui asphyxient les coquillages)... Cette activité doit se plier à de stricts contrôles de qualité. Les mas ostréicoles de l'étang de Thau sont désormais tenus de faire séjourner les coquillages dans des bassins de purification avant commercialisation. Aujourd'hui plus de la moitié des huîtres produites et consommées en France sont des bouzigues. Belle revanche pour une des plus petites communes de l'Hérault !

de l'étang. Un rajeunissement de la clientèle est amorcé avec les courts séjours de remise en forme et l'accueil des familles. Au fond de la crique de l'Angle, Balaruc-le-Vieux, accroché à son "truc" (escarpement en occitan), a conservé son plan circulaire médiéval au cachet certain. Du sommet des remparts aménagés en promenade la vue est panoramique sur l'étang et le massif de la Gardiole. À la mi-juillet, les fêtes médiévales qui mobilisent tout le village animent les rues ordinairement bien paisibles. ***Balaruc-les-Bains*** *(8km à l'ouest de Bouzigues)* **Office de tourisme** ***Balaruc-le-Vieux*** *(8km à l'est de Bouzigues) Tél. 04 67 46 81 46 www.balaruc-les-bains.com Ouvert toute l'année*

### Où s'offrir une friandise ?

**La Cure gourmande** Dans l'ancienne gare, des pyramides colorées évoquent les étals d'un marché oriental. Ce ne sont pas des épices mais des bonbons et autres douceurs qu'un artisan biscuitier "sucrecuitier" propose aux gourmands de tout âge. Nougats, biscuits, calissons, choupettes et caramels, en sachets ou boîtes métalliques décorées à l'ancienne. *Pl. de l'Ancienne-Gare* ***Balaruc-les-Bains*** *(8km à l'est de Bouzigues) Tél. 04 67 80 38 87 www.la-cure-gourmande.com Ouvert tlj. 9h-20h*

# CARNET D'ADRESSES

## Restauration, hébergement

### prix moyens

☺ **Les Jardins de la mer** Au-dessus de Bouzigues, sur une terrasse panoramique ouverte à tous les vents, deux grand-voiles arrimées à des piquets la protègent du soleil et claquent à tout rompre... L'ambiance est idéale pour une dégustation de fruits de mer piochés directement dans l'étang et d'autres poissons, cuisinés ou simplement grillés. Prix très abordables. Menu 22€. *Av. Louis-Tudesq* ***Bouzigues*** *Tél. 04 67 78 33 23 www.lesjardinsdelamer-bouzigues.com Ouvert jeu.-mar. 12h-14h et 19h30-21h30 Fermé jan.*

**La Table de Marie** Face au port, un ancien chai à même la falaise, une terrasse que fleurs et arbustes abritent des passants, une cuisine fine et sans chichi superflu autour des produits de la mer (savoureux homard !). Le service y est cordial. Menus à 23,50 et 43€. *19ter, av. Louis-Tudesq* ***Bouzigues*** *Tél. 04 67 74 98 36 Ouvert été : tlj. 12h-14h30 et 19h-21h ; reste de l'année : dim.-ven. 12h-14h30, sam. 12h-14h30 et 19h-21h*

**La Maison** Ocre soutenu de la façade, tons chaleureux des 3 chambres (de 60 à 65€), vert provençal des espaces communs, l'ancienne épicerie de village a fait peau neuve. Vous retrouverez ces mêmes couleurs méditerranéennes dans votre assiette si vous optez pour la formule table d'hôtes (23€/pers.). *3, rue du Presbytère* ***Balaruc-le-Vieux*** *(8km à l'est de Bouzigues) Tél. 04 67 78 72 84 ou 06 13 44 35 17 www.lamaisondhote.com Ouvert toute l'année*

### prix élevés

**La Palourdière** Irrésistible terrasse en bordure d'étang ! Le restaurant qui se prolonge par un Caraibar, piano-bar glacier, connu pour la finesse de ses cocktails, offre le meilleur. Une carte composée de tout ce que l'étang de Thau produit, huîtres, couteaux, moules en baruscade, ou pêchée dans la Méditerranée toute proche, lotte et espadon finement préparés. Et, surtout, une vue exceptionnelle sur l'étang et le Mont Saint-Clair, la montagne magique des Sétois. Formule 17€, le midi en semaine. Menus 29 et 49€. *Chemin de la Catonnière Port Loupian Tél. 04 67 43 80 19*



# MÈZE

*34140*

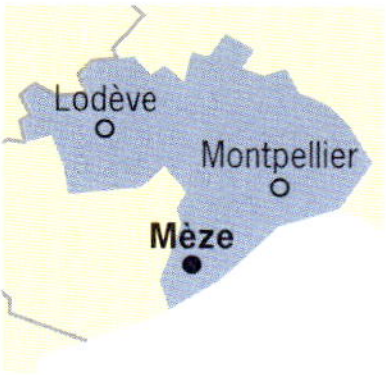


**C'est d'ici, sur la rive nord de la lagune de Thau, à mi-chemin entre Bouzigues à l'est et Marseillan à l'ouest, que l'on prend la mesure de la lagune. Face à vous le mont Saint-Clair fait le dos rond et s'étire sur le mince lido qui sépare l'étang de la mer. Et tout devant, nettes, graphiques et parfaitement alignées, les tables des parcs à huîtres dessinent, à fleur d'eau, des îlots imaginaires.**

## MODE D'EMPLOI

### accès

**EN VOITURE**

34km au sud-ouest de Montpellier par l'A9, la D600 et la D613.

**EN CAR**

Liaisons avec Montpellier (ligne 103), Sète (ligne 320) et Béziers (ligne 103 et 216, changement à Pézénas).
**Hérault Transport** *Tél. 04 34 88 89 99 www.herault-transport.fr*

### orientation

Sur la **rive gauche**, la plus ancienne partie du village, un lacis de rues étroites qu'il vaut mieux éviter en voiture (parking devant le port). Sur la **rive droite**, à l'arrière des anciennes maisons de commerce et des chais, s'est développé un quartier plus balnéaire autour de l'école de voile, du centre de vacances Thalassa et du complexe du Taurus.

### informations touristiques

**Office de tourisme du Nord du bassin de Thau** Visites guidées nocturnes théâtralisées en été. *Quai Baptiste-Guitard Tél. 04 67 43 93 08 Ouvert juil.-août : lun.-sam. 10h-12h30 et 14h30-19h, dim. 10h-12h30 (et 16h-19h mi-juil.-mi-août) ; sept.-juin : lun.-ven. 10h-12h et 14h-17h, sam. 10h-12h30*

### marchés

**Marché** Sur l'esplanade. *Jeu. et dim. matin*
**Marché artisanal** Marché nocturne sur le port. *Juil.-août : jeu.*
**Marché aux puces** Sur l'esplanade. *Sam.*

### fêtes et manifestations

**Fête de la Saint-Pierre** *En juin*
**Festival de Thau** Musiques actuelles et du monde. Village des rencontres :

festif et engagé. *Tél. 04 67 18 70 83 www.festivaldethau.com Une semaine en juil.*

**Fête du patrimoine, métiers et costumes d'antan** *Fin juil.*

**Fête de Mèze** Joutes languedociennes dans le port et sortie du bœuf, l'animal totémique de la ville. *3e et 4e sem. d'août*

**Fête des huîtres** *Début août*



# DÉCOUVRIR

☆ **Les essentiels** L'abbaye de Valmagne à Villeveyrac ; les mosaïques de la villa Loupian **Découvrir autrement** Partez visiter en famille la plaine des dinosaures

## Mèze

Port de transit des productions viticoles de l'arrière-pays, c'est la futaille, la fabrication des tonneaux et celle des eaux de vie qu'on met dedans, qui fit la fortune de Mèze aux XVIIIe et XIXe siècles. Les belles maisons, les chais imposants disent l'opulence des négociants, avant que la crise de la viticulture ne mette un terme à l'activité commerciale du port. Heureusement, comme aux premiers temps de la ville, les eaux de l'étang se révèlent généreuses : depuis quelques décennies, la pêche artisanale et surtout la conchyliculture, cf. Coques en stock (p.131), ont redonné souffle à la petite ville. Le large port aujourd'hui n'accueille plus que des bateaux de plaisance. Les barques de pêche s'abritent au port des Nacelles, au pied des remparts. Au centre du bourg, les **halles** de style Baltard (1908), l'**église Saint-Hilaire** (XVe s.), dont la tour-clocher faisait partie des fortifications, et le **château Girard**, où se tiennent concerts et conférences, sont les fleurons du patrimoine mézois. Rive gauche, au-delà du centre ancien, la **chapelle romane des Pénitents** (abside du XIIe s.) sert de salle d'expositions.

### ● Naviguer sur l'étang

**Yacht-club de Mèze** Le yacht-club et l'école de voile de Mèze particulièrement dynamique offrent aux néophytes la possibilité de découvrir en même temps

### La tradition du bœuf de Mèze

Si l'on en croit la chanson, elle serait vieille comme le monde gallo-romain. En l'an 59, dit-elle, une famille qui vit chichement sur les rives de l'étang de Thau pleure la disparition de son seul bien : un bœuf docile et courageux. En hommage à l'animal, on promène sa peau soigneusement conservée lors des festivités du village. Bientôt cette fragile relique tombant en lambeaux est remplacée par un mannequin de toile, porté et animé par quelques solides gaillards. Pas de fête locale depuis sans que le bœuf mugissant et claquant des mâchoires ne charge la foule au son du tambour et des hautbois.

la voile et l'étang sur un ketch de 11m. À travers le projet Handi voile et divers aménagements dont un ponton flottant, le club propose aux handicapés un accès facilité à la pratique de la voile. *15, rue de la Méditerranée Tél. 04 67 43 59 51 www.ycmeze.com Ouvert juil.-août : tlj. 9h-12h30 et 14h-19h ; sept.-juin : lun.-ven. 9h-12h et 14h-17h*

**École Fil d'Air** Les kitesurfeurs se rapprocheront de cette école qui a fait de cette discipline sa spécialité. *52, rue de la Méditerranée Tél. 06 10 25 22 58 www.fildair.com Ouvert mi-mars-mi-nov.*

**Se baigner** Ce n'est pas sur le rivage de l'étang que vous trouverez les plus belles plages de l'Hérault. Mais pour faire trempette, la plagette, rive droite, au plus près du vieux village, entre les deux ports, et, rive gauche, la plage du Thalassa sont les bienvenues.

**Assister au jeu de balle au tambourin** De mai à septembre, les rencontres sur le terrain proche du camping (entrée de Mèze) vous permettront de saisir, à défaut des subtilités techniques, l'enthousiasme que suscite dans les villages de la région cet ancestral jeu de paume, cf. Gignac (p.160).



# Les environs de Mèze

**Saint-Martin-de-Caux** Solitaire dans la pinède, cette sobre petite église romane qui domine l'étang fut construite en bordure du "Cami Romieu", chemin des pèlerins en route pour Compostelle. Aujourd'hui le site se prête à la promenade, au pique-nique et à la sieste. *À env. 7km de Mèze, dir. Marseillan*

**Plaine des dinosaures** Il y a plus de 65 millions d'années, des mastodontes de 12m, et quelques autres bestioles plus petites et bien plus méchantes, avaient choisi cette plaine, alors tropicale, comme site de ponte. La découverte en 1996 d'un important gisement d'œufs de dinosaures de différentes espèces est à l'origine de ce musée en plein air. Le long du sentier de 1h30 dans une pinède, jalonné de squelettes reconstitués et de moulages à l'identique, de panneaux et de vitrines d'information, la confrontation avec un monde disparu est saisissante. Sur une aire de fouilles reconstituée, les enfants pourront eux-mêmes dégager quelques ossements. Sur le site, un second musée à ciel ouvert retrace, autour d'une grotte préhistorique reconstituée, les origines et l'évolution de l'espèce humaine. *À 5km de Mèze, dir. Montagnac Tél. 04 67 43 02 80 www.musee-parc-dinosaures.com www.musee-prehistoire-origine-evolution.com Ouvert juil.-août : tlj. 10h-19h ; fév.-juin, sept. : tlj. 14h-18h ; oct.-début jan. : tlj. 14h-17h Tarif 8,70€, réduit 7,20€*

☆☺ **Abbaye de Valmagne** Pleine de charme, toute de calcaire coquillier, cette abbaye cistercienne (1257) garde au cœur de sa nef de gigantesques foudres ayant servi à conserver du vin. Elle prête son cadre à des manifestations culturelles régulières (agenda à consulter sur le site Internet). Visite guidée passionnante. Entouré de vignobles bio, le domaine, qui comprend un jardin d'herbes médicinales, est doté d'un établissement très recommandable, la ferme-auberge de Frère Nonenque (cf. Dossier Bio). ***Villeveyrac*** *(10km au* *nord de Mèze) Tél. 04 67 78 47 32 www.valmagne.com Ouvert mi-juin-mi-sept. : tlj. 10h-18h ; Pâques-mi-juin : lun.-ven. 14h-18h, w.-e. et j. fér. 10h-18h ; mi-sept.-Pâques : lun.-sam. 14h-18h, dim. 10h-18h Fermé 1er jan. et 25 déc. Tarif 8€, réduit 6€*

**Poussan** Le plan circulaire du village médiéval y est encore bien visible. Du vénérable château Montlaur, privé, vous n'apercevrez que les robustes moellons des murs extérieurs et quelques tourelles d'angle. *10km au nord-est de Mèze Visites guidées nocturnes en costumes d'époque Rens. à l'office de tourisme du Nord du Bassin de Thau à Mèze*



## Loupian

**Loupian** C'est une église monumentale du XIVe siècle, surgissant des champs et des vignes, qui annonce Loupian. Hors les murs, Sainte-Cécile, enserrée dans ses massifs contreforts, percée d'étroites ouvertures, est représentative du gothique languedocien. De l'autre côté de la route, au ras du sol, s'inscrivent à ciel ouvert les traces d'une église paléochrétienne, puis à quelques centaines de mètres apparaît, solidaire de l'enceinte du village, le chœur polygonal de la chapelle Saint-Hippolyte au bel arc outrepassé. ***Loupian** (4km au nord de Mèze)* **Chapelle Saint-Hippolyte** *Visite, rens. à l'OT de Mèze*

**LE BONHEUR DU DÉTAIL**

N'hésitez pas à lever le nez quand vous vous promènerez dans les rues calmes de Loupian. À chaque coin de rue il y a quelque ornement à découvrir, ici une fenêtre à meneau, là une poutre arêtière finement travaillée, plus loin un fronton et des souvenirs de remparts.

☆ ☺ **Villa Loupian** Sur le site même des fouilles archéologiques, toute l'histoire d'une exploitation agricole des premiers siècles de notre ère. Visite du petit domaine campagnard d'un riche propriétaire du Ve siècle, au fil de **mosaïques** somptueuses, où se répondent influences syrienne et aquitaine, admirablement restaurées. ***Loupian** (4km au nord de Mèze) Tél. 04 67 18 68 18 http://villaloupian.free.fr Ouvert juil.-août : tlj. 13h30-19h ; sept.-déc., fév.-juin : mer.-lun. 13h30-18h Tarif 4,60€, réduit 3,05€* ***Visite guidée*** *Juil.-août : tlj. à 11h, sept.-déc. : sam.-dim. à 11h*

# CARNET D'ADRESSES

## Restauration

### prix moyens

**La Maison du pêcheur** Pour une douzaine d'huîtres irréprochables à emporter ou déguster sur place, ou un plateau de fruits de mer (10-99€ pour 4 pers.). Les coquillages ici sont une histoire de famille. *8, quai Augustin-Descournut* ***Mèze*** *(rive droite) Tél. 04 67 18 87 78 Ouvert 12h-15h et 18h-0h*

### prix élevés

**La Marmitière** En plein été il est parfois bon de s'éloigner de l'agitation du port, en le gardant en ligne de mire. Sous les voûtes, les belles pierres sont réchauffées par des tapis, c'est Mèze l'ancienne qui est mise à l'honneur. Bien sûr vous trouverez au menu coquillages et poissons (la poêlée de saint-jacques au foie gras et Noilly Prat ambré ne vous décevra pas). Formule complète avec un verre de vin à 15€ à midi, et menus de 24 à 46,50€ servis midi et soir. *38, rue du Port* **Mèze** *(rive gauche) Tél. 04 67 43 84 99 www.lamarmitiere.fr Ouvert juil.-août : lun.-ven. 19h-21h30, sam.-dim. 12h-14h et 19h-21h30*

**Le Res'Thau** Choisissez de dîner au patio dans ce restaurant dont la cuisine bourgeoise à l'ancienne, au premier chef le tournedos Rossini, plat phare de la maison, contentera les carnivores lassés des produits de la mer. Formule midi 18€ (2 plats). Menus 30-33€. *28, quai Augustin-Descournut* **Mèze** *(rive droite) Tél. 04 67 51 20 71 www.resthau.fr Ouvert juil.-août : tlj. 19h-23h ; sept.-juin : tlj. 12h-14h et 19h-22h Fermé 2 sem. à Noël et 2 sem. en juin*

# Hébergement

## camping

**Camping Beau Rivage** En bord d'étang et à 700m de la plage, les emplacements sont de bonne taille (de 19 à 40€ pour 2) ; mobil-homes de 329 à 952€/sem. pour 6 pers. *À la sortie de* **Mèze** *(D613 dir. Montpellier après le rond-point) Tél. 04 67 43 81 48 www.camping-beaurivage.fr Ouvert avr.-mi-sept.*

## prix moyens

**La Maison capucine** Grande maison de village à deux pas de la chapelle des Pénitents. Cinq chambres, dont deux "familiales", aux tons pastels. De 55 à 65€ pour 2 pers. Jolie terrasse fleurie où prendre le petit déjeuner (8€). *15, rue Gambetta* **Mèze** *Tél. 04 67 24 43 49 www.maisoncapucine.com Ouvert toute l'année*

**La Maison du port** Si vous ne voulez rien perdre des ruses et de la hardiesse des jouteurs qui s'affrontent pendant les festivités, vous ne pourrez rêver mieux. Du salon de cette maison d'hôtes, vous plongez sur le port. Les deux chambres (55€ en basse saison et 60€ en haute saison) et un petit studio (louable à partir de 2 nuits, 65-70€/nuit), eux, donnent sur cour. *10, quai Augustin-Descournut* **Mèze** *Tél. 04 67 53 07 30 ou 06 60 09 26 69 Ouvert toute l'année*

**Ferme-auberge de Creyssels** Dans les vignes des coteaux de Thau, une belle demeure qui a traversé les siècles rien que pour vous, pour que vous puissiez y déjeuner ou y dîner, dans la fraîcheur des pierres, auprès de la cheminée ou bien au jardin, en été. Menu carte 27€ où les spécialités régionales sont à l'honneur. La famille de vignerons a rénové une partie du domaine, dont la chapelle, en 4 gîtes (à louer à la semaine, pour 2 à 6 pers., de 380 à 550€ selon la saison). Piscine. *Route de Marseillan* **Mèze** *Tél. 04 67 43 80 82 www.creyssels.fr Ouvert*

| GAMME DE PRIX | RESTAURATION | HÉBERGEMENT |
|---|---|---|
| Très petits prix | moins de 10€ | moins de 40€ |
| Petits prix | de 10 à 15€ | de 40 à 60€ |
| Prix moyens | de 15 à 25€ | de 60 à 80€ |
| Prix élevés | de 25 à 45€ | de 80 à 120€ |
| Prix très élevés | plus de 45€ | plus de 120€ |

*Pâques-Toussaint* **Auberge** *Ouvert oct.-août : sam. soir, dim. midi*

## prix élevés

**Hôtel de la Pyramide** Les oliviers grandissent autour de ce petit hôtel flambant neuf. Rien n'arrête donc le regard sur l'étang, le mont Saint-Clair et la "pyramide", la balise rouge qui indique le chenal de la Conque de Thau. Deux chambres au rdc peuvent accueillir les personnes à mobilité réduite. De 85 à 95€ en haute saison, selon que la chambre a un balcon ou une terrasse. Petit déj. 9€. Piscine. *8, Promenade Sergent-Chef-Jean-Louis-Navarro* **Mèze** *(à la sortie de Mèze, dir. l'écosite) Tél. 04 67 46 61 50 www.hoteldelapyramide.fr Ouvert fév.-déc.*



# MARSEILLAN

34340

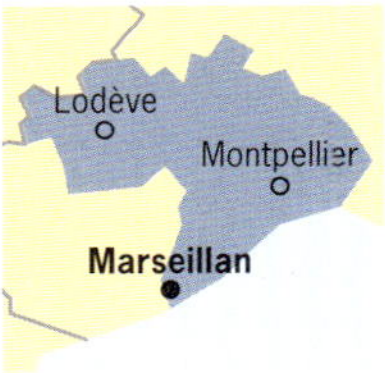


**Marseillan a deux facettes, une familiale et animée côté mer, l'autre posée et un brin sophistiquée côté étang. Première escale au débouché du canal du Midi, les marins d'eau douce (dont un fort contingent d'Anglo-Saxons) amarrent leurs pénichettes aux quais de la ville et savourent le temps et l'apéritif sans hâte. À 5km de là, la fiesta estivale bat son plein.**

# MODE D'EMPLOI

## accès

### EN VOITURE

A9 sortie Sète puis D613 dir. Béziers. Ou dans le sens ouest-est, sortie Agde/Bessan puis D612 dir. Sète. En provenance de Sète, la D51 est bien plus plaisante que l'autoroute dont elle suit le trajet. La route directe entre mer et étang est ouverte. Mais, si on veut éviter les embouteillages et participer à l'effort collectif de sauvetage, autant choisir, pour relier les deux villes, l'itinéraire à l'intérieur des terres.

### EN TRAIN

Sur la ligne Montpellier-Narbonne, gares de Sète (16km) et d'Agde (7km) ; arrêt facultatif à la gare des Onglous (à 2km entre ville et plage).
**SNCF** *Tél. 3635 www.ter-sncf.com*

### EN CAR

La ligne 210 relie Marseillan à Agde et à Béziers ; la 323 rejoint Sète.
**Hérault Transport** *Tél. 04 34 88 89 99 www.herault-transport.fr*

## orientation

Quatre kilomètres séparent la station balnéaire, côté mer, du village sur l'étang de Thau. Circuler et se garer ne posent pas de réel problème si on évite les rues étroites du vieux centre entouré d'une ceinture de boulevards. L'avenue de la Marine conduit en quelques centaines de mètres au port de Marseillan-Ville, réservé aux piétons.

## transports urbains

Un bus assure la liaison entre Marseillan-Ville et Marseillan-Plage.

## informations touristiques

**Office de tourisme** Vous y trouverez entre autres une documentation intéressante sur l'économie et l'écologie de l'étang de Thau. Le vendredi matin, en été, visite commentée au fil de l'eau. ***Marseillan-Plage*** *Av. de la Méditerranée Tél. 04 67 21 82 43 www.marseillan.com Ouvert juil.-août : tlj. 9h-19h ; avr.-juin, sept. : tlj. 9h-12h et 14h-18h ; oct.-mars : lun.-ven. 9h-12h et 13h30-17h*

## fêtes et manifestations

**Fête de la Saint-Pierre** Fête du saint patron des pêcheurs. Au port. ***Marseillan-Ville*** *Fin juin*
**Jeu du capelet** Les concurrents s'élancent sur un mat, savonné et suifé, fixé à une bigue (barque) pour y décrocher deux *capelets* (chapeaux) ; acrobaties et plongeons spectaculaires au son de hautbois et tambours. *Au port* ***Marseillan-Ville*** *Autour du 14 juil. et du 16 août*
**Les Nuits Celtiques** Concerts gratuits. *Début août*
**Fête de la plage** Tournoi de beach-volley, bal et feu d'artifice. ***Marseillan-Plage*** *1er dim. d'août*

## marchés

**Grand marché** Autour de la place couverte. ***Marseillan-Ville*** *Le mar. matin (et juin-sept. : tlj. à Marseillan-Plage)*
**Marché artisanal** ***Marseillan-Ville*** *Juil.-août : jeu. 19h-0h*
**Marché aux puces et brocante** ***Marseillan-Plage*** *Parking de la cave coopérative Sam., dim. et j. fér.*

# DÉCOUVRIR

☆ **Les essentiels** La visite des chais de Noilly Prat, la balade jusqu'à l'embouchure du canal du Midi **Découvrir autrement** Assistez à l'acrobatique jeu du capelet, allez guetter le passage des oiseaux dans la réserve de l'étang de Bagnas

# Marseillan

## Marseillan-Ville

Les péniches qui font halte à la sortie du canal du Midi et les bateaux de plaisance ont remplacé les bateaux de pêche. La carte postale demeure charmante. Mais si, comme à Mèze ou Bouzigues, le port constitue l'un des attraits majeurs de Marseillan qui revendique des origines très antiques et phocéennes, le centre ancien mérite qu'on s'y attarde. La pétulance des couleurs méditerranéennes y est tempérée par la pierre noire basaltique (Agde la volcanique est toute proche) qui cerne avec élégance les embrasures des fenêtres et des portes, les arcs souples de la place couverte (XVIIe s.). Le petit théâtre à l'italienne, les maisons cossues aux balcons de fer forgé finement ouvragés témoignent d'une histoire prospère bâtie sur la vigne. Comme dans nombre de villages alentour, une effigie de Marianne atteste la fibre républicaine du Languedoc. Celle de Marseillan (érigée en 1878) est la plus ancienne du genre.

☆ **Noilly Prat** Au-dessus des chais, dans des fûts exposés au grand soleil, à la pluie, au vent, le vermouth vieillit, se bonifie. Il faudrait dire les vermouths, car il y en a de très doux et de plus secs. Dans le chai de fabrication de cet apéritif renommé installé sur le port, vous suivrez tous les procédés de sa lente élaboration, plus de deux ans, de sa macération dans les épices et plantes du monde entier qui donnent à ce breuvage son amertume légère et son sucre : camomille, coriandre, écorce d'orange amère ou noix de muscade. Belle boutique. *1, rue Noilly (sur le port rive droite) Tél. 04 67 77 20 15 www.noillyprat.com Ouvert mai-sept. : tlj. 10h-11h et 14h30-18h ; mars-avr., oct.-nov. : lun.-sam. 10h-11h et 14h30-16h30 Départs visites guidées toutes les 30min en été Tarif 4,10€, réduit 2,60€*

**Château d'eau** Le château d'eau de Marseillan n'avait rien d'exceptionnel jusqu'à ce que le propriétaire du Château du port (p.143) décide d'en faire une œuvre d'art (2007). En deux mois, la couronne de béton a été recouverte de 200 000 coquilles d'huîtres, récupérées chez les restaurateurs et les ostréiculteurs des environs, piègeant soleil et lune dans des reflets de nacre. *Route de Pomérols www.chateaudeaudemarseillan.com*

## Où faire des emplettes ?

**Domaine La Madeleine-Saint-Jean** Ne vous attendez pas à passer en coup de vent dans les entrepôts agréablement rénovés de l'ancienne cave coopérative. Les frères et fils Banq, héritiers d'une famille de vignerons, qui y travaillent et commercialisent le produit de leurs 30ha de vignes, ont le verbe facile et l'enthousiasme communicatif. Le rouge subtil et profond de la Cuvée de l'horloge est particulièrement convaincant. *Rue Édouard-Adam (port rive gauche) Tél. 04 67 26 12 42 www.lamadeleinesaintjean.com Ouvert tlj. 9h30-12h30 et 14h30-19h30*

## Où prendre un verre ?

**Delicatessen** Une déco résolument *sixties*, du vrai formica comme on n'en fait plus et des fauteuils de fils plastiques tout pimpants. Formule midi, plat et dessert, à 14€. Le Delicatessen est aussi un bar à vins. *4, pl. du Général-Guillaut (place couverte) Tél. 04 67 77 38 93 www.everyoneweb.fr/delicatessen Ouvert haute saison : tlj. 12h-14h et 19h-23h ; basse saison : lun. 12h-14h, mar.-ven. 12h-14h et 19h-23h, sam. 19h-23h*

## Où déguster des huîtres ?

**Ultra-marine Mas Castaldo** Visite du mas et balade sur l'étang, repas au mas sur réservation. *Chemin de Fontaurie La Bérarde Est (2km au nord du centre-ville) Tél. 06 08 06 84 43 www.castaldo-aquaculture.fr Vente lun.-jeu. 10h-12h*

**La Grande Bleue, ferme conchylicole** Visite guidée, dégustation de coquillages au mas en été, le mardi et le jeudi à partir de 16h. *Chemin de Fontaurie La Bérarde Est (à env. 3km du centre-ville) Tél. 06 60 82 20 60 http://lagrandebleue-marseillan.fr Tarif 7€*

## Se laisser glisser sur le canal du Midi

☆☺ **Les Bateaux du soleil** Sans doute l'une des plus symboliques balades de ce coin de Languedoc. Prendre la rue du Canal (à gauche des chais Noilly Prat) puis l'allée qui longe l'étang jusqu'à la pointe des Onglous, où le petit phare rouge et blanc affiche clairement qu'ici s'arrête le fluvial et commence le maritime. Devant les bâtiments du XVII^e^ siècle de l'ancien relais sur le chemin de halage, utilisés aujourd'hui par la base nautique des Glénans, péniches et catamarans s'échangent des politesses. Et l'on s'interroge : vers où laisser courir son imagination, vers la lagune, avant-goût de la haute mer, ou le long de cette route liquide qui disparaît entre les arbres pour un voyage au long cours à travers la France ? Une excursion (individuelle ou en groupe) en péniche sur le canal au départ du port de Marseillan peut donner un début de réponse. *Tél. 04 67 94 08 79 www.bateaux-du-soleil.fr Circulent juil.-août*

### Passer son permis bateau

**Commandant Marius** Tout assimiler en un jour pour passer son permis moteur sans problème, c'est ce que propose ce bateau-école dans le port de Marseillan-Ville (292€ la formation pratique et théorique). *2, quai d'Honneur Tél. 06 09 09 52 30 www.commandantmarius.fr Ouvert toute l'année*

## Marseillan-Plage

Cette station balnéaire familiale prend de l'ampleur dans les années 1960, à une époque où instances locales et nationales font les yeux doux au tourisme de masse, et se soucient peu d'esthétique dans la vague d'urbanisation des bords de mer. Ici on a beaucoup construit et on construit encore, il faut bien accueillir les quelque 60 000 vacanciers qui fréquentent Marseillan chaque été. Mais derrière les bungalows municipaux, les lotissements, la litanie des supérettes et les pizzerias, les campings, le parc d'attractions, oui, il y a une plage, certes très fréquentée mais longue, belle et dorée à souhait. En s'éloignant un peu, de part et d'autre du port de plaisance (direction Agde pour les adeptes du bronzage intégral), on évitera le gros de la foule. La plage de la Capitainerie a reçu le label tourisme handicap.

### Pratiquer des sports nautiques

**Cercle de voile de Marseillan** Location, cours et stages de planche à voile, de voile et de catamaran. *3, quai de Toulon Tél. 04 67 77 65 22 www.cvmarseillan.fr Ouvert lun.-sam. 9h-12h et 13h30-18h30*

**École de voile des Glénans** À la pointe des Onglous, cette célèbre école de voile propose aux novices ou marins déjà confirmés des stages (en résidence) catamaran, dériveur, et croisière. *Chemin du Canal du Midi Tél. 04 67 77 22 73 www.glenans.asso.fr Ouvert lun.-sam. 9h30-12h30 et 14h-17h*

### Partir en balade dans la réserve naturelle du Bagnas

**Maison de la Réserve** Au bord de l'étang de Thau, une zone humide riche en roselières, en insectes et en oiseaux... Pour observer échassiers et autres espèces limicoles, et peut-être quelques flamants, des sorties sont organisées (3 sorties/sem. en saison ; hors saison : sam. à 9h). *Domaine du Grand-Clavelet (dir. Marseillan-Plage) Tél. 04 67 01 60 23 Ouvert lun.-ven. 9h-17h Tarif 5€, moins de 12 ans gratuit*

## Les environs de Marseillan

**Pinet** Amateurs de bon vin et de vieilles pierres, la commune de Pinet attend votre visite. Son vignoble la fait vivre depuis des lustres et sa cave coopérative

L'Ormarine rafle les médailles d'or aux concours agricoles. Et si vous avez forcé sur la dégustation, une promenade de 2km vous conduira au bois de Vallongue sur le site archéologique et pédagogique de la *via Domitia*. Avec, en prime, une vue exceptionnelle sur l'étang de Thau. Le site est également accessible en voiture. Itinéraire fléché à partir de la cave coopérative. **Cave de L'Ormarine** *13, av. de Picpoul* ***Pinet*** *(7km au nord de Marseillan) Tél. 04 67 77 03 10 www.cave-ormarine.com Ouvert été : lun.-sam. 8h30-12h et 14h-19h ; reste de l'année : lun.-sam. 8h30-12h et 14h-18h*



# CARNET D'ADRESSES

## Restauration

### petits prix

**La Maison de Camille** Des crêpes (de 3 à 8€) et des salades de 9 à 13€. Mais aussi des glaces, des thés excellents et toutes les boissons que l'on peut imaginer. ***Marseillan-Ville*** *12bis, quai Antonin-Gros (quai rive gauche) Tél. 04 67 94 18 51 Fermé jeu. hors saison*

### prix moyens

**Le Chalut** Du poisson, bien sûr, spécialité de bourride et marmite du pêcheur. Menu déjeuner 14€. Menus de 22 à 32€. *55, av. de la Méditerranée* ***Marseillan-Plage*** *Tél. 04 67 21 88 90 www.restaurantlechalut.fr Ouvert haute saison : tlj. 12h-14h et 19h-22h30 ; reste de l'année : lun.-ven. 12h-14h, sam.-dim. 12h-14h et 19h-22h30*

### prix élevés

☺ **Le Jardin du Naris** Si vous désespériez de trouver un restaurant où l'on mange finement sans que l'addition vous donne des aigreurs, dans un jardin intérieur confortablement aménagé, prenez pension dans ce petit restaurant à l'accueil charmant. Dans votre assiette, simplicité, légèreté et un brin de fantaisie. Les végétariens, à qui est proposée une véritable sélection de plats, seront ravis. Si vous vous interrogez sur le pot de crayons sur votre table, regardez les murs. Ce sont les œuvres des clients qu'on expose. Des soirées musicales et déguisées ponctuent l'année ! Quant à l'étrange Naris, sachez que c'était un chat, fort aimé, à l'évidence. Une excellente adresse où l'on vous conseille de réserver. Menus 12,50€ à midi (sauf week-end) 18,50€, 26€ et 35€ le soir. ***Marseillan-Ville*** *24, bd Pasteur (route de Mèze) Tél. 04 67 77 30 07 Ouvert haute saison : tlj. 12h-14h30 et 19h-22h30 ; reste de l'année : mer.-lun. 12h-14h30 et 19h-22h30*

**La Paillote** Ambiance intimiste et spécialités créoles à déguster dans un patio verdoyant, avec en fond sonore juste ce qu'il faut d'ambiance antillaise, pour accompagner le punch, les acras et les colombos. Un restaurant à expérimenter de jour comme en soirée. Comptez de 25 à 35€. À noter, attenant au restaurant, La Case à rhum, pour ceux qui voudraient juste boire un verre. *705, av. des Campings* ***Marseillan-Plage*** *Tél. 04 67 01 62 55 www.lapaillote.net Ouvert juin-août : lun.-sam. 19h-23h30, dim. 12h-15h et 19h-23h30 ; sept.-mai : ven. 19h-23h30, sam. 12h-15h et 19h-23h30, dim. 12h-15h*

**Chez Philippe** On ne sait plus quoi mettre en avant : l'accueil, la terrasse, l'intérieur, les assiettes, le goût, la simplicité, l'originalité ? Pour faire sobre, disons que l'on passe chez Philippe un excellent moment, au déjeuner comme au dîner, dans une atmosphère conviviale. Pleine d'audace, la cuisine concocte des alliances mystérieuses entre des ingrédients tout simples et des herbes, des épices, des moelleux et des croustillants... Sensoriel, sensuel assurément. À midi en semaine, formule 2 plats à 15€ et 3 plats avec café à 19€. Menu 28€ avec, au choix, 5 entrées, 5 plats, 5 desserts. ***Marseillan-Ville** 20, rue de Suffren (rive gauche) Tél. 04 67 01 70 62 Ouvert haute saison : mar.-dim. 12h15-14h et 19h30-22h ; reste de l'année : mer.-dim. 12h15-14h et 19h30-22h Fermé 2 sem. en nov. et 3 sem. en jan.*

**Le Glacier** La glace ici n'est pas celle qu'on savoure en cornet mais celle qui conserve leur fraîcheur aux produits de la mer. Ce restaurant traditionnel est réputé pour ses coquillages et ses crustacés. Menu découverte 25€, menu pêcheur 35€ ou menu homard 47€. ***Marseillan-Ville** 6, av. Victor-Hugo Tél. 04 67 77 22 04 http://le-glacier.org Ouvert juil.-août : lun.-mer. 19h30-21h30, jeu.-dim. 12h-13h30 et 19h30-21h30 ; sept.-juin : mar.-sam. 12h-13h30 et 19h30-21h30, dim. 12h-13h30*

**Le Château du port** Une maison de notable où on peut se prélasser autour d'un verre au bord du quai, sans bruit, sans voitures. On y dîne aussi de poisson et de fruits de mer assaisonnés à la méditérranéenne : moules et encornets farcis et leurs riz de Camargue ou encore gravlax saumon, sauce au raifort et toast melba. À midi, formules 15-20€, menu complet 29,50€ midi et soir. À la carte, comptez 30-40€. *9, quai de la Résistance (quai rive droite) **Marseillan-Ville** Tél. 04 67 77 31 67 www.chateauduport.com Ouvert mi-juin-mi-sept. : tlj. 12h-14h et 19h30-22h ; mi-sept.-mi-juin : mer.-sam. 12h-14h et 19h30-22h Fermé nov.-mi-fév.*

# Hébergement

Si côté plage les campings, les meublés de tourisme (liste auprès de l'office de tourisme) et les bungalows municipaux (autour de 470€ la semaine en pleine saison) sont nombreux, le vieux village manque cruellement d'hébergement. Le choix d'une chambre d'hôtes dans l'arrière-pays se révélera payant. *Service des locations communales Tél. 04 67 21 97 27 Ouvert mi-avr.-mi-sept.*

## campings

Marseillan-Plage en compte une vingtaine. Europ 2000 fait partie des plus ombragés au bout de la route des campings. Les Méditerranées, près de 350 mobile homes et 400 emplacements répartis en deux quartiers, offrent tous les équipements de l'hôtellerie de loisir. La Plage, les pieds dans l'eau mais plus proche du port et des commerces, a gardé une taille



| GAMME DE PRIX | RESTAURATION | HÉBERGEMENT |
|---|---|---|
| Très petits prix | moins de 10€ | moins de 40€ |
| Petits prix | de 10 à 15€ | de 40 à 60€ |
| Prix moyens | de 15 à 25€ | de 60 à 80€ |
| Prix élevés | de 25 à 45€ | de 80 à 120€ |
| Prix très élevés | plus de 45€ | plus de 120€ |

modeste. Partout les prix sont élevés (de 20 à 63€/j. avec électricité) en haute saison. **Europ 2000** *960, av. des Campings Tél. 04 67 21 92 85 www.camping-europ2000.com Ouvert avr.-mi-oct.* **Les Méditerranées Beach Garden 4*** *Tél. 04 67 21 92 83 www.lesmediterranees.com Ouvert mai-sept.* **Les Méditerranées Beach Club 5*** *Tél. 0825 080 819 Ouvert mi-avr.-sept.* **La Plage** *69, chemin du Pairollet Tél. 04 67 21 92 54 www.laplage-camping.net Ouvert mi-mars-début nov.*

## prix moyens

**Le Richmont** Trente-quatre chambres en étage avec vue sur le port et la plage, de 58 à 96€ selon la saison. Petit déj. 10€. ***Marseillan-Plage*** *Port de plaisance 48, allée Filliol Tél. 04 67 21 97 79 www.hotel-marseillan.com Ouvert mi-fév.-mi-nov.*

**Chambres d'hôtes Le Héron** Deux chambres (70€ en haute saison) sur un joli jardin méditerranéen à mi-chemin du vieux port et des plages. ***Marseillan-Ville*** *6, rue des Hérons-Cendrés Tél. 04 67 77 67 41 ou 06 23 36 53 07 www.chambres-hotes-marseillan.com Ouvert toute l'année*

## prix élevés

**Domaine Fon de Rey** Un ancien domaine viticole, un grand parc où les cigales crissent, une piscine au fond de mosaïque et une maison aux pierres et tomettes magnifiques : voilà pour le décor. Les chambres sont tranquilles et leurs petits hublots ouvrent sur le parc ou sur les vignes. Double de 75 à 120€ selon la saison, petit déj. inclus. *Av. de Pézenas* ***Pomérols*** *(5km au nord de Marseillan) Tél. 04 67 77 08 56 www.domainefonderey.com Ouvert toute l'année*

# ★ SAINT-GUILHEM-LE-DÉSERT

34150

**Sur les franges nord du haut pays montpelliérain, Saint-Guilhem-le-Désert fait figure de joyau, pour son abbaye mais aussi pour son village, bâti dans une fissure de la montagne, étape illustre sur le chemin de Saint-Jacques-de-Compostelle. Il est au centre d'une mosaïque de terroirs très divers, des Cévennes au nord aux vignobles au sud, du lac du Salagou à l'ouest au pic Saint-Loup à l'est, riches pour l'œil et les papilles : de belles perspectives se dessinent dans les canyons de terres rouges, d'autres enfilent églises et prieurés sur un fin collier d'or. La fraîcheur des caveaux agit comme un philtre enchanteur sur les palais les plus exigeants, avides de fruits rouges et d'épices parfumées. Sous le soleil de plomb, on se réfugie dans l'eau bleutée, réconcilié avec une nature si prévenante qu'elle en a disposé ses remèdes à notre portée…**

# MODE D'EMPLOI

## accès

### EN VOITURE

De Montpellier, prendre la N109 vers Millau puis, à Gignac, prendre la D32 vers Aniane et ensuite la D27 puis la D4 vers Saint-Guilhem (46km).

### EN CAR

De Montpellier sur la ligne 302, puis 308 (changement à Gignac).
**Hérault Transport** *Tél. 04 34 88 89 99 www.herault-transport.fr*

## orientation

Saint-Guilhem s'étire le long d'un ruisseau, le Verdus, qui se jette, au pied des maisons, dans les gorges encaissées de l'Hérault. On ne peut pas circuler en voiture dans le village, aussi devrez-vous vous garer dans l'un des deux parkings payants disposés à l'entrée. S'ils sont complets, redescendez vers la grotte de Clamouse ou le pont du Diable, près desquels sont aménagés d'autres parkings, cf. Maison du Grand Site, ci-après.

## informations touristiques

**Office de tourisme Saint-Guilhem-le-Désert–Vallée de l'Hérault** Visite audioguidée de Saint-Guilhem (2,50€, réduit 2€) et visite spéciale famille pendant les vacances scolaires (env. 5€/pers.). Vous pourrez aussi partir à la découverte des villages de St-Jean-de-Fos, Aniane, Montpeyroux en encore Gignac. *2, rue Font-du-Portal (à l'entrée du village) Tél. 04 67 56 41 97 ou 04 67 57 00 03 (rés.) www.saintguilhem-valleeherault.fr Ouvert juil.-août : lun.-ven. 9h30-19h, sam.-dim. 10h-13h et 14h-19h ; avr.-juin, sept. : tlj. 9h30-13h et 14h-18h ; oct.-mars : tlj. 9h30-13h et 14h-17h30*

**Maison du Grand Site** Ce pôle d'accueil, de promotion et d'orientation sur l'ensemble de la vallée de l'Hérault est situé à côté du pont du Diable. Espace vinothèque (découverte, dégustation et vente de vins du terroir), Mas des agriculteurs (huile d'olive, fromages, miel, etc.), Brasserie du terroir (restauration sur place à base de produits locaux) et boutique culturelle (artisanat local, librairie). Parking du pont du Diable : 450 places (1re demi-heure gratuite, puis forfait journée). Navettes gratuites vers Saint-Guilhem-le-Désert avec arrêts au pont du Diable et à la grotte de Clamouse. *Tél. 04 67 56 41 97 Ouvert juil.-août : tlj. 10h-19h30 ; avr.-juin, sept.-oct. : tlj. 10h30-18h*

## marchés, fêtes et manifestations

**Marchés** ***Saint-Jean-de-Fos*** *Mar.* ***Saint-Pargoire*** *Mar.* ***Montpeyroux*** *Jeu.* ***Aniane*** *Jeu.* ***Saint-André-de-Sangonis*** *Ven.* ***Gignac*** *Sam.*

**Saison musicale de Saint-Guilhem-le-Désert** Un festival de musique baroque sur le site même de l'abbaye de Gellone. *Début juil.*

**Les Heures d'orgues** Concerts (Renaissance à fin du baroque) donnés sur l'orgue (XVIIIe s., classé monument historique) de l'abbaye de Gellone. *www.amisdestguilhem.fr Mi-juil.-fin août*

# DÉCOUVRIR

☆ **Les essentiels** L'abbaye de Gellone à Saint-Guilhem-le-Désert, la grotte de Clamouse à Saint-Jean-de-Fos **Découvrir autrement** Descendez les gorges de l'Hérault en canoë avec Kayapuna

## Saint-Guilhem-le-Désert

☆ **Abbaye de Gellone** Fondée en 804 par Guillaume d'Orange, petit-fils de Charles Martel, comte de Toulouse et duc d'Aquitaine. Charlemagne lui donne un morceau de la vraie croix et le culte prend alors de l'ampleur : on y vient de l'Europe entière, et d'autant plus après la mort de Guillaume (en 812) pour vénérer sa sépulture. Le chevet de l'église, du XIe siècle, est particulièrement original, avec ses chapiteaux à palmettes et entrelacs parmi des colonnettes de marbre antique et sa couronne de dix-huit niches sculptées. Deux petites têtes, récupération de sculptures antiques, en saillie de la façade, encadrent le portail dont la simplicité annonce la sobriété de la nef, tout en hauteur et en profondeur. On distingue à peine les deux bas-côtés tant le regard est attiré par les deux oculus, ouvertures rondes de part et d'autre d'une croix ouverte dans la pierre, qui surplombent le chœur. Dans l'absidiole sud vous attend l'autel de Guilhem, marbre blanc et noir rehaussé de pierres colorées, une merveille d'inspiration byzantine du XIIe siècle, peut-être antérieure. Les deux panneaux fronteaux, chacun dans un encadrement d'arabesques ciselées dans la pierre avec une délicatesse d'orfèvre, représentent à droite le Christ en croix entouré de la Vierge et de saint Jean et de ressuscités sortant du tombeau, à gauche le Christ en majesté dans une mandorle encadré des symboles des cinq évangélistes. Le cloître, mutilé à diverses époques, est aujourd'hui… à New York (dans une antenne du Metropolitan Museum of Art, les "Cloisters", consacrée à l'art médiéval en Europe). Quelques chapiteaux et parties de bas-reliefs sont également visibles au musée ainsi qu'au Musée languedocien à Montpellier (p.67). Seule une partie des galeries ouest et sud a résisté à ces démantèlements, mais les colonnettes sont des copies, et des fresques… ne reste ici ou là qu'un pâle et indéchiffrable souvenir. Depuis 1999, l'abbaye est classée au patrimoine mondial de l'humanité par l'Unesco au titre des chemins de Compostelle. *Ouvert juil.-août : tlj. 8h30-18h ; sept.-juin : tlj. 8h-18h* **Cloître** *Ouvert juil.-sept. : tlj. 8h-12h et 12h30-18h30 ; reste de l'année : tlj. 8h-12h et 12h30-18h* **Musée** *Tél. 06 58 49 88 69 Ouvert avr.-nov. : tlj. 10h30-12h et 13h-18h30 ; déc.-mars : sam. 11h-12h et 13h-17h, dim. 13h-17h Tarif 2,50€, réduit 2€*

### SAINT-GUILHEM DÉSERTÉ

Le village compte 250 habitants et… 800 000 visiteurs par an ! Pour goûter le charme indiscutable du site, nous vous recommandons d'y arriver tôt le matin et/ou d'y flâner longuement en fin de journée. Dès 19h la foule s'échappe. On découvre alors les passages cachés, les façades médiévales et Renaissance, les "cardabelles", ces gros chardons du Causse qui prédisent le temps qu'il va faire, clouées à l'entrée des maisons, on respire sur la place de la Liberté à l'ombre du platane qui porte très bien ses 150 ans passés.

**Musée Le village d'antan** Pour les petits et les grands, derrière la boutique où l'on peut s'offrir pour la prochaine crèche de Noël le santon de saint Guilhem, on visite une maison de village dans son jus XIXe siècle. À l'arrière, un charmant petit salon de thé permet de faire une collation gourmande en écoutant s'écouler le Verdus en contrebas. *15, rue de la Chapelle-des-Pénitents Tél. 04 67 57 77 07 www.museestguilhem.fr Ouvert lun.-sam. 10h-12h et 14h-19h, dim. et j. fér. 10h-19h Vac. scol. : tlj. 10h-19h Fermé jan.-vac. scol. de fév. Tarif 4€, gratuit pour les enfants*

## ● Où faire du shopping gourmand ?

**Délices et garrigues** Delphine et Jérôme Solignac possèdent des oliveraies non loin de Saint-Guilhem-le-Désert. Dans leur agréable boutique, qui ouvre sur une des ruelles du village, ils proposent une série de produits élaborés à partir de leurs olives : neuf tapenades différentes (classiques ou agrémentées de basilic et de noix, de tomates séchées, de fenouil, etc.), de l'huile ou encore des olives au naturel (lucques ou picholines). Miel, confitures, vin de producteurs locaux sont aussi à la vente, ainsi que du raisin de table de leur propriété (en août). *9, descente du Portal Tél. 06 81 86 39 45 Ouvert juil.-août : tlj. 10h30-19h ; avr.-juin, sept. : tlj. 11h-13h et 14h30-19h*

**● Randonner sur les chemins de Saint-Jacques** Dans les gorges du Verdus, le **cirque de l'Infernet** constitue une petite promenade juste au-dessus de Saint-Guilhem-le-Désert (env. 1h AR), où de nombreux itinéraires s'entremêlent au chemin de Saint-Jacques-de-Compostelle. Autre but de visite possible : l'**ermitage de Notre-Dame-du-Lieu-Plaisant** (XIVe s.). Pour l'atteindre, prenez le GR®74 rue du Bout-du-Monde, pour un circuit de 3h AR sans grande difficulté. Enfin, le **chemin des Fenestrettes**, route muletière – GR®653 – qui relie le val de Gellone au Larzac, n'est pas fait pour les marcheurs sujets au vertige, mais le panorama sur le cirque du Bout-du-Monde est une récompense qui vaut largement l'effort. Ce sentier continue d'être emprunté par les pèlerins de Compostelle. De Saint-Guilhem, comptez 3h AR. *Départ en haut du village*

**● Faire l'ascension du pic Baudille en voiture ou à pied** Sur la D9 qui relie Arboras à La Vaquerie-Saint-Martin, la petite D9E10 conduit sur votre droite au sommet et à la table d'orientation du pic Saint-Baudille (848m). Les plus courageux feront le trajet à pied en partant du versant est du pic (env. 4h AR). Départ au lieu-dit La Font-du-Griffe (sur la D122 dir. Saint-Jean-de-Buèges) devant une bergerie où l'on vend un pélardon très goûteux.

## ● Conjuguer randonnée, kayaking et spéléologie

**Rand'Oc Saint-Guilhem** Des guides pour allier randonnée pédestre et découverte de la spéléologie, canoë-kayak. Niveau facile. Initiation à la rando-rappel dans les canyons à la journée ou au week-end. *Tél. 04 67 57 44 99 ou 06 14 97 51 79 Ouvert mai-oct. Sinon sur rés.*

**● Manier la pagaie** Plusieurs sociétés de location de canoës coexistent sur le site des gorges de l'Hérault : elles offrent les mêmes prestations, en général sur le même parcours (env. 12km, 3-4h de descente, voire plus en cas de pique-nique ou de baignade) dans la partie de la rivière la plus spectaculaire, très encaissée, éloignée de toute route.

**Canoë Kayapuna** La grande descente (de 28 à 63€ selon l'embarcation) part du pont de Bertrand au Causse-de-la-Selle à 14km par la D4 direction Saint-Martin-de-Londres. *12, av. Saint-Benoît Tél. 04 67 57 30 25 www.canoe-kayapuna.com Ouvert avr.-sept.*

**Canoë Rapido** Propose, en plus de la grande descente (à partir de 23€), une minidescente de 4km – très calme – accessible aux enfants dès 4 ans. À partir de 16€. *2, rue Saint-Benoît-d'Aniane Tél. 04 67 55 75 75 http://canoe-rapido.com Ouvert avr.-oct.*

**Canoës Borg** Fer de lance des luttes pour la préservation des ressources hydrauliques de la région et contre l'exploitation des gaz de schiste, Hubert Borg est un spéléologue émérite, fin connaisseur de toutes les cavités de la région. Sa base de canoës établie au nord de Saint-Guilhem-le-Désert propose un parcours long (14km, 4h30, 22€/pers., moins de 12 ans 11€) et un parcours plus familial de 3km (14 et 7€). *3km après le village de Saint-Guilhem, dans les gorges de l'Hérault Tél. 04 67 57 44 99 ou 06 14 97 51 79 Ouvert mai-oct. Sur rés. le reste de l'année*

## Les environs de Saint-Guilhem-le-Désert

**Pont du Diable** Bientôt 1 000 ans qu'il marque l'entrée des gorges de l'Hérault et résiste aux crues brutales du fleuve. Aux beaux jours on se baigne au pied des arches, en toute saison leur reflet entre les rives escarpées est magnifique. Tout près, la chapelle de Saint-Sylvestre-des-Brousses est représentative de l'art roman languedocien. Le site privilégie l'accès au pont, aux plages et à la maison du Grand Site (p.145) par la passerelle des Anges (2009). Cette dernière (67,50m de longueur) a été conçue par Rudy Ricciotti, qui a fait appel aux techniques les plus modernes. *4km au sud de Saint-Guilhem* **Chapelle de Saint-Sylvestre-des-Brousses** *Au pont du Diable, prendre la petite D27E1 et à 3km env. suivre la dir. Saint-Sylvestre-des-Brousses*

**Saint-Jean-de-Fos** Dans le village, spécialisé dans la poterie, de nombreux ateliers réalisent de très belles œuvres, mates ou décorées de motifs végétaux. Les carreaux de faïence sont eux aussi magnifiques, dans les couleurs de la garrigue et des terres ocre rouge. Grand marché des potiers le week-end précédent le 15 août. Arrêtez-vous à l'**atelier de Claude Destand**, vigneron potier dont les créations, fidèles aux techniques traditionnelles, reprennent des modèles anciens. Vous pouvez également visiter **Argileum, la maison de la Poterie** : ce beau musée rend hommage aux générations de potiers qui firent la richesse de Saint-Jean-de-Fos dans la maison d'une des familles les plus célèbres, celle d'Albe Sabadel. Remontant au XIVe siècle, la tradition de poterie vernissée de Saint-Jean-de-Fos, usuelle et domestique, s'est brusquement arrêtée à l'orée du XXe siècle. Pendant presque cent ans, l'ancien atelier a conservé, intacts, instruments, machines, tours utilisés au cours du XIXe siècle. La visite offre le spectacle unique de ce monde disparu. *Saint-Jean-de-Fos (4,5km au sud de Saint-Guilhem)* **Argileum-maison de la Poterie** *6, rue du Monument Tél. 04 67 56 41 96 www.argileum.fr Ouvert mi-juin-mi-sept. : tlj. 10h-19h ; mi-avr.-mi-juin, mi-sept.-début nov. : mar.-dim. 10h30-12h30 et 14h-18h Tarif 5€, réduit 3€, moins de 10 ans gratuit* **Atelier de Claude Destand** *173, route* *d'Aniane Tél. 04 67 57 77 25 Ouvert été : mar.-dim. 15h-19h ; reste de l'année : mar.-dim. 14h30-18h30*

☆ **Grotte de Clamouse** Sa longueur totale est d'environ 4km avec près de 1 000m de galeries ouvertes au public, en une succession de salles et de couloirs sculptés de stalactites et de stalagmites. ***Saint-Jean-de-Fos*** *(4,5km au sud de Saint-Guilhem) Tél. 04 67 57 71 05 www.clamouse.com Visite guidée juil.-août : tlj. 10h30-18h20 (dernier départ) ; juin et sept. : tlj. 10h30-17h20 ; oct.-mai : tlj. 10h30-16h30 ; déc.-jan. : se rens. Tarif 9,50€, réduit 5,50-8€, moins de 4 ans gratuit*

**Montcalmès** À env. 2km de Puéchabon où vous aurez plaisir à faire une halte (15km au sud de Saint-Guilhem), prendre la direction Lavène. Là, déposer sa voiture et suivre l'itinéraire qui mène, à travers la garrigue, au village de Montcalmès. Si vous envisagez de pique-niquer parmi ces ruines éloignées de tout, ne comptez pas sur les sources pour vous désaltérer. Car c'est surtout la rareté de l'eau qui en a chassé les habitants il y a un siècle. Une signalétique sur le terrain et une fiche itinéraire sont disponibles à l'office de tourisme de Saint-Guilhem.

**Castellas de Montpeyroux** On y accède en 1h env. par un chemin facile qui part du hameau du Barry, 1km au nord de Montpeyroux. Derrière les murailles (fragiles et non sécurisées) de cette citadelle (XIIIe-XVIe s.), les habitants de Montpeyroux venaient se réfugier. ***Montpeyroux*** *(8,5km au sud-ouest de Saint-Guilhem)*

## ● Où trouver un bon montpeyroux ?

**Domaine d'Aupilhac** La cuvée Les Cocalières du domaine d'Aupilhac, provenant de vignes plantées en altitude, est d'une très grande fraîcheur. Son montpeyroux simple est lui aussi un régal (13,30€). Vente en caves, par exemple à Clermont-l'Hérault, et au domaine sur rdv. Bouteille de 7 à 38€. *32, rue du Plô* ***Montpeyroux*** *Tél. 04 67 96 61 19 www.aupilhac.com Ouvert sur rdv*

## ● Où déguster un des grands vins du Languedoc ?

**Mas de Daumas Gassac** Le domaine de Daumas Gassac, véritablement "découvert" par une famille de passionnés, les Guibert, au début des années 1970, s'est imposé en quelques années comme un des plus grands crus du Languedoc, adoubé dix ans plus tard par GaultMillau, qui le compara à Château Lafite. Les caves, un des secrets de la qualité de ces grands crus, se visitent et des dégustations des différentes cuvées sont proposées aux amateurs. *Haute Vallée du Gassac* ***Aniane*** *(7km au sud de Saint-Guilhem) Tél. 04 67 57 88 45 www.daumas-gassac.com Ouvert juil.-août : lun.-sam. 9h30-18h30 ; sept.-juin : lun.-sam. 10h-12h et 14h-18h Fermé j. fér.*

## ● Où écouter de la musique ?

**La Famourette** Toutes les musiques du monde presque tous les soirs de l'été ! Enfoui dans la végétation des bords de l'Hérault, l'endroit est tout à fait inattendu. Pour connaître le programme (et réserver, c'est plus prudent) de La Famourette, rendez-vous sur le site Internet. Les spectateurs peuvent choisir entre plusieurs formules : tapas variés – ils changent tous les jours –, et verre de vin ou menus entrée-plat ou plat-dessert (17€), les trois plats (21€). Cuisine aux saveurs méditerranéennes et viandes et poissons grillés au feu de bois. Le site est enchanteur et les enfants sont les bienvenus, un très grand espace jeu parfaitement clôturé (le fleuve coule en contrebas) leur étant réservé non loin de la scène. Majoration de 3,50€ pour les adultes les soirs de concert. *Chemin les Crozes* ***Entre Aniane et Gignac*** *sur la D32 Tél. 06 09 22 25 38 www.lafamourette.com Ouvert avr.-oct. : mar.-ven. 19h-0h, sam. 12h-14h et 19h-0h, dim. 12h-0h*

☺ **Bouillon Cube** Perdu sur le causse de la Selle, au milieu de nulle part, un ancien mas accueille tous les vendredis d'été des spectacles et des concerts très éclectiques. Le programme est à télécharger sur le site Internet, une petite restauration est proposée à partir de 19h30 et un grand champ de camping est offert aux spectateurs qui ne veulent pas reprendre le volant en pleine nuit. Une bonne idée. *La Grange* ***Causse-de-la-Selle*** *(14km au nord-est de Saint-Guilhem) À la sortie du village sur la D4 dir. Brissac Tél. 04 67 71 35 42 www.bouilloncube.fr*

# CARNET D'ADRESSES

## Restauration

### très petits prix

**La Voûte gourmande** Petit snack correct. Salades (de 4,50 à 8,50€) accompagnées de jus de fruits frais pressés maison (3€). Plat du jour de 9,50 à 12,50€. *1, rue Descente-du-Portal* ***Saint-Guilhem-le-Désert*** *Tél. 04 67 57 33 65 www.lavoutegourmande.com Ouvert avr.-sept. : tlj. 10h-20h ; oct.-déc. : sam.-dim. 10h-20h (et vac. scol.) Fermé jan.-mars*

### prix moyens

**La Table d'Aurore** C'est le restaurant du petit hôtel Le Guilhaume d'Orange (p.151). Sur une belle terrasse ombragée au-dessus de l'Hérault, on sert une cuisine du marché sans tralala. Menus de 21 à 29€. *2, av. Guillaume-d'Orange* ***Saint-Guilhem-le-Désert*** *Tél. 04 67 57 24 53 www.guilhaumedorange.com Ouvert haute saison : tlj. 12h-15h et 19h30-21h ; reste de l'année : jeu.-mar. 12h-15h et 19h30-21h*

**Le Pavillon** Depuis longtemps, cette salle de cinéma de village transformée en restaurant est un des lieux de sortie préférés des habitants de Gignac et des environs. Sa belle terrasse bien ombragée est parfaite pour un repas simple et convivial à midi ou le soir. Formule déjeuner (2 plats) 10€, plat du jour 8,50€, menus de 12€ (à midi) à 26€. *2, av. de Gignac* ***Aniane*** *(7km au sud de Saint-Guilhem) Tél. 04 67 57 47 37 Ouvert juin-sept. : mer.-lun. 12h-14h30 et 19h30-22h, mar. 12h-14h30 ; oct.-mai : dim.-jeu. 12h-14h30, ven. 12h-14h30 et 19h30-22h*

## Hébergement

### petits prix

**Gîte de la Tour** Chambres et petits dortoirs au cœur du village. Sanitaires et cuisine équipée pour le meilleur confort. Capacité de 18 places réparties en petits dortoirs : 16€/nuit/pers. (location de draps 4€). Dîner 14€. *Rue-Font-du-Portal* ***Saint-Guilhem-le-Désert*** *Tél. 04 67 57 34 00 gitedelatour@free.fr Ouvert toute l'année*

☺ **Gîte d'étape et de séjour de Douch** Ravissant hameau de la commune de Rosis, Douch se résume à une poignée de maisons en pierres nichées au creux d'un vallon. La petite route de montagne qui y mène s'arrête ici, au pied du plateau du Caroux. Autant dire que l'on s'y sent loin de tout. Le gîte d'étape et de séjour (Gîte de France 3 épis) possèdent 4 chambres simples mais impeccables (16 couchages, 16€/pers./nuit.). La cuisine, bien équipée, et la salle à manger occupent le rez-de-chaussée. À la belle saison, on peut déjeuner ou dîner sur une petite terrasse au pied de la montagne, où il n'est pas rare de voir des mouflons s'aventurer la nuit (sorties d'observation le sam. sur rés.). Le gîte est au pied du sentier qui permet de grimper au sommet du Caroux. Cette balade facile (3h de marche, 8km, 193m de dénivelé) est l'une des plus belles du Languedoc. ***Rosis** (15km au nord-ouest de Lamalou-les-Bains) Tél. 04 67 23 60 73 (Mairie de Rosis) Ouvert toute l'année*

## prix moyens

**L'Ostal del Poëta** Une toute petite porte sur la ruelle, un étroit couloir dans la pierre et, tout au bout, la maison des propriétaires – vignerons de profession et poètes dans la vie – et, tout contre, celle des hôtes, en étage, avec une terrasse sur la cour intérieure. Chambres spacieuses, tons ocre-rouge, meubles en bois et tomettes colorées au sol. Accueil sincère et tranquille. 60€ la double avec petit déj. Table d'hôtes sur réservation 19€/pers. *11, rue de l'église **Montpeyroux** (8,5km au sud-ouest de Saint-Guilhem-le-Désert) Tél. 04 67 96 64 79 http://creissac.free.fr Ouvert toute l'année*

**La Taverne de l'escuelle** Au-dessus du restaurant, 6 chambres dans une maison ancienne, rénovées avec soin, toutes simples et pleines de charme. Certaines ont vue sur la place et les montagnes. Atmosphère calme et chaleureuse. Double de 63 à 72€, petit déj. 7,50€. *11, grand chemin du Val-de-Gellone-pl. de la Liberté **Saint-Guilhem-le-Désert** Tél. 04 67 57 72 05 www.hotel-lataverne.fr Ouvert toute l'année*

## prix élevés

**Le Lieu plaisant** Trois chambres d'hôtes (dont une suite familiale), au bout du village et une cour intérieure où paresser. Chambres de 75 à 85€ (carte pour le parking du centre incluse). *8, rue du Bout-du-Monde **Saint-Guilhem-le-Désert** Tél. 04 67 58 07 61 ou 06 84 96 40 97 www.chambres-saint-guilhem.fr Ouvert mi-mars-mi-déc.*

**Le Guilhaume d'Orange** En bordure de l'Hérault, 10 chambres dans cette maison ancienne rénovée et décorée avec grand soin. De 69 à 99€ la double. Petit déj. 7,80€. *2, av. Guilhaume-d'Orange **Saint-Guilhem-le-Désert** Tél. 04 67 57 24 53 www.guilhaumedorange.com Ouvert haute saison : tlj. ; reste de l'année : jeu.-mar.*

| GAMME DE PRIX | RESTAURATION | HÉBERGEMENT |
|---|---|---|
| Très petits prix | moins de 10€ | moins de 40€ |
| Petits prix | de 10 à 15€ | de 40 à 60€ |
| Prix moyens | de 15 à 25€ | de 60 à 80€ |
| Prix élevés | de 25 à 45€ | de 80 à 120€ |
| Prix très élevés | plus de 45€ | plus de 120€ |

# LODÈVE

34700

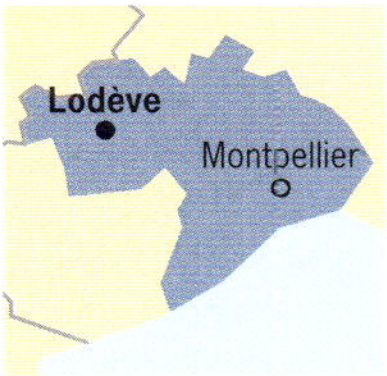


**Au nord de la région, déjà lancée sur la piste des montagnes, Lodève hésite entre le repli sur soi tranquille, ronronnant, et l'ouverture. La cité conjugue sérénité et création, et, depuis de nombreuses années déjà, soutient le travail de ses artisans. Ce qui lui a d'ailleurs valu d'être labellisée "ville et métiers d'art", puis "archipel des métiers d'art" et enfin "ville d'art et d'histoire". Au fil de ses ruelles pleines de charme, on visite ainsi ateliers, galeries et musées.**



## MODE D'EMPLOI

### accès

**EN VOITURE**

Lodève se trouve 56km à l'ouest de Montpellier par la N109-A750-A75/E11.

**EN CAR**

Liaisons pour Montpellier (ligne 381) et pour Clermont-l'Hérault (lignes 301 et 380).

**Hérault Transport** *Tél. 04 34 88 89 99 www.herault-transport.fr*

### orientation

Le centre de Lodève est blotti au confluent de deux rivières, la Lergue et la Soulondre. La vieille ville est de taille modeste, les rues petites et étroites. Parking gratuit : laissez donc votre voiture, place de la République par exemple, et partez à pied.

### informations touristiques

**Office de tourisme Lodévois et Larzac** *7, pl. de la République Tél. 04 67 88 86 44 www.lodeve.com Ouvert juil.-août : tlj. 9h30-12h30 et 14h-18h ; sept.-juin : lun.-ven. 9h30-12h30 et 14h-18h, sam. 9h30-12h30*

### marchés, fêtes et manifestations

**Marché** *Sam. matin*

**Marché du terroir** *Juin-sept. : mar. 16h30-19h30*

**Festival de poésie Les voix de la Méditerranée** Poètes, musiciens et plasticiens font vibrer la voix vivante de la culture du pourtour méditerranéen. *Tél. 04 67 44 24 60 www.voixdelamediterranee.com 2e quinz. juil.*

**Foire aux comportes** Ces anciens petits paniers utilisés lors des vendanges réunissent les artisans de la région. *En août*

**Fête de la Lucques** *En oct.*

**Salon des artisans créateurs** *Tél. 04 67 44 29 28 Dernière semaine de nov.*

# DÉCOUVRIR

☆ **Les essentiels** La cathédrale Saint-Fulcran, le prieuré de Saint-Michel-de-Grandmont à Soumont **Découvrir autrement** Découvrez une exposition au musée de Lodève, le tissage des tapis à la manufacture de la Savonnerie, visitez les villages perchés sur les terrasses du Larzac

## Lodève

☆ **Cathédrale Saint-Fulcran** Le clocher massif de cet édifice entièrement fortifié entre le XIVe et le XVe siècle domine de ses 54m l'ancien palais épiscopal attenant, construit au XVIIIe siècle et aujourd'hui hôtel de ville. Il faut entendre sonner les sept cloches de son Gran Campan : à 19h, treize coups retentissent en mémoire de saint Fulcran (919-1006), l'évêque qui fit ériger la première cathédrale au Xe siècle et dont la crypte actuelle est le dernier témoin. Comme bien d'autres édifices religieux de la région, Saint-Fulcran ne traversa pas sans dommage les guerres de Religion. Le cloître et les chapelles attenantes résistèrent mais pas la nef gothique, détruite au XVIe siècle et reconstruite, à l'identique, au siècle suivant…

**Musée de Lodève** Dans le très élégant hôtel de Fleury (XVIIe s.), dont la cour intérieure est remarquable, ce musée, hors normes pour la région, doté de moyens et d'une politique ambitieuse, présente des expositions temporaires de renommée internationale, recourrant parfois aux dons des plus grands musées internationaux. Il dispose aussi d'un intéressant fonds beaux-arts et archéologie. *Square Georges-Auric Tél. 04 67 88 86 10 Ouvert mar.-dim. 10h-18h Tarif été : 7€, réduit 5,50€* ***En rénovation jusqu'en 2016 Ouvert lors d'expositions, se rens.***

### Lodève se lève

Dans les années 1990, Lodève s'avançait sur le chemin d'un déclin sans appel. Depuis longtemps, on y encaissait les crises industrielles majeures du textile qui avait fait sa prospérité, de l'extraction d'uranium et de l'industrie nucléaire. Usines en friche, main-d'œuvre – avec un fort contingent d'immigrés – battant le pavé du chômage… un vrai désastre. Les options que prit alors la commune allaient changer la donne. S'appuyant sur la richesse historique et patrimoniale de la ville, et sur l'incontestable beauté des sites naturels environnants, rendus facilement accessibles depuis la construction de l'autoroute A75, Lodève se réveilla soudain attractive, en particulier pour nombre d'Européens, Britanniques en tête. La politique culturelle volontariste n'a certes pas touché tous les Lodévois. Les rues encore un peu tristounettes attendent bien des embellissements, mais la ville a été sauvée d'une mort annoncée.

**Halle Dardé** Le sculpteur Paul Dardé (1888-1963) connut la notoriété dans les années 1920. Son inspiration puissante, d'un grand naturalisme, s'est exprimée entre autres dans la réalisation de monuments aux morts. Celui de Lodève, imposant, a certainement à l'époque ému bien des Poilus rescapés des tranchées. Pour honorer l'enfant du pays, la ville expose certaines de ses œuvres dans les anciennes halles reconverties en salle d'exposition. *Pl. de la Halle-Dardé Tél. 04 67 88 86 44 Ouvert tlj. 9h-19h*

**Manufacture de la Savonnerie** Au XVIIe siècle, Colbert crée à Paris la Manufacture royale des tapis dans une ancienne fabrique de savons. Rattachée à la Manufacture des Gobelins, la "savonnerie" conservera cette appellation d'origine qui finira même par désigner le "point noué", marque distinctive du travail de l'illustre maison. L'atelier de tissage de Lodève, seul établissement délocalisé, employa dans les années 1960 des femmes de harkis rapatriées en France à cette époque. Entre un et trois tapis – de facture ancienne ou contemporaine – sont ainsi fabriqués chaque année puis envoyés rejoindre le Mobilier national à Paris. *Impasse des Liciers (au sud-ouest de la ville) Tél. 04 67 88 86 44 Tarif 5€, réduit 3,50€, gratuit pour les enfants Visite guidée jeu. à 10h30, 14h et 15h30, ven. à 10h30 et 14h sur rdv à l'OT*

## ● Où acheter des produits du terroir bio ?

**À travers champs** Des agriculteurs de l'Hérault et du Gard se sont associés pour offrir sur un même point de vente des produits fermiers, locaux et garantis bio (cf. Dossier Bio). Fruits, légumes, fromages, agneaux de lait, châtaignes... *8, av. Denfert Tél. 04 67 88 58 54 Ouvert lun.-sam. 9h-13h et 15h30-19h*

## ● Où trouver de l'artisanat ?

**Horizons intérieurs-Pôle des métiers d'art du Lodévois-Larzac** La vitrine d'une quarantaine d'artisans d'art de Lodève et des environs : relieurs, céramistes, ferronniers... Pour prendre les premiers contacts. *45, Grand'Rue Tél. 04 67 44 29 28 www.horizons-interieurs.com Ouvert mi-juil.-mi-août : mar.-sam. 10h-12h et 15h-22h, dim. 15h-18h ; sept.-juin : mar.-ven. 10h-12h et 15h-18h, sam. 10h-12h*

**L'atelier d'Éléonore Weiss** Contraste de matières, de couleurs, d'inspiration, la céramiste Éléonore Weiss ne produit que des pièces uniques, inattendues. *12, rue Barra Tél. 04 67 96 53 77 www.eleonoreweiss-ceramique.com Ouvert sur rdv*

## ● Où manger sur le pouce ?

**Le Minuscule** Un salon de thé si petit que sa propriétaire l'a nommé Le Minuscule. Rikiki en effet la salle mais bien confortables les coussins cramoisis des banquettes, et très accueillante la terrasse sur la Grand'Rue. On y mange simple et bon à midi, en choisissant parmi salades composées et 4 plats différent (10-15€), on papote autour de thés et de pâtisseries maison et, certains soirs, on y entend de la chanson, en sirotant de bons crus. Soirées à thème et expositions sont aussi organisées. Minuscule, vraiment ? *27, Grand'Rue Tél. 04 67 88 50 35 www.restaurantminuscule.fr Ouvert haute saison : tlj. 10h-15h et 19h-23h ; reste de l'année : lun.-sam. 10h-15h*

# Les environs de Lodève

☆ **Prieuré de Saint-Michel-de-Grandmont** Une église à nef unique (XII^e s.), d'une simplicité biblique, avec pour seul ornement trois ouvertures qui occupent la quasi-totalité de l'abside, un cloître (XIII^e s.) dont les colonnes géminées sont sobres à l'extrême. Sur ce promontoire où le panorama s'étend jusqu'à la mer, les dolmens impressionnants et les vestiges de tombes wisigothiques attestent l'occupation quasi immémoriale du lieu et sa vocation spirituelle. Aujourd'hui, biches et cerfs gambadent dans le parc. Au mois d'août, l'église à la remarquable acoustique offre un cadre superbe à des concerts de musique. ***Soumont*** *(8km à l'est de Lodève) Sur la D153 Tél. 04 67 44 09 31 www.prieure-grandmont.fr* ***Monastère et parc*** *Ouvert fév.-déc. Visite audioguidée tlj. 10h-18h (19h en saison) Visite guidée (d'une rare qualité) juin-sept. : tlj. à 10h30 et 15h ; oct.-mai : tlj. à 15h Tarif 6,50€, réduit 4€*

**ESTHÉTIQUE DU DÉNUEMENT**

Le dépouillement subtil du prieuré de Saint-Michel-de-Grandmont révèle avec éloquence la spiritualité exigeante de l'ordre des Grandmontains, communauté d'ermites dans l'esprit, monastères dans la forme, sans autres terres ou revenus que ceux indispensables à leur survie. La règle stricte y imposait une solitude rigoureuse et un mode de vie ascétique à l'image de celui des pères du Désert.

☺ **Terrasses du Larzac** De Lodève, remonter vers Soubès et bifurquer sur la droite, par la D25 direction Saint-Étienne-de-Gourgas et Saint-Pierre-de-la-Fage pour frôler la forêt de Parlatges, le sud du causse du Larzac et le pic de Saint-Baudille, avant de redescendre par la D9 vers Arboras. Sur le chemin, ou en vous déroutant à peine, chaque village mériterait une halte et les points de vue se succèdent.

## Où dévorer des lucques ?

**Maison Bousquet** Au bord de la route, dans une petite pièce fraîche, vous trouverez des olives lucques, de l'huile et du jus de raisin bio. Quelques cerises en bocaux également. *1067, route Royale* ***Saint-Etienne-de-Gourgas*** *(8km au nord-est de Lodève) Tél. 04 67 44 63 38 Ouvert tlj. 9h-19h*

# CARNET D'ADRESSES

## Restauration, hébergement

### petits prix

**Soleil bleu** Un endroit plein de vie et souvent pris d'assaut dans la rue principale, avec des salades, des tartes du jour et des plats cuisinés à env. 13€, mais aussi des glaces, des cafés... Quelques céramistes y exposent des pièces tout en lumière et en énergie. *39, Grand'Rue* ***Lodève*** *Tél. 04 67 88 09 86 www.soleil-bleu-lodeve.com Ouvert mar.-sam. 12h-14h*

### prix moyens

**Hôtel du Nord** Accueil agréable dans cet hôtel à l'ancienne. Grande et vaste terrasse en surplomb de la rue. 60€

pour 2 pers. en saison, petit déj. 7,50€. *18, bd de la Liberté* ***Lodève*** *Tél. 04 67 44 10 08 www.hoteldunord-lodeve.fr Ouvert fév.-nov.*

**L'Atelier du Soulondre** Une maison d'hôtes tenue par un couple installé depuis des lustres à Lodève, de solides Écossais amoureux des chiens placides, des chevaux fougueux et d'art hyperréaliste. Monsieur peint et propose des stages. On y est accueilli sans chichi dans l'une des 5 chambres en rez-de-jardin. La nuit c'est la Soulondre qui berce les rêves. Par le petit pont de Montfort, médiéval à souhait, vous êtes à 2min du centre-ville. 60€ la nuit pour deux avec petit déjeuner. Table d'hôtes sur demande 20€. L'emplacement de parking en face de la maison est redoutablement pentu, pas de panique, la maîtresse de maison fait office de voiturière. *16bis, chemin des Tines* ***Lodève*** *Tél. 04 67 44 41 70 www.paintfrance.com Ouvert toute l'année*

## Dans les environs

### prix moyens

**Auberge des Causses** Un endroit comme on les aime, chaleureux, généreux. Une table réjouissante où ne sont préparés que des produits véritablement locaux, une épicerie où acheter de quoi préparer les pique-niques et quelques chambres sympathiques. Menus 22 et 25€. Chambre double 60€, quadruple 85€. *2, pl. de l'Ormeau* ***Vacquerie-Saint-Martin-Castries*** *(18 km à l'est de Lodève) Tél. 04 67 95 16 88 www.augergedes causses.com Ouvert mer.-dim. midi et soir Fermé 20-30 déc. et 3 premières sem. de fév.*

# CLERMONT-L'HÉRAULT

34850

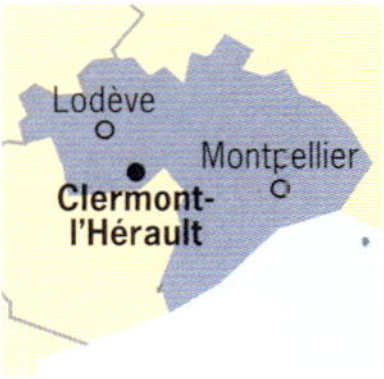


**Cette petite cité est un carrefour pour qui voyage entre vigne et garrigue, Cévennes et bord de mer. D'ici, on prend les chemins de traverse pour partir en balade, à l'assaut de la nature sauvage et des sommets, des paysages rouges et fauves, entre roche et végétal. Les abords immenses et déserts du lac du Salagou prennent des airs de pampa argentine, grands espaces cinglés par les vents, peuplés de silence et de moutons, parfois. L'eau y est turquoise, limpide et brillante, et, tout autour, la terre s'entrouvre pour laisser filtrer la vie.**

## MODE D'EMPLOI

### accès

**EN VOITURE**

À 49km de Montpellier par la N109 et l'A750, à 47km de Béziers par la N9, l'A75 et la D2.

**EN CAR**

De nombreuses lignes passent par Clermont-l'Hérault pour rejoindre Montpellier (lignes 302 et 303), Pézénas (ligne 304) et Lodève (lignes 301 et 380).

**Hérault Transport** *Tél. 04 34 88 89 99 www.herault-transport.fr*

## orientation

La ville se contourne par les grands axes ou se traverse par son centre pour atteindre le lac du Salagou ou Villeneuvette en venant de Montpellier. La plupart des rues du centre ancien (Le Pioch) sont étroites et quasi inaccessibles le mercredi, jour de marché. Mieux vaut donc laisser sa voiture sur l'esplanade, vers l'ancienne gare. La ville est dominée par les vestiges des remparts et du château féodal des Guilhem. Pour y accéder en voiture, munissez-vous d'un plan, sinon vous risquez de vous égarer en de minuscules raidillons et de redescendre vers des lotissements en contrebas, sans avoir rien vu.

## informations touristiques

**Office de tourisme du Clermontois** *Pl. Jean-Jaurès Tél. 04 67 96 23 86 www.clermontois-tourisme.fr Ouvert juil.-août : lun.-ven. 9h-12h30 et 14h-18h30, sam. 9h-12h et 15h-18h, dim. 9h-13h ; sept.-juin : mar.-ven. 9h-12h et 14h-18h, sam. 9h-12h et 14h-17h*

## marchés, fêtes et manifestations

**Marché** *Mer. matin*
**Foire aux truffes** *Mi-jan.*
**Les olivettes** *Fin avr.*
**Rallye du Printemps** *Fin mai*
**La Salagoumania** Une journée de randonnée à VTT. *www.salagoumania.rocevasion.net Dernier dim. de sept.*



# DÉCOUVRIR

**☆ Les essentiels** Le lac du Salagou, le cirque de Mourèze **Découvrir autrement** Approvisionnez-vous en huile d'olive à la coopérative de Clermont-l'Hérault, découvrez la petite cité drapière de Villeneuvette

# Clermont-l'Hérault

Pour attirer le touriste, la commune de Clermont-l'Hérault semble avoir misé essentiellement sur l'attrait des sites naturels qui environnent la ville au détriment de la valorisation de son patrimoine *intra-muros*. On regrette que le charme des hôtels particuliers et des rues du centre ancien soit si peu exploité.

**Église Saint-Paul** Imposante et singulière, l'église Saint-Paul porte les traces des différentes étapes de sa construction et de sa fonction défensive. Une nef gothique (XII^e s.), fortifiée et renforcée d'un clocher-donjon au XIV^e siècle. Les arcs boutants, la place de la lumière et la rosace flamboyante au-dessus du porche illustrent l'influence des bâtisseurs d'Île-de-France sur le gothique méridional traditionnel. L'église recèle par ailleurs deux orgues remarquables, prétexte à des concerts. **Amis des orgues de Clermont-l'Hérault** *Tél. 04 67 44 01 13 www.clermont-herault-concerts.fr Concerts toute l'année Tarif 10-15€*

**Château des Guilhem** Les ruines (XIII^e s.) sont belles, certes, mais c'est la vue sur la plaine qui mérite amplement votre détour sur le Pioch Castel. *Accès interdit au public*

### Où acheter huile d'olive et vin ?

**Huilerie coopérative** Certaines huiles sont remarquables, en particulier la Ménudal. Également des olives et produits dérivés. *13, av. Wilson Tél. 04 67 96 10 36 www.olidoc.com Ouvert été : lun.-sam. 9h-12h et 14h-19h ; reste de l'année : lun.-sam. 9h-12h et 14h-18h30*

**Au Fil du vin** Ce caviste est passionné et soucieux de présenter une gamme de qualité. Vous y trouverez la plupart des références citées dans les environs. *2bis, rue Roger-Salengro Tél. 04 67 44 73 86 www.aufilduvin.com Ouvert avr.-sept. : mar.-sam. 10h-13h et 16h-23h, dim. 10h-13h ; oct.-mars : mar.-jeu. 10h-13h et 16h-20h, ven.-sam. 10h-13h et 16h-23h*



### Où faire une pause déjeuner ?

**Les Remparts** Sympathique cuisine de marché et tapas à déguster sous les platanes. Menu déjeuner à 13,50€ en semaine, puis de 16 à 26€ servis midi et soir. *3, pl. de la République Tél. 04 67 96 33 81 Ouvert mar.-mer. 12h-14h30, jeu.-sam. 12h-14h30 et 19h-21h30, dim. 12h-14h30*

**Nager en lac ou en rivière** Outre le grand espace de baignade du lac du Salagou (ci-après) vous avez le choix entre quelques bords de rivière – l'Hérault, vous l'aviez deviné – autour de Clermont-l'Hérault ou plus haut, vers Brignac.

### Se faire dorloter

**Les Jardins de la source** Pour oublier ses courbatures après de longues randonnées, une petite structure d'hydrothérapie et bien-être vous propose de vous dégourdir les jambes dans le bassin de marche alternatif et minéral, de vous détendre enveloppé de chocolat et d'huile d'olive, de vous recentrer en une séance de gymnastique Pilates... Les soins, à l'unité (de 18 à 120€) ou au forfait, sont prodigués par un kinésithérapeute patenté qui peut aussi vous héberger dans l'un des trois appartements. *2, rue Bara Tél. 04 99 91 06 82 www.jardins-de-la-source.fr Ouvert toute l'année*

# Les environs de Clermont-l'Hérault

## À l'ouest et au sud-ouest

Au départ de Clermont-l'Hérault, la D156 – à emprunter dans le sens inverse des aiguilles d'une montre –, permet au nord de suivre au plus près les rives rouges du lac du Salagou. Au nord-ouest du lac, le village abandonné de Celles, que les eaux auraient dû submerger ; erreur de calcul des ingénieurs ou simple miracle, la commune existe toujours mais vidée de ses habitants. Puis Octon et Salasc, tous deux charmants – une petite pause au restaurant Le Festillou ne vous décevra pas. La petite D8 vous ramène vers Clermont via Mourèze et Villeneuvette. **Le Festillou** *Rue du Jeu-de-Ballon* ***Salasc*** *(13km à l'ouest de Clermont-l'Hérault) Tél. 04 67 96 14 21 Ouvert été : tlj. 12h-14h et 19h-21h ; hiver : lun.-mar. et ven.-sam. 12h-14h*

☆ **Lac du Salagou** Le lac artificiel du Salagou (750ha) a été mis en eau dans les années 1960 pour réguler le débit de la rivière et permettre l'irrigation de la région. L'eau, tantôt émeraude, tantôt turquoise, reste fraîche au cœur même de l'été. De nombreux points d'accès et de petites plages de rochers lisses et rouges, à l'ombre parfois, souvent peu fréquentées. À travers canyons et terres rouges, tout autour du lac plusieurs circuits sont bien répertoriés, dont celui des Vailhès, au départ du barrage (16km, 5h, balisage jaune). Deux bases de loisirs, une au nord côté Lodève et l'autre proche de Clermont-l'Hérault, proposent diverses activités : catamaran, planche à voile, canoë, escalade, tir à l'arc… Camping dans l'une et l'autre. *www.salagou.fr* **Base de plein air du Salagou** *Rive sud De Clermont-l'Hérault prendre la route du lac puis à gauche la D156e4 Tél. 04 67 96 05 71 www.basedusalagou.fr Ouvert tlj. 8h30-19h30 Fermé début déc.-début jan.* **Centre de loisirs du Lodévois** *Rive nord Site Les Vailhès Sur la D140 Tél. 04 67 44 31 01 www.loisirs-salagou.com Ouvert juil.-août : tlj. 9h30-12h30 et 14h30-17h30 ; mai-juin, sept. : lun.-ven. 9h30-12h30 et 14h-18h, sam.-dim. 14h-18h ; oct.-avr. : lun.-ven. 10h-12h et 14h-17h*

☺ **Manufacture royale de Villeneuvette** "Honneur au travail" est inscrit (tardivement, au XIXe s.) au fronton de la porte principale de cette ancienne cité drapière, jadis florissante manufacture royale fondée au temps de Colbert. Derrière les murs en effet on travaille de longues heures à la fabrication d'un drap de laine de haute qualité destiné à l'exportation vers l'empire ottoman. La production y est organisée avec méthode, tout comme l'agencement de cette nouvelle communauté. Atelier de tissage, teinturerie, foulons, magasins et logements ouvriers. Aujourd'hui c'est un village un peu hors du temps qui, depuis le XVIIe siècle, brave les éléments, tenant tête au délabrement. Certaines maisons ont été restaurées délicatement, quelques-unes sont investies par des artistes et artisans d'art. L'ensemble est charmant. ***Villeneuvette*** *(3,5km au sud-ouest de Clermont-l'Hérault, sur la D908, dir. Bédarieux) Accès libre* ***Visites guidées*** *Organisées par la mairie (régulièrement aux beaux jours et sur rdv hors saison) et par l'association des Amis de Villeneuvette le 1er sam. du mois à 9h Tél. 04 67 96 06 00 (mairie) ou 04 67 88 49 90 (association) www.les-amis-de-villeneuvette.fr*

☆☺ **Cirque de Mourèze** Les millénaires et leurs eaux gourmandes ont façonné dans la roche (la dolomie), là où elle était la plus fragile, la plus friable, défilés, statues géantes, pitons… On déambule le cœur battant dans cette forêt minérale, la plus grande de France. Plan des sentiers (de 1h à 5h de balade) au point d'informations touristiques, une cabane en bois à l'entrée du village dominé par les ruines d'un château haut perché. ***Mourèze*** *(8km au sud-ouest de Clermont-l'Hérault) Tél. 04 67 96 61 48 (avr.-oct.) ou 04 67 96 23 86 (hors saison)*

## ● Où voir une émailleuse au travail ?

**La Galerie** À la fermeture de la Manufacture en 1954, Villeneuvette s'est peu à peu vidée de ses habitants. En 1970, une famille d'émailleurs, les Chevalier, a été la première à reprendre possession des lieux. Après une parenthèse montpelliéraine, Sigrid est revenue dans l'ancien atelier familial. Elle y invite de nombreux artisans et artistes de la région et y présente ses propres collections. Les plus originales ? Des personnages très colorés de Niki de Saint-Phalle déclinés en sautoirs, bagues et boucles d'oreilles. *2, Grand-Rue* ***Villeneuvette*** *(3,5km au sud-ouest de Clermont-l'Hérault, sur la D908, dir. Bédarieux) Tél. 06 10 30 29 93 Ouvert avr.-sept. : tlj. 11h-13h et 15h-19h*

### Où déguster et acheter un bon cru ?

**Mas des Chimères** S'il est un vin à découvrir sur les rives du lac, c'est celui du Mas des Chimères. Bel équilibre sur les rouges – en coteaux-du-languedoc et en vins de pays. De 6,50 à 13€ la bouteille. ***Octon*** *(18km à l'ouest de Clermont-l'Hérault) Tél. 04 67 96 22 70 Ouvert juil.-août : lun.-sam. 10h-12h et 17h-19h, dim. 10h-12h ; basse saison : sam. 14h30-18h30, dim. 10h-12h (et sur rdv après 17h en sem.)*



## À l'est et au nord

**Gignac** C'est une petite ville de première importance économique pour la plaine de l'Hérault, mais ses abords aux ronds-points compliqués sont déroutants. Trouvez l'office de tourisme (rond-point de l'Intermarché) et vous serez sauvé. La belle tour de l'Horloge et quelques demeures des XVIe-XVIIIe siècles justifieront une pause dans le centre. Dans les alentours, ne manquez pas la surprenante façade de Notre-Dame-de-Grâce qui donne à la garrigue languedocienne un air de Toscane, et le vénérable dolmen sur la commune du Pouget (8km au sud-ouest de Gignac). ***Gignac*** *(12km à l'est de Clermont-l'Hérault)* **Office de tourisme Saint-Guilhem-le-Désert-Vallée de l'Hérault** *3, parc de Camalcé Tél. 04 67 57 58 83 www.saintguilhem-valleeherault.fr Ouvert lun.-ven. 9h30-12h30 et 14h-17h30*

**Fabrique de tambourins** La grande saison pour le jeu de tambourin, où, face aux Italiens champions toutes catégories, les Languedociens font bonne figure, s'étend d'avril à mi-septembre. Dans la plaine de l'Hérault, Vendémian en tête mais aussi vers l'étang de Thau, cf. Mèze (p.133) particulièrement, l'honneur des villages se joue dans un jeu de balle aux origines très anciennes. Un tambourin moderne a remplacé la simple peau tendue sur bois d'autrefois. On le fabrique et le vend à Gignac (de 12 à 22€). La tambourithèque présente l'histoire de ce sport régional et abrite la Fédération française de jeu de balle au tambourin. **Tambourithèque** *100, chemin Marc-Galtier Tél. 04 67 42 50 09 http://ffsport-tambourin.fr Ouvert mar. 9h30-12h, jeu. 14h-17h Tarif 3€, réduit 1,50€*

**Rocher des fées** On y laisse poèmes et graffitis depuis des temps immémoriaux. ***Vendemian*** *(15km à l'est de Clermont-l'Hérault par la D32 puis la D131 Prendre un chemin dans le lit d'une rivière asséchée Poursuivre sur env. 3km à travers la garrigue)*

**La Ferme du rocher des Fées** Une exploitation agricole différente qui s'est donné pour but de produire en accord avec l'histoire et la nature de la région, de conserver et de transmettre les savoirs anciens. On y découvrira les amours du figuier et de la guêpe, les salades sauvages des champs, la fabrication de l'huile d'olive, l'art de la construction en pierres sèches, lors de samedis en campagne (environ deux par mois de sept. à mai). En été les activités se déroulent en soirée et en semaine. *3, rue du Frau* ***Vendemian*** *(15km au sud-est de Clermont-l'Hérault) Tél. 06 62 60 07 91 Appeler pour établir un programme sur mesure ou participer aux sorties*

**Castellas d'Aumelas** Construit au XIIe siècle par les Guilhem de Montpellier, remis en défense lors des guerres de Religion, le château fort entouré de murailles est bien sûr à l'état de ruine. Tout près, la petite église romane Saint-Sauveur, toute délicate, a mieux résisté aux vicissitudes de la politique et du temps. La vue est, ici aussi, panoramique. *Aumelas (35km à l'est de Clermont-l'Hérault) À partir de Gignac prendre la N109 jusqu'à La Taillade Tourner à droite dir. Cournonterral Au Mas Arnaud le chemin pour le Castellas est indiqué (1/2h de marche tranquille à travers la garrigue)*

### Où trouver de bons crus bio ?

**Domaine Alain Chabanon** Les vignes sont travaillées selon des techniques bio, ce qui donne de remarquables vins rouges, à découvrir avec délectation. *Chemin de Saint-Étienne* ***Lagamas*** *(11km au nord-est de Clermont-l'Hérault) Tél. 04 67 57 84 64 www.alainchabanon.com Ouvert mer. et sam. 9h30-12h30*

**Domaine Virgile Joly** Culture des vignes en agriculture biologique. *22, rue du Portail* ***Saint-Saturnin-de-Lucian*** *(10km au nord de Clermont-l'Hérault) Tél. 04 67 44 52 21 www.domainevirgilejoly.com Ouvert lun.-ven. 9h-12h et 14h-18h (et 1er et 3e sam. du mois 14h-18h)*

# CARNET D'ADRESSES

## Restauration

### prix moyens

**Le Tournesol** "Le" restaurant chic de Clermont. On y joue l'accord du terroir et du contemporain. Cuisine moderne méditerranéenne. Menus à 16€ (à midi en semaine), 24 et 39€. *2, rue Salengro* ***Clermont-l'Hérault*** *Tél. 04 67 96 99 22 www.letournesol.fr Ouvert tlj. 12h-14h30 et 19h-22h30*

**Auberge campagnarde du Salagou** Expositions, marchés de plein air, manifestations culturelles : cette paisible auberge du bout du monde est connue dans la région pour ses grands rassemblements festifs. Mais c'est surtout pour son calme, la beauté des paysages et l'accueil très chaleureux de ses propriétaires que les vacanciers de passage reviennent dès qu'ils en ont la possibilité. Servis sur une très belle terrasse, les menus simples et copieux sont composés uniquement de produits régionaux. Menu 24€, chambre double (avec petit déj.) 56€, table d'hôtes tous les soirs sur rés. (24€). *Route du Mas Canet* ***Salasc*** *(14km à l'ouest de Clermont-l'Hérault) Tél. 04 67 88 13 39 www.aubergedusalagou.fr Ouvert Pâques-mi-nov. : mer.-sam. uniquement soir*

**Le Domaine de Pélican** Une ferme-auberge où l'on se délecte des produits locaux : pintade aux griottes, poulet à la tapenade, croustade aux figues et au miel... et bien d'autres plats alléchants encore (menu à 25€). Il est aussi possible de goûter les vins du domaine et même d'y dormir, en camping ou en chambres... ***Gignac*** *(12km à l'est de Clermont-l'Hérault) Tél. 04 67 57 68 92 www.domainedepelican.fr Ouvert toute l'année sur rés.*

### prix élevés

**Mas Cambounet** En cuisine, madame invente et renouvelle une carte simple et fraîche, basée sur les bons produits de la région. Toujours occupé sur ses 2ha d'oliviers et ses 6ha de vignes, monsieur prend aussi le temps de suivre la vinification de ses vins, des blancs, des rouges et des rosés et de commercialiser son huile d'olive produite par la coopérative voisine de Combaillaux. Entouré de chênes verts et de pins parasols, l'ancien mas porté à bout de bras par ce jeune couple dynamique est un enchantement culinaire et paysager. Menus à partir de 29€, formule déjeuner 22€ (2 plats). Réservation indispensable. *Mas Cambounet* ***Gignac*** *(12km à l'est de Clermont-l'Hérault) Sur la voie rapide, sortie à droite 3km après Gignac en dir. de Montpellier Tél. 04 67 57 55 03 www.mas-cambounet.com Ouvert été : mar.-dim. 12h-14h et 19h-21h ; hiver : jeu.-sam. 12h-14h et 19h-21h, dim. 12h-14h*

☺ **Hôtel de la Source** Cet hôtel (p.163) abrite un excellent restaurant. Formule déjeuner à env. 18€ en semaine et menus de 25 à 50€. *14, Grand'Rue* ***Villeneuvette*** *(3,5km au sud-ouest de Clermont-l'Hérault) Tél. 04 67 96 36 95 www.hoteldelasource.com Ouvert haute saison : lun.-mar. 19h30-21h15, mer.-dim. 12h-13h45 et 19h30-21h15 ; basse saison : mar. 19h30-21h15, mer.-sam. 12h-13h45 et 19h30-21h15, dim. 12h-13h45*

# Hébergement

## camping

**Le Septimanien** Parfait pour rayonner dans la vallée de l'Hérault, au milieu des vignes. De 13,50 à 23,50€ l'emplacement pour 2 pers. Location de chalets et mobile homes. Piscine. *Route de Cambous* ***Saint-André-de-Sangonis*** *(4km à l'est de Clermont-l'Hérault) Tél. 04 67 57 84 23 www.camping-leseptimanien.com Ouvert mai-fin sept.*

## prix moyens

**Chambre d'hôtes Lindhal** Dans cet ancien atelier élégamment restauré au bout de la rue principale, Anna Lindahl propose une chambre très confortable à la décoration personnelle (60€ la nuit). En juil.-août, la maison tout entière est à louer (5 pers., 640-670€). *7, Grand'Rue* ***Villeneuvette*** *(3,5km au sud-ouest de Clermont-l'Hérault) Tél. 04 67 96 96 67 Ouvert toute l'année*

**Le Mas de Riri** Le site est sublime, avec vue plongeante sur le lac du Salagou. Les chambres, elles, sont toutes simples mais propres (65€, petit déj. compris). Possibilité de camping, env. 15€ l'emplacement pour deux personnes. Également un restaurant sur place avec une formule à partir de 21€. **Celles** *(22km à l'ouest de Clermont-l'Hérault) Tél. 04 67 44 63 95 ou 06 19 17 37 94 www.lemasderiri.com Ouvert avr.-sept.*

**Hôtel Navas** Vous êtes ici chez monsieur le maire. La décoration de l'hôtel, construit sur les hauteurs, n'est sans doute pas du dernier cri mais le calme y est royal et la piscine rafraîchissante. On y est reçu chaleureusement et, si vous êtes curieux, on vous contera par le menu grande histoire et petites anecdotes du village et des alentours. 70€ pour

| GAMME DE PRIX | RESTAURATION | HÉBERGEMENT |
|---|---|---|
| Très petits prix | moins de 10€ | moins de 40€ |
| Petits prix | de 10 à 15€ | de 40 à 60€ |
| Prix moyens | de 15 à 25€ | de 60 à 80€ |
| Prix élevés | de 25 à 45€ | de 80 à 120€ |
| Prix très élevés | plus de 45€ | plus de 120€ |

2 pers. en haute saison. *Les Hauts de Mourèze 1, le Pioche Rascas Chemin de la Nougarède* **Mourèze** *(8km au sud-ouest de Clermont-l'Hérault) Tél. 04 67 96 04 84 hotel-moureze@orange.fr Ouvert mars-nov.*

☺ **La Missare** De la rue, rien n'y paraît, mais dans la cour c'est un bonheur : un jardin subtilement agencé, une piscine élégante et des murs en pierre, des volets grenat et une décoration très étudiée : le maître des lieux est antiquaire. Cette escale à Brignac est un délice. 75€ la double avec le petit déj., gâteau surprise du jour compris... Garage abrité. *9, route de Clermont* **Brignac** *(4km à l'est de Clermont-l'Hérault) Tél. 04 67 96 07 67 http://la.missare.free.fr Ouvert toute l'année*

### prix élevés

☺ **Hôtel de la Source** Dans le cadre exceptionnel de Villeneuvette, l'hôtel-restaurant de la Source (p.162) a restauré dans d'anciennes maisons du village 14 chambres toutes différentes. Une fraîche et grande tonnelle où, à la saison, on dîne dans le parfum des glycines. Dans le parc une piscine et un tennis en terre battue. De 62 à 89€ pour 2 pers., et 2 chambres familiales de 110 à 120€. Petit déjeuner-buffet 10€. *14, Grand'Rue* **Villeneuvette** *(3,5km au sud-ouest de Clermont-l'Hérault) Tél. 04 67 96 05 07 www.hoteldelasource.com Ouvert toute l'année*



# SAINT-MARTIN-DE-LONDRES

34380

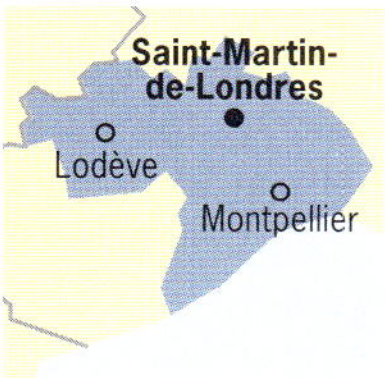


**Saint-Martin-de-Londres veille sur un vallon entouré de géants. Aux falaises vertigineuses du pic Saint-Loup et de l'Orthus à l'est, à la barrière blanche de la Séranne, à l'ouest, ce très beau village oppose la douceur d'une terre partagée par les vignerons et les bergers. Autour, des villages paisibles où le souci de la rénovation n'a pas trahi l'âme des lieux, des forteresses haut perchées et des églises romanes égarées au détour d'un chemin, des ravins et des vallées encaissées... une contrée de monts et merveilles.**

**L'INCONSOLÉ DU PIC SAINT-LOUP** Du pic Saint-Loup, majestueux roc qui fait se plisser la garrigue, on ne voit de Montpellier que la face douce, pente verdoyante de chênes verts. Côté nord, il s'arc-boute devant la faille qui le sépare du haut plateau de l'Orthus, creusée de grottes qui abritaient les Néandertaliens de passage. Selon la légende, celui qui lui légua le nom de Loup fut un amant désespéré, un jeune homme, qui, à son retour de croisade, apprit la mort de sa bien-aimée. Il se retira sur le mont et célébra jusqu'à sa mort, par un feu allumé une fois par an (le dimanche le plus proche du 19 mars, le souvenir de la disparue. C'est ce jour-là que, traditionnellement depuis, on part à son ascension.

# MODE D'EMPLOI

## accès

**EN VOITURE**
28km au nord de Montpellier par la D986.

**EN CAR**
Liaisons journa ières (ligne 108) jusqu'à la station de tram Occitanie (Montpellier).
**Hérault Transport** *Tél. 04 34 88 89 99 www.herault-transport.fr*

## informations touristiques

**Office de tourisme du grand pic Saint Loup** *Maison de pays Pl. de la Mairie Tél. 04 67 55 16 83 www.tourisme-picsaintloup.fr Ouvert juil.-août : tlj. 9h30-13h et 14h-19h ; basse saison : mar.-sam. 9h30-12h30*

## marchés et manifestations

**Marché** *Dim. matin*
**Les vignes buissonnières** Balade gourmande. *Tél. 04 67 55 97 47 2e week-end de juin Rés. recommandée*

# DÉCOUVRIR

☆ **Les essentiels** Le vieux Saint-Martin-de-Londres, Saint-Jean-de-Buèges, la descente de l'Hérault en canoë, les falaises du pic Saint-Loup et de l'Orthus **Découvrir autrement** Visitez le village de Cambous, baignez-vous dans le Lamalou au ravin des Arcs

## Saint-Martin-de-Londres

Café des Touristes, bar des Autobus… En arrivant à Saint-Martin-de-Londres, si on est sensible à la nostalgie, on sait gré aux deux cafés sur la place de la Fontaine d'avoir conservé leurs noms un peu désuets, aux platanes d'avoir résisté si vaillamment et à Saint-Martin d'être une communauté villageoise

### Balades et randonnées autour du grand pic Saint-Loup

Parcourus de sentiers balisés, dont le GR®60 qui relie le pic Saint-Loup aux Cévennes, mais aussi de chemins à travers la garrigue, le territoire du grand pic Saint-Loup fourmillent d'occasions de randonner, ou de simplement aller à l'aventure. Vous trouverez dans les offices de tourisme des villages des fiches d'itinéraires ou de circuits en boucle, du très facile au plus sportif. Beaucoup sont clairement répertoriés dans le guide *L'Hérault à pied* (en vente dans les offices de tourisme).
En voiture, un itinéraire vous permettra de ne rien perdre des beautés du paysage. De Saint-Martin, prendre la D122 jusqu'à **Saint-Jean-de-Buèges**, remonter vers **Saint-André-de-Buèges**, puis redescendre vers Saint-Martin via **Causse-de-la-Selle** par la D4. Vers l'est, la D122 conduit au **pic Saint-Loup**. En passant par **Saint-Mathieu-de-Tréviers** et **Le Triadou** (D17 et D17E), on rejoint le charmant village des **Matelles**.

autant qu'un site touristique. Le ☆ **patrimoine** pourtant n'y manque guère : maisons de caractère, tours et remparts du XIVe siècle, et au sommet du village, au-delà d'une porte fortifiée, le "vieux fort" du XIIe siècle, l'ancienne zone de protection spirituelle, héritée de la tradition wisigothique. On y monte par un entrelacs de **ruelles**, étroites échappées dans la muraille. Enchâssée dans son "claustre" aux voûtes sans fioritures, l'**église Saint-Martin** est une réplique modeste de l'abbaye de Gellone (p.146). Même abside en trèfle, mêmes bandes lombardes et même pureté romane, mais taillées ici dans un calcaire très blond. À l'image de l'édifice, un naïf saint Martin à cheval, sculpté au-dessus du portail, offre au passant le visage d'une charité toute simple.

### ● Où acheter des pélardons ?

**Michel Carrié** Connaissez-vous les roves ? La légende raconte que ces chèvres d'un autre âge firent leur apparition en Languedoc après le naufrage d'un navire phénicien. Elles sont devenues fort rares car leur production de lait est quantitativement limitée, mais d'une richesse exceptionnelle. Ici Michel Carrié, éleveur, berger et fromager, les laisse vivre, au grand air, leur vie de chèvre, jusqu'à leur belle mort, et vend chèvres fermiers au lait cru et brousse fraîche (cf. Dossier bio). *Ancienne école du Frouzet Tél. 04 67 55 05 41 Ouvert Pâques-fin oct. : jeu.-dim. 11h-13h et 16h-19h*

# Les environs de Saint-Martin-de-Londres

## Au sud

**Cambous** Une reconstitution d'habitats préhistoriques qui remontent à 2800-2300 av. J.-C. Émouvant. ***Viols-en-Laval*** *(6,5km au sud de Saint-Martin sur la D32) Tél. 04 67 86 34 37 www.archeologue.org Ouvert juil.-août : mar.-dim. 14h-19h ; avr.-juin, sept.-oct. : w.-e. et j. fér. 14h-18h (vac. scol. Pâques et Toussaint : mar.-dim. 14h-18h) Tarif 4€, réduit 2€, moins de 6 ans gratuit*

## Au nord

**Vallée de la Buèges** Dans cette région du Haut-Languedoc, vous pouvez, en voiture, emprunter quelques routes sublimes, de vallées en crêtes et de cimes en vignes… à l'ouest de Saint-Martin, la D4 longe en fond de gorge le défilé de l'Hérault. Spectaculaire, la D122 à partir d'Arboras, près de Montpeyroux, remonte vers le nord en passant au pied du mont Saint-Baudille (847m) jusqu'à Pégairolles-de-Buèges, village tout de pierre sur une pointe élancée, et Saint-Jean-de-Buèges. On circule au milieu de massifs montagneux, à la lisière méridionale du causse du Larzac. De l'autre côté de la montagne de la Séranne, on devine les premières Cévennes…

**Gorges de la Buèges** La Buèges est une belle capricieuse qui ne suit pas le courant des autres rivières. Elle coule vers le nord, tantôt suffisamment profonde pour qu'on s'y baigne, tantôt disparaissant sous terre ou creusant des gorges. Une promenade tranquille (8km) vous conduira le long de son lit jusqu'au pont (XV^e s.) de Vareilhes. Une petite route (D1) y mène également en passant par Saint-André-de-Buèges. Sachez qu'autour de Saint-Jean la Buèges est propice à la baignade. *Au nord-ouest de Saint-Martin-de-Londres*

☆ **Saint-Jean-de-Buèges** En venant de Saint-Martin-de-Londres, la D122 vous dévoilera d'un coup les charmes de ce village minuscule, au pied du Roc Tras Castel réputé pour ses chemins d'escalade. Pour goûter le temps arrêté, installez-vous sous les platanes pour vous rafraîchir ou prendre un en-cas à la terrasse du **Bar du Château**. En équilibre au-dessus du village, le **château de Baulx** est une forteresse du XII^e siècle rénovée avec talent et patience par l'association des Compagnons de Tras Castel. Ce sont eux qui en assurent aussi la visite. *34380* ***Saint-Jean-de-Buèges*** *(18km au nord-ouest de Saint-Martin) Rens. à l'office de tourisme du grand pic Saint-Loup Tél. 04 67 55 09 59* **Le Bar du Château** *Tél. 04 67 73 13 73 Fermé hors vac. scol. : lun.*



**Les Asphodèles** À une quinzaine de kilomètres nord-est de Saint-Martin s'étend le causse Pompignan, offrant un intéressant patrimoine naturel et historique. Le PR®10 (décrit dans *L'Hérault… à pied,* cf. Balades et randonnées autour du grand pic Saint-Loup (p.164) donne l'occasion d'y découvrir une grande variété de flore de guarrigue, dont les asphodèles, et suit les traces des gentilshommes verriers qui, de la fin des croisades jusqu'au XVIII^e siècle, tiraient parti, pour leur activité, du bois, de la silice, de la soude et de la chaux présents sur le territoire. ***Ferrières-les-Verreries Départ*** *Parking du mas de Baume* ***Balisage*** *Jaune et cairns* ***Durée*** *1h30 (3,5km)* ***Difficulté*** *Aucune*

● ☆ **Pagayer sur l'Hérault** Pour la partie aval, c'est du barrage de Bertrand (sur la D122E au Causse-de-la-Selle) que part la majorité des circuits sur l'Hérault, cf. Manier la pagaie (p.147). D'autres prestataires, basés à Saint-Bauzille-de-Putois, vous emmèneront en amont du fleuve. Circuits et tarifs similaires, entre 30 et 45€ la location d'un canoë deux places pour 10km env. D'avril à fin septembre, contactez Canoë Montana, Canoë Le Moulin ou Canoë 34 de l'agence Aupalya aventure, qui organise, sur demande, des sorties à la fraîche et à la belle étoile. **Canoë Montana** *Ancienne Gravière Chemin*

## Le terroir du pic Saint-Loup

**Syndicat des vignerons du pic-saint-loup** À la limite du Gard et de l'Hérault, le cru pic-saint-loup est le plus septentrional des coteaux du Languedoc. Dans la rocaille des pentes souvent arides des pics et monts environnants, il puise une vigueur boisée qui le différencie des autres appellations de l'Hérault. Regroupés en syndicat, les vignerons du pic-saint-loup font la promotion solidaire des différentes exploitations viticoles de ce périmètre compris entre Claret au nord du département et Saint-Gély-du-Fesc au sud et que traverse de part en part la D17. Liste des caves coopératives et des domaines indépendants dans les offices de tourisme. *www.pic-saint-loup.com*

*Baoutès* ***Saint-Bauzille-de-Putois*** *(12km au nord de Saint-Martin) Tél. 04 67 73 36 76 www.canoe-cevennes.com* **Canoë Le Moulin** *Base principale* ***Saint-Bauzille-de-Putois*** *Tél. 04 67 73 30 73 www.canoelemoulin.fr* **Canoë 34** *Chemin des Sauzèdes* ***Saint-Bauzille-de-Putois*** *Tél. 04 67 73 11 11 www.cano34.com*

### ● Faire des activités de pleine nature

**Aupalya Aventure** Cette base de plein air est idéale, que l'on soit débutant ou confirmé, pour pratiquer escalade, via ferrata, spéléologie, canyoning, canoë… Sur place, possibilité d'hébergement en gîte de séjour au Mas des Bruyères. *Route de Montpellier* ***Saint-Bauzille-de-Putois*** *(12km au nord de Saint-Martin) Tél. 04 67 73 01 11 www.apn34.com Ouvert toute l'année*

### ● Randonner avec des ânes

**Ser'âne** Magnifiques randonnées dans la vallée de la Buèges (48€/j.). Camping sur place 7€/pers. Table d'hôtes 20€. ***Saint-Jean-de-Buèges*** *(18km au nord-ouest de Saint-Martin) Tél. 04 67 73 13 26 www.ser-ane.com Ouvert mars-nov. sur rdv*

## À l'est

☆ **Le pic Saint-Loup et l'Orthus** Aux marcheurs vaillants et bien chaussés, les chemins qui mènent aux sommets des deux montagnes emblématiques de l'Hérault demanderont plus d'endurance que de technique. Sauf bien sûr si vous choisissez de les conquérir par leurs faces abruptes, à l'aplomb du défilé qui les sépare. Des fiches et topo-guides, disponibles à la maison du Pic-Saint-Loup à Saint-Mathieu-de-Tréviers et à l'office de tourisme de Claret vous permettront de choisir votre itinéraire. Sur la crête de l'Orthus, les vestiges, enserrés par les pins et les chênes verts, du **château de la Roquette** (ou **de Vivioures**) surplombent un à-pic de 200m. Fief du comte de Melgueil, il surveillait le château de Montferrand, propriété des évêques de Maguelone, accroché à la paroi du pic Saint-Loup. L'ascension ni très facile, ni très sportive est à déconseiller à ceux que le vertige affole (env. 2h AR). ***Saint-Mathieu-de-Tréviers*** *(19km à l'est de Saint-Martin)* **Office de tourisme du grand pic Saint-Loup** *Tél. 04 67 55 16 83 www.tourisme-picsaintloup.fr*

**Domaine de Restinclières** C'est dans ce château du XVIIIe siècle, fortement remanié et entouré de beaux jardins à la française, que le conseil général de l'Hérault a installé son centre névralgique destiné à la sensibilisation et à l'éducation du grand public à l'environnement. Outre des conseils écologiques toujours bien venus, vous y trouverez des informations fouillées sur le patrimoine naturel et historique du département, vous pourrez assister à des conférences ou visiter des expositions temporaires. ***Prades-le-Lez*** *(18km au sud-est de Saint-Martin) Tél. 04 99 62 09 40 www.herault.fr/environnement* **Château de Restinclières** *Ouvert lun.-ven. 9h-17h (expositions tlj. 14h-17h)* **Parc** *Accès libre*

**Claret et Vacquières** Au Moyen Âge, à la Renaissance puis aux siècles suivants, les maîtres verriers étaient des gentilshommes ruinés qui avaient choisi ce métier car c'était le seul qu'ils pouvaient exercer sans perdre leurs titres de noblesse. Les verreries, qui consommaient beaucoup de bois, étaient installées dans la montagne. Pour redécouvrir cet artisanat précieux, des ateliers ont été créés à Vacquières et à Ferrières-les-Verreries (verrerie archéologique de Couloubrines – XVI^e s.). ***Claret*** *(24km au nord-est de Saint-Martin)*

**Office de tourisme** *Tél. 04 67 59 06 39* **Atelier Yann** *4, route du Moulin à Vent* ***Vacquières*** *(25km au nord-est de Saint-Martin) Tél. 06 13 20 84 61 www.yannverre.com Ouvert tlj. 14h-19h* **Atelier Trucchi** *7, route du Moulin à Vent* ***Vacquières*** *Tél. 04 67 55 69 60 Visite sur rdv*

## ● Où trouver de l'huile de cade ?

**Distillerie des Cévennes** Remède souverain pour nombre de petites affections dermatologiques, cette huile boisée est extraite d'un genévrier local et distillée artisanalement dans le village de Claret. On la vend brute à la distillerie en shampoing, crème et gel douche. *Chemin des Charrettes,* ***Claret*** *(24km au nord-est de Saint-Martin) Tél./fax 04 67 59 02 50 www.distilleriedescevennes.com Sur rdv*

## ● Où savourer et acheter du pic-saint-loup ?

☺ **Mas Bruguière** Marjorie et Xavier Bruguière sont assurément des vignerons à suivre d'année en année. Leurs crus pic-saint-loup, en rouges, sont excellents. La cuvée des Mûriers, en blancs, donne la sensation de croquer dans un abricot fondant... ***Valflaunès*** *(15km à l'est de Saint-Martin) Tél. 04 67 55 20 97 www.mas-bruguiere.com Ouvert juil.-août : lun.-mar. et jeu.-sam. 10h-12h et 15h-19h ; sept.-juin : lun.-mar. et jeu.-sam. 10h-12h et 14h-18h Fermé j. fér.*

☺ **Château de Cazeneuve** André Leenhardt produit des vins magnifiques, parmi les meilleurs du Languedoc, et notamment la cuvée Les Calcaires. ***Lauret*** *(18km à l'est de Saint-Martin) Tél. 04 67 59 07 49 www.cazeneuve.net Ouvert sam. 9h-12h et 14h-18h (et sur rdv lun.-ven.) Fermé dim.*

## ● Prendre de la hauteur

**Oc Aventures** Tyroliennes, pont de singes et parcours acrobatiques dans les branches dans les splendides paysages autour de Saint-Martin-de-Londres, du pic Saint-Loup à la haute vallée de l'Hérault. Via ferrata, parcours aventure, rando et escalade. Autour de 20€ le parcours pour adulte, 10€ pour les enfants. *Lieu-dit Le Boulidou* ***Saint-Jean-de-Cuculles*** *(16km à l'est de Saint-Martin) Tél. 06 19 89 53 86 www.oc-aventures.com Ouvert juil.-août : tlj. 10h-12h30 et 14h-20h ; avr.-juin, sept.-oct. : w.-e. et j. fér. 14h-18h (et pendant les vac. scol.)*

**Centre de vol à voile** Des stages et des vols d'initiation en planeur mais aussi des sessions de perfectionnement, le long des flancs de l'Orthus et du pic Saint-Loup. Baptême 80€/30min. *Aérodrome* ***Saint-Martin-de-Londres*** *(3,5km à l'est de Saint-Martin) Tél. 04 67 55 01 42 www.cvvm.fr Ouvert toute l'année sauf mauvais temps, se rens.*

## ● Se rafraîchir au bord d'un lac

**Lac de Cécélès** Cette retenue d'eau aux reflets vert jade, propriété privée mais ouverte à tous, est tout à fait propice à la baignade, surveillée en été. Au bord du lac, petite restauration équitable et terroir, concerts festifs musette et rock, *land art* et baignade à la Guinguette des amoureux. ***Saint-Mathieu-de-Tréviers*** *(19km à l'est de Saint-Martin) Tél. 04 67 55 31 16 Ouvert avr.-sept. : tlj. 10h-22h Tarif 6€ (gratuit pour les clients du restaurant, moins de 13 ans gratuit jusqu'à*

*19h)* **La Guinguette des amoureux** *(18km au sud-est de Saint-Martin, D122 puis D26) Tél. 04 67 55 31 16 www.laguinguettedesamoureux.com Ouvert mai-août : tlj. ; avr., sept. : w.-e. En fonction des conditions météorologiques*

# CARNET D'ADRESSES

## Restauration

### prix moyens

☺ **L'Auberge de la Filature** Les convives sont Montpelliérains, Nîmois ou Cévenols, attablés parfois après quelques dizaines de kilomètres de route. Ils sont venus attirés par la réputation de cette table discrète, une des meilleure de toute la région pour la qualité de ses menus et la beauté de son cadre. Autour de la cour magnifique où l'on dîne le soir dès les premiers beaux jours, les bâtiments de cette ancienne filature abritent plusieurs gîtes et une grande salle voûtée réservée aux soirées maussades. Dans l'assiette, vous ne trouverez que des produits locaux et quelques belles surprises comme le confit de canard aux figues ou le poulet mijoté aux cornouilles, une petite baie typique des Cévennes. Menu 18€ (entrée, plat, fromage ou dessert). *57, rue de l'Agantic* ***Saint-Bauzille-de-Putois*** *(12km au nord de Saint-Martin-de-Londres) Tél. 04 67 73 74 18 Ouvert été : mar.-dim. uniquement soir ; reste de l'année : mer.-dim. uniquement soir Fermé déc.-fév.*

### prix élevés

**Le Pic Saint-Loup** Dans l'ancien chai du village médiéval des Matelles, une table sympathique et très originale mêlant saveurs du monde et parfums de la Méditerranée. L'immense terrasse avec vue sur le fameux pic est idéale les soirs d'été. Mais il vaut mieux réserver. Entourée de vignobles, cette très bonne table fait, évidemment, la part belle aux meilleurs crus de la région. Formule bistrot (3 plats) 17,50€ ; à la carte, comptez env. 35€. *176, route de Montpellier, 34270* ***Les Matelles*** *(12km au sud-est de Saint-Martin) Tél. 04 67 84 35 18 www.lepicsaintloup.fr Ouvert mar. 12h-13h30, mer.-ven. 12h-13h30 et 20h-21h30, sam. 20h-21h30*

**Le Pet au diable** Pas de mauvais esprit, c'est au soufflet ravivant le feu d'enfer d'une forge du XV$^{e}$ siècle que se réfère le nom de ce restaurant dans le charmant village des Matelles. Dans les années 1960, des artistes venaient y faire le bœuf. Et on continue de marier chaque samedi soir musique et fines ripailles en grandes tablées devant une monumentale cheminée où grésillent les viandes à la broche. Charcuterie d'ici ou d'un peu plus loin, gibier en saison... tout cela délicatement apprêté. Pour faire honneur au Corse des montagnes qui tient l'établissement, goûtez aux fiadones, petits gâteaux de brousse de brebis à la saveur du maquis. Menus 24-36€. Soirées musicales les week-ends et grande soirée "cochon de lait" le dernier vendredi du mois. ***Les Matelles*** *(12km au sud-est de Saint-Martin) Tél. 04 67 84 25 25 www.le-pet-au-diable.com Ouvert 12h-14h et 19h-22h Fermeture hebdomadaire, se rens. par tél.*

**Hôtel-restaurant Les Norias** À la lisière de Ganges, le hameau de Cazilhac a conservé ses huit norias du XVII$^{e}$ siècle alimentées par les eaux de l'Hérault. Derniers vestiges de la grande époque industrieuse des lieux avec cette très belle filature qui est désormais un hôtel et, surtout, un très bon restaurant. Aux beaux jours, le parc qui s'étire jusqu'à la rivière invite les hôtes à la farniente et accueille les convives pour de très bons repas concoctés à partir de produits locaux. Menus de 19,50 à 58€. À la carte, 35€ env. le repas (2 plats). Chambre double de 65 à 79€, demi pension de 131 à 145€, petit déj. 9€. *254, av. des Deux-Ponts, Cazilhac* ***Ganges*** *(19km au nord de Saint-Martin-de-Londres) Tél. 04 67 73 55 90 www.les-norias.fr Ouvert mer.-dim. midi et soir Fermé vac. de la Toussaint et vac. de fév.*

# Hébergement

## camping

**Le Pic-Saint-Loup** 16,70€ l'emplacement. Piscine chauffée. *La Coste Route du Pic Saint-Loup* ***Saint-Martin-de-Londres*** *Tél. 04 67 55 00 53 http://members.home.nl/cboos/camping picstloup303/bpentreefra.html Ouvert mai-oct.*

## prix moyens

**Le Grimpadou** Quatre chambres d'hôtes au confort rustique (de 50 à 110€) au cœur du village. ***Saint-Jean-de-Buèges*** *(18km au nord-ouest de Saint-Martin) Tél. 04 67 73 11 34 ou 06 07 78 57 24 Ouvert mars-déc.*

**Domaine du Pous** Quatre chambres raffinées dans une maison de maître. 58€ la nuit avec petit déj. Pas de piscine mais les gorges de l'Hérault tout proche offrent des sites de baignade très bucoliques. *Le Pous* ***Notre-Dame-de-Londres*** *(6,5km au nord de Saint-Martin) Tél. 04 67 55 01 36 www.domainedupous.fr Ouvert mi-mars-mi-oct.*

**La Ferme du château** Trois chambres dans l'ancienne ferme du château (65€, petit déj. compris) rénovée par un couple d'artisans d'art qui y tient également boutique. Une adresse centrale pour qui veut explorer la région des vignobles à l'est de Saint-Martin-de-Londres. *79, av. Saint-Cristol* ***Saint-Geniès-des-Mourgues*** *(42km à l'est de Saint-Martin) Tél. 04 67 86 26 03 ou 06 84 80 10 17 dominique.reysz@free.fr Ouvert toute l'année*

**Chez Franck** Trois chambres thématiques à la décoration glanée au fil des voyages, voici une maison d'hôtes très "urbaine", voire parisienne, à l'entrée du village. 70€ la double (petit déj. compris). *6, route des Cévennes* ***Saint-Martin-de-Londres*** *Tél. 04 67 86 36 83 www.chezfranck.eu Ouvert toute l'année*

## prix élevés

☺ **L'Auberge du Cèdre** Une bâtisse du XIX^e^ siècle, majestueuse et tranquille, au cœur du vignoble du pic-saint-loup, en bordure des vignes et des pinèdes. Un site résolument propice au repos, à la lecture au bord de la piscine ou dans le parc, aux promenades à pied, à VTT, à la rêverie au soir

| GAMME DE PRIX | RESTAURATION | HÉBERGEMENT |
|---|---|---|
| Très petits prix | moins de 10€ | moins de 40€ |
| Petits prix | de 10 à 15€ | de 40 à 60€ |
| Prix moyens | de 15 à 25€ | de 60 à 80€ |
| Prix élevés | de 25 à 45€ | de 80 à 120€ |
| Prix très élevés | plus de 45€ | plus de 120€ |

tombant... On y resterait une éternité, tout simplement. Restaurant sur place avec, pour l'apéritif et les petites faims, d'excellents vins servis au verre et des tapas ainsi que des assiettes gourmandes de 17 à 20€. Menus de 27 à 48€. Chambre double de 70 à 98€ en haute saison avec le petit déjeuner. *Domaine de Cazeneuve,* ***Lauret*** *(18km à l'est de Saint-Martin) Tél. 04 67 59 02 02 www.aubergeducedre.com Ouvert mi-mars-mi-nov.* **Restaurant** *Ouvert tlj. pour les clients de l'hôtel, et ven. soir, sam. soir et dim. midi pour les "extérieurs"*

## prix très élevés

**Le Mas du grand Bosc** Tomettes, teck, fer forgé et baldaquins dans les les gîtes qu'il convient de partager à 8 ou 10 pour supporter le prix élevé (2 090€ la semaine dans le gîte de la tour en très haute saison). Grand confort et vaste piscine, et pour les enfants jeux dans le parc et petit bain. Également quelques chambres d'hôtes. *La Boissière* ***Notre-Dame-de-Londres*** *(6,5km au nord de Saint-Martin) Tél. 04 67 55 65 64 ou 06 82 24 13 79 ou 06 75 60 54 96 www.masdugrandbosc.com Ouvert toute l'année*

**Canaux de la Fontaine** **(p.182)****,** Nîmes.

**Manade,** Petite Camargue (p.204).

# NÎMES ET SES ENVIRONS

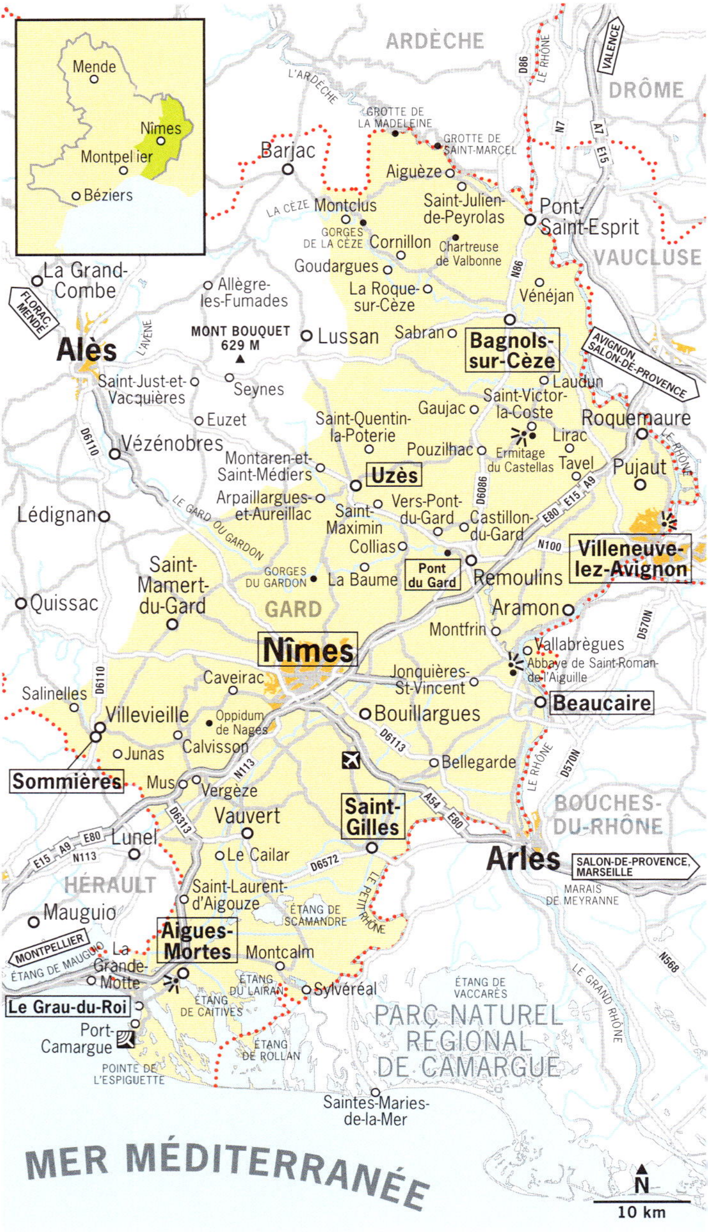
Mende
Nîmes
Montpellier
Béziers
ARDÈCHE
DRÔME
VAUCLUSE
GARD
HÉRAULT
BOUCHES-DU-RHÔNE
VALENCE
AVIGNON, SALON-DE-PROVENCE
SALON-DE-PROVENCE, MARSEILLE
FLORAC, MENDE
MONTPELLIER
L'ARDÈCHE
LE RHÔNE
GROTTE DE LA MADELEINE
GROTTE DE SAINT-MARCEL
Barjac
Aiguèze
Saint-Julien-de-Peyrolas
Pont-Saint-Esprit
LA CÈZE
Montclus
GORGES DE LA CÈZE
Cornillon
Chartreuse de Valbonne
Goudargues
La Roque-sur-Cèze
Vénéjan
La Grand-Combe
Allègre-les-Fumades
Alès
L'AVÈNE
MONT BOUQUET 629 M
Lussan
Sabran
Bagnols-sur-Cèze
Laudun
Saint-Just-et-Vacquières
Seynes
Saint-Victor-la-Coste
Gaujac
Roquemaure
Euzet
Saint-Quentin-la-Poterie
Lirac
Vézénobres
Pouzilhac
Ermitage du Castellas
Tavel
Pujaut
Montaren-et-Saint-Médiers
Uzès
Arpaillargues-et-Aureillac
Vers-Pont-du-Gard
Saint-Maximin
Castillon-du-Gard
Lédignan
LE GARD OU GARDON
Collias
Villeneuve-lez-Avignon
Saint-Mamert-du-Gard
GORGES DU GARDON
La Baume
Pont du Gard
Remoulins
Quissac
Aramon
Montfrin
Nîmes
Vallabrègues
Abbaye de Saint-Roman-de-l'Aiguille
Caveirac
Jonquières-St-Vincent
Salinelles
Beaucaire
Villevieille
Oppidum de Nages
Bouillargues
Calvisson
Junas
Bellegarde
Sommières
Mus
Vergèze
Saint-Gilles
Vauvert
Lunel
Le Cailar
Arles
Saint-Laurent-d'Aigouze
MARAIS DE MEYRANNE
ÉTANG DE SCAMANDRE
LE PETIT RHÔNE
Mauguio
Aigues-Mortes
Montcalm
La Grande-Motte
ÉTANG DE MAUGUIO
ÉTANG DU LAIRAN
Sylvéréal
ÉTANG DE VACCARÈS
Le Grau-du-Roi
ÉTANG DE CAITIVES
LE GRAND RHÔNE
Port-Camargue
ÉTANG DE ROLLAN
PARC NATUREL RÉGIONAL DE CAMARGUE
POINTE DE L'ESPIGUETTE
Saintes-Maries-de-la-Mer
MER MÉDITERRANÉE
N
10 km
D86
N7
A7
E15
N86
D6110
D6086
E80
A9
N100
D570N
D6113
N113
D6313
A54
D6572
N568

# ★ NÎMES

30000

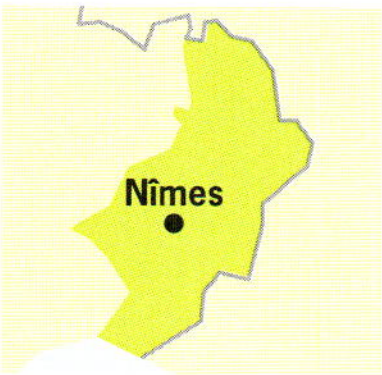


**Nîmes est un triangle, historique et bouillonnant – on s'y repère les yeux fixés sur ses amers : les arènes et la Maison carrée. Les premières rythment l'année ; à la Pentecôte et aux vendanges, les taureaux sont lâchés, et partout ce n'est que trépidation, agitation, ébullition. Les bars ouvrent grand leurs portes et, les nuits de feria, on se défoule sur le tempo des sangrias. Le calme revenu, on peut entendre de nouveau la mélodie tranquille, la délicate palpitation : Nîmes est avant tout une cité d'art, et depuis déjà longtemps. Les Romains y ont bâti leur temple de pierre – la bien nommée Maison carrée –, et les modernes s'y sont construit des places, des églises, des hôtels particuliers raffinés. Nos contemporains y ont répondu avec du verre et de la lumière : le Carré d'art vibre d'expressions picturales en expositions, d'images en mots, d'émotions en fulgurations. Entre ces deux pôles, les ruelles du centre appellent à la décontraction ; il faut s'y fondre et s'y laisser glisser pour en absorber les fragrances et les tendances.**



**HISTOIRE** Entre littoral et Cévennes, plaine fertile et garrigue, le pays nîmois attira très tôt des populations nomades, mais c'est une source, au pied du mont Cavalier, qui fixa l'implantation humaine en cet endroit précis : au VIe siècle av. J.-C., la tribu celte des Volques Arécomiques sacralise la source et fonde un sanctuaire. Quatre siècles plus tard, les légions romaines s'emparent du territoire (v. 120 av. J.-C.). À la fin du Ier siècle av. J.-C., la colonie de droit latin *Nemausus* est fondée. La cité se peuple, s'entoure de fortifications et se dote de canalisations : à une trentaine de kilomètres au nord-est, l'eau qui la nourrit emprunte un aqueduc encore anonyme : le pont du Gard. Ses prestigieux monuments (*augusteum*, Maison carrée, amphithéâtre) en font une vitrine de l'Empire. Au IIe siècle elle atteint son apogée. Cette époque glorieuse lui vaudra, plus tard, le surnom de "Rome française". Elle prend fin à l'aube du Ve siècle quand, après avoir essuyé maints assauts celtes, la cité succombe aux Wisigoths. En partie détruite, vidée de ses habitants, elle se retranche au VIIIe siècle derrière une enceinte plus réduite, les arènes servant de forteresse. Le reste de la cité est voué à l'abandon. Au début du XIe siècle, un nouveau mur d'enceinte et une conjoncture économique favorable relancent ses ambitions. En dépit de

## Carte d'identité de "Nîmes et ses environs"

| | |
|---|---|
| **Département** | Gard (30), 5 853km² (710 000 hab.) |
| **Ville principale** | Nîmes (145 000 hab.) |
| **Informations touristiques** | CDT Tél. 04 66 36 96 30 OT Nîmes Tél. 04 66 58 38 00 |
| **Espace protégé** | Parc naturel régional de Camargue |
| **Lieux de baignade** | Plage de l'Espiguette (Port-Camargue), plage du Grau-du-Roi |

crises, Nîmes stagne jusqu'à la Renaissance. Les classes dirigeantes accueillent favorablement la Réforme au XVIe siècle. S'engage alors un combat séculaire pour le pouvoir, qu'assombrissent les persécutions perpétrées, tour à tour, par les communautés catholique et protestante. Chassés de la vie publique, puis plongés dans l'illégalité après la révocation de l'Édit de Nantes (1685), les huguenots se lancent dans le négoce et la production textile. L'augmentation des exportations, à travers le monde, enrichit la ville : forte de son trésor, elle démantèle ses remparts, aménage au XVIIIe siècle les somptueux jardins de la Fontaine et se couvre d'hôtels particuliers. Au XIXe siècle, Nîmes se tourne vers la viticulture et accueille le chemin de fer : se dessinent le quartier de la gare, les boulevards ceinturant la vieille ville, de nouveaux hôtels particuliers. Avec son Carré d'art, la "Rome française" montre aujourd'hui qu'elle veut et sait vivre avec son temps.



**LES TOILES DE NÎMES** Depuis longtemps, elles collent à la peau de la ville. Au XVIIe siècle, les marchands nîmois vendent à travers le monde entier des toiles et autres étoffes de qualités diverses, des bas de soie aux cotonnades grossières en passant par les indiennes, copies locales de modèles venus des Indes. Ils imposent un jour sur le marché la serge – un tissu travaillé en oblique – teinte avec de l'indigo importé. À Londres, cette toile solide, vêtement de travail parfait, est appelée "toile de Nîmes". Elle devient très vite *denim* outre-Atlantique, et Levi Strauss n'a plus qu'à développer la confection de ce sergé de coton… Le jean est né.

# MODE D'EMPLOI

## accès

### EN AVION

Aéroport de Nîmes-Arles-Camargue env. 8km au sud. Pas de liaisons avec d'autres villes françaises (il faudra atterrir à Montpellier). Ryanair assure cinq liaisons hebdomadaires avec Bruxelles-Charleroi. Navettes de/vers le centre-ville : 5€.

**Aéroport Nîmes-Alès-Camargue-Cévennes** *Saint-Gilles Tél. 04 66 70 49 49 www.aeroport-nimes.fr*

**Ryanair** *Tél. 0892 78 02 10 www.ryanair.com*

### EN VOITURE

Nîmes est reliée à Montpellier par la D66 et l'A9 (52km), à Alès par la D60 et la N106 (47km), à Avignon par la N100, l'A9 et la N86 (45km), à Arles par la N113-N572-A54/E80 (34km).

### EN TRAIN

Une vingtaine de TGV directs par jour de Paris (3h) et Lyon (1h15). TER en provenance de Perpignan, Narbonne, Montpellier, Alès, Aigues-Mortes, Le Grau-du-Roi, Avignon, Marseille.

**Gare SNCF (plan 7, D3)** *Bd Sergent-Triaire*

**SNCF** *Tél. 3635 www.voyages-sncf.com*

### EN CAR

Les lignes du réseau Edgard relient la plupart des villes du département : Alès, Uzès, Aigues-Mortes, Bagnols-sur-Cèze, Beaucaire, Villeneuve-lez-Avignon, Saint-Gilles... Pour Montpellier, prendre la C35 et effectuer un changement à Lunel avec la ligne 101 d'Hérault Transport.

**Edgard Transport** *Tél. 0810 33 42 73 www.edgard-transport.fr*

**Hérault Transport** *Tél. 04 34 88 89 99 www.herault-transport.fr*

## orientation

Contenu dans un périmètre en forme d'écusson, délimité par les boulevards de la Libération, Amiral-Courbet, Victor-Hugo et Gambetta, le vieux Nîmes abrite la plupart des sites historiques et touristiques : arènes, Maison carrée, Carré d'art, cathédrale, musées et hôtels particuliers. Ses restaurants, cafés et boutiques en font le centre vivant de la cité. Au nord-ouest, les quais de la Fontaine conduisent aux jardins éponymes, dominés par la tour Magne. La place des Arènes, l'esplanade Charles-de-Gaulle et l'avenue Feuchère forment un espace dédié aux piétons, qui relie directement le centre historique à la gare.

## informations touristiques

**Office de tourisme (plan 8, A1)** Il propose en particulier un "Pass romain", formule de séjour avec dîner, nuit, petit déjeuner et tickets d'entrée dans tous les monuments, musées et sites (incluant le pont du Gard) à partir de 66€/pers. Le billet "Nîmes romaine" (à ne pas confondre) permet d'accéder aux arènes, à la Maison carrée et à la tour Magne (11€, réduit 8,50€). *6, rue Auguste Tél. 04 66 58 38 00 www.ot-nimes.fr Ouvert juil.-août : lun.-jeu. 8h30-20, sam. 9h-19h, dim. 10h-18h ; avr.-juin, sept. : lun.-ven. 8h30-19h, sam. 9h-19h, dim. 10h-18h ; oct.-mars : lun.-ven. 9h30-18h, sam. 9h30-18h, dim. 10h-17h*

## visites guidées

**"Laissez-vous conter Nîmes"** Visites guidées, sur des thèmes spécifiques selon les saisons ("les souterrains de la maison carrée", "les hôtels particuliers", "les arbres", "la Renaissance"...). Des balades historiques (6€, réduit 5€) et des visites guidées thématiques (3€) pour les enfants pendant les vacances scolaires. *Rens. à l'office de tourisme*

## transports urbains

### EN VOITURE

Il est recommandé d'éviter la vieille ville, embouteillée aux heures de pointe et avare en places de stationnement, ainsi que les boulevards circulaires, en sens unique. Pour vous garer, préférez les rues alentour ou les parkings couverts : gare, esplanade Charles-de-Gaulle, avenue Jean-Jaurès, Maison carrée, porte Auguste et Coupole des halles.

### EN BUS

De nombreuses lignes urbaines et périurbaines quadrillent Nîmes et ses environs. Ticket à l'unité : 1€. Pratique, la formule parking-relais offre, pour 1,60€ (3€ de 2 à 8 pers.), une journée de stationnement surveillé et un ticket A/R parking-centre-ville.

## Tableau kilométrique

| | Nîmes | V.-Pont-du-Gard | Aigues-M. | Villeneuve-lez-A. | Anduze |
|---|---|---|---|---|---|
| **V.-Pont-du-Gard** | 26 | | | | |
| **Aigues-Mortes** | 42 | 73 | | | |
| **Villeneuve-lez-A.** | 45 | 27 | 84 | | |
| **Anduze** | 55 | 54 | 93 | 100 | |
| **Beaucaire** | 24 | 23 | 65 | 26 | 80 |

**TanGo !** *Tél. 0820 22 30 30 www.tangobus.fr 388, av. Robert-Bompard Ouvert lun.-ven. 7h30-18h30* (plan 8, B2) *Kiosque de la rue Régale Ouvert lun.-ven. 7h30-18h30 et 1er et dernier sam. du mois 9h-12h et 14h-17h*
**Parkings-relais** Parking-relais A54 à la sortie de l'autoroute et parking-relais Parnasse, à proximité du stade des Costières. *Ouvert tlj. 5h15-1h*

**EN TAXI**
Vous trouverez des stations devant la gare, aux arènes, sur le boulevard Amiral-Courbet (face au square de la Couronne) et sur le boulevard Gambetta (devant la Coupole des halles).
**Tran** Taxis Racio Artisans Nîmois. *Tél. 04 66 29 40 11 www.taxinimes.fr*

## location de voitures

**Ada** *2614, route de Montpellier Tél. 04 66 04 79 99 www.ada.fr*
**Avis** ***Aéroport*** *Tél. 04 66 70 49 26 www.avis.fr* ***Gare SNCF*** *Tél. 0820 61 16 40*
**Hertz** ***Aéroport*** *Tél. 04 66 70 19 96 www.hertz.fr* ***Gare SNCF*** *Tél. 04 66 76 25 91*

## location de deux-roues

**Sud Moto** Location de scooters à la journée (45€), au week-end, à la semaine... *2503, route de Montpellier Tél. 04 66 84 66 37 www.sud-motos.fr Ouvert mar.-sam. 9h-12h et 14h-19h*

## marchés

**Marché des Halles (plan 8, A1)** Dans la grande halle attenante à la Coupole, un marché propose une vaste gamme de produits venus de Provence, des Cévennes, de Méditerranée ou de Lozère : brandade, tapenade, huile d'olive, fromage, gardianne de taureau, poissons, fruits et légumes, vins régionaux... *Ouvert tlj. 8h-13h*
**Marchés nocturnes "Les Jeudis de Nîmes"** *Sur les places de la ville En juil.-août le jeu. soir*

## fêtes et manifestations

☆ **Feria** L'événement phare de Nîmes se dédouble annuellement en feria de Pentecôte et en feria des vendanges, cf. encadré p.179. *Tél. 0891 701 401 www.arenesdenimes.com* ***Feria de Pentecôte*** *5 jours en mai, du jeu. au lun.* ***Feria des vendanges*** *3e week-end de sept. Rés. sur le site Internet*
**Grands jeux romains** Reconstitutions historiques dans les arènes. *Deux jours fin avr. ou début mai*
**Jeudis de Nîmes** Pour chiner, le soir et en musique, d'un stand à l'autre : artisans, bouquinistes, brocanteurs... *En juil.-août le jeu. soir*
**Foire d'Art contemporain** Plus de 70 exposants français et étrangers. *Parc des Expositions Av. du Languedoc Tél. 04 66 84 93 39 4 jours fin sept.*

# DÉCOUVRIR

## Les sites antiques

☆ **Les essentiels** Les arènes, la Maison carrée, le Carré d'art **Découvrir autrement** Assistez à une corrida dans les arènes, flânez dans les jardins de la Fontaine, sirotez un verre au Ciel de Nîmes en haut du Carré d'art

☆ **Arènes (plan 8, A2-B2)** Amphithéâtre de pierres grises délavées par les ans, les arènes sont, à l'instar de la Maison carrée, l'un des pôles et symboles de

Nîmes. Sorties de terre à la fin du Ier siècle, de forme elliptique, elles mesurent 133m de long sur 101 de large et 21m de haut – 60 arcades réparties sur deux niveaux surmontés d'un attique. Plusieurs pilastres de l'étage inférieur sont ornés de bas-reliefs : l'un d'eux représente un combat de gladiateurs ; d'autres figurent des têtes de taureaux. Un réseau de galeries concentriques et rayonnantes supporte les 34 rangées de gradins et en facilite l'accès. Chacun pouvait circuler, s'installer et jouir du spectacle sans être gêné. Les gradins étaient, toutefois, divisés en zones réservées à des catégories sociales bien distinctes. Sous le velum tendu pour tempérer les chaleurs estivales, on logeait facilement 20 000 personnes. L'amphithéâtre, qui servait aux combats de fauves, aux jeux aquatiques et aux combats de gladiateurs, changea radicalement de fonction à la fin de l'Empire, quand débutèrent les grandes invasions européennes. La population se réfugia dans son enceinte et y constitua peu à peu un important quartier doté de deux églises et d'un château. Jusqu'à la fin du XVIIIe siècle, les arènes formèrent ainsi une ville dans la ville. Ce n'est qu'au XIXe siècle qu'elles retrouvèrent leur forme d'origine pour accueillir spectacles divers et corridas. Modèle d'harmonie architecturale, elles demeurent à ce jour les mieux conservées de l'époque romaine. Intéressant circuit de visite audioguidée, espace multimédia consacré aux gladiateurs et à la tauromachie, et jeux d'énigmes pour les jeunes (moins de 12 ans). *Bd des Arènes (arrêt de nombreux bus de la ville) Tél. 04 66 21 82 56 www.arenes-nimes.com Ouvert juil.-août : tlj. 9h-20h ; avr.-juin, sept. : tlj. 9h-18h30 ; mars, oct. : tlj. 9h-18h ; nov.-fév. : tlj. 9h30-17h Tarif 8,50€, réduit 6,50€*

☆ **Maison carrée (plan 8, A1)** Rythmée par de majestueuses colonnes et demi-colonnes corinthiennes, dressée sur son haut podium, elle trône au nord de la ville et donne à Nîmes sa couleur de cité romaine. Il faut imaginer, au Ier siècle, au sud d'une place publique bien plus vaste encore, un gigantesque forum fermé par un portique, cœur de la cité antique. Ce temple majeur de la ville gallo-romaine fut érigé à la fin du Ier siècle avant

## La feria de Nîmes

Créée en 1952 sur le modèle des fêtes taurines espagnoles, la feria de Pentecôte est devenue en un demi-siècle l'un des plus grands rendez-vous populaires d'Europe, rassemblant chaque année un million de visiteurs – aficionados (passionnés de tauromachie) ou non –, soit près de sept fois la population de la ville ! Tandis que dans les arènes défilent les meilleurs toreros du moment (corridas, novilladas), la fièvre s'empare des rues du centre-ville et Nîmes ne dort plus : on lâche les taureaux (*abrivados*), on danse au son des *bandas* et on investit les bodegas (bars ou lieux – patios, caves – aménagés pour l'occasion). De la Pégoulade (grand défilé aux flambeaux ouvrant les festivités) à la clôture, sangria, fino et pastis coulent à flot ! Depuis 1978, sa petite sœur, la feria des vendanges, jouit aussi d'un franc succès, sans toutefois atteindre les proportions de son aînée.

## Plan 7 Nîmes, centre

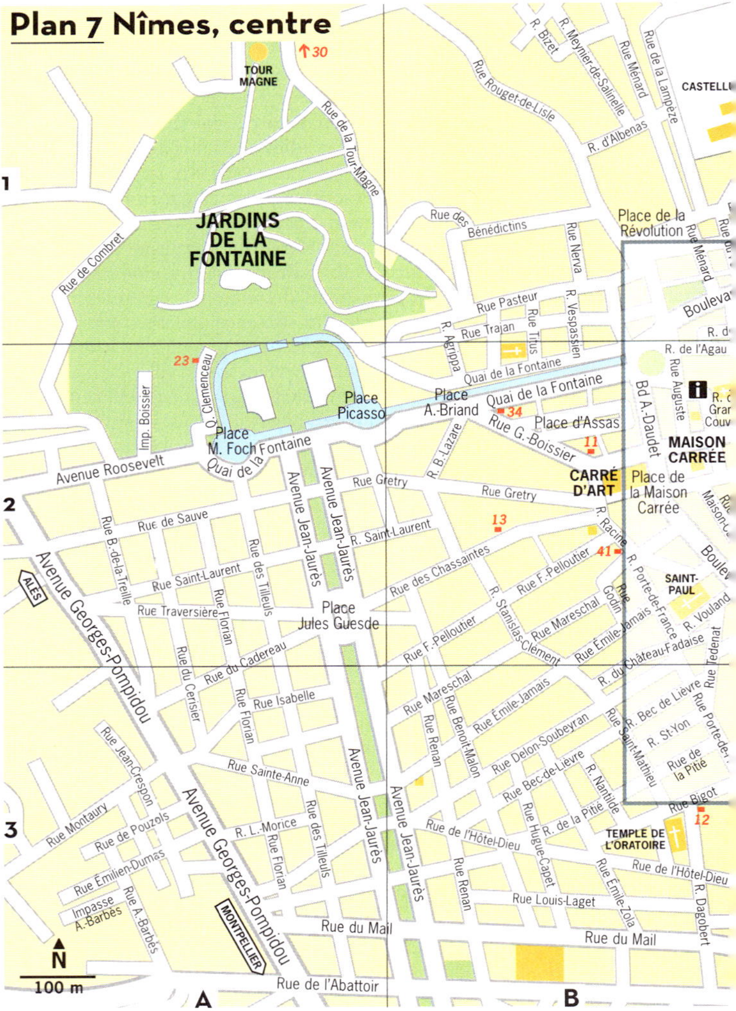


**Restauration** (n°10 à 13)
Alexandre ______ **10** D3
L'Ex-Æquo ______ **12** B3
Le Carré d'Art ______ **11** B2
Restaurant Vincent Croizard ______ **13** B2

**Cafés, bars et lieux de sortie** (n°20 à 23)
ATP (Association pour le Théâtre populaire) _ **20** D2
Cinéma Le Sémaphore ______ **21** C3
Le Prolé ______ **22** C3
Pavillon de la Fontaine* ______ **23** A2

**Hébergement** (n°30 à 36)
Auberge de jeunesse _ **30** A1

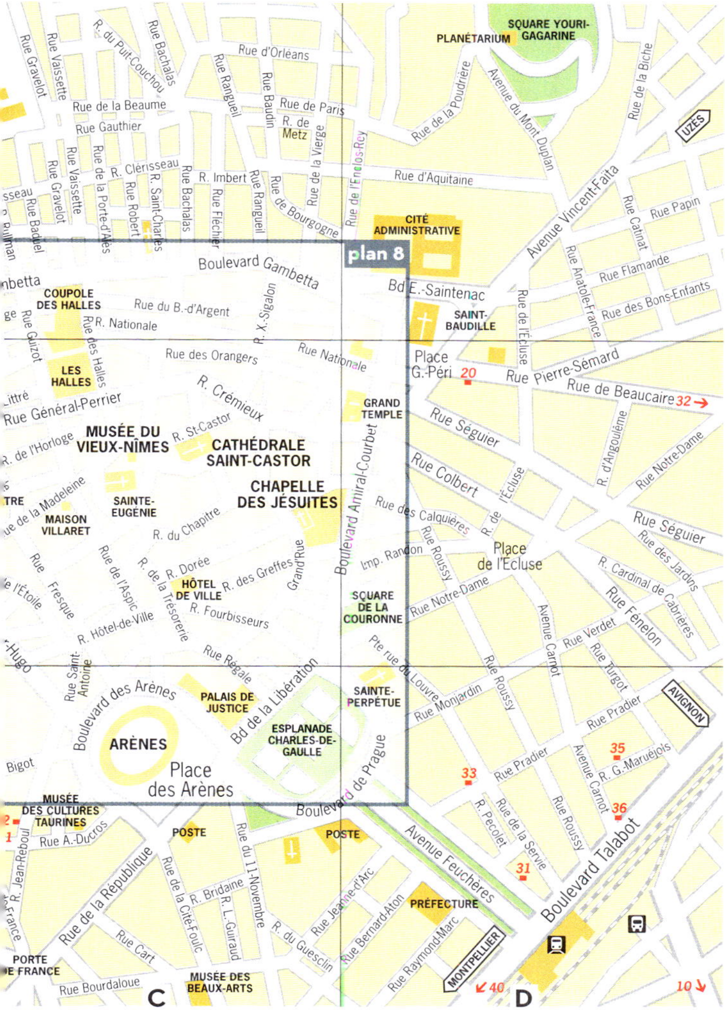


| | |
|---|---|
| Hôtel César | **31** D3 |
| Hôtel Côté Patio | **32** D2 |
| Hôtel Majestic | **33** D3 |
| Imperator Concorde | **34** B2 |
| Jardins secrets | **35** D3 |
| La Maison de Sophie | **36** D3 |

**Shopping** (n°40 et 41)

| | |
|---|---|
| Les Caves du 41* | **40** D3 |
| Les Plaisirs de la Table* | **41** B2 |

* À RETROUVER DANS LA PARTIE DÉCOUVRIR

**QUAND S'ANIME LA RIME**
"Gal, amant de la reine, alla, tour magnanime/ Galamment de l'arène à la tour Magne, à Nîmes"
Marc Monnier (1829-1885)

notre ère par le général et homme politique Marcus Vipsanius Agrippa, gendre d'Auguste, et dédié aux consuls Caius Julius César et Lucius César, fils adoptifs de l'empereur. L'édifice devint par la suite maison consulaire, écurie, appartement, église... et il fut occupé sans interruption jusqu'à nos jours. Il faillit pourtant partir à Versailles, démonté pierre par pierre, au temps de Colbert puis de Napoléon. Au XIXe siècle, on y entreposa les archives de la ville, puis des tableaux. C'est ainsi que cette Maison carrée est l'unique temple antique qui nous soit parvenu presque intact : seule sa toiture, en 1992, a été remaniée, en respectant son dessin d'origine. En dépit de son volume rectangulaire, on la nomma "carrée" au XVIe siècle. À cette époque, en effet, on confondait les deux formes géométriques sous le même vocable (un rectangle étant appelé "carré long"). Dans l'ancienne *cella* (salle cultuelle), un film en 3D vous plongera au cœur des combats qui ont marqué l'histoire de la ville : gladiateurs, chevaliers armés de lances, camisards contre dragons de Louis XIV, enfin toreros affrontant des taureaux, chacun glorifiant à sa manière l'âme d'une cité fière. *Pl. de la Maison-Carrée Tél. 04 66 21 82 56 www.arenes-nimes.com Ouvert juil.-août : tlj. 10h-20h ; avr.-juin, sept. : tlj. 10h-18h30 ; mars, oct. : tlj. 10h-13h et 14h-18h ; nov.-fév. : tlj. 10h-13h et 14h-16h30 Tarif 4,80€, réduit 3,90€*

☺ **Jardins de la Fontaine (plan 7, A1-A2)** Un splendide jardin d'agrément, conçu au XVIIIe siècle par l'ingénieur du roi Jacques Philippe Mareschal et l'architecte nîmois Gabriel Dardailhon, autour de la source à laquelle la ville doit sa naissance. À savoir : c'est pour pallier l'insuffisance de cette source que l'on entreprit la construction du pont du Gard vers 40 av. J.-C. Après la conquête romaine, au Ier siècle av. J.-C., y fut érigé l'*augusteum*, sanctuaire délimité par un portique aujourd'hui disparu. Le **temple de Diane**, qui en serait le dernier témoin, pourrait avoir été un lieu de culte ou une bibliothèque. Demeurent les vestiges de la voûte en berceau, des colonnes et des niches à frontons. Les bassins latéraux qui s'étendent en aval de la source constituèrent l'un des projets majeurs de l'aménagement du parc sous Louis XV. L'esthétique devait alors servir la fonction : à cette époque, l'extension de la ville exigea que l'on revoie l'alimentation de Nîmes en eau. En amont s'élève le mont Cavalier, agrémenté d'un autre jardin, à l'italienne celui-là, planté au XIXe siècle. Son opulente végétation méditerranéenne (pins, cyprès, chênes, lauriers...) invite à de romantiques balades. *Ouvert avr.-mi-sept. : tlj. 7h30-22h ; mi-sept.-mars : tlj. 7h30-18h30*

**Tour Magne (plan 7, A1)** De l'**enceinte romaine**, longue de 7km, dont la tour Magne était la plus prestigieuse expression, il faut aller voir la monumentale porte Auguste, à l'est de la ville (plan 8, B1). Avec la porte de France (plan 7, C3), son pendant occidental, elle fut édifiée vers l'an 15 av. J.-C. Sise au faîte du mont Cavalier, la tour Magne est une robuste tour octogonale, symbole de puissance (avec l'ensemble des fortifications) de la cité offerte par l'empereur Auguste à la colonie de Nîmes en 15 av. J.-C. Elle englobait une tour plus ancienne, construite par les Volques Arecomiques. Son sommet offre un panorama magnifique sur Nîmes et ses environs. Une table d'orientation restitue le plan de la ville antique. *Jardins de la Fontaine Tél. 04 66 21 82 56 www.arenes-nimes.com Ouvert juil.-août : tlj. 9h-20h ; avr.-mai : tlj. 9h30-18h30 ; juin : tlj. 9h-19h ; sept. : tlj. 9h30-13h et 14h-18h30 ; oct., mars : tlj. 9h30-13h et 14h-18h ; nov.-fév. : tlj. 9h30-13h et 14h-16h30 Tarif 3€, réduit 2,50€*

**Castellum (plan 7, B1-C1)** C'est là que se déversaient les eaux de la source d'Eure, au terme d'un parcours de 50km, dont le plus célèbre tronçon n'est autre que le pont du Gard (p.257). Ce bassin, large de 5,90m, assurait leur distribution vers les différents quartiers de la ville grâce à dix canalisations de plomb dont on peut apercevoir les ouvertures. *Rue de la Lampèze*

### ● Où boire un verre ?

**Pavillon de la Fontaine (plan 7, A2 n°23)** Un simple café-restaurant à fréquenter aux beaux jours, pour sa terrasse sous les tilleuls, entre ombre et lumière, au pied du temple de Diane. Jus de fruits frais, café, thé et restauration légère (salades, terrines...), plus conséquente aux heures des repas (formule du jour 13,90€). *9, quai Georges-Clemenceau Tél. 04 66 64 09 93 Ouvert mai-sept. : tlj. 9h-22h30 ; oct.-avr. : tlj. 10h-19h (le soir sur rés.) Fermé 25 déc.*



## À proximité des sites antiques

**Musée des Beaux-Arts (plan 7, C3)** Au sud des arènes. Aménagé autour d'un *atrium* revêtu d'une remarquable mosaïque romaine (*Les Noces d'Admète*, IIe s.), cet admirable musée brosse un panorama de la peinture italienne (Giambono, Bassano), hollandaise (Bramer, De Heem) et française (Boucher, Corot) du XVe au XIXe siècle. Au rez-de-chaussée, voyez le regard sévère de Paolo Gerolamo Franzone, dont le *Portrait* porte la signature d'Enrico Vaymer (1665-1738). Plus loin : Rubens et son *Marcelliano de Barea, capucin* (v. 1630). Autre chef-d'œuvre du musée, le tondo Foulc, une faïence d'Andrea della Robbia (XVe s.). Avec Étienne Theaulon, natif d'Aigues-Mortes, Pierre Subleyras (de Saint-Gilles), le Nîmois Charles-Joseph Natoire (imposant *Saint-Étienne*, 1745) et l'Uzétien Xavier Sigalon (*L'Amour captif*, 1833), les artistes gardois sont largement représentés. Expositions temporaires. *Rue de la Cité-Foulc Tél. 04 66 67 38 21 Ouvert juil.-août : mar.-mer. et ven.-dim. 10h-18h, jeu. 10h-20h ; reste de l'année : mar.-dim. 10h-18h Tarif de 5 à 10€ selon l'exposition ; gratuit pour le fonds permanent*

**CAFÉ AVEC VUE**
Au dernier étage du musée du Carré d'art, la vue ne peut être que panoramique, plongeante sur la Maison carrée et, au-delà, sur les toits ocre et les clochers. On vient y lire son journal avec un café, manger un morceau ou juste rêver, dans le vent... **Le Ciel de Nîmes (plan 8, A1 n°46)** *Pl. de la Maison-Carrée Tél. 04 66 36 71 70 www.lecieldenimes.fr Ouvert juil.-août : mar.-mer. et dim. 10h-18h, jeu.-sam. 10h-1h ; sept.-juin : mar.-jeu. et dim. 10h-18h, ven.-sam. 10h-1h*

☆ **Carré d'art-musée d'Art contemporain (plan 8, A1)** Ce cube de verre qui fait face à la Maison carrée depuis 1993 est l'œuvre de l'architecte Norman Foster. Il abrite un musée d'Art contemporain, dont les expositions temporaires rivalisent de qualité avec la collection permanente, organisée autour de trois thèmes : l'art en France de 1960 à

1990 (Arman, Boltanski, Viallat, Sophie Calle), l'identité méditerranéenne (Kounellis, Merz, Giuseppe Penone) et l'art des pays anglo-saxons (Richard Long, David Tremlett, Hamish Fulton). Recoupant les courants esthétiques, cette logique géographique englobe les principales écoles de l'époque : Support-Surface, Arte povera, art conceptuel, Land Art... L'École de Düsseldorf, avec Richter (*Abstraktes Bild*, 1989) et Polke (*Les Quatre Saisons*, 1988), est aussi représentée. On y trouve en outre une bibliothèque fabuleuse et, tout en haut, un café bien agréable, le Ciel de Nîmes. *Pl. de la Maison-Carrée Tél. 04 66 76 35 70 http://carreartmusee.nimes.fr Ouvert mar.-dim. 10h-18h Tarif 5€, réduit 3,70€*



**Musée des Cultures taurines (plan 7, C3)** À proximité des arènes, un lieu d'exposition entièrement dédié à la tauromachie et à ses expressions les plus variées, artistiques le plus souvent, culturelles certainement. *6, rue Alexandre-Ducros Tél. 04 66 36 83 77 Ouvert mi-mai-juin, sept.-oct. : mar.-dim. 10h-18h ; juil.-août : mar.-mer. et ven.-dim. 10h-18h, jeu. 10h-20h (Jeudis de Nîmes) Tarif 5-6€ en fonction des expositions, 1er dim. du mois gratuit*

## ● Où dénicher de bons crus ?

**Les Caves du 41 (plan 7, D3 n°40)** Un vaste espace où s'alignent sagement les bouteilles, des plus modestes aux plus prestigieuses. On pioche au hasard une étiquette et la voix s'anime, raconte l'histoire de la vigne, la lente évolution des raisins sous la main d'un homme, d'une femme, pour qui le vin est une passion... Également quelques produits d'épicerie fine. Accueil attentionné. *191, chemin du Mas-de-Cheylon Tél. 04 66 36 20 36 www.caves-41.com Ouvert lun.-sam. 9h30-12h30 et 14h30-19h*

**Les Plaisirs de la Table (plan 7, B2 n°41)** Une cave où il fait bon s'attarder, goûter les dernières trouvailles et discuter des figures locales - vignerons singuliers, vins d'exception... - sans prétention aucune, avec gentillesse et cordialité. Ici est née la revue *In Vino*, à l'initiative du sommelier et de ses acolytes émérites... *1, rue Racine Tél. 04 66 36 26 06 Ouvert mar.-sam. 9h30-12h et 15h-19h30*

## ● Où boire un verre, grignoter un morceau ?

**L'Épicurien (plan 8, A1 n°47)** Un patio discret pour siroter un verre au soleil, bouquiner à l'ombre ou festiner sous les étoiles : propositions orientales mâtinées de garrigue... À midi, la carte se fait plus légère. Formules déjeuner de 12 à 14,50€. Comptez 24-30€ le soir. *Rue du Grand-Couvent Tél. 04 66 67 53 50 Ouvert mai-mi-sept. : mar.-sam. 12h-14h30 et 19h-22h30 ; mi-sept.-avr. : mar.-mer. 12h-14h30, jeu.-sam. 12h-14h30 et 19h-22h30*

# ☆ Le vieux Nîmes

**☆ Les essentiels** Le vieux Nîmes, la cathédrale Saint-Castor **Découvrir autrement** Garnissez votre panier gourmand à l'Huilerie, promenez-vous dans les ruelles autour de la place du Marché, dégustez une pâtisserie chez Courtois

## Autour de la place aux Herbes

Blottie au pied de la cathédrale, investie par les terrasses ensoleillées, cette jolie place (plan 8, B1) a tout pour plaire. À l'angle de la rue de la Madeleine, remarquez la maison romane, ornée de motifs sculptés (XIIe s.).

☺ **Musée du Vieux-Nîmes (plan 8, B1)** Le musée du Vieux-Nîmes pourra constituer une excellente introduction à votre balade dans le centre historique. Peut-être le plus beau musée de la ville, il est installé dans l'ancien palais épiscopal (fin du XVIIe s.). Il retrace la vie quotidienne de Nîmes depuis le Moyen Âge, pas à pas, avec une reconstitution de deux salons des XVIIIe et XIXe siècles et une incursion dans l'histoire du jean, ou toile denim (salle "Bleu au quotidien"). Expositions temporaires. *Pl. aux Herbes Tél. 04 66 76 73 70 Ouvert juil.-août : mar.-mer. et ven.-dim. 10h-18h, jeu. 10h-21h (Jeudis de Nîmes) ; reste de l'année : mar.-dim. 10h-18h Entrée libre Visite guidée 1er sam. du mois à 10h30*

**Place de l'Horloge (plan 8, A1)** En remontant la rue Sainte-Eugénie, gagnez cette place surveillée par la tour de l'Horloge, ancien beffroi municipal du XVIIIe siècle. La rue du même nom recèle, au n°13, une belle porte sculptée (XVIIe s.).

☆☺ **Cathédrale Saint-Castor (plan 8, B1)** De l'église primitive bâtie au XIe siècle, détruite par les guerres de Religion (XVIe s.), reconstruite en 1646 et remaniée en 1882, ne subsistent que la base du clocher et une partie de la façade. En levant les yeux, on aperçoit une frise représentant des scènes de l'Ancien Testament (Péché originel, sacrifice de Caïn et Abel, meurtre d'Abel) : un joyau de l'art roman ! Celles qui relatent les épisodes de la tour de Babel et l'histoire de Noé, à droite, sont plus récentes (XVIIe s.). À l'intérieur, les chapelles latérales, aux riches décors et mobilier, sont confinées entre les murs-boutants de la nef unique. On y voit des peintures de Xavier Sigalon (*Saint-Jean-Baptiste*, première chapelle de gauche) et de Pierre Parrocel (*Songe de Saint-Joseph*, première chapelle à droite). Dans la chapelle Sainte-Anne (troisième à droite) repose le cardinal de Bernis (1715-1794), homme de lettres et d'Église, et ambassadeur de Louis XV, tandis qu'un sarcophage paléochrétien représente *Jésus donnant l'enseignement à ses douze disciples*. Précieux buffet d'orgue (1643). *Pl. aux Herbes Tél. 04 66 67 27 72 Ouvert lun.-ven. 8h30-18h, sam. 8h30-12h et 14h-18h, dim. 9h-12h*

**Rue des Marchands (plan 8, B1-B2)** Dans cette charmante ruelle, styles gothique et Renaissance affichent leurs contrastes aux nos 15 et 17, ce dernier présentant des pilastres cannelés et géminés qui imitent le théâtre antique d'Arles.

● **Où faire du shopping de bouche ?** Ne manquez pas l'indispensable marché des Halles (p.178) et ses étals gourmands, célébration quotidienne du terroir.
☺ **L'Huilerie (plan 8, B1 n°61)** Fusion de senteurs, mariage de saveurs, d'Orient et d'Occident, L'Huilerie ne connaît pas les frontières. Ses arômes embaument la rue et ses vitrines retiennent le regard : riz de Camargue et du Surinam,

## Plan 8 Nîmes, centre historique

### Pâtisserie (n°10)

Courtois* — 10 A2

### Restauration (n°20 à 32)

Au Flan coco — 25 A1
Aux plaisirs des halles — 20 A1
Bistrot des Arènes — 21 A2
El Rinconcito — 22 B1
Halles Auberge — 23 A1
Le Basilik — 24 A1
Le Chapon fin — 26 A2
Le Frenchy — 27 A2
Le Magister — 30 B1
Le Patio Littré — 29 A1
Le Tendances Lisita — 28 B2
Le Vintage Wine Bar — 31 A2
Le Cheval blanc — 32 B2

### Cafés, bars et lieux de sortie (n°40 à 47)

421 — 40 A2
Bodega Chez Jany — 41 A2
L'Épicurien* — 47 A1
Le Ciel de Nîmes* — 46 A1
Les Trois Maures — 43 A2
O'Flaherty's — 44 B1
Théâtre de Nîmes — 45 A1

### Hébergement (n°51 à 56)

Hôtel Central — 52 B1
Hôtel de l'Amphithéâtre — 51 A2
Hôtel Marquis de La Baume — 55 B1
Le Cheval blanc — 54 B2
Royal Hôtel — 56 A1

### Shopping (n°60 à 64)

Et Lola... créa* — 64 A2
L'Huilerie* — 61 B1
L'Oustau Nadal* — 62 B1
Le 7* — 60 A2
Maison Villaret* — 63 A1

*À RETROUVER DANS LA PARTIE DÉCOUVRIR

moutarde de Brive et piment d'Espelette, tilleul de Carpentras et quinoa des Andes, arachides et haricots tarbais, épices orientales et vinaigres, tout pour garnir et parfumer son assiette ! Mais aussi : pralines, thés, miel, huiles d'olive, confitures... *10-12, rue des Marchands Tél. 04 66 67 37 24 Ouvert mar.-sam. 9h-12h et 15h-19h*

**L'Oustau Nadal (plan 8, B1 n°62)** Passée entre de nouvelles mains, cette institution nîmoise se devait de conserver le patronyme de son fondateur, Francis Nadal, véritable légende du quartier disparue en 2004 après sept décennies d'exercice à l'angle de la place aux Herbes. Torréfacteur à ses débuts, il diversifia son activité après la guerre en s'associant à différents artisans gardois. S'il a subi un coup de neuf, l'*oustau* d'origine, continue à exhaler les parfums d'autrefois : bouquets de lavande, savons de Marseille, calissons d'Aix, brandade Raymond Geoffroy, pain d'épices, miel des Cévennes, huiles d'olive, foie gras, confitures... Une belle vitrine de la diversité gardoise. *4, rue des Marchands Tél. 04 66 67 80 18 Ouvert mar.-sam. 9h-12h et 14h-18h30*
**Maison Villaret (plan 8, A1 n°63)** Une boulangerie à l'ancienne. De ses fours sortent des brioches à la fleur d'oranger, des croquants aux amandes, des caladons (miel, amandes et citron) et des galettes vitaminées. Un régal de douceur et de craquant mêlés... *13, rue de la Madeleine Tél. 04 66 67 41 79 croquantvillaret@orange.fr Ouvert juil.-août : lun.-sam. 7h-20h, dim. 8h-19h ; reste de l'année : lun.-sam. 7h-19h30, dim. 8h-19h*



## Autour de la place du Marché

Un air de décor théâtral et beaucoup de charme caractérisent cette place (plan 8, A2) : envahie par les terrasses des restaurants, elle est l'une des plus animées du vieux Nîmes. Le palmier et la fontaine au crocodile rappellent les deux emblèmes de la ville, évocation de la victoire d'Auguste sur l'Égypte et de son accession à la tête de l'empire (31 av. J.-C.).

**Rue Fresque (plan 8, A2)** Une ruelle pittoresque, étroite, ombragée, héritée du Moyen Âge, dont le nom signifie "fraîche" en occitan. Au n°6, l'hôtel Mazel et sa cour du XVIIe siècle.

**Rue de Bernis (plan 8, A2)** Au n°3 se dresse la façade de l'hôtel de Bernis, percée de fenêtres gothiques à meneaux (XVe s.). Elle cache une élégante cour rythmée d'arcades, et, dans la même rue, fait face à l'hôtel Boudon : façade rocaille (XVIIIe s.).

**Rue de l'Aspic (plan 8, A2-B2)** Sur la placette nommée plan de l'Aspic, de superbes atlantes, uniques à Nîmes, ornent une demeure élevée en 1676 et influencée par les styles baroque et classique. Non loin, au n°14 de la rue, bel escalier à balustrade de l'hôtel Fontfroide.

**Hôtel de ville (plan 8, B2)** Emblème de Nîmes, le crocodile se devait d'apparaître dans les murs de l'hôtel de ville bâti en 1700 et rajeuni avec brio, de 1986 à 1988, par Jean-Michel Wilmotte. En ferronnerie sur les balcons, naturalisé dans la cage d'escalier, c'est chose faite. *Pl. de l'Hôtel-de-Ville Tél. 04 66 76 70 01 www.nimes.fr Ouvert lun.-ven. 8h-18h*

**Rue Dorée (plan 8, B2)** Mascarons, têtes de lions et personnages sculptés agrémentent la cour de l'hôtel de l'Académie, de style Renaissance tardive (XVIIe s.), au n°16 de cette rue riche en façades des XVIIe et XVIIIe siècles. Belle porte à fronton brisé.

### ● Où renouveler sa garde-robe ?

**Le 7 (plan 8, A2 n°60)** Coincée entre une crèche et un salon de coiffure, une devanture sans enseigne, démarche volontaire d'une boutique d'avant-garde. Vêtements de créateurs... locaux, parisiens, anglais... Les pièces, originales, valent le coup d'œil, voire plus si vous avez un coup de cœur. *7, rue Fresque Ouvert mar.-dim. 10h-12h30 et 14h-19h Fermé 2 sem. en août*

**Et Lola... créa (plan 8, A2 n°64)** Stéphane Demange a choisi un emplacement idéal pour ouvrir son magasin : la rue Fresque, une ruelle bien représentative de l'identité nîmoise avec ses bodegas et ses petites boutiques. Les vêtements qu'il propose, à prix doux, ne déparent pas dans cet univers. Tous sont en effet affublés d'une petite tête de taureau, touche nîmoise qui agrémente avantageusement les tee-shirts, les tuniques, les robes, les chemises, les vestes, que l'on trouve dans sa jolie boutique. Petite précision : ce logo est né sur l'un de ses tableaux, car ce sympathique créateur de prêt-à-porter est aussi artiste-peintre et photographe. *20, rue Fresque Tél. 04 66 23 12 70 Ouvert lun. 14h30-19h, mar.-sam. 10h-13h et 14h30-19h*

### ● Où s'attabler autour d'un petit plat, de glaces ou de pâtisseries maison ?

**Courtois (plan 8, A2 n°10)** Une pâtisserie-confiserie historique à Nîmes, qui a conservé son décor de 1892, où l'on peut goûter sans réserve les glaces (dame blanche, belle hélène, meringue glacée) et pâtisseries maison (nelusko, étoile, et l'exquis ardéchois, une noce de marrons et de chocolats relevée d'une goutte de whisky), mais aussi la carte salée (tagliatelles au saumon, salades, pâté nîmois, omelettes). Agréable terrasse sur la place du Marché. Plats de 8 à 13€ ; glaces et pâtisseries de 3,80 à 5,70€ ; coupes glacées de 4,50 à 12€. *8, pl. du Marché Tél. 04 66 67 20 09 Ouvert juil.-août : tlj. 8h-0h ; sept.-juin : jeu.-mar. 8h-19h*

## Autour de l'ancien collège des Jésuites

**Musée archéologique et muséum d'Histoire naturelle (plan 8, B2)** Aménagés autour du cloître de l'ancien collège des Jésuites, deux musées en un. *13bis, bd Amiral-Courbet www.nimes.fr Ouvert mar.-dim. 10h-18h Entrée libre*

**Musée archéologique** De l'âge du fer à l'époque gallo-romaine, il relate l'histoire de la région, illustrée par divers objets de la vie quotidienne (cratères à figures rouges du VIe au IVe siècle av. J.-C, céramiques sigillées du Haut-Empire romain, vaisselle, urnes cinéraires, bijoux...), artistique (marbres et bronzes de Tibère, Apollon, Vénus...) et militaire. Dans les galeries du cloître, dépôt lapidaire abondant et une précieuse mosaïque : monté sur Pégase, Bellérophon terrasse la Chimère (IIe ou IIIe s.). *Tél. 04 66 76 74 80*

**Muséum d'Histoire naturelle** Tatous, singes, ours blancs et rennes figurent parmi les collections fournies de ce musée également ethnographique : armes, statues et objets d'art africains et océaniens du XXe siècle. *Tél. 04 66 76 73 45*

☺ **Chapelle des Jésuites (plan 8, B1)** Volumes amples, équilibre des proportions, élégance classique : la chapelle de l'ancien collège des Jésuites (1673-1678), restaurée en 1985, demeure un écrin unique pour la diffusion culturelle. Expositions, concerts, manifestations… Programme disponible auprès du Musée archéologique. *Grand'Rue Ouvert mar.-dim. 10h-18h Entrée libre*

**Grand Temple (plan 8, B1)** Des pilastres et un portail sculpté égayent sa façade, sobre et élégante. Cette ancienne église des Dominicains (XVIIIe s.) passa aux réformés en 1792. *Pl. du Grand-Temple*

**Hôtel de Régis (plan 8, B1)** Des mascarons et motifs végétaux décorent la façade de cet hôtel érigé au XVIIIe siècle. Belle cour pavée. *14, rue du Chapitre*

**École des Beaux-Arts-hôtel Rivet (plan 8, B1)** Elle accueille de remarquables expositions consacrées à des artistes de la région ouverts sur le monde entier et s'illustrant dans différentes disciplines, du dessin à la photographie – l'une des dimensions phares de l'école. Le bâtiment est splendide. *10, Grand'Rue Tél. 04 66 76 70 22 www.nimes.fr Ouvert lun.-ven. 9h-12h et 14h-18h Entrée libre*



## Plus au nord

**Planétarium (plan 7, D1)** Pour découvrir, confortablement installé dans son fauteuil, l'univers et ses mystères ! Séances thématiques (les mystères de Mars, l'homme dans l'espace, etc.) renouvelées tous les mois. *Av. Péladan Square Youri-Gagarine Tél. 04 66 67 60 94 www.nimes.fr Séances mer. à 10h (jeune public) et 15h, sam.-dim. à 15h Gratuit*

**Musée du Chemin de fer (hors plan 7 par D1)** Dans un ancien dépôt de la SNCF, documents, photos et matériels de jadis retracent l'histoire des chemins de fer. À voir grandeur nature : un appareil Castan (automotrice pour l'entretien des tunnels), une allège postale, un locotracteur et, accessible au public, la cabine d'une locomotive électrique. *97, rue Pierre-Sémard Tél. 04 66 70 40 45 www.aaatv30.fr Ouvert sam. 14h-17h Tarif 5€, réduit 3,50€*

### Le Gard antique

Les sites antiques ____ 178
Musée archéologique (Nîmes) ____ 188
Oppidum de Nages ____ 190
Pont romain (Sommières) ____ 200
Cave gallo-romaine du mas des Tourelles (Beaucaire) ____ 246
Oppidum de Gaujac ____ 254
Le pont du Gard ____ 257
Aqueduc romain (Uzès) ____ 266
Musée d'archéologie Léon-Alègre (Bagnols-sur-Cèze) ____ 274

### ● Où dénicher la “perle” rare ?

**Taillerie de Nîmes (hors plan 7 par D1)** Cette boutique cache plus de 2 000 minéraux et pierres précieuses : ambres, émeraudes, saphirs, opales… Visite des ateliers pour découvrir les différentes étapes de la taille (sciage, meulage, polissage…). *212, imp. Vincent-d'Indy (2,5km au nord-est du centre-ville) Tél. 04 66 27 00 74 www.opales-mineraux.com Ouvert mer.-sam. 10h-12h et 14h-18h* **Ateliers** *Visite sur rdv Tarif 8€, moins de 12 ans 5€*

# Les environs de Nîmes

**Oppidum de Nages** Fondé au début du IIIe siècle av. J.-C. par les Volques Arécomiques, plus tard colonisé par les Romains et occupé jusqu'au tout début de l'ère chrétienne, le site, dont il reste l'enceinte de pierres plates, des tours de guet, un petit temple (*fanum*) et la trace des rues en damier, demeure un témoignage rare de l'organisation urbaine des Celtes en Gaule méridionale. Situé au bout d'un chemin de pierres, il sera prétexte à une agréable promenade. Installé dans la mairie du village, un musée relate l'histoire de l'oppidum. ***Nages-et-Solorgues*** *(17km au sud-ouest de Nîmes par la D40, dir. Sommières)* **Mairie** *Tél. 04 66 35 05 26 Ouvert lun. et mer. 8h30-11h45 et 14h-18h, mar. et ven. 8h30-11h45, jeu. 8h30-11h45 et 17h-19h Musée ouvert sur demande*

### Jouer au golf

**Golf de Nîmes-Campagne** Parcours superbe (18 trous, par 72, 6135m) et club-house de charme. *Pitch and putt* de 6 trous pour débuter ou pour parfaire sa technique. *1360, chemin du Mas-de-Campagne À 8km de Nîmes dir. Saint-Gilles Tél. 04 66 70 17 37 www.golfnimescampagne.fr Ouvert été : tlj. 8h-19h ; reste de l'année : tlj. 8h-18h*



# CARNET D'ADRESSES

## Lieux de sortie

### Cinéma

**Cinéma Le Sémaphore (plan 7, C3 n°21)** Cinq salles dédiées au cinéma d'art et d'essai. *25, rue Porte-de-France* ***Nîmes*** *Tél. 04 66 67 83 11 www.cinema-semaphore.fr*

### Théâtres

Pièces de qualité tout au long de l'année. Suivez les programmations du théâtre de Nîmes et de l'Association pour le théâtre populaire.

**Théâtre de Nîmes (plan 8, A1 n°45)** Danse, théâtre, musique, jeune public… *1, pl. de la Calade* ***Nîmes*** *Tél. 04 66 36 65 10 www.theatredenimes.com*

**ATP (Association pour le Théâtre populaire) (plan 7, D2 n°20)** Cette association diffuse des spectacles de théâtre joués dans différentes salles de la ville. *4, La Placette* ***Nîmes*** *Tél. 04 66 67 63 03 www.atpnimes.fr*

### Bars

**421 (plan 8, A2 n°40)** Un simple bar taurin de quartier qui ne se contente pas de son voisinage : amateurs de *toros*, noctambules sans paillettes, bobos en quête d'authenticité, amis tenanciers, journalistes de comptoir et touristes de passage attirés par cette foule bigarrée en ont fait un pilier de la nuit nîmoise. Bondé le week-end, plus encore durant la feria ! Retransmission des corridas. Pinte 5€. *37, rue Fresque* ***Nîmes*** *Tél. 04 66 23 86 35 bartaurin421@gmail.com Ouvert lun.-sam. 10h-1h*

**Les Trois Maures (plan 8, A2 n°43)** Dans une salle lumineuse et spacieuse, l'un des plus beaux comptoirs de la ville, entièrement revêtu de carreaux andalous… On s'y retrouve le temps d'un verre, d'un repas méditerranéen ou d'une manifestation – corrida, rugby, football – retransmise sur écran aux aficionados de tout poil. Agréable terrasse, l'été, face aux arènes. *10, bd des Arènes* **Nîmes** *Tél. 04 66 36 23 23 Ouvert tlj. 7h-2h*

**O'Flaherty's (plan 8, B1 n°44)** Les boiseries sont omniprésentes, les *irish flags* ostentatoires, les expatriés rient et s'égosillent, et la bière coule à flots : le plus célèbre pub irlandais de la ville ne déroge à aucune règle. Concerts le jeudi, restauration midi et soir. L'Irlande est mise à l'honneur le 3e mercredi de chaque mois. Pinte de 4,50 à 5,40€, cidre 5,40€. *21, bd Amiral-Courbet* **Nîmes** *Tél. 04 66 67 22 63 www.pub-oflahertys.com Ouvert lun.-ven. 11h-2h, sam.-dim. 17h-2h* ***Service restauration*** *Lun.-ven. 12h-14h et 19h-22h30, sam. 19h-22h30*

**Le Prolé (plan 7, C3 n°22)** Une guirguette en ville, improvisée dans une cour au fond d'un couloir, hors du vieux Nîmes et de ses sentiers battus. Babas cool, étudiants, *musicos*, artistes et militants viennent y refaire le monde, assister à un concert le week-end ou, quelques jours par an, se perdre dans le tourbillon euphorique de la feria. Soirées dégustations de coquillages en été. Un véritable QG d'habitués. *20, rue Jean-Reboul* **Nîmes** *Tél. 04 66 21 67 23 www.leprolenimes.com Ouvert lun.-sam. 8h-22h (et dim. pendant la feria)*

## Bodega

**Bodega Chez Jany (plan 8, A2 n°41)** Elle a fêté ses 25 ans en 2012 mais n'a pas pris une ride, la fameuse bodega de la rue de l'Étoile. Au contraire, sa gloire est allée croissant, et Jany est devenue indispensable à la feria. Chaque année, la presse locale y va de ses dithyrambes. Or rien ne devait appeler un tel succès. Pas de vedettes ni de paillettes, peu de décors, un local ordinaire, un comptoir et un célèbre congélateur, transformé pour l'occasion en scène de spectacle, et Jany en personne assurant le show : micro, boa début de siècle, ouragan de chansons françaises en play-back, public chauffé à blanc, foule délurée... Chez Jany, le mythe a alimenté le mythe. Et n'est pas près de s'arrêter. Ringard, pour sûr, mais terriblement efficace ! *19, rue de l'Étoile* **Nîmes** *www.facebook.com/ChezJanyBodega Ouvert pendant la feria*

## Night-club

**Le Joy** Une discothèque hétéroclite recommandée pour ses soirées à thème du vendredi, en particulier lors des résidences de James Mac, DJ anglo-australien. Entrée 10€ incluant une consommation alcoolisée, ou deux sans alcool. *150, route de Sauve* **Nîmes** *(à 3km du centre-ville) Tél. 04 66 67 56 23 www.joy-club.fr Ouvert ven.-sam. 23h30-7h (et veille de fête)*

# Restauration

### très petits prix

☺ **El Rinconcito (plan 8, B1 n°22)** Une mélodie suave enveloppe la maison basse et berce le repas venu d'ailleurs. Aux murs, des cartes montrent un pays lointain tout en longueur. El Rinconcito, morceau de Chili en terre gardoise. Un lieu simple, sans toc ni folklore, misant sur la gentillesse et les saveurs authentiques : *gaspacho*, *curanto* (fruits de mer et poulet en bouillon), *empanadas*, *ceviche*, *fierritos* (brochettes de dinde), *pastel de choclo* (gratin de maïs)... Allez voir les miniatures peintes au fond de la salle.

Elles parlent de révolution, d'exil, de choix et de restaurant. Elles sont l'histoire d'Hector, le patron bienveillant. Formule midi 9,50€. Plat de 8,50 à 9€. Pas de CB. *7, passage du Vieux-Nîmes (passage signalé à hauteur du 7, rue des Marchands)* ***Nîmes*** *Tél. 04 66 76 17 30 Ouvert mar.-sam. midi et soir*

## petits prix

**Le Frenchy (plan 8, A2 n°27)** Garante de convivialité, sa forte fréquentation rattrape son cadre un peu froid : c'est la crêperie en vogue de Nîmes. Galettes et crêpes sont élaborées avec un talent de Breton, et les formules mettent en joie : galette, crêpe et café pour 11,50€. *4, rue de la Monnaie* ***Nîmes*** *Tél. 04 66 36 73 45 Ouvert mar.-sam. 11h45-14h30 et 18h45-dernier client*

**Halles Auberge (plan 8, A1 n°23)** Entre les étals de primeurs et les bouteilles de corbières, un comptoir et quelques tables pour déjeuner vite et bien dans le joyeux brouhaha des Halles. La cuisine a des parfums de Sud : jambon serrano, rognons *a la plancha* et *agrillade* saint-gilloise (paleron de bœuf, poitrine de porc et anchois marinant dans une sauce aigre). Comptez de 9 à 15€ le plat du jour. Verre de vin de 2 à 4€. *Halles* ***Nîmes*** *Tél. 04 66 21 96 70 www.hallesauberge.com Ouvert mar.-ven. 10h30-14h, sam.-dim. 10h30-14h30*

## prix moyens

**Le Basilik (plan 8, A1 n°24)** Pour manger très vite, très sain, très bien, retenez cette adresse établie au cœur de l'îlot Littre, sur la belle place du Grand-Couvent. Les plats d'inspiration asiatique, cuits à la vapeur haute pression, sont prêts en quelques secondes. Les saveurs intactes des poissons, des pâtes ou des légumes sont un ravissement. Plats 13€, desserts 5€, formules déjeuner à 14,50 et 18,50€. *29, pl. du Grand-Couvent* ***Nîmes*** *Tél. 04 66 29 99 81 www.basilik.fr Ouvert lun.-mer. 12h-14h, jeu.-sam. 12h-14h et 19h-22h*

**Wine Bar Le Cheval blanc (plan 8, B2 n°32)** Pub anglais revêtu de ses boiseries, bistrot méridional sous sa voûte blanche, *wine bar* sans frontières affublé de ses flacons épicuriens, Le Cheval Blanc joue avec les styles et le fait avec goût. Une véritable institution ! Pied de cochon noir de Bigorre, filet de morue à l'aïoli, brandade maison, coquillages et fruits de mer... Formule du jour 12,50€ (plat 8,50€). Menus 16€ (spécialités du terroir) et 24€. *1, pl. des Arènes* ***Nîmes*** *Tél. 04 66 76 19 59 www.winebar-lechevalblanc.com Ouvert lun.-sam. 12h-14h et 19h-23h*

**Bistrot des Arènes (plan 8, A2 n°21)** Derrière la devanture vert olive et sous les poutres apparentes, des photos, miroirs, plaques émaillées, affiches, assiettes, babioles et un Guignol Guérin qui ôte tout doute : vous êtes dans un bouchon lyonnais, un vrai ! Assiette copieuse, peu onéreuse, nîmoise au déjeuner, lyonnaise

### Et aussi...

**Pour une pause-café**

Pavillon de la Fontaine ____ 183

**Pour une pause déjeuner**

Le Ciel de Nîmes ____ 183
L'Épicurien ____ 184
Courtois ____ 188

**Pour déguster une glace**

Courtois ____ 188

le soir : quenelles de brochet, tête de veau, andouillette, gratin dauphinois avec saucisson cuit et cancoillotte. Comptez de 18 à 25€ à la carte. Menu du jour (midi) 11€. Menu Bistrot (soir) 18,50€. *11, rue Bigot* **Nîmes** *Tél. 04 66 21 40 18 Ouvert lun.-mar. et jeu.-ven. 12h-14h et 19h-22h, mer. 12h-14h, sam. 19h-22h*

☺ **Le Vintage (plan 8, A2 n°31)** Vintage, ce restaurant ne l'est plus depuis sa rénovation : contemporain, feutré, intime sous son plafond bas. Il a cédé aux modes sans néanmoins en abuser – de là vient son élégance. Le filet de bœuf au poivre de Sichuan, la queue de lotte au Serrano et le carpaccio de saumon y sont fins et pleins de saveurs et servis avec le sourire. Essayez le soir, quand le jazz fait danser les bougies. Terrasse aux beaux jours. Formules du midi à 12,50€ et 14€. Menu 26€. Vins régionaux et italiens. *7, rue de Bernis* **Nîmes** *Tél. 04 66 21 04 45 www.restaurant-levintage-nimes.com Ouvert haute saison : lun.-sam. 12h-14h30 et 19h-22h30 ; reste de l'année : mar.-sam. 12h-14h30 et 19h-22h30*

**Au Flan coco (plan 8, A1 n°25)** Ce très beau restaurant porte le nom de son dessert phare... Ce qui n'empêche pas de goûter aux autres plats, poissons, viandes et entrées originales ou aux autres desserts parmi lesquels une sublime soupe de pêche à la menthe et au muscat. Aménagé dans l'ancien couvent des Ursulines, ce lieu emporte tous les suffrages pour le raffinement de sa décoration et, surtout, pour sa terrasse bien abritée dans une vaste cour intérieure. Salades gourmandes de 13 à 17€. Menus 15,50€ (à midi), 26 et 32€. *21, rue du Grand-Couvent* **Nîmes** *Tél. 04 66 21 84 81 www.auflancoco.com Ouvert mar.-sam. 12h-14h et 19h-22h*

## prix élevés

**Le Carré d'Art (plan 7, B2 n°11)** À l'arrière du musée d'Art contemporain, une cour de bambous et de palmiers, des petites tables carrées et une salle aux grands volumes, d'un raffinement très détendu, très naturel : on y goûte, par exemple, une terrine d'aubergine au coulis de tomate et un pavé de cabillaud sauce vierge. Formules déjeuner à 10 et 16€ ; menus carte à 26 et 32€. *2, rue Gaston-Boissier* **Nîmes** *Tél. 04 66 67 52 40 http://restau.lecarredart.free.fr Ouvert lun.-sam. 12h-14h et 19h30-22h*

**Le Chapon fin (plan 8, A2 n°26)** La devanture augure charme et tradition, avec ses persiennes et son menu au tableau noir, mais, sous le lierre envahissant, s'épanouit une ambiance plus surprenante, à la fois cosy et épurée. La spécialité de ce Chapon ? La brandade pardi ! Mais aussi de délicieuses saint-jacques au pistou, des choucroutes dépaysantes (au riesling, au jarret, royale ou au poisson), et, les soirs d'été sur le toit, des salades, fraîches et copieuses. Divin ! Formule déjeuner 13,50€ (plat du jour 8,50€) et menu complet 29,50€. *3, rue du Château-Fadaise* **Nîmes** *Tél. 04 66*



| GAMME DE PRIX | RESTAURATION | HÉBERGEMENT |
|---|---|---|
| Très petits prix | moins de 10€ | moins de 40€ |
| Petits prix | de 10 à 15€ | de 40 à 60€ |
| Prix moyens | de 15 à 25€ | de 60 à 80€ |
| Prix élevés | de 25 à 45€ | de 80 à 120€ |
| Prix très élevés | plus de 45€ | plus de 120€ |

*67 34 73 ou 06 24 54 19 29 www.chaponfin-restaurant-nimes.fr Ouvert lun.-jeu. 12h-14h et 19h-22h, ven.-sam. 12h-14h et 19h-23h*

**Le Magister (plan 8, B1 n°30)** Côté décoration, un trio de couleurs tendance – crème, gris et rouge – ; côté assiette, un duo de saveurs, aux inspirations alsacienne et méditerranéenne. Au Magister, vous pourrez donc opter pour une choucroute (24€), un filet de daurade au pistou, une brandade de morue ou encore une escalope de saumon au riesling, avant de vous laisser tenter par les desserts qui ont le mérite d'être tous faits maison. À midi, formules 11 et 12€. Comptez environ 30€ à la carte. *5, rue Nationale* ***Nîmes*** *Tél. 04 66 76 11 00 www.lemagister.fr Ouvert lun.-ven. midi et soir, sam. soir, dim. midi*

**L'Ex-Æquo (plan 7, B3 n°12)** Un subtil mélange de design et de savoir-vivre, d'épure et d'élégance, dans une salle aux chaises rouges, murs blancs et parquet blond. Un jardin tranquille déploie, pour l'été, ses tables sur les pavés. La carte décline des plats originaux où les mets nobles ne sont pas rares et les produits frais et locaux trouvent leur juste place : terrine de foie gras à la truffe noire, gambas papillons sautées et marinées façon thaïe, suprême de caille sauce au vin rouge et pignons de pin grillés, cheesecake aux carottes et Speculoos, le tout accompagné de vins choisis. Formules 2 plats 22€ ; menus de 28 à 52€ (menu mets et vins). *11, rue Bigot* ***Nîmes*** *Tél. 04 66 21 71 96 www.ex-aequo-nimes.fr Ouvert mar.-sam. 12h-14h et 20h-22h*

**Aux plaisirs des halles (plan 8, A1 n°20)** Il faut s'engager dans un petit passage et passer la terrasse sous sa treille pour découvrir cette salle chic et discrète, à la mode des années 1970 : chaises orange, lustres et meubles d'époque. Chef remarqué, Sébastien Granier élabore une cuisine de haut rang : queue de homard et ses petits légumes du moment, faux-filet d'Aubrac et ses "grosses frites pour rester classiques". Et comme l'a dit Petit-Renaud, il y la brandade et la Brandade du Plaisirs des halles. Menus à 28, 45 ou 60€, formule du jour à 22€ à midi, 24€ le soir. *4, rue Littré* ***Nîmes*** *Tél. 04 66 36 01 02 www.auxplaisirsdeshalles.com Ouvert mar.-sam. 12h-14h et 19h30-22h*

**Le Tendances Lisita (plan 8, B2 n°28)** Il a remplacé en 2011 le Lisita, un restaurant gastronomique récompensé par une étoile au Michelin. Si cette table affiche désormais un esprit brasserie avec des plats moins onéreux (menu 30 €), la cuisine y est toujours délicieuse et raffinée, concoctée comme autrefois par Olivier Douet. Le chef déniche les meilleurs produits chez des pêcheurs, des éleveurs, des producteurs de fruits et de légumes pour élaborer des plats aux saveurs méditerranéennes. On s'y régale par exemple d'une succulente *pluma de pata negra* (côte du célèbre cochon ibérique) accompagnée de polenta crémeuse, d'une brandade de morue à la fleur de thym ou d'un thon cuit à l'unilatéral. Les repas sont servis dans une salle élégante et lumineuse ou, mieux encore, sur une belle terrasse face aux arènes. Large choix de bons vins. *2, bd des Arènes* ***Nîmes*** *Tél. 04 66 67 29 15 www.lelisita.com Ouvert mar.-sam.*

☺ **Le Patio Littré (plan 8, A1 n°29)** Un bistrot à vins convivial et appliqué, bon vivant et attentionné, un lieu qui soigne ses hôtes, mais sans se prendre au sérieux, où l'on vient et revient autour du comptoir gratifié de belles couleurs chaudes. La cuisine, concoctée par Julien Barrera-Labonne qui a fait ses armes chez Alain Passart, ne déçoit pas : œuf parfait aux pélardons et fines herbes, lotte grillée entière avec citron caviar, huile de figuier et risotto camarguais, filet de taureau... Les richesses locales sont à l'honneur, servies à l'intérieur ou en terrasse. Large choix de vins. Menu déjeuner 19€, comptez 40€ à la carte pour 3 plats. *10, rue Littré* ***Nîmes*** *Tél. 04 66 67 22 50 www.patio littre.fr Ouvert mer.-dim. 12h-14h30 et 19h30-22h*

☺ **Restaurant Vincent Croizard (plan 7, B2 n°13)** Dans une rue piétonne de l'Écusson, une adresse un peu secrète mais que tout le monde connaît. Ici, on reçoit comme en famille, simplement et somptueusement, une équation compliquée en théorie et qui se révèle toute simple dès la porte franchie. Dans une cour-jardin où murmure une fontaine, tout le monde est reçu avec le sourire, même et surtout les enfants. Ils ont droit à leur menu (18€) sans frites ni coca, un petit menu gastronomique. C'est étonnant, délicieux (par exemple le taureau de Camargue poêlé, aux écorces d'orange et au carvi) et cela donne le ton de la maison. Formules déjeuner 23 ou 28€, menu découverte 65€, comptez autour de 45 € à la carte. *17, rue des Chassaintes* ***Nîmes*** *Tél. 04 66 67 04 99 http://restaurant croizard.com Ouvert mar. 19h45-21h30, mer.-sam. 12h15-13h30 et 19h45-21h30, dim. 12h15-13h30*

## Dans les environs

### prix très élevés

**Alexandre (plan 7, D3 n°10)** Sur la route de l'aéroport, dans un jardin verdoyant caché derrière une haie, se niche une bâtisse rose saumon taillée comme un mas : l'Alexandre, ou l'une des meilleures tables du Languedoc. Michel Kayser, étoilé, en signe les œuvres d'art culinaires : tronçon de homard cuit *a la plancha*, filet de loup en cuisson lente, calisson de pied, langue et ris d'agneau en croûte d'herbe... Menus à 76, 102 et 148€. Menu déjeuner 48€. *Route de l'aéroport* **Garons** *Tél. 04 66 70 08 99 www. michelkayser.com Ouvert juil.-août : mar.-sam. 12h-13h30 et 20h-21h30 ; sept.-juin : mer.-sam. 12h-13h30 et 20h-21h30, dim. 12h-13h30*

# Hébergement

Les tarifs indiqués sont ceux de la haute saison, qui n'inclut pas la feria. Lors des deux éditions annuelles de cette manifestation, comptez, au moins, 15 à 20% de plus ! Par ailleurs, sachez que dans la commune nîmoise, environ 40 studios et appartements meublés, soit environ 110 lits (2 à 8 pers.) labellisés Clé Vacances, ainsi que 10 chambres d'hôtes représentant une vingtaine de lits, sont gérés par le comité départemental du tourisme.

**CDT (plan 7, C3)** *Centrale de réservation 3, rue de la Cité-Foulc* ***Nîmes*** *Tél. 04 66 36 96 30 www.tourismegard. com*

### très petits prix

**Auberge de jeunesse (plan 7, A1 n°30)** Pour compenser son éloignement du centre-ville, l'auberge a l'avantage d'être plantée au beau milieu d'un parc botanique de 7 000m² - verdure et calme assurés. Chambres de 4, 6 ou 8 lits et quelques chambres doubles. Nuitée 16,25€. Également un terrain de camping. *257, chemin de l'Auberge-de-Jeunesse (fléché à partir des jardins de la Fontaine)* ***Nîmes***

*Tél. 04 66 68 03 20 www.nimeshostel.com Ouvert fév.-déc.*

## prix moyens

**Hôtel César (plan 7, D3 n°31)** Un hôtel simple mais bien équipé, à 150m de la gare, idéal pour un départ aux aurores. Dotées du wifi et de la clim., les 33 chambres donnent sur l'avenue ou, moins lumineuses, sur la cour intérieure. Évitez le rdc, assez sombre aussi. Double de 55 à 75€. *17, av. Feuchères* **Nîmes** *Tél. 04 66 29 29 90 www.hotel-nimes.net Ouvert toute l'année*

**Hôtel Majestic (plan 7, D3 n°33)** À deux rues du centre historique, un hôtel centenaire rafraîchi avec soin. 23 chambres colorées et lumineuses de 55 à 75€, petit déj. 7€. *10, rue Pradier* **Nîmes** *Tél. 04 66 29 24 14 www.hotel-majestic-nimes.com Fermé 15 jours à la fin de l'année*

**Hôtel de l'Amphithéâtre (plan 8, A2 n°51)** À l'angle de la rue des Arènes – à quelques enjambées de l'amphithéâtre – et de la trépidante place du Marché, ce bel hôtel particulier du XVIIIe siècle occupe un emplacement privilégié. Les 15 chambres, de style anglais, provençal ou romantique, ne manquent pas de charme, mariant habilement le moderne et l'ancien, et jouissent d'un bon confort. Dommage que l'accueil soit un peu réservé. 69€ la double. *4, rue des Arènes* **Nîmes** *Tél. 04 66 67 28 51 www.hoteldelamphitheatre.com Fermé vac. scol. de Noël*

## prix élevés

**Hôtel Central (plan 8, B1 n°52)** Ou comment faire bien avec peu de chose ! Quinze chambres ordinaires, claires, impeccables, sous l'œil d'une petite équipe accueillante, à 2min de la porte d'Auguste. Demandez celle du dernier étage : la vue porte au loin sur les toits et jusqu'à la garrigue. Double 85€, petit déj. 9€. *2, pl. du Château* **Nîmes** *Tél. 04 66 67 27 75 www.hotel-central.org Ouvert toute l'année*

## prix très élevés

☺ **Hôtel Côté Patio (plan 7, D2 n°32)** À 10min à pied du centre, un hôtel calme, qui dessine un fer à cheval autour d'une ravissante cour intérieure, au soleil, loin des frénésies citadines. Un régal ! Sous l'auvent, un salon hospitalier retient les hôtes : canapé, jeux de société, bibliothèque, magazines, machine à café... On s'y sent chez soi. La plupart des 17 chambres donnent sur le salon et la cour... C'est, du lieu, la faiblesse et le charme. Les chambres, aux couleurs acidulées de fleurs et de fruits, assurent un bon confort. L'accueil est chaleureux. Une belle adresse. Double de 65 à 135€ selon le confort et la saison. *31, rue de Beaucaire* **Nîmes** *Tél. 04 66 67 60 17 www.hotel-cote-patio.com Ouvert toute l'année*

☺ **Royal Hôtel (plan 8, A1 n°56)** Notre coup de cœur, tant pour la déco, l'atmosphère, que pour l'accueil, spontané et rayonnant. Datant du XIXe siècle, les chambres et le hall ont été badigeonnés de blanc, rénovés avec simplicité, et les vieux sols et les carrelages d'origine ont été conservés. On a ajouté de-ci de-là un meuble des années 1950, une applique de métal, un tableau contemporain, etc. Sobre, élégant, frais... bref, un sans-faute ! Ou presque : la rumeur qui s'échappe de son bar-restaurant (la Bodeguita, néanmoins recommandé) pourra nuire à certaines occasions (soirées spéciales), aussi n'hésitez pas à demander le programme festif de la maison, et optez pour une chambre isolée du bruit. Expositions dans le hall et agréable terrasse sur la place d'Assas. Chambre de 60 à 185€, petit déj. 10€. *1, pl. d'Assas* **Nîmes** *Tél. 04 66 58 28 27 www.royalhotel-nimes.com Ouvert toute l'année*

**Hôtel Marquis de La Baume (plan 8, B1 n°55)** Quatre-étoiles de charme dans les ruelles du vieux Nîmes, dans un bâtiment du XVII<sup>e</sup> siècle, avec ses chambres enroulées autour d'un élégant escalier – classé, s'il vous plaît. Les plus agréables sont les plus grandes : hautes de plafond, lumineuses et fraîches – on s'y sent vraiment à son aise. 34 chambres à partir de 110€ – certaines avec terrasse. Petit déj. 14€. *21, rue Nationale* **Nîmes** *Tél. 04 66 76 28 42 www.bookingfrance.com Ouvert toute l'année*

**Le Cheval blanc (plan 8, B2 n°54)** Des arènes, on ne peut faire plus proche. Aligné sur le boulevard circulaire face au monument romain, le légendaire Cheval blanc a fait peau neuve. Contemporaines, les chambres ont été rafraîchies, blanchies du sol au plafond, épurées, ne laissant saillir que leur charpente de bois, mais sans subir de restructuration de fond : l'ossature reste celle conçue par Jean-Michel Wilmotte (1991). Dix-huit d'entre elles donnent sur les arènes, 14 sur l'arrière (moins impressionnant, plus calme), et toutes ont été équipées d'une kitchenette, car l'hôtel est aussi une "résidence" de tourisme, la location allant d'une nuit à un mois. Fameux *wine bar* au rdc, cf. Wine Bar Le Cheval blanc (p.192), galerie d'art et vente de produits régionaux. Comptez, pour une double, de 115 à 210€ en haute saison. Excellent accueil. *1, pl. des Arènes* **Nîmes** *Tél. 04 66 76 05 22 www.odalys-vacances.com Ouvert toute l'année*

**La Maison de Sophie (plan 7, D3 n°36)** Dans une maison de maître Art déco où les plus beaux éléments décoratifs ont été soigneusement préservés (sols en mosaïques, plafonds peints, escaliers à volutes), Sophie Rigon a créé ce lieu incomparable à quelques minutes des Arènes et de la gare. Son jardin aux senteurs de chèvrefeuille, de rose et de jasmin offre un cadre unique à cet ancien hôtel particulier au charme et à l'attrait à nul autre pareil. Décoratrice et cuisinière hors pair, la maîtresse de maison se glisse également derrière les fourneaux à la demande de ses hôtes. Chambre simple 140€, double 190 et 250€, suite 310€. Repas pour les résidents (sur rés.) midi 35€, soir 45€. *31, av. Carnot* **Nîmes** *Tél. 04 66 70 96 10 www.fr.hotel-nimes-gard.com Ouvert toute l'année*

**Imperator Concorde (plan 7, B2 n°34)** La grande adresse de Nîmes où bien des célébrités sont descendues, dont Hemingway, qui laissa son nom au bar. Aujourd'hui, l'établissement résiste aux outrages du temps grâce à des travaux de rénovation réguliers. Chambres luxueuses, avec leurs étoffes opulentes et leurs meubles anciens (comptez de 190 à 340€), magnifique jardin et restaurant haut de gamme. Bien situé, entre la vieille ville et les jardins de la Fontaine. Petit déj. 18€. *15, rue Gaston-*

| GAMME DE PRIX | RESTAURATION | HÉBERGEMENT |
|---|---|---|
| Très petits prix | moins de 10€ | moins de 40€ |
| Petits prix | de 10 à 15€ | de 40 à 60€ |
| Prix moyens | de 15 à 25€ | de 60 à 80€ |
| Prix élevés | de 25 à 45€ | de 80 à 120€ |
| Prix très élevés | plus de 45€ | plus de 120€ |

*Boissier (angle quai de la Fontaine)* **Nîmes** *Tél. 04 66 21 90 30 www.hotel-imperator.com Ouvert toute l'année*

**Jardins secrets (plan 7, D3 n°35)** Ils portent bien leur nom, ces jardins insoupçonnés dissimulés derrière un haut mur, à quelques pas de la gare. Mais quelle surprise ! Une mer de verdure et de couleurs – bougainvilliers, oliviers, orangers, roseraie – puis une villa, princière, toscane, refuge de mille trésors : marbres, soieries, verreries, dorures, et tous les fastes d'un siècle qui vit s'estomper le baroque et naître le classicisme, et qui offrit au monde une leçon de raffinement... Les lits sont à baldaquin, les baignoires fermées par des tentures, les salons propices à l'inspiration : instruments de musique, cheminée ancienne et livres précieux. Il vous faudra compter de 220 à 480€ pour ce voyage dans le temps qui, proposé en première classe, assure les options d'aujourd'hui : spa, wifi... *3, rue Gaston-Maruéjols* **Nîmes** *Tél. 04 66 84 82 64 www.jardinssecrets.net Ouvert toute l'année*



# SOMMIÈRES

30250

**On peine à l'imaginer sorti de son lit, le Vidourle, si l'on découvre Sommières au beau milieu de l'été, et pourtant il est parfois redoutable : en 2002, des torrents ont dévalé les ruelles, balayant les vitrines des commerçants... La crainte demeure, dans les mémoires, mais la tiédeur des pierres, l'orangé des reflets indiquent une indolence retrouvée, un calme propice à la flânerie émerveillée.**
**À Sommières, on vient se réfugier d'une vie agitée, marcher dans les pas de Lawrence Durrell et relire *Le Quatuor d'Alexandrie*...**
**La ville est belle, les environs aussi : on s'y perd à pied dans un dédale de garrigue et de murets de pierre sèche.**

## MODE D'EMPLOI

### accès

#### EN VOITURE

Sommières est située 39km au sud-ouest de Nîmes par l'A9, la D34 et la D610.

#### EN CAR

Liaisons de Nîmes à Sommières (Edgard Transport, ligne D41). De Montpellier, rejoignez en tramway la station Notre-Dame-de-Sablassou, où la ligne de cars n°112 (Hérault Transport) assure la liaison.

**Edgard Transport** *Tél. 0810 33 42 73 www.edgard-transport.fr*
**Hérault Transport** *Tél. 04 34 88 89 99 www.herault-transport.fr*

### orientation

Le village est établi le long du Vidourle, avec un centre piéton auquel on accède après avoir garé sa voiture sur l'un des parkings : à proximité des arènes, au bord du Vidourle (allée Frédéric-Mistral), de l'autre côté de la rivière (face à l'office de tourisme), à côté de l'auberge du pont romain ou, plus pratique encore, place de la République (payant).

## informations touristiques

**Office de tourisme du pays de Sommières** Vous pourrez, entre autres documentations, vous procurer un guide sur les circuits pédestres et itinéraires VTT à 5€. Visites guidées de la vieille ville (en été, se rens. pour les horaires, 5€). *5, quai Frédéric-Gaussorgues Tél. 04 66 80 99 30 www.ot-sommieres.fr Ouvert mi-juil.-mi-août : lun.-ven. 9h30-12h30 et 14h-19h, sam. 9h30-12h30 et 14h-18h, dim. 10h-13h ; juin-mi-juil., mi-août-sept. : lun.-sam. 9h30-12h30 et 14h-18h, dim. 10h-13h ; oct.-mai : lun.-ven. 9h30-12h30 et 14h-17h30, sam. 9h30-12h30*

## marchés, fêtes et manifestations

**Marché** *En centre-ville Sam. matin*
**Marché nocturne artisanal** *En juil.-août, le mer.*
**Fête médiévale** Fête populaire costumée. *En mai*
**Jazz à Junas** Dans d'impressionnantes carrières de calcaire exploitées depuis l'Antiquité et dont la roche fut employée pour la construction des maisons de Junas, des voûtes de Sommières et pour la réhabilitation des arènes de Nîmes. *Junas Tél. 04 66 80 30 27 www.jazzajunas.asso.fr En juil.*



# DÉCOUVRIR

☆ **Les essentiels** La vieille ville **Découvrir autrement** Dégustez l'huile d'olive produite par le moulin de Villevieille, relisez *Le Quatuor d'Alexandrie* en mémoire de Durrell à l'hôtel de l'Orange

## Sommières

☆ Derrière la **porte de l'Horloge**, édifice médiéval fixant le **pont** à la rue Max-Dormoy, un étroit passage donne accès à la **place des Docteurs-Dax**, dédiée à deux médecins et théoriciens du langage, cernée d'arcades et autrement connue sous le nom de place du Marché : commerçants et artisans s'y retrouvent chaque semaine depuis le XIII^e siècle ! Au nord, joignant la rue du G^al-Bruyère, se distinguent les "**rues basses**" du vieux Sommières : coupées au cordeau, sans appartements ni fenêtres au rdc, elles facilitent l'évacuation des eaux en cas d'inondation et atténuent ainsi les dégâts. À l'est de la place des Docteurs-Dax s'étire la **place Jean-Jaurès**, cœur de la cité. Ses façades ocre tachetées de volets colorés, sa galerie d'arcades lambrissées et ses pavés pittoresques sont le théâtre d'une animation permanente, quand se déploient, aux beaux jours, les terrasses des cafés et des restaurants. Par la **rue Antonin-Paris**, artère centrale bordée de boutiques, rejoignez la **porte du Bourguet**, percée en 1608 et reconstruite au XVIII^e siècle. Juste derrière s'élèvent l'**église Saint-Pons**, de style néogothique (XIX^e s.), et un petit escalier donnant sur la rue des Baumes. Cette jolie venelle en pente conduit au **château** de Sommières (XIII^e s.), érigé, pour mieux surveiller le pont romain, sur l'éminence. De l'édifice primitif seule subsiste la tour Bermond. La promenade aménagée réserve une belle vue sur les toits de tuiles de Sommières.

**EXCLUSION ET RAILLERIE**
À deux pas de la porte du Bourguet s'ouvre la place Saussine ; sur son côté sud, un masque moqueur tire la langue aux passants : selon la légende, la grimace raillait les protestants de Sommières, chassés après la révocation de l'Édit de Nantes (1685), et dont le temple fut démantelé.

**Pont romain** Construit au Ier siècle par Tibère, largement remanié depuis, il contribua au développement de Sommières et en fit un carrefour stratégique sur la route Nîmes-Toulouse. De ses dix-sept arches, sept enjambent le Vidourle et dix ont été intégrées à des constructions plus tardives. Place des Docteurs-Dax, six arches encore visibles soutiennent des habitations surélevées, ainsi protégées des inondations. *Face à la porte de l'Horloge dans le prolongement de la rue Marx-Dormoy*

**Couvent des ursulines** Jusqu'alors consacré à l'écrivain britannique Lawrence Durrell (1912-1990) qui posa un jour ses valises à Sommières, après des années de pérégrinations, pour vivre et écrire dans la douceur du Sud, ce lieu d'exception (1666) organise des expositions sur des peintres locaux. *49, rue Taillade Tél. 04 66 71 46 92 Ouvert lors des expositions Entrée libre*

# Les environs de Sommières

**Chapelle Saint-Julien de Salinelles** Elle ne manque pas de charme, isolée au milieu des vignes, cette chapelle qui en cache une autre. L'ensemble est en effet constitué de deux édifices médiévaux imbriqués, l'un du XIe siècle (côté nord, signalé par ses bandes lombardes), l'autre du XIIe siècle (côté sud). ***Salinelles** (5km au nord de Sommières) La chapelle est indiquée au rond-point avant l'entrée de Salinelles, quand on vient de Sommières Tél. 04 66 80 01 95 Visite sur rdv auprès de M. Peyrolle*

**Maison du Boutis** À mi-chemin entre Nîmes et Sommières, Calvisson retiendra les amateurs de broderies élégantes : histoire du boutis et techniques de piquage sont présentées dans ce musée-boutique riche d'une belle collection d'étoffes des XVIIIe et XIXe siècles. *9, pl. du Général-de-Gaulle **Calvisson** (11km à l'est de Sommières par la D40) Tél. 04 66 01 63 75 www.la-maison-du-boutis.com Ouvert mai-oct. : jeu.-dim. 14h30-18h ; nov.-avr. : ven.-dim. 14h30-18h Fermé j. fér. et 2e quinz. de déc. Tarif 3€ Visite commentée (sur rés. 15 jours à l'avance pour les groupes)*

## Villevieille

**Château** Quatre tours de la fin du XIIIe ou du début du XIVe siècle et une aile Renaissance racontent l'histoire de ce château remanié pour la dernière fois au XVIIIe siècle, bien préservé et classé monument historique. L'intérieur a conservé de remarquables moulures (grand salon) et de précieux cuirs des Flandres (salle à manger). ***Villevieille** (2km au nord-est de Sommières) Tél. 06 70 61 81 49 www.chateau-de-villevieille.fr Ouvert juil.-sept. : tlj. 14h-20h ; avr.-juin, oct. : w.-e. et j. fér. 14h-19h Tarif 8€, réduit 5€, moins de 12 ans gratuit*

### Où acheter de l'huile d'olive ?

**Moulin de Villevieille** Nous vous conseillons de goûter en particulier l'huile de négrette, d'une grande finesse, aux arômes d'amande et de cacao... *154, av. des Cévennes Tél. 04 66 80 03 69 Ouvert lun.-sam. 8h-12h30 et 14h-19h*

# CARNET D'ADRESSES

## Restauration

### prix moyens

**L'Olivette** Une table familiale et chaleureuse, entre d'épais murs de pierre. On y honore les fruits de la terre languedocienne (escargots en croûte à la sommiéroise, triologie de fois gras fait maison) avec une belle réussite. Formule 2 plats 14,50€, menu à 18,50€ et menu-carte 28€. *11, rue Abbé-Fabre* ***Sommières*** *Tél. 04 66 80 97 71 Ouvert jeu.-lun. 12h-13h30 et 19h30-21h30*

**La Bistoure** Une cantine d'habitués, modeste et joyeuse, pour s'imprégner d'humeurs, d'accents et de soleil sur sa terrasse spacieuse. Pizzas au feu de bois, salades roboratives, dos de saumon poêlé, côte de taureau grillée... Comptez 13€ pour la formule du jour, de 9 à 14€ pour une pizza. Menus 18, 23 et 26€. Également des chambres d'hôtes, cf. Hébergement. *1, rue Antonin-Paris* ***Sommières*** *Tél. 04 66 80 08 72 www.labistoure.fr Ouvert juin-août : mar.-dim. 12h-14h30 et 19h-22h30 ; sept.-mai : mar.-sam. 12h-14h30 et 19h-22h30*

### prix très élevés

☺ **Auberge du Pont-Romain** Cette confortable auberge (p.202) abrite un excellent restaurant, sous son lustre rustique. On s'y régale de plats traditionnels concoctés avec amour, tels le croustillant de turbot à la vanille. Menus 29€ (à midi en sem.), 39, 48 et 60€. *2, av. Émile-Jamais* ***Sommières*** *Tél. 04 66 80 00 58 www.aubergedupontromain.com Ouvert tlj. 12h-13h15 et 20h-21h15 Fermé mi-oct.-mi-nov. et mi-jan.-début mars*

## Hébergement

### camping

**Camping Les Chênes** Dans la garrigue, aux abords d'un petit hameau, une centaine d'emplacements à l'ombre. Tranquille et agréable. Location de mobil-homes (190-580€/sem.). Forfait 2 pers. 14-16€ selon la saison. *95, chemin des Teullières-Basses* ***Junas*** *(5km à l'ouest de Sommières) Tél. 04 66 80 99 07 ou 06 03 29 36 32 www.camping-les-chenes.com Ouvert avr.-mi-oct.*

### prix moyens

**Chambres d'hôtes Le Parvis** Au 2^e^ étage d'une maison ancienne, au cœur du vieux village, 2 chambres à 65€ la nuit (petit déj. inclus). Chauffage en supplément l'hiver (5€). Également un gîte à louer pour 4 nuits minimum (65€/4 pers./nuit). *8, rue du Dr-Chrétien* ***Sommières*** *(à côté de la rue de l'Église) Tél. 04 66 80 35 66 www.gites-chambres-gard.fr Ouvert toute l'année*

**La Bistoure** Cinq chambres d'hôtes soignées, colorées et décorées selon des thèmes différents : la Médiévale, la Baroque, la Coloniale... (68€). Très central. Fait aussi restaurant, cf. ci-avant. *1, rue Antonin-Paris* ***Sommières*** *Tél. 04 66 80 08 72 www.labistoure.fr*

## prix élevés

**La Paillère** C'est une belle habitation (XVIIe s.) de village, pleine de charme et de calme. Les chambres allient sobriété et chaleur, et le salon, la cour, le patio invitent à la détente, à l'ombre en été, auprès du feu dès l'hiver arrivé. L'accueil est délicat, les hôtes sont soucieux de faire savourer au mieux un séjour dans la région. Chambre à 80-90€ avec le petit déj. Table d'hôtes 25€. *26, av. du Puits-Vieux* ***Mus*** *(13km au sud-est de Sommières) Tél. 04 66 35 55 93 www.paillere.com Ouvert toute l'année*

## prix très élevés

☺ **Auberge du Pont-Romain** Une confortable auberge de campagne (p.201), charmeuse, comme figée dans le temps. À l'étage, le salon d'apparat donne le ton, puis c'est un long couloir au parquet ciré et enfin les chambres, ici vêtues de peintures, de lourds rideaux ornementés et de meubles en bois noble, là plus franches, plus dépouillées, presque rustiques. Dehors, un ruisseau et une piscine : le jardin est un havre de paix. Comptez de 82 à 135€ pour une double (petit déj. 12€). Wifi.cf. Restauration (p.201) *2, av. Émile-Jamais* ***Sommières*** *Tél. 04 66 80 00 58 www.aubergedupontromain.com Ouvert mi-mars-oct., déc.-mi-jan.*

☺ **Hôtel de l'Orange** Tout en haut du village, une grande grille et un petit jardin qui piquent la curiosité... La maison, qui daterait du XVIIe siècle, en a gardé l'élégance, les pierres de taille et les sols patinés. Par un puits de lumière en escalier, on découvre une grotte (une baume) d'où l'eau coule encore, une source précieuse qui a traversé les ans. Les cinq chambres sont toutes aussi belles que singulières et, sur le toit, une terrasse fait naître quelques frissons : piscine turquoise avec tuiles et clocher à l'horizon... Chambre de 100 à 160€ avec le petit déj., table d'hôtes sur réservation en été 45€. *7, rue des Baumes* ***Sommières*** *Montée du Château Tél. 04 66 77 79 94 www.hotel.delorange.com Ouvert toute l'année*

# ★AIGUES-MORTES

30220

**Au loin devant les remparts, le sel s'empile et brille au soleil. L'eau des canaux reflète les rivages, les marais portent à l'horizon. Dans un coin de la citadelle, une main gratte une guitare. Elle donne le ton de la cité, sensible et fière, éprise de ses terres sauvages. Quand surgissent les taureaux, lors de la fête votive, elle s'enflamme soudain, puis retrouve sa quiétude. Le port que saint Louis avait conçu s'est éteint depuis longtemps. Mais il flotte sur la ville un air d'outre-terre, de voyages et de tangages. Ses maisons sont encore celles des pêcheurs et des manœuvres d'autrefois, auxquelles s'ajoutent quelques riches demeures d'armateurs ou de commerçants. Les boutiques rêvent d'ailleurs et quelques artistes et artisans conjuguent l'esprit des lieux à l'imaginaire d'aujourd'hui.**

# MODE D'EMPLOI

## accès

### EN VOITURE

Accès par la D6313 puis la N313 et la D979 de Nîmes (42km), par la D62 de La Grande-Motte (12km) et Montpellier (34km).

### EN TRAIN

4 ou 5 TER circulent quotidiennement entre Nîmes, Aigues-Mortes et Le Grau-du-Roi (40min).
**Gare SNCF** *Route de Nîmes*
**SNCF** *Tél. 3635 www.voyages-sncf.com*

### EN CAR

Trois compagnies desservent Aigues-Mortes : Edgard Transport (ligne C32) et les cars SNCF à Nîmes (transport en train ou en car), Hérault Transport à Montpellier (ligne 106, changement à la Grande-Motte).
**Edgard Transport** *Tél. 0810 33 42 73 www.edgard-transport.fr*
**Cars SNCF** *Tél. 3635*
**Hérault Transport** *Tél. 04 34 88 89 99 www.herault-transport.fr*

## orientation

La ville est un rectangle fortifié avec des parkings (payants, à l'heure) tout autour, et, à l'intérieur, des rues à angle droit. On s'y repère très facilement, à pied, grâce aux panneaux disposés à chaque coin de rue.

## informations touristiques

**Office de tourisme** Importante documentation sur la Petite Camargue. *Pl. Saint-Louis Tél. 04 66 53 73 00 www.ot-aiguesmortes.fr Ouvert juil.-août : tlj. 9h-19h ; sept.-juin : lun.-ven. 9h-17h, w.-e. et j. fér. 10h-17h*

**Centre des monuments nationaux** Visites guidées des remparts et de la tour de Constance. *Logis du Gouverneur Au pied de la tour de Constance Tél. 04 66 53 61 55 www.monuments-nationaux.fr*

## location de deux-roues

**Saô Rhô Mer** Des VTT et des VTC à 12€/jour. *7, rue du Vidourle Tél. 06 70 83 29 50 Ouvert juil.-août : tlj. (avr.-mai et sept., téléphoner)*

## marchés, fêtes et manifestations

**Marché** *Av. Frédéric-Mistral Mer. et dim. 8h-12h30*
**Marché aux puces** *Av. Frédéric-Mistral D'avr. à sept. le sam. matin*
**Festival des Nuits de Sel** Danse contemporaine. *Juil.*
**Fête votive de Saint-Laurent d'Aigouze** *Abrivados* et *bandidos* dans les rues du village et courses camarguaises aux arènes. *Août*
**Fête d'Aigues-Mortes** Défilé et courses de taureaux (*abrivados*, *bandidos*), *bandas*, concerts : l'événement majeur de l'année ! *Mi-oct.*
**Fête de la Saint-Louis** Reconstitution médiévale : marché, taverne, défilé et spectacles. *Autour du 25 août*

# DÉCOUVRIR

☆**Les essentiels** Les remparts d'Aigues-Mortes, la tour de Constance
**Découvrir autrement** Le soir sirotez une bière au Tac Tac, parcourez la Petite Camargue à l'arrière d'un tracteur, longez le Petit Rhône en kayak, attablez-vous dans une guinguette

## Aigues-Mortes



☆ **Tours et remparts de la citadelle** Plus de 1,6km de murs et 20 tours : c'est une véritable forteresse que saint Louis et ses successeurs firent élever à partir de 1240 pour protéger la ville et le port destiné au commerce et à l'embarquement des croisés. Cinq siècles plus tard, après la révocation de l'Édit de Nantes (1685), la citadelle devint prison pour les pasteurs protestants et les camisards du royaume. C'est aujourd'hui l'un des ensembles médiévaux les mieux conservés de France. À l'angle nord se dresse son édifice emblématique, la ☆ **tour de Constance** (1242). Le monument ne manque pas de charme – la salle basse en particulier –, mais on le traverse surtout pour accéder au chemin de ronde et profiter de la vue sur les environs, spectaculaire ! Exposition

### La Petite Camargue, une belle sous surveillance

Le vent traverse les marais sans égard pour ses habitants ; il fonce le long du Rhône et déboule face à la mer, rabat la tête des roseaux, ébouriffe les crinières des chevaux, agace les cornes des taureaux. Le riz se glisse sous l'eau et pousse sans un bruit, sans un murmure. C'est la Camargue ici encore, parfois sous une mince couche de folklore. D'un bout à l'autre du delta se détachaient jadis plusieurs bras de fleuve. Deux sont restés, le "Grand" et le "Petit", le premier irriguant la "Grande" Camargue, le second bordant à l'est sa "Petite" voisine. Jusqu'au port du Grau-du-Roi, le Vidourle, à l'ouest, en matérialise la frontière. Les autres bras du fleuve sont devenus étangs, marais, lagunes ou ruisseaux, cernés par des limons charriés par millions de tonnes. Puis les hommes s'en sont mêlés, perçant des canaux : les terres drainées allaient devenir exploitables. On y bâtit des mas et des villes ; on développa l'élevage et la viticulture, et, sur les espaces encore inondés, la production de sel et la riziculture française. Saline et patrimoniale à Aigues-Mortes, sablonneuse et balnéaire au Grau-du-Roi, vigneronne autour de Saint-Gilles, la Petite Camargue nuance ses paysages. Cependant, il ne sera pas simple d'y faire une véritable incursion : la plupart des terres sont des domaines privés à l'accès grillagé. Méfiez-vous des offres grandiloquentes de sorties découverte : bien souvent, elles ne vous font entrevoir que quelques taureaux d'apparat et de rares flamants... Cf. Découvrir la Petite Camargue (p.206).

sur l'histoire d'Aigues-Mortes, audioguides, visites thématiques... *Tél. 04 66 53 61 55 Ouvert mai-août : tlj. 10h-19h ; sept.-avr. : tlj. 10h-17h30 Fermeture des caisses 45min avant Tarif 7,50€, moins de 25 ans gratuit*

**Église Notre-Dame-des-Sablons** Une église dépouillée, dénudée, envoûtante, sur la place centrale d'Aigues-Mortes. Érigée dans le style gothique primitif (fin du XIIIe s.), elle accueillit Louis IX qui vint s'y prosterner avant sa septième croisade. Les vitraux contemporains sont de Claude Viallat (1991). Non loin, sur la plage Saint-Louis, l'ancienne **chapelle des Capucins** construite au XVIIe siècle. *Rue Jean-Jaurès*

**Chapelle des Pénitents-Blancs** Une chapelle baroque du XVIIe siècle connue pour sa remarquable fresque, *la Pentecôte*, de Xavier Sigalon. *Angle rue Paul-Bert et rue Rouget-de-l'Isle Ouvert haute saison*

**Chapelle des Pénitents-Gris** Reconstruite au début du XVIIe siècle sur le site d'une église primitive (érigée vers 1400, détruite en 1575), signalée par son clocheton et son portail surmonté d'un fronton, elle abrite un autel de marbre couronné d'un imposant retable baroque. *Rue de la République Ouvert haute saison*

## Où faire quelques trouvailles ?

**Boutique Sophie Coll** Il souffle sur cette boutique un air de finesse et d'originalité, autour de meubles et d'objets singuliers en mosaïque : des tabourets, des bancs, des lampes et des miroirs à en sourire de plaisir. *15bis, rue de la République Tél. 04 66 53 83 83 Ouvert juil.-août : tlj. 10h-12h30 et 14h-22h ; sept.-juin : mar.-dim. 10h-12h30 et 14h-19h*

## Où s'habiller comme un gardian ?

**La Bandido** Madame, Monsieur, des bottes aux chapeaux, des ceintures aux vestes et aux chemises, vous pouvez vous acheter une garde-robe de gardian

### L'or blanc en camelles

Si, dans le delta du Rhône, l'exploitation du sel est attestée au début de l'ère chrétienne, on prétend que l'or blanc y est récolté depuis le Ve siècle av. J.-C. En 1856, les exploitants privés s'unissent pour former une seule société : la Compagnie des Salins du Midi. Aujourd'hui filiale du groupe européen Salins, celle-ci produit, sur quatre sites, 1,8 million de tonnes de sel par an. Le site d'Aigues-Mortes, qui s'étend sur 10 000ha, cumule à lui seul environ 300 000t. Le sel provient de la cristallisation de la saumure (solution saline concentrée) conservée dans des bassins d'une dizaine d'hectares et obtenue par évaporation de l'eau sous l'effet du soleil et du vent. Il est récolté une fois par an, en septembre, et stocké en de véritables collines atteignant une hauteur de 20m : les camelles.

NÎMES ET SES ENVIRONS

dans cette très ancienne boutique absolument authentique. Tout est fabriqué en France, la qualité est au rendez-vous et même les enfants peuvent suivre la mode camarguaise. Ceintures autour de 30€, chemises de 50 à 120€. *12, rue Pasteur Tél. 04 66 53 72 31 Ouvert avr.-oct. : mar.-dim. 9h30-12h30 et 14h-20h30 ; nov.-mars : mar.-dim. 9h30-12h30 et 14h-19h*

### ● Où boire un verre, un thé, un café ?

**Express Bar** Un brin décalé, sorti des années 1950 par la portière des années 1970, ce café évoque l'atmosphère d'un petit troquet de quartier. Plutôt appréciable en ces contrées hautement touristiques... *9, pl. Saint-Louis Tél. 04 66 53 69 85 Ouvert été : mer.-lun. 8h-2h ; reste de l'année : mer.-lun. 8h-1h*

### ● Où boire un verre le soir ?

**Le Tac Tac** Un simple bar-pub qui fait l'unanimité. À l'apéritif ou plus tard dans la nuit, le temps d'une bière, d'un verre de vin, d'un café... jeunes et moins jeunes s'emparent des lieux et refont le monde. *19, rue de la République Tél. 04 66 53 60 29 www.pub-tac-tac.com Ouvert été : tlj. 19h-1h ; printemps : lun. et mer.-sam. 19h-1h ; reste de l'année : jeu.-lun. 19h-1h Fermé oct. et 1 sem. à Noël*

## Les environs d'Aigues-Mortes

**Salins du Midi** Pour tout connaître des modes de production du sel et en savoir plus sur la faune et la flore typiques des milieux salés, deux circuits sont organisés : avec un guide, soit à bord d'un petit train (1h30), soit à bord d'un 4x4 (3h30), avec commentaires à la clé... Le discours peut agacer, mais découvrir d'aussi près ces montagnes de sel hautes de 20m reste saisissant. Une visite spéciale est organisée pendant la période de la récolte de sel (1h30). *3km au sud d'Aigues-Mortes Tél. 04 66 73 40 24 www.visitsalinaiguesmortes.fr Départ des visites à l'entrée de l'exploitation salinière* **Train** *Tél. 04 66 73 40 24 www.visitesalinaiguesmortes.fr Départs juil.-août : tlj. 10h-18h15 (env. toutes les 30min) ; mi-avr.-juin et sept. : tlj. à 10h30, 11h, 11h30, 12h, 15h, 16h, 17h et 17h30 ; mars-mi-avr. et oct. : tlj. à 10h30, 14h et 16h* **4x4** *Départ juin-sept. : à 8h et 16h* ***Visite récolte fleur de sel*** *Mi-juil.-fin août : départ lun.-mar. et jeu.-ven. à 8h et 10h Tarif 20€, réduit 10€*

### ● Découvrir la Petite Camargue

☺ **Maison des guides de Camargue** Pas de véritable maison, mais une approche sincère du milieu, proposée par un homme qui le connaît et l'aime avec passion. Jean-Marie Espuche, guide professionnel de Camargue depuis des années, vous transporte sur des remorques attelées derrière des tracteurs, par les chemins qui traversent les marais. Il a ses entrées dans des domaines privilégiés comme le domaine de Mahistre, l'un des plus beaux sites naturels de Camargue gardoise, propriété du conseil général du Gard inaccessible au grand public. Des arrêts, moteur coupé, pour se fondre dans le paysage, observer les oiseaux ou les taureaux, selon le thème de la promenade choisie. En revenant, vous aurez l'impression d'avoir passé quelques heures sur une autre planète... Sorties personnalisées sur demande (groupes, individuels, passionnés de cheval, d'ornithologie...) et randonnées pédestres toute l'année. ***Montcalm***

*(12km à l'est d'Aigues-Mortes par la D58) Tél. 04 66 73 52 30 ou 06 12 44 73 52 (sur réservation) www.lamaisondesguidesdecamargue.com Ouvert toute l'année*

**Saô Rhô Mer** Location de bateaux sans permis à 40€/h et à 100€/jour (pour 4 à 6 pers., carburant compris). *7, rue du Vidourle Port d'Aigues-Mortes* ***Aigues-Mortes*** *Tél. 06 70 83 29 50 Ouvert avr.-sept.*

**Pescalune** Une vénérable mais pimpante péniche vous mène vers Saint-Gilles sur les canaux et les rivières. Navigation sur le canal du Rhône-à-Sète, passage des portes du Vidourle et retour par le canal de la Radelle en 2h. *Bassin d'évolution* ***Aigues-Mortes*** *Tél. 04 66 53 79 47 ou 06 15 04 85 53 www.pescalune-aiguesmortes.com Ouvert Pâques-Toussaint Tarif 11€, réduit 6€*

**Kayak vert** Voguez à votre rythme sur le Petit Rhône en canoë pendant une demi-journée ou une journée ; plutôt le matin, avant que le vent se lève. Retour en minibus. 22€ le parcours de 12km. Autres circuits : 1h (10€), parcours VTT et canoë (32€). *Mas de Sylvéréal* ***Sylvéréal*** *(17km à l'est d'Aigues-Mortes par la D58, après Montcalm) Tél. 04 66 73 57 17 ou 06 09 56 06 47 www.kayakvert-camargue.fr Ouvert avr.-mi-oct.*



# CARNET D'ADRESSES

## Restauration

### petits prix

**Le Duende** Dans une ruelle plus tranquille que les autres, une petite terrasse, deux ou trois marches et une salle aux proportions modestes où l'on mange des assiettes du jour : coquillages, macaronades et surtout de la morue. Formule 2 plats servie midi et soir à 14€. Des vins intéressants, dont un gris des sables. *16, rue Amiral-Courbet* ***Aigues-Mortes*** *Tél. 04 66 53 80 38 Ouvert haute saison : tlj. 12h-14h30 et 19h-22h ; reste de l'année : jeu.-mar. 12h-14h30 et 19h-22h Fermé 5 sem. par an*

### prix moyens

**La Guinguette de la République** Attenant à l'hôtel Les Templiers (p.209), le restaurant flirte avec le même esprit, simple et de bon goût. Une série de petites tables de bois sont dressées dans la ruelle et un bar ouvre sur la salle aux bois sombres et aux couleurs mates, élégantes toujours. On y mange les plats inscrits à l'ardoise, comme des *antipasti* ou des viandes grillées. Comptez minimum 23€ à la carte pour 2 plats. *25, rue de la République* ***Aigues-Mortes*** *Tél. 04 66 51 66 09 Ouvert fév.-déc. : mer.-lun. 12h-14h30 et 19h30-23h*

**Hôtel Saint-Louis** Le restaurant de cet hôtel (p.209), au rdc, a bonne réputation et conforte celle de l'établissement hôtelier. Menu 29€, formule du jour 15€ (brochette de taureau, pavé de morue, foie gras sur pêche grillé...). Au pied de la tour de Constance. Accueil souriant. *10, rue de l'Amiral-Courbet* ***Aigues-Mortes*** *Tél. 04 66 53 72 68 www.lesaintlouis.fr Ouvert lun.-mar. et jeu.-sam. 12h-14h et 19h-22h, dim. 12h-14h Fermé nov.-mars*

### prix élevés

☺ **Café de Bouzigues** Murs rouges, orange, verts, chaises jaunes ou violettes, miroirs baroques et luminaires anciens, bouteilles du cru : au Bouzigues le ton est donné, la bonne humeur de mise ! Prospère et chaleureux, le bistrot à vins propose des plats traditionnels, mais terriblement appétissants : poulet fermier rôti, taureau grillé aux herbes, banderilles de lotte grillées et marinade aux épices tandoori, magret de canard farci au chèvre et amandes sucrées... Patio. Formules à 17€ (à midi), 26€ (2 plats) et 32€ (3 plats). *7, rue Pasteur* ***Aigues-Mortes*** *Tél. 04 66 53 93 95 www.cafedebouzigues.com Ouvert avr.-sept. : tlj. 12h-14h et 19h-22h30 ; oct.-mars : mer.-sam. 12h-14h et 19h-22h30, dim. 12h-14h*

**La Camargue** La salle arbore ses pierres de taille, ses poutres et ses volumes enduits à la chaux. L'hiver, il y crépite un feu de cheminée ; l'été on passe au patio – un bel espace aux tables de fer forgé recouvertes de céramique et disposées en étoile autour des arbres et des guitaristes. Car ici la musique gitane bat son plein, sans trop d'artifice. Menus 25 et 32€, carte avec rouille de poulpe, tellines ou gardianne de taureau... *19, rue de la République* ***Aigues-Mortes*** *Tél. 04 66 53 86 88 www.restaurantlacamargue.com Ouvert juin-oct. : tlj. 12h-14h et 19h30-21h30 ; nov.-mai : jeu.-sam. 12h-14h et 19h-21h30*

☺ **Les Templiers** Au fond du patio d'un établissement hôtelier (p.209), un restaurant rustique qui sert une cuisine du marché : poisson sauvage de la Méditerranée, côte de bœuf de l'Aubrac à la cheminée, carré d'agneau de lait. Comptez 40-50€ à la carte. *0, bd Intérieur-Nord* ***Aigues-Mortes*** *Tél. 06 14 12 52 07 Ouvert mi-mai-fin sept. : mar.-dim. 12h-14h30 et 20h-22h30 ; fin sept.-mi-mai : jeu.-dim. 20h-22h*

# Hébergement

## camping

**Mas de Plaisance** Si vous voulez fuir les terrains géants de la côte (les 1 600, 3 000 places...), optez plutôt pour le camping à la ferme... De là-bas, vous pourrez partir à pied sur les chemins, aux abords des marais, et faire de jolies promenades. Comptez 13 à 18€ pour 2 pers. avec tente et voiture selon la saison. *Route des Saintes-Maries-de-la-Mer* ***Saint-Laurent-d'Aigouze*** *(9km au nord d'Aigues-Mortes) Tél. 04 66 53 92 84 ou 06 22 20 92 37 Ouvert avr.-sept.*

## prix moyens

**Hôtel des Croisades** Quatorze chambres pimpantes que les propriétaires ardennais veulent conviviales et familiales, souvenir d'un heureux séjour à Aigues-Mortes. Une promesse à suivre de près ! Vue sur le petit jardin à l'arrière, ou, plus recherchée, sur la tour de Constance, de l'autre côté du chenal. Double 73€ (61€ en basse saison). *2, rue du Port* ***Aigues-Mortes*** *Tél. 04 66 53 67 85 www.lescroisades.fr Ouvert toute l'année*

## prix élevés

☺ **Hermitage de Saint-Antoine** Deux maisons modestes, héritées

| GAMME DE PRIX | RESTAURATION | HÉBERGEMENT |
|---|---|---|
| Très petits prix | moins de 10€ | moins de 40€ |
| Petits prix | de 10 à 15€ | de 40 à 60€ |
| Prix moyens | de 15 à 25€ | de 60 à 80€ |
| Prix élevés | de 25 à 45€ | de 80 à 120€ |
| Prix très élevés | plus de 45€ | plus de 120€ |

presque intactes du XVIIe siècle, réunies et rénovées avec goût pour constituer des chambres d'hôtes. Matériaux simples et de qualité sobriété et gaieté : on rêve de s'y enfouir pour quelques nuits... Trois chambres doubles à 84€ en haute saison, petit déj. compris. *9, bd Intérieur-Nord* ***Aigues-Mortes*** *Tél. 06 03 04 34 05 www.hermitagesa.com Ouvert mars-déc.*

**Manade Saint-Louis** Perdu dans la Camargue, un vieux mas et tout autour des chevaux, des taureaux... Chambre double 84€, petit déj. inclus. *Jean-Claude Groul Mas de la Paix* ***Montcalm*** *(12km à l'est d'Aigues-Mortes par la D58) Tél. 06 11 42 24 14 www.manade-saint-louis.camargue.fr Ouvert fév.-oct.*

**Hôtel Saint-Louis** Rose saumon ou bleu ciel, c'est selon, mais il émane de chacune des 22 chambres de l'hôtel, un immeuble classé du XVIIIe siècle, une douceur printanière, une clarté des beaux jours. Comptez de 87 à 113€ pour une double (petit déj. 10€). Au pied de la tour de Constance. Accueil souriant. Également un restaurant (p.207). *10, rue de l'Amiral-Courbet* ***Aigues-Mortes*** *Tél. 04 66 53 72 68 www.lesaintlouis.fr Ouvert avr.-oct.*

**Les Arcades** Dans un bâtiment imposant, des chambres très hautes de plafond, des volumes où l'on respire et des grandes fenêtres. Décoration simple et chaleureuse, accueil à l'unisson. 104-108€ la chambre selon le confort, petit déj. 12€. Restaurant de qualité au rdc, avec des menus à 35 et 45€ et une formule déjeuner à 20€. Médaillon de lotte sauce citronnelle, pavé de taureau grillé au beurre d'anchois. *23, bd Gambetta* ***Aigues-Mortes*** *Tél. 04 66 53 81 13 www.les-arcades.fr Ouvert toute l'année* **Restaurant** *Ouvert mer. et ven.-dim. midi et soir, jeu. uniquement soir Fermé 2 sem. en oct. et 2 sem. en mars*

## prix très élevés

**Hôtel Canal** Un décor épuré, des couleurs chaudes (prune, rouge), des patrons dévoués et un succulent petit déjeuner orchestré par le pâtissier maison en font un lieu tout sauf froid. Une belle adresse. Des 25 chambres (Urban, Suez ou Panama) classées selon le confort et la vue, préférez celles donnant sur le canal. Un petit chemin le longe jusqu'à la tour de Constance, à 10min à pied. Accès Internet, clim., piscine et terrasses pour lézarder loin de l'agitation du centre. Double de 92 à 160€ (basse saison de 77 à 145€), petit déj. 12€. *440, route de Nîmes* ***Aigues-Mortes*** *Tél. 04 66 80 50 04 www.hotelcanal.fr Fermé 1re quinz. déc. et jan.*

☺ **Les Templiers** Sans doute l'une des plus belles adresses de la région : un hôtel particulier réaménagé avec élégance, sans artifice ni préciosité. Atmosphère vraiment singulière dans un léger désordre maîtrisé, juste ce qu'il faut pour que l'on s'y sente à l'aise. Beaux matériaux, mobilier et déco de qualité. Chambre double de 125 à 190€ selon le confort. Petit déj. 12€. Bassin de nage et climatisation *21-23, rue de la République* ***Aigues-Mortes*** *Tél. 04 66 53 66 56*

**Le Phénicien** Croisière fluviale à thème (golf, œnologie ou découverte) entre Avignon et Sète. Vous ne serez pas plus de 18 pers. dans ce petit hôtel flottant, assez original et très confortable. De 2 500€ à 3 300€/sem. selon la saison. *Quai de Provence* ***Aigues-Mortes*** *(14km au sud-ouest de Beaucaire) Tél. 04 42 41 19 14 www.rhone-croisiere.com Ouvert avr.-début nov.*

**Village de montagne,** gorges du Tarn (p.303).

Les arènes de Nîmes (p.178).

**Le puech des Bondons (p.347),** Parc national des Cévennes.

**Port-Camargue (p.236),** marina moderne, près du Grau-du-Roi.

Chemin d'accès à la plage (p.124), Sète.

**Saint-Guilhem-le-Désert (p.144),** dans les gorges encaissées de l'Hérault.

**Montpellier,** place de la Comédie (p.62).

TaM

Les gorges du Tarn (p.303).

Les salins d'Aigues-Mortes (p.202).

La bambouseraie d'Anduze (p.369).

**Cascade sur la Vis,** Saint-Laurent-le-Minier, à 15km du Vigan (p.331).

**Le canal Royal,** Sète (p.116).

LE GRAND HOTEL

**Courses camarguaises,** pratiquées dans tout le Languedoc.

**Étang de Thau (p.411)**, dans les environs d'Agde.

# LE GRAU-DU-ROI

30240

**Il y a du sang de Provence et des ambitions de Grande-Motte dans ce grau (ouverture entre la mer et l'étang) cependant bien gardois, qui rappelle que le département ne se consume pas dans la terre, mais dans l'onde. Il a donné son nom à la ville dont une poignée d'immigrés italiens, au XIXe siècle, bâtirent les premières maisons. Depuis, la cité s'est hissée au rang de deuxième port de pêche français en Méditerranée, et elle bénéficie de la manne touristique – un succès qu'elle doit à un territoire aux facettes multiples. À l'ouest, le port d'origine, plein de charme avec ses quais bordés de restaurants, ses chalutiers et sa criée ; un peu plus à l'est, le gigantesque port de plaisance de Port-Camargue ; plus à l'est encore, la pointe sauvage et sauvegardée de l'Espiguette, et d'un bout à l'autre, la route ou, sur 20km, les plages de sable fin...**

## MODE D'EMPLOI

### accès

**EN VOITURE**
Le Grau-du-Roi est 6km au sud-ouest d'Aigues-Mortes par la D979, à 49km au sud de Nîmes (A9, D6313, D979 et D62), à 7km de La Grande-Motte (D255) et à 34km de Montpellier (D66 et D62).

**EN TRAIN**
Quatre ou cinq TER quotidiens en provenance de Nîmes desservent Le Grau-du-Roi via Aigues-Mortes.
**Gare SNCF** *Av. de la Gare*
**SNCF** *Tél. 3635 www.voyages-sncf.com*

**EN CAR**
Edgard Transport dessert Le Grau-du-Roi à partir de La Grande-Motte (ligne C32), Aigues-Mortes et Nîmes. Cars SNCF : liaisons avec Nîmes et Aigues-Mortes. Hérault Transports : liaisons avec Montpellier et la Grande-Motte (ligne 106).
**Edgard Transport** *Tél. 0810 33 42 73 www.edgard-transport.fr*
**SNCF** *Tél. 3635*
**Hérault Transport** *Tél. 04 34 88 89 99 www.herault-transport.fr*

### orientation

Le Grau-du-Roi s'articule autour de son Vieux-Port, une brèche perpendiculaire au littoral qui sépare la "rive droite" de la "rive gauche". Au nord, la rive droite s'étend jusqu'au quartier du Boucanet, lequel précède la route de La Grande-Motte (Hérault). Au sud, la rive gauche concentre la plupart des hôtels et des commerces, abrite l'OT et la gare, et se prolonge jusqu'à la pointe sableuse de l'Espiguette via le secteur touristique de Port-Camargue et son immense marina.

### informations touristiques

**Office de tourisme** Hébergements, manifestations, activités diverses, adresses utiles, plan de la ville : un bureau touristique très complet

*30, rue Michel-Rédarès Tél. 04 66 51 67 70 www.vacances-en-camargue.com Ouvert juil.-août : 9h-21h ; juin : tlj. 9h-20h ; mai, sept. : tlj. 9h-19h ; oct.-avr. : tlj. 9h-12h15 et 14h-18h*

## fêtes et manifestations

**Fêtes taurines** Courses camarguaises au fil de la belle saison. *Dans les arènes Avr.-oct.*
**Fête de la Saint-Pierre** En l'honneur du saint patron des pêcheurs : procession, messe en mer. *Un week-end mi-juin*
**Fête votive** Lâchers de taureaux dans les rues encadrés par des gardians à cheval. *Une semaine mi-sept.*

## location de vélos

De Pâques à sept., plusieurs prestataires du centre-ville et du quartier de Port-Camargue louent VTT, tandems et rosalies (4 places). Tarifs à l'heure, à la journée et à la semaine.



# DÉCOUVRIR
# Le Grau-du-Roi et ses environs

☆ **Les essentiels** Le Vieux-Port, le Seaquarium, la pointe de l'Espiguette
**Découvrir autrement** Découvrez l'histoire du Grau-du-Roi au musée de la Mer, garnissez votre panier gourmand à la Maison méditerranéenne des vins, de l'olive et des produits régionaux

## ☆ Le Vieux-Port

Si le paysage a bien changé depuis l'arrivée des premiers pêcheurs italiens, le charme opère encore : de part et d'autre du grau, les façades ont gardé leur pittoresque et les chalutiers poursuivent leur ronde, désormais régulée par un pont tournant. Le développement du tourisme, à partir des années 1950, favorisa l'éclosion des commerces d'artisans et des restaurants. Ils occupent aujourd'hui en maîtres les quais du Vieux-Port et bien des rues voisines.

**Palais de la Mer** Il comprend plusieurs sites dont le Seaquarium et un petit musée de la Mer. *Av. du Palais-de-la-Mer Tél. 04 66 51 57 57 www.seaquarium.fr Ouvert juil.-août : tlj. 9h30-23h30 ; avr.-juin, sept. : tlj. 9h30-19h30 ; oct.-mars : tlj. 9h30-18h30 Fermé 25 déc. Tarif 13€, 5-15 ans 9,50€, moins de 5 ans gratuit*
☆ ☺ **Seaquarium** Les poissons par centaines, étranges et multicolores, sont toujours une invitation à la rêverie pour petits et grands. Un bel aquarium. Accessible avec le même billet d'entrée, le requinarium présente sur deux niveaux une trentaine d'espèces de requins, souvent très différentes les unes des autres. Dans le bassin de démonstration on fait faire des pirouettes aux otaries. Bornes interactives et panneaux explicatifs pour s'initier, tout en s'amusant, aux secrets de la mer.
**Musée de la Mer** Consacré à l'histoire du Grau-du-Roi ; quelques belles pièces : maquettes de chalutiers et trois-mâts, scaphandre ancien, collection de coquillages et d'amphores romaines.

### ● Pratiquer la planche à voile ou le kitesurf

**Surf Loisirs** Au bout du quai, côté plage, une boutique providentielle pour louer ou acheter d'occasion son matériel, mais aussi pour faire des stages. Comptez 140€ la découverte du kitesurf et 15€ les 2h de location de *stand up paddle. Résidence L'Impérial La Jetée Tél. 04 66 53 40 01 www.surf-loisirs.com Ouvert fév.-déc.*

## Port-Camargue

L'un des plus importants ports de plaisance européens, gagné sur la mer entre 1967 et 1982 pour satisfaire (et favoriser) la forte croissance du tourisme. Avec ses immenses résidences hôtelières et sa verdure luxuriante, ses quelque 5 000 anneaux et sa forêt de mâts cliquetant dans le vent, le tableau est surprenant.

## L'Espiguette

☆ ☺ **Pointe de l'Espiguette** Lagunes et marais, dunes à l'infini… En marchant quelques centaines de mètres après le parking (payant avr.-fin sept. : 6€) et même un peu plus, on accède à des zones sauvages, naturelles – et naturistes – à souhait. Dix kilomètres de sable fin s'offrent aux promeneurs et baigneurs amoureux des grands espaces. Au retour, avant que la nuit tombe, faites une halte à l'observatoire des oiseaux, face à la Maison méditerranéenne des vins, de l'olive et des produits régionaux (cf. ci-après). Au loin s'affairent les hérons et les grands cormorans, les guêpiers d'Europe et les flamants roses. *6km au sud du Grau-du-Roi*

### ● Où s'approvisionner en produits régionaux ?

☺ **Maison méditerranéenne des vins, de l'olive et des produits régionaux** Une mine d'or pour qui voudrait rapporter un souvenir gourmand du Gard : huiles d'olive, miels, confitures, plats cuisinés, alcools et plus de 1 600 vins de Méditerranée, à commencer par ceux des domaines voisins, les fameux vins des Sables. *3430, route de l'Espiguette Tél. 04 66 53 07 52 www.maisondesvins-lespiguette.com Ouvert été : tlj. 9h30-13h30 et 14h30-19h30 ; basse saison : tlj. 9h30-12h30 et 14h30-19h Fermé 1re quinz. jan.*

### ● Explorer la Camargue en 4x4

**Camargue Autrement** Pas très écologique, d'accord, mais les émissions de $CO_2$ sont compensées auprès d'un programme environnemental. Une fois que c'est dit, reste simplement le plaisir et la magie de découvrir ce pays où se mêlent l'eau et la terre et où ne vivent, à première vue, que les taureaux et les flamants roses. 39€ la demi-journée, 18€ pour les 7-12 ans, gratuit pour les moins de 7 ans. *Centre commercial Port Royal* ***Le Grau-du-Roi*** *Tél. 04 30 08 52 91 ou 06 12 03 25 35 www.camargue-autrement.com*

# CARNET D'ADRESSES

## Restauration, hébergement

Du Boucanet à l'Espiguette, les campings sont nombreux au Grau-du-Roi et, le plus souvent, de grande capacité (de 270 à plus de 2 000 places !) : faites part de vos souhaits à l'office de tourisme, qui vous aiguillera.

### camping

**Domaine du Boucanet** Vaste camping 4 étoiles familial et hyperéquipé de 458 places, qui a le privilège, contrairement à la plupart de ses concurrents, de donner immédiatement sur la plage. Épicerie, cafétéria, aire de jeux, parc aquatique... De 24 à 40€ l'emplacement selon la saison. *Route de Carnon* **Le Grau-du-Roi** *Tél. 04 66 51 41 48 http://campingboucanet.frameloc.fr Ouvert début avr.-début oct.*

### prix moyens

**Le Saint-Pierre** À l'écart des foules et des fourneaux du Vieux-Port, un restaurant bleu et blanc qui se rêve en bateau : lambris, cuivres, hublots et vue sur le nouveau port de pêche. Les produits de la mer sont servis selon l'arrivage : dorades, soles, loups, baudroies, homards, langoustines... Délicieuses bourrides et bouillabaisses. Menus de 20 à 65€. Dans le même bâtiment, un hôtel simple et propre : le Maray (double 60-93€ selon la saison). *1, quai Gozioso* **Le Grau-du-Roi** *Tél. 04 66 53 20 90 http://lesaintpierre-legrauduroi.com Ouvert juil.-août : tlj. 12h-14h et 19h30-22h30 ; sept.-juin : jeu.-mar. 12h-14h et 19h30-22h30 Fermé déc.* **Hôtel** *Tél. 04 66 51 12 51 www.hotel-lemaray.fr Ouvert mi-fév.-nov.*

**Hôtel Bellevue et d'Angleterre** Central et à deux pas de la plage. Sobres mais vastes et claires, les 23 chambres donnent sur une cour calme ou le quai animé du Vieux-Port. Double de 54 à 85€, selon la saison et l'emplacement côté rue ou mer. En juil.-août, le petit déj. est compris. *Quai Colbert* **Le Grau-du-Roi** *Tél. 04 66 51 40 75 www.hotel-angleterre-grau-du-roi.com Ouvert fév.-déc.*

### prix élevés

**Hôtel de la Plage** Pour la vue imprenable sur la plage et la mer, l'air vivifiant venu balayer les larges balcons blancs et la proximité du Vieux-Port. Les chambres, finalement, deviennent secondaires et c'est tant mieux : comme dans le reste du bâtiment, le temps y a laissé ses marques, indélébiles malgré les rénovations. Cependant propre et bien tenu. Double avec vue de 70 à 90€. Petit déj. 6-8€. Restaurant. *Bd du Mal-Juin* **Le Grau-du-Roi** *Tél. 04 66 51 40 22 Ouvert toute l'année*

| GAMME DE PRIX | RESTAURATION | HÉBERGEMENT |
|---|---|---|
| Très petits prix | moins de 10€ | moins de 40€ |
| Petits prix | de 10 à 15€ | de 40 à 60€ |
| Prix moyens | de 15 à 25€ | de 60 à 80€ |
| Prix élevés | de 25 à 45€ | de 80 à 120€ |
| Prix très élevés | plus de 45€ | plus de 120€ |

## prix élevés

**Le Capriska** C'est la fête du poisson dans ce restaurant situé au bout de la grande plage du Boucanet. Ici, pas de mauvaise surprise, tout est frais et les combinaisons sont parfois étonnantes. Comme cet exquis roulé de sardines à l'aubergine, arrosé d'un coulis de tomate très parfumé. On vous l'avait dit, a Méditerranée est de l'autre côté de la rue, et dans votre assiette. Formule midi 14€, menus 26€ (2 plats) et 30€ (3 plats). *1160, bd du Boucanet* ***Le Grau-du-Roi*** *Tél. 04 66 53 42 88 www.restaurant-lecapriska.com Ouvert avr.-oct. : jeu.-mar. 12h-14h30 et 19h-22h ; nov.-mars : dim.-mar. 12h-14h, jeu.-sam. 12h-14h et 19h-21h30*

## prix très élevés

**Le Spinaker** La table haut de gamme – étoilée – du Grau-du-Roi est sise dans la forêt de mâts de Port-Camargue, et l'on y vient de loin : filets de rougets rôtis à l'huile d'olive de Picholine et galantine de lapin fermier, avec foie gras et cèpes en cuisson lente, sont à se damner. Plats de 23 à 40€ à la carte. D'un excellent confort, l'hôtel évoque une résidence de vacances de luxe avec ses chambres de plain-pied ouvrant sur une piscine, mais il tire son épingle du jeu grâce à ses décors originaux (chambres africaine, indienne...). Également un spa et un jacuzzi. Comptez de 120 à 289€ la chambre double en haute saison, petit déjeuner 15€. *Pointe de la Presqu'île* ***Port-Camargue*** *(env. 2km au sud du Grau-du-roi) Tél. 04 66 53 36 37 www.spinaker.com Ouvert haute saison : lun. 12h-13h30 et 19h30-21h30 ; basse saison : mer.-dim. 12h-13h30 et 19h30-21h30 Fermé jan.-mi-fév.* **Hôtel** *Ouvert mi-fév.-déc.*

☺ **Oustau Camarguen** Une propriété de charme protégée du Port-Camargue de béton, un "refuge" (l'oustau, traditionnellement contre les vents hostiles), hors des habitats conglomérés : un coup de cœur ! Autour de la piscine, les mas se joignent et enserrent une série d'agréables terrasses : tables agrémentées de mosaïque et de ferronnerie, alcôves discrètes, auvents de bois. À l'intérieur, les chambres ont le ton du pays : poutres apparentes, boiseries, têtes de lit peintes ou sculptées. Chacune jouit d'un petit coin terrasse. Accueil adorable et bon restaurant. Jacuzzi. Wifi. Double en haute saison : 135€ (en basse saison : 90€). Petit déj. 12€. *3, route des Marines Port-Camargue* ***Le Grau-du-Roi*** *(env. 2km au sud du Grau-du-roi) Tél. 04 66 51 51 65 www.oustaucamarguen.com Ouvert mi-mars-mi-nov.* **Restaurant** *Ouvert mai-sept.*

**L'Amarette** Une table gastronomique, à l'étage d'un petit complexe commercial qui abrite aussi un bar de plage : l'écrin n'est pas des plus grisants, mais la vue sur le golfe d'Aigues-Mortes, le décor chic et champêtre et la terrasse sous glycine le font aisément oublier. Surtout, on y déguste une cuisine savoureuse, raffinée, teintée d'envies de voyage : filet de bar au parfum de vanille et citron, magret de canard au miel et polenta aux fruits secs, saumon fleur de sel et sa mousse fine aux herbes. Menus à 40, 50 et 62€. Formule du jour 24,50€. *Centre commercial Camargue 2000 8, av. Jean-Lasserre* ***Port-Camargue*** *(env. 2km au sud du Grau-du-roi) Tél. 04 66 51 47 63 www.restaurant-portcamargue.com Ouvert mai-sept. : tlj. 12h-13h45 et 19h30-21h ; oct.-avr. : jeu.-mar. 12h-13h45 et 19h30-21h*

# SAINT-GILLES

30800

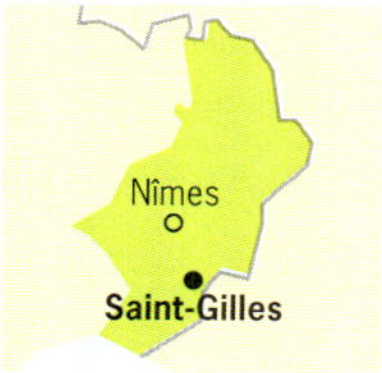


**Saint-Gilles est fondée, selon la légende, par un ermite grec, qui se retire dans la région au début du VIIIe siècle. Au XIe siècle, la cité constitue l'un des plus importants centres de pèlerinage de la chrétienté. Depuis, les siècles ont passé et Saint-Gilles s'est assoupie. Désormais, on déambule dans sa vieille ville, où, loin des foules, des façades romanes, quelques autres de la Renaissance et des siècles suivants s'offrent au regard de l'amateur d'art. On vient aussi y voir la Camargue et goûter aux costières ensoleillées. On court surtout vers son abbatiale, étape importante sur les chemins de Compostelle et joyau de l'architecture sacrée médiévale.**



## MODE D'EMPLOI

### accès

**EN VOITURE**
20km au sud de Nîmes (D42) et 32km au nord-est d'Aigues-Mortes (D58 et D179), 25km au sud-ouest de Beaucaire par la D38.

**EN CAR**
Le réseau Tango assure la liaison Saint-Gilles-Nîmes quotidiennement (ligne 34). Saint-Gilles-Beaucaire est proposé par Edgard Transport (ligne C31).
**Tango Bus** *Tél. 0820 22 30 30 www.tangobus.fr*
**Edgard Transport** *Tél. 0810 33 42 73 www.edgard-transport.fr*

### orientation

De Vauvert, Nîmes ou Beaucaire, toutes les routes mènent à la rue Gambetta. Artère centrale de Saint-Gilles, elle accueille l'office de tourisme, abrite un parking très utile et borde à l'ouest la vieille ville : d'étroites et sinueuses ruelles en pente qui mènent à l'abbatiale. Cette même rue Gambetta au sud-est conduit au port de plaisance.

### informations touristiques

**Office de tourisme** Hébergements, manifestations, patrimoine, activités sportives, liste des manades et des viticulteurs, sentiers de randonnées, tout est là. En saison, l'office de tourisme est également chargé des visites guidées de l'abbatiale. *1, pl. Frédéric-Mistral Tél. 04 66 87 33 75 http://tourisme.saint-gilles.fr Ouvert juil.-août : lun.-sam. 9h30-12h30 et 14h-19h ; avr.-juin, sept.-oct. : lun.-sam. 9h30-12h30 et 14h-18h ; nov.-mars : lun.-sam. 9h30-12h30 et 14h-17h*

### marchés, fêtes et manifestations

**Marchés** ***Saint-Gilles*** *Allée Émile-Cazelles Jeu. et dim. matin* ***Vauvert*** *Mer. et sam. matin* **Le Cailar** *Ven. matin*
**Fête du Cailar** Courses camarguaises. *1re sem. d'août*
**Feria de la pêche et de l'abricot** Fête taurine (corridas, novilladas). *Juin*
**Fête de la Saint-Gilles** Traditions camarguaises : *abrivado, gase* (les

taureaux traversent le canal à la nage), courses, *bandidos* et pèlerinage. *Dernier week-end d'août*
**Crèche vivante** Reconstitution par des figurants. *Dernier sam. avant Noël*
**Pastrage calendal** Cortèges de manadiers et bergers, puis bénédiction sur le parvis de la cathédrale avant la messe de minuit. *Le 24 déc.*



# DÉCOUVRIR

☆ **Les essentiels** L'abbatiale Saint-Gilles **Découvrir autrement** Dégustez une huile de picholine au moulin des Costières, vivez au rythme d'un domaine viticole au château d'Or et de Gueules, percez les secrets de la Camargue au centre de découverte du Scamandre

## Saint-Gilles

☆ **Abbatiale Saint-Gilles** Très abîmée par les guerres de Religion (1562-1622) et reconstruite au XVIIe siècle, l'église haute a conservé un mur du chevet et une partie des murs latéraux de l'édifice primitif (XIIe s.) ainsi que sa splendide façade : une merveille de l'art roman classée par l'Unesco en 1998. Influencés par les arcs de triomphe antiques, les trois portails sont séparés par des colonnes et abondamment sculptés : Adoration, Christ en Majesté et Crucifixion sur les tympans, détails de la vie du Christ portés sur la frise (Entrée dans Jérusalem, Cène, Passion…), statues des apôtres. Le rendu des mouvements, l'expressivité des visages et la qualité de conservation font de cette façade l'un des héritages les plus précieux de l'art roman méridional. Abritant le tombeau du saint, la crypte romane (fin XIe-XIIe s.), creusée sous la nef, reste le centre du culte voué à saint Gilles. *Pl. de la République* **Église et crypte** *Ouvert avr.-oct. : lun.-sam. 9h30-12h30 et 14h-18h, dim. 14h-18h ; nov.-mars : lun.-sam. 9h30-12h30 et 14h-17h Tarif crypte et escalier 5€, réduit 2,50€ Billet jumelé avec le musée de la Maison romane 6€, réduit 5€*

### LES DEGRÉS DU SUBLIME

Curiosité architecturale, la vis de Saint-Gilles, sur l'arrière de l'ancien chœur, est considérée comme un chef-d'œuvre majeur des compagnons tailleurs de pierre. L'intérêt de cet escalier hélicoïdal réside dans sa virtuosité d'exécution. Il porte d'ailleurs de nombreux graffitis des compagnons qui, au fil des siècles, sont venus l'admirer. *Visites guidées sur rés. à l'OT* **Escalier à vis** *Tél. 04 66 87 33 75 Ouvert avr.-oct. : lun.-sam. 9h30-12h30 et 14h-18h, dim. 14h-18h (de nov. à mars, visite à 10h30, 11h30, 14h30 et 15h30) Mêmes tarifs que ceux de l'église et crypte*

**Musée de la Maison romane** Demeure du XIIe siècle avec salles d'archéologie, d'histoire médiévale, d'ethnographie et d'ornithologie, sur Saint-Gilles et sa région. *Pl. de la Maison-Romane Tél. 04 66 87 40 42 Ouvert avr.-oct. : lun.-sam. 9h30-12h30 et 14h-18h ; nov.-mars : lun.-sam. 9h-12h30 et 14h-17h30 Fermé jan., j. fér., 24 et 31 déc. Tarif 2€, réduit 1€ Billet jumelé avec l'abbatiale 6€, réduit 5€*

### ● Où goûter huile d'olive et tapenade, déguster du vin ?

**Moulin des Costières** On y fabrique des tapenades et des huiles. La 100% picholine décline ses arômes entre l'artichaut et la prune, un régal sur les salades, fromages et caviars d'aubergine. Vente d'olives noires et picholines également. *2373, chemin des Loubes* ***Saint-Gilles*** *(à 5km du centre-ville dir. Nîmes, D42) Tél. 04 66 87 42 43 www.moulin-des-costieres.com Ouvert mi-juil.-mi-août : tlj. 9h-12h et 14h-18h30 ; reste de l'année : lun.-sam. 9h-12h et 14h-18h*

☺ **Château d'Or et de Gueules** Un domaine viticole de 60ha, bien exposé sur le versant sud des costières de Nîmes. Le Prestige Trassegum 2010 (13€), ample et structuré avec des arômes de fruits noirs et une touche vanillée, et le Bolida 2009 (23€), puissant et rond, figurent parmi ses classiques. Également des expositions d'artistes de la région, et 2 gîtes (p.243). *Chemin de Cassagnes Route de Générac* ***Saint-Gilles*** *(D14 ou D197, 3,5km à l'est du centre-ville) Tél. 04 66 87 32 86 www.chateau-or-et-gueules.com* **Cave** *Ouvert lun.-sam. 9h-19h*

## Les environs de Saint-Gilles

**Le Cailar** Un village établi aux portes de la Petite Camargue, hors des sentiers battus, cerné de manades séculaires. On y voue un culte particulier au taureau et on ne le cache pas : sa fête locale, en août, est l'une des plus belles de la région. À voir : l'**église Saint-Étienne**, plusieurs fois remaniée, mais dont une partie de la façade est d'origine (XIe s.). Au centre de la bourgade, elle tourne le dos à la minuscule place de la République et sa terrasse de café, Le Bistrot de l'avenir, tout simple. Consultez aussi le programme du Cercle d'art contemporain : expositions, lectures, projections, etc. ***Le Cailar*** *(22km à l'ouest de Saint-Gilles)* **OT de Vauvert** *Tél. 04 66 88 28 52 www.camarguecostieres-tourisme.fr*

**Source Perrier** Pour tout savoir sur la célèbre eau gazeuse, de la source aux campagnes publicitaires en passant par la fabrication des bouteilles. *Lieu-dit Les Bouillens* ***Vergèze*** *(24km au nord-ouest de Saint-Gilles) Tél. 04 66 87 61 01 www.perrier.com Ouvert avr.-août : lun.-ven. 9h30-17h ; sept.-mars : lun.-jeu. 9h30-17h*

**Centre de découverte du Scamandre** Il dispense une foule d'informations sur la région et sur les sentiers de découverte dans le marais doux. également des expositions sur les zones humides de Camargue, la faune et la flore. *Route des Iscles Gallician* ***Vauvert*** *(15km au sud-ouest de Saint-Gilles) Tél. 04 66 73 52 05 www.camarguegardoise.com Ouvert mar.-sam. 9h-18h Fermé j. fér.*

### ● Explorer la Petite Camargue à cheval

**Le Mas des Iscles** Pour découvrir la monte gardianne, plus libre pour le cavalier et pour sa monture, dans un domaine agricole où la riziculture côtoie l'élevage des chevaux, l'eau, le vent... 50€ la demi-journée. *Chez Bernard Roche* ***Vauvert*** *(15km au sud-ouest de Saint-Gilles) Tél. 06 14 48 10 73 ou 04 66 73 51 22 www.masdesiscles.com Ouvert toute l'année*

### ● Traverser la Camargue sur un drôle d'engin

☺ **Le Barjonaute** Le Barjonaute des terres camarguaises s'appelle Jean-Jacques et il a eu une idée unique en France : proposer à Monsieur ou Madame Tout le Monde une magnifique balade sur un vélo couché à travers les plaines de sa belle région. Une aventure à partager en famille ou entre amis dans un des derniers espaces sauvages du littoral méditerranéen. Tarif 30€ la 1/2 journée, 55€ la journée. Réservation obligatoire. À partir de 13 ans (1,50m minimum). *282, rue Carnot* ***Vauvert*** *(15km au sud-ouest de Saint-Gilles) Tél. 06 03 53 65 64 Ouvert toute l'année*

# CARNET D'ADRESSES

## Restauration, hébergement

### prix moyens

**Le Clément-IV** Face au canal, une sympathique table avec vue. Sous les paillotes du quai ou dans la salle aux pierres apparentes, on se régale de seiches *a la plancha* ou d'une gardianne de taureau, restant ainsi fidèle à la région. Menus à 13,50 (à midi en semaine) et 25€. Assiettes complètes 18-26€. *36, quai du Canal* ***Saint-Gilles*** *Tél. 04 66 87 00 66 Ouvert avr.-oct. : tlj. midi et soir ; nov.-mars : lun., mer. et ven.-sam. midi et soir, jeu. et dim. uniquement midi*

**L'Héraclée** Quitte à réserver sur le port de plaisance, autant exiger la vue. Il y a bien cette usine derrière le canal, mais le glissement des embarcations sur les eaux calmes, et, par beau temps, les rayons caressant le quai, compensent et l'emportent. Deux étages accueillent les 21 chambres – colorées, parfois sombres mais confortables au premier, plus claires et spacieuses au second. Il vous en coûtera entre 70 et 75€ en haute saison (65€ le reste de l'année). Accueil sympathique. *30, quai du Canal* ***Saint-Gilles*** *Port de plaisance Tél. 04 66 87 44 10 www.hotel-heraclee.com Ouvert toute l'année*

### prix élevés

**Le Cours** Décor standard, mais la plupart des 32 chambres jouissent de beaux volumes et de la clim. Elles sont surtout centrales, à deux pas de la rue Gambetta, du canal et de la vieille ville. Chambre double de 76 à 82€ en haute saison. Le restaurant, au rdc, étend sa terrasse sur un large trottoir qu'ombragent des platanes. Salade de gésiers confits et toasts de foie gras, bar grillé au fenouil, cassolette de saint-jacques à la provençale, taureau grillé... Menus de 15 à 39€. Formules déj. 13,50€. *10, av. François-Griffeuille* ***Saint-Gilles*** *Tél. 04 66 87 31 93 www.hotel-le-cours.com Ouvert mi-mars-mi-déc.* **Restaurant** *Ouvert*

| GAMME DE PRIX | RESTAURATION | HÉBERGEMENT |
|---|---|---|
| Très petits prix | moins de 10€ | moins de 40€ |
| Petits prix | de 10 à 15€ | de 40 à 60€ |
| Prix moyens | de 15 à 25€ | de 60 à 80€ |
| Prix élevés | de 25 à 45€ | de 80 à 120€ |
| Prix très élevés | plus de 45€ | plus de 120€ |

*haute saison : tlj. 12h-14h30 et 19h-21h30 ; reste de l'année : lun.-sam. 12h-14h30 et 19h-21h30, dim. 12h-14h30*

### prix très élevés

☺ **Château d'Or et de Gueules** Ce domaine viticole (p.241) propose 2 gîtes. Murs dépouillés, parquets, les chambres sont rustiques mais confortables, tout en rouge et ocre. Prévoyez de 125 à 155€ le week-end, de 320 à 795€ la semaine (haute saison). *Chemin de Cassagnes Route de Générac* ***Saint-Gilles*** *(D14 ou D197, 3,5km à l'est du centre-ville) Tél. 04 66 87 32 86 www.chateau-or-et-gueules.com Ouvert toute l'année*

**Domaine de la Fosse** En pleine Camargue, un magnifique domaine qui dispose de 5 chambres immenses, pleines de charme, meublées sobrement, avec un goût certain. De 135 à 145€, petit déj. compris. Piscine splendide, environnement de grande qualité ainsi qu'un espace hammam. *Route de Sylvéréal* ***Saint-Gilles*** *(7km au sud du centre-ville) Tél. 04 66 87 05 05 www.domainedelafosse.com Ouvert toute l'année*



# BEAUCAIRE

30300

**La foire lancée au XV^e siècle par Louis XI à la Sainte-Madeleine donna tout ou presque à Beaucaire quatre siècles durant. Un événement au rayonnement international, au profit généreux, aux conséquences manifestes : du XVII^e au XIX^e siècle – son apogée –, l'ancienne ville des comtes de Toulouse se couvrit d'or et de luxueux hôtels particuliers. De cette époque, la cité conserve l'élégance classique. Puis vint la chute, à la fin du XIX^e siècle, imputable au développement ferroviaire et au déclin de la navigation, dont elle dépendait. Ankylosée par le soleil de Provence, étourdie par le mistral battant le linge entre les façades des venelles ocre, elle somnole depuis : c'est là sa manière d'authenticité, les raisons de son charme. Beaucaire, qui n'est plus tout à fait la Camargue et pas encore les garrigues, n'attire guère les voyageurs. C'est qu'on la connaît mal. Avec son château perché et ses rues pittoresques, son port de plaisance animé et le Rhône comme voisin, elle n'a pourtant rien à envier aux nanties touristiques de la région.**

## MODE D'EMPLOI

### accès

**EN VOITURE**

À 24km à l'est de Nîmes (D999), 22km au sud-est du pont du Gard (D986), 26km au sud-ouest de Villeneuve-lez-Avignon (D2), 25km au nord-ouest de Saint-Gilles (D38).

**EN CAR**

Nombreuses liaisons quotidiennes avec Nîmes (ligne E51) et Avignon.

**Edgard Transport** *Tél. 0810 33 42 73 www.edgard-transport.fr*

## orientation

L'éminence du château médiéval (au nord), le boulevard du Mal-Foch, à l'ouest, le port de plaisance au sud et, à l'est, le Rhône, ceinturent le centre historique de Beaucaire. Évitez d'y circuler en voiture : les ruelles sont étroites et les places de stationnement souvent occupées, en particulier les jours de marché. Plusieurs parkings bordent ce périmètre : quais du Général-de-Gaulle (sauf jours de marché) et de la Paix, place Jean-Jaurès (porte d'arrivée des routes de Nîmes et de Resmoulins), carrefour des Fontètes (si vous venez de Saint-Gilles) et, plus vaste encore, le champ de Foire, au nord du château, où se trouvent les arènes.

## informations touristiques

**Office de tourisme** Face au port de plaisance. Le service Ville d'art et d'histoire organise des visites guidées de Beaucaire sur différents thèmes : Le château, Beaucaire au siècle des Lumières, au XIXe siècle, etc. Durée moyenne 1h30 ; tarif 5€ env. *24, cours Gambetta Tél. 04 66 59 26 57 www.ot-terredargence.fr Ouvert Pâques-sept. : lun.-sam. 9h-12h15 et 13h30-18h ; oct.-Pâques : lun.-ven. 9h-12h15 et 13h30-17h30*

## marchés, fêtes et manifestations

**Marchés** *Cours Gambetta et Pl. Clemenceau Jeu. matin et dim. matin*
**Les Rencontres méditerranéennes de l'art équestre** Championnats de France de chevaux ibériques, dressage, sports équestres et soirées de gala. *Début juil.*
**Foire de la Madeleine** Défilés, marchés, courses de taureaux et festivités diverses, dans la lignée de la célèbre et historique foire de Beaucaire. Point d'orgue : **Les Cent Taureaux**, un *encierro* exceptionnel, cent taureaux lâchés dans les rues de la ville. À ne pas manquer : la finale de la Palme d'or, apothéose des courses camarguaises estivales dans les arènes. *Une à deux sem. à partir du 21 juil.*
**Fête de la vannerie** Exposition internationale de vannerie, défilé des vanniers. *Vallabrègues Début août*
**Foire aux chevaux** Défilé traditionnel de 900 participants, spectacle équestre. *Fourques Début sept.*

# DÉCOUVRIR

☆ **Les essentiels** La vieille ville, le château, l'abbaye Saint-Roman de l'Aiguille **Découvrir autrement** Assistez à une course à la cocarde

## Beaucaire

### ☆☺ Vieille ville

Devant la passerelle piétonne du **port de plaisance** – agréable aux beaux jours avec ses terrasses de cafés – se trouve la rue Roger-Pascal : remontez-la jusqu'à la place Georges-Clemenceau, ancien centre de la Belcaïre (“belle pierre”) médiévale. Signalé par un PMU, l'**hôtel de Fermineau**, de style Renaissance, accueillit durant 160 ans un pensionnat de jeunes filles, sous la houlette des Ursulines. En face, l'**hôtel de ville** est une splendeur d'architecture classique (1679), avec ses pierres blondes et son décor mesuré. À l'ouest, à l'angle de la rue Nationale et de la rue du Château, remarquez la gouttière en forme de taureau qui orne la façade d'une demeure du XVIe siècle. Au nord de l'hôtel de ville s'étend la place Olivier-Lombard, où logèrent Alexandre Dumas fils et George Sand, et que domine la façade baroque de l'**église Notre-Dame-des-Pommiers**. Poursuivez jusqu'à la rue de la République. À droite : l'**hôtel de Clausonnette** (1745, portail sculpté et clés d'ouverture figurant des allégories des saisons), l'**hôtel Margallier** (1675, atlantes, écussons sculptés, encadrements moulurés), puis la **place de la République**, piétonne et pavée, à l'ombre de majestueux platanes. Elle était jadis le centre du quartier des charpentiers de marine. Aujourd'hui on y sirote des verres à la terrasse de La Brasserie des arts, le temps d'une pause. Par la rue Roger-Salengro, rejoignez, à gauche, la rue Louis-Blanc : le thème des saisons se retrouve sur les clés de l'**hôtel Domergue** (XVIIIe s.), qui arbore aussi des *putti* à hauteur du premier étage. Plus loin, la place Frédéric-Mistral ouvre une brèche entre la vieille ville et le fleuve. Derrière la digue de la Banquette coule le Rhône, et l'on rejoint le port de plaisance en suivant son cours.

**Église Notre-Dame-des-Pommiers** Achevée en 1744, elle remplaça une église devenue trop exiguë pour contenir les fidèles les jours de foire. Intéressant maître-autel, chaire et fonts baptismaux en marbre polychrome. Dans le passage longeant l'édifice à l'est, cherchez du regard la hauteur du collatéral : une splendide frise romane provenant de l'église initiale de plus de 10m de long (XIIe s., scènes de la Passion) a été fixée au mur. *Pl. Olivier-Lombard*

## S'initier à l'artisanat

**Service des métiers d'art** Stages d'artisanat d'art pour vous initier au modelage sur argile et à l'engobage, à la peinture décorative à la colle de peau de lapin, à la dorure sur bois, au vitrail au plomb... Sur plusieurs demi-journées, matériel fourni. *24, cours Gambetta Tél. 04 66 59 71 30 www.beaucaire.fr Ouvert toute l'année*

## Se promener en bateau

**Le Boat** Pour faire du tourisme fluvial, location de bateaux sans permis à partir de 3 jours hors saison et suggestion d'itinéraires. Tarifs selon la période et la gamme de bateaux : à partir d'env. 1 000€/sem. *14, quai de la Paix-Nord Tél. 04 66 59 46 08 www.leboat.fr Ouvert Pâques-oct.*

# ☆ Château de Beaucaire

Il trône au nord de la ville et la domine de son éminence : de la porte Roquecourbe, ne manquez pas, en contre-plongée, la vue offerte sur les remparts, superbe ! L'histoire retiendra qu'il vit le jour avec les comtes de Narbonne vers 1180 et fut reconstruit par saint Louis au XIIIe siècle, avant d'être démantelé sur ordre de Richelieu (1632) : refuge de l'armée rebelle du duc de Montmorency, le château, détruit, ne sera jamais réhabilité. Murailles, portes monumentales, tours, chapelle castrale (XIIe s.). De la colline, noyée sous les arbres du parc (classé), très beau panorama sur les toits de Beaucaire. *Ouvert avr.-oct. : mer.-lun. 10h-18h ; nov.-mars : mer.-lun. 10h-17h Fermé j. fér.*

**Musée Auguste-Jacquet** Collections d'archéologie, d'art et traditions populaires dédiées à l'histoire de Beaucaire et, en particulier, à sa foire, qui couvrit la ville de gloire du XVe au XIXe siècle. Dans les jardins du château. *Château de Beaucaire Tél. 04 66 59 90 07 Ouvert avr.-oct. : mer.-lun. 10h-12h30 et 14h-18h ; nov.-mars : tlj. 10h-12h et 14h-17h Fermé j. fér. Tarif 5,10€, réduit 3,70€*

### ● Assister à une course à la cocarde

**Courses camarguaises** C'est aux arènes Paul-Laurent que la *Fé di Biou* (foi dans le taureau) prend toute sa dimension, quand s'affrontent le cocardier (taureau) et le raseteur chargé d'attraper le ruban (cocarde) attaché sur le front de l'animal et les glands qui coiffent ses deux cornes. Berceau de ces fameuses courses camarguaises, la ville leur rend d'ailleurs hommage en installant à ses portes deux statues de cocardiers célèbres : Goya et Le Clairon. *Arènes Paul-Laurent* ***Champ de Foire*** *Tél. 04 66 59 71 08 Billetterie à l'OT Tarif de 11 à 17€*



# Les environs de Beaucaire

☆ **Abbaye Saint-Roman de l'Aiguille** Place paléochrétienne, abbaye, lieu de pèlerinage, nécropole, château, Saint-Roman fut bien tout cela, mais plus qu'à ces qualités, c'est à une particularité qu'elle doit sa renommée. En effet, entièrement creusé dans la roche, ce couvent troglodytique est unique en Languedoc. À partir des premières excavations réalisées par des ermites au Ve siècle, les Bénédictins, deux siècles plus tard, ont fait un véritable monastère : chapelle, cellules, celliers… À l'extérieur, murailles et vestiges du château sont plus récents (XVIe s.), et, de la nécropole située sur la terrasse supérieure, on jouit d'un beau panorama sur le Rhône. Visite libre avec brochure. *Route de Nîmes (D999)* ***Beaucaire*** *(4km au nord du centre-ville) Direction Nîmes jusqu'au dernier rond-point puis fléchage Parking au pied du site, puis emprunter le chemin des Moines dans les parfums de la garrigue (15min) Tél. 04 66 59 19 72 www.abbaye-saint-roman.com Ouvert juil.-août : tlj. 10h-13h et 14h-19h ; avr.-juin, sept.-mi-oct. : mar. 14h-18h30, mer.-dim. 10h-13h et 14h-18h30 ; mi-oct.-mars : sam.-dim. 14h-17h30 (mar.-dim. pendant les vac. scol.) Tarif 5,50€, moins de 18 ans gratuit*

☺ **Cave gallo-romaine du mas des Tourelles** Plantation, pressoir, vaisselle vinaire : tout est reconstitué et, le 2e dimanche de septembre (14h-18h), vous pourrez assister aux vendanges à l'antique… Trois crus au choix : le Mulsum (miel, épices, aromates), le Turriculae (blanc sec, arômes de noix), le Carenum (liquoreux, aux saveurs de coing) ! Dégustation de vins et jus de raisins. *4294, route de Saint-Gilles (D38)* ***Beaucaire*** *(4km au sud-ouest du centre-ville) Tél. 04 66 59 19 72 www.tourelles.com* ***Visites*** *Ouvert juil.-août : lun.-sam. 10h-12h et 14h-19h, dim. 14h-19h ; avr.-juin, sept.-oct. : tlj. 14h-18h ; nov.-déc., fév.-mars : lun.-sam. 14h-17h30 ; jan. : sam. 14h-17h30 Fermé 1er et 11 nov. ; 24 déc.-3 jan. Tarif 5,50€, moins de 18 ans gratuit* ***Ventes et dégustations*** *Ouvert lun.-ven. 9h-12h et 14h-17h30*

☺ **Vieux Mas** Un voyage ludique dans le monde rural de la première moitié du XXe siècle, une ferme joyeuse et pleine de vie à visiter en famille : vos enfants vont adorer ! Tout y est : chevaux, vaches et moutons, lapins cochons et poneys, une nursery adorable (lapereaux, chevreaux…), une salle de classe à l'ancienne, des outils et des machines agricoles (araire, griffon, horse, charrue…), la maison du fermier et une spectaculaire "Rue des Vieux-Métiers" avec épicerie, saboterie, menuiserie, atelier du forgeron… Visites libres, animations (tétée des agneaux, forgeron au travail) et boutique de produits régionaux. *Mas de Vegère D15* **Beaucaire** *(6km au sud du centre-ville) Tél. 04 66 59 60 13 www.vieux-mas.com Ouvert juil.-août : tlj. 10h-19h ; avr.-juin, sept. : tlj. 10h-18h ; oct.-mars : mer. et sam.-dim. 13h30-18h Fermé déc.-jan. (sauf vac. scol. Noël) Tarif 8€, 3-15 ans 6€*

**Musée de la Vannerie et de l'Artisanat** Pour tout savoir sur la vannerie d'art et sur la vannerie utilitaire ainsi que sur l'histoire de ce village qui en fut un centre de production important jusqu'au début du XXe siècle. Collection d'outils, projections vidéo… *Grand Café du XIXe siècle 4, rue Carnot* **Vallabrègues** *(9km au nord de Beaucaire) Tél. 04 66 59 48 14 Ouvert juil.-août : mar. et jeu. 14h-19h, mer. et ven.-sam. 10h-12h et 14h-19h ; début avr.-fin juin, sept.-fin oct. : jeu.-sam. 14h-18h Tarif 4€, moins de 15 ans gratuit Fête de la vannerie 2 week-end en août*



# CARNET D'ADRESSES

## Restauration, hébergement

### prix moyens

**La Table de Marguerite** Une table rurale généreuse, une auberge loin de tout, traditionnelle, qui privilégie les légumes du jardin ; avec son voisin le Vieux Mas (p.246), dépaysement et authenticité garantis ! Accueil souriant. Jolie terrasse. Menus à 15€ (mer.-jeu.) et 17€ (ven.) à midi, autres menus de 21 à 28€. *Mas de la Cassole Chemin de Vegère* **Beaucaire** *(7km au sud du centre-ville par la D15) Tourner en direction du Vieux Mas, le restaurant est 500m après Tél. 04 66 59 17 00 www.latabledemarguerite.fr Ouvert mer.-jeu. et dim. 12h-13h30, ven.-sam. 12h-13h30 et 19h30-21h*

### prix élevés

**Hôtel Les Doctrinaires** La belle adresse de Beaucaire, en plein centre-ville, dans l'ancien collège des Doctrinaires. Fondé en 1675, il fut actif jusqu'à la Révolution qui l'amputa d'une partie de son décor. Le lieu, toutefois, a conservé son âme et il règne dans ses vieux murs l'atmosphère des châteaux construits au temps des chansons de geste : escalier monumental, vitraux, pierre nue, tentures lourdes et voûtes en arêtes. Les 32 chambres, dans la même veine, savent rester simples, se dispensent de folklore. Délicieux patio aux beaux jours et, derrière le bar, restaurant de qualité : souris d'agneau à la crème de thym et miel, foie gras maison en cœur de salade et son chutney de mangue, filet de dorade au sésame et sa fondue de poireaux, terrine de la mer aux queues de crevettes. Double de 60 à 100€ en haute saison (selon la vue et le confort). Menus 19, 23, 29 et 45€. *1, rue Rabelais* **Beaucaire** *Tél. 04 66 59 23 70 www.hoteldoctrinaires.com Ouvert toute l'année*

**Le Robinson** Sur un domaine de 10ha, à la sortie de Beaucaire, une vaste résidence de campagne entre canal, terrasses et jardins. Chambres fringantes et lumineuses, intérieur tout en volumes, tonalités provençales. Agréable restaurant de terroir tourné vers le jardin. Menus de 24 à 45€. Accueil souriant. Piscine, clim., parking. Double de 76 à 94€. Petit déj. 10€. *Route de Comps* ***Beaucaire*** *Tél. 04 66 59 21 32 www.hotel-robinson.fr Ouvert toute l'année*

☺ **Maison d'hôtes Cherrier** Cinq chambres, cinq initiations au voyage : crâne de bison et navajos dans la Santa Fe, bois sombre et lambris pour la Gitane, chatoyants azulejos habillant la Marrakech et la suite andalouse, nos favorites, épure enfin dans la suite blanche, claire et immaculée. Au sol, les carreaux Arts déco, sublimes, ont été conservés lors de la restauration de cette maison de maître, qui aime aussi détourner les objets. Et l'on ne parle pas de la piscine mexicaine, du bouchon lyonnais pour table d'hôtes, de l'accueil adorable, des week-ends culinaires, ni même de ce village oublié des circuits touristiques, qui vit un jour M. Poquelin devenir Molière... Bref, un sans-faute. Chambre de 75 à 95€. Menu (réservé aux hôtes) 25€. *10, pl. de la République* ***Montfrin*** *(10km au nord-ouest de Beaucaire) Tél. 04 66 20 96 58 ou 06 74 51 33 56 www.chambrehotescherrier.camargue.fr Ouvert mars-déc.*

☺ **Domaine des Clos** Un mas de charme parmi les vergers et les vignes, tout en élégance, meublé d'objets chinés ici ou là, de pièces uniques chargées d'histoire... Double de 105 à 115€ (de 95 à 105€ en basse saison). Table d'hôtes deux fois par semaine l'été (28€). On peut aussi cuisiner sur place. Petit déjeuner très gourmand. Accueil attentionné. Des stages de cuisine et de massage sont proposés. Piscine. *Sandrine et David Ausset 911 chemin du mas de la Tour (D38)* ***Beaucaire*** *(7km au sud-ouest du centre-ville) Tél. 04 66 01 14 61 www.domaine-des-clos.com Ouvert fév.-déc.*

# ★ VILLENEUVE-LEZ-AVIGNON

30400

**On l'imagine dans l'ombre d'Avignon, sur l'autre rive, cité-dortoir alanguie et sans grand caractère, et c'est tout le contraire. Plus discrète, plus tranquille que sa voisine, Villeneuve laisse échapper de ses murs et de ses pierres des ondes de bien-être et d'élégance subtile. Ce que surent manifestement apprécier les cardinaux, qui y établirent leurs résidences lorsque la papauté s'établit en Avignon en 1316. On trouve ainsi au hasard des rues une quinzaine de ces palais, les livrées cardinalices... Aujourd'hui, le village, sa place et ses immeubles aux patines anciennes résonnent de mélodies légères, de mots chuchotés ou fredonnés. À la Chartreuse ils s'envolent dans les airs, habitent les cellules, les couloirs, les jardins – elle accueille désormais des auteurs dramatiques en résidence. L'inspiration leur vient parfois au détour d'un chemin, sur la pente qui mène à l'abbaye,**

**sur la colline des Mourgues aussi, ou du haut de la tour Philippe le Bel. Avec quelque recul on s'y repaît de la vue, ouverte et majestueuse, sur le Rhône mais aussi, bien sûr, sur Avignon.**

**UNE VILLE DU ROYAUME DE FRANCE** Tout commence au sommet du mont Andaon. D'abord *oppidum* celtique puis cité romaine au début de notre ère, Villeneuve évolue au Xe siècle : des moines bénédictins fondent une abbaye au sommet du rocher en souvenir d'une certaine Casarie, qui vécut, 400 ans plus tôt, en ermite pour se consacrer à Dieu. D'abord très lié à Avignon, le monastère conclut ensuite un pacte avec Louis VIII, en 1226, lors de sa campagne contre les Albigeois. De cette époque date une certaine confrontation entre les deux villes. Celle-ci s'illustre avec la construction, entre 1292 et 1307, de la tour Philippe-le-Bel, acte de défiance majeur du royaume de France envers la cité des Papes. Cette édification marque également le début de l'extension de la ville. Cette dernière ne rompt cependant pas les liens avec l'enclave pontificale puisque les cardinaux y font construire de magnifiques demeures princières. Les prélats drainent aussi dans leur sillage de grandes richesses, qui concourent à la fortune de Villeneuve. Mais, comme pour affirmer le statut différent de la ville, le roi Jean-le-Bon fait ériger le fort Saint-André : celui-ci demeure aujourd'hui le symbole de la puissance royale face à l'indépendance des papes. Cette relation particulière perdurera jusqu'à la fin du XVIIIe siècle. Après la Révolution, les deux villes intégreront le royaume de France et pourront continuer leur histoire côte à côte.



# MODE D'EMPLOI

## accès

### EN VOITURE

Accessible par l'A9 et la N100 en venant de Nîmes (45km). 34km au sud-est de Bagnols-sur-Cèze par la D6580 et la N580 et 28km à l'est du pont du Gard par la N100.

### EN TRAIN

Arrivée du TGV direct Paris-Avignon (2h40), puis bus ou taxi jusqu'à Villeneuve-lez-Avignon. 30min de Nîmes en TER, 20min en TGV.
**SNCF** *Tél. 3635 www.voyages-sncf.com*

### EN CAR

Le réseau Edgard assure la liaison avec Pont-Saint-Esprit (ligne B22), par Roquemaure et Bagnols-sur-Cèze. De Nîmes, empruntez les lignes B21 et B23. Entre Avignon et Villeneuve, réseau de bus urbains (TCRA) : ligne 5 (arrêt à l'office de tourisme) et ligne 4 (Les Angles).
**Edgard Transport** *Tél. 0810 33 42 73 www.edgard-transport.fr*
**TCRA** *Tél. 04 32 74 18 32 www.tcra.fr*

## orientation

La place Jean-Jaurès forme le pivot de Villeneuve, dont le vieux centre s'étend de la chartreuse du Val-de-Bénédiction et du fort Saint-André, au nord, à la tour Philippe-le-Bel, au sud. La D980, qui contourne la ville à l'est, rallie le pont Daladier (de/vers Avignon). Le plus simple est de se garer sur le grand parking devant l'office de tourisme (sauf les jours de marché), et de continuer à pied.

## informations touristiques

**Office de tourisme** Il propose un itinéraire passionnant à travers la ville. En été, visites guidées deux fois par semaine (mar. 10h et jeu. 16h) et balades nocturnes (pour les horaires et le reste de l'année, se renseigner). *Pl. Charles-David Tél. 04 90 25 61 33 www.tourisme-villeneuvelezavignon.fr Ouvert juil. : lun.-ven. 10h-19h, sam.-dim. 10h-13h et 14h30-19h ; août : tlj. 9h-12h30 et 14h-18h ; avr.-juin, sept.-oct. : lun.-sam. 9h-12h30 et 14h-18h ; nov.-mars : lun.-sam. 9h-12h30 et 14h-17h*

## accès Internet

**Cyber-espace** Connexion 3€/h, avec 15min gratuites/pers./j. *Pl. Jean-Jaurès Tél. 04 90 27 49 48 www.cyber-villeneuvelezavignon.com Ouvert mar. 14h-18h, mer.-ven. 10h-12h30 et 14h-18h, sam. 10h-12h30 et 13h30-19h*

## marchés, fêtes et manifestations

**Marché** *Pl. Charles-David Jeu. matin Pl. Jean-Jaurès Sam. matin*
**Brocante** *Pl. Charles-David Sam. matin*
**Villeneuve-en-scène** Manifestations théâtrales et musicales. *En juil.*
**Rencontres de la Chartreuse** Elles se déroulent dans le cadre du Festival de théâtre d'Avignon *Tél. 04 90 15 24 24 www.charteuse.org En juil.-août*

# DÉCOUVRIR

☆ **Les essentiels** Le musée Pierre-de-Luxembourg, la chartreuse du Val-de-Bénédiction, le fort et l'abbaye Saint-André, le belvédère de Saint-Victor-la-Coste **Découvrir autrement** Admirez le panorama du haut de la tour Philippe-le-Bel

## Villeneuve-lez-Avignon

**Église collégiale Notre-Dame** Des culots y figurent d'étranges monstres et chimères : lions ailés, dragons… Mais cette église gothique du XIV^e^ siècle, qui prône le retour vers un plan basilical, est surtout connue pour sa réplique de la *Pietà* de Villeneuve (chapelle sud, à côté de l'entrée), dont l'original est au Louvre. Toiles du XVII^e^ siècle (dont une Crucifixion par Reynaud Levieux) sur l'arc triomphal et maître-autel gratifié d'un gisant du Christ (1745). Cloître. *Pl. Joseph-Missonnier Ouvert mai-oct. : mar.-dim. 10h-12h30 et 14h-18h ; nov.-avr. : mar. et jeu.-dim. 14h-17h, mer. 10h-12h et 14h-17h Fermé jan. ; 1er mai, 1er et 11 nov., 25 déc.*

☆ ☺ **Musée Pierre-de-Luxembourg** Le musée est établi dans l'ancienne livrée du cardinal de Ceccano. C'est dans ses murs que serait mort, en 1385, le cardinal Pierre de Luxembourg. Au XVII^e^ siècle, la marquise de Boucoiran fit l'acquisition de la résidence et la réaménagea. La collection du musée comprend au moins un chef-d'œuvre : *Le Couronnement de la Vierge*, d'Enguerrand Quarton, réalisé en 1454 avec une sensibilité et une audace esthétique extrêmes. Mais aussi : la Vierge en ivoire (XIV^e^ s.) et une collection de tableaux du XVI^e^ au XVIII^e^ siècle (Simon de Châlons, Reynaud

Levieux, Philippe de Champaigne etc.). À proximité, rue de la République, la **chapelle des Pénitents Gris** occupe une partie de l'ancienne livrée de la Thurroye, construite au XIV<sup>e</sup> siècle par l'archevêque Guy de la Tour d'Auvergne et agrandie au XVIII<sup>e</sup> siècle. *3, rue de la République Tél. 04 90 27 49 66 Ouvert mai-oct. : mar.-dim. 10h-12h30 et 14h-18h ; fév.-avr., nov.-déc. : mar. et jeu.-dim. 14h-17h, mer. 10h-12h et 14h-17h Fermé jan. ; 1er mai, 1er et 11 nov., 25 déc. Tarif 3,20€, moins de 18 ans 2,20€*

☆ ☺ **Chartreuse du Val-de-Bénédiction** Fondée au XIVe siècle par le pape Innocent VI, elle demeure l'un des plus vastes domaines hérités de l'ordre des Chartreux et l'un des plus beaux sites du Gard. Vendue par lots après la Révolution, elle fut progressivement rachetée par l'État et restaurée à partir de 1909. Se visitent les trois cloîtres, une cellule de moine reconstituée, la buanderie, l'église conventuelle (tombeau gothique d'Innocent VI) et la chapelle. Cette dernière est ornée de précieuses fresques dues à Matteo Giovanetti (décorateur du palais des Papes, XIVe s.) figurant la vie de saint Jean-Baptiste, la Visitation et la Nativité. *Rue de la République Tél. 04 90 15 24 24 www.chartreuse.org Ouvert juil., sept. : tlj. 9h-18h30 ; août : tlj. 9h-19h30 ; oct.-mars : lun.-ven. 9h30-17h, sam.-dim. 10h-17h ; avr.-juin : tlj. 9h30-18h30 Fermé 1er jan., 1er mai, 1er et 11 nov., 25 déc. Billet jumelé Chartreuse + fort Saint-André 8,70€, réduit 6,70€*

### THÉÂTRE, MUSIQUE ET CHOCOLAT

Dans la chartreuse du Val-de-Bénédiction, le **Centre national des écritures du spectacle** accueille chaque année des auteurs dramatiques en résidence et présente régulièrement leurs travaux. En été, on y passe la journée à lire, à rêver et à méditer en dégustant des fruits. En hiver, c'est la "visite chocolat", le dimanche à 15h, autour d'un feu de cheminée et d'un goûter (12,20€ sur rés.). Durant le festival d'Avignon, musique contemporaine et théâtre.

☆ **Fort et abbaye Saint-André** Les deux imposantes tours jumelles à mâchicoulis symbolisent à elles seules le pouvoir du roi de France face à la cité des Papes. Le fort fut édifié au XIVe siècle sur ordre de Jean le Bon, puis complété sous le règne de Charles V. La tour ouest de la porte fortifiée permet de découvrir la salle de manœuvre des herses. En haut, le panorama est saisissant. Un bourg modeste existait à l'intérieur, dont ne subsistent que de rares vestiges. L'un d'eux est la **chapelle Notre-Dame-Saint-Belvezet** (seconde moitié du XIIe s.), témoin privilégié de l'agglomération du temps des derniers comtes de Toulouse. Le fort protégeait l'abbaye du même nom (Xe s.), en partie détruite à la Révolution. Aujourd'hui, alors que le fort appartient à l'État et est géré par le Centre des monuments nationaux, l'abbaye est une propriété privée dont seul le **jardin à l'italienne**, avec sa pergola, ses bassins et ses esplanades, se visite individuellement. La visite de l'aile restante, rénovée par Mignard au XVIIe siècle, est réservée aux groupes sur rdv. L'entrée permet aussi d'accéder au mont Andaon en haut duquel une minuscule chapelle localise l'endroit où vécut sainte Casarie, la pénitente. *Accès par la rue Montée-du-Fort Du fait des différents statuts du site, il faut s'acquitter de deux droits d'entrée pour le visiter entièrement* **Fort** *http://fort-saint-andre.monuments-nationaux.fr/ Ouvert mi-mai-mi-sept. : tlj. 10h-13h* *et 14h-18h ; mi-sept.-fin sept., avr.-mi-mai : 10h-13h et 14h-17h30 ; oct.-mars : tlj. 10h-13h et 14h-17h Fermé 1er jan., 1er mai, 1er et 11 nov., 25 déc. Tarif 5,50€, réduit 4€ Billet jumelé Chartreuse + fort Saint-André 8,70€, réduit 6,70€* **Jardins de l'abbaye** *Ouvert avr.-sept. : mar.-dim. 10h-12h30 et 14h-18h ; oct.-mars : mar.-dim. 10h-12h30 et 14h-17h Visite de l'abbaye à partir de 10 pers. sur rés. auprès de l'OT Tarif 5€, réduit 4,50€, moins de 13 ans gratuit*

☺ **Tour Philippe-le-Bel** Ce châtelet, construit de 1293 à 1307 à l'extrémité du pont, était destiné à défendre la ville neuve créée par Philippe le Bel. Expositions au rez-de-chaussée, et, de la terrasse, vue sublime jusqu'au… mont Ventoux ! À savoir : c'est dans les environs proches que s'élevait jadis la livrée la plus luxueuse de la ville, celle de Clément VI, aujourd'hui disparue. *Montée de la Tour Tél. 04 32 70 08 57 Ouvert mai-oct. : mar.-dim. 10h-12h30 et 14h-18h ; fév.-avr. : mar. et jeu.-dim. 14h-17h, mer. 10h-12h et 14h-17h Fermé nov.-jan. ; 1er mai Tarif 2,20€, réduit 1,70€*



### ● Où faire quelques achats ?

**Safran-Mille Soleils** Des bijoux originaux, réalisés par de véritables doigts de fée, et un dépôt-vente de vêtements et accessoires de marque. *10, rue Marcel-Fabrigoule Tél. 04 90 25 70 56 www.boutique-safran.com Ouvert mar.-sam. 10h-12h30 et 15h-19h*

### ● Où boire un verre ?

☺ **Cave Saint-Marc** On vient y goûter des vins et, à l'apéritif, grignoter quelques tapas, sur les tonneaux, dans le jardin d'été… chauffé dès l'automne ! *7, pl. Saint-Pons Tél. 06 21 55 28 52 Ouvert juin-août : tlj. 19h-1h ; sept.-mai : mar.-sam. 19h-1h*

## Les environs de Villeneuve-lez-Avignon

De Villeneuve, la route (D6580) vous entraîne vers le nord-ouest, en direction de Tavel, Lirac, au cœur des Côtes-du-Rhône. Puis ce sont les villages de charme – Saint-Laurent-des-Arbres et Saint-Victor-la-Coste.

**Roquemaure** Ancien port actif du Rhône, cette bourgade viticole s'enorgueillit d'une belle église gothique (XIVe s.), dont l'orgue, de 1690, est classé monument historique. Concerts lors du festival d'Avignon. *12km au nord de Villeneuve par la D980* **Office de tourisme** *Tél. 04 66 90 21 01 www.ot-roquemaure.com*

**Tavel** Son aire de production AOC (960ha) en fait le premier rosé de France et l'un des plus renommés. Au centre du vignoble, le village éponyme, entièrement dédié à sa cause : caveaux de dégustation, pancartes des domaines, gîtes et hôtels prêts à recevoir le touriste amateur ou simplement curieux. *15km au nord-ouest de Villeneuve*

**Lirac** Un autre village viticole. Un joli sentier de balade entre vignes et coteaux boisés, la Sainte-Baume, mène à la grotte que Joseph Queyranne, un habitant de Lirac, fit transformer au XVIIe siècle en une chapelle doublée d'un ermitage, après y avoir découvert une image de la Sainte Vierge. Tables de pique-nique. Départ au bout du chemin de l'Eyrolles, indiqué au carrefour précédant l'école primaire. *18km au nord-ouest de Villeneuve* **Sainte-Baume** *Les Amis de la Sainte-Baume de Lirac Tél. 04 34 47 94 04 ou 06 62 44 40 88 Visites guidées sur rdv Participation libre*

**Saint-Laurent-des-Arbres** Places, façades, église, donjon : de la pierre et encore de la pierre, blanche, inchangée depuis les temps médiévaux. Au centre s'élèvent l'église romane Saint-Laurent (XIIe s.), fortifiée au XIVe siècle, et le robuste donjon – la tour Jacques-Deuze, XIIe siècle, meubles d'époque –, également remanié au XIVe. À côté, la tour Ribas (XIIe s.) accueille l'office de tourisme qui organise toute l'année des visites commentées des tours (3,50€, 4-12 ans 2€). En été, expositions de peinture et de sculptures. *30126 19km au nord-ouest de Villeneuve* **Office de tourisme** *Tour Ribas Tél. 04 66 50 10 10 www.saint-laurent-des-arbres.com*

☆ ☺ **Saint-Victor-la-Coste** Suivez les indications "Centre du village", puis "Vieux Village", et enfin "Castellas" jusqu'au parking au bas de l'escalier : vous voici devant la partie ancienne du bourg, l'un des plus séduisants du département ! Venelles, façades en pierre sèche, maisons fixées sur le flanc d'une éminence verte et rocheuse, et, sur l'escarpement, un sentier menant

NÎMES ET SES ENVIRONS

## Le Gard au grand air

### Sports et loisirs



### Sorties découverte



### Randonnées

au castellas perché : la **vue** y est époustouflante ! À voir aussi, l'église (XVIIe-XVIIIe s.) dont le clocher n'est autre qu'une tour d'angle de l'ancien rempart. *29km au nord-ouest de Villeneuve www.saintvictorlacoste.com*

**Oppidum de Gaujac** Cet habitat fortifié fut fondé au Ve siècle av. J.-C., réutilisé à l'époque romaine et jusqu'au Moyen Âge. Les soubassements des murs, les vestiges des thermes et du forum, s'ils ne sont pas spectaculaires, constitueront du moins l'objet d'une plaisante balade à travers le sous-bois d'une colline : l'oppidum est juché au sommet. ***Gaujac*** *(39km au nord-ouest de Villeneuve) De Gaujac, suivre le chemin de l'oppidum jusqu'à la route de graviers qui monte jusqu'au site sur 1,2km et accueille un parking 400m avant l'arrivée Accès libre*



# CARNET D'ADRESSES

## Restauration

### petits prix

**Café de l'Univers** Une terrasse agréable et tranquille. On y mange des plats du jour, des pizzas (10€) et des salades, et des glaces pour finir. Patio ombragé à l'arrière. Plat du jour de 9 à 12€. *5, pl. Jean-Jaurès* ***Villeneuve-lez-Avignon*** *Tél. 04 90 25 12 14 www.restaurant-bar-univers.fr Ouvert dim.-jeu. 6h30-22h30, sam. 6h30-1h (2h en juil.)*

### prix moyens

☺ **La Guinguette Vieux Moulin** Une guinguette à fleur de Rhône composée de trois espaces : une terrasse au bord de l'eau, une belle salle voûtée en pierre et un patio planté de platanes centenaires. On y déguste une cuisine du terroir revisitée : duo de rôtisserie canard et coquelet, Saint-Jacques *a la plancha* avec confit de fenouil... Formules déjeuner 14-17€ et viandes et poissons grillés les soirs de juillet-août servis sur un ponton flottant (réserver au préalable et demander une place près de l'eau). *5, rue du Vieux-Moulin* ***Villeneuve-lez-Avignon*** *Tél. 04 90 94 50 72 ou 06 60 74 15 69 www.guinguettevieuxmoulin.com Ouvert mars-oct. : tlj. 12h-14h et 20h-22h ; nov.-fév. : mar.-sam. 12h-14h et 20h-22h, dim. 12h-14h*

### prix élevés

**Le Potager de la Tour** Pizzas au four à bois (14€ env.) , grandes salades, pâtes fraîches, viandes et poisson frais selon arrivage : vous aurez de quoi vous sustenter à un bon rapport qualité-prix (comptez 25€ pour 2 plats). Pensez d'ailleurs à réserver votre table car l'endroit a du succès. *35, av. Gabriel-Péri* ***Villeneuve-lez-***

| GAMME DE PRIX | RESTAURATION | HÉBERGEMENT |
|---|---|---|
| Très petits prix | moins de 10€ | moins de 40€ |
| Petits prix | de 10 à 15€ | de 40 à 60€ |
| Prix moyens | de 15 à 25€ | de 60 à 80€ |
| Prix élevés | de 25 à 45€ | de 80 à 120€ |
| Prix très élevés | plus de 45€ | plus de 120€ |

*Avignon Tél. 04 90 25 31 44 Ouvert tlj. 12h-14h30 et 20h-22h30*

☺ **Les Jardins d'été de la chartreuse** Féerique ! Le soir, les guirlandes éclairent les tables disséminées dans trois cours distinctes, dont la principale donne sur le vaste cloître Saint-Jean. On y goûte une cuisine sans prétention à base de produits frais et locaux. Salades, assiette végétarienne, plats bio... Café et salon de thé toute la journée, service restauration midi et soir. *Rue de la République* ***Villeneuve-lez-Avignon*** *Tél. 04 90 15 24 23 Ouvert juin-août : tlj. midi et soir Rés. conseillée en juil.*

**La Genestière** On quitte à peine Tavel et l'on croit remonter le temps : une salle d'aspect médiéval déploie ses poutres saillantes et baies en arcades derrière les murs de ce mas du XIXe siècle. L'assiette est gourmande, régionale et bien dressée : tartine provençale de saumon rôti et sa chantilly d'aneth, côte de bœuf grillée accompagné de foie gras poêlé et pommes de terre au four. Par beau temps, le jardin est délicieux. Menus 15€ (à midi) et 29€. *Chemin de Cravailleux* ***Tavel*** *(15km au nord-ouest de Villeneuve) Tél. 04 66 50 94 56 www.genestiere.com Ouvert Pâques-oct. : mar.-sam. 12h-13h30 et 20h-21h30, dim. 12h-13h30 ; nov.-Pâques : mar.-jeu. et dim. 12h-13h30, ven.-sam. 12h-13h30 et 20h-21h30*

### prix très élevés

**Hôtel La Magnaneraie** Nappes blanches et service impeccable, le restaurant du chic hôtel de la Magnaneraie propose une cuisine gastronomique de saison aux accents provençaux, et aux menus abordables au déjeuner (18-25€). Baies vitrées avec vue sur le parc ou aux beaux jours sous les tilleuls, un bon choix pour un dîner en amoureux. Quatre autres menus de 35 à 69€. Côté hôtellerie, 32 chambres élégantes de 112 à 400€ selon la saison. *37, rue Camp-de-Bataille* ***Villeneuve-lez-Avignon*** *Tél. 04 90 25 11 11 www.magnaneraie.najeti.fr Ouvert avr.-mi-oct. : dim.-ven. 12h-13h30 et 19h30-21h30, sam. 19h30-21h30 ; mi-oct.-avr. : lun.-mar. et jeu.-ven. 12h-13h30 et 19h30-21h30, mer. et sam. 19h30-21h30*

☺ **Le Prieuré** Élégance et tradition, avec ce qu'il faut d'inventivité et de qualité. La matière première est traitée avec respect et révèle toutes ses saveurs originelles : dos de cabillaud servi cru/confit, pigeon des costières rôti en cocotte, filet de Saint-Pierre sauvage snacké. Le chef, Fabien Fage, est passé chez Ducasse, Loiseau, Passard... Le moment est suave, distingué, à essayer dans la salle ou sur la terrasse. Menus de 39€ (à midi) ou 75€ (le soir) à 135€. Abrite aussi un hôtel Relais&Châteaux (p.257). *7, pl. du Chapitre* ***Villeneuve-lez-Avignon*** *Tél. 04 90 15 90 15 www.leprieure.com Ouvert mai-sept. : tlj. 12h-13h30 et 19h30-21h30 ; mi-mars-avr., oct. : mar. 19h30-21h30, mer.-sam. 12h30-13h30 et 19h30-21h30, dim. 12h-13h30 Fermé nov.-mi-mars*

## Hébergement

### camping

**Camping municipal de la Laune** Vous trouverez là 127 emplacements 3 étoiles, sous les arbres, les saules, les oliviers. Le camping dispose d'une piscine et d'un tennis. 15,70€ pour 2 pers. avec voiture. *Chemin Saint-Honoré* ***Villeneuve-lez-Avignon*** *Tél. 04 90 25 76 06 www.camping-villeneuvelezavignon.com Ouvert avr.-mi-oct.*

## petits prix

**Centre UCJG/YMCA** Une quarantaine de chambres de 1 à 4 lits. Haute saison : 36€ pour 2 pers., 50€ avec douche et toilettes. Vous aurez également accès à un bar, à Internet, ainsi qu'à la piscine ! Le cadre est agréable, avec terrasse et jardin. *7 bis, chemin de la Justice* ***Villeneuve-lez-Avignon*** *Tél. 04 90 25 46 20 www.ymca-avignon.com Fermé Noël-jour de l'An*

## prix moyens

**L'Hostellerie du Seigneur** Cinq chambres d'hôtes ordinaires, claires et propres, dans une maison ancienne couverte de lierre, au cœur du village : un emplacement idéal. Accueil souriant. Double 70€ petit déj. inclus. *Pl. du Seigneur* ***Tavel*** *(15km au nord-ouest de Villeneuve) Tél. 04 66 50 04 26 Ouvert Pâques-fin sept.*

## prix élevés

**Hôtel Les Cèdres** À 15min à pied du centre, cet hôtel est planté au milieu d'un jardin calme. Le bâtiment principal, datant du XVIII<sup>e</sup> siècle, concentre le charme du lieu. Les pavillons annexes où sont réparties les chambres les plus confortables, à la manière d'un motel, sont d'une architecture plus moderne. Les 22 chambres (75-117€), qui donnent sur le parc et la piscine (sauf une), sont d'un confort honnête avec douche ou bain, TV et minibar. Petit déj.-buffet à 11€. *39, bd Pasteur* ***Villeneuve-lez-Avignon*** *Tél. 04 90 25 43 92 www.lescedres-hotel.fr Ouvert Pâques-oct.*

**Chambres d'hôtes Chez Reine Eyrier** Cette ancienne magnanerie pleine de bibelots et tableaux de famille abrite 5 chambres (85€) à la décoration tantôt chargée (un imposant lit à baldaquin !), tantôt plus raffinée avec plafonds peints ou belles cheminées. Reine, charmante, qui ne prépare pas les petits déj., met à disposition cafetière et bouilloire. Une cour derrière le bâtiment permet de garer son véhicule. *15, rue de la Foire* ***Villeneuve-lez-Avignon*** *Tél. 04 32 70 17 10 ou 06 11 70 44 35 http://pouzaraque.com Ouvert toute l'année*

## prix très élevés

☺ **Hôtel de l'Atelier** Au cœur de Villeneuve, un havre de calme dans un vieil hôtel particulier du XVI<sup>e</sup> siècle. Chaque chambre a son caractère, son atmosphère ; les murs restent blancs, les matériaux naturels sont omniprésents. Toutes sont simples et élégantes avec, pour certaines, une vue sur la cour où l'on prend son petit déjeuner. Double de 99 à 149€ selon le confort. Petit déj. 9,50€ en buffet complet (viennoiseries, pain, fruits et yaourts à volonté). Dans le salon chauffé en hiver par une grande cheminée, expositions d'artistes régionaux. Patio. *5, rue de la Foire* ***Villeneuve-lez-Avignon*** *Tél. 04 90 25 01 84 www.hoteldelatelier.com Ouvert toute l'année*

☺ **Hôtel Saint-Laurent** Velours, pierre, bois nobles et pièces d'antiquité habillent cette ancienne ferme convertie en demeure bourgeoise. Chaque chambre a son décor, singulier et recherché, et notre coup de cœur va à la dénommée "Chloé", mariage de l'aristocratie rurale (toile de Jouy) et de l'exotisme colonial (meubles marquetés d'Afrique, bois et corne). Patio, piscine et Jacuzzi. Comptez de 99 à 250€ pour une double, petit déj. servi sous la voûte du caveau du XIV<sup>e</sup> siècle inclus. Accès wifi. *Pl. de l'Arbre* ***Saint-Laurent-des-Arbres*** *(19km au nord-ouest de Villeneuve) Tél. 04 66 50 14 14 www.lesaintlaurent.biz Ouvert toute l'année*

**Le Prieuré** Un hôtel 5 étoiles, Relais&Châteaux, avec jardin intérieur. Le charme des siècles passés se mêle aux lignes pures d'un mobilier design, dans l'air du temps. Piscine et tennis. Double de 200 à 619€ selon la saison et le confort. Restaurant gastronomique (p.255). *7, pl. du Chapitre* ***Villeneuve-lez-Avignon*** *Tél. 04 90 15 90 15 www.leprieure.com Ouvert mi-mars-oct.*

# ★ LE PONT DU GARD

30210



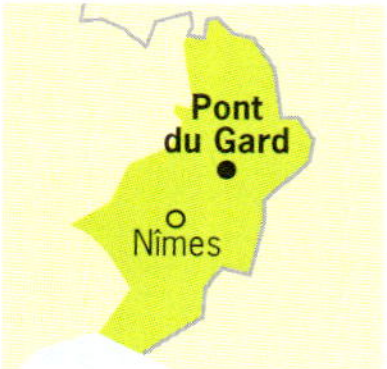


**Monument parmi les plus visités de France, aqueduc classé par l'Unesco, le pont du Gard, avide de superlatifs, reste l'un des grands chefs-d'œuvre de l'humanité. C'est à son ouverture, le matin, ou le soir avant sa fermeture qu'il faut aller le voir ou le revoir, quand les rayons rasant du soleil lui donnent ses plus belles nuances, son éclat orangé, reflété entre les roches saillantes des gorges du Gardon. Car le pont du Gard, merveille de l'Antiquité, n'est pas que la prouesse technique d'un architecte ni l'esthétique harmonieuse d'un ouvrage d'art : c'est aussi un site magique, redevenu sauvage depuis son réaménagement.**

## MODE D'EMPLOI

### accès

**EN VOITURE**
À 27km au nord-est de Nîmes (D6086), 22km au nord-ouest de Beaucaire (D986), 15km au sud-est d'Uzès (D981), 28km à l'ouest de Villeneuve-lez-Avignon par la N100, 28km au sud de Bagnols-sur-Cèze (D6086).

**EN CAR**
Le réseau Edgard Transport assure la liaison du pont avec Nîmes et Bagnols (ligne B21), Uzès et Villeneuve (ligne A15).
**Edgard Transport** *Tél. 0810 33 42 73 www.edgard-transport.fr*

### orientation

Évidemment, il ne sera pas très difficile de le trouver : le pont du Gard est indiqué sur toutes les routes à 20km à la ronde ! Enjambant le Gardon, il relie une rive droite à une rive gauche, dotées de parkings de 600 et 800 places. Le bureau touristique et les espaces de découverte se situent sur la rive gauche. Un restaurant-cafétéria de chaque côté.

### informations touristiques

**Accueil du site du pont du Gard** Porte d'accès au pont du Gard et aux différents espaces d'exposition. Informations sur le site uniquement. *Route du Pont-du-Gard* ***Vers-Pont-du-Gard*** *Tél. 04 66 37 50 99 www.pontdugard.fr Ouvert tlj. 7h-1h*
**Office du tourisme du pont du Gard** *Pl. des Grands-Jours* ***Remoulins*** *Tél. 04 66 37 22 34 www.pontdugard.com Ouvert juil.-août : lun.-ven. 9h-19h, sam. 10h-18h, dim. 10h-13h ; mars-juin, sept.-mi-nov. : lun.-ven. 9h-12h30 et*

*14h30-18h, sam. 10h-13h ; mi-nov.-fév. : lun.-ven. 9h-12h30 et 14h-17h30, sam. 10h-13h Fermé 1er jan., 1er mai et 25 déc.*

### fêtes et manifestations

Animations et expositions rythment les quatre saisons au pont du Gard. L'été est particulièrement chargé : concerts, spectacles, illuminations, etc. Programme disponible à l'accueil du site du pont du Gard et sur le site Internet.

**Terrabio** Conférences et dégustations... ***Remoulins*** *En sept.*

**Rendez-vous à la rivière** La rive droite du Gardon se transforme en plage le temps de l'été.

**Cirque au pont** *Avr.-mai*



# DÉCOUVRIR

**☆ Les essentiels** Le pont du Gard, les gorges du Gardon **Découvrir autrement** Arpentez les ruelles de Castillon-du-Gard, descendez le Gardon en kayak

## Le pont du Gard

**Une brève histoire de l'aqueduc...** Au Ier siècle de notre ère, Nîmes, colonie de droit latin, ne cesse de prospérer et sa population d'augmenter, approchant les 20 000 habitants. Au pied du mont Cavalier, la fontaine de Nemausus ne suffit plus à approvisionner la Rome française en eau potable : il faut chercher ailleurs. Le choix se porte sur la source d'Eure, à Uzès. On décide de construire un aqueduc pour acheminer l'eau d'un site à l'autre : 50km de canalisations à percer et à enfouir sous la terre. Sur le tracé de

### Un monument et un site remarquables à préserver

"Le site sauvage, la solitude du lieu, le bruit du torrent ajoutaient une poésie sublime à [son] architecture." Tels sont les mots employés par Prosper Mérimée en 1835 pour décrire le pont. Cinq ans plus tard, il le fait classer par la commission des Monuments historiques. Classé... mais réellement protégé ? Rien n'empêche, au XXe siècle, les véhicules de circuler librement sur son tablier ni les entrepreneurs de bâtir autour. Après son inscription sur la liste du patrimoine mondial de l'Unesco, en 1985, plus d'un million de personnes le visitent chaque année, sans véritable contrôle, d'une rive à l'autre où sont aménagés parkings et routes, buvettes et boutiques de souvenirs. Engagée en 2000, l'opération Grand Site a rendu à l'ouvrage le cadre de ses origines, dénué ou presque de constructions et libéré de la circulation automobile. Un grand coup de balai, donc, et un coup de chapeau aux acteurs de l'opération, grâce auxquels le pont a retrouvé son éclat primitif, sa majesté.

l'ouvrage, il aura fallu compter avec les caprices de la géographie, et la brèche du Gardon fut sans doute son plus sévère obstacle. Un pont, toutefois, résout le problème : le pont du Gard.

**... et du pont** Certains prétendent qu'un millier d'hommes, 21 000m$^3$ de calcaire et cinq années furent nécessaires à sa construction. Haut de 48m, il compte trois rangées d'arcades superposées : 6 arches au niveau inférieur, 11 au deuxième et 35 au troisième. Sa longueur atteint 273m dans la partie supérieure (360m à l'origine avec 12 arches supplémentaires). Son architecte reste inconnu. L'aqueduc fonctionna aux quatre premiers siècles de sa vie. Ensuite, il devint pont routier. Un péage fut institué au XII<sup>e</sup> siècle et un élargissement accolé au 1<sup>er</sup> étage en 1743. Aucune guerre, aucune catastrophe naturelle ne l'abîma, de sorte qu'il reste aujourd'hui le plus haut pont-aqueduc du monde romain, et le mieux conservé.



**Espaces d'exposition** Le billet d'entrée sur le site, payant (18€/véhicule), donne accès aux espaces de découverte : un film de présentation du site et un beau musée consacrés au pont du Gard, sa construction, son intégration dans le réseau d'aqueducs de l'empire romain, le quotidien de la civilisation gallo-romaine à son époque (écrans multimédias, maquettes, ambiances sonores...), mais aussi une exposition en plein air sur l'occupation humaine au fil des siècles (Mémoires de garrigue), un espace ludique destiné aux jeunes pour comprendre le pont et s'initier à l'archéologie (le Ludo), et un espace d'exposition temporaire artistique ou scientifique. Une découverte nocturne avec mise en lumière est également prévue (10€/véhicule). ***Vers-Pont-du-Gard*** *Tél. 0820 903 330 www.pontdugard.fr Ouvert juil.-août : tlj. 9h-20h ; mai-juin, sept. : tlj. 9h-19h ; mars-avr. : tlj. 9h-18h ; oct.-fév. : tlj. 9h-17h*

# Les environs du pont du Gard

**Musée du Vélo et de la Moto** Une centaine de deux-roues, des premiers prototypes (moto Terrot 1903, draisiennes, vélocipèdes Michaux) aux modèles de prestige (vélo de Poulidor, Paloma de Johnny Hallyday...) en passant par quelques curiosités, tels la moto à réacteur d'avion et le plus grand bicycle du monde ! *Château de Bosc* ***Domazan*** *(12km à l'est du pont du Gard par Remoulins et la N100) Tél. 04 66 57 65 11 ou 04 66 57 04 27 www.chateau-de-bosc.com Ouvert juin-sept. : tlj. 10h-19h ; fév.-mai : mer. et sam.-dim. 14h-17h30 (et vac. scol.) ; oct.-nov. : mer., w.-e. et j. fér. 14h-17h (et vac. scol.) Fermé déc.-jan. Tarif 8€, 4-13 ans 6,50€*

**Saint-Hilaire-d'Ozilhan** Connu des amateurs pour son vignoble (750ha en AOC côtes-du-rhône) et pour sa cave coopérative. À voir : la chapelle romane Saint-Étienne-de-la-Clastre (XII<sup>e</sup> s.) et l'église du XV<sup>e</sup> siècle. *8km au nord-est du pont du Gard par la D19A, la N86 et la D192* **Cave coopérative** *Av. Paul-Blisson Tél. 04 66 37 67 44 Ouvert lun.-sam. 9h-12h et 14h-19h*

☺ **Castillon-du-Gard** Un ravissant village de pierre juché sur une éminence au-dessus des vignes – l'un de nos préférés ! De là, on aperçoit le pont du

Gard au loin et l'on déambule dans ses ruelles pavées entre des façades ocre. Chapelle romane. *4km au nord-est du pont du Gard*

## ☆ ☺ Les gorges du Gardon

Étroites, rocailleuses et semées de chênes verts, elles canalisent le Gardon, qui jaillit des Cévennes et serpente jusqu'au Rhône. Collias, à l'est, est leur principale porte d'entrée. À pied, de nombreux sentiers conduisent au surplomb des gorges – au départ de plusieurs villages : Russan (beau point de vue depuis le castellas), Dions et Sanilhac. À VTT, une boucle de 30km au départ d'Uzès par le pont du Gard, Collias et Sanilhac. En saison, animations et sorties nature pilotées par la Maison du Grand Site. **Office de tourisme** *Pl. Albert-1er* **Uzès** *Tél. 04 66 03 62 59 www.gorgesdugardon.fr Ouvert lun.-ven. 9h-12h30 et 14h-17h30*

**Collias** Porte principale des gorges du Gardon, Collias est aussi réputé pour ses activités de plein air : kayak, randonnées à pied ou à cheval, baignade... Du pont, belle vue sur les grèves et les abrupts. *8km à l'ouest du pont du Gard*

**Sanilhac-Sagriès** De Sanilhac, un sentier (3,7km) dessert la chapelle Saint-Vérédème et la grotte de la Baume (ne se visite pas). De l'autre côté de la rivière, le village de Poulx, accessible par le pont Saint-Nicolas (XIIIe s.) et une route de corniche en lacet, se souvient d'un tournage célèbre : sur la D127 fut filmée une scène du *Salaire de la peur* (Clouzot, 1953). *12km à l'ouest du pont du Gard*

**Dions** La dissolution du calcaire par l'écoulement des eaux souterraines, puis l'effondrement du sol, ont creusé un immense entonnoir de 70m de profondeur : le gouffre des Espelugues. Au fond, une grotte et une végétation luxuriante, digne des basses latitudes. *24km à l'ouest du pont du Gard par la D112*

**PÊCHER DANS LE GARDON**
Carpe, un centre d'activités autour de la pêche et de l'environnement mené par des animateurs diplômés, vous offrira une intéressante initiation à la pêche. 80€ la demi-journée. **Carpe** *19, rue de la République* ***Sainte-Anastasie*** *(22km à l'ouest du pont du Gard) Tél. 06 77 99 93 21 Ouvert toute l'année*

### Descendre les gorges en kayak

**Kayak vert** Plusieurs circuits possibles : l'un vers le pont du Gard (8km, 22€), un autre vers La Baume (16€ la journée, 12€ la demi-journée). Tarifs réduits pour les enfants. *Berges du Gardon* **Collias** *(8km à l'ouest du pont du Gard) Tél. 04 66 22 80 76 www.kayakvert.com Ouvert mars-nov.*
**Canoë Le Tourbillon** Juste à côté de Kayak vert, un prestataire aux offres et tarifs proches, tout aussi sérieux. *9, chemin du Gardon* **Collias** *(8km à l'ouest du pont du Gard) Tél. 04 66 22 85 54 www.canoe-le-tourbillon.com Ouvert avr.-sept.*

# CARNET D'ADRESSES

## Restauration, hébergement

### camping

**Camping Le Barralet** Un 3-étoiles bien tenu, arboré à profusion et bien situé, à proximité des gorges du Gardon. Plus de 130 emplacements et location de mobile homes et caravanes. Piscine et aires de jeux. À partir de 21€ pour 2 pers., une tente et une voiture en haute saison (16€ en basse saison). *Chemin du Grès* **Collias** *(8km à l'ouest du pont du Gard) Tél. 04 66 22 84 52 www.camping-barralet.com Ouvert avr.-sept.*

### petits prix

**L'Enclos** Cafés, sandwichs, pizzas et boissons fraîches pour se désaltérer ou déjeuner au bord du Gardon, les pieds (presque) dans l'eau. Le site est superbe mais évidemment touristique ! **Collias** *(8km à l'ouest du pont du Gard, 150m après l'enseigne Kayak vert) Tél. 04 66 22 88 40 Ouvert juil.-août : tlj. ; mi-mars-juin, oct. : mar.-dim. Service continu*

### prix moyens

**Chambre d'hôtes La Bastide de Boisset** Une bastide de caractère, deux fois centenaire, et un mot d'ordre : à chaque chambre une ambiance. Exotique dans la "Zanzibar" (peau de léopard), XVIIIe siècle derrière les portes de "Beaucaire" et d'"Uzès" (toiles de Jouy), provençale dans l'"Arles" et italienne dans les deux suites communicantes : "Palerme" est rouge carmin, "Capri" bleu azur... sans une faute de goût. Comptez 70-79€ pour une double. Suites 89-132€. Piscine. Table d'hôtes 23€. *Impasse des Micocouliers* **Argilliers** *(6km au nord-ouest du pont du Gard) Tél. 04 66 22 91 13 ou 06 17 17 41 11 www.chambre-hote-uzes.com Fermé vac. Noël*

### prix élevés

**L'Arceau** Au cœur du village, une adresse de charme figée dans le temps : le restaurant (et les chambres) exhale une atmosphère surannée, mais jamais terne. Bonne carte traditionnelle (montgolfière de "sot-l'y-laisse" et ris d'agneau, tournedos de homard...), agréable terrasse aux beaux jours. Formule déjeuner 14,50€ et menu 28€. Double de 75 à 85€. Espace bien-être. *1, rue de l'Arceau* **Saint-Hilaire-d'Ozilhan** *(8km au nord-est du pont du Gard) Tél. 04 66 37 34 45 www.hotel-arceau.com Ouvert mai-sept. : tlj. 12h-13h30 et 19h30-21h30 ; oct.-avr. : mar. 19h30-21h30, mer.-sam. 12h30-13h30 et 19h30-21h30, dim. 12h30-13h30*

**Le Colombier** L'hôtel le plus proche du pont (800m). Dix-sept chambres simples, fraîches et gaies, à réserver côté champs ou route, pour 60-120€ selon le confort et la saison. Petit déj. 10€. Au rdc, le restaurant au sol carrelé de noir et de blanc baigne dans la lumière. On y sert de copieuses assiettes régionales : brandade de morue façon nîmoise et sa piperade, gardianne de taureau... Menus 20 et 30€. Vins du Rhône et de Provence. Parking. *24, av. du Pont-du-Gard Rive droite* **Remoulins** *(4km du pont du Gard) Tél. 04 66 37 05 28 www.hotel-restaurant-remoulins.fr Ouvert fév.-nov.* **Restaurant** *Ouvert fév.-nov. : lun.-sam. uniquement soir, dim. midi et soir*

**Chambre d'hôtes Les Aires passagères** L'accueil radieux des propriétaires de cette belle demeure vigneronne dominant la plaine du Gard mériterait toutes les récompenses. Récompensés, ils l'ont été, mais dans un tout autre domaine. Les 5 chambres calmes et lumineuses ont été honorées en 2012 de l'écolabel européen "services d'hébergement touristiques", les premières en Languedoc-Roussillon. Ici tout, des revêtements muraux au jardin et à la piscine est éco-responsable. Manière de prouver que l'écologie peut être également un plaisir très contemporain. Chambre double de 85 à 135€ selon la chambre et la saison. *2, chemin des Aires* ***Sernhac*** *(6km au sud du Pont du Gard) Tél. 04 66 37 20 98 Ouvert toute l'année*

## prix très élevés

**L'Amphitryon** Le mobilier contemporain fait écho à la vieille pierre. Dehors, des tables tout en ferronnerie et mosaïque, dressées sous un olivier. C'est l'un des bons fourneaux de Castillon, et sans doute le plus central. Pensez donc à réserver. Menus 45, 52 et 65€. *Pl. du 8-Mai-1945* ***Castillon-du-Gard*** *(4km au nord-est du pont du Gard) Tél. 04 66 37 05 04 www.avignon-et-provence.com/restaurant-provence/restaurant-amphitryon Ouvert début mars-juin, sept.-mi-fév. : jeu.-lun. 12h-13h30 et 19h30-21h30 ; juil.-août : jeu.-mar. 12h-13h30 et 19h30-21h30*

☺ **Hostellerie Le Castellas** Un lieu discret et charmant. Un patio délicieux, une piscine au creux de la pierre et des chambres personnalisées, toutes décorées de main d'artiste... De 90 à 210€ la chambre double. L'hôtel possède un restaurant gastronomique de haute tenue (2 étoiles au Michelin) : menus de 76 à 180€. *30, Grand-Rue* ***Collias*** *(8km à l'ouest du pont du Gard) Tél. 04 66 22 88 88 www.lecastellas.fr Ouvert mi-mars-mi-fév.* **Restaurant** *Ouvert mi-mars-mi-fév. : jeu.-lun.*

**Le Vieux-Castillon** Un Relais & Châteaux dont le confort des chambres, irréprochable, et le caractère du lieu justifie les prix : sept maisons des XVe et XVIe siècles, un restaurant étoilé (Le Fumoir) et une terrasse d'où, par temps clair, la vue porte jusqu'au mont Ventoux. Magnifique ! Chambres de 240 à 420€ en haute saison (220 à 380€ en basse saison). Menus de 42€ (à midi en sem.) à 128€ (avec par exemple suprême de pigeonneau rôti, langoustines de Guilvinec en croûte de pomme de terre, escalope de foie gras de canard cuit *a la plancha*). Piscine, accès wifi. *10, rue Turion-Sabatier* ***Castillon-du-Gard*** *(4km au nord-est du pont du Gard) Tél. 04 66 37 61 61 www.vieuxcastillon.com Ouvert mi-fév.-déc.*

| GAMME DE PRIX | RESTAURATION | HÉBERGEMENT |
|---|---|---|
| Très petits prix | moins de 10€ | moins de 40€ |
| Petits prix | de 10 à 15€ | de 40 à 60€ |
| Prix moyens | de 15 à 25€ | de 60 à 80€ |
| Prix élevés | de 25 à 45€ | de 80 à 120€ |
| Prix très élevés | plus de 45€ | plus de 120€ |

# UZÈS

30700

**Dans les méandres de la plaine gardoise, Uzès s'est évadée du temps : on y déambule à pied, comme aux siècles passés, au gré des ruelles, dans l'ombre des hôtels particuliers et des monuments – son patrimoine est exceptionnel. Les pouvoirs rivaux de l'histoire s'y sont imprimés toujours plus hauts, plus imposants : le Duché agite ses drapeaux dans le vent, tandis qu'en face l'ancien évêché toise le Gardon. Deux autres tours se dressent dos à dos, de part et d'autre d'un jardin paisible et odorant : celle dite "du Roi" – en fait un donjon vicomtal – nargue celle de l'évêque depuis le XIVe siècle. De la place aux Herbes, vitrine des commerçants, partent des ruelles pavées bordées de boutiques d'antiquités.**



## MODE D'EMPLOI

### accès

**EN VOITURE**
Par la D979 de Nîmes (25km), la D981 d'Alès (33km), les D6086 et la D982 de Bagnols-sur-Cèze (28km), la N100 et la D981 au départ de Villeneuve-lez-Avignon (40km via le pont du Gard). Par l'A9, sortie Remoulins.
**En car** De Nîmes (ligne E52) et d'Avignon (1h, ligne A15), nombreuses liaisons quotidiennes. La compagnie assure également la liaison avec Bagnols et le pont du Gard (ligne B21).
**Arrêt des cars** *Av. de la Libération*
**Edgard Transport** *Tél. 0810 33 42 73 www.edgard-transport.fr*

### orientation

Une ceinture de boulevards délimite la vieille ville d'Uzès, qui abrite le Duché, la place aux Herbes et la plupart des boutiques et restaurants. À l'est se dressent l'ancien évêché, la cathédrale et la tour Fenestrelle, derrière lesquels s'étendent un parc boisé et, en surplomb, la promenade des Marronniers. Évitez de circuler dans la vieille ville en voiture : l'étroitesse des rues ne facilite pas le stationnement. Nombreuses places de parking à l'extérieur, dans les rues rayonnantes.

### informations touristiques

**Office de tourisme (plan 9, A1)**
Vous y trouverez notamment le cartoguide des balades en Uzège, du sentier de l'Aqueduc et le descriptif de la boucle VTT de 30km à la découverte des collines de l'Uzège, cf. Les gorges du Gardon (p.260). En haute saison, découverte de la ville et du haras national d'Uzès (le seul de l'arc méditerranéen) en compagnie d'un guide conférencier et visites thématiques à l'aide du guide (gratuit) distribué par l'office de tourisme : la poterie à Saint-Quentin, les garrigues de Blauzac ou encore Racine à Saint-Maximin... également des balades nocturnes à tonalité extravagante ("Uzès, secrètement baroque"). *Chapelle des Capucins Pl. Albert-1er Tél. 04 66 22 68 88 www.uzes-tourisme.com Ouvert juil.-août :*

*lun.-ven. 9h-19h, sam.-dim. 10h-13h et 14h-17h ; juin, sept. : lun.-ven. 9h-18h, sam.-dim. 10h-13h et 14h-17h ; oct.-mai : lun.-ven. 10h-12h30 et 14h-18h, sam. 10h-13h*

### taxis

**Taxis Nabais** *Tél. 04 66 22 28 28*

### accès Internet

**Cyberuzès (plan 9, A1)** Connexion 3€/h. *1 bis, av. du Général-Vincent Tél. 04 66 59 69 41 Ouvert lun.-sam. 9h-19h*

### marchés, fêtes et manifestations

**Marchés** *Uzès Pl. aux Herbes Mer. et sam.* ***Saint-Quentin-la-Poterie*** *Ven. (et mar. en été)*

**Marchés nocturnes** *Uzès Mer. et ven. (également dans une quinzaine de villages des environs)*

**Journée de la truffe** *3ᵉ dim. de jan.*

**Festival de la nouvelle danse** Danse contemporaine dans divers lieux de la ville : jardin de l'Évêché, haras national... *www.uzesdanse.fr 1 sem. en juin*

**Foire à l'ail** *Le 24 juin*

**Nuits musicales** Concerts de musique baroque et classique. *En juil.*

**Festival européen des arts céramiques** Expositions, animations, démonstrations techniques (tournage, façonnage, cuisson), ateliers pour adultes et enfants... Met l'accent sur les nouveaux artistes européens. ***Saint-Quentin-la-Poterie*** *Tél. 04 66 22 74 38 www.officeculturel.com www.terralha.fr 3 jours en juillet*

**Festival nomade des musiques du monde en pays d'Uzès** *En juil.*

# DÉCOUVRIR

☆ **Les essentiels** La place aux Herbes, le Duché et la cathédrale à Uzès, et Lussan **Découvrir autrement** Ressourcez-vous au jardin médiéval d'Uzès, visitez en famille le musée du Bonbon Haribo, survolez les garrigues en parapente au mont Bouquet

## Uzès

☆ **Place aux Herbes (plan 9, A2)** Vaste, bouillonnante les jours de marché, elle est le cœur d'Uzès, théâtre des fêtes, des protestations et des grandes déclarations passées. Terrasses de cafés et de restaurants se déploient aujourd'hui entre ses arcades et ses façades restaurées.

☆ **Le Duché (plan 9, A1-B1)** Également nommé bâtiment de la Vicomté, il désigne le riche ensemble d'édifices regroupés dans le vieux centre. C'est en 1565 qu'Antoine de Crussol, vicomte d'Uzès, est élevé à la dignité de duc. Un statut privilégié, gratifié de droits et d'honneurs de la cour. La famille de Crussol est encore propriétaire du château. La visite des appartements, s'en trouve limitée, mais permet de saisir la valeur de l'héritage : mobilier Louis XIII à Louis XVI, boiseries nobles, marbres, peintures, tapisseries... Entre la tour Bermonde (XIIᵉ s.), dont le sommet dévoile un beau panorama sur les tuiles d'Uzès, et la chapelle du XIVᵉ siècle, le corps de logis déploie une splendide façade Renaissance peut-être due à Philibert Delorme (1510-

**Shopping (n°10)**
Boulangerie uzétienne* — **10** A2

**Cafés, bars (n°20 et 21)**
Le Vieux Café d'Aniathazze* — **20** A1
Les Petites Mains** — **21** A1

**Restauration, hébergement (n°30 à 41)**
L'Hostellerie provençale — **38** A2
L'Oustal — **39** A2
La Bolée — **34** A1
La Table d'Uzès — **31** B1
La Taverne — **35** A1
Le Bec à vin — **36** A1
Le Bistrot du Duché — **30** A1
Restaurant L'Artémise — **37** B1
Terroirs* — **41** A1-A2

*À RETROUVER DANS LA PARTIE DÉCOUVRIR **À RETROUVER DANS LE CAHIER BIO

1570), architecte du palais des Tuileries (Paris) et d'une partie du Louvre (la galerie du bord de l'eau reliant le palais du Louvre au palais des Tuileries). Les trois ordres classiques (dorique, ionique et corinthien) y sont représentés. *Pl. du Duché Tél. 04 66 22 18 96 www.duche-uzes.fr Ouvert juil.-mi-sept. : tlj. 10h-12h30 et 14h-18h30 ; mi-sept.-juin : tlj 10h-12h et 14h-18h Tarif 18€ (visite guidée appartements et caves, visite libre du donjon) ou 13€ (visite libre du donjon), 12-16 ans 14€, 7-11 ans 7€*

**Hôtel de ville (plan 9, B1)** Construit au XVIIIe siècle, il a conservé sa façade méridionale d'origine, ornée de pilastres, tandis que la façade septentrionale a été refaite en 1900. La cour intérieure sert de cadre à des concerts estivaux. *Pl. du Duché/Bd Charles-Gide*

**Ancien évêché-musée Georges-Borias (plan 9, B1)** Élégant et austère, cet édifice classique abrita l'évêché jusqu'à la Révolution : Uzès perdit alors son titre de siège épiscopal. Le bâtiment accueille aujourd'hui le tribunal et le musée municipal : art, histoire et traditions de l'Uzège (documents, poteries, tableaux, mobilier…), ainsi qu'une salle consacrée à André Gide, dont la famille était originaire d'Uzès. Expositions temporaires. *Pl. de l'Évêché Tél. 04 66 22 40 23 http://uzesmusee.blogspot.com Ouvert juil.-août : mar.-dim. 10h-12h et 15h-18h ; mars-juin, sept.-oct. : mar.-dim. 15h-18h ; nov.-fév. : mar.-dim. 14h-17h Fermé jan. ; 1er nov., 25 déc. Tarif 3€, réduit 1,20€*



☆ **Cathédrale Saint-Théodorit (plan 9, B1)** De sa construction (1645-1663) sur le site d'églises plus anciennes, détruites par les guerres, à la suppression de l'évêché (1790), elle fut la cathédrale d'Uzès. Intérieur richement ornementé : chapelles décorées de fresques, tribunes flanquées de grilles en fer forgé gris et or (1685), châsse-reliquaire de saint Firmin (évêque d'Uzès de 538 à 553) et, surtout, un magnifique buffet d'orgue à volets de bois peints et dorés, l'un des plus précieux du pays (XVIIe s.). La façade néoromane de l'édifice est plus tardive (1873). *2, pl. de l'Évêché Tél. 04 66 22 13 26 Ouvert hiver : tlj. 8h30-18h ; reste de l'année : tlj. 8h30-20h*

☆ **Tour Fenestrelle** Un étage d'arcades aveugle, cinq autres percés de fenêtres géminées : tel se présente le clocher de la cathédrale, un original pastiche roman édifié au XVIIe siècle sur les bases d'une tour du XIIe. C'est l'un des rares exemples français de campanile rond et l'autre symbole d'Uzès (avec le Duché). *Ne se visite pas*

**Promenades Racine et des Marronniers (plan 9, B2)** Sur le pavillon Racine coiffé d'un dôme (1687), une inscription rappelle que l'homme de lettres (alors âgé de 22 ans) vécut à Uzès en 1661-1662 et aimait à se ressourcer sur cette promenade face aux étendues de garrigue.

**Aqueduc romain** Visible du pavillon Racine, le chemin André-Gide donne accès au parc du Duché, situé en contrebas de la promenade des Marronniers. Des balises jaunes vous permettront de trouver les vestiges de l'ancien aqueduc romain, construit au Ier siècle : canalisations et bassin de régulation (bien conservé).

☺ **Jardin médiéval (plan 9, A1-B1)** À notre avis le plus bel endroit d'Uzès, tranquille et secret, passionnant et accueillant. Entre les tours du Roi

## Le Gard en famille

### Visites



### Activités de plein air

et de l'évêque (XII^e s.), des bâtiments de pierre séculaires entourent ce qui fut le logis des évêques ou des rois, puis tour à tour cachot, prison… Et aujourd'hui lieu de vie, jardin où les essences poussent à foison. Expositions temporaires et permanentes de qualité, vente de plantes, de graines et de livres. *Impasse Port-Royal Tél. 04 66 22 38 21 http://jardinmedievaluzes.blogspot.com Ouvert juil.-août : tlj. 10h30-12h30 et 14h-18h ; avr.-juin, sept. : lun.-ven. 14h-18h, w.-e. et j. fér. 10h30-12h30 et 14h-18h ; oct. : tlj. 14h-17h Fermé nov.-mars Tarif 6€ (jardin, expositions et tour), réduit 3,50€, 4,50€ (jardin et expositions), réduit 2€, moins de 12 ans gratuit Visites guidées sur rés. en avr.-juin et sept.-oct.*

**Église Saint-Étienne (plan 9, A2)** Érigée au XVIII^e siècle sur l'emplacement d'une église primitive dont subsiste une tour du XIII^e siècle, sa façade curviligne se situe entre le style jésuite, le baroque tardif et le néoclassicisme sobre. *Pl. Saint-Étienne*

**Haras national d'Uzès** Créé en 1974, le seul haras national du grand Sud-Est français. Lucien Gruss a établi sa cavalerie dans ce beau domaine de 15ha qui ouvre ses portes au public : visites guidées, spectacles équestres et repas en plein air. *Chemin des Tailles Tél. 04 66 22 68 88 www.haras-nationaux.fr Programme et dates disponibles à l'office de tourisme*

**Musée du Bonbon Haribo (hors plan 9 par A2)** N'espérez pas y échapper si vous voyagez avec vos enfants… Mais même les plus grands se montreront curieux de voir comment sont fabriquées ces fameuses icônes colorées. *Pont des Charrettes (à l'entrée sud d'Uzès) Tél. 04 66 22 74 39 Ouvert août : tlj. 10h-20h ; juil. : tlj. 10h-19h ; sept.-juin : mar.-dim. 10h-13h et 14h-18h Dernière admission 1h avant la fermeture Fermé 3 premières sem. de jan. ; 25 déc. Tarif 7,50€, 5-15 ans 4,50€*

## ● Où acheter du bon pain, des produits du terroir ?

**Boulangerie uzétienne (plan 9, A2 n°10)** Des pains moelleux sous la croûte dorée, au levain pour les amateurs, des pissaladières et des feuilletés à la brandade, mais aussi des biscuits, des croquants, etc. Le tout sans aucun produit chimique ! *9, pl. aux Herbes Tél. 04 66 03 30 58 Ouvert lun.-sam. 7h-13h et 16h-19h*

☺ **Terroirs (plan 9, A1-A2 n°41)** Une belle boutique de produits choisis – autour de l'olive et du vin – qui propose tout ce qu'il faut pour un bon pique-nique, et, à déguster sur place, des assiettes et des tartines délicieuses, des tapas et des desserts maison. Vins au verre (à partir de 2,90€) à goûter en terrasse, sous le discret frou-frou des arbres de la place. *5, pl. aux Herbes Tél. 04 66 03 41 90 www.enviedeterroirs.com Ouvert avr.-sept. : tlj. 9h-1h ; oct.-mars : tlj. 9h-18h*

## ● Où boire un verre ?

**Le Vieux Café d'Aniathazze (plan 9, A1 n°20)** Une institution, accrochée à l'angle de la vieille ville et des boulevards qui la contournent, au centre de la vie locale. Belles tables et chaises en bois en terrasse, et intérieur tout aussi boisé, chaleureux et ponctué de tableaux, d'enseignes, glanés au fil des ans. Carte brasserie bien pratique pour manger quand tout est fermé alentour. *1, bd Gambetta Tél. 04 66 03 36 80 Ouvert tlj. 7h-1h Fermé mer. soir en hiver*

# Les environs d'Uzès

## Arpaillargues-et-Aureillac

### ● Où acheter du vin, visiter un chai ?

**Domaine Deleuze-Rochetin** Un domaine familial depuis 1820, produisant des vins de pays d'Oc et de pays duché d'Uzès. La Sarrazine 2009, ample, a des arômes de humus et des notes chocolatées, le Bohème est racé et équilibré, le Sorcier exhale des parfums d'agrumes et d'ambre. Parcours Découverte du vignoble et des promenades en calèche. Dégustations gratuites. *Route d'Uzès 4km au sud-ouest d'Uzès par la D982 puis Chemin du Moulin Tél. 04 66 59 65 27 ou 06 07 12 58 56 www.deleuzerochetin.com Ouvert haute saison : tlj. 9h30-12h30 et 14h30-18h30 ; reste de l'année : lun.-sam. 9h30-12h30 et 14h30-18h30, dim. 9h30-12h30*

## Autour de Saint-Quentin-la-Poterie

**Saint-Quentin-la-Poterie** C'est dans ce village plein de charme que, depuis des siècles, on travaille la terre – les potiers ont ici leur histoire, leurs ateliers disséminés dans les ruelles du village, ainsi que leur musée. Des milliers d'objets, présentés en alternance dans des locaux sobres et lumineux, aussi esthétiques que pédagogiques. L'atelier Terre, géré par l'Office culturel, propose également des stages d'initiation à la poterie. *5km au nord-est d'Uzès par la D982 et la D5*
**Office culturel** *15, rue du Dr-Blanchard Tél. 04 66 22 74 38 www.officeculturel.com*
**Musée de la Poterie méditerranéenne** *Maison de la terre 14, rue de la Fontaine Tél. 04 66 03 65 86 www.musee-poterie-mediterranee.com Ouvert juil.-août : tlj. 10h-13h et 15h-19h ; juin : mer.-dim. 10h-13h et 15h-19h ; sept. : mer.-dim. 10h-12h et 14h-18h ; fév.-mai, oct. : mer.-dim. 14h-18h (et sur rdv nov.-jan.) Tarif 3€, réduit 2,30€*

**Saint-Victor-des-Oules** Beau panorama sur la région depuis le mont Aigu (257m), dans ce village qui fournissait au Moyen Âge Avignon et Nîmes en poteries. *8km au nord-est d'Uzès par la D982 et la D125*

## Lussan et alentour

☆ **Lussan** Une île surgie des océans, une plate-forme rocheuse dressée face aux vents, un des plus beaux villages du Languedoc ! Ceinturant le bourg, la rue Tour-des-Remparts révèle un panorama exceptionnel : au loin s'étendent les garrigues, ondoiement végétal à perte de vue. *20km au nord-ouest d'Uzès par la D979*

**Les Concluses** Elles désignent les gorges de l'Aiguillon, signalées à mi-chemin entre Lussan et Verfeuil. À l'étiage d'été, le torrent découvre son lit de pierres qui s'improvise chemin de randonnée, à parcourir sous de spectaculaires abrupts ! *9km au nord-est du centre de Lussan*

**Château d'Allègre** Ancien château des évêques d'Uzès du XIIe siècle, cette ruine surplombe la ravissante route de montagne entre Lussan et Saint-Ambroix. Visite organisée par l'association du château d'Allègre et fête médiévale le 3e samedi de juillet (rens. à l'office de tourisme). *Allègre-les-Fumades (34km au nord-ouest d'Uzès via Lussan et la D37)* **Office de tourisme** *Tél. 04 66 24 80 24 www.tourisme-allegre-les-fumades.com*

☺ **Guidon du Bouquet** Du point culminant du **mont Bouquet** (le Guidon, haut de 629m), la vue embrasse l'Uzège, le pays de Lussan, les Alpilles et les causses Cévenoles : un tableau splendide ! *24km au nord-ouest d'Uzès par la D979 et la D6 (indiqué à Seynes)*

### Où trouver de l'artisanat local ?

**Céramiques de Lussan** Un atelier et une boutique pleins d'objets où vous trouverez les fameuses poules et pintades, mais aussi des pots, des plats, des personnages... *Mas de Fan Route de Saint-Ambroix* ***Lussan*** *(20km au nord-ouest d'Uzès) Tél. 04 66 72 90 92 http://ceramique-de-lussan.com Ouvert avr.-sept. : lun.-ven. 9h30-19h, sam.-dim. 10h-19h ; oct.-mars : lun.-ven. 9h30-12h et 14h-18h, sam.-dim. 10h-12h et 14h-18h*

### Survoler la garrigue en parapente

**Parapente Sud** Au mont Bouquet, vous pourrez faire votre baptême en vol biplace (de 55 à 120€), suivre un stage de 4 ou 5 jours (de 380 à 470€) ou partir en week-end découverte (190€). Journée découverte 130€. ***Seynes*** *(23km au nord-ouest d'Uzès) Tél. 04 86 87 04 40 ou 06 12 17 20 16 www.parapentesud.com Ouvert toute l'année*



# CARNET D'ADRESSES

## Restauration, hébergement

### petits prix

**La Bolée (plan 9, A1 n°34)** En salle, à l'intérieur, ou en terrasse, dans le joyeux tumulte du boulevard Charles-Gide, souffle un petit air venu tout droit de Bretagne où le propriétaire a fait ses armes. Sur la table se succèdent des crèpes et galettes salées et sucrées (6-12€, 3€ pour une crêpe au sucre), des salades (10-12€) et des coupes glacées (4-7,50€). *12 bis, pl. Albert-Ier* ***Uzès*** *Tél. 04 66 03 28 86 Ouvert mer.-lun. 12h-14h30 et 19h-21h*

**L'Oustal (plan 9, A2 n°39)** Au soleil du matin et à l'ombre dès qu'il faut, une vaste terrasse pour découvrir des plateaux originaux de salades très graphiquement présentées et servies dans une vaisselle géométrique. Plat du jour 13€. En haute saison, les accordéonistes de la place risquent de vous exaspérer... *23, pl. aux Herbes* ***Uzès*** *Tél. 04 66 22 43 37 Ouvert juin-oct. : tlj. 12h-15h et 19h-22h30 ; nov.-mai : tlj. 12h-15h*

### prix moyens

**Le Bistrot du Duché (plan 9, A1 n°30)** Derrière la place aux Herbes, quelques tables sous les voûtes et une salle de verre et de lumière, pour une cuisine de bistrot où la tradition fait bonne figure : langue de bœuf, marmite de poissons, tête de veau... Menu 11€ à midi en semaine. À la carte, comptez de 20 à 35€. L'établissement fait aussi bar à vins. *10, pl. Dampmartin*

*Uzès Tél. 04 66 22 70 08 Ouvert mer.-dim. 11h-14h30 et 18h-22h*

## prix élevés

**La Taverne (plan 9, A1 n°35)** Un excellent rapport qualité-prix ! En plus d'être centrales, les chambres sont spacieuses et bien équipées (clim., minibars, écrans LCD...) : comptez 80€ en haute saison et 70€ en basse saison. Un peu plus loin, au n°9, le restaurant de la maison sert, dans une salle huppée ou un jardin décontracté, brandade de Nîmes, cuisse de canard confite, escargots de la région, taureau AOC de Camargue... Belle carte d'armagnacs (une trentaine, de 1946 à 2001). Menus de 22 à 34€ midi et soir ; à la carte, comptez de 16 à 26€. *4, rue Sigalon* **Uzès** *Tél. 04 66 22 13 10 www.lataverne-uzes.com Ouvert toute l'année* **Restaurant** *9, rue Sigalon Tél. 04 66 22 47 08 Ouvert tlj.*

**Le Bec à vin (plan 9, A1 n°36)** Un cadre de charme pour cet établissement agréable : la cour intérieure est un bonheur en été. La cuisine provençale est simple et délicate à la fois. Formule déjeuner 15€ (plat et café), menu 29€ (le soir) et carte. *6, rue Entre-les-Tours* **Uzès** *Tél. 04 66 22 41 20 www.lebecavin.com Ouvert haute saison : lun. 19h-22h, mar.-dim. 12h-14h et 19h-22h ; reste de l'année : mar. et jeu. 19h-22h, mer. et ven.-dim. 12h-14h et 19h-22h*

## prix très élevés

**La Table d'Uzès (plan 9, B1 n°31)** Une des plus jeunes tables d'Uzès, ouverte en 2013 sous la houlette d'Oscar Garcia, jeune homme de 24 ans qui fit ses classes auprès de Franck Putelat, le chef aux deux étoiles de Carcassonne. Sa cuisine fine et inventive est exclusivement basée sur les produits languedociens et camarguais : taureau, brandade, riz rouge, pintade prennent avec lui des saveurs insoupçonnées. L'été, l'ombre fraîche du tilleul vous accueille dans le patio. Une adresse à ne pas rater. Menus 25€ le midi en semaine, 35€ le samedi, 47 et 78€ le soir. *18, rue du Dr-Blanchard* **Uzès** *Tél. 04 66 20 07 00 www.lamaisonduzes.fr Ouvert mi-juin-mi-sept. : tlj. midi et soir ; mi-sept.-mi-juin : mar.-sam. midi et soir, dim. midi Fermé 1re quinz. de janv.*

**Restaurant L'Artémise (plan 9, B1 n°37)** Ce restaurant gastronomique se cache dans le cadre exceptionnel d'un ancien prieuré de la fin du XVIe siècle. C'est un jeune chef, Nicolas Daroche, qui, depuis la naissance de cette adresse prestigieuse (début 2010), invente quotidiennement des repas uniques. Ici, il n'y a ni carte, ni suggestion mais des menus où le cuisinier laisse libre cours à ses envies, son imagination et sa fantaisie. En s'adaptant toujours aux aléas du marché, des saisons et, surtout, aux souhaits des convives. Menus déjeuner 35€, soir 55€ (4 plats) et 70€ (5 plats). *Chemin de la Fontaine-aux-Bœufs* **Uzès** *(à 1,5km du centre-ville, dir. Bagnols-sur-Cèze, fléché) Tél. 04 66 63 94 14 www.lartemise.com Ouvert juil.-août : mer.-lun. 12h30-13h30 et 19h30-21h ; mai-juin, sept. : lun. et mer. 19h30-21h, jeu.-dim. 12h30-13h30 et 19h30-21h ; basse saison : lun. et jeu. 19h30-21h, ven.-dim. 12h30-13h30 et 19h30-21h Fermé Noël à mi-mars*

**L'Hostellerie provençale (plan 9, A2 n°38)** Neuf chambres lumineuses aux portes de la vieille ville. Le mobilier de bois, la charpente et la pierre apparentes confèrent à certaines d'entre elles une touche rustique non dépourvue d'élégance. Double de 119 à 149€ en haute saison (99-128€ en basse saison). Au rdc, La Parenthèse, un restaurant gastronomique. Produits frais et cuisine de marché dictent la carte : gambas rôties au citron vert et au gingembre, tranche de gigot d'agneau et son écrasé d'olives noires... Menu déjeuner 17€ (en semaine), plats à la carte 19€. *1-3, rue de la Grande-Bourgade* ***Uzès*** *Tél. 04 66 22 11 06 www.hostellerieprovencale.com Ouvert toute l'année* **Restaurant La Parenthèse** *Fermé oct.-mars : dim. soir, lun. soir*

## Dans les environs

### camping

**Camping Le Mas de Rey** Soixante emplacements ombragés à 3km du centre d'Uzès, dans un camping paisible qui a reçu le label écologique Clé Verte. Prévoyez de 18 à 34,50€ pour deux selon les mois. *Route d'Anduze* ***Arpaillargues-et-Aureillac*** *(4km au sud-ouest d'Uzès) Tél. 04 66 22 18 27 http://masderey. free.fr Ouvert avr.-mi-oct.*

### prix moyens

**La Farigoulette** Au débouché de la belle et sauvage D218, une table conviviale et bien pratique puisqu'elle est ouverte tous les jours. Charcuterie maison, plats mijotés, viande grillée... Accueil souriant. ***Seynes*** *(23km au nord-ouest d'Uzès) Tél. 04 66 83 71 77 Ouvert avr.-sept. : tlj. 11h-14h30 et 18h-21h ; oct.-mars : ven.-lun. 11h-14h30 et 18h-21h, mar.-jeu. 11h-14h30*

**Mas Champion** Au milieu d'une mer de collines, cette ancienne ferme daterait du XVIIe siècle. Double de 72 à 78€, avec petit déj., et location de 3 gîtes à la semaine ou au week-end (autour de 3 000€/sem. pour 26 pers. quand la totalité des lieux est louée en commun). Piscine. ***Saint-Just-et-Vacquières*** *(22km au nord-ouest d'Uzès) Tél. 04 66 83 10 60 ou 06 31 83 03 37 www.maschampion.com Ouvert toute l'année*

### prix élevés

**La Petite Auberge de Lussan** Sur la place du village. Cette auberge sert une cuisine bonne, familiale et chaleureuse dans de petites salles voûtées ou en terrasse. À midi, formule 2 plats 19€ et plat du jour 14€ ; le soir, comptez de 25 à 35€ à la carte. L'adresse fait aussi hôtel avec 10 chambres à la décoration plutôt contemporaine (90€). ***Lussan*** *(20km au nord-ouest d'Uzès) Tél. 04 66 72 95 53 www.auberge-lussan.com*

☺ **Les Buis de Lussan** À la proue du village, une bâtisse tout en noblesse et rayonnement. Quatre chambres doubles à 80€ avec un excellent petit déjeuner (tarif dégressif) : le maître des lieux concocte chaque matin une petite brioche fondante à souhait... Table d'hôtes 24€ tout compris et salon de thé l'après-midi. Rue de la Ritournelle ***Lussan*** *(20km au nord-ouest d'Uzès) Tél. 04 66 72 88 93 http://buisdelussan. free.fr Ouvert toute l'année*

**La Magnanerie** Au cœur du charmant village de Fons-sur-Lussan, une maison chargée d'histoire, rénovée et décorée avec soin, dans les couleurs du Sud. De 65 à 85€ la double, avec petit déj. Table d'hôtes 23€. *Michel Genvrin* ***Fons-sur-Lussan*** *(25km au nord-ouest d'Uzès) Tél. 04 66 72 81 72 www.atelier-de-fons. com Ouvert mai-oct.*

### prix très élevés

☺ **Le Mas Vacquières** Cinq chambres fraîches et claires (dont une familiale pour 4 pers.) dans une ancienne bergerie rachetée par un charmant couple de Néerlandais, où l'on coule des jours heureux : piscine, terrasses, quiétude de la garrigue, un havre de paix ! De 90 à 135€, 150€ pour la familiale). Table d'hôtes le soir sur réservation 35€. *Hameau de Vacquières* ***Saint-Just-et-Vacquières*** *(22km au nord-ouest d'Uzès) Tél. 04 66 83 70 75 www.masvac.com Ouvert toute l'année*

**Demeure Monte-Arena** Quatre chambres et deux suites aménagées dans un lieu séculaire où les pierres, le mobilier ancien et la décoration soignée dessinent une harmonie parfaite. Comptez de 100 à 130€ pour 2 pers. avec le petit déj. (150-175€ la suite). Table d'hôtes de 25 à 40€. *6, pl. de la Plaine* ***Montaren-et-Saint-Médiers*** *(4km au nord-est d'Uzès par la D981) Tél. 04 66 03 25 24 www.monte-arena.com Ouvert toute l'année sur rés.*

**Le Château d'Arpaillargues** Vingt-neuf chambres princières dans un château du XVIII^e^ siècle où vécut la première compagne de Franz Liszt : Marie d'Agoult, femme de lettres connue sous le pseudonyme de Daniel Stern. De 120 à 295€ en haute saison (90-210€ en basse saison), petit déjeuner 16€. Piscine et restaurant servant un menu unique (50€). *Rue du Château* ***Arpaillargues-et-Aureillac*** *(4km au sud-ouest d'Uzès) Tél. 04 66 22 14 48 www.chateaudarpaillargues.com Fermé nov. ; fin jan.-mi-fév.*

**Clos du Léthé** Une plongée dans le mythique fleuve Léthé, le fleuve de l'oubli qui coulait sans bruit aux frontières de l'Enfer et de la Vie. Loin, très loin de l'Enfer, l'ancien prieuré aménagé en maison d'hôtes de grand luxe décoré d'art contemporain est une véritable parenthèse zen dans la magnifique campagne d'Uzès. Tout, de la piscine au hammam, est soigneusement pensé pour la détente des voyageurs. Passez une nuit dans une des très grandes chambres, bercé par l'imperceptible murmure du Léthé. Mais ce confort a un prix : chambres doubles de 220 à 320€, avec le petit déj. Pas de table d'hôtes. *Hameau de Saint-Médiers* ***Montaren-et-Saint-Médiers*** *(6 km au nord-ouest d'Uzès) Tél. 04 66 74 58 37 www.closdulethe.com Ouvert Pâques-Toussaint*

# BAGNOLS-SUR-CÈZE

30200

**On a coutume de passer Bagnols pour filer vers La Roque, Goudargues et la vallée de la Cèze, bucolique auprès du Rhône, âpre et sauvage ensuite, là où se profilent ses gorges sinueuses, devant les Cévennes. On l'oublie aussi, malgré soi, en convoitant les belvédères de villages alentour, l'atmosphère apaisante de la chartreuse de Valbonne, retirée en pleine forêt, les expositions didactiques d'un musée à part, à Pont-Saint-Esprit. Or Bagnols, non contente d'être la troisième ville du Gard après Nîmes et Alès, avec 18 000 hab., a du charme et se démène pour le faire savoir. Ses ruelles inchangées, ses hôtels particuliers des XVII^e^ et XVIII^e^ siècles, son marché animé, enfin son remarquable musée de peinture moderne et contemporaine, en font, plus qu'un lieu de passage, une halte vivement recommandée.**

# MODE D'EMPLOI

## accès

### EN VOITURE

34km au nord-ouest de Villeneuve-lez-Avignon par la D6580 et la N580, 53km au nord-ouest de Nîmes par l'A9 et la D6086 et 50km à l'est d'Alès (D6).

### EN CAR

Bagnols est relié à Nîmes, au pont du Gard, à Pont-Saint-Esprit et à Uzès par la ligne B21, et à Avignon par les lignes 22 et 23 du réseau Edgard.
**Edgard Transport** *Tél. 0810 33 42 73 www.edgard-transport.fr*

## orientation

En voiture, évitez la vieille ville dont les rues étroites ne favorisent ni la circulation ni le stationnement. Vous trouverez des parkings sur les places Jean-Jaurès, Pierre-Boulot ou encore Urbain-Richard, qui jalonnent sa ceinture de boulevards.

## informations touristiques

**Office de tourisme** Remarquablement documenté. Vous y trouverez par exemple des plans IGN de balades (de 2h30 à 4h), un circuit autoguidé de Bagnols, des activités pour les jeunes ou encore les horaires de visites commentées des villes et villages voisins. *Espace Saint-Gilles Av. Léon-Blum Tél. 04 66 89 54 61 www.tourisme-bagnolssurcezepontsaintesprit.com Ouvert juin-sept. : lun.-sam. 9h-19h, dim. 10h-13h ; oct.-mai : lun.-ven. 9h-18h, sam. 10h-13h*

## marchés, fêtes et manifestations

**Marchés** ***Bagnols-sur-Cèze*** *Mer. matin* ***Pont-Saint-Esprit*** *Sam. matin (et mer. soir en juil.-août)* ***Goudargues*** *Mer. matin* ***Barjac*** *Ven. matin* ***Laudun-l'Ardoise*** *Dim. matin*
**Puces et brocante** ***Bagnols-sur-Cèze*** *Dim. matin*
**Festival du livre et de la bande dessinée** Une trentaine d'auteurs et dessinateurs en dédicace. ***Bagnols-sur-Cèze*** *www.pages-ceze.com Mars*
**Festival des vins et des saveurs du Gard** ***Bagnols-sur-Cèze*** *Mi-juil.*
**Rencontres musicales internationales** Concerts classiques. ***Pont-Saint-Esprit*** *2e sem. d'août*
**Afrique à Bagnols** Expositions, concerts, grand marché africain, conférences... ***Bagnols-sur-Cèze*** *www.afrique-a-bagnols.com 2 sem. en nov.*
**Fête des primeurs côtes-du-rhône** Dans toutes les caves des côtes-du-rhône. *3e week-end de nov.*



# DÉCOUVRIR

☆ **Les essentiels** Le musée Albert-André, la chartreuse de Valbonne, Pont-Saint-Esprit, La Roque-sur-Cèze **Découvrir autrement** Admirez le lever du soleil sur l'Ardèche à Aiguèze, empruntez les canaux de Goudargues, pagayez dans les gorges de la Cèze

## Bagnols-sur-Cèze

☺ **La place Auguste-Mallet** Épicentre de Bagnols, elle séduit avec sa ceinture d'arcades, son sol pavé et ses terrasses de restaurants ensoleillées. Côté est, l'hôtel de Gast de la Ramière (XVII^e^ s.) abrite la mairie et le musée Albert-André. De la place, gagnez la rue Fernand-Crémieux. Une porte flanquée de colonnes torsadées (début du XVIIe s.) signale l'**ancienne abbaye des Bernardines**, fondée au XIVe siècle. À gauche, la rue de la Juiverie conduit à la rue Léon-Alègre, baptisée du nom du peintre et historien bagnolais à l'origine des musées municipaux : sa maison fait angle avec la rue Léon-Arène. Par la rue de la Verrerie, rejoignez la **place de la Vierge** (laquelle est figurée par une statue du XIXe s.), puis la place Saint-Jean, où se dresse l'**église Saint-Jean-Baptiste**. Construite au XIe siècle, elle fut plusieurs fois remaniée. La **rue de la République**, agrémentée d'intéressantes façades des XVIIe et XVIIIe siècles, mène au nord à la place Jean-Jaurès : peu avant, sur la gauche, empruntez la rue de l'Ange puis son prolongement, qui dessert les **anciens remparts**. Situés dans l'un des plus vieux quartiers de Bagnols, ils remontent au Moyen Âge, et ont été restaurés au XVIe siècle. À côté, le lavoir de la Berque, du XIXe siècle. Longez à présent les remparts jusqu'à la rue Gentil et tournez à gauche. Non loin s'élève la **tour de l'Horloge** (XIVe s.), vestige du château commandé par Philippe le Bel. De retour sur la place Mallet, faites un crochet, au sud, par la rue de l'Escargot, pittoresque avec son escalier.



☆ **Musée Albert-André** La collection du peintre Albert André (1869-1954), les dons de ses proches – quelques-uns des plus grands artistes de son temps – et, plus tard, la donation Besson (1971) ont fait de ce petit musée d'art moderne et contemporain l'un des plus attachants de la région. D'une salle à l'autre, on découvre un Bonnard (*Bouquet de fleurs*) puis un Matisse (*Fenêtre ouverte à Nice*), une sculpture de Rodin (*Danaïde*) et un magnifique piano décoré de *tutti*, un *Jardin* du Nabis Vallotton, une *Baigneuse* de Roger de La Fresnaye et des autoportraits d'Albert André. Clou de la visite, le cabinet des dessins éblouit de noms prestigieux : encres, pastels et aquarelles de Monet, Marquet, Renoir, Picasso, Gauguin, Dufy… *Hôtel de ville Pl. Mallet Tél. 04 66 50 50 56 Ouvert mar.-dim. 10h-12h et 14h-18h Fermé j. fér. ; fév. Entrée libre*

**Musée d'archéologie Léon-Alègre** De l'âge du fer au début de l'ère chrétienne, l'histoire de la région restituée en argile, en céramique et en bronze : amphores, bijoux, urnes cinéraires… *24, av. Paul-Langevin Tél. 04 66 89 74 00 Ouvert mar. et jeu.-ven. 10h-12h et 14h-18h Fermé j. fér. ; fév. Entrée libre*

# Les environs de Bagnols-sur-Cèze

**Sabran** Le village aux cinq cimetières et six églises ! À voir : les deux chapelles romanes Saint-Julien et Saint-Symphorien. Beau panorama des hauteurs du piton, au bout d'une route en lacet. *12km à l'ouest de Bagnols par la D6 et la D166*

**Laudun-l'Ardoise** Hérissé de vestiges (remparts, forum, basilique…), le plateau du Camp-de-César abrita, du Ve siècle av. J-C. au VIe siècle, l'un des plus importants oppidums de la région. Exposition sur l'histoire du site à la mairie. Non loin, le château de Lascours (XVe-XVIIe siècle, privé), retranché derrière ses douves encore inondées. *11km au sud-est de Bagnols* **Point info tourisme** *Tél. 04 66 50 55 79 www.laudunlardoise.fr*

**Vénéjan** Une autre bourgade de pierre, gratifiée d'une vue imprenable sur la vallée et honorée – elle aussi – d'une chapelle romane : Saint-Jean Baptiste (XII^e s.). À voir également, les vestiges du château (XIV^e s.) et le moulin à vent du XIX^e siècle. *7km au nord-est de Bagnols*

☆ ☺ **Chartreuse de Valbonne** Au cœur d'une forêt luxuriante, un lieu magique, calme et serein, où la musique, notamment baroque, est à l'honneur. Dans la lignée des chartreux amoureux du silence et des voix de l'âme qui l'occupèrent presque sans interruption de 1204 à 1901. Abîmé par les guerres, le monastère fut reconstruit aux XVII^e et XVIII^e siècles, et investi en 1926 par une association de secours aux victimes des maladies tropicales, aujourd'hui encore propriétaire des lieux et du vignoble de 16ha. Visite du monument (cellule reconstituée, cloîtres, église), balade sur les sentiers du domaine, dégustation de vins, événements culturels et hébergement, cf. Chartreuse de Valbonne (p.277). ***Saint-Paulet-de-Caisson*** *(17km au nord de Bagnols) Tél. 04 66 90 41 24 www.chartreusedevalbonne.com Ouvert avr.-sept. : tlj. 10h-12h30 et 14h-18h ; oct.-mars : sam.-dim. 11h-17h Tarif 5€, réduit 2,50€, moins de 18 ans gratuit*

☺ **Aiguèze** Au pied de son à-pic rocheux coule l'Ardèche mais, de ce côté-ci du cours d'eau, c'est bien encore le Gard, et l'on peut lire sur certaines enseignes quelque "Gardèche" non dénué d'humour. Un charmant bourg médiéval, ancienne forteresse aux vestiges bien conservés (tours, fortifications), juchée sur un nid d'aigle et classée parmi les plus beaux villages de France. *26km au nord de Bagnols par la D6086-N86 et la D901*

## ☆ Pont-Saint-Esprit

Sur la place Saint-Pierre se dresse l'**église** du même nom, reconstruite au XVIII^e siècle. Unique vestige du prieuré bénédictin, elle sert d'écrin à des expositions temporaires. À côté, l'**église Saint-Saturnin**, mentionnée en

### Pont-Saint-Esprit, objet de toutes les convoitises

La confluence de l'Ardèche et du Rhône présida à l'implantation des hommes ; l'histoire en a fait une ville-frontière. À la limite de trois régions (Languedoc-Roussillon, Rhônes-Alpes et PACA), Pont-Saint-Esprit est demeuré ce carrefour stratégique qui fut à l'origine de son développement et auquel il doit son remarquable patrimoine : le pont, les églises Saint-Saturnin et Saint-Pierre, la collégiale et la maison des Chevaliers témoignent de cette gloire passée. C'est au XIV^e siècle que la ville acquiert son nom. Les impératifs du commerce entre les deux rives du Rhône conduisent en 1265 les prieurs d'un monastère clunisien (établi dès 948) à construire le fameux pont. Achevé en 1309, il s'étire sur 919m et se compose de 25 arches. Chargée de son entretien, l'Œuvre-du-Saint-Esprit érige la chapelle dressée à son débouché : subsiste un magnifique portail gothique flamboyant (1477).

948, reconstruite aux XIV^e et XV^e siècles, endommagée pendant la Révolution, restaurée en 1835, bombardée lors de la Seconde Guerre mondiale, elle subit encore un incendie en 1981 ! *12km au nord de Bagnols* **Office de tourisme** *Tél. 04 66 39 44 45 www.tourisme-bagnolssurcezepontsaintesprit.com Ouvert toute l'année*

☺ **Musée d'Art sacré** Plus qu'une simple collection offerte au regard du curieux, il se veut un lieu de réflexion sur le culte, l'idolâtrie, le divin, la passion – ici le religieux s'affiche comme prétexte à une démarche de compréhension : le musée est tout à fait laïque. Riche ensemble de vêtements sacerdotaux, d'orfèvrerie, de peintures, de santons et de reliquaires exposés dans les salles d'un bâtiment historique, la maison des Chevaliers : façade romane, salle d'apparat aux murs en pointe de diamant, ancienne cour royale de justice sous une charpente peinte d'armoiries et de figures humaines et animales (XV^e s.)… *2, rue Saint-Jacques Tél. 04 66 39 17 61 Ouvert juil.-août : mar.-dim. 10h-12h30 et 15h-18h30 ; reste de l'année : mar.-dim. 10h-12h et 14h-18h Entrée libre*



## ☺ La vallée de la Cèze

☆ ☺ **La Roque-sur-Cèze** Perchée sur une éminence, La Roque domine à l'est un bandeau de vignes, une berge arborée et le cours de la Cèze, qu'enjambe un petit pont de pierre du XIII^e siècle. Des hauteurs du village, on la voit ensuite serpenter vers le nord et se fondre dans une mer de collines boisées. Au sud, elle bouillonne et creuse dans le calcaire blanc – sans végétation – des cavités alvéolaires qu'elle frappe impétueusement : les cascades de Sautadet (baignade interdite au niveau des cascades, mais autorisée en aval). La Roque est tout simplement idyllique. Une vraie carte postale ! *12km au nord-ouest de Bagnols*

**Cornillon** Juché sur son éperon saillant, protégé derrière ses remparts, il offre sur la vallée de la Cèze un panorama splendide. Au loin s'étendent la garrigue et les premières Cévennes. *17km au nord-ouest de Bagnols*

☺ **Goudargues** Du XII^e siècle, l'église remaniée (XIX^e s.) a conservé une partie du chœur et de l'abside, et l'abbaye, fondée trois siècles plus tôt, le réfectoire attenant. Ainsi Goudargues a-t-elle grandi autour de son cloître, aménageant son domaine, puisant l'eau des sources et perçant les canaux qui lui valent de nos jours le surnom de Venise gardoise… surnom démesuré, il va sans dire. Mais le charme opère. Et les canaux, ombragés de platanes centenaires, la fontaine à parapet et les places fraîches font leur effet. Restaurants, caveaux de dégustation, boutique d'artisanat : un lieu très touristique en été. *17km au nord-ouest de Bagnols*

☺ **Gorges de la Cèze** Au-delà de Saint-André-de-Roquepertuis (église romane, pont franchissant la Cèze), le calcaire se soulève et affleure, l'étau rocheux se referme sur la rivière qui se faufile dans des gorges sauvages : un tableau magnifique ! À l'étiage, on se baigne dans les chenaux et on lézarde sur les grèves rocailleuses. Plus loin, Montclus dresse ses hautes façades de pierre et son donjon (XIII^e s.), tandis que la route s'éloigne, en lacet, vers les prémices cévenoles. ***Saint-André-de-Roquepertuis*** *(19km au nord-ouest de Bagnols)*

☺ **Grotte de la Salamandre** Jusqu'à l'été 2013, seuls les spéléologues avaient droit de cité dans cet " aven ", une grotte à l'entrée verticale, nichée dans le plateau calcaire creusé par la Cèze. Vaste merveille classique à l'amplitude d'un stade de football, la Grotte de la Salamandre présente ses concrétions impressionnantes dans un environnement dernier cri. Lumières d'origines photo-voltaïques, aménagement d'un sentier-promenade avec vue sur les falaises environnantes, espace d'accueil écologique, elle est la première grotte éco-responsable d'Europe. ***Méjannes-le-Clap** (32km au nord-ouest de Bagnols par la D980, puis la D167) Le parking de la grotte se trouve à 3km de Méjannes-le-Clap Tél. 04 66 57 63 11 www.grottedelasalamandre.com Ouvert mars-oct. : tlj. **Visite guidée** (durée 1h) Mars-avr. : 9h30-12h et 14h-16h30, ttes les 30min ; mai-juin et oct. : 9h30-12h et 14h-18h, ttes les 30min ; juil.-août : 9h30-19h, ttes les 20min*

**Barjac** Ancrée dans les garrigues, la petite cité ouvre une fenêtre sur les Cévennes, et comptait d'ailleurs plusieurs filatures de soie au XVIIIe siècle. Enfant de la Cèze, elle garde un œil sur l'Ardèche. Aux confins du Gard, Barjac dessine une frontière en hauteur, un carrefour. De cette position avantageuse elle tire ses richesses : donjon féodal (XIIIe s.), château du XVIIe siècle, hôtels Renaissance, façades du XVIIIe siècle… Un lieu séduisant, propice à la flânerie. De Barjac, vous pouvez remonter le cours de la Cèze jusqu'aux Cévennes, par Saint-Jean-de-Maruéjols, Saint-Denis, Saint-Ambroix, Meyrannes, Bessèges. *33km au nord-ouest de Bagnols*

### ● Où manger sur le pouce, se désaltérer ?

**Chez Piou** Dans le sous-bois bordant la Cèze, des salades, des grillades (de 3,50 à 35€), des boissons fraîches et un escalier jusqu'à la plage pour tremper ses pieds dans les cascades. Menu 11,50€. *Cascades de Sautadet Chemin du Moulin-de-Cors **La Roque-sur-Cèze** (12km au nord-ouest de Bagnols) Tél. 04 66 82 77 72 Ouvert juin-mi-sept. : tlj.*

### ● Voguer au fil de la Cèze

**Cèze Canoë** Location de canoës et de kayaks de la demi-journée à deux jours (de 9,50 à 20€), initiation, service de navettes pour le retour, location de tentes… Par une équipe sympathique et avisée. ***Goudargues** (17km au nord-ouest de Bagnols) Tél. 04 66 82 37 88 www.ceze-canoe.com Ouvert avr.-mi-sept.*

# CARNET D'ADRESSES

## Restauration, hébergement

### petits prix

☺ **Chartreuse de Valbonne** L'occasion rêvée de loger dans un lieu magnifique et hors du temps : un monastère vieux de 800 ans au cœur d'une épaisse forêt, cf. Les environs de Bagnols-sur-Cèze (p.274). Les cellules des chartreux ont été transformées en chambres simples et très propres (de 44 à 54€). Petit déj. 10€. Possibilité de formules en pension ou demi-pension. ***Saint-Paulet-de-Caisson** (17km au nord de Bagnols) Tél. 04 66 90 41 24 www.chartreusedevalbonne.com Ouvert avr.-sept.*

### prix moyens

**Le Saint-Georges** À 5min à pied du centre-ville, 21 chambres soignées et, à l'extérieur, une terrasse noyée sous la verdure où l'on savoure une cuisine concoctée au gré des marchés. Accueil amical. Double de 56 à 65€. Petit déj. 8€. Accès wifi. *210, av. Roger-Salengro* ***Bagnols-sur-Cèze*** *Tél. 04 66 89 53 65 www.hotel-lesaintgeorges.com*

### prix élevés

**Hôtel de la Bourse** Douze chambres pimpantes – dont 3 avec terrasse – dans un hôtel familial au cœur de Pont-Saint-Esprit. Le samedi matin, on prend son petit déjeuner (8,50€) dans la salle panoramique en regardant le marché s'animer : une belle mise en jambes ! Double de 75 à 90€. Wifi. *6, pl. de la République* ***Pont-Saint-Esprit*** *(12km au nord de Bagnols) Tél. 04 66 39 20 44 www.hoteldelabourse.com Ouvert toute l'année*

## Le long de la Cèze

### campings

Les campings ne manquent pas dans la vallée de la Cèze. La plupart sont accueillants et bien tenus. En voici trois.

**Camping Les Cascades** Cent-dix-huit emplacements (dont 53 mobil-homes) sous les chênes verts, pour qui voudrait profiter plus longuement des cascades de Sautadet, cf. La Roque-sur-Cèze (p.276). Piscine, restaurant et accès Internet. De 19 à 26€. *Route de Donnat* ***La Roque-sur-Cèze*** *(12km au nord-ouest de Bagnols) Tél. 04 66 82 72 97 www.campinglescascades.com Ouvert avr.-mi-oct.*

**Camping la Grenouille** Un village de toile propre et bien équipé dans la (mini-) Venise gardoise : Goudargues. Comptez 21€ pour deux, véhicule compris. Cinquante emplacements et des bungalows (sans sanitaires). ***Goudargues*** *(17km au nord-ouest de Bagnols) Tél. 04 66 82 21 36 www.camping-la-grenouille.com Ouvert avr.-sept.*

**Mas de Linde** Labellisés Bienvenue à la ferme, 25 emplacements répartis sur plus de 2,5ha, en pleine nature (env. 11€ pour 2 pers.). Pour les plus douillets, la maison loue un chalet, des gîtes (de 260 à 690€) et une chambre d'hôtes (40€). Accueil amical d'Audrey Bayle, qui propose une table d'hôtes en juillet-août ; ambiance chaleureuse, familiale. Piscine. Plage privée au bord de la Cèze, à 2km. *Hameau de Linde* ***Montclus*** *(25km au nord-ouest de Bagnols, à droite entre Montclus et Barjac, D901) Tél. 04 66 24 50 96 http://masdelinde.free.fr Camping ouvert avr.-oct. Gîtes ouverts toute l'année*

### prix moyens

**Le Plan d'eau** Entre ville et campagne, une terrasse divine, clôturée d'un mur de verdure et posée sur une pelouse impeccable, au bord d'un bassin : bucolique à souhait ! Plats traditionnels et assiettes repas. Tout est fait maison, y compris les desserts. Menu 17€ (3 plats). *Le Moulin* ***Goudargues*** *(17km au nord-ouest de Bagnols) Tél. 04 66 90 77 35 ou 06 03 91 56 05 Ouvert juil.-août : tlj. midi et soir ; juin, sept. : jeu.-mar. midi et soir ; mai, oct. : jeu.-lun. midi et soir, mar. soir ; nov.-avr. : ven.-lun. midi et soir, mar. midi, jeu. soir*

**La Galantine** Au rdc du bâtiment ou sur la vaste place ombragée, on goûte la cuisine roborative du chef : caille au raisin frais, tarte tatin de tomates coquilles saint-jacques et sauce champagne, terrine de foie gras et magret de canard… Menus de 20 à 40€, formule déjeuner 12€. *7, pl. de la Mairie* ***Goudargues*** *(17km au nord-ouest de Bagnols) Tél. 04 66 82 22 39 Ouvert juil.-août : mer.-dim. 12h-13h30 et 19h-21h30 ; reste de l'année : dim.-mer. 12h-13h30, jeu.-sam. 12h-13h30 et 19h-21h30 Fermé 2 sem. en avr.-mai et 2 sem. en oct.-nov.*

## prix élevés

**Chambres d'hôtes La Tonnelle** Deux chambres lumineuses et confortables avec vue, dans une ancienne magnanerie de 1880 au cœur de La Roque-sur-Cèze : un emplacement privilégié, recherché, à réserver longtemps à l'avance ! Agréable jardin. Double 80€. *Pl. des Marronniers* ***La Roque-sur-Cèze*** *(12km au nord-ouest de Bagnols) Tél. 04 66 82 79 37 www.chambres-la-tonnelle.com Ouvert Pâques-Toussaint*

## prix très élevés

☺ **Magnanerie de Bernas** Une bâtisse médiévale, autrefois rattachée au château de Montclus, perchée sur les hauteurs de la commune et cernée de jardins et de bosquets : un havre de paix. Chaque chambre a été meublée différemment, toujours avec goût – notre préférence va aux plus rustiques : atmosphère feutrée sous la pierre apparente. Dehors, les chaises en fer forgé, éparses, invitent à s'asseoir et rêver devant le paysage spectaculaire de la vallée. Une adresse de choix. Piscine et restaurant traditionnel. Comptez de 80 à 145€ (selon la saison) pour une chambre double, petit déj. 12,50€. Possibilité de louer des studios à la semaine (850€). *Hameau de Bernas* ***Montclus*** *(25km au nord-ouest de Bagnols) Tél. 04 66 82 37 36 www.magnanerie-de-bernas.com Ouvert avr.-sept.* **Restaurant** *Ouvert juil.-août : tlj. uniquement soir ; avr.-juin, sept. : ven.-sam. uniquement soir, dim. et j. fér. midi et soir*

☺ **La Vieille Fontaine** Luxe, calme et volupté sur un nid d'aigle à la vue imprenable. Élégance des chambres, finesse de l'assiette, panorama extraordinaire sur la vallée de la Cèze de la terrasse ou… de la piscine suspendue ! Il vous en coûtera de 105 à 155€ la double selon l'orientation (vallée ou village). Petit déj. 10€. Menus de 45 à 65€ : moules farcies à la diable (spécialité), papillotes de queues de langoustines au basilic, carré d'agneau rôti aux herbes de Provence… *Rue du Château* ***Cornillon*** *(17km au nord-ouest de Bagnols) Tél. 04 66 82 20 56 www.lavieillefontaine.net Ouvert début mars-oct.*

☺ **Le Mas du Terme** C'est un relais de diligence qui devint bergerie, magnanerie, et finalement hôtel de charme, cossu et avenant, entre vignes, chênes verts et champs de lavande. Chacune des 27 chambres (climatisées) a son petit plus, qui la caractérise : ici un mur de pierres apparentes, là un lit à baldaquin, ailleurs une touche contemporaine… Prévoyez de 79 à 450€ (petit déj. 15€). Également huit gîtes, de 300 à 1 390€/semaine selon la taille (2 à 6 pers.) et la saison. Deux piscines. Restaurant sous les voûtes du XVIII^e siècle ou dans le patio ensoleillé : *craspeu* de Provence aux 4 parfums, gigot d'agneau braisé à la fleur de thym… Menus à 29, 36 et 42€. *La Bastide des Vignes Route de Bagnols-sur-Cèze* ***Barjac*** *(33km au nord-ouest de Bagnols) Tél. 04 66 24 56 31 www.masduterme.com Ouvert mi-mars-mi-nov.*

**Retour de pêche,** à Sète (p.116).

**Vue de Béziers,** du clocher de la cathédrale Saint-Nazaire (p.385).

GEOREGION

V

# LOZÈRE ET TERRES CÉVENOLES

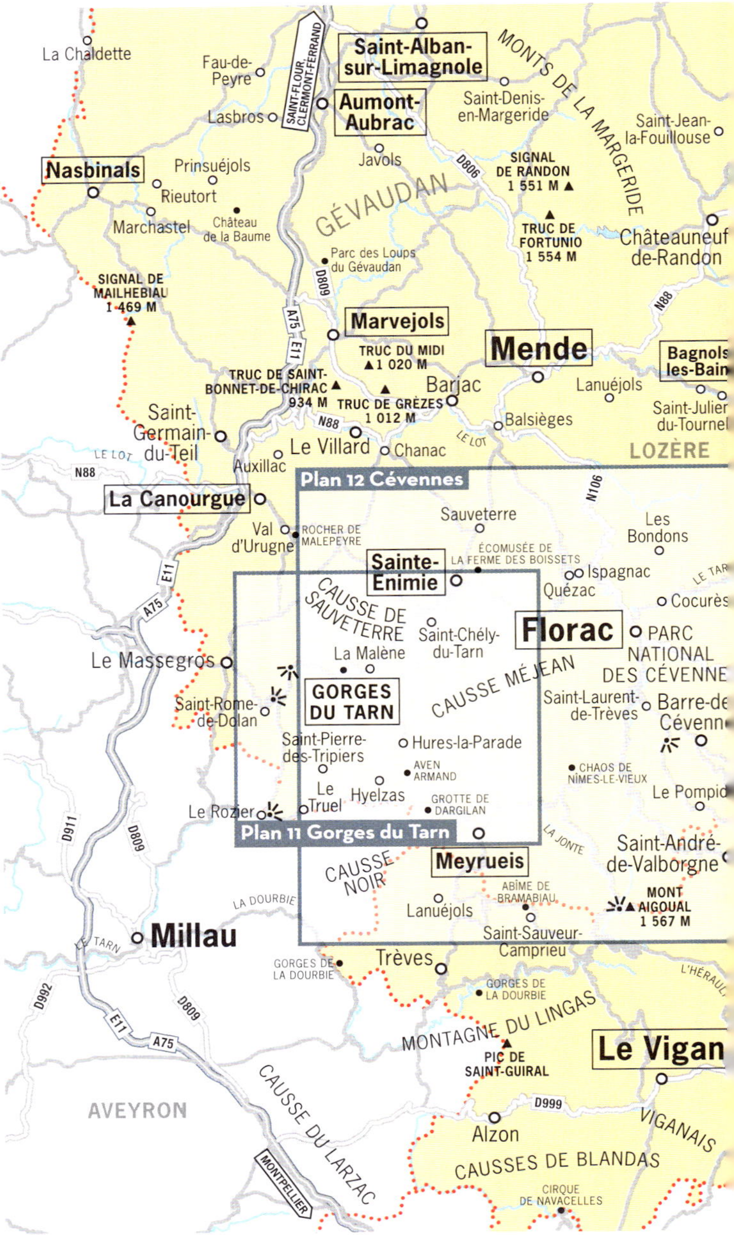

La Chaldette
Fau-de-Peyre
SAINT-FLOUR, CLERMONT-FERRAND
Saint-Alban-sur-Limagnole
MONTS DE LA MARGERIDE
Lasbros
Aumont-Aubrac
Saint-Denis-en-Margeride
Saint-Jean-la-Fouillouse
Nasbinals
Prinsuéjols
Rieutort
Javols
D806
SIGNAL DE RANDON 1 551 M
Marchastel
Château de la Baume
GÉVAUDAN
TRUC DE FORTUNIO 1 554 M
Châteauneuf-de-Randon
Parc des Loups du Gévaudan
D809
SIGNAL DE MAILHEBIAU 1 469 M
N88
A75
E11
Marvejols
Mende
TRUC DU MIDI 1 020 M
Bagnols-les-Bains
TRUC DE SAINT-BONNET-DE-CHIRAC 934 M
Barjac
Lanuéjols
TRUC DE GRÈZES 1 012 M
Saint-Julien-du-Tournel
Saint-Germain-du-Teil
N88
Balsièges
LE LOT
Le Villard
Chanac
LE LOT
LOZÈRE
N88
Auxillac
Plan 12 Cévennes
N106
La Canourgue
Sauveterre
Les Bondons
Val d'Urugne
ROCHER DE MALEPEYRE
ÉCOMUSÉE DE LA FERME DES BOISSETS
Sainte-Enimie
Ispagnac
Quézac
LE TARN
Cocurès
E11
CAUSSE DE SAUVETERRE
A75
Florac
Saint-Chély-du-Tarn
PARC NATIONAL DES CÉVENNES
Le Massegros
La Malène
CAUSSE MÉJEAN
GORGES DU TARN
Saint-Laurent-de-Trèves
Barre-des-Cévennes
Saint-Rome-de-Dolan
Saint-Pierre-des-Tripiers
Hures-la-Parade
AVEN ARMAND
CHAOS DE NÎMES-LE-VIEUX
Le Truel
Hyelzas
Le Pompidou
Le Rozier
GROTTE DE DARGILAN
D911
D809
Plan 11 Gorges du Tarn
LA JONTE
Saint-André-de-Valborgne
CAUSSE NOIR
Meyrueis
ABÎME DE BRAMABIAU
MONT AIGOUAL 1 567 M
LA DOURBIE
Lanuéjols
Saint-Sauveur-Camprieu
LE TARN
Millau
GORGES DE LA DOURBIE
Trèves
L'HÉRAULT
GORGES DE LA DOURBIE
D992
D809
MONTAGNE DU LINGAS
E11
A75
PIC DE SAINT-GUIRAL
Le Vigan
CAUSSE DU LARZAC
D999
AVEYRON
VIGANAIS
Alzon
CAUSSES DE BLANDAS
MONTPELLIER
CIRQUE DE NAVACELLES

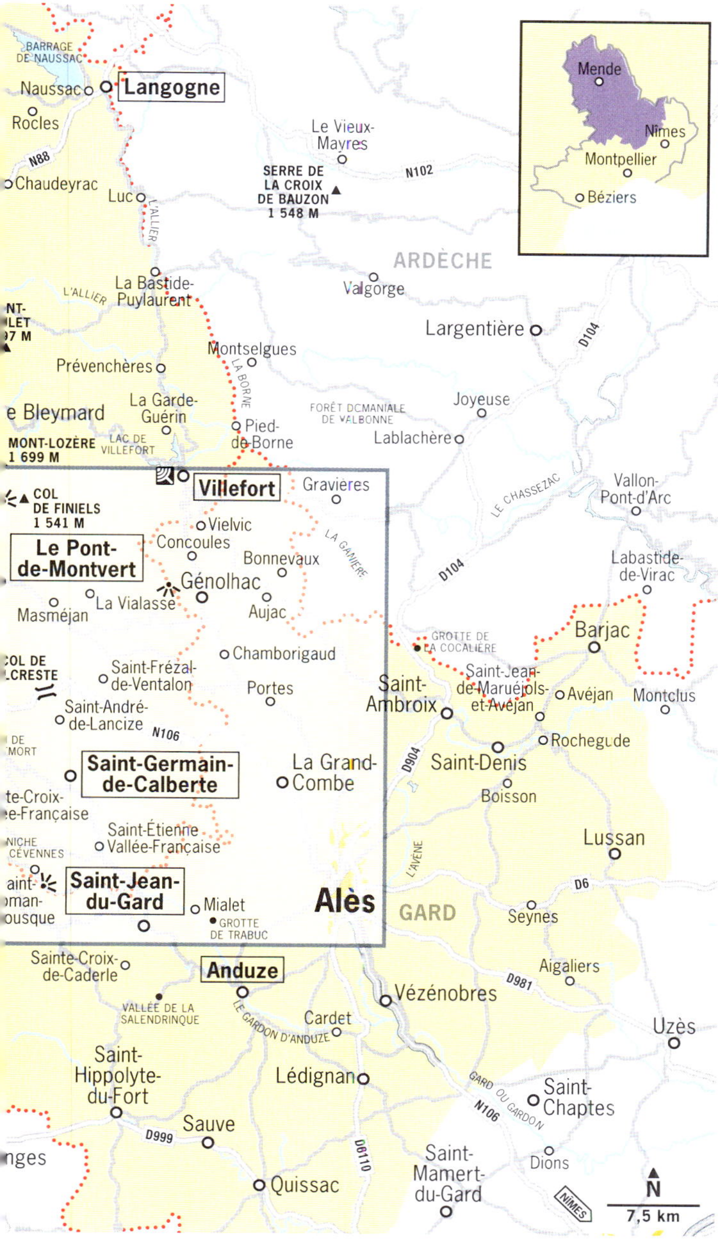
Barrage de Naussac
Naussac
Langogne
Rocles
N88
Chaudeyrac
Luc
L'Allier
Le Vieux-Mayres
Serre de la Croix de Bauzon 1 548 m
N102
Ardèche
Valgorge
Largentière
D104
La Bastide-Puylaurent
Montselgues
La Borne
Prévenchères
La Garde-Guérin
Lac de Villefort
Mont-Lozère 1 699 m
Pied-de-Borne
Forêt domaniale de Valbonne
Joyeuse
Lablachère
Villefort
Gravières
Col de Finiels 1 541 m
Vielvic
Concoules
Le Pont-de-Montvert
Bonnevaux
La Ganière
Génolhac
La Vialasse
Masméjan
Aujac
Le Chassezac
Vallon-Pont-d'Arc
D104
Labastide-de-Virac
Barjac
Grotte de la Cocalière
Chamborigaud
Saint-Frézal-de-Ventalon
Portes
Saint-Ambroix
Saint-Jean-de-Maruéjols-et-Avéjan
Avéjan
Montclus
Saint-André-de-Lanczize
N106
Rochegude
Saint-Germain-de-Calberte
La Grand-Combe
D904
Saint-Denis
Boisson
Saint-Étienne-Vallée-Française
Lussan
L'Avène
Saint-Jean-du-Gard
Mialet
Grotte de Trabuc
Alès
Gard
D6
Seynes
Sainte-Croix-de-Caderle
Anduze
Vallée de la Salendrinque
Aigaliers
D981
Vézénobres
Le Gardon d'Anduze
Cardet
Uzès
Saint-Hippolyte-du-Fort
Lédignan
Gard ou Gardon
N106
Saint-Chaptes
Sauve
D999
D6110
Dions
Quissac
Saint-Mamert-du-Gard
Nîmes
N
7,5 km
Mende
Nîmes
Montpellier
Béziers

# MENDE

48800

**Nichée au fond d'une vaste cuvette que domine l'abrupt mont Mimat, la capitale lozérienne se rit des tendances : les magasins pour dames s'appellent "Frou Frou" ou "Cousette". Ne cherchez pas les boutiques branchées, Mende l'intemporelle porte ses efforts sur les enseignes traditionnelles, et c'est là l'un des secrets de son charme. Charcuteries, pâtisseries, librairies, cafés animent les ruelles médiévales que l'on trouve autour de l'imposante cathédrale Saint-Privat. Sous les toits pentus, tout en écailles de schiste, sur les pavés et à l'abri des platanes des grands boulevards, les Mendois vaquent à leurs occupations, prenant le temps de bavarder sur le pas des portes ou sur les placettes pavées qui, le samedi, sont le théâtre d'aimables marchés. La vie coule tranquillement dans cette cité rustique de 13 200 habitants dont chaque rue propose une perspective sur la campagne.**

## MODE D'EMPLOI

### accès

**EN VOITURE**
Par l'autoroute A75 (gratuite) sortie 39 à Marvejols (28km). Si vous abordez le département par le nord, un office de tourisme très compétent vous accueille sur l'aire de la Lozère (sortie 32). Mende est reliée à Nîmes (150km) et à Florac (40km) par la N88 et la N106, et à Bagnols-les-Bains par la N88 et la D901.

**EN TRAIN**
Ligne TGV Paris-Nîmes puis TER jusqu'à Mende (6h40 au total) ou avec le train Intercités Paris-Clermont-Ferrand, puis le car SNCF. Trajet total : 6h45.
**SNCF** *Tél. 3635 www.voyages-sncf.com www.intercites.sncf.com*
**Gare SNCF** *À 500m du centre-ville*

### orientation

Le vieux Mende est ceinturé de boulevards en sens unique qui suivent le tracé d'anciens remparts. Les boulevards Bourrillon et Soubeyran sont les plus vivants, avec de belles terrasses (surtout près du foirail). À Mende, pas de problème de circulation (on évi-

### Tableau kilométrique

| | Mende | Sainte-Enimie | Marvejols | Meyrueis | Mont Lozère |
|---|---|---|---|---|---|
| **Sainte-Enimie** | 27 | | | | |
| **Marvejols** | 28 | 41 | | | |
| **Meyrueis** | 56 | 29 | 70 | | |
| **Mont Lozère** | 36 | 59 | 63 | 70 | |
| **Anduze** | 119 | 108 | 133 | 114 | 116 |

tera toutefois de s'aventurer dans la vieille ville, partiellement piétonne) ni de stationnement. En plein centre, la place du Foirail fait office de parking (gratuit sam. a.-m. et dim.). Le parking du faubourg Montbel, gratuit 24h/24, reçoit aussi les camping-cars (accès libre, branchement eau, vidange), près du pont Notre-Dame.

## informations touristiques

**Office de tourisme Mende, cœur de Lozère (plan 10, A2)** Très actif, il organise des visites de la ville (certaines nocturnes avec intermèdes musicaux...), des initiations à la pêche aux vairons, des jeux de l'oie géants pour les enfants... *Pl. du Foirail Tél. 04 66 94 00 23 www.ot-mende.fr Ouvert juil.-août : lun.-sam. 9h-17h, dim. 10h-17h ; juin, sept. : lun.-sam. 9h-12h et 14h-18h ; oct.-mai : lun.-ven. 9h-12h et 14h-18h, sam. 9h-12h*

## accès Internet

**Centre multimédia (plan 10, A2)** Accès Internet. 1,70€/h. *Pl. du Foirail Tél. 04 66 42 61 47 Ouvert mar.-sam. 14h-18h*

## marchés

**Marchés (plan 10, A2)** *Places Chaptal et Urbain-V Le sam.*



# DÉCOUVRIR

**☆Les essentiels** La cathédrale Saint-Privat **Découvrir autrement** Parcourez le causse de Mende en suivant un sentier balisé, flânez dans Mende en dégustant les croquants de la pâtisserie Majorel, détendez-vous au bord du lac de Ganivet

## Mende

Fourni par l'office de tourisme, le magazine *Mende, cœur de Lozère* accompagnera votre flânerie dans la vieille ville, de borne en borne, au hasard des rues aux noms évocateurs : rue de la Jarretière, du Chou-Vert, des Trois-mulets, etc. On découvre quelque deux cents très belles portes anciennes : médiévales rue Droite ou rue de l'Hôpital, Renaissance rue d'Angiran ou encore du XVII^e siècle rue Monestier ou place au Blé. Dans le lavoir de la Calquière,

### Carte d'identité de "Lozère et terres cévenoles"

| | |
|---|---|
| **Départements** | Lozère (48), 5 166km² (77 000 hab.) Gard (30), 5 853km² (710 000 hab.) |
| **Villes principales** | Mende (13 200 hab.)<br>Alès (42 700 hab.), Anduze (3 300 hab.) |
| **Informations touristiques** | CDT Lozère, Mende 04 66 65 60 00<br>CDT Gard, Nîmes 04 66 36 96 30 |
| **Points culminants** | Mont Lozère (1 699m), mont Aigoual (1 567m) |
| **Espace protégé** | Parc national des Cévennes (91 279ha) |
| **Principales randonnées** | GR®6 (sentier des 4 000 marches), GR®7, GR®55, GR®60 (sentier André-Chamson), GR®68 (tour du mont Lozère), GR®66 (tour du mont Aigoual), GR®70 (sentier Stevenson) |

quasi souterrain, les tanneurs, aussi appelés *blanchiers*, lavaient leurs peaux. On s'attardera au pied de la tour des Pénitents, dernier vestige des remparts qui comptaient jadis vingt-quatre tours identiques.

☆ **Cathédrale Saint-Privat (plan 10, A2)** On ne voit qu'elle à des kilomètres à la ronde. Sa taille, rapportée à celle de la ville, a de quoi surprendre. La clé de l'énigme : Urbain V, abbé gévaudanais, devient pape en 1362 et décide d'offrir à sa région natale une cathédrale fastueuse. Symbole de la puissance des évêques de Mende et seul véritable édifice gothique de Lozère, sa construction, commencée en 1369, s'achève cinq siècles plus tard. Érigée en 1874, la statue d'Urbain V trône à droite de la cathédrale. Superbes clochers asymétriques : le grand, flamboyant, fut dressé par l'évêque de La Rovère et l'autre, érigé par les chanoines. Dans la nef, huit tapisseries d'Aubusson racontent la vie de la Vierge. Des orgues Renaissance et une Vierge noire aux lignes byzantines rapportée par les croisés. Près de la porte du grand clocher, le battant de la Non-pareille est le seul vestige d'une cloche gigantesque (25t, 2,75m de hauteur) fondue en 1579 par le chef huguenot Mathieu Merle pour en faire des canons.

**Causse de Mende (hors plan 10 par B2)** Prenez la direction de l'aérodrome au sud de Mende, et jetez un coup d'œil à l'**ermitage Saint-Privat** niché dans un repli de la falaise. Continuez vers le parking du parcours de santé. De là vous emprunterez un sentier balisé par l'ONF qui mène à deux hameaux fantômes (2h15 de marche). On peut se rendre à la Croix du mont Mimat, belvédère perché à 1 067m qui domine Mende et la vallée du Lot. L'ermitage Saint-Privat est également accessible au départ de la place du Foirail (plan 10, A2), en suivant un sentier d'interprétation du causse et de la ville de Mende (4h30 de marche, 10km).

## ● Où acheter des souvenirs 100% lozériens ?

**Pâtisserie Majorel (plan 10, B2 n°21)** Pour les croquants, délicieux biscuits aux amandes et aux noisettes, élaborés en 1900 par un confiseur mendois et dont

### Dans la haute vallée du Lot

Anciennement baptisé Olt, comme on le voit encore écrit sur certains panneaux, le Lot naissant traverse le département en son milieu, d'est en ouest. Prenant sa source à 1 270m, au mont Goulet, sur le flanc nord du mont Lozère, il court dans des gorges miniatures du Bleymard à Bagnols-les-Bains, prend ses aises à Mende, longe le causse de Sauveterre et quitte la Lozère à La Canourgue pour entamer son parcours rouergat. Ni aire de jeux, ni torrent touristique comme l'est le Tarn voisin, c'est une rivière nourricière qui constitue une "frontière d'eau" entre les causses et les Cévennes au sud, et les plateaux d'Aubrac et de Margeride au nord. Plutôt luxuriante et arborée – vergers, noyers, maraîchages –, sa vallée, lieu le plus peuplé de Lozère, porte un chemin de fer et la très passante N88, l'une des grandes voies de communication du département.

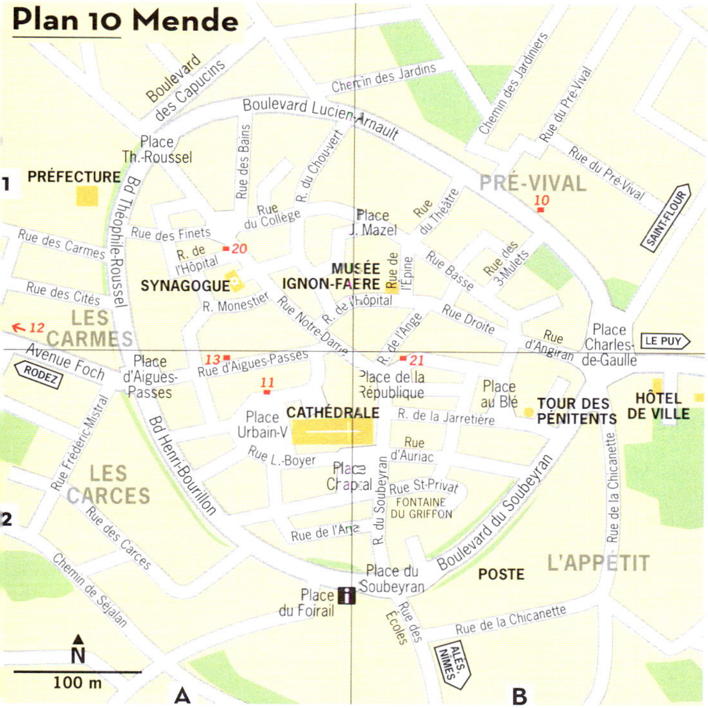


**Restauration, hébergement** (n°10 à 13)
Hôtel de France 10 B1
Le Drakkar 11 A2
Le Pont Roupt 12 A1
Restaurant-Pizzeria
Les Voûtes 13 A2

**Shopping** (n°20 et 21)
Boulangerie Pons* 20 A1
Pâtisserie Majorel* 21 B2

*À RETROUVER DANS LA PARTIE DÉCOUVRIR

a tradition perdure chez Majorel. *2, rue de la République Tél. 04 66 65 17 85 Ouvert mar.-dim. 8h-12h30 et 14h-19h15*

## Où dénicher d'exquises douceurs ?

**Boulangerie Pons (plan 10, A1 n°20)** Adresse incontournable aux délicieux parfums d'antan, où tout est alléchant. *31, rue Notre-Dame Tél. 04 66 65 03 86 Ouvert mar.-sam. 7h30-12h30 et 15h30-19h30, dim. 7h30-12h30*

# Les environs de Mende

**Lanuéjols** Sous les grands bois du col de la Loubière, le village recèle le plus bel édifice gallo-romain de Lozère, le mausolée des Bassianus (IIIe s.). Ce monument d'une architecture grave et noble, élevé par la famille Bassianus pour ses deux fils, est proche de l'église Saint-Pierre, humble édifice roman du XIIe siècle au chevet imposant. *20km au sud-est de Mende* **Mairie** *Tél. 04 66 48 00 82 Ouvert lun. 14h-18h, jeu. 8h-12h et 14h-18h, sam. 8h-12h*

### Passer l'après-midi au bord de l'eau

**Lac de Ganivet** Champêtre et paisible, cerné de prairies et de sapinières, si charmant qu'il pourrait illustrer le calendrier de la Poste. La plage aménagée réunit les amateurs de baignade, de sieste ou de balade en pédalo. Pêcheurs et joueurs de pétanque se livrent à leurs passions pacifiques entre deux virées à la buvette ou au snack. Une atmosphère familiale à photographier en sépia. *20km à l'ouest de Mende*



# CARNET D'ADRESSES

## Restauration, hébergement

Sous ses airs modestes, Mende compte d'excellentes adresses qui vont du restaurant du terroir à la gastronomie d'exception. Un rapport qualité-prix remarquable, un accueil aimable et détendu.

### petits prix

**Le Drakkar (plan 10, A2 n°11)** Le seul établissement de Mende au pied de la cathédrale. Par bonheur, il est sympathique et les 21 chambres rénovées sont très abordables, à 52€. En terrasse, on peut grignoter à toute heure (carte "petites faims" avec paninis et omelettes paysannes). Une carte brasserie avec formule à 12,50€. Disposé sur plusieurs niveaux avec des salles conviviales et des coins plus intimes, le pub reste ouvert jusqu'à 1h. *Pl. Urbain-V* ***Mende*** *Tél. 04 66 47 38 83 http://drakkarmende.com Ouvert toute l'année*

**Lou Rastel** Deux chambres et une table d'hôtes au vert et au calme. Un accueil confondant de gentillesse, une adresse où l'on dispense généreusement l'amour de la Lozère. Chambres confortables (TV, sanitaires) 60€, tarifs dégressif suivant la durée. Une bonne table pour 17€, vin et café compris. ***Badaroux*** *(5km à l'est de Mende) Tél. 04 66 47 70 04 Ouvert fév.-déc. Sur rés.*

### prix moyens

**Restaurant-Pizzeria Les Voûtes (plan 10, A2 n°13)** Ce n'est pas seulement une excellente pizzeria, c'est aussi un bon restaurant où l'on déguste un magret de canard fourré de chèvre, ou encore des saint-jacques poêlées aux cèpes et des desserts originaux. Sous de rustiques volumes voûtés où la pierre se mêle au style contemporain, cette adresse vivante, fréquentée par les jeunes Mendois, sert à dîner tard. Menu 26€. Pizzas autour de 10€. *13, rue d'Aigues-*

| GAMME DE PRIX | RESTAURATION | HÉBERGEMENT |
|---|---|---|
| Très petits prix | moins de 10€ | moins de 40€ |
| Petits prix | de 10 à 15€ | de 40 à 60€ |
| Prix moyens | de 15 à 25€ | de 60 à 80€ |
| Prix élevés | de 25 à 45€ | de 80 à 120€ |
| Prix très élevés | plus de 45€ | plus de 120€ |

*Passes* **Mende** *Tél. 04 66 49 00 05 www.les-voutes.com Ouvert lun.-sam. 12h-14h et 19h15-21h30*

## prix élevés

**Le Pont Roupt (plan 10, A1 n°12)** Sur les rives du Lot, cet hôtel-restaurant un peu excentré (à 5min à pied du centre de la ville) garantit le calme et un accueil chaleureux. Une piscine en sous-sol pour les sportifs et un sauna pour tous ceux qui aiment. De formidables petits déjeuners très copieux. Vingt-six chambres de 79 à 125€ selon le confort et la taille. Petit déj. 12€. Pour se restaurer, deux formules : la brasserie l'Express, petits prix et cuisine plaisante, avec deux formules à 12 et 17€, et le restaurant gastronomique où le chef officie, menus de 25 à 69€. *2, av. du 11-Novembre* **Mende** *Tél. 04 66 65 01 43 www.hotel-pont-roupt.fr Ouvert toute l'année* **Restaurant** *Ouvert toute l'année sauf oct.-avr. : dim. soir*

☺ **La Safranière** En périphérie de Mende, dans une ferme enchanteresse fleurie de rosiers anciens, ce restaurant d'une grande quiétude propose une gastronomie réjouissante, centrée sur l'essentiel : le respect du produit. Ce qui n'exclut pas un brin de fantaisie – voire de poésie – toujours juste : du magret de canard et du caramel d'épices, etc., qui comptent parmi les inventions du chef Sébastien Navetch. Service tout en délicatesse. Et pour que tout soit parfait, la salle au décor zen, au ton jaune safran, ne compte que cinq tables. Une adresse rare ! Menus à 23€ (sauf le week-end), 31 et 38€. Un menu d'exception à 47€. *Chabrits* **Mende** *(4km du centre de Mende par la D42) Tél. 04 66 49 31 54 Ouvert juil.-août : mar.-sam. 12h-13h30 et 19h30-21h, dim. 12h-13h30 ; sept.-mi-fév., mi-mars-juin : mar. et jeu.-sam. 12h-13h30 et 19h30-21h, mer. 19h30-21h, dim. 12h-13h30 Fermé mi-fév.-mi-mars et 2e sem. de sept. Rés. conseillée*

## prix très élevés

☺ **Hôtel de France (plan 10, B1 n°10)** À l'orée du centre-ville, cet ancien relais de poste a vécu une salutaire révolution à l'aube de son 150e anniversaire quand les actuels propriétaires ont repris l'affaire. Côté cuisine, surtout, où l'on déguste désormais une gastronomie fine qui met astucieusement en valeur des produits de qualité (veau de Lozère, dorade sauvage...). Le patron aime les bons vins et ses conseils sont déjà un régal. Excellents menus à 28 et 51€. Un lieu paisible et fleuri avec chambres agréables de 88 à 125€ selon les options de confort choisies. Garage privé (7€). *9, bd Lucien-Arnault* **Mende** *Tél. 04 66 65 00 04 www.hoteldefrance-mende.com Ouvert mi-jan.-fin déc.* **Restaurant** *Fermé sam. midi et lun. midi*

# BAGNOLS-LES-BAINS

48190

**Jaillissant à 40°C, les eaux sulfurées et bicarbonatées de Bagnols-les-Bains étaient déjà exploitées par les Romains. Restauré en 1998, le complexe thermal soigne les rhumatismes, les fractures et les affections de la gorge, mais Bagnols ressemble bien peu à l'idée qu'on se fait d'une station thermale. C'est un gros village (230 habitants l'hiver, 2 000 l'été), qui s'étire langoureusement le long des rives du Lot. On y randonne, on y pêche, on y fait – sans avoir besoin d'être souffrant – des cures de remise en forme et on profite d'un site charmant, très boisé.**

## MODE D'EMPLOI

### accès

**EN VOITURE**
20km à l'est de Mende par la N88 puis la D901, en suivant le Lot.

**EN TRAIN ET CAR**
La compagnie Hugon assure un arrêt à Bagnols sur sa ligne Mende-Villefort. 1 à 2 cars/sem.
**Cars Hugon** *Tél. 04 66 49 03 81 www.hugon-tourisme.com*
**SNCF** Liaisons Mende-Chadenet en train ou car SNCF (3,40€), puis liaison Chadenet-Bagnols-les-Bains (3km) en taxi (env. 12€). *Tél. 3635 www.voyages-sncf.com*

**Taxis** *Tél. 04 66 47 63 25 ou 06 74 15 71 11*

### informations touristiques

**Office de tourisme Mende, cœur de Lozère (antenne de Bagnols-les-Bains)** Accueil aimable et compétent. *1, pl. du Pont Tél. 04 66 47 61 13 www.ot-bagnolslesbains.com Ouvert juil.-août : lun.-sam. 9h-12h et 14h-18h ; avr.-juin, sept. : lun.-mar. et jeu.-sam. 9h-12h et 14h-18h ; oct.-mars : permanence téléphonique*

## DÉCOUVRIR

☆ **Les essentiels** L'église de Saint-Julien-du-Tournel **Découvrir autrement** Passez un moment agréable à l'"espace forme" des thermes de Bagnols-les-Bains

### Bagnols-les-Bains

#### ● Prendre soin de son corps aux thermes

**Centre thermal** Pour tous ! Une demi-journée à l'"espace forme" (2 piscines, un Jacuzzi, 2 hammams, bains écossais, espaces cardio-training, sensoriel et de détente) à 27€. Forfait 5 j. "antistress" 389€. Attention, il est impératif de réserver. *Tél. 04 66 47 60 02 www.bagnols-les-bains.com Ouvert juil.-août : lun.-sam. 9h-12h30 et 14h-19h, dim. 9h-12h30 et 14h-18h ; avr.-mi-nov. : lun.-sam. 9h-12h30 et 14h-19h ; mi-mars-fin mars, mi-nov.-déc. : lun.-sam. 14h-18h ; mi-fév.-mi-mars : lun.-sam. 14h-19h Fermé jan.-mi-fév.*

● **Pêcher puis relâcher sa prise** Les associations de pêche locales sont à l'origine de nombreux parcours "*no kill*", accessibles avec une carte de pêche. Ce sont de véritables sanctuaires de la vie sauvage où le pêcheur s'engage à remettre la belle truite *fario* à l'eau avec toutes les précautions qu'elle mérite. Deux parcours à Bagnols, l'un au cœur du village, l'autre en aval. **Fédération de pêche de Lozère** *Tél. 04 66 65 36 11 www.lozerepeche.com*

● **Se distraire en famille**

☺ **Le Vallon du Villaret** Au pied d'un donjon du XVIe siècle, un parc de 10ha niché dans les bois. Prévoyez l'après-midi, des jeans qui ne craignent rien (pour petits et grands, car tout le monde s'amuse), et un maillot de bain car il y a d'irrésistibles jeux d'eau. La balade dans le Vallon du Villaret est ponctuée d'œuvres d'art interactives, insolites, et d'obstacles plus amusants que véritablement sportifs : ponts de singe, grotte aux 1 000 sons où les enfants font de la musique avec des billes, mobiles aquatiques, kaléidoscopes géants, toboggans, etc. Ce parcours magique a été imaginé par des plasticiens sous la houlette d'un poète inspiré, Guillaume Sonnet. Dans la tour, vous pourrez voir une exposition d'art contemporain. Dans les granges, boutique et auberge (des assiettes de charcuterie et de fromages, des salades et de bons jus de fruits). "Dis, maman, on reviendra ?" *À 3km du centre de Bagnols-les-Bains Tél. 04 66 47 63 76 www.levillaret.fr Ouvert juil.-août : tlj. 10h-18h45 ; avr.-juin : tlj. 10h30-18h45 ; sept.-oct. : sam.-dim. 11h-18h Fermé nov.-mars Tarif de 10 à 13€*

# Les environs de Bagnols-les-Bains

**Le Bleymard** Village montagnard perché à 1 087m d'altitude, Le Bleymard semble très austère. Ce peut être une base de randonnées vers les sources du Lot ou vers le mont Lozère (pour la découverte du mont Lozère, il est préférable toutefois de séjourner au Pont-de-Montvert, sur le versant sud). *9km à l'est de Bagnols-les-Bains www.bleymard.fr*

## Saint-Julien-du-Tournel

Lové dans une boucle du Lot, à l'écart des routes, ce village a gardé son charme d'antan. On s'attardera dans l'☆ **église romane** à clocher-mur, l'une des plus belles du Gévaudan, tout en lauzes de schiste. Si l'on continue la D901 vers Le Bleymard, on observe les ruines imposantes d'une forteresse médiévale s'étageant sur un éperon de roches noires. Il s'agit du château des seigneurs de Tournel (XIIe s.). De Saint-Julien, on peut aussi emprunter l'étroite route d'Outlet qui dessert quelques hameaux pittoresques où l'on peut voir ces fameux clochers de tourmente lozériens, clochers sans églises dont le bourdon guidait les voyageurs égarés dans le brouillard (Outlet et aux Sagnes). *2,5km à l'est de Bagnols*

# CARNET D'ADRESSES

## Restauration, hébergement

### prix moyens

☺ **Les Chemins Francis** Une même équipe, trois hôtels, le Malmont, le Modern et le Moreau (chambres de très bon standing dans tous les cas, de 57,50 à 65,50€ selon la saison), sauna, piscine, espace détente, le tout très esthétique. Dans une salle lumineuse donnant sur le Lot, le restaurant vous régale de truites, chou farci, fricassée de volaille au thym, ris de veau aux morilles. La carte détaille la provenance des produits cuisinés (transparence totale !). Un régal, un service attentif et une ambiance chaleureuse d'habitués. Menus de 15,50 à 28,50€. Les Chemins Francis proposent des forfaits balnéo, des séjours randonnée. À partir de 490€/pers./sem. en pension complète, supplément balnéo 125-204€/pers./sem. Le tout avec professionnalisme et une gentillesse spontanée. *9, pl. du Pont* ***Bagnols-les-Bains*** *Tél. 04 66 47 60 04 www.hotel.cheminsfrancis.com Ouvert Pâques-nov.*

**La Remise** Un ancien relais de diligence, cosy et coquet, avec des chambres double à 52€ (TV, sdb) et des chambres familiales à 67€ (5 pers.). Salle à manger bourgeoise avec une grande cheminée pour une cuisine traditionnelle de qualité (souris d'agneau, filet mignon au jus de cèpe corsé, etc.). Menus à 13,50€ (sauf week-end), "terroir" 19,50€, "charme" 26,50€, "Stevenson" à 34€. *Quartier La Remise* ***Le Bleymard*** *(9km à l'est de Bagnols) Tél. 04 66 48 65 80 www.hotel-laremise.com Ouvert fin jan.-fin déc.* **Restaurant** *Fermé hors saison : dim. soir et lun. soir*

**Gîte de l'Escoutal** Un havre de paix en lisière de forêt, dans une ferme restaurée qui reçoit randonneurs, cavaliers et amateurs de calme absolu. Un gîte (15€ la nuit) et des chambres d'hôtes (54-63€). Un vallon, une sapinière, le bonjour des passereaux... et rien d'autre. Pour dîner, une salle chaleureuse décorée de souvenirs de voyage glanés par la propriétaire, randonneuse émérite. On y sert un bon repas sur réservation (19,50€). *Le Bonnetès* ***Le Bleymard*** *(9km à l'est de Bagnols) Tél. 04 66 48 64 08 www.gr70.com/bleymard.htm Ouvert avr.-jan.*

# MARVEJOLS

*48100*

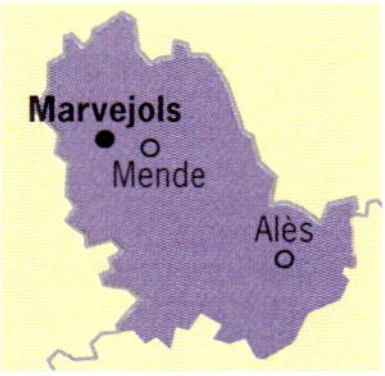


**Trois belles portes fortifiées ouvrent sur le centre historique de cette grosse bourgade encadrée par les vallées du Lot et de la Truyère. À l'entrée de la ville, vous ne pourrez pas manquer les œuvres étonnantes d'Auricoste, sculpteur marvejolais des années 1950, qui en a surpris plus d'un avec sa représentation de la bête du Gévaudan et son portrait d'Henri IV. Cette dernière œuvre rappelle l'histoire mouvementée de cette ville royale. Henri IV a reconstruit Marvejols après que les armées catholiques de l'amiral de Joyeuse**

**l'eurent incendiée à cause de la conversion de la ville au protestantisme. Aujourd'hui, Marvejols est une petite capitale agricole (avec son marché aux ovins), active et très hospitalière.**

# MODE D'EMPLOI

## accès

**EN VOITURE**
28km à l'ouest de Mende par la N88 et la D808.

**EN TRAIN**
Ligne Paris-Montpellier, liaisons avec Mende en tgv et autocar (env. 8h30) ou via Clermont-Ferrand en train Intercités et autocar (env. 6h).
**Gare SNCF** *Av. Pierre-Semard à 2km du centre*
**SNCF** *Tél. 3635 www.voyages-sncf.com www.intercites.sncf.com*

**EN CAR**
Desservi par les cars Boulet sur la ligne Mende-Rodez.
**Cars Boulet** *Tél. 04 66 65 19 88 www.voyages-boulet.com*

## informations touristiques

**Maison du tourisme** Demandez le dépliant *Guide touristique de Marvejols* et les topo-guides (payants) des sentiers de randonnée. *Porte Soubeyran Tél. 04 66 32 02 14 www.ville-marvejols.fr Ouvert juil.-août : lun.-ven. 9h-12h30 et 14h-19h, sam. 9h-12h30 et 14h-18h, dim. et j. fér. 9h-12h30 ; sept.-juin : mar.-sam. 9h-12h30 et 14h-17h*

## marché

**Marché aux ovins** *Pl. de l'Esplanade Les 1er et 3e lun. du mois*



# DÉCOUVRIR

## Marvejols et ses environs

**☆ Les essentiels** Le parc des Loups du Gévaudan à Saint-Léger-de-Peyre
**Découvrir autrement** Randonnez de truc en truc

**Chirac** Mêlant roman et gothique, l'église Saint-Romain trône sur une place pavée de dalles calcaires. On observe également, à la lisière du village de Chirac, l'un des plus beaux dolmens de Lozère, le dolmen de la Fare, baptisé aussi Notre-Dame. Haut de 1,50m et long de 3m, il a des allures de maisonnette. *5km au sud de Marvejols*

☆ ☺ **Parc des Loups du Gévaudan** Dans le hameau préservé et typiquement lozérien de Sainte-Lucie : une initiative de Gérard Ménatory, journaliste amoureux des loups et désireux d'en restaurer l'image auprès du grand public. Dans ce parc de 7ha vivent cinq sous-espèces de loups (une centaine d'individus au total, venus de Pologne, de Sibérie, du Canada, de Mongolie et d'Arctique). Un sentier longe les grilles du parc, ponctué de postes d'observation où l'on attend que se montrent les gentils monstres (il faut parfois être patient, le loup n'est pas cabot). Et l'on voit apparaître des louveteaux joueurs que leur mère discipline à coups de patte. Le circuit se termine par un plaisant petit musée (diaporama sur la bête du Gévaudan, expo, philatélie, fables, etc.). Six visites commentées par jour, et nourrissage les lundis, mercredis et vendredis, vers 16h45. *Sainte-Lucie* ***Saint-Léger-de-Peyre*** *(8km au nord de Marvejols) Tél. 04 66 32 09 22 www.loupsdugevaudan.com Ouvert juil.-août : tlj. 10h-19h ; avr.-juin, sept.-oct. : tlj. 10h-18h ; fév.-mars, nov.-déc. : tlj. 10h-17h Fermé jan. Tarif 7,50€, réduit 4,50€*

## ● Voir des trucs

Ni pics ni montagnes, ces incongruités géographiques que l'on appelle les trucs – ou encore signaux – sont les collines en forme de mamelon qui parsèment les paysages lozériens. Autour de Marvejols vous pourrez voir le truc du Midi (1 020m), le truc de Grèzes (1 008m) et le truc de Saint-Bonnet-de-Chirac (934m).

## ● Randonner à cheval

**La Cavalerie du Petit Canyon** Des chevaux et des poneys nés à la ferme pour la plupart et vivant dehors. Caroline André, accompagnatrice diplômée, propose des balades familiales pour tous niveaux et des séjours itinérants. Balades 1h30/21€, 2h/25€ et randonnées à la journée de 37 à 58€. *Brugers* ***Marvejols*** *Tél. 04 66 32 46 08 ou 06 87 97 13 91 www.chevaux-du-petit-canyon.com Ouvert Pâques-Toussaint*

### Elle court, elle court, la bête du Gévaudan !

Non, ce n'est pas une légende : elle a existé "pour de vrai", les registres paroissiaux sont assez éloquents. La bête a bel et bien tué : des femmes et des adolescents de préférence. Premier méfait : le dépeçage d'une bergère de 14 ans, le 30 juin 1764. Plus de cent victimes suivront, toutes mutilées, dénudées ou décapitées. Le Gévaudan est pris de panique et l'évêque de Mende y voit un fléau divin venu punir la coquetterie des filles et la dépravation générale. Est-ce une hyène, un loup enragé, un tueur sadique ou une chimère ? Le mystère demeure et continue à susciter des débats. Anne Ménatory, ancienne directrice du parc des Loups de Sainte-Lucie, écarte la thèse du loup car "cet animal craintif redoute l'homme plus que tout, et particulièrement sa position verticale". Depuis trois siècles, toute une littérature est consacrée à la bête. Publié en 2001, *La Dette du Gévaudan*, de Fiametta Esposito, cf. Bibliographie (p.486), revisite sous forme d'un brillant polar cette énigme irrésolue… Pourtant, une bête a été tuée le 19 juin 1767 par Jean Chastel et trois balles bénies. Le carnage prit fin, la polémique, non.

# CARNET D'ADRESSES

## Restauration, hébergement

### prix moyens

☺ **L'Auberge de Carrière** Dans les écuries du château de Carrière, une charmante auberge de campagne avec terrasse et une salle sobre et intime. Le chef, qui cuisine finement les produits du terroir en jouant habilement avec les épices, puise son inspiration du côté de la Méditerranée mais s'illustre aussi magistralement dans la préparation des viandes locales. Menus à 19, 23, 27, et 40€, et en été une carte réduite mais de qualité. Grand choix de vins. *Quartier de l'Empery* ***Marvejols*** *(à la sortie de Marvejols, sur la D1) Tél. 04 66 32 47 05 www.domainedecarriere.com Ouvert haute saison : mar.-dim. 12h-13h30 et 19h30-21h ; reste de l'année : mar.-sam. 12h-13h30 et 19h30-21h, dim. 12h-13h30*

**Les Rochers** La salle de restaurant qui domine la vallée de la Colagne offre une jolie vue. On y sert des charcuteries de pays, des tripoux, la *pouteille* (sorte de bourguignon local), et le fameux saucisse-aligot. En semaine à midi, un menu ouvrier avec vin et café compris à 12,60€. Menus à 19,50 et 27,20€. Chambres à prix raisonnables : 50€ avec douche et 56-68€ avec bains. *27, av. Pierre-Semard* ***Marvejols*** *Tél. 04 66 32 10 58 www.hoteldesrochers.com Fermé hors saison : sam. midi* **Hôtel** *Ouvert début fév.-mi-déc.*

### prix élevés

☺ **Château de Carrière** Un château du XVII$^{e}$ siècle, une piscine et un parc de 6ha où s'ébattent deux lamas et quelques paons. Derrière le décor majestueux de cette grande propriété se cachent des chambres restaurées dans un esprit résolument contemporain. Comptez 100€, petit déj. compris. Pour déjeuner ou dîner, rendez-vous dans les dépendances, cf. L'Auberge de Carrière, ci-avant. *Quartier de l'Empery* ***Marvejols*** *(à la sortie de Marvejols, sur la D1) Tél. 04 66 32 47 05 www.domainedecarriere.com Ouvert Pâques-Toussaint*

# LA CANOURGUE

*48500*

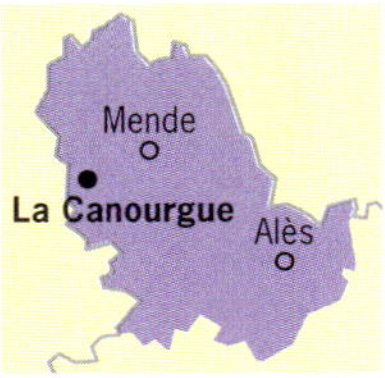


**Emblème de la cité, la tour de l'horloge attire et amuse le regard du visiteur : ronde, svelte, légèrement penchée, elle semble tenir debout par le miracle de saint Étienne, protecteur de la ville ! Accorte, pimpante, pleine de charme et insolite, La Canourgue est rafraîchie par l'Urugne et tout un réseau de canaux aux eaux vives dont le murmure vous accompagne partout – souvenir d'un temps où la ville était peuplée de tisserands et de tanneurs. Beaucoup de riches maisons à colombages ou à**

**encorbellements, tantôt construites en grès rouge, tantôt en calcaire des causses, de nombreux commerces et ateliers (l'un des artistes a déposé au hasard des rues de drôles de sculptures en galets de rivière) forment une petite ville aimable, festive, (on retiendra la fameuse "foire aux célibataires" à Pâques) où l'on découvrira aussi de roboratives spécialités gastronomiques, la *pouteille* (daube de bœuf au pied de porc) et le *manouls* (panse et tripes de brebis) !**

☆ **LE CAUSSE DE SAUVETERRE** Il s'étend entre la vallée du Lot, au nord, et les gorges du Tarn qui l'entaillent au sud. Vestige sédimentaire des grandes mers du Secondaire, ce vaste plateau calcaire (55 000ha) truffé de fossiles a été soulevé jusqu'à 1 000m d'altitude par le plissement alpin du Tertiaire. Caillouteux, le plus souvent pelé (pas une goutte d'eau en surface), le causse de Sauveterre présente aussi des étendues boisées où l'on retrouve en abondance le pin noir introduit au XIXe siècle pour entraver les effets dévastateurs de l'érosion. Tirant parti de la moindre doline, quelques agriculteurs cultivent encore quelques céréales.
Se contentant d'herbes rases, les ovins règnent en ce lieu, se réfugiant les jours de canicule à l'abri de bergeries modernes et paissant le reste du temps sur de vastes territoires – une brebis à l'hectare, comme le veut la tradition. Figures emblématiques d'une flore timide et méritante : la lavande sauvage et la carline, chardon qui pousse au ras du sol, cœur jaune et couronne en acanthe, et que l'on cloue sur les portes des granges en guise de baromètre.

# MODE D'EMPLOI

## accès

### EN VOITURE

La Canourgue est située 43km au sud-ouest de Mende par la N88, l'A75 et la D809.

### EN TRAIN

Sur la ligne Paris-Béziers ou bien par le même itinéraire que pour Marvejols via Clermont-Ferrand en 8h environ.
**Gare SNCF** *Banassac (à environ 3km de La Canourgue)*
**SNCF** *Tél. 3635 www.voyages-sncf.com www.intercites.sncf.com*

### EN CAR

Ligne Mende-Rodez desservie par les cars Boulet.
**Cars Boulet** *Tél. 04 66 65 19 88 www.voyages-boulet.com*

## marchés, fêtes et manifestations

**Marchés** *Au centre du village Le mar. matin*
**La Canourgue noire** Festival du roman policier : signatures, débats, lectures, jeux d'enquêtes, expositions, musique, cinéma... *1er w.-e. d'août*
**Foire à la brocante et à l'artisanat** *2e dim. d'août*
**Fête de la truffe** *1er dim. fév.*

## informations touristiques

**Office de tourisme** Demandez les dépliants sur la randonnée de l'association Chemin et Patrimoine (1€ l'unité) et les topo-guides *Le Pays de La Canourgue à pied* et *Le Chemin de Saint-Guilhem-le-Désert*. *Rue de la*

*Ville Tél. 04 66 32 83 67 www.ot-lacanourgue.com Ouvert juil.-août : lun.-sam. 9h-12h30 et 14h15-19h ; sept.-juin : mar.-ven. 9h-12h15 et 14h15-18h, lun. et sam. 9h-12h15*

# DÉCOUVRIR

☆ **Les essentiels** Le causse de Sauveterre (cf. ci-avant) **Découvrir autrement** Testez le golf des Gorges du Tarn, admirez l'habitat traditionnel du causse aux alentours de Champerboux et de Sauveterre, dégustez une *pouteille* au restaurant Le Commerce à La Canourgue, cf. Carnet d'adresses (p.298).

## La Canourgue

**Église paroissiale Saint-Martin** Construite par les Bénédictins au XIe siècle cette église, romane pour l'essentiel, a malheureusement été affublée de quatre chapelles gothiques. Près de l'église, la pittoresque place au Blé accueille un marché chaque mardi. Au sud du village se dresse la tour de l'Horloge, dernier vestige du château médiéval Saint-Étienne.

**Chapelle Saint-Frézal** Cet émouvant sanctuaire rustique, installé au cœur d'un site boisé de frênes et marronniers, est un lieu idéal pour faire la sieste en été (après le pique-nique). La confrérie de la Pouteille et du Manouls qui a financé sa restauration propose des visites en été (rens. à l'office de tourisme). Intronisations et défilés le 3e dim. d'août. *1km à l'est de La Canourgue, sur la route du hameau des Balmes*

### ● Jouer au golf

**Golf des Gorges du Tarn** À la sortie de La Canourgue en direction de Sainte-Enimie, au bord de l'Urugne, sous le rocher du Sabot, ce golf de 18 trous boisé et vallonné tire sa spécificité d'un paysage agreste et d'un panorama exceptionnel. De 49 à 54€ le *green fee*. Cours individuels et collectifs, initiation et stages. Club-house avec bar et restaurant ouverts à tous. *Route des Gorges du Tarn Tél. 04 66 32 84 00 www.golf-gorgesdutarn.com*

### ☆ Itinéraires à suivre dans le causse de Sauveterre

Deux beaux parcours traversent le causse de Sauveterre : la D998 de La Canourgue à Sainte-Enimie et la D32 de Chanac au Massegros – le canton le moins peuplé de Lozère. De hameau en hameau, observez l'architecture caussenarde qui atteint des sommets d'élégance dépouillée et d'ingéniosité. Vous pourrez voir de beaux exemples en visitant le domaine des Boissets, et au hasard de la balade, les hameaux de Sauveterre, Champerboux et encore Le Massegros, où l'architecture de la fameuse maison aragonaise s'embellit de galeries et de balustrades, souvenir de l'occupation du Gévaudan par les rois d'Aragon.

# Les environs de La Canourgue

**Rocher de Malepeyre** À 3km du village de La Canourgue, en empruntant la D998 puis la D46, on arrive au pied de ce fameux rocher en forme de sabot qui domine la vallée de l'Urugne.

**Auxillac** Ce village bucolique intéressera les amoureux de Marcel Proust. En effet, Auxillac vit naître sa fidèle gouvernante Céleste Albaret, "volontairement ignorante mais douée d'un génie étrange" comme l'a écrit l'auteur de la "Recherche" qui mourut dans ses bras. Céleste ne consentit à livrer ses mémoires qu'en 1973 (*Monsieur Proust*, éditions Robert Laffont). À la Tieule, hameau d'Auxillac, on observe de mystérieuses tombes taillées dans le grès, qui sont prétendument juives, mais pourraient tout aussi bien être des sépultures mérovingiennes. *10km au nord de La Canourgue*

# CARNET D'ADRESSES

## Restauration, hébergement

### camping

☺ **Camping et châlets du Golf** Un cadre paradisiaque : sur la route des gorges du Tarn, à 3km de La Canourgue, se cache sous le rocher de Malepeyre un camping ombragé traversé par l'Urugne. Accueil délicieux. Emplacement à partir de 11€ et chalets à louer à la semaine (à partir de 2 nuits hors saison) : de 196 à 230€/sem. pour 4-6 pers. selon saison. Piscine. *Route des gorges du Tarn* ***La Canourgue*** *Tél. 04 66 44 23 60 www.golf-gorgesdutarn.com Ouvert avr.-sept.*

### petits prix

**Le Gazy** L'un de ces bouts du monde dont la Lozère a le secret. Tapi sur le causse, le hameau du Gazy ravira les amateurs de silence. Si vous souhaitez y passer la nuit, préférez les chambres aménagées dans les anciens bâtiments où le confort est certes rudimentaire mais suffisant. Vous goûterez ainsi le plaisir incomparable de vous réveiller au son des clarines et du chant des oiseaux. Si vous séjournez en famille, vous pouvez opter pour le gîte installé dans une superbe bergerie (6 pers., 495€/sem.). La ferme-auberge se trouve dans une grange restaurée sans esbroufe, où officie la délicieuse Bambi, jeune Caussenarde reine de l'aligot. Menu terroir à 15€ (volailles, agneau de la ferme et de délectables charcuteries) et aligot en semaine. Formule à 17€ le dimanche midi. Chambres de 30 à 46€ selon le confort. Animaux refusés. *Gazy* ***Chanac*** *(20km à l'est de La Canourgue) Tél. 04 66 48 21 91 Ouvert mi-mars-déc. Sur rés.*

**Le Portalou** Une grande et bourgeoise bâtisse, un parc où l'on prend le petit déjeuner comme à la campagne, une terrasse sous les glycines. Cet établissement au cœur du village a bien du charme. Chambres à la décoration un peu vieillotte, mais impeccables, de 46 à 58€ (avec sdb et TV, en haute saison). Un restaurant soigné pour tous budgets, menus à 13,50 (sauf week-end), 15 et 18€. Pour un voyage gastronomique, une carte "mémoire d'Aubrac et du Causse" de 7,50 à 15,50€. *Pl. Por-*

*talou* ***La Canourgue*** *Tél. 04 66 32 83 55 www.hotelleportalou.com Ouvert toute l'année*

**Le Commerce** La confrérie de la Pouteille et du Manouls siège depuis trente ans dans cet hôtel-restaurant où le grand maître-queue de la *pouteille* et du manouls réunis, Pierre Mirmand (également trufficulteur), a passé le relais à ses fils. Un menu terroir à 20€, et un plus modeste à 13€. Pour ceux qui ne peuvent pas se lever de table après pareilles libations, le lieu propose des chambres doubles (modernes mais sans charme) à 53€. *Av. du Lot* ***La Canourgue*** *Tél. 04 66 32 80 18 www.hotel-mirmand.fr Ouvert mars-nov.*

### prix moyens

**Auberge du Moulin** À Auxillac, un moulin enjambe un ruisseau et fait face à une terrasse couverte, aux allures de préau d'école. D'ailleurs, on croirait ce lieu issu d'un dessin d'enfant. C'est la maison natale de Céleste Albaret, celle qui veilla sur Marcel Proust comme une poule sur son poussin, cf. Auxillac (p.298). Cuisine de terroir faite maison. Formules déjeuner de 8 à 13€, menu le week-end à 16€. Trois chambres coquettes 60€ (petit déjeuner inclus) pour y relire *À la recherche du temps perdu. Auxillac* ***La Canourgue*** *(à 8km du centre-ville) Tél. 04 66 32 67 65 Ouverture réduite hors saison* **Hôtel** *Ouvert fév.-nov.*

☺ **La Vialette** Dans un superbe ensemble de bâtiments caussenards en pleine campagne, des chambres d'hôtes confortables (salle de bains et télévision) et joliment décorées (65€ la nuit) fonctionnant en gestion libre (une table d'hôtes à 19€, boissons comprises, mais tout de même accès à la cuisine équipée pour 1€ symbolique). Adorable patronne, enthousiaste et pleine de bon sens. Piscine et Jacuzzi. *La Vialette* ***La Canourgue*** *(à 10km du centre-ville) Tél. 04 66 32 83 00 www.gite-sauveterre.com Ouvert toute l'année*



# ☆ SAINTE-ENIMIE

*48210*

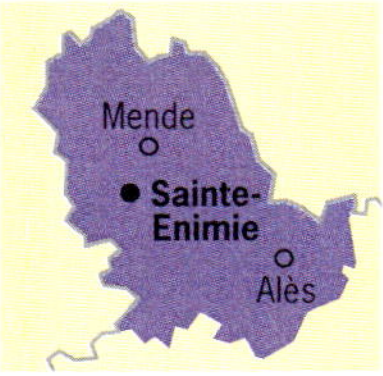


**L'idéal serait d'aborder Sainte-Enimie, (plan 11, B1) et (plan 12, A1), en canoë, jusqu'à atteindre le beau pont de pierre qui franchit le Tarn. Parce qu'en été, s'il faut arriver par la route encombrée et trouver une hypothétique place de parking, le village perdra beaucoup de son charme. Pourtant, la petite capitale des gorges, grandie sur une boucle du Tarn et sur le gué d'un ancien sentier de transhumance, a du caractère. Pour s'en convaincre, et apprécier son ambiance médiévale, il suffit de gravir ses ruelles pentues. De placettes en passages voûtés, d'escaliers pavés en rues ombragées par des treilles, la flânerie mène jusqu'à l'église romane Notre-Dame-du-Gourg qui abrite d'émouvantes statues du XVe siècle. Sainte-Enimie possède de belles maisons, impeccablement restaurées, en calcaire blanc, et une halle au blé qui a conservé sa mesure à grain. Autour du village, les terrasses étagées, témoins d'un passé agricole, portent les vestiges de vignobles et de vergers d'amandiers ou de cerisiers.**

# MODE D'EMPLOI

## accès

**EN VOITURE**
27km au sud de Mende par la N88 puis par la D986.

## informations touristiques

**Office de tourisme des gorges du Tarn, à Sainte-Enimie** *Tél. 04 66 48 53 44 www.gorgesdutarn.net www.agenda365.fr Ouvert juil.-août : tlj. 9h30-12h30 et 14h-18h ; Pâques-juin, sept.-Toussaint : lun.-sam. 9h30-12h30 et 14h-18h ; Toussaint-Pâques : lun.-ven. 9h30-12h30 et 14h-17h*

## location de VTT

**Adn Lacazelle (activité découverte nature)** Location de VTT, mais aussi organisation de sorties escalade, via ferrata, spéléologie, kayak, canyonning, parapente. *Rue des Tendes Tél. 04 66 48 46 05 ou 06 50 16 49 04 www.lacazelle.com* ***Location VTT*** *Ouvert avr.-oct.* ***Activités*** *Toute l'année sur rdv*

## marchés, fêtes et manifestations

**Marché nocturne** Artisanat, produits du terroir. *Jeu. en été*
**Festival nature du parc national des Cévennes** Sorties nature, animations... Dans tout le Parc. *Rens. à l'office de tourisme et dans les maisons du Parc De mai à oct.*

# DÉCOUVRIR

☆**Les essentiels** La vieille ville de Sainte-Enimie **Découvrir autrement** Admirez le paysage depuis l'ermitage de Sainte-Enimie, pique-niquez auprès du pont de Quézac après avoir composé votre panier-repas au marché d'Ispagnac

## Sainte-Enimie

☆ **La vieille ville** On peut toujours voir, dans la vieille ville, la source miraculeuse de la Burle (derrière l'office de tourisme des gorges du Tarn) et grimper à l'ermitage (Xᵉ s., remanié au XVᵉ s.) où vécut la pieuse Enimie. Empruntez le sentier pentu qui démarre derrière le boulodrome et comptez environ 1h pour l'ensemble de la balade. L'intérêt ? le panorama sur le village de Sainte-Enimie et la boucle du Tarn.

### ● Où boire un verre en terrasse ?

**Le Bar de la digue** Parce qu'il propose une jolie tonnelle à l'écart de la route et qu'il regarde couler le Tarn, ce bar est un lieu idéal pour siroter une bière ou un soda. *Sous l'auberge du Moulin Tél. 04 66 45 44 73 Ouvert juin-sept. : tlj. ; avr.-mai, sept.-nov. : ven.-lun.*

# Les environs de Sainte-Enimie

**Utopix (plan 12, A1)** Il était une fois un artiste dont la devise – empruntée à Théodore Monod – était : "Il faut rêver les choses, et elles se font." Amoureux des causses, un Savoyard achète en 1970 une friche et y réalise un doux délire : bâtir une habitation labyrinthique inspirée des bories caussenardes. Les plans passent par le prisme de son esprit poète et le résultat est stupéfiant, une grappe de mamelons calcaires, une vague de pierres figées sur la lande, bref, une drôle de maison. Autour, une voiture, un dinosaure, sculptures en pierres elles aussi, et des jeux qui amuseront ceux qui refusent de grandir. *La Sirvente* ***Sainte-Enimie*** *(9km au nord du village) Tél. 04 66 65 10 28 www.utopix-lozere.fr Ouvert tlj. 9h-19h Hors saison, il est préférable de téléphoner avant de s'y rendre (tél. 04 66 48 59 07) Tarif 7€, réduit 6€*

**Pont de Quézac (plan 12, B1)** Le plus beau pont de France, un avis qui n'engage que nous et que semble partager l'écrivain Renaud Camus dans son ouvrage *Le Département de la Lozère*, cf. Bibliographie (p.486), puisqu'il conseille après l'avoir décrit avec amour de l'observer de face, de profil, de trois quarts, de sept huitièmes, puis de neuf dixièmes et demi. Près du pont, les rivages herbeux, les arbres seront idéals pour abriter un pique-nique. Ce pont fut construit au Moyen Âge (puis remanié) pour permettre aux pèlerins de Compostelle de franchir le Tarn. Près du pont, la source des eaux minérales de Quézac. On peut visiter le captage de la source et l'usine. ***Quézac*** *(18km à l'est de Sainte-Enimie en direction d'Ispagnac)* **Eau de Quézac** *Rue de la Source Tél. 04 66 45 47 15 www.eaudequezac.com Ouvert mi-juin-mi-sept. Sur rés. téléphonique*

## Enimie, ou l'hymen honni

Sœur du bon roi Dagobert, pieuse et belle princesse vouant sa vie aux pauvres et aux estropiés, Enimie se réveille lépreuse à la veille de son mariage. Trouble psychosomatique, dirait-on aujourd'hui, car elle haïssait l'idée de ces épousailles qui la privaient de Dieu. Un ange apparut et l'invita à chercher en Gévaudan une source miraculeuse pour s'y baigner et retrouver la santé. Ce sera la source de la Burle, l'une des nombreuses résurgences qui alimentent le Tarn, une source toujours active et noyée de verdure. Enimie redevient "belle, saine et pure, plus que colombe et ramier", dit la légende. Elle ne quittera plus les gorges du Tarn où elle vivra dans une grotte (l'actuel ermitage), fondant abbaye, monastère, et faisant des miracles, et non des moindres, comme ressusciter un enfant noyé... Les pèlerinages vers la source de la Burle, censée guérir les maladies de peau et les yeux, firent, avant l'invention du tourisme, la prospérité de Sainte-Enimie.

### ● Où remplir son panier pique-nique ?

**Marché d'Ispagnac** Une bourgade fort accueillante aux portes des gorges. Des marchés vivants où déballent les maraîchers de cette très jolie vallée alluviale baptisée "les jardins de la Lozère". Quelques commerces, une ou deux terrasses sous les platanes, de quoi passer un bon moment et faire quelques courses de bouche. Une superbe église à coupole. ***Ispagnac*** *(18km à l'est de Sainte-Enimie) Marchés mar. matin et sam. matin*

# CARNET D'ADRESSES

## Restauration, hébergement

En été, vous trouverez beaucoup de monde à Sainte-Enimie, malheureusement le service en souffre et les prix aussi. N'hésitez donc pas à vous isoler un peu en grimpant sur les causses ou dans les villages des gorges du Tarn qui offrent tant de bonnes adresses.

### camping

**Camping Les Fayards (plan 11, B1 n°3)** Aménagé au bord du Tarn, un camping à taille humaine (une centaine d'emplacements) avec accès à la plage et location de canoë. En plus, il y a de l'ombre (en patois, les *fayards* désignent les hêtres). Forfait 2 pers. de 12 à 26€ et location de chalet pour 4 pers., de 280 à 680€ par semaine. ***Sainte-Enimie*** *(à 3km de Sainte-Enimie sur la route de Millau) Tél. 04 66 48 57 36 http://camping-les-fayards.com Ouvert mai-mi-sept.*

### très petits prix

☺ **La Halle au Blé (plan 11, B1 n°6)** Petite restauration de qualité. Pendant que les flux touristiques arpentent la ville basse, éloignez-vous du bruit en arpentant les ruelles du centre médiéval. Là, rue du Serre, vous trouverez sous l'encorbellement d'une maison à colombages une terrasse calme et fraîche. On y voit des clients lire, écrire, et manger, bien sûr, des tartes salées, des tartines gratinées, des salades composées et quelques recettes orientales (5-10€)... le tout à partir de produits terroir labellisés "fermier" voire "bio". *5, rue du Serre* ***Sainte-Enimie*** *Tél. 04 66 48 59 34 www.lahalleauble.com Ouvert juil.-sept. : tlj. 12h-15h et 18h-22h*

### prix moyens

☺ **Auberge du Moulin (plan 11, B1 n°2)** Une bonne adresse tenue par une vieille famille santimiole. Proche du Tarn, cet ancien moulin a fière allure. À l'intérieur, la décoration est irréprochable, sobre, sans chichi et les chambres (de 60 à 75€ selon confort et saison) donnent sur un jardin ou sur le Tarn. Cet hôtel se double d'un bon restaurant (service un peu stressé en été). Nous vous conseillons, pour commencer en fraîcheur, la salade de saint-jacques et de saumon fumé et ensuite, pourquoi pas ?, les écrevisses à la bordelaise, spécialité de la maison. Formule plat et dessert à 14€, menus à 19 et 25€. *Rue de la Combe* ***Sainte-Enimie*** *Tél. 04 66 48 53 08 http://aubergedumoulin.free.fr Ouvert toute l'année sauf dim. soir hors saison* **Restaurant** *Fermé dim. soir-lun. midi hors saison ; mi-nov.-fin-mars*

**prix élevés**

☺ **La Maison de Marius (plan 12, B1 n°26)** Cette maison cossue de Quézac ouvre sur un jardin d'agrément doublé d'un immense potager. Ici, on sera aux petits soins pour vous ! Dans les chambres coquettes de 65 à 120€ pour 2 pers, rien ne manque (sanitaires complets, TV, sèche-cheveux, etc.). Table d'hôtes sur réservation 25€ boisson comprise. Une étape vraiment réconfortante et conviviale. *14, rue Pontet* **Quézac** *(18km à l'est de Sainte-Enimie) Tél. 04 66 44 25 05 www.maisondemarius.fr Ouvert Pâques-Toussaint (hors saison, sur rés.)*



# ★ LES GORGES DU TARN

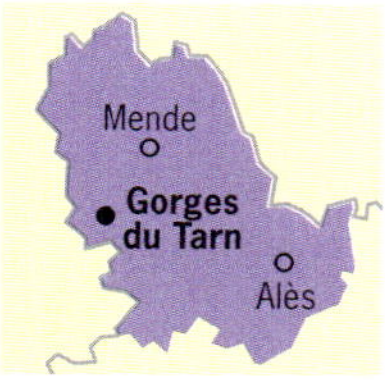


**Avant d'intégrer l'enfer, le diable habitait les gorges du Tarn. L'étymologie de la Malène, "trou du Malin", semble le rappeler. Avant le XIXe siècle, les hommes évitaient les gorges et personne alors n'en soupçonnait les attraits touristiques. Et vint Édouard-Alfred Martel (1859-1938), avocat défroqué, inventeur de la spéléologie, qui se passionne pour elles. Ses écrits mettent le canyon en lumière et contribuent à populariser les gorges. Une route est ouverte en 1912 où, désormais, on se bouscule en été. Né au mont Lozère à 1 550m, le Tarn s'illustre avec brio entre Ispagnac et Le Rozier où il finit un parcours triomphal de 50km entre les falaises dont il est l'artisan et qui séparent rive droite, le causse de Sauveterre et rive gauche, le causse Méjean. Un travail d'érosion opiniâtre commencé voici six millions d'années sur des sédiments calcaires solubles. Au mieux de sa forme, le Tarn pouvait creuser son lit de 1cm par an, s'insinuant entre de hautes parois ocre. Aujourd'hui, il a trouvé son rythme de croisière entre les "planiols", zones au débit calme, et les "ratches", ces quelques rapides dont les tourbillons ont généré les marmites de géants. À partir de Sainte-Enimie, l'étroitesse des gorges laisse à peine la place à la route et à quelques hameaux, une poignée de maisons calcaires nichées au pied des murailles (Saint-Chély, Pougnadoires, château de la Caze, Hauterives, La Malène...). La faune aquatique ? Essentiellement composée de kayakistes, de truites, de loutres et de castors réintroduits depuis 1977. Dans le ciel, les vautours du causse Méjean et sur les rives, le merle d'eau ou le farouche martin-pêcheur.**

## MODE D'EMPLOI

**accès**

### EN VOITURE

Par l'A75, sortir à La Canourgue puis suivre la D998 jusqu'à Sainte-Enimie (30km superbes au travers du causse de Sauveterre). De Mende, emprunter la N88 jusqu'à Balsièges, puis continuer par la D31 vers Ispagnac ou la D986 vers Sainte-Enimie (37km).

## informations touristiques

**Office de tourisme des gorges du Tarn** Antenne de Sainte-Enimie (p.300).

**Office de tourisme de Florac et d'Ispagnac** *1, pl. de l'Église* ***Ispagnac*** *Tél. 04 66 45 01 14 www.vacances-cevennes.com Ouvert juil.-août : lun.-sam. 9h-12h et 14h-18h, dim. 9h-12h ; avr.-juin, sept. : lun.-sam. 9h30-12h et 15h-17h ; oct.-mars : lun.-ven. 9h-12h et 14h-17h*

## location de VTT

**Adn Lacazelle (activité découverte nature)** Location de VTT, mais aussi organisation de sorties escalade, via ferrata, spéléologie, kayak, canyonning, parapente. *Rue des Tendes* ***Sainte-Enimie*** *Tél. 04 66 48 46 05 www.lacazelle.com* ***Location VTT*** *Ouvert avr.-oct.* ***Activités*** *Toute l'année sur rdv*

# DÉCOUVRIR
# Les gorges du Tarn

☆ **Les essentiels** Le Point Sublime, le roc des Hourtous, Saint-Chély-du-Tarn **Découvrir autrement** Descendez le Tarn, initiez-vous à l'escalade dans les gorges, offrez-vous un déjeuner au château de la Caze, cf. Carnet d'adresses (p.307).

## Par la route

**De Sainte-Enimie (plan 10, B1) au Point Sublime (plan 11, A1)** La D907bis parcourt le fond des gorges de bout en bout. Si elle donne un aperçu rapide, il faut savoir qu'elle est embouteillée en juillet et en août, que le croisement y est parfois difficile et qu'elle ne permet pas d'apprécier vraiment la zone dite des Détroits. En empruntant, après Les Vignes, la D995 puis la D46, on atteint le ☆ **Point Sublime** (12km), belvédère situé sur le causse de Sauveterre qui domine les gorges du haut de ses 400m et permet une vue panoramique du pas de Souci jusqu'à La Malène et bien au-delà, passant par le cirque des Baumes et Les Détroits. Au départ de La Malène, prendre la D43 puis la D16 qui grimpe au ☆ **roc des Hourtous**, autre panorama incontournable, situé, lui, sur le causse Méjean. Encore un point de vue incontournable, au fond des gorges et en aval du cirque des Baumes : le rocher Roque Sourdre, aménagé en belvédère, offre un coup d'œil sur le pas de Souci, impressionnant chaos rocheux sous lequel le Tarn s'engouffre un instant.

☆ ☺ **Saint-Chély-du-Tarn (plan 11, B1)** Le plus beau village des gorges. On l'aborde en traversant un pont gigantesque, mais étroit, qui contraste avec le charme discret du village. Quelques belles maisons grimpent à l'assaut de la roche, deux sources tombent en cascades (un régal pour les kayakistes qui s'y rafraîchissent en route ou pour qui se baigne sur la plage ombragée de Saint-Chély). Sous le repli de la paroi, bouleversante de simplicité, une chapelle tout simple, la "cénacrète", qu'il faut absolument voir. Tout près, le hameau de Hauterives (le plus photographié du département) uniquement accessible à pied – mais il suffit de l'apercevoir de la route qui passe sur la rive droite.

## Plan 11 Gorges du Tarn

**Restauration, hébergement** (n°1 à 13)

- Auberge de la Cascade — **1** B1
- Auberge du Moulin — **2** B1
- Camping Les Fayards — **3** B1
- Château de la Caze — **4** D1
- Chez Louis — **13** A2
- Gîte d'étape de La Malène — **5** A1
- La Halle au Blé — **6** B1
- La Pause — **7** A2
- Le Pigeonnier — **8** A1
- Les Fleurines — **9** A1-2
- Manoir de Montesquiou — **10** A1
- Relais des Monts — **11** A1
- Restaurant du grand hôtel de la Muse et du Rozier — **12** A2

POUR LES ADRESSES QUI NE SONT PAS LE LONG DU TARN, VOIR PLAN 12

# Par voie d'eau

## ● Se laisser conduire dans les gorges par un batelier

**Les bateliers de La Malène** Ils sont encore une dizaine à piloter des barques légères qui contiennent de quatre à cinq personnes. Armés d'une perche (ils coupent le moteur aussi souvent que possible), ils vous conduisent de La Malène (plan 11, A1) jusqu'au cirque des Baumes (plan 11, A1). En aval de ce cirque, au pas de Souci, un chaos rocheux barre la rivière qui disparaît sous terre pour ressurgir aux Vignes), soit une balade de 8km, et d'environ 1h, parmi les détroits les plus sauvages du canyon. Le batelier vous contera l'histoire du Tarn, vous parlera de la flore et de la faune. En été nous vous conseillons de partir le matin car c'est à ce moment-là que le soleil emplit les gorges de lumière, et que l'on a le plus de chances de surprendre les animaux. Une navette vous remontera jusqu'à La Malène. 21€ par personne, c'est cher

## La Lozère au grand air

### Balades et randonnées



### Sports et loisirs



### Restauration



### Hébergement

mais incontournable. *La Malène (à droite du pont) Tél. 04 66 48 51 10 www.gorgesdutarn.com Rés. conseillée*

● **Descendre les gorges en canoë** Pas besoin d'être sportif pour descendre les gorges en canoë : seul impératif, savoir nager. Entre Ispagnac (à l'est de Quézac, (plan 12, B1) et Les Vignes (plan 11, A1), il y a un loueur de canoës tous les kilomètres et tous proposent le même service. Le parcours le plus intéressant se trouve entre Sainte-Enimie (plan 11, B1) et le cirque des Baumes (plan 11, A1), soit environ 22km que l'on fait en 5h sans les pauses baignade et pique-nique. Comptez un peu moins de 25€/pers., ce tarif incluant le retour en navette.

**Le Canophile (plan 11, B1)** En amont de Sainte-Enimie, ce prestataire dispose, ce qui n'est pas négligeable, d'un parking ombragé où garer votre voiture. Parcours de 8 à 40km et de 13 à 48€/pers. ***Sainte-Enimie** Route de Florac, à 200m de la sortie de Sainte-Enimie Tél. 04 66 48 57 60 www.canoe-tarn.com Ouvert juil.-août : tlj. ; mai-juin, sept. : w.-e. (et sur rés.)*

**Canoë 2000 (plan 11, A1)** À côté du pont. De 15 à 37€/pers. ***La Malène** Tél. 04 66 48 57 71 www.canoe2000.fr Ouvert Pâques-Toussaint : tlj.*

● **Se baigner dans le Tarn** Les accès les plus aisés au Tarn se font à partir des villages. Deux exemples : la plage de la Gravière à Sainte-Enimie (plan 11, B1), ou la jolie plage de Saint-Chély-du-Tarn (plan 11, B1) ; toutes deux sont des domaines privés où l'on tolère les vacanciers. Ailleurs, vous trouverez des accès moins faciles à emprunter (des voitures en stationnement signalent en général des points de baignade possibles), toutefois sachez que vous traverserez et bronzerez sur des domaines privés dont les propriétaires sont le plus souvent conciliants, mais...

● **Pratiquer l'escalade ou le canyoning**

**Maison des moniteurs sportifs des gorges du Tarn et de la Jonte (plan 11, A2)** Basé au Rozier, ce prestataire propose de nombreuses activités et notamment l'escalade à partir de 30€ par personne ou le canyoning à partir de 45€ par personne. ***Le Rozier** Tél. 05 65 62 63 54 www.guidestarnjonte.com Ouvert toute l'année sur rés. Bureau d'accueil ouvert en été*

# CARNET D'ADRESSES

## Restauration, hébergement

Passé Sainte-Enimie (porte des gorges), d'amont en aval, Saint-Chély, Pougnadoires, La Malène, Les Vignes et Le Rozier offrent des étapes intéressantes. On peut choisir de séjourner au fond des gorges (souvent caniculaires en été car l'air y circule peu, au contraire des voitures). Nous donnons donc quelques adresses sur les causses, proches, plus calmes et moins oppressantes, cf. Carnet d'adresses (p.302).

### très petits prix

**Gîte d'étape de La Malène (plan 11, A1 n°5)** Près de l'église, dans l'ancien presbytère, ce gîte de 18 places

(2 dortoirs) domine le Tarn. Coin cuisine bien équipé (réfrigérateur, micro-onde) et un parking ; comptez environ 12€ la nuitée en gestion libre. ***La Malène*** *(à 14km en aval de Sainte-Enimie) Tél. 04 66 48 58 55 ou 04 66 48 73 46 (hors saison) http://gorgesdutarn-camping.com Ouvert toute l'année*

☺ **Les Fleurines (plan 11, A1-2 n°9)** Cet ensemble caussenard du XVIIIe siècle – gîte d'étape et de séjour, chambres et table d'hôtes – se voit de la route, s'admire plutôt, tant son architecture est superbe et originale. La ferme avec sa tour-pigeonnier, son aire de battage et sa bergerie sont juchées en surplomb des gorges, un site tout aussi grandiose que le Point Sublime. L'intérieur est avenant, restauré avec goût. Sous une voûte de pierre blanchie, le dortoir est probablement l'un des plus beaux et des plus *cosy* de la région (comptez 14€ la nuitée). Les chambres sont très bien aussi (double à 36€). Excellent menu à 20€, petit déjeuner à 7,50€. *Almières* ***Saint-Rome-de-Dolan*** *(à 25km en aval de Sainte-Enimie) Tél. 04 66 48 81 01 www.lesfleurines.fr Ouvert mi-mars-Toussaint*

## petits prix

**Le Pigeonnier (plan 11, A1 n°8)** Dans une agréable maison de village avec fleurs et potager, l'épouse d'un batelier à la retraite de La Malène vous reçoit dans une chambre d'hôtes (48€, salle de bains et toilettes privées, petit déj. inclus) avec une terrasse sur laquelle on peut improviser des repas froids. Possibilité aussi de louer un gîte (mitoyen) propret, confortable et pouvant accueillir 4 personnes (de 220 à 450€ la semaine). *Route de La Canourgue* ***La Malène*** *(à 14km en aval de Sainte-Enimie) Tél. 04 66 48 57 51 Ouvert toute l'année sur rés.*

## prix moyens

☺ **Chez Louis (plan 11, A2 n°13)** N'hésitez pas à faire une halte dans ce petit restaurant au bord de la route des gorges du Tarn. Certes la bâtisse ne paye pas de mine. Mais, aux beaux jours, on s'installe sur une terrasse de poche "suspendue" au-dessus des gorges où l'on déguste une cuisine simple et familiale à prix doux (menu de 17,50 à 22€). On est ici séduit par la gentillesse du patron qui prend le temps de faire un brin de causette avec ses clients. Des discussions d'autant plus intéressantes que Louis est natif des gorges. C'est lui aussi qui prépare les pâtés truffés, les foies gras, les confits de canard, les trénels (tripes) que vous retrouverez dans votre assiette. *Le Mas de Lafont Route des gorges du Tarn* ***Le Rozier*** *(3,5km au nord de Rozier en direction de Sainte-Enimie) Tél. 05 65 62 64 39 Ouvert toute l'année*

**Auberge de la Cascade (plan 11, B1 n°1)** Saint-Chély est le plus charmant village des gorges, et le plus paisible. La Cascade y occupe trois bâtiments distincts : la maison mère sur la place, une annexe moins belle,

| GAMME DE PRIX | RESTAURATION | HÉBERGEMENT |
|---|---|---|
| Très petits prix | moins de 10€ | moins de 40€ |
| Petits prix | de 10 à 15€ | de 40 à 60€ |
| Prix moyens | de 15 à 25€ | de 60 à 80€ |
| Prix élevés | de 25 à 45€ | de 80 à 120€ |
| Prix très élevés | plus de 45€ | plus de 120€ |

et une attrayante demeure de caractère, avec piscine surplombant le Tarn. Établissement à l'ambiance familiale et aux prix sages pour une situation idéale. Chambres de 52 à 64€. Une crêperie près de la piscine pour le goûter et une table sans surprise à l'auberge. Un grand choix de menus de 17,50 à 37€ et carte. *Saint-Chély-du-Tarn* ***Sainte-Enimie*** *(à 4km en aval de Sainte-Enimie) Tél. 04 66 48 52 82 www.aubergecascade.com Ouvert mi-mars-Toussaint*

## prix élevés

**Restaurant du grand hôtel de la Muse et du Rozier (plan 11, A2 n°12)** Côté route, cette grande bâtisse austère au bord des gorges du Tarn n'est pas vraiment attrayante. Côté rivière en revanche, c'est un pur délice de s'attabler sur la terrasse du restaurant à la tombée du jour, à l'heure où les falaises flamboient sous les derniers rayons du soleil. D'autant qu'on y déguste une cuisine créative raffinée, œuvre d'un jeune chef de moins de 30 ans qui met à profit les nombreux bons produits locaux (Bleu des Causses, brousse de brebis du Larzac, truites bios de la pisciculture de Nant, plantes du causses, etc.). Avis aux gourmands : les desserts, tels que la soupe de fraises et sa glace onctueuse au lait de brebis, sont succulents. Menus 35 et 45€. ***Le Rozier*** *Sur la D907, peu après la sortie du Rozier Tél. 05 65 62 60 01 www.hotel-delamuse.fr Ouvert juil.-août : tlj. midi et soir ; avr.-juin, sept.-oct. : lun.-sam. uniquement soir, dim. uniquement midi*

**Manoir de Montesquiou (plan 11, A1 n°10)** Une adresse pour les gourmets et les amateurs de décors solennels. Ce château sert en terrasse (ou dans une salle très bourgeoise) une gastronomie inspirée et des vins inoubliables. La bonne idée : proposer une carte "brasserie" avec des assiettes succulentes qui constitue à elle seule un véritable repas – et tout un choix de plats fins de 8 à 16€. Menus de 29 à 50€. Vous pouvez aussi y prendre le goûter : le Montesquiou propose un vaste assortiment de chocolats chauds parfumés ou de gâteaux au chocolat. On peut y dormir mais les chambres sont chères et chichiteuses (de 75 à 150€ la double, petit déj. buffet 13€). ***La Malène*** *Tél. 04 66 48 51 12 www.manoir-montesquiou.com Ouvert avr.-oct. : tlj. 12h-14h et 19h30-21h*

## prix très élevés

☺ **Relais des Monts (plan 11, A1 n°11)** Au débouché d'une piste qui s'attaque hardiment au causse, sur un plateau, repose ce bijou : un majestueux couvent du XVIIIe siècle. Un ensemble architectural d'un charme absolu, égaré dans le silence caussenard, restauré avec élégance : chambres au luxe sans ostentation, au raffinement discret, chacune assortie d'une terrasse où il fait bon rêver face aux paysages solitaires et parfumés du causse de Sauveterre (de 180 à 210€, avec TV satellite, Internet, salle de bains, etc.). Petit déjeuner 15€. Piscine. Une adresse d'excellence, loin de tout. ***La Malène*** *(à 14km en aval de Sainte-Enimie Route de La Canourgue et suivre les indications "les Monts") Tél. 04 66 48 54 34 www.relaisdesmonts.fr Ouvert avr.-oct.*

**Château de la Caze (plan 11, D1 n°4)** Ce castel est à la démesure du site qui l'enserre. C'est une architecture défensive, certes, mais en cette fin du XVe siècle, le souci d'élégance prédomine. Autour, un parc baigné par le Tarn, avec piscine. Dès que l'on entre dans le château, on est happé par une pénombre toute médiévale, séduit par la rusticité du mobilier et du dallage que le temps a patinés. Lieu propice à la méditation, mais surtout à la gourmandise car le chef André-Amédée Melek, disciple d'Escoffier, y officie avec talent. À table, les clients sont invités à s'habiller pour descendre dîner... un lieu civilisé. Menus de 30 à 69€ servis midi et soir ; à la carte, comptez entre 47 et 89€ pour deux plats. Sept chambres luxueuses de 118 à 164€ pour 2 pers. hors saison, passant de 122 à 174€ en haute saison ; 8 suites de 190 à 244€ en haute saison ; 1 appartement pour 2 à 4 pers. (270-280€). Formules demi-pension. Accès wifi gratuit. *Route des Gorges du Tarn* ***La Malène*** *Tél. 04 66 48 51 01 www.chateaudelacaze.com Ouvert avr.-mi-nov.* **Restaurant** *Fermé jeu. midi*

# MEYRUEIS

*48150*

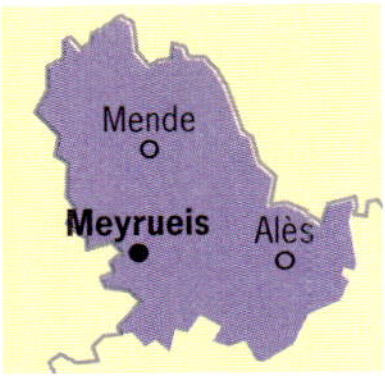


**Une cité baignée d'une ambiance méridionale. On sent le Sud pointer son nez aux terrasses de la place Sully et, le mercredi, jour de marché, l'accent du Midi égaie l'esplanade André-Chamson. S'il y a tant de ponts à Meyrueis (plan 12, A2), c'est que le village se trouve au confluent de trois rivières, le Bétuzon, la Brèze et la Jonte, ici au début de ses gorges. Et s'il y a tant d'hôtels, c'est sans doute parce qu'est née à Meyrueis, en 1888, à l'initiative d'Édouard-Alfred Martel, la première "société touristique des Gorges et des Cévennes", ancêtre de nos actuels offices de tourisme. Forte de ses attraits – la grotte Dargilan, l'aven Armand, la proximité des gorges et des Cévennes –, Meyrueis a très tôt accueilli les vacanciers, une manne providentielle après la faillite des ateliers de chapeliers et de sériciculteurs qui jusqu'alors faisaient sa fortune. Ce village conserve un beau patrimoine, l'église Saint-Pierre, un temple singulier, de forme octogonale, la tour de l'Horloge, vestige des fortifications, et deux superbes châteaux, Roquedols et Ayres.**

## MODE D'EMPLOI

### accès

**EN VOITURE**
56km au sud de Mende (N88 et D986), 29km au sud de Sainte-Enimie (D986).

### informations touristiques

**Office de tourisme** Vous y trouverez le topo-guide *Sentiers de découverte du canton de Meyrueis* (7,50€) qui détaille 19 randonnées autour de Meyrueis. *Tour de l'Horloge Tél. 04 66 45 60 33 www.meyrueis-office-tourisme.com Ouvert Pâques-Toussaint : tlj. 9h-12h et 15h-19h ; reste de l'année : lun.-ven. 9h-12h et 14h-18h*

### marchés

**Halle** *Le mer.*
**Place Chamson** *En juil.-août : le ven.*

# DÉCOUVRIR

**☆ Les essentiels** La grotte Dargilan, l'aven Armand, le chaos de Nîmes-le-Vieux **Découvrir autrement** Admirez les gorges de la Jonte des corniches du causse Méjean, observez le vol des rapaces de la Maison des vautours, passez une nuit au château d'Ayres, cf. Carnet d'adresses (p.314).



## Meyrueis

☺ **Chapelle Saint-Gervais (plan 12, A2)** Accrochée à un repli de la muraille, cette chapelle fût le théâtre d'un très vivace pèlerinage des bergers. Lieu sauvage, magique, avec de belles vues sur les gorges. Empruntez le sentier qui débute au niveau de l'auberge du hameau et grimpe raide en moins de 30min à la chapelle. *Lieudit les Douzes Accessible à pied seulement*

☆ ☺ **Dargilan, la "grotte rose" (plan 12, A2)** Ici, pas de funiculaire, mais des marches, Dargilan n'est pas une "industrie" comme son voisin l'aven Armand. La grotte est moins fréquentée, sa visite en est d'autant plus agréable. Entièrement vêtue de draperies roses, elle a du charme : 1 200m de galeries s'insinuant en méandres à -120m, coulées de calcite, colonnes, grandes orgues calcaires, cascades pétrifiées, petits lacs souterrains aux eaux cristallines. Une sortie en falaise débouche en un panorama spectaculaire sur les gorges de la Jonte. Sentier panoramique et contes en été. *D39 (à moins de 8km du village en direction de Millau) Tél. 04 66 45 60 20 www.grotte-dargilan.com Ouvert juil.-août : tlj. 10h-18h ; avr.-juin, sept. : tlj. 10h-17h30 ; oct.-Toussaint : tlj. 14h-16h Tarif 9,10€, réduit 5,80€*

### ● S'initier aux sports de pleine nature

**Anatole Rando'âne** Deux formules de randonnée : libre ou avec accompagnateur. Comptez env. 45€/jour pour une randonnée libre (env. 250€ l'âne pour 7 jours). *Ribevenes Tél. 04 66 45 66 48 www.ane-et-rando.com/anatole/*
**Fremyc** Une douzaine d'activités, du VTT à la spéléo en passant par le raft, l'escalade, le parapente... Location de VTT, de 1h (9€) à 4 jours (70€), spéléo (30€ la demi-journée), canyoning (45€ la demi-journée), etc., mais aussi tir à l'arc, randonnée, équitation, baptême en parapente (65€). *Pl. Sully Tél. 06 81 61 63 50 www.nature-cevennes.com*

## Les environs de Meyrueis

### Vers le causse Méjean

☆ **Aven Armand (plan 12, A2)** C'est le spéléologue Édouard-Alfred Martel accompagné de son ami Louis Armand qui a procédé, le 21 septembre 1897, à la première exploration de l'aven. Ce dut être un choc, car cette merveille s'offre d'un seul coup d'œil. Aujourd'hui on y accède en funiculaire, et les bâtiments d'accueil ressemblent à un petit supermarché (une incongruité sur ce causse Méjean !). Des jeux de lumière changeants donnent vie à cette armée de 400 stalagmites où figure la plus haute du monde. Un spectacle hallucinant ! Couvrez-vous, il y fait frais, et armez-vous de patience (il y a beaucoup d'attente en été). Tous les vendredis soir, en été, des spéléologues vous entraînent pour un baptême spéléo (descente en rappel, etc., le grand frisson pour env. 50€/pers., sur rés.). ***Hures-la-Parade*** *(12km au nord-ouest de Meyrueis) Tél. 04 66 45 61 31 www.aven-armand.com Ouvert juil.-août : tlj. 9h30-18h ; fin mars-juin, sept.-mi-nov. : tlj. 10h-12h et 13h30-17h (dernière visite) Fermé mi-nov.-fin mars Tarif 9,50€, réduit 6,50€*

**Ferme caussenarde d'autrefois (plan 12, A2)** À l'intérieur de ce musée d'Art et Traditions populaires, l'habituel spectacle de ces mannequins habillés en grand-mère, de ces assiettes dressées sur des vaisseliers branlants, de ces vieilles machines agricoles, et pour finir un film nostalgique vantant sur un ton docte de poésie-trémolo cette merveilleuse mais difficile vie de nos papets. *Hyelzas* ***Hures-la-Parade*** *(12km au nord-ouest de Meyrueis) Tél. 04 66 45 65 25 http://ferme.caussenarde.free.fr Ouvert juil.-août : tlj. 11h-19h30 ; avr.-juin, sept.-Toussaint : 12h30-18h Tarif 5,90€, 12-15 ans 2,40€, moins de 12 ans gratuit*



## ● Où déguster et acheter du fromage de brebis ?

**Fromagerie Le Fédou (plan 12, A1 n°62)** Cette fromagerie installée sur le causse Méjean est un arrêt gourmand incontournable pour découvrir des fromages délicieux, fabriqués à partir de lait provenant pour l'essentiel de troupeaux du causse Méjean et du causse de Sauveterre. En 1971, Marie et Armand Pratlong créent le Fédou (de *fede*, qui signifie brebis en occitan). Ce fromage rond au lait cru de brebis, une sorte de gros Pérail, est le premier d'une longue lignée. Les enfants de Marie et Armand ont en effet repris le flambeau et la petite entreprise produit aujourd'hui une belle gamme d'une vingtaine de fromages

### Le causse Méjean

Îlot calcaire isolé entre les gorges du Tarn, au nord, et celles de la Jonte, au sud, le Méjean est notre "désert français" (à peine plus d'un habitant au $km^2$), le plus haut de tous les causses (culminant à 1247m), celui qui subit le climat le plus dur : caniculaire en été, glacial en hiver. Quelques routes rectilignes desservent des hameaux aux architectures sévères, Saint-Pierre-des-Tripiers, Drigas ou Mas-Saint-Chély. Boisé et accidenté à l'ouest, le Méjean offre dans sa partie méridionale le spectacle de steppes blondes où le paysage se réduit à sa plus simple expression, une terre stérile qui s'étire sans fantaisie avant de s'envoler vers l'infini. Plus loin encore, au sud-est, un désert minéral, le chaos de Nîmes-le-Vieux. La roche se dénude en un relief heurté d'éboulis rocheux ravinés par les eaux de pluie, érodés par le vent, fendus par le gel. Bel exemple de ces paysages karstiques où l'érosion du calcaire par des eaux chargées en gaz carbonique a modelé cet univers minéral aux formes fantastiques. Lui aussi travaillé par les eaux, le sous-sol est éblouissant – notamment à l'aven Armand. Sur le seul Méjean, on compte trente-sept grottes repérées par les spéléologues, et cartographiées.

dont les noms fleurent déjà bon les grands espaces caussenard (lou Péraldou, lou Rocaillou, etc.). Pour les goûter avant de les acheter, rien de tel qu'une assiette de dégustation (7€ env.), à savourer sur la petite terrasse avec vue sur le causse. *Hyelzas* **Hures-la-Parade** *(12km au nord-ouest de Meyrueis, à proximité de la Ferme caussenarde d'autrefois) Tél. 04 66 45 68 97 Ouvert juil.-août : tlj. 9h-19h ; avr.-juin, sept. : lun.-sam. 9h30-17h, dim. 10h-12h30*

### Voir galoper des chevaux de Przewalski

☺ **Chevaux de Przewalski** Przewalski (prononcez "préjalski") est le nom de l'aventurier russe qui a localisé les derniers spécimens de ces chevaux sauvages en Mongolie. Un cheval sauvage qui courait jadis en Europe et qui s'est réfugié en Asie. Petit, trapu, la crinière en brosse, la tête un peu hors de proportions, résistant à tout (sauf aux loups), ce cheval a survécu dans des zoos avant d'être réintroduit dans les grandes steppes du causse Méjean où il vit dans un parc de 400ha. On observe les troupeaux de la route, derrière les clôtures électriques (il n'y a pas de visite, ce n'est pas un parc, mais une expérience scientifique). Possibilité de stage d'éthologie. *Association Takh Le Vilaret* **Hures-la-Parade** *(12km au nord-ouest de Meyrueis) Tél. 04 66 45 64 43 www.takh.org Ouvert juil.-août : dim.-ven. 10h-13h et 16h-19h Avec mise à disposition de longues-vues et jumelles* ***Stage*** *Contacter Hélène Roche (06 62 06 34 26)*

## Les gorges de la Jonte

Moins fréquentées, moins longues (15km env. en aval de Meyrueis par la D996) que celles du Tarn, et un seul village digne de ce nom, Le Truel. En été, la Jonte (plan 12, A2) disparaît sur un long parcours, avalée par les crevasses de son lit. L'érosion a sculpté sur les corniches des formes étranges, dont les plus célèbres sont le vase de Sèvres et le Capluc, surmonté d'une croix métallique. Pour profiter des beaux panoramas, prenez la petite vicinale qui descend de Saint-Pierre-des-Tripiers vers Le Truel.

### Observer des vautours

☺ **Maison des vautours** Une belle histoire qui commence en 1970 avec la réintroduction de quelques couples de vautours fauves. Aujourd'hui tout va bien, la colonie qui compte plus de 1 000 individus est en territoire conquis. Au pied des falaises du Truel, dans l'espace muséographique, on voit les vautours filmés en *live* par des caméras dissimulées dans la falaise (une sorte de "téléréalité" mais sans éliminatoires). *Le Truel* ***Saint-Pierre-des-Tripiers*** *(16km à l'ouest de Meyrueis par une route difficile) Tél. 05 65 62 69 69 www.vautours-lozere.com Ouvert fin mars-début avr. : mar.-dim. 10h-17h ; début avr.-oct. : tlj. 9h30-18h Tarif 6,50€, réduit 3€*

### Partir en randonnée

**Corniches du causse Méjean** Pour s'immerger dans l'atmosphère sauvage du Méjean et profiter des points de vue sur les gorges de la Jonte, cette balade se pratique en toute saison. Après le village désert de Capluc, prenez le **sentier du ravin des Échos** (GR®6A) vers le col des Deux-Canyons (ou Francbouteille). Au col de Cassagnes, tournez à droite vers le village de Cassagnes pour traverser le causse jusqu'aux corniches de la Jonte. De là, en 1h, on gagne le belvédère du

Vertige qui surplombe la Jonte. Retour à Capluc par la Brèche magnifique, puis descente vers Le Rozier. ***Départ*** *Le Rozier derrière l'église* ***Durée*** *4h* ***Parcours*** *Boucle* ***Balisage*** *Rouge et blanc du GR®6A et panneaux jalonnant le circuit* ***Difficulté*** *Randonnée déconseillée aux personnes sujettes au vertige*

## Au nord-est de Meyrueis

☆ **Chaos de Nîmes-le-Vieux (plan 12, B2)** En bordure du causse Méjean, ces paysages ruiniformes composent un ensemble étonnant : les parties érodées correspondaient à un type de calcaire facilement soluble, et dissous par des eaux de ruissellement ; les parties saillantes sont constituées d'un calcaire plus résistant, la dolomite. Des minigorges taries, des "rues" labyrinthiques surmontées de roches aux formes fantasmagoriques. Sentier de découverte au lieudit l'Hom. *15km au nord-est de Meyrueis*

## Au sud-ouest de Meyrueis

### ● Faire un petit tour au Far West

**Randals Bison** Les bisons se sont acclimatés sans état d'âme sur l'immense causse Noir aux allures des grandes plaines américaines. Élevé sur plus de 700ha, ce troupeau inhabituel s'observe juché sur un chariot. Des animations autour du cheval, du bison et du Far West se déroulent tout l'été. *Les Randals* ***Lanuéjols*** *(12 km au sud-ouest de Meyrueis) Tél. 04 67 82 73 74 www.randals-bison.com Ouvert juin-mi-sept. : tlj. ; mi-avr.-mai, mi-sept.-oct. : w.-e. et j. fér. Fermé nov.-mi-avr. Tarif 6,90€, réduit 4,50€*

# CARNET D'ADRESSES

## Restauration, hébergement

### campings

**Camping Le Champ d'Ayres (plan 12, A2 n°6)** Des installations modernes, une piscine chauffée, des animations pour les enfants. Tranquille et familial. Forfait 2 personnes de 12 à 23€ et location de chalets de 189 à 672€ la semaine. ***Meyrueis*** *(à 300m du village) Tél. 04 66 45 60 51 www.campinglechampdayres.com Ouvert mi-avr.-mi-sept.*

☺ **Domaine de Pradines (plan 12, A2 n°13)** Sur le causse Noir, un endroit étonnant : l'une des plus belles fermes caussenardes dont les origines remontent au XIIIe siècle, et qui revendique donc son prestigieux passé templier, s'est transformée en un petit centre de vacances très séduisant. Le domaine propose sur ses 150ha un terrain de camping classique, des mobil-homes, yourtes et tipis à la location, des chalets et des gîtes aménagés dans d'anciennes dépendances. Possibilité de louer pour deux nuits, hors mois d'été. Camping de 12 à 16€ pour 2 pers. *Route de Millau* ***Lanuéjols*** *(à 12km au sud-ouest de Meyrueis) Tél. 04 67 82 73 85 www.domaine-de-pradines.com Ouvert camping : juin-mi-sept. ; gîtes et chalets : toute l'année*

**Camping Le Pré de Charlet** Bordé par la Jonte, un joli petit camping familial tenu par un jeune couple et ses enfants originaire de la région, affable et de très bons conseils. Les emplacements bien ombragés côtoient un petit "quartier" où les mobil-homes et les bungalows raviront ceux qui n'ont pas le courage de monter la tente. Tarifs haute saison : 14 ou 17€/2 pers. selon le confort, mobil-home ou bungalow (4 à 6 pers.) de 250 à 475€/sem. *Route de Florac* ***Meyrueis*** *(1km au nord du village) Tél. 04 66 4563 65 www.camping-cevennes-meyrueis.com Ouvert mi-avr.-mi-sept.*

## petits prix

**Les Sapins (plan 12, A2 n°37)** Un hôtel pour petits budgets, en plein cœur du village, qui offre bien des agréments : un jardin, 16 chambres rénovées et calmes à prix doux (de 32 à 42€). Petit déj. 6€. Parking privé et local à vélos. *2, rue Henry-Maret* ***Meyrueis*** *Tél. 04 66 45 60 40 www.hotellessapins.fr Ouvert mai-sept.*

**La Pause (plan 11, A2 n°7)** Au Rozier, village animé au confluent des gorges du Tarn et de la Jonte. Bon rapport qualité-prix pour ces cinq chambres d'hôtes (55€, avec sdb et toilettes) dans une maison récente construite à l'ancienne, à flanc de coteau, et jouissant d'une belle vue. Piscine. *Route de Capluc* ***Le Rozier*** *(20km à l'ouest de Meyrueis) Tél. 05 65 62 63 06 www.chambres-hotes-gorgesdutarn.com Ouvert toute l'année*

**Auberge du Chanet (plan 12, A2 n°3)** Au lieudit de Nivoliers : le cœur du causse Méjean, pour qui ne craint ni le silence, ni les coups de vent, ni les efes, un site sauvage et vraiment poignant… Poussez la porte, vous y découvrirez une ambiance chaleureuse. Chambre 58€. Demi-pension en gîte d'étape 39€/pers. Au restaurant, on déguste l'agneau du causse. Formules à 14 et 15€. Menus de 18,50 à 29€. *Nivoliers* ***Hures-la-Parade*** *(12km au nord-ouest de Meyrueis) Tél. 04 66 45 65 12 www.aubergeduchanet.com Ouvert avr.-nov.*

## prix moyens

**Le Saint-Sauveur (plan 12, A2 n°35)** Ce superbe hôtel particulier du XVIIIe siècle, ancienne résidence du lieutenant du roi, est incontestablement la plus noble demeure de Meyrueis. On y accède par un escalier en fer à cheval qui monte vers une terrasse ombragée. Les 13 chambres offrent de beaux volumes et sont mises en valeur par les dallages et l'escalier intérieur qui permet d'y accéder (de 34 à 95€, petit déj. 7€). Dans cet endroit à la fois simple et raffiné, on se régale d'une gastronomie subtile et ingénieuse. Carte des vins à la hauteur de cette cuisine vraiment remarquable. Menus de 23 à 37€. À la carte, des poissons entre 15 et 19€, et des viandes de 12 à 23€. *Pl. Jean-Séquier* ***Meyrueis*** *Tél. 04 66 45 40 42 www.hotelstsauveur.com Ouvert mars-nov.*

☺ **Le Mont-Aigoual (plan 12, A2 n°34)** Au sommet du village, voici un hôtel-restaurant chaleureux. Une affaire de famille, et de passion. Aménagé en une terrasse paisible, l'arrière de l'hôtel ouvre sur un jardin méticuleusement entretenu, avec piscine. Les chambres dégagent beaucoup de charme (de 62 à 80€). Le chef concocte une cuisine souriante et bourrée d'idées gourmandes tel ce fameux foie gras poêlé à la crème de lentilles, ou ce nougat glacé au miel de pays et coulis de fruits rouges. Riche carte des vins. Menus de 23 à 50€. *34, quai de la Barrière* ***Meyrueis*** *Tél. 04 66 45 65 61 www.hotel-mont-aigoual.com Ouvert avr.-oct.* **Restaurant** *Ouvert tlj. sauf mar. midi hors saison*

**prix très élevés**

**Château d'Ayres (plan 12, A2 n°8)** Déambuler la nuit dans le parc illuminé est un véritable enchantement. Résidence seigneuriale du XVIIIe siècle, ce château s'enorgueillit encore d'avoir reçu la reine Blanche de Castille, le général de Gaulle et le chancelier Adenauer. Mobilier style Louis XV ici, là Empire : la grande classe avec un service impeccable, un piano accordé, une bibliothèque, une piscine et un tennis. Pas une chambre ne ressemble à l'autre, mais toutes auraient plu à la comtesse de Ségur. Double de 99 à 176€ en basse saison et de 174 à 250€ en haute saison. La cuisine servie ne dépare pas - essayez le carré d'agneau allaiton et sa purée de marrons ou la lotte roulée au lard et sa fondue de poireaux - et reste abordable : menus de 25 à 56€. ***Meyrueis** (à 1km du centre-ville) Tél. 04 66 45 60 10 www.chateau-d-ayres.com Fermé début jan.-mi-fév.*

# ☺ NASBINALS

*48260*

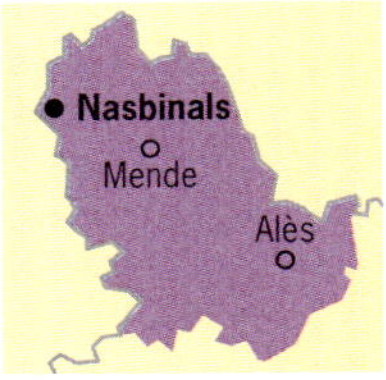


**Capitale de l'Aubrac lozérien, Nasbinals (altitude : 1 160m) vous accueille avec la statue de Pierrounet (1832-1907), un guérisseur dont la réputation a franchi l'Atlantique. L'église romane Sainte-Marie, harmonieuse et puissante, marque le cœur du village. Encore un raidillon et vous voilà sur la place, joyeuse en été. Alliance de granite et de basalte, Nasbinals est un tout petit village, bien préservé, un miraculé qui attire les amoureux de nature et les amateurs de vrais comices agricoles (foires aux bestiaux en août et septembre, et aux chevaux de trait en septembre).**

☆ **L'AUBRAC** L'Aubrac s'étend sur trois départements : l'Aveyron, le Cantal et surtout la Lozère où il couvre 1 000km² et où culmine à 1 471m le signal de Mailhebiau. L'Aubrac se caractérise par d'amples paysages absolument vides, des croupes basaltiques nues, rabotées par les glaciers du quaternaire qui ont déposé aussi, çà et là, des chaos de granite ; un océan d'herbages jalonnés de murets aux pierres mal équarries et de bosquets de hêtres ou de sorbiers. Au printemps, la flore explose. Près de 2 000 espèces de plantes y fleurissent – dont les jonquilles et des narcisses que l'on glane pour les distilleries. Des cueillettes lucratives. Le thé d'Aubrac – ou calament – est recherché pour ses vertus toniques et digestives. En été, framboises et myrtilles mûrissent au bord des sentiers, et c'est au tour de la gentiane jaune d'éclore, plante dont la racine entre dans la composition d'apéritifs appréciés pour leur suave amertume. Printemps, été, voilà deux belles saisons pour randonner dans ce conservatoire naturel de la flore européenne. Les plus courageux font le "tour des monts d'Aubrac", soit huit étapes de 20km chacune. Pendant l'hiver, long de six mois, l'Aubrac est blanc de neige. Les skieurs de fond s'y oxygènent quand faiblit la burle, un vent glacé qui souffle en rafales.

L'Aubrac est une terre exigeante, rude, où l'omniprésence et la force de la nature séduisent à coup sûr. Les ruisseaux aussi y sont nombreux, et peu pollués. Le Bès, notamment, occupe une place de choix dans le panthéon des pêcheurs français.

# MODE D'EMPLOI

## accès

**EN VOITURE**
65km au nord-ouest de Mende par la N88, l'A75 et la D900.

## informations touristiques

**Office de tourisme de l'Aubrac lozérien** Il organise des randonnées accompagnées (s'inscrire la veille à l'office de tourisme) et des visites guidées de Nasbinals. *Tél. 04 66 32 55 73 www.nasbinals.fr Ouvert mai-sept.: lun.-sam. 10h-12h et 15h-18h, dim. 10h-12h ; oct.-avr. : mar.-sam. 9h-12h et 14h-17h30*

## informations pour la randonnée

**Aubrac Randonnées** Tout sur la randonnée thématique (faune, flore, etc.) *Tél. 06 07 08 66 04*

## fêtes et manifestations

**Fête de la transhumance** *Fin mai*
**Les Jeudis Musicaux** Concerts à l'église Sainte-Marie. *En juil.-août*



# DÉCOUVRIR

## Nasbinals et ses environs

☆ **Les essentiels** L'Aubrac (cf. ci-avant) **Découvrir autrement** Découvrez Nasbinals pendant la fête de la transhumance (fin mai), baladez-vous en calèche avec le centre équestre des monts d'Aubrac, dégustez un aligot au Buron de Born, cf. Carnet d'adresses (p.319).

**Route des Lacs** Ces quatre lacs (Bord, Saint-Andéol, Born et Salhiens) ne brillent pas par leurs dimensions – ils sont minuscules – ni même par ce qu'ils offrent de loisirs : peu de gens s'aventurent à y prendre un bain. Et la cascade du Déroc ? Elle est assez modeste. Alors à quoi tient l'incomparable magie de ces paysages ? À quoi tient notre émerveillement ? Un mystère que vous tenterez, à votre tour, d'éclaircir. *Par la D52, de Nasbinals au col de Bonnecombe, au cœur du haut plateau d'Aubrac*

☺ **Château de la Baume** Dans un site romantique. Un beau gros château (XVII$^{e}$-XVIII$^{e}$ s.) rustique qui pousse la prétention jusqu'à vouloir s'appeler le "Versailles du Gévaudan". Un quadrilatère fermé sur une cour intérieure, des tours massives à mâchicoulis, un toit en écailles de schiste. Son élégante austérité parvient immédiatement à le faire aimer. Et c'est à l'intérieur qu'on rejoint Versailles : la décoration des salles s'inspire de ce qui se faisait chez le

Roi-Soleil – armures, dorures, tapisseries, beaux bahuts, lits à courtines… La Baume a fière allure. La visite, très plaisante, se termine à la chapelle. Presque 45min d'exotisme ! L'Aubrac ne nous avait pas habitués à des univers aussi sophistiqués. ***Prinsuéjols*** *(15km à l'est de Nasbinals) Tél. 04 66 32 51 59 www.chateaudelabaume.org Ouvert juil.-août : 10h-12h et 14h-18h et hors saison sur rdv Tarif 6,50€, réduit 5€*



## ● Où boire un calament ?

**L'Ange gardien-La Halte du pèlerin** Au débouché du chemin de Compostelle (GR®65), une "caravane-paillote" installée en haut de Rieutort, un village superbe et moribond. Rare et discret (d'où son prix élevé), le thé d'Aubrac (ou calament) a mille vertus : tonique, digestif, etc. On vous le sert dans de grands bols (env. 2,30€) que l'on accompagnera du pain du pèlerin (env. 1,50€), un gâteau reconstituant mouillé à la tisane de reine des prés (décontractant musculaire). *Rieutort-d'Aubrac* ***Marchastel*** *(6km à l'est de Nasbinals par le GR®65) Tél. 04 66 32 79 54 http://angegardien-compostelle.fr Ouvert avr.-oct.*

## ● Galoper sur les monts d'Aubrac

**Centre équestre des monts d'Aubrac** Vous pourrez vous inscrire dans ce centre équestre pour des circuits, Aubrac et causses, chemin de Compostelle, etc. (pour 5 jours comptez environ 500€, hébergement compris), des balades en calèche, des leçons et des stages avec hébergement en gîte (420€ la semaine en demi-pension). ***Nasbinals*** *Tél. 04 66 32 50 65 www.equitation-aubrac-lozere.fr Ouvert toute l'année*

## ● Prendre un bain de jouvence

**La Chaldette** Une ministation thermale qui se résume à une poignée de maisons jetées sur les rives du Bès, un hôtel et un chalet conçu par Wilmotte où on se ressource. Modelages aux huiles (25€), bain relaxant, sauna, soins aux algues, etc. *La Chaldette* ***Brion*** *(14km au nord de Nasbinals) Tél. 04 66 31 68 00 www.lachaldette.com Ouvert fév.-nov.*

### Les pin-up de l'Aubrac : bon pis, bel œil !

Fin mai, le jour de la Saint-Urbain, les vaches se font belles. Harnachées de bouquets de fleurs, de pompons, équipées de lourdes clarines, elles montent vers les plateaux d'Aubrac via le col de Bonnecombe pour y passer l'été. Elles seront quelque 30 000 à y ruminer tout l'été. Robe rousse, yeux ourlés de noir, cornes effilées, les vaches d'Aubrac sont aujourd'hui essentiellement élevées pour la viande sous le label "génisse Fleur d'Aubrac". Les granges d'estives – ou burons – ont perdu leur vocation fromagère, et ont parfois été transformées en auberges où l'on déguste l'aligot. Ce n'est pas la faute de Bruxelles, comme on l'entend dire ici ou là, c'est surtout parce qu'on ne trouve plus personne pour accepter la vie solitaire et le travail ingrat des vachers.

# CARNET D'ADRESSES

## Restauration, hébergement

### très petits prix

**Gîte d'étape communal** Dans le village, 19 places en dortoir avec cuisine en gestion libre (de 11 à 13€ la nuitée selon la saison). ***Nasbinals*** *Tél. 04 66 32 59 47 Ouvert avr.-oct.*

### petits prix

☺ **Relais des Lacs** Pour ses savoureuses charcuteries dont les recettes se transmettent de père en fils. Un bon aligot dans une ambiance populaire et chaleureuse. L'aligot était autrefois appelé *ailligot* parce qu'il contient de l'ail. Pour qu'il soit fluide on "tire l'aligot" avec une cuillère en bois ; de là viendrait l'expression "à tire larigot". Sur la carte : un généreux menu à 13,50€, jugez plutôt : jambon cru et saucisson, aligot à volonté, plateau de fromages et fruits ; et de bons casse-croûte (charcuterie, omelette et fromage) à 10€ servis avec le sourire à toute heure du jour. *1km avant le col de Bonnecombe* ***Les Salces*** *(15km au sud de Nasbinals) Tél. 04 66 32 61 78 www.relais-des-lacs.fr Ouvert juil.-août : tlj. 12h-13h30 et 20h-21h30 ; mai-juin, sept : mar.-dim. 12h-13h30 et 20h-21h30 ; fév.-mars, oct.-nov. : sam. 12h-13h30 et 20h-21h30, dim. 12h-13h30 Fermé déc.-jan.*

**Chez Mme Boyer** Mme Boyer a trouvé sa vocation : recevoir. Elle le fait avec efficacité, gentillesse et passe aux fourneaux avec gourmandise. Dans une maison fleurie de l'un des hameaux les plus pittoresques d'Aubrac, cinq chambres confortables aménagées dans l'ancienne grange de la propriété (53€). Et un fameux dîner pour 18,50€. ***Marchastel*** *(6km à l'est de Nasbinals) Tél. 04 66 32 53 79 ou 06 75 75 72 21 www.location-gites-aubrac.com Ouvert mai-sept.*

### prix moyens

**Les Sentiers de l'Aubrac** Une petite adresse gentiment bourgeoise dans un pavillon neuf à la sortie de Nasbinals. Cuisine simple et bonne, légère, comme cette "salade des sentiers" (melon, magret séché, tomme, noix, salade et pommes), ou la grillade de bœuf d'Aubrac, aligot. Un menu "randonneurs" à 13,90€, d'autres menus à 20, 22 et 27€, et une petite carte. *Route de Sainte-Urcize* ***Nasbinals*** *Tél. 04 66 32 56 90 www.aubrac-sentiers.com Ouvert toute l'année (en hiver, sur rés. le soir)*

**Séjours Bastide** Gagnante au Monopoly aubracois, la famille Bastide possède trois hôtels à Nasbinals et le plus beau buron de la région, cf. Buron de Born (p.320). Au bas du village, Le Bastide (15 chambres spacieuses, calmes, de 57 à 65€). En amont du village, La Randonnée, avec jardin (21 chambres tout confort aux mêmes prix) et, au centre, La Route d'Argent (14 chambres de 47 à 53€ avec bar et restaurant). Cet établissement est le cœur battant du village, les vieux y jouent aux cartes, les randonneurs y pansent leurs ampoules, les jeunes y passent leurs soirées. Une ambiance conviviale de vacances heureuses, qui n'avait nul besoin qu'on lui ajoute un écran de TV géant. Mais est-ce la rançon du succès ? L'accueil est minimal, les frères Bastide n'ont pas le sourire facile. On évitera de dormir à La Route d'Argent, un peu bruyant. Le restaurant (menus de 8 à 30€) débite des tonnes d'aligot et de spécialités locales. Une réputation qui ne faiblit pas, mais quelle usine ! Les Bastide organisent des séjours bien orchestrés (remise en forme, randonnées, etc.) et louent des VTT. **Nasbinals** *Tél. 04 66 32 50 03 www.bastide-nasbinals.com*

☺ **Buron de Born** Un rêve de buron perdu dans des paysages qui sont une "quintessence d'Aubrac". Rien que de grands herbages qui ondulent, des vaches, un arbre et un lac minuscule. De la terrasse on admire ce superbe horizon en dégustant un honorable aligot accompagné de grillades (excellente viande). Copieux menus à 18 et 25€ et carte. ***Marchastel*** *(6km à l'est de Nasbinals) Tél. 04 66 32 52 20 ou 04 66 32 50 03 Ouvert juin-sept. : lun.-sam. 12h-14h et 19h-21h, dim. 12h-14h ; reste de l'année : sur rés.*

☺ **Le Relais d'Aubrac** En pleine nature, cette solide bâtisse de granite repose sur les rives du Bès. Terrasse ombragée, ambiance reposante. On serait tenté de lifter un peu la déco, mais qu'importe, l'endroit a le charme des bons établissements de campagne. Chambre de 56 à 72€. Une excellente table où le jeune chef fait le meilleur aligot d'Aubrac (1er prix de la Lozère gourmande). Autres spécialités régionales tout aussi bien cuisinées, tripoux, truites *fario*, etc. Menus de 18 à 34€. *Pont de Gournier* ***Recoules-d'Aubrac*** *(5,5km au nord de Nasbinals) Tél. 04 66 32 52 06 www.relais-aubrac.com Ouvert mi-mars-mi-nov.* **Restaurant** *Fermé mer. et dim. soir hors saison*

## prix élevés

☺ **Gîte d'étape et de séjour Lo d'ici** La superbe bâtisse de caractère, aux murs épais de basalte et de granit, parfaitement rénovée par Laurence Ratèry n'a rien du traditionnel gîte. Les 4 chambres, pouvant loger de 2 à 5 pers., sont spacieuses et décorées avec goût. On les qualifierait plus volontiers de chambres d'hôtes, si ce n'est qu'une cuisine est mise à la disposition des locataires. Enfant du pays, "Lo" accueille chaleureusement ses hôtes et n'hésite pas à leur consacrer du temps pour les informer sur les alentours. Le petit déjeuner copieux (8,50€) est un vrai régal. Une halte confortable et raffinée, au cœur du plateau de l'Aubrac à la beauté austère et au climat rigoureux. En saison, il est préférable de réserver à l'avance. Double de 75 à 90€. **Nasbinals** *Au centre du village Tél. 06 80 28 51 12 www.lodici-aubrac.com Ouvert toute l'année*

# AUMONT-AUBRAC

*48130*

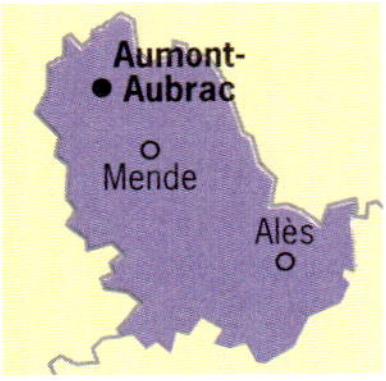


**Timide chef-lieu d'un modeste canton, ce village qui marque la transition entre les plateaux basaltiques de l'Aubrac et les monts granitiques de la Margeride est surtout le point de départ de nombreuses randonnées (tour des monts d'Aubrac), une halte sur les chemins de Saint-Jacques et une étape pour les vacanciers qui empruntent l'autoroute A75. Rien ne distingue vraiment ce gros bourg tranquille, sinon son église, quelques belles maisons, et une ambiance viscéralement rurale.**

## MODE D'EMPLOI

### accès

**EN VOITURE**
59km au nord de Mende par la N88, l'A75 et la D809. À seulement 39km par la D806, la D3, la D50 puis la D7.

**EN TRAIN**
Sur la ligne Paris-Béziers ou comme pour Marvejols en train Intercités et autocar en 7h.
**Gare SNCF** *À 500m du centre*
**SNCF** *Tél. 3635 www.voyages-sncf.com www.intercites.sncf.com*

### marchés

**Marché** *Le ven.*

**Foire à la brocante** *Fin août*
**Foire aux champignons** *1er week-end d'oct.*

### informations touristiques

**Office de tourisme** Il organise des sorties botaniques en juillet-août et des randonnées pédestres, mais aussi des balades accompagnées à vélo et une visite guidée du site archéologique de Javols. *Maison du Prieuré Tél. 04 66 42 88 70 www.ot-aumont-aubrac.fr Ouvert été : lun.-sam. 9h-12h30 et 14h-19h, dim. 10h-12h et 15h-18h ; basse saison : lun.-sam. 9h-12h et 14h-16h30*



## DÉCOUVRIR

## Aumont-Aubrac et ses environs

☆ **Les essentiels** L'étape Aumont-Nasbinals du chemin de Saint-Jacques-de-Compostelle

**Musée archéologique de Javols** Javols fut sous le nom de *Anderitum* (les ancêtres des actuels Gévaudanais s'appelaient les Gabales) la capitale du Gévaudan à l'époque gallo-romaine. Cette ancienne cité romaine est le théâtre de fouilles qui ont mis au jour des vestiges – intéressants pour les historiens mais peu spectaculaires pour les néophytes. Toutefois, le petit musée archéologique (salle de jeux romains à l'attention des familles) et le village méritent une visite. ***Javols*** *(6km au sud-est d'Aumont-Aubrac) Tél. 04 66 42 87 24 www.archeologie-javols.org Ouvert juil.-août : lun.-sam. 10h-12h et 14h-18h30, dim. 14h-18h30 ; juin, sept. : lun.-mar. et jeu.-ven. 10h-12h et 14h-17h30 Fermé oct.-mai Tarif 3€, réduit 2€, moins de 12 ans gratuit Parcours extérieur gratuit*

### ● ☆ Randonner sur le chemin de Compostelle (Aumont-Nasbinals)

La voie "Podensis" mène du Puy-en-Velay à Saint-Jacques (via Ronceveaux) et traverse le Gévaudan sur 60km de Saint-Alban-sur-Limagnole à Nasbinals. Cette étape, l'une des plus belles, fait la transition entre les paysages de la Margeride et ceux de l'Aubrac. D'Aumont, prenez la direction de Nasbinals (D987), passez sous la voie ferrée et engagez-vous sur le sentier forestier (des sapins puis des pins sylvestres typiques de la Margeride, 6h de marche sous les frondaisons). Quelques clairières abritent des hameaux. Aux Quatre-Chemins, après le café Chez Régine (snack ouvrier), le sentier aborde d'anciennes drailles au travers des pâturages où vous croiserez de grands et paisibles troupeaux (refermez soigneusement les barrières derrière vous). Impression exaltante de fouler l'Aubrac. On rejoint Nasbinals par le hameau de Rieutort-d'Aubrac, tout en granite, typiquement aubracois. Il suffit de passer ensuite un vieux pont de pierre tapi dans les herbages pour atteindre Nasbinals via Montgros. ***Départ*** *Du village d'Aumont-Aubrac, direction Nasbinals (D987)* ***Durée*** *1 journée* ***Parcours*** *GR®65, 27km* ***Balisage*** *Rouge et blanc* ***Difficulté*** *Accessible à tous, légers dénivelés, pas d'équipement particulier nécessaire*

# CARNET D'ADRESSES

## Restauration, hébergement

### petits prix

**Relais de Peyre** Un hôtel-restaurant honorable, bien qu'un peu trop proche de la route. Il abrite six chambres, dont certaines donnent heureusement sur le jardin, à 53€. Accueil sympathique et prévenant. Sa cuisine traditionnelle, menus de 14 à 21€ et petite carte dépanne bien les randonneurs. *9, route du Languedoc* ***Aumont-Aubrac*** *Tél. 04 66 42 85 88 www.lerelaisdepeyre.com Ouvert mi-jan.-mi-déc.* **Restaurant** *Fermé mer. soir et dim.*

### prix moyens

☺ **Le Faôu** Dans un superbe hameau de granite de la baronnie de Peyre. Madame Tichit s'active en salle et aux fourneaux tancis que son mari, en coulisse, concocte de fameuses charcuteries maison. Cette auberge de campagne s'est fait une spécialité des cuisses de grenouilles, de la truite au lard et du *manouls*. Tout est bon dans cette adresse généreuse. Copieux menu à 14€, et que dire de ceux de 18 à 37€ ? Crudités ou charcuterie, *manouls*, cassolette de Saint-Jacques ou truite, plat du jour, fromage, dessert. L'hôtel, confortable, est installé dans un bâtiment neuf à 100m du restaurant (chambres avec sdb-toilettes, TV, à 49€). Demi-pension 48€, complète 54€. Réservez de préférence les chambres sous les toits, les plus belles. ***Fau-de-Peyre*** *(8km au nord-ouest d'Aumont-Aubrac) Tél. 04 66 31 11 00 Ouvert juil.-août : tlj. ; reste de l'année : fermé dim. soir* **Hôtel** *Ouvert fin jan.-mi-déc.*

### prix très élevés

**Chez Camillou** Un hôtel de standing en retrait du village, à l'orée d'une sapinière, et qui parie sur un accueil tout confort (piscine, ascenseur). Trente-

| GAMME DE PRIX | RESTAURATION | HÉBERGEMENT |
|---|---|---|
| Très petits prix | moins de 10€ | moins de 40€ |
| Petits prix | de 10 à 15€ | de 40 à 60€ |
| Prix moyens | de 15 à 25€ | de 60 à 80€ |
| Prix élevés | de 25 à 45€ | de 80 à 120€ |
| Prix très élevés | plus de 45€ | plus de 120€ |

sept chambres cosy et suites de 77 à 167€. Le chef Cyril Attrazic, héritier de plusieurs générations de cuisiniers, est talentueux. Il travaille le foie gras, les champignons, le bœuf d'Aubrac et mérite une visite. Une carte traditionnelle et un grand choix de menus de 43 à 80€. Salle à manger très solennelle, un peu guindée. Une brasserie occupe également les lieux, proposant une cuisine simple et authentique (menus de 16,50 à 32,50€). *10, route du Languedoc* ***Aumont-Aubrac*** *Tél. 04 66 42 80 22 www.camillou.com Ouvert mi-mars-mi-nov.* **Restaurant** *Tél. 04 66 42 86 14 Fermé dim. soir et lun. hors saison*



# SAINT-ALBAN-SUR-LIMAGNOLE

*48120*

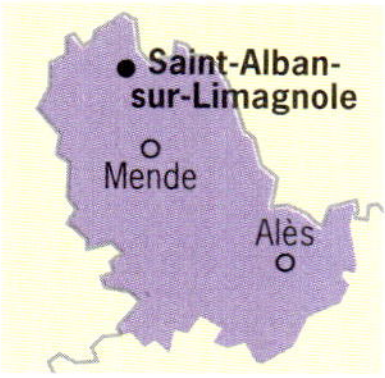


**Cette grosse bourgade, qui possède une belle église affublée d'un curieux clocher-peigne, a grandi au XIIIe siècle autour d'une forteresse féodale, et prospéré à la fin du XIXe siècle autour d'un gigantesque asile d'aliénés qui fut un modèle du genre en termes d'humanité. Depuis 1970, la population de cet établissement a considérablement décru. En plein cœur de cette Margeride si peu peuplée, la vie à Saint-Alban n'est pas, hors saison, un modèle de jovialité. Mais en été, le village s'anime avec le passage des pèlerins, des pêcheurs et celui des amateurs de tourisme vert qui partent à la cueillette de champignons, de framboises et de myrtilles.**

**LA MARGERIDE** Une grande ligne montagneuse qui court du Cantal jusqu'aux Cévennes, d'où émergent quelques sommets aux formes douces (truc de Fortunio, 1 554m, et signal de Randon, 1 551m). C'est ici, dans ces landes trouées de sources, couvertes de fleurs roses (épilobes, digitales, bruyères), de genêts, et parcourues de torrents poissonneux (la Truyère, le Triboulin, la Colagne, le Chapeauroux) qu'on trouve l'air le plus pur de France. Les paysages sont nourris d'une magie rustique : amples vallonnements et collines se succèdent sans violence, panoramas immenses, forêts superbes où l'on reconnaît la silhouette torturée du pin sylvestre, les frondaisons du hêtre fayard ou du bouleau verruqueux. Mais le plus surprenant, ce sont ces blocs erratiques de granite qui affleurent partout, ces roches aux formes polies, parfois entassées en chaos, ou disséminées dans les prairies comme un troupeau à l'estive.

## MODE D'EMPLOI

### accès

**EN VOITURE**

39km au nord de Mende par la D306 et la D4.

## informations touristiques

**Office de tourisme** *Au château Tél. 04 66 31 57 01 www.ot-saint-alban-sur-limagnole.fr Ouvert juil.-août : lun. 14h-18h30, mar.-sam. 8h15-12h30 et 13h30-18h30, dim. 9h-12h ; sept.-juin : lun.-ven. 9h-12h et 14h-17h*

# DÉCOUVRIR

## Saint-Alban-sur-Limagnole et ses environs

☆ **Les essentiels** Le village du Malzieu **Découvrir autrement** Cherchez les plantes carnivores dans les tourbières de Lajo, découvrez les bisons d'Europe dans la réserve de Sainte-Eulalie

### ● Faire une balade naturaliste

**Sentier de découverte des tourbières de Lajo** Pour en savoir plus sur la formation et l'évolution de ce milieu, prendre conscience de sa fragilité, observer une flore étrange où l'on reconnaît le bouleau nain et la drosera... Une balade à faire à la belle saison. ***Départ*** *Derrière l'église de Lajo, petit circuit de 5,5km* ***Conseil*** *Descriptif de la balade (payant) à retirer à l'office de tourisme de Saint-Alban, du Malzieu ou au bar de Lajo*

### ☆ ☺ Le Malzieu

Un joli bourg médiéval, baigné par la Truyère qui conserve de beaux vestiges du temps où il était propriété des seigneurs de Mercœur, des tours et de belles demeures. Ne manquez pas la porte des Fées, site ruiniforme agrémenté d'une chapelle romane, ou encore les gorges de la Truyère, enfouies dans les forêts, hérissées de rochers (à parcourir à pied ou à VTT uniquement, cf. ci-dessous). ***Le Malzieu-Ville*** *(11km au nord de Saint-Alban-de-Limagnole) Tél. 04 66 31 82 73*

### ● Pratiquer les sports de pleine nature

**Office de tourisme du Malzieu** Très actif, il propose de nombreuses activités, escalade, parcours aventure, tyrolienne, équitation et loue des VTT. *Tour de Bodon* ***Le Malzieu-Ville*** *Tél. 04 66 31 82 73 www.gevaudan.com Ouvert juil.-mi-sept. : lun.-sam. 9h-12h30 et 14h-19h, dim. 9h-12h30 ; mai-juin : lun.-sam. 9h-12h et 14h-17h30 ; mi-sept.-avr. : lun.-ven. 9h-12h et 14h-17h*

### ● Taquiner la truite et le brochet

**Sites de pêche** Du signal de Mailhebiau où il prend sa source jusqu'à La Chaldette, le Bès (rivière 1re catégorie), placide et méandreux, permet tous les types de pêche. Truites, vairons, goujons et quelques brochets. Un peu plus au nord, la Truyère (rivière, 2e catégorie) renferme une forte population de carnassiers. À La Chaldette, vous trouverez un parcours "*no kill*". *Contacter Samuel Pagès Boutique Chasse & Pêche en Margeride Bd Robert-de-Flers* ***Le Malzieu-Ville*** *Tél. 04 66 31 02 44*

## Sainte-Eulalie et la Haute Margeride

☺ **Réserve de bisons d'Europe** Disparu de nos contrées depuis près de quinze siècles, ayant survécu dans les immenses forêts de Pologne, le bison d'Europe a été réintroduit à Sainte-Eulalie. Deux moyens d'approcher les bisons : en calèche lors d'une promenade d'1h commentée ou à pied par un sentier d'interprétation, une boucle de 1km. ***Sainte-Eulalie*** *(15km à l'est de Saint-Alban) Tél. 04 66 31 40 40 www.bisoneurope.com Ouvert mi-déc.-mi-nov. : tlj. 10h-18h Sur rés. Sentier pédestre d'interprétation Ouvert mi-juin à mi-sept. Tarif calèche + visite du musée 13,50€, enfants 7€ ; sentier pédestre d'interprétation 6€*

**Circuit des bisons** Une petite balade (sans aucun rapport avec la réserve de bisons) pour découvrir de près comme de loin les paysages de la Haute Margeride. À droite de l'église prenez la direction Cheyla ; après 200m de route, prenez un chemin à gauche à la sortie du bourg. Vous passerez devant le parc aux bisons ; suivez quelque temps la D7 puis virez à droite direction les Bouviers. ***Départ*** *Église de Sainte-Eulalie* ***Durée*** *3h* ***Parcours*** *Boucle de 6km* ***Balisage*** *Jaune* ***Difficulté*** *Aucune, accessible à tous* ***Conseil*** *Procurez-vous le descriptif à l'office de tourisme du Malzieu*

LOZÈRE ET TERRES CÉVENOLES

# CARNET D'ADRESSES

## Restauration, hébergement

### très petits prix

**Au Bon Accueil** Auberge, hôtel, gîte d'étape : "Au bon accueil" c'est tout cela et c'est mieux que bien. Cette sobre maison de granit, simplement meublée qui abrite 4 chambres à 31€ (lavabo dans la chambre, toilettes et salle de bains sur palier) assure également un service de gîte d'étape à 11,50€ la nuitée (2,50€ la paire de draps), 30€ en demi-pension par personne. On s'y régale d'un menu à 12,50€, une cuisine mijotée avec amour qui requinque son homme (tripoux, blanquette, potée). ***Paulhac-en-Margeride*** *(23km au nord de Saint-Alban-sur-Limagnole) Tél. 04 66 31 73 46 Fermé 2 sem. à Noël*

### prix moyens

**La Baraque des Bouviers** Pour le plaisir de ces 15km sur les routes désertes de la Margeride, alternant landes et bois, qui donnent accès à cette "Baraque" : la Margeride dans toute sa splendeur. Au sommet d'un col, une maisonnette solitaire pour les amateurs de champignons et de gastronomies reconstituantes. Menus de 18 à 60€. Chambres 42€. *Les Bou-*

| GAMME DE PRIX | RESTAURATION | HÉBERGEMENT |
|---|---|---|
| Très petits prix | moins de 10€ | moins de 40€ |
| Petits prix | de 10 à 15€ | de 40 à 60€ |
| Prix moyens | de 15 à 25€ | de 60 à 80€ |
| Prix élevés | de 25 à 45€ | de 80 à 120€ |
| Prix très élevés | plus de 45€ | plus de 120€ |

*viers* ***Saint-Denis-en-Margeride*** *(10km à l'est de Saint-Alban-sur-Limagnole) Tél. 04 66 47 31 13 ou 06 30 88 82 12 Ouvert juil.-août : tlj. 12h30-14h30 et 19h30-21h30 ; sept.-juin : mar.-sam. 12h30-14h30 et 19h30-21h30, dim. 12h30-14h30*

☺ **L'Oustal de Parent** Non loin de Saint-Alban, au hameau les Faux. Après quelques kilomètres d'une route sauvage, on s'étonne de trouver un lieu si animé. Des randonneurs en pagaille, des familles heureuses d'avoir trouvé une bonne adresse, tout ce petit monde mange de bon appétit dans la belle salle de restaurant une cuisine saine et réussie (menus de 18 à 36€). Vous y trouverez également des chambres (de 46 à 62€ selon le confort) mais aussi un gîte d'étape (dortoir à 12€ la nuitée). Un lieu sympathique, largement ouvert sur la campagne, où les enfants peuvent gambader sans risque, sinon celui d'une overdose d'oxygène. ***Les Faux*** *(5,5km au nord-est de Saint-Alban-sur-Limagnole) Tél. 04 66 31 50 09 www.oustaldeparent.com Ouvert mi-mars-mi-nov. : tlj. 12h-14h et 19h30-21h*

☺ **Le Petit Château du Villard** Au Villard, vous tombez sur ce manoir rustique qui a ouvert trois vastes chambres d'hôtes d'inspiration médiévale. Chambres doubles avec vue, cheminée et lits royaux (75€ avec petit déjeuner). *Le Villard* ***Le Malzieu-Ville*** *(12km au nord de Saint-Alban-sur-Limagnole) Tél. 04 66 31 09 23 www.lepetitchateauduvillard.com Ouvert Pâques-Toussaint*

### prix très élevés

**La Petite Maison** Un restaurant de charme, plutôt chic et charmant. Dans la salle rustique une énorme tête de bison empaillé vous regarde manger du... bison. Oui, c'est bon le bison, une saveur plus corsée que celle du bœuf. Le menu "bison", 64€, est un peu cher mais bon, vous n'en mangerez pas si souvent... Assortiment de charcuterie de bison et sa verdure, civet de bison ou pièce de bison grillée, brochette de fromage et dessert. Outre le bison, toutes les spécialités du terroir figurent dans les menus à 28, 34, 44, 54 et 74€. À midi, formule à 24€. Pour l'apéritif, un choix de plus de 400 whiskies ! *5, av. de Mende* ***Saint-Alban-sur-Limagnole*** *Tél. 04 66 31 56 00 www.petitemaison.fr Ouvert mi-avr.-oct. : lun.-mer. 19h30-21h, jeu.-dim. 11h45-13h30 et 19h30-21h*

# LANGOGNE

*48300*

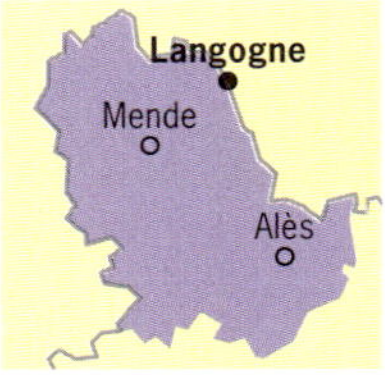


**Une cité aux confins de l'Ardèche et de la Haute-Loire, nourrie d'un puissant influx campagnard. Il faut arriver à Langogne le samedi, le jour du grand marché où se donnent rendez-vous les paysans de la Haute Margeride et du Velay réunis. Il y en aurait presque des bouchons à l'entrée de la ville et d'ailleurs, il y avait longtemps qu'un village ne nous avait pas offert un visage aussi opulent : de nombreuses terrasses de bistrot, des librairies, un bar web, etc. Langogne est un gros bourg agricole en forme de circulade (plan**

**circulaire des anciens remparts) qui, l'été, vit joyeusement au rythme de fêtes et marchés. Avec l'aménagement du lac de Naussac, Langogne s'est largement ouvert au tourisme.**

# MODE D'EMPLOI

## accès

### EN VOITURE

47km au nord-est de Mende par la N88, 143km au nord de Nîmes par la N106, la D60 puis la D906.

### EN TRAIN

Sur la ligne Paris-Clermont-Ferrand-Langogne en train Intercités ou sur la ligne TGV Paris-Nîmes puis correspondance en train Intercités par la ligne Nîmes-Langogne. Durée du trajet env. 6h15.
**Gare SNCF** *À 500m du centre-ville*
**SNCF** *Tél. 3635 www.voyages-sncf.com www.intercites.sncf.com*

### EN CAR

Sur la ligne Mende-Le Puy, ligne 1. Deux ou trois liaisons quotidiennes. La ligne 17 relie Langogne à Aubenas.
**Cars Hugon** *Tél. 04 66 49 03 81 www.hugon-tourisme.com*

## informations touristiques

**Office de tourisme** Renseignez-vous sur les nombreuses animations programmées en été. Par ailleurs, l'office de tourisme propose une carte gratuite répertoriant les différents sites de la ville identifiés et décrits sur des plaques émaillées. Il distribue aussi une carte (3€) décrivant 220km de parcours VTT et 75km de sentiers de randonnée pédestre dans les environs de Langogne. *15, bd des Capucins Tél. 04 66 69 01 38 www.langogne.com Ouvert haute saison : lun.-sam. 9h-12h30 et 14h30-18h, dim. 10h-12h ; reste de l'année : lun.-sam. 9h-12h et 14h-17h*

## marchés, fêtes et manifestations

**Marchés forains** *Le sam. matin (et mar. matin en juil.-août)*
**Puces** *Le sam. matin en été*
**Festival Interfolk 48** Programmation de concerts de *world music* de qualité. *Mi-juil.*
**Grand gala dansant d'accordéon** *1er ven. d'août*
**Festivalier** Concerts de variété française. *1er week-end d'août*



# DÉCOUVRIR

☆ **Les essentiels** Le village de Châteauneuf-de-Randon **Découvrir autrement** Participez à l'animation du marché de Langogne, glissez au soleil couchant sur le lac de Naussac, visitez la ferme de la Toison d'or et côtoyez ses animaux à Saint-Jean-la-Fouillouse

## Langogne

☺ **Musée vivant de la Filature des Calquières** Autrefois, la laine faisait la richesse de Langogne. De la toison au fil, ce musée – installé dans une ancienne filature – propose une visite passionnante. Au rez-de-chaussée, la laine brute et les engins qui la traitent : l'écraseur de crottes, le bassin de rinçage, l'essoreuse, et cette machine à aérer la laine appelée le "loup batteur", habilement présentés. Les superbes machines de l'étage fonctionnent encore, et la rarissime "Mull Jenny" dévide et tord le fil plus efficacement que vingt fileuses. Dans l'atelier où elle officie, on s'attend à voir surgir les employés : rien n'a été changé, les lunettes du comptable sont là, les horaires de travail sont affichés et une statue de la Vierge veille. *Rue des Calquières Tél. 04 66 69 25 56 www.filature-calquieres.com Ouvert fév.-déc. : tlj. 9h-12h et 14h-18h (horaires variables hors saison, appeler avant de venir) Tarif 7€, réduit 5€*

**Lac de Naussac** Un lac artificiel de 1 052ha dont les rives restent sauvages, à l'exclusion d'aménagements modestes et raisonnés (un restaurant et quelques campings). On s'y baigne, on y flotte (en canoë, planche, etc.) et on y pratique la voile, la planche à voile et le kitesurf. Pour les amateurs de VTT, sachez que vous pouvez faire le tour du lac par les 35km d'une piste parfois difficile mais superbe. Comptez 4h30. Procurez-vous le descriptif à l'office de tourisme de Langogne.

## Les environs de Langogne

☆ **Châteauneuf-de-Randon** Perché à 1 300m, l'un des plus beaux villages de Lozère vous accueille avec la statue de Bertrand du Guesclin, mort à Châteauneuf alors qu'il en faisait le siège. Une place minutieusement restaurée et un petit musée qui, dans les locaux de la mairie, retrace l'épopée du grand guerrier. ***Châteauneuf-de-Randon*** *(20km au sud-ouest de Langogne)* **Musée** *Tél. 04 66 47 99 52 (office de tourisme) www.margeride-tourisme.com Ouvert toute l'année Entrée libre*

### La Lozère gourmande


#### Producteurs et marchands

Pâtisserie Majorel (Mende) ____ 286
Marché d'Ispagnac ____ 302
Fromagerie Le Fédou (Hures-la-Parade) ____ 312
Charcuterie Thérond (Saint-Germain-de-Calberte) ____ 352
Cave de Massillargues-Atuech ____ 370

#### Restaurants gastronomiques

Hôtel de France (Mende) ____ 289
Auberge du Moulin (La Canourgue) ____ 299
Le Saint-Sauveur (Meyrueis) ____ 315
Relais des Lacs (Les Salces) ____ 319
Buron de Born (Marchastel) ____ 320
Le Faôu (Fau-de-Peyre) ____ 322
Hôtel Balme-restaurant la Clède (Villefort) ____ 336
Hôtel des Gorges du Tarn-restaurant l'Adonis (Florac) ____ 349
La Lozerette (Cocurès) ____ 349

## Caresser la truie laineuse et le karakul

☺ **La Toison d'or** Des agriculteurs ont eu l'amusante idée d'élargir leur arche de Noé à tous les animaux "à poils laineux" de la création. Il y en a d'inattendus – la truie laineuse, la poule à laine, le mouton-nounours ou encore le karakul (mouton-astrakan) – et de plus familiers – le lama, les lapins angoras, etc. La visite commence par un bref diaporama sur l'élevage en Margeride puis les enfants se voient confier un seau avec blé et pain pour alimenter leur conversation avec les animaux. Passé la porte d'entrée, on est accueilli en fanfare par deux cochons nains, câlins comme des chiens, par l'âne Max et le bon bouc Aldo. La visite, vraiment drôle pour des gamins, continue sur 7ha dans des paysages typiques de la Margeride. On peut pique-niquer dans la grange aménagée. Petit musée sur la laine et la vie de berger et vente de tome de Lozère bio de la ferme. *Meyrilles* ***Saint-Jean-la-Fouillouse*** *(15km à l'ouest de Langogne) Tél. 04 66 69 53 17 www.toisondor.fr Ouvert mi-mai-fin juin : sur rés. ; juil.-août : tlj. 10h-19h Tarif 6€, réduit 4€*

## Monter à cheval

**Les écuries de Palhères** Élevage de pur-sang arabe, stage d'équitation, initiation, randonnées (16€/1h, 30€/2h, 85€/1 jour). Dans ce domaine équestre, les propriétaires ont ouvert le gîte pour les randonneurs (chambres 58€ ; dortoir à partir de 22€/pers.) et une auberge (demi-pension en chambre 56€). *Hameau de Palhères* ***Rocles*** *(6km à l'ouest de Langogne) Tél. 04 66 69 21 41 www.relais-palheres.com Ouvert avr.-oct.*



# CARNET D'ADRESSES

## Restauration, hébergement

### très petits prix

**Modestine** Au cœur de Langogne, dans une rue paisible, une maison sans prétention, rénovée selon des techniques respectueuses de l'environnement. Ambiance détendue autour du repas concocté par la maîtresse des lieux, et partagé avec elle. Chambre double 29€, petit déj. compris ; demi-pension 45€. *2, rue de la Honde* ***Langogne*** *Tél. 04 66 46 48 33 ou 06 80 58 34 80 www.gr70.com Ouvert toute l'année*

### prix moyens

☺ **Grand hôtel de la Poste** L'un des lieux où Langogne vit. Une salle de bar presque fastueuse et une salle de restaurant à la déco foisonnante. En entrant on est saisi par le délicieux parfum de la cuisine qui augure un bon repas, et nos espérances ne sont pas déçues. L'établissement sert une gastronomie de terroir bien troussée, à des prix raisonnables. Menus à 13€ (à midi, en sem.) et 19,50€. À la carte, comptez entre 20 et 39€ pour 2 plats. Pour les pensionnaires, une salle de billard, un coin cheminée et 13 chambres confortables de 51 à 98€ la double, petit déj. 9€. *13, av. Foch* ***Langogne*** *Tél. 04 66 69 00 02 www.hotel-poste.fr Ouvert mar.-sam. 12h-14h et 19h30-21h30, 12h-14h*

### prix très élevés

☺ **Domaine de Barres** Si vous ne deviez faire qu'une folie en Margeride, ce serait à l'hôtel de Barres.

Fleuron du classicisme à la française, le château de Barres (XVIII$^{e}$ s.) a été livré à l'inspiration zen de l'architecte contemporain Jean-Michel Wilmotte. Le résultat est irréprochable d'élégance, peut-être juste un peu froid. Mais ce que ces choix esthétiques ont de radical est d'emblée corrigé par la gentillesse de l'équipe hôtelière. Seize chambres superbes de 110 à 140€, petit déjeuner compris. On s'attarde dans le parc, à l'orée du golf qui domine le lac de Naussac, on se baigne dans la piscine intérieure, on se galbe le muscle à l'espace-forme et on se détend au hammam. Et puis, on passe à table, le couvert est dressé sur de joyeuses nappes jaunes, dans l'un des restaurants les plus subtils de la région. Menu à 28€ et vins succulents. Golf à partir de 30€/j. *Route de Mende* ***Langogne*** *Tél. 04 66 46 08 37 www.domainedebarres.com Ouvert mi-mars-mi-nov.* **Restaurant** *Ouvert mi-mars-mi-nov. : uniquement soir*

## Dans les environs

### camping

**Camping Rondin des Bois** Surplombant le lac de Naussac, un camping parmi les pins et les genêts. Joli cadre. Forfait 2 personnes à environ 17€ et location de chalets (ou fuste, en rondins de bois, comme le nom du lieu l'indique) de 300 à 630€ la semaine. ***Rocles*** *(6km à l'ouest de Langogne) Tél. 04 66 69 50 46 www.camping-rondin.com Ouvert avr.-fin oct.*

### petits prix

**L'Ousta de Baly** Dans une maison avenante de ce joli village-rue, une petite dame coquette mitonne pour ses hôtes de délicieuses daubes ou des saucisses aux herbes. Trois chambres douillettes pour 2 pers. (50€) et une autre pouvant accueillir de 6 à 8 pers. (demi-pension 36€/pers.). *Le Giraldès* ***Arzenc-de-Randon*** *(28km à l'ouest de Langogne) Tél. 04 66 47 93 62 Ouvert fin mars-fin nov.*

☺ **Le Refuge du Moure** À l'orée de la forêt de Mercoire, sur la place d'un hameau qui ressemble à un village en réduction, cette maison pimpante vous réserve un accueil chaleureux. Aux aurores, le patron vous concocte un succulent pain perdu et en fin de soirée, il vous accueille au salon pour siroter infusions et vin d'épices au coin de la cheminée. Des chambres cosy où l'on se glisse en pantoufles (on vous les prête), et un repas soigné (saucisses à la châtaigne/aligot, souris d'agneau caramélisée, etc.). Séjour en demi-pension de 46 à 49€/pers. Possibilité de dormir en chambre-dortoir de 5-6 pers. (40€/pers. en demi-pension). *Le Moure* ***Cheylard-l'Evêque*** *(10km au sud de Langogne) Tél. 04 66 69 03 21 www.lozere-gite.com Ouvert Pâques-Toussaint*

### prix moyens

**Hôtel de la Poste** Un ancien relais de diligence sur la route du Puy. Depuis un siècle, la même famille s'occupe de cette affaire qui prospère au bord de la nationale. C'est pourquoi on évitera d'y dormir, bien que les chambres rénovées aient un double vitrage, en revanche, on y mangera avec plaisir. La salle occupe tout l'espace d'une ancienne bergerie. La cuisine traditionnelle est un peu riche en sauce mais de bonne facture. L'endroit est vivant, et le bar semble drainer toute la jeunesse du coin. Menus de 17,50 à 39€. *L'Habitarelle* ***Châteauneuf-de-Randon*** *(20km au sud-ouest de Langogne) Tél. 04 66 47 90 05 www.hoteldelaposte48.com Ouvert haute* *saison : lun. 19h30-20h45, mar.-dim. 12h15-13h30 et 19h30-20h45 ; reste de l'année : mar.-sam. 12h15-13h30 et 19h30-20h45, dim. 12h15-13h30*

**L'Escapade** Cette ferme-table d'hôtes propose un menu gargantuesque à 22€ composé de produits du terroir, champignons, charcuterie, lentilles du Puy, viandes, fromage et tarte aux fruits. C'est bon, on mange donc tout. Heureusement, il y a des chambres sur place, calmes et confortables (50€). *Pomeyrols* **Naussac** *(6km au nord-ouest de Langogne) Tél. 04 66 69 25 91 www.escapade-lozere.fr Ouvert le soir sur rés.*



# VILLEFORT

*48800*

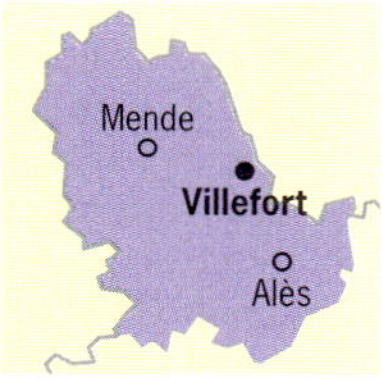


**Engoncé dans un défilé, Villefort (plan 12, D1) est un village-rue qui s'épanouit en son milieu, sous les platanes, au niveau de la place du Bosquet. Là sont installées les boutiques et les terrasses de bistrots qui font le charme et l'intérêt de Villefort. On vient y faire les courses et boire un verre ; pas pour admirer le patrimoine ni l'architecture, car si quelques beaux linteaux sculptés ont été sauvegardés, la plupart des maisons, modernisées, offrent un visage banalisé maquillé de crépis douteux. Pour voir de belles façades régordanniennes, aux larges portails cintrés, souvent doubles, flanqués d'une petite porte rectangulaire qui permettait d'accéder à l'étage, il faut se rendre à Vielvic, village proche de Villefort, qui est resté intact.**

## MODE D'EMPLOI

### accès

#### EN VOITURE

57km à l'est de Mende et par la N88 et la D901, 99km au nord de Nîmes par la N106, la D60 et la D906.

#### EN TRAIN

Ligne Paris-Nîmes en TGV, puis Nîmes-Villefort en TER (5h15). La gare se trouve à 500m du centre-ville.
**SNCF** *Tél. 3635 www.voyages-sncf.com*

#### EN CAR

Ligne Mende-Villefort : 1 liaison hebdomadaire en période scolaire et deux liaisons hebdomadaires hors période scolaire.
**Cars Hugon** *Tél. 04 66 49 03 81 www.hugon-tourisme.com*

### fêtes et manifestations

**Fête de Régordane** Animations médiévales. *Mi-juil.*
**Journée du Terroir** *Fin oct.*

### informations touristiques

**Office du canton de Villefort** Vous pourrez vous y procurer des fiches randonnées (0,50€) ou vous inscrire pour des visites pédestres accompa-

*gnées. 43, pl. du Bosquet Tél. 04 66 46 87 30 http://villefort-cevennes.com Ouvert juil.-août : tlj. 9h-12h30 et 14h30-19h, dim. 10h-13h ; sept.-juin : lun.-sam. 9h-12h et 15h-18h*



# DÉCOUVRIR

☆**Les essentiels** Le château d'Aujac **Découvrir autrement** Randonnez le long des gorges de l'Altier sur le sentier du canal la Viale, admirez le mont Ventoux et les Alpes du belvédère des Bouzèdes

## Villefort

**Lac de Villefort** Enchâssé dans des montagnes aux pentes abruptes qui laissent affleurer la roche, ce lac a des allures de *loch* écossais. L'horizon est vierge, et les rives envahies par la forêt laissent peu de place aux équipements touristiques (une base de loisirs, un camping, un hôtel). Une retenue hydroélectrique barre le cours de l'Altier et forme depuis 1964 ce lac artificiel qui a immergé le village de Bayard. Au hameau de Castanet, le château a désormais les pieds dans l'eau. Cette belle bâtisse du XVIe siècle, restaurée en 2007, mérite un coup d'œil, tout comme le château du Champ (propriété privée), à Altier, véritable manoir de conte de fées. Non loin du lac, un sentier (après le rond-point du Lac, en direction de Lagarde-Guérin) permet de rejoindre la chapelle Saint-Loup en 35min, où de nombreux pèlerinages ont lieu en

### La voie Régordane

Voie historique entre nord et sud, la Régordane survit à sa manière puisque l'actuelle D906 en emprunte partiellement le tracé et qu'elle offre toujours, par ailleurs (et notamment sur le GR® 44), des vestiges visibles, pavages de granite ou ornières fossilisées dans le schiste. Pour se faufiler entre Alès et Le Puy-en-Velay, la Régordane a tout naturellement suivi l'effondrement géologique de la faille nord-sud de Villefort. Celte avant d'être romaine, elle fut incontournable jusqu'au XIVe siècle où on lui préféra le sillon rhodanien. De l'ère préhistorique jusqu'à la fin du Moyen Âge, marchandises et idées ont circulé sur la Régordane. L'huile d'olive, le sel, les épices, des étoffes rares venues d'Orient étaient acheminés vers les villes du nord, croisant les vins du Vivarais, les étoffes des Flandres, les céréales et les châtaignes. Peuplée de mulets formant de longues caravanes, de bœufs traînant des charrois, de courriers à cheval, de colporteurs venus de Savoie ou d'Italie, la Régordane était aussi un chemin de foi. De nombreux pèlerins en route vers Compostelle l'empruntaient pour bifurquer ensuite vers l'abbaye de Saint-Gilles (p.240).

été. **Château de Castanet** *Tél. 04 66 46 80 67 Visite guidée juil.-août : lun.-ven. et dim. 14h-19h Tarif 3€, moins de 18 ans gratuit* **Château du Champ** *Ouvert lors des journées du Patrimoine*

### ● Passer une journée au bord de l'eau

**Plage et base nautique de Villefort** Au bord du lac, évidemment, à la plage municipale aménagée et complétée par une base nautique où vous pourrez pratiquer toutes sortes d'activités sportives (planche à voile, ski nautique, etc.). *Route de Langogne (à 3km de Villefort)*

**Grandeur nature** Ce centre d'activités sportives, installé à la base nautique, propose des journées canyoning (à partir de 50€), d'intéressants parcours spéléo (47€), des randonnées, de la planche à voile, du dériveur ou encore du tir à l'arc. Possibilité de suivre une *via ferrata* avec encadrement et équipement (35€). Vous pouvez également louer un bateau à moteur sans permis (à partir de 15€ la demi-heure et 75€ l'après-midi). *Base nautique Route de Langogne (à 3km de Villefort) Tél. 04 66 46 80 62 ou 04 66 46 83 39 www.grandeurnature48.com* **Base nautique** *Ouvert mi-juin-août* **Base de plein air** *Ouvert avr.-oct.*



# Les environs de Villefort

## Au nord

**Pied-de-Borne** Une superbe route (D151) dans les gorges de l'Altier vous conduira à Pied-de-Borne. Là, la Borne forme de larges vasques où l'on peut nager et plonger. Enfin pour prendre un bain de soleil à votre aise, des rochers plats d'un granite étonnamment blanc vous attendent. *8km au nord de Villefort*

☺ **La Garde-Guérin** Classé monument historique dès 1928, puis amoureusement entretenu par une association, ce village a longtemps servi de carrière. On venait s'y servir en matériaux, tant la pierre y est belle. De gros moellons de granite, ou de grès, superbement taillés, forment l'appareillage de nobles demeures pour la plupart construites au Moyen Âge par de riches seigneurs, les "Pariers". Réunis en confrérie, ces nobles protégeaient la Régordane du brigandage, accompagnant les voyageurs et entretenant la route. Ils en tiraient de substantiels droits de péage qu'ils se partageaient à parité (d'où leur nom de Pariers). Aujourd'hui, La Garde-Guérin se dresse toujours fièrement au point le plus sauvage d'un plateau dénudé plongeant vers la trouée du **Chassezac**. Vestige d'un château fort primitif, une imposante tour signale de loin ce hameau au puissant caractère montagnard qui accueille l'été d'intéressantes "Rencontres musicales". *7km au nord de Villefort* ***Visites guidées*** *Toute l'année sur rés. auprès de l'association G.A.R.D.E Tél. 04 66 46 87 12*

### ● Randonner au bord d'un *acol*

**Sentier du canal la Viale** Sachez qu'un *acol* est un canal d'irrigation et que celui que suit ce sentier balisé par le parc national est l'un des plus spectaculaires. Suspendu à flanc de montagne, son tracé sinueux en pierres sèches épouse ici le relief tourmenté des gorges de l'Altier. ***Départ*** *Hameau du Mont*

*6km au nord de Villefort* ***Parcours*** *Boucle de 7km* ***Balisage*** *Flèches jaunes* ***Durée*** *5h* ***Difficulté*** *Moyenne* ***Conseil*** *Procurez-vous le descriptif à l'office de tourisme de Villefort ou de La Garde-Guérin Prévoyez de bonnes chaussures et surveillez les enfants*

## Au sud



**Concoules (plan 12, D1)** À la lisière de la forêt domaniale de Malmontet, Concoules offre un beau panorama sur la vallée depuis son église romane (XIIe s.) coiffée d'un beau clocher-peigne. On peut visiter le jardin du Tomple, chez Mme Lacaze, un jardin ornemental à l'anglaise niché au fond d'un vallon sur de belles terrasses cévenoles. *16km au sud de Villefort et 7km au nord de Génolhac* **Jardin du Tomple** *Tél. 04 66 61 11 31 Ouvert mai-oct. : tlj. 10h-20h Tarif 5€, moins de 12 ans gratuit*

**Génolhac (plan 12, D1)** À l'entrée de ce village gardois, le temple. À la place de l'actuel terrain de foot se tenait jadis un "désert", lieu de rassemblement clandestin des huguenots quand ils furent persécutés par Louis XIV. On entre ici en pays protestant, délaissant les terres catholiques de la haute Lozère. Gros bourg de granite, déjà un brin méridional, Génolhac s'étire le long de la Gardonnette et de l'ancienne Régordane. De part et d'autre de la rue principale, des ruelles et des passages voûtés forment le centre, très animé en été. En haut du village, à l'écart, l'église romane avec un beau clocher-peigne. *17km au sud de Villefort* **Office de tourisme** *Pl. du Colombier Tél. 04 66 61 18 32 www.cevennes-montlozere.com Ouvert haute saison : lun.-sam. 10h-12h30 et 16h-19h, dim. 10h-12h30 ; reste de l'année : mar.-sam. 10h-12h30 et 14h-17h30 Visite guidée du village le mer. à 11h en été*

☆ ☺ **Château d'Aujac (plan 12, D1)** 11km à l'est de Génolhac, un fier château qui, de son pic, domine toute la vallée de la Cèze. On parcourt les 300 derniers mètres à pied, les yeux levés vers cette forteresse (XIIe siècle, remaniée jusqu'au XVe s.) qui raconte l'épopée de l'architecture militaire, du mâchicoulis à la canonnière. Le site est admirable, et si le château a traversé les siècles avec autant de superbe, c'est qu'il fut toujours habité, et qu'il l'est encore. Le bâtiment se présente nu au visiteur (ni mobilier ni tenture), mais les guides ont un tel talent de conteur que le lieu s'anime par la magie du verbe. On visite ensuite, au pied de la forteresse, le hameau superbement restauré où des artisans montrent leur savoir-faire. Boutique médiévale, buvette. ***Aujac*** *(19km au sud de Villefort et 11km à l'est de Génolhac) Tél. 04 66 61 19 94 ou 06 87 34 60 95 www.chateau-aujac.org Ouvert juil.-août : mar.-dim. 14h-19h ; Pâques-juin, sept.-Toussaint : dim. et j. fér. 14h-18h Tarif 5€, réduit 3€*

**Belvédère des Bouzèdes (plan 12, D1)** Au départ de Génolhac vers le nord-ouest, la D362 se hisse en 10km de lacets au-dessus des châtaigneraies jusqu'à ce magnifique point de vue d'où, par temps clair, on voit le mont Ventoux et les Alpes.

**Château de Portes (plan 12, D1)** L'originalité de cette construction installée sur la voie Régordane réside dans sa forme défensive en éperon. Un éperon guerrier couronné d'une échauguette miniature qui n'est pas une minauderie architecturale mais une tour de guet. Remanié au XVIIe siècle afin de présenter l'aspect d'une résidence princière, le château a gardé ses allures de forteresse médiévale. En 1969, un groupe de jeunes bénévoles sauve le château abandonné depuis 1930. *Portes (32km au sud de Villefort et 15km au sud de Génolhac par la D906) Tél. 04 66 54 92 05 www.chateau-portes.org Ouvert juin-août : w.-e. et j. fér. 14h-18h Tarif 4€, 6-18 ans 2€*

### Randonner sur un chemin de transhumance

**Sentier des drailles perdues** Ce sentier emprunte en partie la grande draille du Languedoc, chemin de transhumance qui reliait les garrigues de la région d'Uzès aux pâturages du Gévaudan. *Tél. 04 66 61 18 32* ***Départ*** *Parking du col du Péras (18km au nord-est de Génolhac, sur la route de Bonnevaux)* ***Durée*** *4h* ***Parcours*** *Boucle de 12km* ***Balisage*** *Jaune* ***Difficulté*** *Moyenne, pas de gros dénivelés* ***Conseil*** *Procurez-vous le descriptif dans la pochette "Sentier de découverte autour de Génolhac" (5€) à l'office de tourisme de Génolhac Attention, le sentier est parfois exposé au soleil, prévoyez casquette et bouteille d'eau*



# CARNET D'ADRESSES

## Restauration, hébergement

### petits prix

**Hôtel du lac (plan 12, D1 n°44)** Posé solitaire sur les rives du lac, côté soleil, cet hôtel idéalement situé n'est plus tenu que par une des sœurs Séveran, celle qui travaille en cuisine depuis maintenant plus de 40 ans. Un établissement populaire pour un séjour sage "à l'ancienne", comme la cuisine. Goûtez par exemple à l'omelette aux cèpes. Menus à 19 et 26,50€. Une dizaine de chambres bien entretenues, simples, de 44 à 58€ (petit déj. 7,50€), donnant sur des eaux émeraude. Sous la terrasse panoramique du bar, un sentier vous conduira au lac, profitez-en pour faire une pause baignade. *Villefort (à 2km du centre-ville) Tél. 04 66 46 81 20 www.hotel-villefort.com Ouvert mars-nov.* ***Restaurant*** *Fermé mar. hors saison*

### prix moyens

**Le Mas de l'Affenadou (plan 12, D1 n°47)** En occitan, l'"affenadou" est une auberge qui ravitaillait aussi chevaux et mules. Cette ferme du XVIe siècle bien restaurée est tenue par une jeune femme qui respire la sérénité et aime recevoir. Sur la table, le canard – élevé et

| GAMME DE PRIX | RESTAURATION | HÉBERGEMENT |
|---|---|---|
| Très petits prix | moins de 10€ | moins de 40€ |
| Petits prix | de 10 à 15€ | de 40 à 60€ |
| Prix moyens | de 15 à 25€ | de 60 à 80€ |
| Prix élevés | de 25 à 45€ | de 80 à 120€ |
| Prix très élevés | plus de 45€ | plus de 120€ |

engraissé sur place - dans tous ses états, rillettes, magrets, confits... et des champignons. On se sent bien à l'Affenadou, et l'ambiance y est familiale. Chambres confortables à la déco rustique ; forfait couple 55€ (85€ en demi-pension). Également un gîte 270-450€/sem. ***Villefort*** *(à 1km du centre, par la D66 vers la Vignette) Tél. 04 66 46 97 23 ou 06 82 21 03 93 www.gite-lozere.com Ouvert mi-mars-mi-nov.*

## prix élevés

☺ **Hôtel Balme-restaurant la Clède (plan 12, D1 n°32)** En entrant chez Balme, on se croirait en visite chez une lointaine cousine de province qu'on adore et qu'on voit trop rarement. Quelques fleurs en tissu sur les tables, des tableaux surannés ; l'endroit a le charme un peu fané des établissements chic d'antan. L'accueil est vraiment agréable. On retient pour longtemps la qualité de la cuisine du patron et comme la patronne est une fine sommelière, le repas est parfait ! Formule déjeuner 17€ (à midi en sem.) et menus à 24 et 39€. On peut aussi y dormir pour 52 ou 60€. *Pl. du Portalet* ***Villefort*** *Tél. 04 66 46 80 14 http://hotelbalme.free.fr Fermé lun. hors saison* **Hôtel** *Ouvert fév.-déc.*

# Dans les environs

## camping

**Camping du lac Morangies** Au bord du lac et de la base nautique. Ombre et standing. Forfait 2 personnes de 10,30 à 17,20€. Location de chalets de 350 à 730€. ***Pourcharesses*** *(6km au nord de Villefort) Tél. 04 66 46 81 27 www.camping-lac-cevennes.com Ouvert mai-sept. Chalets ouverts toute l'année*

## petits prix

**Toureves (plan 12, D1 n°50)** À Toureves, un hameau perché donnant sur la vallée, face au levant. Restauré avec goût par un architecte qui s'est mis au vert, ce mas isolé abrite des chambres d'hôtes (44€, petit déj. 5€) et de petits dortoirs bien équipés (15€ la nuitée). Vous goûterez de bons produits régionaux (table d'hôtes seule 16€) Cette étape fait la joie des randonneurs, à pied ou à cheval, et des amoureux d'astronomie car le ciel y est divinement limpide. Vous pourrez demander un pique-nique pour 9€. *Toureves* ***Génolhac*** *(17km au sud de Villefort) Tél. 04 66 61 10 01 http://toureves.sitew.fr Ouvert avr.-11 nov. Sur rés.*

**Chiff's Gîte et café** Des chambres d'hôtes atypiques tenues par un bouquiniste amateur de randonnées qui propose des balades autour des gorges du Chassezac. Il y a quelque chose de provençal chez Chiff, et l'ambiance y est détendue. Chambre 48€ (avec TV et réfrigérateur). Nuitée en gîte d'étape 15€. Pour manger ? Accès à une cuisine commune (3€/pers./j.) ou, sur réservation, à la table d'hôtes (16€), et un bon petit déjeuner avec tartines moelleuses et confitures maison. Wifi. Bon à savoir : on propose aussi aux randonneurs de porter leurs bagages sur la voie Régordane (GR®700). ***Prévenchères*** *(13km au nord de Villefort) Tél. 04 66 46 01 53 ou 06 23 36 42 12 www.chiffsgite.com Ouvert toute l'année sur rés.*

**La Butinerie** 13km au nord de Villefort, une adresse égarée sur le plateau qui domine les gorges du Chassezac. L'assurance du calme. Une apicultrice vous reçoit dans sa ferme dont la grande baie vitrée ouvre sur les étendues de landes à bruyères et genêts. Vous logerez en chambre double (48€) ou en petit dortoir (15€/pers.), petit déjeuner 6€. Table d'hôtes de bonne tenue qui met en scène les spécialités locales (21€). La maîtresse des lieux peut aussi préparer votre pique-nique (7€) et vous recevoir en demi-pension. *Albespeyres* ***Prévenchères*** *(13km au nord de Villefort) Tél. 04 66 46 06 47 www.labutinerie.com Ouvert toute l'année sur rés.*

☺ **Au Portaou (plan 12, D1 n°31)** Dernière maison d'une vallée paisible, ce mas vous convie à une immersion totale dans l'univers cévenol. D'anciennes ruches taillées dans le tronc des châtaigniers, un verger planté en terrasses, une vigne naissante, et, au fond du jardin, une source auprès de laquelle il fait bon somnoler. On dîne sous la treille, près du figuier, pour 18€, vin compris. Cinq belles chambres à la décoration champêtre pour 52€ la double avec petit déjeuner (salle de bains et toilettes privées). *Hameau de Valcrouzès* ***Saint-André-de-Capcèze*** *(7km au sud de Villefort) Tél. 04 66 46 20 10 www.au-portaou.com Fermé mi-nov.-fév. sauf pendant les fêtes de fin d'année*

**Le Mas de Cocagne (plan 12, D1 n°30)** Un lieu 100% bio, 100% cul-de-sac, 100% destressant. On vous propose une table végétarienne sous une belle tonnelle, ouverte à tous sur réservation. L'occasion rêvée de découvrir le beignet aux feuilles de consoude, entre autres raretés, et les délicieux produits d'un gigantesque potager (20€ le dîner, 22€ si vous insistez pour avoir de la viande). Chambre avec salle de bains attenante, bricolée par un émule de Gaudi (57€). Vous pouvez aussi planter votre tente sous la pinède pour 14€/jour/2 pers., ou dormir sous un tipi ou dans une caravane. Un lieu de silence, d'histoires (cocasses) et d'éthique (verte) également habité par quelques vaches, des brebis et une ânesse (cf. Dossier Bio). *Ferme de la Baraque* ***Aujac*** *(19km au sud de Villefort) Tél. 04 66 61 12 77 Ouvert toute l'année sur rés.*

## prix moyens

☺ **Le Mas du Seigneur (plan 12, D1 n°49)** Ce vaste mas en schiste, ses terrasses ombragées par une treille et sa piscine ont pour seul horizon les montagnes boisées des Cévennes. Chambres doubles impeccables pour 63€. La maîtresse de maison qui s'est initiée aux cuisines du monde vous servira un fameux dîner pour 22,50€ (apéritif et vin compris). Piscine. ***Chamborigaud*** *(25km au sud de Villefort) Tél. 04 66 61 41 52 www.mas-du-seigneur.com Ouvert toute l'année*

☺ **L'Auberge Régordane** Dans le décor saisissant du village fortifié de La Garde-Guérin qui se vide au crépuscule pour laisser place à un silence sans âge, cette auberge installée dans une demeure seigneuriale entrouvre les portes de l'Histoire. On dîne aux bougies dans une cour dallée de

LOZÈRE ET TERRES CÉVENOLES

| GAMME DE PRIX | RESTAURATION | HÉBERGEMENT |
|---|---|---|
| Très petits prix | moins de 10€ | moins de 40€ |
| Petits prix | de 10 à 15€ | de 40 à 60€ |
| Prix moyens | de 15 à 25€ | de 60 à 80€ |
| Prix élevés | de 25 à 45€ | de 80 à 120€ |
| Prix très élevés | plus de 45€ | plus de 120€ |

granite, cernée d'architecture médiévale, on accède aux chambres par un escalier à vis vieux de huit siècles et de superbes cheminées évoquent la gloire passée du seigneur des lieux. D'une sobriété exemplaire, les chambres perpétuent le rêve médiéval, ouvrant par des fenêtres à meneaux sur le donjon du village ou sur des murs anciens (de 62 à 73€ pour deux personnes). La cuisine, qui décline les produits du terroir, a quant à elle des subtilités bien contemporaines. Menus de 21 à 40€, avec de l'agneau lozérien ou du bœuf au coulis de cèpes. Un maître de maison à la fois attentif et discret, bref, une étape incontournable où il vaut mieux réserver. *La Garde-Guérin* **Prévenchères** *(13km au nord de Villefort) Tél. 04 66 46 82 88 www.regordane.com Ouvert mi-avr.-début oct.*

### prix très élevés

**Village de gîtes du mas de la Barque (plan 12, C1 n°51)** Constructions récentes conçues dans un style cévenol avec leurs murs de granit et leurs toits de lauze, les gîtes du mas de la Barque s'harmonisent parfaitement au décor de la petite station de ski de fond familiale. L'hiver, on y est bien au chaud près de la cheminée. L'été, sur la terrasse, on savoure la proximité de la nature. De belles balades sont à faire tout autour : en raquettes, avec des skis de fond ou à pied. L'ascension très facile du pic Cassini, à 1680m d'altitude, est un grand classique (boucle de 6,5km au départ de la station, à faire en 2h environ, 300m de dénivelé). Dix-huit gîtes de 8 places et 6 appartements (2 à 6 couchages). De 373 à 889€ la semaine selon la saison. *Station du mas de la Barque* **Vialas** *(17km au sud-ouest de Villefort) Tél. 04 66 46 92 72 www.lemasdelabarque.com Ouvert toute l'année*

# LE PONT-DE-MONTVERT *48220*

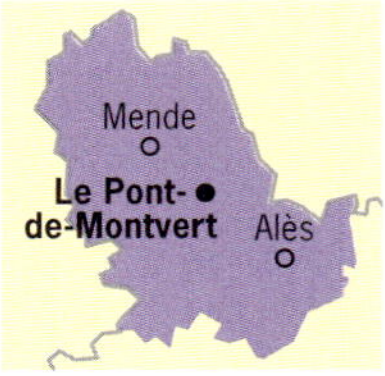


**Descendant du rude mont Lozère, Stevenson trouve soudain à Pont-de-Montvert (plan 12, C1) "un indéfinissable charme méridional". Sans doute est-ce là une manifestation de l'humour anglais car si le village déploie une séduction certaine, c'est par son fort caractère montagnard. On y trouve toute une série de petites maisons granitiques, belles et sans fantaisie, portant de beaux linteaux gravés. Le village a grandi le long du Tarn dont le lit s'alanguit et se couvre ici d'une végétation exubérante. Arche unique en dos d'âne, le pont (fin XVII^e^ s.) se termine par une tour-horloge qui, jadis, servait de prison. C'est au Pont-de-Montvert, le 24 juillet 1702, que l'abbé du Chayla, grand persécuteur de protestants, fut tué par une troupe de cinquante rebelles menés par le prophète huguenot Pierre Séguier rebaptisé "Esprit".**

# MODE D'EMPLOI

## accès

**EN VOITURE**
55km au sud-est de Mende par la N88, la N106 et la D998, 46km au sud-ouest de Villefort par la D906 et la D998.

## informations touristiques

**Office de tourisme des Cévennes au mont Lozère** Vous y trouverez une pochette regroupant seize petites randonnées (5€). *Le Quai Tél. 04 66 45 81 94 www.cevennes-montlozere.com Ouvert juil.-août : tlj. 10h-12h30 et 16h-19h ; Pâques-juin, sept.-Toussaint : lun.-sam. 10h-12h30 et 16h-19h, dim. 10h-12h30 et 15h30-18h30 ; reste de l'année : lun.-sam. 10h-12h30 et 15h-18h*

## marchés

**Marché** *Le Pont-de-Montvert Le mer. matin Vialas Le ven. matin*



# DÉCOUVRIR
# Le Pont-de-Montvert et ses environs

☆**Les essentiels** Le mont Lozère **Découvrir autrement** Grimpez sur les pentes du mont Lozère à la recherche des montjoies, randonnez sur les traces de Stevenson, baignez-vous au pied de la cascade de Runes

**Écomusée du Mont Lozère** Dans un bâtiment du début des années 1980 aux allures de bunker, ce musée est le point de départ d'une découverte géologique, historique et humaine du mont Lozère et propose un parcours pédagogique intéressant (géologie, flore, architecture rurale, savoir-faire ancestraux, etc.) agrémenté de vidéos. Fiches thématiques sur le mont Lozère. *Le Pont-de-Montvert Tél. 04 66 45 80 73 Ouvert juin-sept. : tlj. 10h30-12h30 et 14h30-18h30 ; avr.-mai, oct. : tlj. 15h-18h ; nov.-mars : sam. 15h-18h Tarif 3,50€, réduit 2,50€, moins de 6 ans gratuit*

**ASCENSION MOTORISÉE**
Au départ du Pont-de-Montvert, la D20 fait l'ascension du mont Lozère via le village de Finiels et flirte avec son sommet, près duquel se trouve une petite station de ski (de fond, surtout). Le dernier kilomètre qui conduit au sommet se fait à pied.

## ★ Le mont Lozère

Contrefort sud-est du Massif central, le mont Lozère culmine à 1 699m au pic Finiels d'où le panorama, rendu plus saisissant encore par les lumières hivernales, court des Alpes aux Pyrénées. Ce seigneur des hautes Cévennes est à la fois le pays du granite et le royaume des sources : après avoir formé quelques tourbières au fond des vallons, "les eaux se déploient vers toute la France" selon la formule chère aux Cévenols. Les pentes du mont Lozère sont parcourues de sentiers, anciennes drailles jalonnées par les montjoies, hautes balises de granite sur lesquelles les chevaliers de l'ordre de Jérusalem, propriétaires des lieux jusqu'à la fin du XVIIIe siècle, ont gravé leur emblème : une croix de Malte. Formé à l'époque primaire, modelé au cours de plusieurs épisodes géologiques et mamelonné par l'érosion, le sommet est couvert de pelouses rases et la roche y affleure, en blocs erratiques. Ces matériaux ont été utilisés pour la construction des fermettes installées sur les replats. Sur ses flancs se sont développées de vastes forêts de résineux, fruit d'un reboisement décidé au XIXe siècle mais aussi des hêtraies et, près du Tarn naissant, des bosquets d'acacias.



## Accéder au sommet par les sentiers pédestres

**Sentiers de grande randonnée** Deux sentiers de grande randonnée parcourent le mont Lozère. Au départ du Pont-de-Montvert vous pouvez vous lancer sur les traces de Stevenson en empruntant le GR®70 qui vous conduira jusqu'au Bleymard via le sommet du mont Lozère. Cette très belle randonnée, longue de 23km, ne présente pas de difficultés si ce n'est un passage un peu raide dans un coupe-feu. Comptez environ 7h et procurez-vous le topo-guide 700. Le GR®68, lui, est réservé aux marcheurs entraînés. Ce sentier fait le tour du mont Lozère en 115km, c'est-à-dire en quatre ou cinq jours (via Florac, Villefort). Un périple qui se prépare avec le précieux topo-guide 631.

**Sentier du pic Finiels (plan 12, C1)** Ce sentier de découverte du parc national des Cévennes qui relie la station de ski du mont Lozère au point culminant de celui-ci, à 1699m, offre un point de vue exceptionnel des Alpes aux Pyrénées. Documentation à l'office de tourisme. ***Départ*** *Finiels* ***Durée*** *3h* ***Parcours*** *Boucle de 9km* ***Balisage*** *Jaune du Parc* ***Difficulté*** *Faible* ***Dénivelé*** *Fort* ***Conseil*** *À faire impérativement par temps clair Rens. à l'office de tourisme*

**La Calade** Ce bureau des accompagnateurs du mont Lozère propose des randonnées pédestres thématiques, des randonnées équestres ainsi que des sorties raquettes en hiver, VTT. *Tél. 06 74 58 64 67 Ouvert toute l'année*

**Sur le chemin de Stevenson** Cette association édite une brochure gratuite et renseigne les marcheurs sur l'organisation de randonnées et sur les possibilités d'étape (nombreuses, à tous les prix). ***Le Pont-de-Montvert*** *Tél. 04 66 45 86 31 www.chemin-stevenson.org Ouvert lun.-ven. 8h30-12h30 et 13h30-16h30*

## Randonner puis se baigner dans les torrents

**Sources du Tarn (plan 12, C1)** Ce sentier de pays se confond au début avec le sentier d'interprétation de Mas Camargues, jusqu'au Tarn, et se perd ensuite dans les pâturages et les landes à myrtilles jusqu'à atteindre les sources du Tarn. Le retour s'effectue par le sentier d'interprétation. ***Départ*** *100m après le parking de Mas Camargues, d'où part aussi une boucle de 4-5km (2h)* ***Durée*** *4h* ***Parcours*** *Boucle de 7,5km* ***Difficulté*** *Aucune* ***Dénivelé*** *À peine 200m* ***Conseil*** *Informez-vous à l'office de tourisme*

**Cascade de Runes (plan 12, B1)** À peine 1km avant le village de Runes, un chemin pédestre mène en 10min au pied d'une spectaculaire cascade qui dégringole d'une hauteur de 90m. Avant le sommet de la cascade, sur un rocher, on aperçoit une inscription runique médiévale inscrite dans un serpent qui se mord la queue. Attention, l'accès au sommet de la cascade est dangereux. ***Runes*** *(9km au nord-ouest du Pont-de-Montvert par la D35)*

## Grimper sur les pentes avec un âne

**Gentiâne** Vous trouverez ici des ânes doux comme des agneaux, obéissants comme des toutous, des ânes parfaitement habitués à la compagnie des enfants. On vous initie à l'art du bât et à la conduite de l'animal. Randonnée libre (organisée : 50€/jour et 250€/sem.) ou accompagnée par un guide diplômé (à partir de 200€/jour). Le tout réglé comme une horloge ; une aire de bivouac vous permet même de passer sur place la nuit qui précède votre départ. Possibilité de gîtes sur place (16€ la nuitée). *Castagnols **Vialas** (19km à l'est du Pont-de-Montvert) Tél. 04 66 41 04 16 www.ane-et-randonnee.fr Ouvert mi-mars-mi-nov. : tlj.*

## Au pied du mont Lozère

### Randonner sur le sentier du pont du Tarn

**Sentier du pont du Tarn (plan 12, C1)** Au départ de Masméjan (7km au sud-est du Pont-de-Montvert), cette boucle de 14km commence par une hêtraie, emprunte la forêt domaniale du Bougès, et passe près du vieux pont du Tarn et de l'ancienne ferme de Troubat. ***Départ*** *Le sentier dallé part à droite après la dernière ferme du village* ***Durée*** *6h* ***Parcours*** *Boucle* ***Balisage*** *Jaune et PR® dans un carré vert* ***Difficulté*** *Aucune sinon un passage à gué problématique par temps de crue Rens. à l'office de tourisme*

### Monter à cheval

**La Cavale du Ventalon** Cette ferme équestre propose ses chevaux pour 2h (30€) ou à la journée (80€ avec le pique-nique), ainsi que des séjours itinérants. *Le village* ***Saint-Maurice-de-Ventalon*** *(11km au sud-est du Pont-de-Montvert) Tél. 04 66 41 07 85 Ouvert toute l'année tlj. sur rés.*

### Faire une balade panoramique

**Route des crêtes (plan 12, C1-D1)** Ce parcours sur le fil des "serres" (nom donné aux crêtes dans la région) ménage de beaux points de vue sur le mont Lozère et les Cévennes, via le col de la Baraquette et le col de Banette. Partez

### L'ânesse et le romancier

Véritable mystique de la randonnée, **Robert-Louis Stevenson** a 28 ans lorsqu'il entreprend, en 1878, la traversée des Cévennes à pied. Le futur auteur de *L'Île au trésor* et du *Cas étrange du Dr Jekyll et de Mr Hyde* tente d'oublier une déception amoureuse. Il part sur de hasardeux chemins accompagné d'une ânesse récalcitrante, Modestine, qui porte un paquetage où rien ne manque. Pendant une dizaine de jours, tous deux vont parcourir le Massif central, de Monastier-sur-Gazeille (Haute-Loire) à Saint-Jean-du-Gard, via les Cévennes. Fou de culture française et passionné par l'histoire des camisards – lui-même est protestant –, il laisse un témoignage de cette aventure dans son ***Voyage avec un âne dans les Cévennes***. Aujourd'hui, les pas de Stevenson guident de nombreux randonneurs, le long du GR®70, 250km que l'on peut parcourir entièrement en 15 jours, ou que l'on peut faire partiellement.

du Pont-de-Montvert en direction de Génolhac et bifurquez au col de la Croix de Berthel sur la D35 qui se transforme en D52 avant d'atteindre la vallée, puis prenez la D906 en direction d'Alès via Portes.

# CARNET D'ADRESSES



## Restauration, hébergement

### camping

**Aire naturelle de camping La Barette (plan 12, C1 n°1)** Dans le hameau paisible de Finiels, un camping bien équipé (il y a même un congélateur). Forfait 2 pers. 11,50€ (10€ en basse saison). *Finiels* ***Le Pont-de-Montvert*** *(6km au nord du Pont-de-Monvert) Tél. 04 66 45 82 16 lucile.camping@gmail.com Ouvert mai-mi-sept.*

### très petits prix

**Gîte d'accueil communal (plan 12, C1 n°17)** Dans les bâtiments du musée du mont Lozère. Rien de très Cévenol, mais c'est propre ! 12,50€ la nuitée. ***Le Pont-de-Montvert*** *Tél. 04 66 45 80 10 Ouvert vac. scol. fév.-vac. scol. Toussaint*

### petits prix

☺ **La Truite enchantée (plan 12, C1 n°27)** Le lieu est enchanteur, en effet, dans sa simplicité. Les 8 chambres de cet hôtel-restaurant sont aménagées avec un brin de poésie naïve, et l'on s'y sent réellement en vacances. Double à 40€ (avec douche). La salle à manger résonne des conversations animées des pensionnaires, des randonneurs pour la plupart. Vous y goûterez une honnête cuisine régionale (truite, tête de veau et champignons). Menus de 16,50 à 29€. *Rue du quai* ***Le Pont-de-Montvert*** *Tél. 04 66 45 80 03 Ouvert mi-mars-nov.* **Restaurant** *Ouvert tlj. midi et soir (sauf quelques soirs hors saison)*

☺ **Chambres et table d'hôtes Le Merlet (plan 12, C1 n°33)** Si les indications pour l'atteindre sont rares, c'est que cette ferme discrète – l'une des meilleures adresses de Lozère – n'a pas besoin de pub. La voilà déjà répertoriée dans la plupart des guides. Alors, il ne nous reste plus qu'à ajouter une bonne note dans ce concert de louanges. Site superbe, chambres au confort irréprochable (avec un rien d'élégance). Ce Merlet doit aussi son succès à l'accueil – gentil et sans mièvrerie –, à la forte personnalité du couple Galzin et à la table, bien sûr (23€, réservée aux pensionnaires). Tout est produit et cuisiné sur place, même le pain. Une adresse d'exception à 56€/pers. en demi-pension. Et pourquoi ne pas profiter du lieu pour faire quelques emplètes avec les produits fermiers proposés : confiture, sirop, jus de fruits, miel, charcuterie... ? *Le Merlet* ***Le Pont-de-Montvert*** *(7km à l'est du village dir. Vialas) Tél. 04 66 45 82 92 www.lemerlet.com Ouvert toute l'année*

### prix moyens

**Le Cantou du Poncet (plan 12, C1 n°28)** Cette ferme-auberge se tient dans une pittoresque maisonnette du XVIIe siècle. Ambiance joviale et gentiment rustique orchestrée par Mme Pantel qui vous accueille les bras ouverts. Elle élève tout ce que la création compte de volailles et vous les sert fumantes avec patates sautées et salade du jardin. Menu unique 25€. *Masméjan* ***Saint-Maurice-de-Ventalon*** *(6,5km au sud-est du Pont-de-Montvert) Tél. 04 66 45 85 17 Ouvert juil.-août : mer.-ven. et dim.-lun. 12h-13h15 et 19h-20h15, sam. 19h-20h15 ; sept.-juin : mer.-lun. 12h-13h15 et 19h-20h15*

☺ **Chez Dédet (plan 12, C1 n°10)** Une auberge de campagne d'une rare générosité. Quand on s'étonne de la richesse des menus, la réponse du patron tombe comme une évidence : "Il faut bien que les gens soient contents." Ici, l'art de recevoir se conjugue avec gentillesse et professionnalisme. Menu du jour 13€ (à midi en semaine), de 19 à 30€ (à 30€, c'est énorme, on ne se lève de table que pour se coucher). Retenez que les produits de saison sont ici à l'honneur (gibier, champignons), qu'on sert une fameuse charcuterie de montagne faite maison, et toutes sortes de produits régionaux (couennes roulées, escargots, fromages, etc.) et des desserts maison. Notre conseil : allez-y un jour où vous vous sentez une faim d'ogre. Quant à la carte des vins, elle est tout aussi prometteuse (40 références !). *Masméjan* ***Saint-Maurice-de-Ventalon*** *(6,5km au sud-est du Pont-de-Montvert) Tél. 04 66 45 81 51 Ouvert juil.-août : tlj. 12h-14h et 19h-21h ; mars-juin, sept.-nov. : jeu.-ven. et dim.-mar. 12h-14h, sam. 12h-14h et 19h-21h Fermé déc.-fév.*

### prix élevés

**Maison Victoire (plan 12, C1 n°42)** Cette belle maison de campagne à la vue dégagée, en lisière de hameau, est tenue par une dame adorable qui cuisine les produits du terroir, et par son époux qui tâte de l'accordéon. Dîner en terrasse ou près de la cheminée. Chambre 104€ pour 2 pers. en demi-pension. *Finiels* ***Le Pont-de-Montvert*** *(6km au nord du Pont-de-Montvert par la D20) Tél. 04 66 45 84 36 www.gites-mont-lozere.com Ouvert toute l'année*



# FLORAC

*48400*

**L'été, la ville donne toute la mesure de sa jovialité le jour du marché : profusion de charcuteries, pains à la farine de châtaigne, pélardons, fruits, fripes et divers objets d'artisanat... une belle effervescence. Sous son air sage et derrière ses façades rustiques, Florac (plan 12, B1) semble toujours de bonne humeur. Sous la frondaison des vénérables platanes de l'esplanade Farelle, on parle fleuri avec déjà une pointe d'accent du Midi, tandis que les fontaines et la résurgence du Pêcher recrachent en fanfare l'eau des montagnes. Aux pieds du mont Lozère et du causse Méjean, dont la corniche de Rochefort domine les toits, l'une des plus petites préfectures de France fait de la résistance : certes, elle a perdu son tribunal et sa gare, mais son château impeccablement restauré est désormais le siège du parc national des Cévennes qui reçoit environ un million de visiteurs par an. Une belle vitrine pour la capitale des Cévennes, qui se dévoue sans compter pour l'agrément des amateurs de tourisme vert.**

☆ **LE PARC NATIONAL DES CÉVENNES** D'abord, qu'est-ce qu'un parc national ? "C'est un territoire d'exception, d'intérêt général, dont la qualité biologique et paysagère, la richesse culturelle et le caractère historiquement préservé justifient une protection et une gestion qui en garantissent la pérennité." Créé en 1970, et classé par l'Unesco "Réserve mondiale de biosphère" en 1985, le parc national des Cévennes couvre (pour la zone centrale) le mont Lozère, les causses (Noir, Larzac, Sauveterre, Méjean, gorges du Tarn et de la Jonte), les vallées des Gardons et le mont Aigoual, soit un vaste territoire de 93 700ha. Au-delà de ses missions de sauvegarde de la biodiversité du territoire, des activités pastorales et agricoles et de la restauration du patrimoine bâti, le Parc mène des actions favorisant l'accueil et l'information du public (centres d'information, sentiers de découverte et d'interprétation des paysages, écomusées, cf. Maison du Parc-château de Florac p.345). Ajoutons à cela la réintroduction de certaines espèces (vautours, cerfs, loutres, etc.) et une politique de protection qui se concrétise pour le public par une réglementation stricte : pas de camping sauvage, pas de feu, pas de cueillette systématique, chiens tenus en laisse ; on est prié de ne pas troubler la quiétude des animaux (sauvages ou domestiques), de refermer les clôtures (vous êtes en zone de pastoralisme) et, bien sûr, de rapporter ses ordures. Depuis 2013, le territoire des Causses et des Cévennes est inscrit sur la liste du Patrimoine mondial de l'Humanité.

# MODE D'EMPLOI

## accès

### EN VOITURE

Florac est située entre Mende au nord (38km par la N88 et la N106) et Alès au sud-est (65km par la N106).

### EN CAR

La ligne Ispagnac-Alès passe par l'ancienne gare de Florac de mi-avril à fin septembre (un départ par jour). Toute l'année liaison entre Alès et Florac (deux départs par semaine sur réservation).

**Cars Boulet** *Tél. 04 66 65 19 88 www.voyages-boulet.com*

## orientation

Florac se trouve sur la rive gauche du Tarnon qui, à la sortie de la ville, se jette dans le Tarn. Pour profiter de l'animation (bistrots, boutiques), rendez-vous sur l'esplanade Farelle et sur la place de la Mairie. Attention, au plus fort de l'été, circulation et stationnement deviennent problématiques. Si les parkings F.-Mitterrand (près du château) et Monestier (près de l'office de tourisme) sont saturés, rabattez-vous sur ceux situés à proximité de l'ancienne gare. De là vous rejoindrez le centre-ville en 2min par la passerelle piétonne.

## informations touristiques

**Office de tourisme de Florac et d'Ispagnac** Demandez le dépliant *Florac, une source dans la ville* qui propose une belle flânerie urbaine ainsi que le calendrier des animations. 33, *av. Monestier Tél. 04 66 45 01 14 www.vacances-cevennes.com www.agenda365.fr Ouvert haute saison : lun.-sam. 9h-18h30, dim. 10h-13h ; reste de l'année : lun.-ven. 9h-12h et 14h-17h*

**Maison du Parc-château de Florac** Le Parc offre de nombreux points d'information et 4 antennes (Le Vigan, Meyrueis, Génolhac et Le Pompidou) mais le siège se trouve au château de Florac. Là, une importante documentation, une boutique. *6bis, pl. du Palais Tél. 04 66 49 53 01 Ouvert juil.-août : lun.-sam. 9h-13h et 14h-19h, dim. 10h-13h et 14h-18h ; avr.-juin, sept. : lun.-ven. 9h-12h et 14h-18h, sam.-dim. 10h-13h et 15h-18h ; oct. : lun.-ven. 9h-12h et 13h30-17h30, sam.-dim. 10h-13h et 15h-18h ; nov.-mars : lun.-ven. 9h-12h et 13h30-17h30*

## location de vélos et encadrement sportif

**Cévennes Évasion** Location de VTT 19€ par jour et location de canoës de 14 à 34€ la journée ; mais aussi organisation de sorties spéléo, canyoning et escalade, de 45 à 55€ par jour et toutes sortes de randonnées "avec un grand air" selon la formule employée par la maison. *1, pl. Boyer Tél. 04 66 45 18 31 www.cevennes-evasion.fr*

## accès Internet

**La 4ème Dimension** 2,50€/h. *9, pl. Louis-Dides Tél. 04 66 45 12 73 www.la4emedimension.org Ouvert lun. 15h15-19h15, mar.-sam. 10h15-12h15 et 15h15-19h15*

## marchés, fêtes et manifestations

**Marché** *Pl. de la Mairie Le jeu. matin*
**Festival de la randonnée** *Week-ends de l'Ascension et de la Toussaint*
**Festival nature** Au programme de cette manifestation organisée chaque année par le parc des Cévennes : balades thématiques, repas-veillées, randonnées-photo, spectacles audiovisuels, démonstration de savoir-faire, etc., sur l'ensemble de son territoire. Un petit livret gratuit inventorie ces mille et une activités, village par village. Il se trouve partout, dans tous les offices de tourisme, chez les commerçants, etc. *www.cevennes-parcnational.fr Avr.-oct.*
**Florac'Hebdos** Animations gratuites – concerts, apéro-musique, spectacles familiaux. *Durant tout l'été*
**Les 160km de Florac** Concours d'endurance à cheval avec plus de 100 cavaliers en selle, un beau spectacle. *Début juil. ou début sept.*
**Fête de la Confiture** *En juil.*
**Festival Vidéo de Vébron** Concours de courts métrages. ***Vébron** Fin juil.*
**Festival de la soupe** Ce festival organisé par les "amis" de la soupe propose dégustations, concours de soupes, animations de rues loufoques, etc. *Week-end de Toussaint*



# DÉCOUVRIR

# Florac et ses environs

☆ **Les essentiels** La corniche et le parc national des Cévennes **Découvrir autrement** Approfondissez vos connaissances à la maison du Parc de Florac, faites le plein de victuailles au marché de Florac et pique-niquez au Cham des Bondons

☆ **Corniche des Cévennes (plan 12, C2)** Entre Florac et Saint-Jean-du-Gard, une cinquantaine de kilomètres saisissants, faciles, et qui permettent d'apprécier une grande diversité de paysages puisqu'on l'aborde à la sortie de Florac en

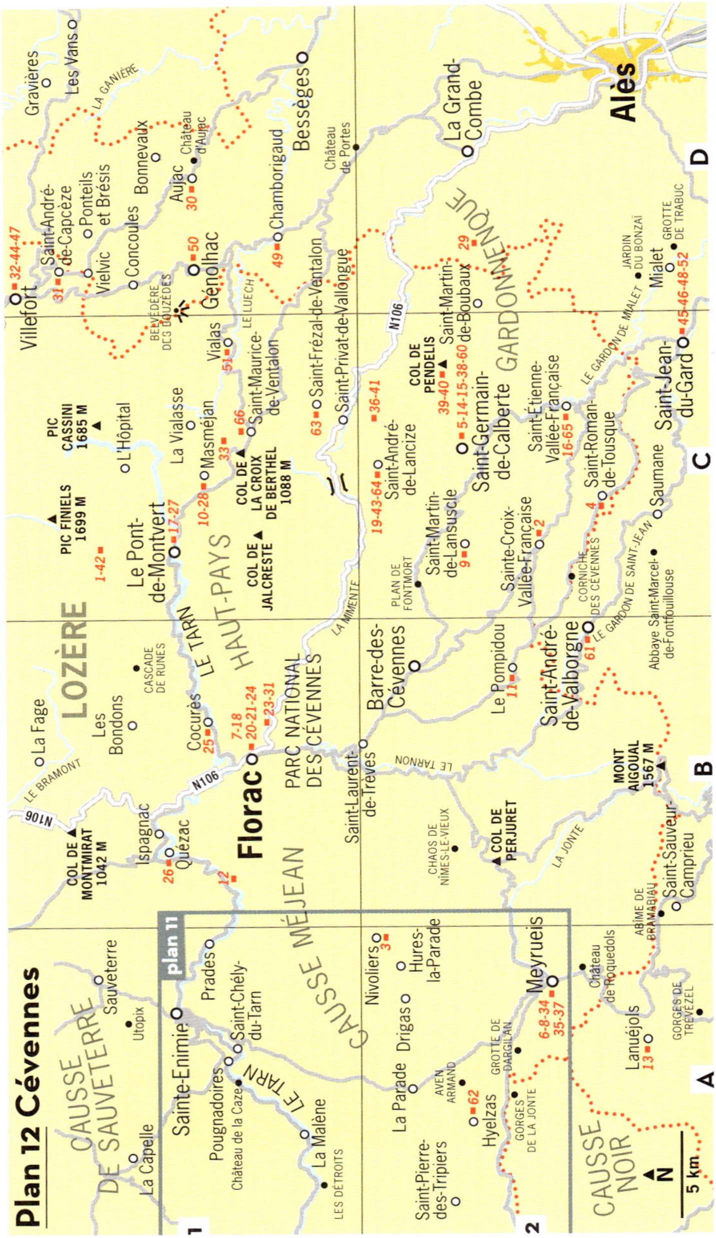
Plan 12 Cévennes
LOZÈRE
HAUT-PAYS
PARC NATIONAL DES CÉVENNES
CAUSSE MÉJEAN
CAUSSE DE SAUVETERRE
CAUSSE NOIR
GARDONNENQUE
plan 11
Florac
Alès
Villefort
Génolhac
Bessèges
La Grand-Combe
Le Pont-de-Montvert
Meyrueis
Sainte-Enimie
Saint-Jean-du-Gard
Saint-Germain-de-Calberte
Saint-André-de-Valborgne
Barre-des-Cévennes
Saint-Laurent-de-Trèves
Ispagnac
Quézac
Cocurès
Les Bondons
La Fage
Prades
Saint-Chély-du-Tarn
Pougnadoires
Château de la Caze
La Malène
LES DÉTROITS
La Capelle
Sauveterre
Utopix
Nivoliers
Hures-la-Parade
Drigas
La Parade
Saint-Pierre-des-Tripiers
Hyelzas
AVEN ARMAND
GROTTE DE DARGILAN
GORGES DE LA JONTE
Lanuéjols
Château de Roquedols
GORGES DE TRÉVEZEL
ABÎME DE BRAMABIAU
Saint-Sauveur-Camprieu
MONT AIGOUAL 1567 M
COL DE PERJURET
CHAOS DE NÎMES-LE-VIEUX
COL DE MONTMIRAT 1042 M
Le Pompidou
Sainte-Croix-Vallée-Française
Saint-Martin-de-Lansuscle
PLAN DE FONTMORT
Saint-André-de-Lancize
Saint-Privat-de-Vallongue
Saint-Frézal-de-Ventalon
Saint-Maurice-de-Ventalon
COL DE LA CROIX DE BERTHEL 1088 M
COL DE JALCRESTE
Masméjan
La Vialasse
L'Hôpital
PIC CASSINI 1685 M
PIC FINIELS 1699 M
CASCADE DE RUNES
Vialas
BELVÉDÈRE DES BOUZÈDES
Chamborigaud
Château de Portes
Concoules
Vielvic
Ponteils et Brésis
Bonnevaux
Aujac
Château d'Aujac
Saint-André-de-Capcèze
Gravières
Les Vans
COL DE PENDELIS
Saint-Martin-de-Boubaux
Saint-Étienne-Vallée-Française
Saint-Roman-de-Tousque
CORNICHE DES CÉVENNES
Saint-Marcel-de-Fontfouillouse
Abbaye
Saumane
Mialet
JARDIN DU BONZAÏ
GROTTE DE TRABUC
LE TARN
LE TARNON
LA MIMENTE
LA JONTE
LE BRAMONT
LA GANIÈRE
LE LUECH
LE GARDON DE MIALET
LE GARDON DE SAINT-JEAN
N106
5 km
N
A
B
C
D
1
2

**Restauration, hébergement** (n°1 à 52)

| | |
|---|---|
| Aire naturelle de camping La Barette | 1 C1 |
| Aire naturelle Lou Treillat | 2 C2 |
| Au Portaou | 31 D1 |
| Auberge du Chanet | 3 A2 |
| Auberge la Patache | 4 C2 |
| Camping La Garde | 5 C2 |
| Camping Le Champ d'Ayres | 6 A2 |
| Campings municipaux | 7 B1 |
| Chambres et table d'hôtes Le Merlet | 33 C1 |
| Château d'Ayres | 8 A2 |
| Château du Cauvel | 9 C2 |
| Chez Dédet | 10 C1 |
| Chez Jean-Marie Causse | 11 B2 |
| Détente nature** | 12 B1 |
| Domaine de Pradines | 13 A2 |
| Durantis** | 14 C2 |
| Ferme de Lancizolle | 15 C2 |
| Ferme des Passadoires** | 16 C2 |
| Gîte d'accueil communal | 17 C1 |
| Gîte d'étape La Carline-Le Presbytère | 18 B1 |
| Gîte de Valès** | 19 C2 |
| Grand Hôtel du Parc | 20 B1 |
| Hôtel Balme-restaurant la Clède | 32 D1 |
| Hôtel des Gorges du Tarn-restaurant l'Adonis | 21 B1 |
| Hôtel du lac | 44 D1 |
| Hôtel Les Bellugues | 45 C2 |
| La Borie | 23 B1 |
| La Cure Bousso** | 29 D2 |
| La Ferme de Salièges | 24 B1 |
| La Lozerette | 25 B1 |
| La Maison de Marius | 26 B1 |
| La Treille* | 46 C2 |
| La Truite enchantée | 27 C1 |
| Le Cantou du Poncet | 28 C1 |
| Le Mas de Cocagne | 30 D1 |
| Le Mas de l'Affenadou | 47 D1 |
| Le Mas de la Cam | 48 C2 |
| Le Mas du Seigneur | 49 D1 |
| Le Mont-Aigoual | 34 A2 |
| Le Saint-Sauveur | 35 A2 |
| Les Bellugues | 52 C2 |
| Les Jardins de Veyrassi** | 36 C2 |
| Les Sapins | 37 A2 |
| Lou Abeilhs | 38 C2 |
| Lou Pradel | 39 C2 |
| Lou Raïol | 40 C2 |
| Magnanerie du Serre** | 41 C2 |
| Maison Victoire | 42 C1 |
| Mas de la Devèze* | 43 C2 |
| Toureves | 50 D1 |
| Village de gîtes du mas de la Barque | 51 C1 |

**Shopping** (n°60 à 66)

| | |
|---|---|
| Charcuterie Thérond | 60 C2 |
| Ferme d'Auzillargues** | 61 B2 |
| Fromagerie Le Fédou | 62 A1 |
| Les Esperelles** | 63 C1 |
| Mas de la Devèze** | 64 C2 |
| Miels du Cambonnet** | 65 C2 |
| Produits fermiers du Ventalon** | 66 C1 |

VOIR LES ADRESSES GORGES DU TARN PLAN 11 *À RETROUVER DANS LA PARTIE DÉCOUVRIR **À RETROUVER DANS LE DOSSIER BIO

grimpant sur les contreforts du causse Méjean (p.312) pour redescendre en forêt vers Saint-Jean. Entre deux on est saisi par la beauté des panoramas sur les vallées Borgne et Française, si typiquement cévenoles. Cette route était, dit-on, connue avant l'ère chrétienne. Une certitude : les Romains l'utilisaient et c'est Louis XIV qui l'a réaménagée à la fin du XVIIe siècle pour que les troupes catholiques puissent pénétrer le maquis camisard. Aujourd'hui, c'est une route touristique qui traverse quelques modestes villages, Saint-Roman-de-Tousque, Le Pompidou, Saint-Laurent-de-Trèves, et franchit plusieurs cols.

## Observer des empreintes de dinosaures

**Sentier-découverte de Saint-Laurent-de-Trèves (plan 12, B2)** Aménagé par des scientifiques, un sentier conduit en une trentaine de minutes au sommet de la crête de Castellas d'où la vue est superbe. Mais l'originalité de ce site tient surtout à la présence d'empreintes fossilisées de pas de dinosaures, qui datent de quelque 200 millions d'années. Ces traces de pieds seraient celles d'animaux bipèdes mesurant de 2 à 3,5m. Des panneaux explicatifs jalonnent le parcours. ***Saint-Laurent-de-Trèves*** *(9,5km au sud de Florac sur la corniche)* ***Départ*** *Parking à l'entrée du village Accès libre et gratuit en toutes saisons*

## Voir des menhirs

**Cham des Bondons (plan 12, B1)** Il est le deuxième site mégalithique le plus important de France après celui de Carnac, en Bretagne. Mais si la richesse en "totems de pierre" est incontestable (150 sont déjà relevés, grâce au plan de restauration en cours qui prévoit de les positionner tous), il ne s'agit pas ici d'alignement. Les monuments sont de taille plus modeste qu'à Carnac, disséminés sur un vaste plateau d'altitude où la vue est immense et où l'atmosphère est singulièrement poignante. Deux puechs (ou trucs, comme l'on dit ici), petits sommets en forme de mamelons, rappellent les attributs féminins et certains prétendent qu'ils furent associés à la forme phallique des menhirs, à l'origine d'un culte de la fécondité. Balisés par le Parc, un sentier des Menhirs (5km, 2h) part du parking à l'intersection de la D35 et de la D135. ***Les Bondons*** *(13km au nord de Florac)*



# CARNET D'ADRESSES

## Restauration, hébergement

On mange bien à Florac : prix raisonnables dans des établissements soignés. Et si vous pensez faire des économies en dînant dans les snacks bondés de l'esplanade, c'est que vous avez mal mesuré le rapport qualité-prix.

### campings

**Campings municipaux (plan 12, B1 n°7)** Êtes-vous Tarn ou Tarnon ? Deux campings : l'un au bord du Tarn, Le Pont du Tarn, avec plage et piscine (forfait 2 pers. de 9,70 à 12€, location de mobil-homes d'env. 182 à 820€/sem.) ; l'autre au bord du Tarnon, La Tière, plus discret, calme et ombragé (des travaux sont prévus en 2014, se rens. pour les tarifs). **Le Pont du Tarn** *Route du Pont-de-Montvers* ***Florac*** *(à 2km du centre-ville) Tél. 04 66 45 18 26 www.camping-florac.com Ouvert avr.-oct.* **La Tière** ***Florac*** *(à 1km du centre-ville) Tél. 04 66 45 04 02 Période d'ouverture, se rens.*

### très petits prix

☺ **Gîte d'étape La Carline-Le Presbytère (plan 12, B1 n°18)** On a irrésistiblement envie de pousser la porte de cette belle demeure du XVIIIe siècle, de paresser sous la tonnelle ou dans le jardin. Chambres et dortoirs coquets, une cuisine et une immense bibliothèque régionale (cartes, guides, etc.) pour randonneurs compulsifs. Comptez 14€ la nuitée, et 6€ le petit déj. (copieux). Pensez à réserver car c'est souvent complet en saison ! *18, rue du Pêcher* ***Florac*** *Tél. 04 66 45 24 54 www.gite-florac.fr Ouvert avr.-oct.*

### petits prix

☺ **La Borie (plan 12, B1 n°23)** Voilà un lieu très chaleureux. Au programme de votre soirée : traite des chèvres (vous pourrez vous y essayer) et visite de la cave d'affinage. Le jeune berger force la sympathie par son enthousiasme, sa gentillesse et ses talents de cuisinier. Des chambres tout confort (double de 42 à 53€ en fonction de la saison) et un gîte d'étape (15€ la nuitée en dortoir). Table d'hôtes 17€ (enfants 13€). Un lieu idéal pour qui aime sincèrement les joies de la campagne (cf. Dossier Bio). ***La Salle-Prunet*** *(3km au sud-est de Florac) Tél. 04 66 45 10 90 www.encevennes.com Ouvert avr.-Toussaint*

**La Ferme de Saliège s (plan 12, B1 n°24)** Une jeune productrice de fruits rouges a aménagé 2 belles chambres dans un bâtiment indépendant (48€ petit déj. compris, gratuit pour les petits). Les hôtes ont accès à la terrasse ombragée de la maison mère et une cuisine leur est réservée pour organiser les repas. *Saliège s* ***Florac*** *(1,6km de Florac) Tél. 04 66 45 22 51 http://lafermedesalieges.com Ouvert toute l'année*

### prix élevés

**Grand Hôtel du Parc (plan 12, B1 n°20)** Près du centre, avec un grand parc, en effet, au milieu duquel trône une piscine, voici un établissement assez chic, mais à l'atmosphère plutôt détendue. À la tête du Parc, une famille réputée pour ses talents culinaires. D'excellentes spécialités locales servies dans une salle cosy. Menus à 20, 28 et 42€. Les chambres spacieuses (tout confort) ont, pour les plus précieuses, une déco bonbonnière (60 chambres de 53 à 72€). *47, av. Jean-Monestier* **Florac** *Tél. 04 66 45 03 05 www.grandhotelduparc.fr Ouvert Pâques-Toussaint* **Restaurant** *Ouvert sept.-juin : mar.-sam. midi et soir, dim. midi ; juil.-août : lun. soir, mar. soir, mer.-dim. midi et soir*

☺ **Hôtel des Gorges du Tarn-restaurant l'Adonis (plan 12, B1 n°21)** Un établissement discret situé dans un quartier résidentiel moderne, un peu ingrat. Mais faites l'effort d'aller jusqu'à cette maison familiale calme et bien tenue, vous ne serez pas déçu. Cuisine raffinée, parfois ludique comme ce melon au sorbet et jus rouge à l'anis dont la présentation surprend autant que la saveur. Une carte saisonnière qui fait la part belle aux recettes inventives et bien maîtrisées : porc gratiné au cantal, coquelet aux agrumes, etc. Sans oublier les plats à base de poisson. Une bonne table pour un moment agréable avec deux menus abordables, de 26 à 50€. L'hôtel propose une trentaine de chambres sans surprise, mais au confort impeccable, de 60 à 90€ env. *48, rue du Pêcher* **Florac** *Tél. 04 66 45 00 63 www.hotel-gorgesdutarn.com Fermé mer., jeu. midi et sam. midi* **Hôtel** *Ouvert Pâques-Toussaint*

☺ **La Lozerette (plan 12, B1 n°25)** Mieux qu'un hôtel : une maison de vacances comme on en rêve, coquette, sereine, avec son jardin-verger, ses chambres lumineuses et sa déco raffinée (double de 60 à 93€). Il a fallu les efforts de plusieurs générations pour que la table gastronomique de l'établissement se taille une solide réputation. Pierrette Agulhon a repris avec brio le flambeau tenu par sa grand-mère Eugénie, ajoutant une corde à l'arc de La Lozerette : une cave exceptionnelle. C'est toute la Lozère qu'on déguste ici ; et de la terrine de pélardon à la truite au lard, la tradition sait se fait légère. Menus de 17,50 à 49,50€. **Cocurès** *(5,5km au nord-est de Florac) Tél. 04 66 45 06 04 www.lalozerette.com Ouvert Rameaux-Toussaint* **Restauration** *Fermé mar. (et mer. midi hors saison)*

# SAINT-GERMAIN-DE-CALBERTE

48370

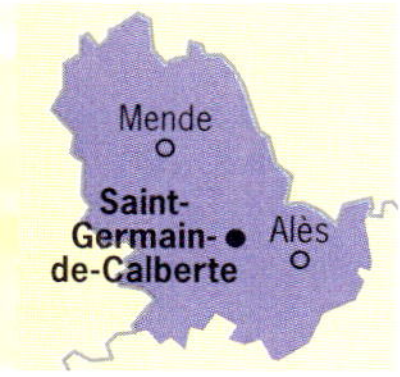


**Ce village accroché sur le flanc ensoleillé d'une pente boisée repose au milieu d'un amphithéâtre de traversiers – ou terrasses, ou "bancels", ou encore "faïsses", le Cévenol n'est pas avare de mots pour désigner ces jardinets retenus par des murets. Lieu de refuge au temps de la guerre des camisards lorsque les hameaux voisins furent rasés sur ordre du roi, Saint-Germain fut**

**également le chef-lieu d'un colloque (circonscription ecclésiastique protestante), et choisi pour cela par l'abbé du Chayla comme la base symbolique de sa vaine mission de reconquête des Cévennes par les catholiques. Aujourd'hui, Saint-Germain-de-Calberte (plan 12, C2) est la capitale cévenole de la douceur de vivre – un café seulement, anime le bourg – et de tous les habitants, ce sont les oiseaux les plus bruyants... Le plus beau, dans ce village modeste, c'est qu'il n'y a rien de laid à voir : à perte de vue, ce ne sont que montagnes coiffées de pins ou de châtaigniers qui laissent entr'apercevoir par plaques le schiste grenat.**

# MODE D'EMPLOI

## accès

### EN VOITURE

Saint-Germain-de-Calberte est accessible à partir de la N106 qui traverse les Cévennes de Florac à Alès. Au col de Jacreste, prenez la D984 sur une vingtaine de kilomètres. Au départ de Saint-Jean-du-Gard, empruntez la D983 qui longe le Gardon de Mialet. De la corniche des Cévennes, il vous faudra rejoindre Sainte-Croix-Vallée-Française, puis prendre la D28. Des itinéraires superbes où chaque virage déploie un nouveau panorama : mais attention, la plupart de ces routes sont étroites, sinueuses et deux véhicules se croisent difficilement ; heureusement, il n'y a pas un chat, même en août. Sachez aussi que vous trouverez peu de stations-service, et qu'il ne faut pas espérer rouler vite.

## informations touristiques

**Office de tourisme Cœur des Cévennes** *Pl. de l'Église Tél. 04 66 45 93 66 http://coeur-des-cevennes.com Ouvert toute l'année (tlj. en juil.-août), horaires se rens.*
**Syndicat d'initiative de la vallée Française** *Maison du pays La Placette* ***Sainte-Croix-Vallée-Française*** *Tél. 04 66 44 70 41 www.otsi-stcroixvf.fr Ouvert juil.-août : dim.-mar. 10h-13h, mer.-sam. 10h-13h et 16h30-18h30 ; juin, sept.-oct. : mer.-dim. 10h-13h ; nov.-mai : mar.-mer. 9h30-12h30 et 13h-17h, ven. 9h30-13h et 15h-17h*

## marchés

**Marchés** ***Saint-Germain-de-Calberte*** *Le sam. matin en juil.-août* ***Sainte-Croix-Vallée-Française*** *Le dim. matin*

## fêtes et manifestations

**Animations, grillades, bals** *Tout l'été*
**Fête du Pélardon** *Sainte-Croix-Vallée-Française Début mai*
**Festival des savoir-faire paysans** Concours de potagers... *1er dim. d'août*
**Fête de la châtaigne** *Dernier week-end d'oct.*
**Cinéco** Cinéma itinérant rural avec projections toute l'année selon un circuit établi.

# DÉCOUVRIR

**☆Les essentiels** Le château de Calberte, la magnanerie de La Roque **Découvrir autrement** Visitez la ferme de Lancizolle, goûtez le jambon de la charcuterie Thérond à Saint-Germain, randonnez sur le sentier du col des Abeilles

## Saint-Germain-de-Calberte

☆ **Château de Calberte ou château Saint-Pierre (plan 12, C2)** Une forteresse féodale vieille de dix siècles, abandonnée au XV^e siècle, et qui doit sa résurrection à la famille Darnas. En 1964, l'arrière-grand-père de l'actuelle propriétaire a le coup de foudre pour ce site qui achevait de mourir sous des tonnes de remblais. Quarante ans plus tard, le château revit : le donjon, la

### Au cœur du cœur des Cévennes

Saint-Germain-de-Calberte se trouve au cœur d'un vaste territoire limité au nord par la N106 Florac-Alès et au sud par la corniche des Cévennes Florac-Saint-Jean-du-Gard : un univers de crêtes schisteuses quasi infranchissables. Autour des hameaux installés sur des replats, les paysages portent l'empreinte du travail des hommes : murs en pierres sèches pour retenir la terre, et dans ces murs, d'étroits escaliers pour circuler, des citernes pour capter l'eau, des barrages miniatures pour endiguer les effets du ruissellement, des **béals**, ou canaux, pour irriguer. Au centre des terrasses, les maisons, posées à même la roche et montées avec la pierre de schiste sans fantaisie, jouent le mimétisme avec la colline. La **clède** – maisonnette où sèchent les châtaignes – est toujours présente, ainsi que les **magnaneries**, constructions apparues au XVIII^e siècle avec l'introduction de la sériciculture. Entre les barres montagneuses s'étirent les **valats**, ou vallées. Ici, il y en a deux, majeures : la **vallée Longue**, où se faufile le Gardon d'Alès, et la **vallée Française**. Dans ces deux vallées parallèles, orientées est-ouest, les Cévennes se font secrètes, intimes, farouches. Un rude paradis de sensations où le temps est élastique, où l'écho du monde arrive comme assourdi. Contemplant ces paysages, Stevenson a écrit : "Voilà les Cévennes par excellence, les Cévennes des Cévennes." André Chamson, reprenant l'expression, parlera de "la Cévenne des Cévennes" à laquelle il n'oubliera pas de joindre son cher mont Aigoual. Beaucoup de hameaux suspendus à mi-pente, quelques villages – Saint-Germain-de-Calberte, Barre-des-Cévennes, Saint-Étienne-Vallée-Française, Sainte-Croix-Vallée-Française, Saint-Martin-de-Lansuscle – qui, grâce à de courageux "néos" qui dynamisent la vie économique et culturelle, connaissent depuis quelques années un renouveau.

tour ronde et la superbe chapelle en schiste noir sont debout, admirablement restaurés. Une salle retrace les étapes de ce travail de titan, une autre est consacrée aux objets exhumés du chantier de fouilles contigu au château, et dans le donjon vous pourrez admirer des œuvres de Daniel Darnas, ciseleur-orfèvre. *Route du col de Pendedis Tél. 04 66 45 90 30 Ouvert mi-juil.-mi-sept. : tlj. 15h-19h Tarif 5€, réduit 3€, moins de 12 ans gratuit*



### ● Où acheter de la charcuterie de montagne ?

**Charcuterie Thérond (plan 12, C2 n°60)** Réputé pour ses salaisons de montagne, ce charcutier fabrique un excellent jambon sec. *Tél. 04 66 45 90 05 ou 06 63 49 90 05 Ouvert juil.-août : lun.-sam. 8h-12h et 14h-19h, dim. 8h-12h ; sept.-juin : lun.-mar. et jeu.-sam. 8h-12h*

**● ☆ ☺ En savoir plus sur les vers à soie** La magnanerie est la bâtisse, indépendante ou attenante à la ferme, où les Cévenols élevaient le ver à soie (la chenille du Bombyx). L'apogée de la sériciculture se situe au milieu du XIX^e siècle jusqu'à ce qu'une épizootie ravage les élevages en 1853. Bien qu'éradiquée, cette crise, qui a ruiné la production, entraîne rapidement le déclin de cette activité. La dernière magnanerie fermera en 1964.

**Magnanerie de La Roque (plan 12, C2)** Le musée de la Magnanerie de La Roque a retrouvé le journal de classe d'une élève de primaire datant de 1930 et c'est ce témoignage – joliment lu par une comédienne cévenole – qui sert de fil rouge à une visite éducative se déroulant dans la douce pénombre de la magnanerie. *Au sud-ouest de Saint-Germain, entre Barre-des-Cévennes et Sainte-Croix-Vallée-Française, sur la D983 (à 17km de Florac) Tél. 04 66 45 11 77 ou 04 66 49 53 01 (hors saison) Ouvert juil.-août : tlj. 10h30-13h et 14h30-18h*

**Ferme de Lancizolle (plan 12, C2)** Complément indispensable à la visite de la magnanerie de La Roque, cette ferme séricicole invite à voir le ver à soie à toutes les étapes de sa métamorphose, de l'œuf au papillon en passant par le cocon. La balade commence par un tour dans la plantation de mûriers, puis on se rend à l'élevage, et pour finir on s'attarde autour d'une table pour un substantiel goûter maison (6€, réduit 3,50€, cf. Ferme de Lancizolle (p.354). Visite environ 2h. Vente de bouquets de cocons, les enfants sont ravis. ***Lancizolle** (à 2km du centre-ville, route du col de Pendedis) Tél. 04 66 45 92 82 Ouvert juil.-août : mar.-mer. et ven. Sur rdv*

## Les environs de Saint-Germain-de-Calberte

**Plan de Fontmort (plan 12, C2)** Reboisé de sapinières au XIX^e siècle, le sommet de ce col, à 896m d'altitude, était nu quand il fut le théâtre de combats sanglants pendant la guerre des camisards. Haut lieu de la mythologie protestante, il porte un monument en forme d'obélisque commémoratif de l'édit de Tolérance (1787) qui autorisait de nouveau le culte réformé. *12km à l'ouest de Saint-Germain en direction de Barre-des-Cévennes*

☺ **Barre-des-Cévennes (plan 12, B2)** En équilibre sur une crête schisteuse, Barre-des-Cévennes défie le temps. Représentatif des "villages-rues" construits en enfilade le long d'une voie de communication, ce gros hameau conserve de beaux vestiges médiévaux. Comment imaginer, en traversant Barre aujourd'hui, que les chalands venaient de Marseille pour assister à ses foires. Chacune d'entre elles attirait plus de 10 000 personnes. Témoins de cette prospérité commerciale, les maisons aux façades cossues (XVIe, XVIIe s.), de grands portails et des portes cintrées dont le rebord en pierre servait de comptoir aux échoppes. *21km à l'ouest de Saint-Germain*

**Maison de la Châtaigne et du Châtaignier (plan 12, D2)** Le châtaignier, que les Cévenols baptisèrent l'"arbre à pain", marque encore le paysage. Sans doute le châtaignier s'est-il toujours spontanément plu en Cévennes, mais, à partir du XVIe siècle, il forme, avec l'homme, un couple indissociable. Il donnait son fruit, qui fut longtemps la première ressource alimentaire du pays, son bois, pour le mobilier et les charpentes, sa feuille pour nourrir les bêtes. Bois du berceau, puis celui du cercueil, le châtaignier accompagnait le Cévenol toute sa vie. Stevenson parle joliment des châtaigniers : "Voir un clan de ces bouquets d'antiques châtaigniers indomptables, pareils à des éléphants attroupés sur l'éperon d'une montagne, c'est s'élever aux plus sublimes méditations sur les puissances cachées de la nature." La maison de la Châtaigne vous en dira plus grâce à la visite d'une châtaigneraie, d'une clède et d'un moulin à farine. *Mas de Manières* ***Saint-Martin-de-Boubaux*** *(20km à l'est de Saint-Germain) Tél. 06 52 71 23 70 Ouvert mi-oct.-nov. : tlj. sur rdv, uniquement pour les groupes d'au moins 6-8 pers. Tarif 3€*



### Se promener sur une draille

**Sentier du col des Abeilles** Abeille est dérivé de *apiès* qui signifie rassemblement de brebis. Nous marchons ici le long d'une draille (sentier de transhumance) qui se confond avec la ligne de partage des eaux Atlantique/Méditerranée. Traversée de la forêt des Ayres peuplée entre autres de très vieux châtaigniers et de la forêt domaniale de Fontmort, avec de belles vues sur la vallée Longue. ***Départ*** *Col de Jalcreste (plan 11, C1), 15km au nord de Saint-Germain, derrière la scierie* ***Parcours*** *Boucle de 9km* ***Balisage*** *Jaune avec mention PR®* ***Durée*** *3h* ***Difficulté*** *Sentier facile empruntant des allées forestières sur de longs tronçons, un peu glissant quand il pleut*

# CARNET D'ADRESSES

## Restauration, hébergement

### campings

**Camping La Garde (plan 12, C2 n°5)** Un camping aussi sauvage (par le site) que confortable (par ses équipements, dont une grande piscine). Forfait 2 pers. de 17,40 à 23,20€. ***Saint-Germain-de-Calberte*** *(à 2min du centre-ville) Tél. 04 66 45 94 82 http://lagarde-cevennes.eu Ouvert juin-août*

**Aire naturelle Lou Treillat (plan 12, C2 n°2)** Ce camping à la ferme de 20 places est situé au bord d'un ruisseau sur un terrain calme et ombragé. Vous y aurez la possibilité d'assister à la traite. Forfait 2 pers. 14€ environ. ***Sainte-Croix-Vallée-Française*** *(22km* *au sud-ouest de Saint-Germain, à 500m du village) Tél. 04 66 44 70 56 www.campingloutreillat.sitew.com Ouvert mai-sept.*

## petits prix

**Chez Jean-Marie Causse (plan 12, B2 n°11)** Tel un homme-orchestre, Jean-Marie Causse, agriculteur et éleveur, vous reçoit dans sa grande demeure blanche aux volets verts dressée au centre du village du Pompidou. Mais il trouve aussi le temps pour gaver ses canards, les transformer en pâtés, foies gras, manchons, confits, cassoulets, pour enfin les servir à ses hôtes dans la grande salle, ou en terrasse à l'ombre des noyers (table d'hôtes 19€, uniquement pour les chambres d'hôtes). Chambres confortables (double 53€) et salon avec documentation à disposition pour organiser vos randonnées. ***Le Pompidou** (30km à l'ouest de Saint-Germain) Tél. 04 66 60 31 82 ou 06 98 28 80 96 Fermé vac. scol. Noël et vac. scol. fév.*

**Lou Abeilhs (plan 12, C2 n°38)** À 6km de Saint-Germain, dont 500m de chemin de terre, mais ça vaut le coup ! Une ferme restaurée avec soin, des chambres indépendantes, avec de petites terrasses en plein soleil qui regardent un panorama idéal de serres et de valats. Chambres 56€ et repas, à base des produits de la ferme, 19€. Une cure de nature. ***Saint-Germain-de-Calberte** Tél. 04 66 45 94 91 ou 06 60 86 85 49 www.causses-cevennes.com/mas-abeilhs Ouvert avr.-oct.*

## prix moyens

☺ **Ferme de Lancizolle (plan 12, C2 n°15)** Un couple de jeunes sériciculteurs et éleveurs de lapins reçoit dans son mas, à deux pas du Gardon. Une dizaine de couverts, sur une grande table de bois dressée sous la treille. Pour les hôtes, dîner 18€, tout compris, autour du lapin (en terrine, en civet), de la châtaigne et des produits du potager. Un bon apéro maison et un vin plaisant de la région d'Anduze. Chambres d'hôtes atypiques dans une roulotte ou une cabane à 65€. En été, cette ferme invite à voir le cycle du ver à soie, cf. En savoir plus sur les vers à soie (p.352). ***Saint-Germain-de-Calberte** (à 2km du centre-ville, route du col de Pendedis) Tél. 04 66 45 92 82 http://causses-cevenne.com/ferme-lancizolle Ouvert tlj. uniquement soir sur rés.*

**Lou Raïol (plan 12, C2 n°40)** Installé à flanc de coteau, ce restaurant sans prétention propose une cuisine de terroir : cuisses de grenouilles, truite au lard, coq au vin... Premier menu 18,50€. *Col de Pendedis **Saint-Germain-de-Calberte** (11km à l'est de Saint-Germain) Tél. 04 66 45 52 02 www.louraiol.skyblog.com Ouvert juil.-août : lun.-ven. 12h-14h, sam.-dim. 12h-14h et 19h30-21h ; sept.-juin : tlj. 12h-14h*

☺ **Auberge la Patache (plan 12, C2 n°4)** "C'est une adresse sans souci", dit-on ici pour signifier que tout est parfait. D'emblée, on s'y sent bien et les propriétaires, très chaleureux, ont le sourire communicatif. Menus de 14 à

| GAMME DE PRIX | RESTAURATION | HÉBERGEMENT |
|---|---|---|
| Très petits prix | moins de 10€ | moins de 40€ |
| Petits prix | de 10 à 15€ | de 40 à 60€ |
| Prix moyens | de 15 à 25€ | de 60 à 80€ |
| Prix élevés | de 25 à 45€ | de 80 à 120€ |
| Prix très élevés | plus de 45€ | plus de 120€ |

25€ autour de spécialités régionales, écrevisses fraîches, pommes de terre farcies aux oignons doux, pintadeaux en sauce, courgettes à la crème et au basilic, etc. Ça ne désemplit pas depuis 1982, et "s'y marier porte bonheur", dit-on encore. On peut dormir dans des chambres simples et confortables avec vue (de 43 à 53€). ***Saint-Roman-de-Tousque*** *(23km au sud de Saint-Germain, sur la corniche des Cévennes) Tél. 04 66 44 73 76 www.lapatache.com Fermé le mer. hors saison* **Hôtel** *Ouvert mars-nov.*

☺ **Château du Cauvel (plan 12, C2 n°9)** Un soir, il jette quelques mûres dans une omelette aux herbes (un trait de génie), une autre fois, il laque de miel des châtaignes rôties (une invention d'ici) : ce sont toutes ces petites magies culinaires de Nathanaël, sans cesse renouvelées, qui font le charme de cette table d'exception, "une cuisine de terroir et de fantaisie", dit-il. À table, on bavarde avec les maîtres de maison, des humanistes passionnés d'écotourisme et d'histoire. Le cadre ? Un château du XIIe siècle remanié au XVIIIe que l'on croirait dessiné par un enfant, avec ses tours aux toits pointus. De grandes chambres romantiques, sans chichis et gaies, chacune dotée d'une bibliothèque. Quelques pas dans la châtaigneraie, une rencontre sous la treille, plaisir et convivialité : ça se passe comme ça à Cauvel. Cinq chambres d'hôtes (71-73€ la double), deux chambres de séjour (68€ la double), et sept gîtes d'étape (21,40-27,40€/pers., draps fournis). La table d'hôtes "des Pelligrines", ouverte aussi au non-résidents, sert des produits bio (25€, le soir sur réservation). ***Saint-Martin-de-Lansuscle*** *(13km à l'ouest de Saint-Germain, sur la D13) Tél. 04 66 45 92 75 www.lecauvel.com Ouvert mai-oct.*

☺ **Lou Pradel (plan 12, C2 n°39)** Une maison d'hôtes aux 3 chambres très lumineuses tenue par de sympathiques Belges. C'est un établissement irréprochable, à la hauteur du site où, comble de volupté, on vous sert une cuisine inventive très réussie. Chambres 79€ avec le petit déjeuner. Dîner 35€. Bravo ! Également un gîte à louer (de 550 à 650€/sem., 6 pers.). *À 10km de Saint-Germain, sur la route du* ***col de Pendedis*** *Tél. 04 66 45 92 46 www.loupradel.com Ouvert Pâques-Toussaint*



# LE VIGAN

30120

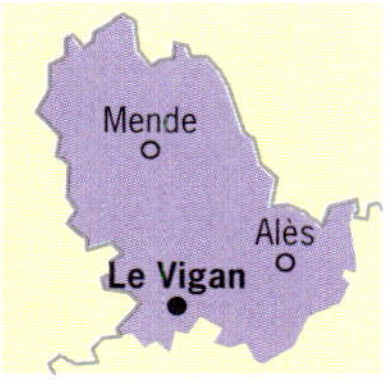


**Un cinéma à la programmation ambitieuse, une vraie librairie, les enseignes les plus diverses, du marchand de cannes à pêche au quincaillier en passant par le loueur de vélos et l'inévitable boutique d'artisanat multiethnique... Autour de la place du Quai, qu'encadrent de hautes façades et qu'ombragent de jeunes micocouliers, les terrasses de bistrot prennent leurs aises. On trouve de tout au Vigan, et il s'y passe toujours quelque chose, à commencer par un prestigieux festival de musique classique ou de joyeux marchés nocturnes. Et pourtant, la vocation de cette petite cité encore active, qui s'efforce de ressembler à une ville et qui y parvient presque, n'est pas purement touristique, et l'on voit bien aux crépis hasardeux qui masquent**

**de vieilles façades, à ces cours intérieures remaniées génération après génération, où la pierre médiévale côtoie le ciment, que Le Vigan n'a jamais cessé de croire en son histoire. Autrefois les filatures, aujourd'hui une usine de bas et chaussettes Well perpétue la tradition de la bonneterie évoquée dans l'admirable Musée cévenol. Du Vigan, on part randonner au mont Aigoual, sur les traces d'André Chamson ou de Kenneth White qui vint s'installer ici dans les années 1970.**



# MODE D'EMPLOI

## accès

**EN VOITURE**
157km au sud de Mende par la N88, l'A75, la D7 et la D999, pour le trajet le plus rapide.

**EN CAR**
Le Vigan est reliée à Montpellier avec le réseau Hérault Transport (ligne 108) et à Nîmes avec le réseau Edgard (ligne D40).
**Edgard Transport** *Tél. 0810 33 42 73 www.edgard-transport.fr*
**Hérault Transport** *Tél. 04 34 88 89 99 www.herault-transport.fr*

## informations touristiques

**Office de tourisme des Cévennes méridionales** Accueil très compétent. Vous pourrez vous y procurer la pochette Randonnées (5€), le descriptif du sentier Chamson (gratuit), ou participer à une dégustation de jus de pommes reinettes et de produits du terroir (mardi matin en été lors du marché paysan, gratuit). *Pl. du Marché Tél. 04 67 81 01 72 www.cevennes-meridionales.com Ouvert juil.-août : lun.-sam. 9h-12h30 et 14h-19h ; Pâques-juin, sept.-Toussaint : lun.-ven. 9h-12h30 et 14h-18h, sam. 9h-12h30 et 15h-18h ; Toussaint-Pâques : lun.-ven. 9h-12h30 et 14h-17h30, sam. 9h-12h30*
**Maison du Parc national** Un "point info" très complet. *Bd des Châtaigniers Tél. 04 67 81 20 06 www.cevennes-parc-national.fr Ouvert mi-juin-août : mar.-sam. 10h-12h et 15h-19h ; début sept.-mi-juin : lun. et jeu. 14h-17h (et sur rdv)*

## location de VTT

**Cyclos Scoots** 15€/jour. *18, bd Plan-d'Auvergne Tél. 04 67 81 11 88 Ouvert mar.-sam. 8h30-12h et 14h30-19h*

## marchés

**Marché traditionnel** *Le sam. matin*
**Marché paysan** *De mi-mai à mi-oct., le mar. matin*
**Marché nocturne** *De mi-juil. à mi-août, le mer.*

## fêtes et manifestations

**Fête des potiers** *À Pâques*
**Fête de la transhumance** *À l'Espérou Début juin*
**Festival de musique classique** *En juil.-août*
**Les Transes cévenoles** Festival de musique et d'arts de la rue. ***Sumène*** *(10km à l'est du Vigan) www.lestranses.org Dernier week-end de juil.*
**Foire de la pomme et de l'oignon doux** *4e dim. d'oct.*
**Les journées mycologiques** Sorties découverte des champignons, expositions et ateliers. *En oct.*
**Journée des métiers d'art** Les villageois ouvrent leurs portes pour présenter leurs savoir-faire. ***Aumessas*** *En nov.*

# DÉCOUVRIR

☆ **Les essentiels** Le Musée cévenol, le mont Aigoual, l'abîme de Bramabiau, la grotte des Demoiselles **Découvrir autrement** Grimpez sur le mont Aigoual par le sentier des 4 000 marches, baladez-vous dans les gorges de la Dourbie, visitez le musée de la Soie



## Le Vigan

☆ ☺ **Musée cévenol** Un musée Arts et Traditions populaires tout à fait remarquable. Le cadre vaut le coup d'œil : une ancienne filature de soie aux salles majestueuses percées de baies en pleins cintres. Le musée ouvre sur d'éloquentes maquettes d'architectures rurales cévenoles. Évitant l'écueil d'une vision purement folkloriste, il décline tous les thèmes ethnologiques (pastoralisme, élevage, agriculture, etc.) avec des objets rares magistralement mis en valeur. Et comme Le Vigan fut l'une des villes de la soie et du bas, le musée présente de superbes vêtements du XVIII^e siècle, une collection de bas, des coiffes, des robes de mariée, etc. Une salle rend hommage à André Chamson, une autre à la couturière Coco Chanel dont la famille habitait un village voisin. Au hasard de la visite, on peut s'attarder dans le jardin paisible ou sur une terrasse d'où l'on a un point de vue magnifique sur l'Arre et le pont roman du Vigan. *1, rue des Calquières* ***Le Vigan*** *Tél. 04 67 81 06 86 http://viganais.free.fr Ouvert juil.-août : mer.-lun. 10h-13h et 15h-18h30 ; avr.-juin, sept.-oct. : mer.-dim. 10h-12h et 14h-18h (et nov.-mars : vac. scol. zone A 10h-12h, 14h-17h) Fermé 1er jan., 1er mai, 1er et 11 nov., 25 déc. Tarif 5€, moins de 18 ans gratuit*

## Les environs du Vigan

### Au nord-est

#### ● Suivre un guide de randonnée

**Semelles au vent** Une palette de randonnées accompagnées insolites qui mêlent aventure et découverte. Compter 495€/pers. pour 5 jours dans les Cévennes méridionales. *Mas Cavaillac* ***Molières-Cavaillac*** *(4,5km au nord-est du Vigan) Tél. 04 67 81 23 95 www.semellesauvent.com*

### Au nord : le mont Aigoual

#### ● Grimper au sommet en voiture

Du Vigan, empruntez la D48 (ou, mieux, commencez cet itinéraire par la pittoresque D190 via Aulas, qui rejoint la D48 à Arphy). On accède au sommet de l'Aigoual (plan 12, B2) en 39km, via le col du Minier (belle vue sur le causse de Blachas) et l'Espérou, petite station climatique qui reçoit des randonneurs l'été, et des skieurs de fond l'hiver. Au sommet, l'observatoire propose une exposition (gratuite) sur la météorologie. *Tél. 04 67 42 59 83 www.aigoual.fr Ouvert juil.-août : tlj. 10h-19h ; mai-juin, sept. : tlj. 10h-13h et 14h-18h ; avr., oct. : sur rés.*

## Randonner sur les sentiers

Avant toute expédition, interrogez le serveur vocal de Météo France pour prendre des nouvelles du temps qui peut être des plus capricieux. *Tél. 3250*

**GR®66** Appelé aussi Tour de l'Aigoual (plan 12, B2), ce chemin de grande randonnée emprunte partiellement la draille de Margeride (l'un des plus beaux chemins des Cévennes) et passe par le sommet. ***Départ*** *Village de l'Espérou (28km au nord du Vigan)* ***Parcours*** *Boucle de 78km* ***Durée*** *Comptez 6 jours* ***Conseils*** *Pour préparer votre périple, adressez-vous au comité départemental de randonnée pédestre, tél. 04 66 74 08 15*

**Sentier des 4 000 marches** Circuit phare de l'Aigoual (plan 12, B2), ce sentier qui conduit au sommet traverse des sites très variés. Après un parcours à travers des terrasses, vous pénétrerez dans une châtaigneraie à laquelle succède une zone de landes pour enfin atteindre l'observatoire du mont Aigoual (le mieux est d'y arriver pour le lever ou le coucher du soleil). Pour le retour, empruntez le GR®6 (balisage rouge et blanc) jusqu'au col du Pas (panorama). Quittez le GR®6 pour le sentier de pays (balisage jaune) vers Valleraugue. ***Départ*** *Valleraugue (22km au nord du*

### ☆ L'Aigoual : sans égal

Au sommet (1 567m), la bâtisse aux allures de manoir victorien est un observatoire météorologique érigé en 1893. Normal, la situation du mont Aigoual, au point de rencontre des influences atlantique et méditerranéenne, et sa météo aussi violente que fantasque, suscitent toutes les curiosités scientifiques : des vents violents (360km/h le 1er novembre 1968), une pluviométrie exceptionnellement abondante, de fortes amplitudes thermiques, des orages diaboliques et des brouillards tenaces. Quand s'apaisent les rages célestes, le sommet offre le plus beau des panoramas : un tour d'horizon n'embrassant pas moins de treize départements. À vol d'oiseau, 60km séparent l'Aigoual de la Méditerranée qui se confond avec le ciel par temps clair. "J'ai vu des nuits où tremblaient au loin toutes les lumières des rivages de la Méditerranée, des jours si clairs qu'on apercevait au nord-est le pic étincelant du mont Blanc", écrit Jean Carrière avant d'ajouter : "L'Aigoual, c'est, plus qu'un site particulièrement original, l'expression d'une métaphysique." Pourtant peu spectaculaire (c'est un de ses paradoxes) cette montagne, terre de légendes, théâtre de pèlerinages vivaces, a généré une imposante littérature (Frédéric Mistral, André Chamson, Jean Carrière). Qu'en est-il aujourd'hui de cette histoire d'amour, presque charnelle, entre l'Aigoual et les Cévenols ? Une certitude : cette "montagne sainte" ne livre ses sortilèges qu'aux marcheurs. Ils traverseront d'amples forêts, fruit d'un reboisement datant du XIXe siècle et organisé par deux botanistes-forestiers, Émile Deux, responsable des pentes lozériennes, et Georges Fabre, qui planta sur le versant gardois des arboretums expérimentaux dont certains prospèrent toujours, en particulier l'hort de Dieu et de la Foux.

*Vigan, derrière l'église)* **Parcours** Boucle de 22km **Durée** 8h **Difficulté** *Avec des dénivelés de 1 200m, ce sentier est réservé aux marcheurs entraînés*
**Sentier des Botanistes** Ce sentier fait le tour du sommet de Trépaloup et offre de belles vues sur les crêtes des Cévennes et sur l'hort de Dieu (jardin de Dieu), un parc arboretum créé au XIXe siècle. **Départ** *1,5km avant le sommet, un panneau signale le sentier* **Parcours** Boucle de 1,5km
**Sentier André-Chamson** Ce parcours, qui suit le tracé du GR®60, part du Vigan et grimpe les pentes du mont Aigoual jusqu'à La Luzette où se trouvent les tombes du romancier philosophe André Chamson et de son épouse. Élu à l'Académie française en 1957, André Chamson (1900-1983) s'est engagé dans la guerre d'Espagne auprès d'André Malraux, puis dans la Résistance. **Départ** *Derrière la mairie du Vigan* **Durée** 4h **Parcours** 10,5km **Difficulté** *La pente est raide (1 050m de dénivelé), mais le sentier est superbe* **Conseil** *Procurez-vous le descriptif complet à l'office de tourisme (gratuit)*



## Au nord-ouest

☆ **Abîme de Bramabiau (plan 12, B2)** Sur le versant nord de l'Aigoual, près de Camprieu ; vous entendrez gronder une sourde rumeur. Rapprochez-vous et vous entendrez le bruit d'un bœuf qui brame (*bramabiou*, en patois local), c'est la résurgence du Bonheur qui jaillit après une longue course souterraine de 700m. Vous y verrez à la fois une grotte et une cascade spectaculaire, et ferez une balade dans un défilé étroit (couvrez-vous, il y fait frais !). ***Saint-Sauveur-Camprieu*** *(37km au nord-ouest du Vigan) Tél. 04 67 82 60 78 www.abime-de-bramabiau.com Ouvert juil.-août : tlj. 9h30-18h30 ; avr.-juin, sept. : tlj. 10h-17h30 ; oct. : tlj. 11h-16h30 Tarif 8€, 13-16 ans 5,50€, 6-12 ans 4€*

☺ **Gorges de la Dourbie** Balade hors du temps dans une vallée oubliée. La Dourbie y caracole entre des blocs de granite érodés et quelques bosquets de hêtres. Au départ du village de Dourbies, suivez la D151A, puis la D114 qui longe les gorges. Sur la D151, qui propose un itinéraire similaire en crête, vous pourrez observer la châtaigneraie reprendre ses droits et admirer les formes acérées des crêtes schisteuses du Lingas. Revenez par le pic Saint-Guiral, théâtre de légendes et d'un pèlerinage toujours actif. *45km au nord-ouest du Vigan, via Saint-Jean-du-Bruel*

## Au sud

**Cirque de Navacelles** La Vis a creusé ici une sorte de canyon au milieu duquel il lui a pris la fantaisie d'un méandre très encaissé. Aujourd'hui abandonné par la rivière, ce méandre supporte des prairies et enserre un mont calcaire qui a vaillamment résisté à l'érosion. Nous sommes ici entre les causses de Blandas et du Larzac, à l'extrême limite des Cévennes. Du Vigan, on aborde Navacelles via Montdardier (D48), puis Blandas (D113). Vous pourrez longer la Vis (via le village de Navacelles) par le GR®7, au départ de Saint-Maurice-Navacelles, jusqu'à Blandas, par exemple. Difficile de se perdre, en saison, vous serez à la queue leu leu. *25km au sud-ouest du Vigan*
**Points info** ***Alzon*** *(19km à l'ouest du Vigan) Tél. 04 67 83 91 82 (mi-juil.-mi-août) et au belvédère de la Baume-Auriol Tél. 04 67 44 63 10 (Pâques-mi-nov.)*

☆ **Grotte des Demoiselles** Un coup d'œil aux gorges de l'Hérault, puis un saut chez les Demoiselles (les fées, à qui l'on doit ces extravagantes fantaisies souterraines) pour admirer la salle de 120m de long et 50m de haut, véritable "cathédrale". On monte en funiculaire (le 1er de France dans une grotte, construit en 1961) vers les habituelles draperies, coulées de calcite et stalactites particulièrement spectaculaires et bien mises en lumière. *Près de* ***Ganges*** *(23km au sud-est du Vigan) Tél. 04 67 73 70 02 www.demoiselles.com Ouvert juil.-août : tlj. 10h-18h ; avr.-juin, sept. : tlj. 10h-17h30 ; mars, oct. : lun.-sam. 14h30-16h30, dim. 10h-11h et 14h-16h30 (et vac. scol.) ; nov.-fév. : lun.-sam. 14h-16h, dim. 10h-16h (et vac. scol.) Tarif 9,60€, 12-17 ans 7€, 6-11 ans 6,50€, 3-5 ans 1,50€*



### ● Faire de la haute voltige dans les arbres

☺ **Les Accros d'Anjeau** Du parcours le plus simple, celui des bébés, au parcours noir, voilà un très grand moment d'adrénaline inoubliable. Le parc aventure aménagé dans une forêt de 3ha plantée de pins parasols, de cèdres, de chênes et de châtaigniers propose une telle variété d'obstacles qu'il est probablement l'un des plus beaux du Midi, bien aidé par un cadre tout simplement merveilleux. De 4 à 20€ selon l'âge et la durée choisie. Pour ceux et celles qui voudraient juste profiter du parc, l'entrée est libre. Sur place : aire de pique-nique, buvette et snack. *Route de Ganges* ***Montdardier*** *(7km au sud du Vigan) Tél. 06 08 53 93 70 www.lesaccrosdanjeau.fr Ouvert Pâques : tlj. 14h-19h (vac. scol.) ; juil.-août : tlj. 10h-19h ; reste de l'année : w.-e. et j. fér. 14h-18h Fermé fin sept.-Pâques*

## À l'est

**Musée de la Soie** Village connu pour avoir conservé de nombreux cadrans solaires, Saint-Hippolyte rend hommage à son passé séricicole. Du mûrier jusqu'au carré de soie, ce musée, rénové en 2013, vous ouvre les coulisses de la sériciculture. C'est également cette institution qui commercialise la soie des Cévennes, et en assure la promotion auprès des grands couturiers. *Place du 8-Mai 1945* ***Saint-Hippolyte-du-Fort*** *(31km à l'est du Vigan) Tél. 04 30 67 26 94 www.museedelasoie-cevennes.com Ouvert juil.-août : lun.-ven. 10h-12h et 14h-18h, dim. 14h-18h ; sept.-déc. : mar.-dim. 10h-12h30 et 14h-18h Tarif 5€, réduit 4€, 6-12 ans 3€*

# CARNET D'ADRESSES

## Restauration, hébergement

### camping

**Le Val de l'Arre** Ce camping de standing, à 2km du centre, s'est judicieusement installé au bord de la rivière et offre une aire de baignade. Forfait 2 pers. de 13,90 à 21,40€ et location de mobil-homes de 2 à 6 pers. de 203 à 714€/sem. en fonction des saisons. *Route du pont de la Croix* ***Le Vigan*** *Tél. 04 67 81 02 77 www.valdelarre.com Ouvert avr.-sept.*

### très petits prix

**L'hôtel du Commerce** Non loin du centre, un hôtel neuf, sans grand charme, mais qui présente beaucoup d'atouts : des chambres bien tenues, claires, un coin jardin, un parking, un accueil plaisant et des prix très doux : chambres doubles de 25 (douche et toilettes sur le palier) à 45€, petit déj. 5€. *26, rue des Barris* ***Le Vigan*** *Tél. 04 67 81 03 28 sarreboubee.serge@wanadoo.fr Ouvert toute l'année*

## prix moyens

☺ **Le Chandelier** À vous de choisir entre la terrasse au beau mobilier en tek et la salle voûtée, dallée, qui occupe le porche d'un ancien relais de poste. Une chose est sûre : le lieu est élégant et le service efficace et souriant. Quant à la cuisine, elle est charmeuse : subtil espadon à la cuisson parfaite accompagné d'un coulis de tomate et de légumes frais, entre autres délices. Ce sympathique restaurant fait un sans-faute ! Plat du jour 8,50€. Menus de 14€ (servi jusqu'à 20h30) à 28€, pour un excellent rapport qualité-prix. *19, rue Pouzadou* ***Le Vigan*** *Tél. 04 67 81 17 04 www.restaurant-cave-le-chandelier-le-vigan.com Ouvert mai-sept. : 12h-14h30 et 19h-22h30 ; mars-avr., oct. : mar.-sam. 12h-14h30 et 19h-22h30*

## prix élevés

**Le Jardin** Enfouie dans les ruelles de la vieille cité cévenole, cette table chaleureuse et familiale joue sagement la carte du terroir, épicée de quelques embardées exotiques. Le chef, ancien de deux maisons réputées, est originaire du Burkina Faso ; il n'hésite pas à ajouter une pointe de mangue ou de patate douce aux plus traditionnels oignons doux et pommes reinettes, incontournables de la région. La jolie terrasse dressée sur une petite place est parfaite pour un dîner avec les enfants, qui peuvent jouer sans danger. Menus 18, 26 ou 35€. *10, rue du Four* ***Le Vigan*** *Tél. 04 67 81 28 96 Ouvert mar.-sam. 12h-14h et 19h15-22h, dim. 12h-14h*

# Dans les environs

## campings

**Le Plan** Pour les amateurs de camping à la ferme, quelques emplacements nichés dans un parc ombragé. Campagnard mais avec douches chaudes et barbecue. Forfait 2 pers. 12€. Également un gîte d'étape pour 7 pers. (dont 3 places équipées pour les personnes handicapées), 15€ la nuit. Table d'hôtes 15€ tout compris. *Lieudit Le Plan* ***Bréau-et-Salagosse*** *(5km à l'ouest du Vigan) Tél. 04 67 81 76 81 www.le-peloux.fr Ouvert mai-sept.*

☺ **Camping du Mouretou** Un joli camping familial à quelques mètres de l'Hérault et au pied du mont Aigoual. La rivière, très fraîche, a été aménagée pour la baignade et, pour ceux qui préfèrent l'eau à température plus douce, une piscine est réservée aux campeurs. Forfait 2 pers 15-19€. Les propriétaires ont mis un point d'honneur à faire de leur resto-pizzeria un endroit accueillant où se retrouvent régulièrement les jeunes des villages des alentours. *Route de l'Aigoual* ***Valleraugue*** *(25km au nord du Vigan) Tél. 04 67 82 22 30 www.camping-mouretou.com Ouvert Pâques-Toussaint*

| GAMME DE PRIX | RESTAURATION | HÉBERGEMENT |
|---|---|---|
| Très petits prix | moins de 10€ | moins de 40€ |
| Petits prix | de 10 à 15€ | de 40 à 60€ |
| Prix moyens | de 15 à 25€ | de 60 à 80€ |
| Prix élevés | de 25 à 45€ | de 80 à 120€ |
| Prix très élevés | plus de 45€ | plus de 120€ |

### prix moyens

☺ **Chambres d'hôtes Mas du Cougnet** Les 5 chambres (Noisette, Framboise, Châtaigne...) fleurent les Cévennes, ses hêtraies et ses châtaigneraies, ses massifs de genêts et ses cultures en terrasses. Un environnement d'exception dans lequel s'est perdue cette belle maison reprise et restaurée par un couple au parcours peu commun. Traiteurs et charcutiers dans les plaines languedociennes, ils se sont retranchés dans ces forêts au pied du Mont Aigoual pour accueillir des hôtes de passage et les régaler d'un savoir-faire qu'ils n'ont pas oublié. Chambre double de 62 à 69€, petit-déj. inclus. Table d'hôtes 23€/pers., enfants 12€, sur rés. uniquement. *Le Cougnet Route de l'Aigoual* ***Valleraugue*** *(25km au nord du Vigan) Tél. 04 99 92 06 94 www.masducougnet.com Fermeture annuelle nov.-fév.*

### prix élevés

☺ **Auberge La Borie** Un ancien mas et ses terrasses (l'une d'elles avec piscine) nichés dans un de ces bouts du monde typiquement cévenols. Qui soupçonnerait que se cache là l'une des meilleures adresses du coin ? Le panorama est enivrant, et le reste à l'avenant : la déco foisonnante de la salle à manger et une "cuisine de femme", savamment mijotée, font la belle réputation de cet hôtel-restaurant. Et, depuis 1979, la passion ne faiblit pas. Menu 18,50€ avec terrine maison, pièce de bœuf ou pavé de saumon, ou diverses propositions selon la saison, et pour finir un crumble aux fruits de saison. Autres menus à 26,50 et 34,50€ avec foie gras maison. Huit chambres coquettes de 43 à 70€, et un duplex (5 pers.) à 84€. Piscine. Un lieu que l'on quitte à regret. ***Mandagout*** *(10km au nord du Vigan) Tél. 04 67 81 06 03 www.aubergelaborie.fr Fermé mar. soir-mer. hors saison* **Hôtel** *Ouvert mars-nov.*

☺ **Château du Rey et l'Abeuradou** Une forteresse médiévale que Viollet-le-Duc a transformée au XIXe siècle en rêve de Sissi. Une douzaine de chambres charmantes, aristocratiquement meublées (de 79 à 99€). Piscine. Mais on viendra surtout pour le restaurant l'Abeuradou, dont la terrasse enchanteresse se prolonge vers les rives de l'Arre par une pelouse fleurie. Une cuisine goûteuse qui associe avec subtilité les produits du terroir (l'agneau est excellent) et les herbes aromatiques. Menus à 24, 35 et 46€. Service très raffiné. ***Lieu-dit Le Rey*** *(4km à l'est du Vigan) Tél. 04 67 82 40 06 www.chateaudurey.fr Ouvert mai-sept. : tlj. (basse saison : fermé dim. soir-lun.)* **Hôtel** *Ouvert avr.-sept.*

# SAINT-JEAN-DU-GARD

30270

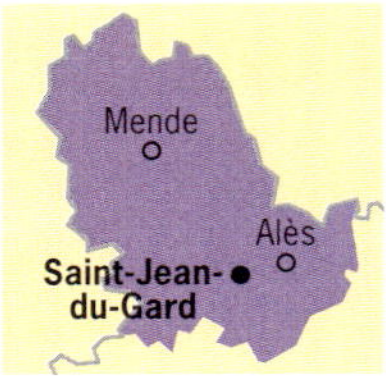


**À l'auberge de l'Oronge, Stevenson écrase une larme, ou plutôt il "cède à son émotion", comme il l'écrit pudiquement. C'est là qu'il abandonne l'ânesse Modestine et que s'achève son périple. C'est là aussi que les Cévennes tirent leur révérence : on s'approche du Midi, on y est presque. Les hêtres disparaissent et les châtaigniers se font rares dans ces basses vallées**

**cévenoles, ils cèdent alors leur place aux oliviers, à la vigne et, à l'horizon, le moutonnement des garrigues préfigure l'Uzège. Sur les toits, la tuile rose remplace la lauze. Les crépis des grandes maisons de Saint-Jean (plan 11, C2) sont souvent colorés, le ciel est d'azur, et les marchés s'éternisent bien au-delà de midi en une atmosphère quasi provençale. Village languide et souriant qui joue à la pétanque de midi à minuit sur la grande place du Foirail, Saint-Jean s'étire le long du Gardon.**



**LE CENTRE DE GRAVITÉ DE DEUX VALLÉES** À partir de Saint-Jean-du-Gard prenez deux points de repère : à l'ouest la vallée Borgne, à l'est la vallée des Camisards. Dernier contrefort des Cévennes schisteuses, parallèle à la corniche des Cévennes, la vallée Borgne – de Saint-Jean vers Saint-André-de-Valborgne – longe le Gardon de Saint-Jean qui s'étrangle dans les modestes gorges du Souci. Le fond de cette vallée est occupé par des prairies, des bancels cultivées et des paysages plutôt verdoyants grâce à la présence de nombreuses sources (Borgne dérive de *bornha* qui, en occitan, signifie résurgence). Avant d'arriver à Saint-André, on traverse Saumane, et le hameau de Bourgnole aux belles architectures paysannes. Près des Plantiers se dressent, à quelques siècles de distance, l'abbaye romane Saint-Marcel-de-Fontfouillouse et une croix de Lorraine commémorative des actions courageuses du maquis Aigoual-Cévennes. Autre affaire de résistance, celle des camisards avec le gardon de Mialet pour fil d'Ariane. Cette vallée, qui court de Saint-Jean-du-Gard jusqu'à Anduze, fut baptisée la "Genève française" en référence à sa ferveur calviniste. Entre ces deux villes, le musée du Désert abrite la mémoire protestante, la grotte du Fort où se tenaient des prêches clandestins et le pont des Camisards. Saint-Jean-du-Gard et Anduze furent les premiers villages à s'intéresser à la Réforme (dès 1530) et à se convertir massivement.

# MODE D'EMPLOI

## accès

### EN VOITURE

91km au sud-est de Mende par la N106, la D983, la D9, la D260 et la D907 ; 13km au nord-ouest d'Anduze par la D907. En été, stationnez sur le parking près de l'office de tourisme (place Rabaut-Saint-Étienne).

### EN TRAIN

La gare sert uniquement de point de départ au train touristique Saint-Jean-du-Gard-Anduze. *Tél. 04 66 60 59 00*

### EN CAR

Les lignes Alès-Saint-Jean sont assurées par le réseau NTECC (ligne 72 et 81) et Saint-Jean-Nîmes est assurée par Edgard Transport (ligne A12). *Horaires disponibles à l'office de tourisme*

**Edgard Transport** *Tél. 0810 33 42 73 www.edgard-transport.fr*

**NTECC** *Tél. 04 66 52 31 31 www.ntecc.fr*

## informations touristiques

**Office de tourisme de Saint-Jean-du-Gard** Demandez la pochette des sentiers de découverte autour de

Saint-Jean à 5€. *Pl. Rabaut-Saint-Étienne Tél. 04 66 85 32 11 www.tourisme-saintjeandugard.fr Ouvert été : lun.-sam. 9h-12h30 et 14h30-18h, dim. 10h-12h30 ; basse saison : lun.-ven. 9h-12h et 13h30-17h, sam. 10h-12h*

**Office de tourisme de la vallée Borgne** *Les Quais* ***Saint-André-de-Valborgne*** *Tél. 04 66 60 32 11 www.valleeborgne.org Ouvert juil.-août : lun.-jeu. 9h-12h30 et 16h-19h, sam. 16h-19h, dim. 9h30-12h30 ; mai-juin : mar.-sam. 9h30-12h ; sept.-avr. : lun.-ven. 9h30-12h Fermé j. fér. et vac. scol. Noël*

## fêtes et manifestations

**Festival de la randonnée** *Tél. 04 66 85 17 94 À l'Ascension et à la Toussaint*

**Festival de théâtre** *En août*

**Boulegan A l'Oustal** Festival de musique traditionnelle. *http://festival-boulegan.com À Pâques*

**Journées de la plante et du fruit** *Fin nov.*

## marchés

**Grand marché traditionnel** *Le mar. matin*

**Marché paysan** *De Pâques à la Toussaint, le sam. matin*

**Marché nocturne** *En juil.-août, le jeu. soir*

**Marché paysan** ***Saint-André-de-Valborgne*** *De mai à nov., le dim. matin*

# DÉCOUVRIR

**Découvrir autrement** Savourez une crêpe à la farine de châtaigne au restaurant La Treille, emmenez les enfants découvrir le poisson-vache à l'Aquarium

## Saint-Jean-du-Gard

### ● Où déguster une crêpe à la farine de châtaigne ?

**La Treille (plan 12, C2 n°46)** Le charme majeur de ce petit restaurant, c'est sa terrasse, en surplomb de la rue, sous une belle tonnelle. On s'y régale de menus qui nourrissent bien (19€ à midi et 27,50€) ou d'une simple mais généreuse assiette cévenole, sans oublier les crêpes à la farine de froment ou à la farine de châtaigne (garnies de jambon et pélardon, 100% local). *10, rue Olivier-de-Serres Tél. 04 66 85 38 93 www.creperie-latreille.com Ouvert juil.-août : mar.-dim. 12h-15h et 19h-tard ; mars-juin, sept.-nov. : ven. à partir de 19h, sam.-dim. 12h-15h et 19h-tard*

### ● Pratiquer des sports de pleine nature

**Le Merlet** Pour organiser des journées sportives, spéléo (270€/8 pers./j), canyoning (300€/8 pers./j), escalade, canoë, via ferrata, randonnée pédestre en petits groupes. *20, rue Pelet-de-la-Lozère Tél. 04 66 85 18 19 www.lemerlet.asso.fr Ouvert toute l'année*

### ● Admirer des poissons du monde entier

**L'Aquarium** Une soixantaine d'aquariums pour découvrir la faune des mers tropicales, des rivières amazoniennes et asiatiques… mais aussi à l'extérieur de grands bassins vitrés pour côtoyer des poissons de rivières et lacs européens.

On pourra ainsi découvrir le poisson-vache et le poisson-coffre ! Un jeu de piste pour les enfants. *Av. de la Résistance Tél. 04 66 85 40 53 www.aquarium-cevennes.fr Ouvert juin-août : tlj. 10h30-19h ; avr.-mai, sept.-oct. : mar.-dim. 11h-18h Fermé nov.-mars Tarif 8€, réduit 7€, 4-15 ans 6€*

# Les environs de Saint-Jean-du-Gard

## Au sud

**Sainte-Croix-de-Caderle** Un amour de village cévenol (sans commerces), superbement isolé, posé sur un sommet des Cévennes gardoises. Quelques maisons bien conservées, une remarquable chapelle romane et son cimetière. En prime, un superbe panorama (avec, en premier plan, un hangar !). *11km au sud de Saint-Jean-du-Gard, D153*

**Vallée de la Salendrinque** Aussi appelée val d'Émeraude, ou Petite Suisse tant elle est verdoyante. De Thoiras à Saint-Hyppolyte, via Lasalle, par la D57 puis la D39, on se balade le long de la Salendrinque de manoirs en châteaux (près d'une dizaine de châteaux, toutes époques confondues, visibles du bord de la route). La D258, plus secrète, offre aussi de beaux points de vue sur la vallée. *Au sud de Saint-Jean-du-Gard*

### ● Profiter du grand air des Cévennes

**Maison de la Randonnée et des Activités de pleine nature** Cet organisme rassemble des prestataires proposant quantité d'activités à pratiquer au grand air dans les Cévennes, et notamment des randonnées thématiques (astronomie, terroir, etc.). *La châtaigneraie la Plaine* ***Thoiras*** *(9km au sud-est de Saint-Jean-du-Gard) Tél. 04 66 61 66 66 www.maisondelarandonnee.com*

## À l'ouest

**Le Serre de Pommaret (plan 12, B2)** La raïolette, gros oignon doux à la saveur subtile implanté dans les Cévennes en 1830, est classé en AOP. Jean-David Lafont-Medveczky est l'un de ces producteurs d'oignons doux de la vallée Borgne, qu'il vend frais. ***Saint-André-de-Valborgne*** *(25km à l'ouest de Saint-Jean-du-Gard) Tél. 04 66 60 34 71 Ouvert mars-sept.*

# CARNET D'ADRESSES

## Restauration, hébergement

### camping

**Le Mas de la Cam (plan 12, C2 n°48)** Dans le parc d'un superbe mas cévenol, en bordure du Gardon. Les équipements sont à la hauteur : parc aquatique, restaurant et animation pour les enfants. Forfait 2 pers. de 16 à 33€. Accueil parfait et excellent rapport qualité-prix. Pas de mobil-home (les propriétaires trouvent ça laid, ont-ils tort ?), mais des gîtes dans un mas restauré à partir de 385€/semaine pour 4 pers. *Route de Saint-André-de-Valborgne* ***Saint-Jean-du-Gard*** *Tél. 04 66 85 12 02 www.masdelacam.fr Ouvert avr.-sept.*



## petits prix

**Mas Cornély** La maîtresse des lieux s'occupe des truites, de l'élevage de lapins, du potager. La chambre d'hôtes (env. 45€) est installée dans l'intimité de la maison familiale – un magnifique mas au cœur d'une grande propriété – près du salon et de la terrasse. Pour le dîner (15€) sont servis les produits du jardin, de fameux gratins et mille et une façons d'accommoder les œufs. ***Sainte-Croix-de-Caderle*** *(9km au sud de Saint-Jean) Tél. 04 66 85 44 24 http://mascornely.monsite-orange.fr Ouvert toute l'année*

## prix moyens

**Les Bellugues (plan 12, C2 n°52)** Un restaurant simple et chaleureux. Les Bellugues renouvellent souvent leur carte en y apportant une pointe de fantaisie (salade d'écrevisses avec sauce à l'anchois, magret d'oie aux châtaignes), les assiettes sont très bien garnies et au service, une patronne rieuse et efficace. Bref, un restaurant qui a l'ambition de vous faire plaisir. En été, nous vous conseillons d'opter pour un dîner sous l'auvent dressé au cœur de la petite bambouseraie. Formules déjeuner à 12,50 et 13€, un menu "randonneur" (env. 20€) qui comblera les plus insatiables et un menu dégustation à 27€. *11, rue Pelet-de-la-Lozère* ***Saint-Jean-du-Gard*** *Tél. 04 66 85 37 29 Ouvert juil.-août : mar.-dim. 12h-14h et 19h-21h30 ; avr.-juin, sept.-nov. : mar.-sam. 12h-14h et 19h-21h30, dim. 12h-14h*

**Hôtel Les Bellugues (plan 12, C2 n°45)** Cette ancienne filature de soie a gardé sa coquille extérieure, son volume tout en longueur et ses portes cintrées. Chacune d'entre elles est devenue une large baie vitrée éclairant généreusement les chambres. Le tout en plein centre-ville, mais niché dans un cocon de verdure. Pour se rafraîchir, il y a une piscine dans le jardin. Les 16 chambres sont sobres (de 62 à 66€) et bien tenues. *13, rue Pelet-de-la-Lozère* ***Saint-Jean-du-Gard*** *Tél. 04 66 85 15 33 www.hotel-bellugues.com Ouvert mi-mars-mi-nov.*

## prix élevés

☺ **Le Mas de Prades** Dans la verdoyante vallée de la Salendrinque. Très belle propriété, impeccablement tenue, avec piscine chauffée. Dans cette demeure de caractère, on a l'art de l'hospitalité, et vous trouverez même une bibliothèque, une salle vidéo, un patio très plaisant et une petite cuisine d'été pour les pique-niques au bord de la piscine. Élégant et chaleureux. Cinq belles chambres de 95 à 100€ (avec douche ou bain). Dîner 29€. *Prades* ***Thoiras*** *(9km au sud-est de Saint-Jean-du-Gard) Tél. 04 66 85 09 00 ou 06 80 28 51 46 www.masdeprades.com Ouvert toute l'année sur rés.*

| GAMME DE PRIX | RESTAURATION | HÉBERGEMENT |
|---|---|---|
| Très petits prix | moins de 10€ | moins de 40€ |
| Petits prix | de 10 à 15€ | de 40 à 60€ |
| Prix moyens | de 15 à 25€ | de 60 à 80€ |
| Prix élevés | de 25 à 45€ | de 80 à 120€ |
| Prix très élevés | plus de 45€ | plus de 120€ |

# ANDUZE

30140

**Anduze, qui a gardé intacts ses charmes cévenols et toutes ses façades méridionales colorées, est souvent désignée comme la porte sud des Cévennes. Anduze est joliment située, engoncée entre le Gardon et l'abrupte barrière calcaire de la montagne Saint-Julien ; la rue principale canalise les – trop ? – nombreux touristes venus sous les platanes centenaires jouir d'un art de vivre qui, déjà, fleure bon le pastis. Nous voilà à la frontière de deux mondes : tournant le dos aux farouches Cévennes, Anduze regarde la plaine languedocienne. Malgré les tonitruantes boutiques à babioles, le charme d'Anduze opère dans les ruelles médiévales.**

## MODE D'EMPLOI

### accès

**EN VOITURE**
104km au sud-est de Mende par la N88, la N106, la D9 et la D907 ; 13km au sud-est de Saint-Jean-du-Gard par la D907. À l'entrée du village, des panneaux signalent des parkings gratuits qu'il faut absolument utiliser.

**EN CAR**
La ligne Saint-Jean-Nîmes effectue un arrêt à Anduze (Edgard Transport, ligne A12). Alès-Anduze est assurée par le réseau de la NTECC (ligne 72 ou 81). Vente de tickets à la boutique La Porte des Cévennes.
**Edgard Transport** *Tél. 0810 33 42 73 www.edgard-transport.fr*
**NTECC** *Tél. 04 66 52 31 31 www.ntecc.fr*

### informations touristiques

**Office de tourisme d'Anduze** Cet office accueillant organise en été des visites de la ville. Vous pourrez vous y procurer le plan de la ville et un guide touristique (gratuits). *Plan de Brie Tél. 04 66 61 98 17 www.anduze-tourisme.com Ouvert juil.-août : lun.-sam. 10h-18h, dim. 10h-12h30 et 14h30-17h, j. fér. 10h-13h ; sept.-juin : lun.-ven. 10h-12h30 et 14h-17h30, sam. 10h-12h30*
**Office de tourisme d'Alès** *Pl. de l'Hôtel-de-Ville* **Alès** *Tél. 04 66 52 32 15 www.ot-ales.fr Ouvert juil.-août : lun.-ven. 9h-19h, sam. 9h30-12h30 et 14h-18h, dim. 9h30-12h30 ; juin : lun.-ven. 9h-12h30 et 13h30-18h, sam. 9h-12h et 13h30-17h30 ; sept.-mai : lun.-sam. 9h-12h et 13h30-17h30*

### marchés

**Marché traditionnel** *Le jeu. matin*
**Marché aux puces** Parking du Super U. *Le dim. matin*
**Marché nocturne** *En juil.-août, le mar.*
**Marché des potiers** *En août*

### fêtes et manifestations

**Animations** Concerts, films, représentations théâtrales, débats, signatures de livres sur toute l'intercommunalité. *Rens. à l'office de tourisme*
**Les Heures d'orgue** Programme de concerts au temple. *Tout l'été*
**Foire aux vins et aux produits régionaux** *En juil.*

**Festival de la Soupe et de la Châtaigne** *Fin oct.*
**Fête de la fourche et de la cerise** *Sauve Fin mai*
**Estiv'Alès** Concerts et animations. *Alès Tout l'été*
**Cratères surfaces** Art de rue. *Alès Début juil.*
**Les Fous chantants** *Alès 1 sem. fin juil.-début août*



# DÉCOUVRIR

**☆Les essentiels** La bambouseraie Prafrance à Anduze, le musée du Désert et la grotte de Trabuc à Mialet, la mine témoin d'Alès **Découvrir autrement** Regardez les potiers tourner les vases d'Anduze, offrez-vous une fourche en micocoulier fabriquée à Sauve

## Anduze

**Vieille ville** Un tour de la vieille ville vous permettra de voir le temple (XIXe s.) le plus grand de France, la tour de l'Horloge (XIVe s.), seul vestige des remparts, la place du Marché et sa halle couverte – une ancienne orgerie. Une étonnante fontaine (place Couverte) avec un toit couvert de tuiles vernissées en forme de pagode rappelle que la ville entretenait au XVIIe siècle des relations commerciales

### La révolte des camisards et le Désert cévenol

L'année 1685 sonne donc le glas de la liberté de culte, l'exil forcé des pasteurs et le début des persécutions. Ce sont les "dragonnades" : les soldats, les dragons du roi, s'installent dans les maisons protestantes, pillant, violant jusqu'à ce que les habitants abjurent leur foi. Ceux des réfractaires qui n'ont pas pu fuir vers les pays refuges, Suisse, Allemagne, Pays-Bas, sont envoyés aux galères, pour les hommes, en prison, pour les femmes. Les enfants sont confiés aux sœurs catholiques chargées d'en extirper le démon. Et puis, de passive, la résistance devient active : le 24 juillet 1702, l'abbé du Chayla est assassiné, c'est le début d'une guérilla qui durera deux ans, pendant laquelle 3 000 camisards ont tenu tête à 30 000 soldats. Deux chefs s'imposèrent, Rolland et Cavallier. La rébellion écrasée, le protestantisme se réorganise dans la douleur et toujours dans la clandestinité jusqu'à ce que des esprits éclairés (Voltaire, par exemple) s'en offusquent. En 1787, Louis XVI signera un édit de Tolérance, puis, en 1781, la jeune Assemblée nationale inscrira la liberté de culte à la Constitution. Aujourd'hui, les huguenots cévenols représentent environ 2% des protestants, répartis en plusieurs courants dont les orientations religieuses présentent de subtiles différences comprises par les seuls initiés. Pour en savoir plus, on se rendra au musée du Désert (p.371).

**DANS LA FORÊT D'ÉMERAUDE**

Dès l'entrée de la bambouseraie Prafrance, sous les séquoias géants, prospèrent déjà une vingtaine d'espèces de bambous dont certains atteignent 18m de haut (il y a là près de 200 espèces). On traverse un village asiatique avant de pénétrer dans la forêt de bambous géants (28m de haut), des "arbres" d'une élégance altière, qui peuvent grandir de 1m en 24h. Au hasard de la visite, vous verrez une multitude d'essences, dont un gigantesque ginkgo biloba (arbre sacré au Japon), mais aussi des serres du XIX^e^ siècle, et un jardin aquatique avec lotus et nénuphars.

avec l'Orient (encore une histoire de soie). La fontaine Pradier (sur le plan de Brie) est, elle, de facture XIX^e^ siècle. Enfin, faites une halte sous un des grands arbres du parc des Cordeliers.

☆ ☺ **Bambouseraie Prafrance** Cette bambouseraie (12ha, 1h30 de visite pour les plus pressés) n'est pas un énième parc d'attractions, une idée marketing ; sa naissance est intimement liée à l'histoire séricicole des Cévennes. À la fin du XIX^e^ siècle, Eugène Mazel originaire de Générargues ayant hérité de la fortune de son oncle, négociant en épices, et curieux de botanique, se met en rapport avec des botanistes et des collectionneurs et commence à acclimater des plants de bambous dans un terrain limoneux acheté en bordure du Gardon (des terres agricoles jadis *pra-franc*, c'est-à-dire exonérées d'impôts). La bambouseraie est née et s'enrichira de multiples essences pour devenir aujourd'hui l'un des centres de gravité touristiques du sud. Ce jardin est une sorte d'hallucination et on est instantanément transporté dans un extravagant décor d'Extrême-Orient qui a inspiré beaucoup de cinéastes (*Le Salaire de la peur*, *Paul et Virginie*, *Les Héros sont fatigués*). La bambouseraie est également un lieu culturel, recevant des artistes dont la rêverie s'organise autour du bambou. Vous pourrez y acheter des bambous, des érables et de nombreuses plantes présentes dans le parc. *552, rue de Montsauve* ***Générargues*** *(2km au nord d'Anduze) Tél. 04 66 61 70 47 www.bambouseraie.fr Ouvert mi-mars-sept. : tlj. 9h30-19h ; 1^er^ mars-mi-mars, oct.-1^er^ nov. : tlj. 9h30-18h ; 2 nov.-mi-nov. : tlj. 9h30-17h Tarif 8,80€, réduit 5,20€*

## Robuste et raffiné : le vase d'Anduze

Il y a, sur les rives du Gardon près d'Anduze, une argile si fine que de nombreux potiers s'y installent au XVIII^e^ siècle. Quand les autres activités déclinent (filatures, bonneteries, fabriques de chapeaux), les potiers résistent. Court et trapu, vernissé, avec des couleurs flammées mariant le jaune miel, le vert olive et le brun châtaigne, le vase d'Anduze s'orne d'une guirlande et de macarons portant l'estampille de son fabricant. Sa forme particulière est née au XVII^e^ siècle à la foire de Beaucaire d'une inspiration du potier Boisset tombé amoureux d'un vase italien de type Médicis. La singularité du vase d'Anduze tient à ce mélange de sophistication florentine et de rigueur cévenole et sa popularité doit beaucoup à Louis XIV qui en passa commande pour l'orangerie de Versailles.

## Où acheter le vase d'Anduze ?

**Les enfants de Boisset** La famille Boisset, à l'origine du vase d'Anduze, perpétue la tradition dans ses ateliers, que l'on peut visiter. *Route de Saint-Jean-du-Gard Tél. 04 66 61 80 86 www.poterie-anduze.fr Ouvert hiver : tlj. 9h-12h et 14h-18h ; reste de l'année : 9h-12h et 14h-19h Fermé dim. matin et j. fér. ; 24 déc.-mi-jan.* ***Visite des ateliers*** *Ouvert lun.-jeu. 9h-12h et 14h-17h, ven. 9h-12h Fermé 2 sem. en août*

**Poterie de la Madeleine** Cette fabrique pratique encore le tournage artisanal. *Route de Nîmes Tél. 04 66 61 63 44 www.poterie.com Ouvert tlj. 9h-19h*

## Où goûter et acheter la cartagène ?

**Cave de Massillargues-Atuech** La cartagène est un apéritif local à base de jus de raisin additionné d'alcool de marc (fine du Languedoc). Ces vignerons accueillants sont légitimement fiers d'avoir été récompensés pour leur cartagène blanche (médaille d'argent au concours général agricole de Paris en

### Lozère et terres cévenoles en famille

#### Visites



#### Activités de plein air



#### Balades avec ânes



#### Hébergement

2012). *La Plaine* ***Massillargues-Attuech*** *(3km au sud d'Anduze sur la route de Nîmes) Tél. 04 66 61 81 64 www.vin-sud.com Ouvert juil.-août : lun.-sam. 9h-12h et 14h-19h, dim. 9h-13h ; avr.-juin, sept. : lun.-sam. 9h-12h et 14h-18h30 ; oct.-mars : lun.-sam. 9h-12h et 14h-18h*

### ● Aller bon train à travers une campagne riante

**Petit train des Cévennes** Signaux de l'homme coiffé d'un képi ! Attention au départ ! Ce train touristique enchante les enfants parce qu'on y joue le jeu, le départ est annoncé à coups de sifflet et de stridents jets de vapeur. Quand le convoi consent à s'ébranler, crissant de toutes ses roues, c'est pour pénétrer dans un tunnel. Le reste du voyage, jusqu'à Saint-Jean-du-Gard (13km), se fait dans les paysages de la vallée des Gardons, à bord de wagons ouverts ou dans d'anciennes voitures. *Tél. 04 66 60 59 00 www.trainavapeur.com Circule avr.-fin oct. Départ de la gare d'Anduze Billet aller 11€, 4-12 ans 8€ Billet aller-retour 15€, 4-12 ans 10€ Trajet de 40min*

# Les environs d'Anduze

## Au nord

☆ **Musée du Désert-Histoire des huguenots et des camisards en Cévennes (plan 12, D2)** Au hameau du mas Soubeyran, qui à lui seul mérite une visite. Le musée mémorial a été créé en 1910 dans la maison natale du chef camisard Rolland. Il rassemble une collection d'objets, de tableaux et de documents qui témoignent de l'époque dite du Désert, cf. La révolte des camisards et le Désert cévenol (p.368), une période qui va de la Révocation de l'édit de Nantes (1685) jusqu'à l'édit de Tolérance (1787). Les huguenots cévenols vivent alors leur foi dans la clandestinité (clairières, carrières, grottes, etc.). Désert : il ne s'agit pas d'évoquer une sorte de *no man's land* géographique, mais le mot, à forte résonance biblique, rend hommage à la traversée du désert des Hébreux. Nous vous conseillons la visite commentée (1h). Également une visite théâtralisée en nocture (réservation conseillée). *Mas Soubeyran* ***Mialet*** *(11km au nord d'Anduze par la D50) Tél. 04 66 85 02 72 www.museedudesert.com Ouvert juil.-août : 9h30-18h30 ; mars-juin, sept.-nov. : tlj. 9h30-12h et 14h-18h Rassemblement 1er dim. de sept. Tarif 5,50€, réduit 4,50€, moins de 10 ans gratuit*

☆ **Grotte de Trabuc (plan 12, D2)** Une heure de visite guidée dans les antres de la terre, à 120m de profondeur, par 14°C. Trabuc, c'est le nom donné à l'arme des trabucaires, bandits de grand chemin qui se réfugiaient ici. Une grotte superbe, avec beaucoup d'eau, des cascades, des féeries lumineuses et d'incroyables concrétions. La plus étonnante merveille naturelle se trouve dans la salle n°8 où vous verrez 100 000 soldats évoquant la muraille de Chine. ***Mialet*** *(11km au nord d'Anduze) Tél. 04 66 85 03 28 www.grotte-de-trabuc.com* ***Départ des visites*** *Juil.-août : tlj. 10h15-18h (toutes les 45min, dernier départ 18h) ; juin : tlj. à 10h30, 11h30, 13h, 14h30, 15h30, 16h30, 17h30 ; avr.-mai et oct. : tlj. à 14h30, 15h30, 16h30 ; mars et oct. : tlj. à 14h30, 15h30, 16h30 ; fév. et nov. : vac. scol. tlj. à 14h30, 15h30, 16h30 Tarif 9,40€, 5-12 ans 5,90€*

☆ **Mine témoin d'Alès (plan 12, D2)** C'est durant la seconde moitié du XIXe siècle que l'industrie minière prend le pas sur les filatures. Les bassins houillers sont situés aux portes d'Alès et dans la périphérie, à la Grande-Combe ou à Bessèges. En 1950, cette activité périclite jusqu'à disparaître totalement. Le patrimoine industriel a été ici très astucieusement réhabilité. Déjà exploité par des moines bénédictins au XIIIe siècle, ce gisement se transforme en une mine école qui a longtemps servi de chantier pour des jeunes mineurs. Ses 750m de galeries ont été creusés en affleurement de terrain par des gnérations d'apprentis. On commence la visite en se couvrant d'un casque, on descend ensuite par un ascenseur virtuel (qui donne la sensation de pénétrer les entrailles de la terre) et on découvre au fur et à mesure tous les aspects (et les dangers) du travail à la mine, au travers notamment des machines et des outils. Attention, couvrez-vous, il fait frais, mais cette visite fascinante (1h15) n'est pas salissante. Possibilité d'assister à une visite théâtralisée les soirs d'été. *Chemin de la Cité-Sainte-Marie Quartier de Rochebelle* ***Alès*** *(16km au nord-est d'Anduze) Tél. 04 66 30 45 15 www.mine-temoin.fr Ouvert juil.-août : tlj. 10h-19h ; mars-juin, sept.-11 nov. : tlj. 9h30-12h30 et 14h-18h Dernier départ 1h30 avant fermeture Tarif 8€, 13-18 ans 6€, 6-12 ans 5€*



### ● Découvrir un maître du bonzaï

**Jardin-arboretum du bonzaï** À quelques kilomètres de la célèbre bambouseraie d'Anduze, voici son pendant miniature, un domaine d'un hectare où quelque quatre-vingts bonzaïs sont mis en valeur dans trois jardins japonais. Les arbres, fruits de la patience du jardinier, le maître Patrice Bongrand, sont des essences européennes telles que l'if, le pin ou le hêtre. Le résultat est magnifique. ***Mialet*** *(à 8km de Saint-Jean-du-Gard) Sur la D50 en dir. de Saint-Jean-du-Gard Tél. 04 66 43 39 04 Ouvert avr.-11 nov. : tlj. 10h-12h30 et 14h-19h ; reste de l'année : sam.-dim. 14h-18h Tarif 6€, réduit 3€*

## Au sud

**Sauve** Ce village médiéval accroché à son rocher conserve quelques belles maisons, dont celle des Comtes de Sauve et l'hôtel de la Monnaie, ainsi que des vestiges de fortifications. Le pont sur le Vidourle date du XIe siècle. Le **conservatoire de la Fourche** raconte l'histoire des facteurs de fourches en bois de micocoulier. Cet artisanat vieux de sept siècles a survécu puisque ce conservatoire fabrique et vend encore des fourches. Une visite d'autant plus intéressante que la muséographie est belle, sobre et informative. Et vous pouvez repartir avec une fourche ! *17km au sud d'Anduze* **Conservatoire** *Rue des Boisseliers Tél. 04 66 80 54 46 http://fourchedesauve.free.fr Ouvert avr.-sept. : tlj. 9h30-12h30 et 15h-19h ; oct.-mars : mer.-dim. 14h-17h (tlj. pdt les vac. scol.) Tarif 4€, 12-18 ans 2,50€*

# CARNET D'ADRESSES

## Restauration, hébergement

Nous arrivons là en des terres hautement touristiques et, depuis l'avènement du TGV, les prix flambent. En centre-ville fleurissent beaucoup de snack-restaurants saisonniers qui riment avec "pièges à touristes". Notre conseil, rendez-vous à l'extérieur de la ville : les meilleures adresses se trouvent à la périphérie.

### camping

☺ **Camping du hameau de Veyrac** Camping en terrasses sous les oliviers et dans le parc de la ferme, une vingtaine d'emplacements, tous vastes, la campagne et le silence à 1km du centre. Accueil chaleureux. Comptez env. 16€ pour deux personnes. *130, chemin du Tanque* ***Anduze*** *Tél. 04 66 60 53 29 Ouvert Pâques-oct.*

### petits prix

**Gîte d'étape** Au cœur d'Anduze, avec une courette ombragée et une salle commune, rustique, avec cheminée. En chambre double, à partir de 43€ (petit déj. 6€) ; en dortoir, 16€ la nuitée. Un cuisinier prépare à la demande des repas (14€) ou des pique-niques (8€). Cuisine en gestion libre. *11, rue du Luxembourg* ***Anduze*** *Tél. 04 66 61 70 27 www.gite-etape-anduze.com Ouvert toute l'année*

☺ **Ferme Tirefort** Agriculteurs et maraîchers, les Tirefort ont aménagé dans leur petit éden un mas paisible, des chambres d'hôtes indépendantes, superbement équipées et joliment décorées. Une cuisine à votre disposition, au rez-de-chaussée, ouvre sur une cour ombragée et sur la vaste propriété plantée d'oliviers. Comptez 54€ la chambre, petit déjeuner inclus. Un gîte à louer, dans un petit moulin restauré (juil.-août 460€/sem., 3-4 pers.). *130, chemin du Tanque* ***Anduze*** *Tél. 04 66 60 53 29 Ouvert avr.-nov.*

### prix moyens

**Les Montades** Une charmante Hollandaise au brushing hollywoodien vous accueille dans sa villa qui dispose d'une piscine bordée de palmiers et de lauriers-roses. Trois chambres élégantes, au confort irréprochable, de 55 à 75€. Table d'hôtes deux fois par semaine et sur demande (27,50€ tout compris). *900, route d'Alès* ***Anduze*** *(à 1km du centre-ville) Tél. 04 66 60 61 20 ou 06 26 49 59 37 www.tourisme-gard.com/montades Ouvert toute l'année*

### prix élevés

**Ferme de Cornadel** Un lieu très prisé où se bouscule le "tout-Anduze", un décor idéal pour une série télévisée estivale. La salle de restaurant, tendance "tendance", est prolongée par une terrasse, installée sous une tonnelle. Très agréable. On y mange une cuisine raffinée inspirée par les produits du terroir. Menus de 30 à 45€ (et 17€ en sem.). Dans une ancienne ferme restaurée agrémentée d'une piscine, des chambres d'hôtes "au charme authentique", selon la pub – qu'on dirait tout droit sorties d'un magazine chic de décoration – coûtent de 87 à 152€ selon le confort et la saison. *Route de Générargues* ***Anduze*** *Tél. 04 66 61 79 44 www.cornadel.fr Ouvert juin-sept. : tlj. ; reste de l'année : mer.-lun.* **Hôtel** *Ouvert mi-déc.-mi-nov.*

## Dans les environs

### petits prix

**Restaurant du Pont de Ners** C'est ici, au pont de Ners, que confluent les trois Gardon, d'Anduze, de Saint-Jean-du-Gard et d'Alès, formant le Gard. Le restaurant offre une belle terrasse donnant sur les eaux tranquilles de la rivière. Une cuisine simple et familiale et des prix très raisonnables pour la région attirent la foule les samedis soirs et dimanches midis. Menus de 12,30 à 44,50€, grand choix de salades, pizzas et grillades. *D982* ***Boucoiran-et-Nozières*** *(19km à l'est d'Anduze) Tél. 04 66 83 51 42 www.restaurant-pontdeners.com Fermé dim. soir en hiver, 24-25 et 31 déc.*

**Chambres d'hôtes du Pont des Camisards** Marina qui vient de Russie et possède toute la collection des *GEO* russes depuis leur création (pour les amateurs d'alphabet cyrillique) vous reçoit dans la maison familiale superbement rénovée de son époux cévenol. Les 2 chambres, dont une peut accueillir 4-6 pers., ouvrent sur la vallée du Gardon, près du pont des Camisards et à 200m à pied d'une baignade. Comptez 50€ la double petit déj. compris, 15€ le repas. Un seul bémol : certes les deux chambres sont en retrait mais la maison est proche de la route. ***Mialet*** *(11km au nord d'Anduze) Tél. 04 66 85 00 09 www.pontdescamisards.fr Ouvert toute l'année*

### prix moyens

**L'Auberge du Temps** Derrière ses allures de forteresse et dans un cadre bucolique, ce moulin abrite une belle auberge. C'est là que Mme Braco vous offrira des meringues et son pâté maison pour vous accueillir. Une cuisine familiale saine et roborative. Les deux spécialités de la patronne : la daube de taureau et le sauté de veau aux girolles. L'été, on dîne en terrasse en compagnie des gens du coin qui constituent l'essentiel de la clientèle. Menus à 20€. Cinq chambres monacales 50€, petit déjeuner compris. ***Corbès*** *(4km au nord d'Anduze) Tél. 04 66 61 94 75 Fermé mer. hors saison* **Hôtel** *Ouvert jan.-nov.*

☺ **Le Tilleul** Ouf ! Enfin un lieu qui n'est pas un attrape-gogos ni un repaire à bobos. Une auberge charmante en terrasse, et une clientèle de tous âges et tous styles confondus. Une carte sobre et alléchante (comptez env. 25€ les deux plats) pour une cuisine à la fois rustique et originale : terrine de canard aux foies de volaille, steak de thon, souris d'agneau, et un bon vin au pichet. Menu à 26,80€. Des produits simples et de qualité, tout comme l'accueil. Des chambres d'hôtes (toilettes, douche, 51€) bien aménagées dans cette paisible maison de village. ***Générargues*** *(3km au nord d'Anduze) Tél. 04 66 61 72 32 ou 06 79 67 75 26 www.letilleulrestaurant.com Ouvert mi-avr.-sept. : lun.-sam. 20h-22h, dim. 12h30-14h ou sur réservation*

### prix élevés

**Hôtel-restaurant Le Riche** Au tournant des XIX^e et XX^e siècles, Alès était une cité minière très prospère située sur une des plus anciennes voies ferrées de France, celle du Cévenol. Non loin de la gare, un bel hôtel tout en stuc et en dorures rappelle cette époque faste. Entièrement restauré et très bien mis en valeur, Le Riche propose des chambres contemporaines irréprochables (double 78-88€, petit déj. 9,60€) et une bonne table classique déclinant les incontournables de la cuisine cévenole que sont l'oignon doux, la châtaigne, les cèpes et les girolles, le pélardon et la pomme reinette. Menus de 24 à 55 €. *42, pl. Pierre-Semard* ***Alès*** *(16km au nord-est d'Anduze) Tél. 04 66 86 00 33 www.leriche.fr Fermé août*

## prix très élevés

**Les 3 barbus** De cette adresse, on retiendra le cadre, de petites gorges où s'étrangle le Gardon. Cet hôtel-restaurant compte parmi ces grands établissements modernes qui proposent un service irréprochable à leur clientèle : piscine, chambres confortables, bien tenues et toute une noria de garçons aux petits soins (28 chambres de 115 à 184€ en haute saison, les plus chères ont une loggia). Dans la région, l'étape est surtout connue pour sa table : une gastronomie raffinée et réussie (mi-cuit de foie gras de canard, filet de saint-pierre rôti sur un lit d'artichauts, légumes de printemps émulsion au vin rouge). Menus à 29€ (à midi en sem.) et de 36 à 65€. ***Générargues*** *(3km au nord d'Anduze) Tél. 04 66 61 72 12 www.les3barbus.fr Ouvert avr.-oct.* **Restaurant** *Ouvert juil.-août : tlj. (sauf lun. midi) ; reste de l'année : mer.-dim.*

☺ **La Vieille Maison** Un solide mas aux pierres blondes, dans un hameau au bout d'une route en cul-de-sac. Un porche voûté débouche sur un jardin extraordinaire où chuchote une source, où fleurissent les nénuphars, un bassin de baignade, et où prospère une treille sous laquelle on dîne. Une grande demeure tout en coins et recoins, transformée par un jeune plasticien allemand en un univers délicat, entre ambiance new-age et fulgurances surréalistes. Il y a des œuvres d'art un peu partout, une cuisine (pour vous), une salle de lecture, une terrasse d'où la vue ébouriffante porte loin sur les garrigues ; un lieu rare. Chambres bien meublées (lits style futons, fauteuils, armoires) avec salle de bains, de 110 à 145€ en haute saison et de 69 à 125€ hors saison. Plusieurs menus : dîner potage ou gourmet 27€, terroir 37€, gourmand 57€, repas enchanteur 77€. Également des séjours relaxation et romantique. *Hameau de Valensole* ***Durfort-et-Saint-Martin-de-Sossenac*** *(10km au sud d'Anduze) Tél. 04 66 77 06 46 http://la-vieille-maison.fr Ouvert toute l'année sur réservation*



| GAMME DE PRIX | RESTAURATION | HÉBERGEMENT |
|---|---|---|
| Très petits prix | moins de 10€ | moins de 40€ |
| Petits prix | de 10 à 15€ | de 40 à 60€ |
| Prix moyens | de 15 à 25€ | de 60 à 80€ |
| Prix élevés | de 25 à 45€ | de 80 à 120€ |
| Prix très élevés | plus de 45€ | plus de 120€ |

Le phare de Sète (p.116).

# BÉZIERS ET SES ENVIRONS

V

BÉZIERS ET SES ENVIRONS

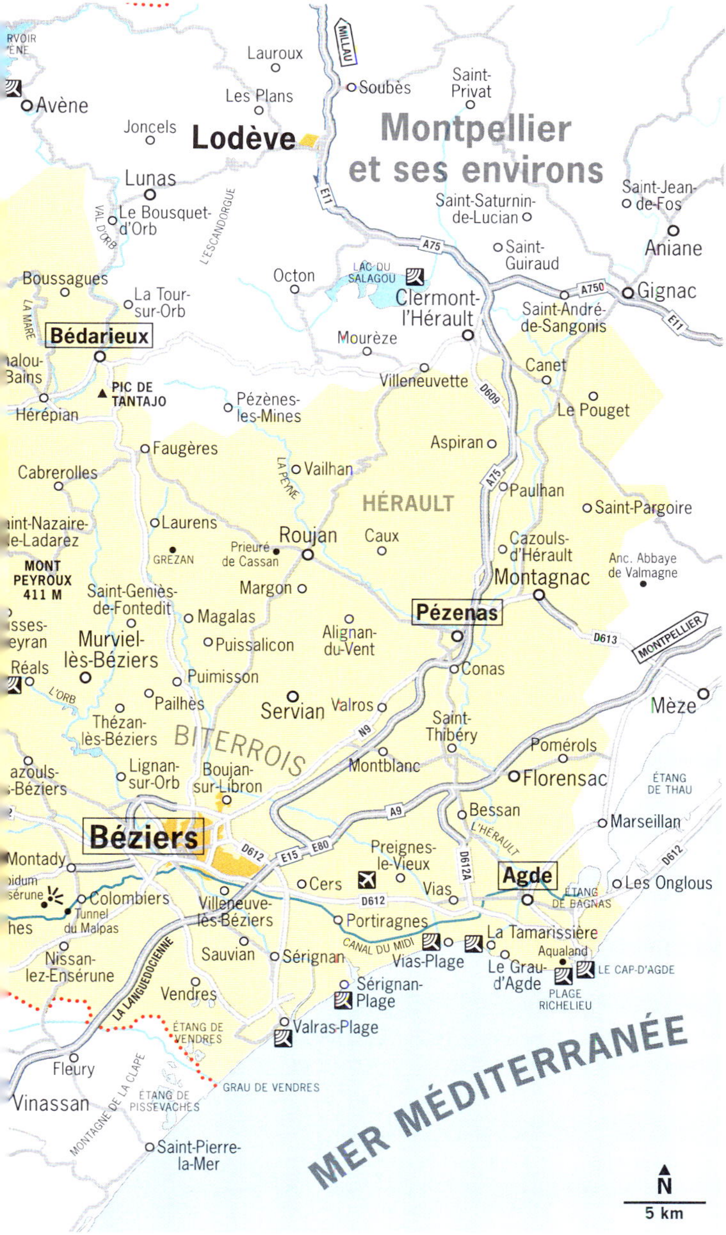

MILLAU
Lauroux
Soubès
Saint-Privat
Avène
Les Plans
Joncels
Lodève
Montpellier et ses environs
Lunas
Le Bousquet-d'Orb
VAL D'ORB
L'ESCANDORGUE
E11
Saint-Saturnin-de-Lucian
Saint-Jean-de-Fos
Aniane
A75
Saint-Guiraud
Octon
LAC DU SALAGOU
Boussagues
La Tour-sur-Orb
LA MARE
Clermont-l'Hérault
A750
Gignac
Saint-André-de-Sangonis
Bédarieux
Mourèze
Villeneuvette
Canet
Le Pouget
PIC DE TANTAJO
Hérépian
Pézènes-les-Mines
D609
Aspiran
Faugères
Cabrerolles
Vailhan
LA PEYNE
Paulhan
HÉRAULT
Saint-Pargoire
Laurens
Roujan
Caux
Cazouls-d'Hérault
MONT PEYROUX 411 M
GREZAN
Prieuré de Cassan
Anc. Abbaye de Valmagne
Montagnac
Margon
Saint-Geniès-de-Fontedit
Magalas
Pézenas
Murviel-lès-Béziers
Puissalicon
Alignan-du-Vent
D613
MONTPELLIER
Réals
Conas
L'ORB
Puimisson
Pailhès
Servian
Valros
Mèze
Thézan-lès-Béziers
BITERROIS
N9
Saint-Thibéry
Pomérols
Lignan-sur-Orb
Boujan-sur-Libron
Montblanc
Florensac
ÉTANG DE THAU
Béziers
A9
Bessan
Marseillan
L'HÉRAULT
D612
E15
E80
Preignes-le-Vieux
D612A
Agde
Montady
Cers
Vias
Les Onglous
Colombiers
Tunnel du Malpas
Villeneuve-lès-Béziers
ÉTANG DE BAGNAS
Portiragnes
La Tamarissière
Nissan-lez-Ensérune
CANAL DU MIDI
Sauvian
Sérignan
Vias-Plage
Aqualand
Le Grau-d'Agde
LE CAP-D'AGDE
LA LANGUEDOCIENNE
Vendres
Sérignan-Plage
PLAGE RICHELIEU
ÉTANG DE VENDRES
Valras-Plage
MER MÉDITERRANÉE
Fleury
GRAU DE VENDRES
ÉTANG DE PISSEVACHES
Vinassan
MONTAGNE DE LA CLAPE
Saint-Pierre-la-Mer
N
5 km

# BÉZIERS

34500

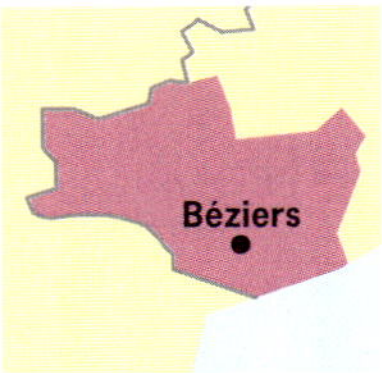


**Des arabesques en fer forgé aux balcons, l'ombre des platanes sur une table de fer blanc, des ruelles pleines de monde, une fontaine qui gargouille… nul doute, Béziers est bien une ville du Sud. Décadente, chaotique, abandonnée par endroits certes, mais chaude, en pleine mue. Ses riches demeures, ses hôtels particuliers, ses églises ont vu défiler les drames. On ne sait pas s'il faut en frémir ou s'en émerveiller, alors on déambule, de chapelle romane en cathédrale, parmi les fantômes d'un passé violent : à la Madeleine, en 1167, Raimond Trencavel fut assassiné et, en 1209, des habitants qui s'y étaient réfugiés, cathares ou assimilés, y périrent brûlés. À partir du XVIII$^{e}$ siècle, le développement de la viticulture redonnera à la ville un nouvel élan ; elle est d'ailleurs, à la fin du XIX$^{e}$ siècle, la plus riche du Languedoc. Mais l'art prend aussi sa place dans la cité et l'on voit naître des passions, des talents : architectes et sculpteurs, Injalbert en tête. Le canal du Midi est né dans l'esprit ingénieux d'un certain Riquet, natif du lieu. Les barriques de vin transitent ainsi par la ville pour rejoindre d'autres terres, d'autres mers. Au XIX$^{e}$ siècle Béziers devient la capitale viticole d'un Languedoc bouillonnant, avant de vibrer au rythme de la tauromachie et du rugby.**



**LE SIÈGE DE BÉZIERS** Le 21 juillet 1209, plusieurs milliers de croisés dirigés par l'abbé de Citeaux et Simon de Montfort sont au pied des remparts de Béziers. Ils proposent aux habitants, afin de sauver la ville, de leur livrer les hérétiques cathares recensés dans ses murs. Un refus leur est opposé. Au matin du 22 juillet, les Biterrois attaquent les premiers, évacuant le corps d'un croisé mis en pièces. La riposte est immédiate, l'assaillant entre dans la ville et massacre la population ; l'on prête alors à l'abbé de Citeaux ces mots terribles : "Tuez-les tous, Dieu reconnaîtra les siens." Des habitants sont égorgés dans la basilique de la Madeleine, ainsi que dans la cathédrale Saint-Nazaire, avant que les deux lieux de culte soient incendiés. La ville est pillée et livrée aux flammes à son tour… Le *gran mazel* de Béziers – la "grande boucherie" en occitan – marquera durablement le Languedoc.

## Carte d'identité de "Béziers et ses environs"

| | |
|---|---|
| **Départements** | Hérault (34), 6 101km$^2$ (1 044 500 hab.) |
| **Villes principales** | Béziers (72 500 hab.) |
| **Informations touristiques** | CDT 04 67 67 71 71<br>OT Béziers 04 67 76 20 20 |
| **Espace protégé** | Parc naturel régional du Haut-Languedoc |
| **Lieux de baignade** | Plage Richelieu (Cap-d'Agde), plage du Castellas (Marseillan-Plage), île des Pêcheurs (Cap-d'Agde) et étang de Thau |

# MODE D'EMPLOI

## accès

### EN AVION

L'aéroport de Béziers-Cap-d'Agde propose plusieurs liaisons avec Paris. L'aéroport de Montpellier-Méditerranée (à 50min de route de Béziers) reste le mieux desservi.

**Aéroport Béziers-Cap-d'Agde** *À env. 15km du centre-ville Tél. 04 67 80 99 09 www.beziers.aeroport.fr*

**Aéroport de Montpellier-Méditerranée** *Tél. 04 67 20 85 00 www.montpellier.aeroport.fr*

**Ryanair** Liaisons Paris (Beauvais)-Béziers. *Tél. 0892 56 21 50 www.ryanair.com*

### EN VOITURE

Béziers est reliée à Pézenas par la N9 et l'A75, à Montpellier et Narbonne par l'axe A9/E15/E80 et à Carcassonne par l'A9 et l'A61.

### EN TRAIN

Paris-Béziers direct (4h-4h15). Sur la ligne, Lyon à 3h, Nîmes à 1h20, Montpellier à 45min.

**Gare SNCF (plan 13, B3)** *Bd de Verdun*

**SNCF** *Tél. 3635 www.voyages-sncf.com*

### EN CAR

Plusieurs liaisons par jour avec Montpellier (arrêt à Saint-Jean-de-Vedas puis tramway jusqu'au centre-ville). Ticket à 1€ peu importe le trajet.

**Hérault Transport** *Tél. 04 34 88 89 99 www.herault-transport.fr*

## orientation

En arrivant, suivez la direction centre-ville et garez-vous dans l'un des premiers parkings souterrains des places Jean-Jaurès (plan 13, B2) ou de la Madeleine (plan 13, A1). La visite du cœur historique s'effectue à pied. Il faut remonter vers les allées Paul-Riquet, les traverser et s'engouffrer dans les ruelles de la vieille ville pour trouver les musées et les principaux centres d'intérêt de Béziers.

## informations touristiques

**Office de tourisme Béziers Méditerranée (plan 13, AB2)** Organise un grand nombre de visites à thème pour découvrir l'agglomération: "Coté mer", "côté ville" et "côté vignes".Renseignez-vous pour connaître les dates. Egalement une visite guidée à télécharger sur smartphone : "Les grands hommes du Biterrois". *2, pl. Gabriel-Péri Tél. 04 67 70 20 20 www.beziers-mediterranee.com Ouvert lun.-ven. 9h-18h, sam. 10h-17h* **Autres points d'information de l'agglomération** *Tél. 04 67 70 20 20* ***Béziers*** *1, av. du Président-Wilson ; 9, Écluses de Fonséranes* ***Valras-Plage*** *2, square René-Cassin* ***Sérignan*** *La Cigalière, av. de Béziers* ***Villeneuve-lès-Béziers*** *Bd Pasteur*

## Tableau kilométrique

| | Béziers | Agde | Pézenas | Roquebrun | Sète |
|---|---|---|---|---|---|
| **Agde** | 23 | | | | |
| **Pézenas** | 25 | 25 | | | |
| **Roquebrun** | 33 | 54 | 52 | | |
| **Sète** | 57 | 24 | 37 | 89 | |
| **Narbonne** | 34 | 51 | 54 | 52 | 83 |

## se déplacer en ville

**Béziers Méditerranée Transports** Une navette (gratuite) assure une liaison rapide entre le centre-ville, la gare SNCF, la gare routière, les différents parkings de la ville et le Polygone. Un réseau complet de bus dessert également l'ensemble de la ville et l'agglomération (50cts le ticket, 3€ le carnet de 10, en vente dans les bureaux de tabac et maisons de la presse). **Navette gratuite** *Circule lun.-sam. (sauf j. fér.) 7h30-19h* **Bou-tic'bus (plan 13, B1)** *Pl. du Général-de-Gaulle Tél. 04 67 28 36 41 www.busoccitan.com*

**Taxis** *Stations : pl. de la Victoire (plan 12, B1), pl. Jean-Jaurès (plan 12, B2), pl. du Général-de-Gaulle (plan 12, B1), gare SNCF (plan 12, B3) Tél. 04 67 35 00 85 www.taxisbeziers.fr*

## marchés

**Marchés alimentaires** *Pl. Pierre-Sémard Sous les halles* (plan 13, A2) *Mar.-dim. matin, pl. David-d'Angers* (hors plan 13 par B1) *Le ven. matin*

**Marché aux fleurs (plan 13, B2)** *Allées Paul-Riquet Le ven.*

**Marché paysan (hors plan 13 par B1)** *Pl. du 14-Juillet Le ven. 6h-13h*

## fêtes et manifestations

**Saint-Aphrodise** Fête traditionnelle du saint patron de la ville. *Fin avr.*

**Festival de la BD** *Sérignan Fin mai*

**Les Caritats** Fête médiévale : banquets, campement médiéval, spectacles de rue, démonstrations... *W.-e. de l'Ascension*

**Fête de la Saint-Pierre** *Valras-Plage Dernier w.-e. de juin*

**Festa d'Oc** Des rencontres, des spectacles et des concerts en occitan. *En juil.*

**Les Jeudis de Béziers** Dégustations de vin et animations festives de rue. *2e w.-e. de juil. et 2e w.-e. août*

**Feria** La grande feria de Béziers a lieu traditionnellement en août, pendant quatre jours et quatre nuits de folie. *www.arenes-de-beziers.com Autour du 15 août*

**Hivernales de la danse flamenca** Spectacles, expositions, stage... *En nov.*

## location de voitures

Les principaux loueurs sont rassemblés autour de la gare SNCF (plan 13, B3).

**Ada** *23, bd de Verdun Tél. 04 67 62 65 39 www.ada.fr*

**Avis** *18, bd de Verdun Tél. 04 67 28 65 44 www.avis.fr*

**Europcar** *Hall de la gare SNCF 12, bd de Verdun Tél. 04 67 62 09 89 www.europcar.fr*

**Rent-a-car** *78, av. Gambetta Tél. 04 67 28 14 41 www.rentacar.fr*

## location de deux-roues

**LVR Cycles** Location à l'heure, à la journée ou à la semaine (5€/h ; 15€/j. ; 59€/sem.). Également vente, dépannage et réparation. *9, Écluses de Fonsérannes Tél. 06 58 10 84 70 www.lvr-cycles.com Ouvert mai-sept. Hors saison : s'adresser à la boutique à Maureilhan Tél. 04 67 37 17 52*

# DÉCOUVRIR

☆ **Les essentiels** Le musée des Beaux-Arts à Béziers, l'oppidum d'Ensérune, le musée de Sérignan **Découvrir autrement** Participez, en août, à la feria de Béziers, regardez les péniches franchir les écluses de Fonséranes sur le canal du Midi

## Béziers

### Autour de la place de la Révolution

**Musée Injalbert-hôtel Fayet (plan 13, A2)** Avant tout, un rendez-vous avec la bourgeoisie biterroise du XIXᵉ siècle. L'hôtel particulier des Fayet a en effet conservé son aménagement d'origine, avec boiseries, plafonds à caisson, parquets et vitraux colorés à travers lesquels le jour filtre sur des tentures du XVIIIᵉ siècle. C'est ici qu'une grande partie des œuvres du sculpteur Jean-Antoine Injalbert, né à Béziers en 1845 et mort à Paris en 1933, a trouvé refuge. Cet artiste ayant côtoyé Rodin, lié à Camille Saint-Saëns, grand prix de Rome en 1874 pour la *Douleur d'Orphée*, est l'auteur, entre autres, des statues décorant les piles du pont Mirabeau ainsi que celles du pont de Bir-Hakeim, à Paris. On lui doit aussi le buste de Molière de Pézenas. Dans l'hôtel, des études d'œuvres comme les *Atlantes* et *Cariatides* de la manufacture des Gobelins ou la monumentale *Fontaine du Titan* du plateau des Poètes – cf. Allées Paul-Riquet (p.388) – introduisent aux bronzes du premier étage : un frémissant *Faune ivre*, de petites pièces érotiques, et l'incontournable *Hippomène*, saisissant de vitalité. Enfin, le musée présente une collection d'œuvres de peintres régionaux du XIXᵉ siècle : Gustave Fayet,

#### Injalbert : la forme en mouvement

Il est à Béziers un nom qui résonne dans chacun des lieux visités – murmuré, répété, placardé, brocardé –, c'est celui de Jean-Antoine Injalbert (1845-1933), dont les talents furent reconnus jusqu'à Paris, jusqu'en Italie : professeur à la Villa Médicis puis aux Beaux-Arts de Paris, et enfin membre du jury de l'Exposition universelle. On suit son ombre dans les jardins de la villa familiale, la villa Antonine, sa résidence d'été, place Injalbert, où l'on flâne et étudie quelques-unes de ses œuvres, sous la tonnelle, avant d'aller au Cimetière-Vieux – où certains tombeaux gardent l'empreinte de ses coups de marteau. Sur le plateau des Poètes, sa *Fontaine du Titan* se dresse avec panache, toisant son *Enfant au poisson* et ses autres bustes de poètes. Enfin, c'est au musée Injalbert, dans l'hôtel Fayet, que sont conservées quelques ébauches et réalisations finales, léguées par la veuve de l'artiste à la ville de Béziers.

## Plan 13 Béziers

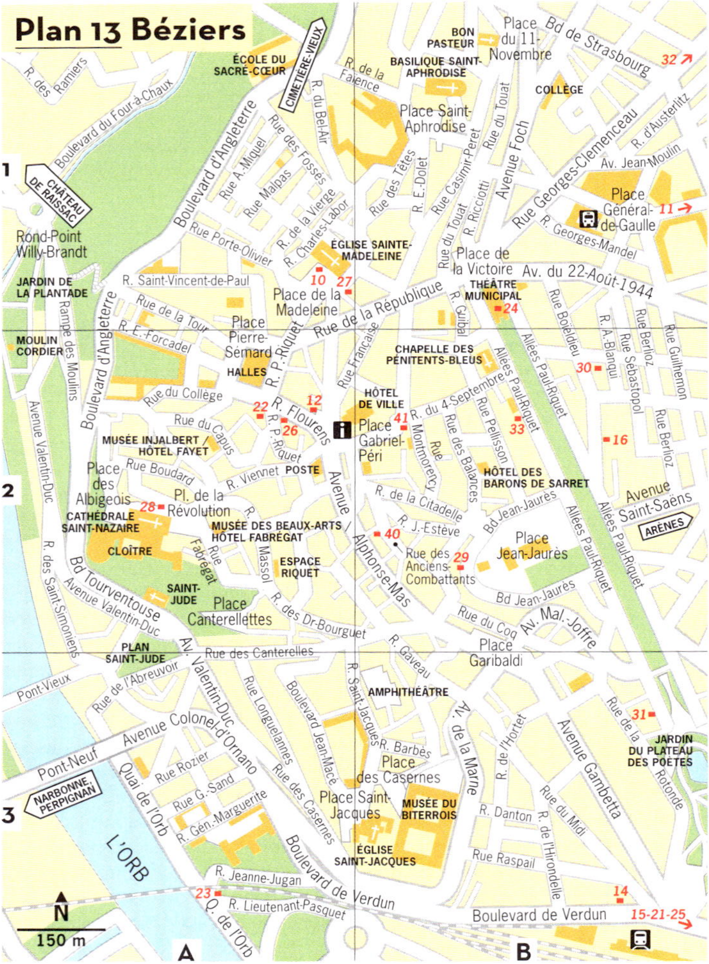


**Restauration** (n°10 à 16)

- Au Soleil* — **10** A1
- Bistrot Maison blanche — **11** B1
- Cannelle* — **12** A2
- L'Ambassade — **14** B3
- La Raffinerie — **15** B3
- Octopus — **16** B2

**Cafés, bars et lieux de sortie** (n°21 à 29)

- Café Plaisance* — **25** B3
- Caves Paul-Riquet* — **26** A2
- Couleur Café* — **27** A1
- L'Usine à gaz — **23** A3
- La Brasserie du Palais* — **28** A2
- Le Capharnarhum — **21** B3
- Le Chameau ivre* — **29** B2
- Le Korrigan — **22** A2
- Théâtre municipal — **24** B1

**Hébergement** (n°30 à 33)

- Hôtel de France — **30** B2
- Hôtel des Poètes — **31** B3
- Hôtel du Champ-de-Mars — **32** B1
- Hôtel Imperator — **33** B2

**Shopping** (n°40 et 41)

- Au Paraverse* — **40** B2
- Hélène* — **41** B2

*À RETROUVER DANS LA PARTIE DÉCOUVRIR

Alexandre Cabanel, Daniel de Monfreid… Un havre que prolonge un jardin ombragé où tables et chaises de fer-blanc invitent à une pause inspiratrice. *9, rue du Capus Tél. 04 67 49 04 66 Ouvert juin-sept. : ven.-mer. 10h-18h, jeu. 10h-21h ; oct.-mai : mar.-ven. 10h-17h, sam.-dim. 10h-18h Fermé 1er jan., dim. de Pâques, 1er mai, 25 déc. Tarif 3€, réduit 2€ Forfait 3 musées (avec musée des Beaux-Arts et musée du Biterrois) 4€, réduit 3€ (avec l'Espace Riquet 6,10€, réduit 4€)*

☆ **Musée des Beaux-Arts-hôtel Fabrégat (plan 13, A2)** Tout près de l'hôtel Fayet, des collections de peinture et sculpture du XVe siècle à nos jours : quelques véritables chefs-d'œuvre des écoles italienne et espagnole (le Dominiquin, Herrera le Vieux, XVIe-XVIIe s.), du Nord (Van de Cappelle, Brekelenkam, XVIIe s.), des tableaux de l'école de Barbizon (XIXe s.), une splendide étude de cheval gris par Géricault, *Sainte Catherine d'Alexandrie* de Delacroix mais également un Dufy (*La Pergola*) et la *Composition* de De Chirico, des dessins de l'enfant du pays, Jean Moulin (un artiste doué, en marge de sa "carrière" de résistant), ainsi que de belles verreries de Marinot. Dans l'escalier, d'immenses et impressionnantes toiles de Maurice Féguides sur le mythe d'Orphée. Pour les enfants, des séances pratiques en ateliers (dessin, sculpture). *6, pl. de la Révolution Tél. 04 67 28 38 78 Ouvert juin-sept. : ven.-mer. 10h-18h, jeu. 10h-21h ; oct.-mai : mar.-ven. 10h-17h, sam.-dim. 10h-18h Fermé 1er jan., dim. de Pâques, 1er mai, 25 déc. Tarif 3€, réduit 2€ Forfait 3 musées (avec musée Injalbert et musée du Biterrois) 4€, réduit 3€ (avec l'Espace Riquet 6,10€, réduit 4€)*

**Cathédrale Saint-Nazaire (plan 13, A2)** Il faut cheminer à partir de l'hôtel Fabregat par les ruelles pour apercevoir à travers les maisons une première tourelle, puis s'avancer sur la place pour que s'impose la silhouette de cette cathédrale fortifiée, avant, enfin, de détailler les gargouilles et chapiteaux aux animaux fantastiques. Siège épiscopal de Béziers, Saint-Nazaire brûla quand les croisés prirent la ville (1209) et fut progressivement reconstruite. À l'intérieur, c'est la netteté des lignes, les voûtes croisillonnées, le décor baroque autour de l'autel, et surtout le buffet en noyer sculpté des orgues qui captent l'attention. À voir aussi au coucher du soleil, quand les derniers rayons percent par l'imposante rosace. *Pl. des Albigeois Tél. 04 67 28 22 89 Ouvert été : tlj. 9h-17h30 ; hiver : tlj. 9h-12h et 14h30-17h30*

**Cloître** On retrouve le style massif de la cathédrale, mais on remarquera les consoles sculptées de chimères et dragons, anges et scènes courtoises, ainsi qu'une vue différente sur la silhouette bigarrée de la cathédrale.

**Jardin des Évêques** Très prisé des lycéens, il offre un panorama imprenable sur la vallée de l'Orb au loin, les ponts de la ville et le quartier Saint-Jacques sur l'autre versant de la colline. Le tout à l'ombre des deux allées de platanes. *Accès par le cloître de la cathédrale Ouvert tlj. 10h-17h*

☺ **Espace Riquet (plan 13, A2)** On entre ici dans une partie de la chapelle d'un ancien couvent dominicain. Le plafond peint du début du XVIIe siècle compte parmi les plus beaux du sud de la France. L'artiste, Catayod, de l'école de peinture de Ribeira, y a représenté la vie de saint Dominique. Les volumes et l'atmosphère du lieu se prêtent à la perfection aux différentes expositions proposées (deux ou trois par an) : des artistes de renom international et quelques talents régionaux soutenus par une mise en scène et un catalogue des plus soignés. *7, rue Massol Tél. 04 67 28 44 18 Ouvert juin-sept. : ven.-mer. 10h-18h, jeu. 10h-21h ; oct.-mai : mar.-ven. 10h-17h, sam.-dim. 10h-18h Tarif 3€, réduit 2€ Forfait 4 sites (avec musée des Beaux-Arts, musée du Biterrois et musée Injalbert) 6,10€, réduit 4€*

**Halles (plan 13, A2)** Tous les matins, c'est au centre de Béziers que bat le cœur marchand de la ville. Étals de maraîchers, fromagers, bouchers… De quoi trouver tous les beaux produits des alentours (navets de Pardailhan en saison, fromages de Combebelle, etc.), des pizzas cuites au feu de bois, du bon pain pour partir en pique-nique. À moins que l'on fasse une pause dans l'une des gargotes à l'intérieur. C'est aussi l'occasion de découvrir ces halles construites par Léopold Carlier entre 1889 et 1891 sur le modèle parisien de Baltard. *Pl. Pierre-Sémard Ouvert mar.-dim. 6h-13h*

## ● Où prendre un verre en terrasse ?

**La Brasserie du Palais (plan 13, A2 n°28)** Face au palais de justice et au pied de la cathédrale Saint-Nazaire, une petite place ombragée avec des fauteuils confortables, des banquettes, pour siroter quelque boisson fraîche entre deux visites ou musées. Un vrai p'tit coin de paradis ! *Pl. de la Révolution Tél. 04 67 28 29 20 Ouvert été : tlj. 10h-0h ; basse saison : lun.-ven. 8h-18h, sam.-dim. 8h-22h Fermé déc.-mars*

## ● Visiter une galerie

**Atelier de l'Empreinte (plan 13, A2)** Quand elle n'est pas à Barcelone ou ailleurs, l'artiste biterroise Géraldine Garçon tient galerie. Pour découvrir son univers, qu'elle exprime à travers la gravure, tout en touches légères, avec un joli regard sur le monde, les gens, la région mais aussi ses souvenirs de pérégrinations… *5, rue Viennet Tél. 04 67 36 31 56 http://atelierempreinte.com http://gg-gravure.com Ouvert juin-sept. : mar.-sam. 16h-19h (hors saison, sur rdv)*

### Riquet le téméraire

Béziers peut s'enorgueillir d'avoir donné naissance à l'audacieux inventeur du canal du Midi, Pierre-Paul Riquet (1609-1680). L'idée de relier l'Atlantique à la Méditerranée existait depuis fort longtemps, mais c'est ce fils de notaire biterrois qui, ayant fait fortune en devenant fermier des gabelles du Languedoc, du Roussillon et de la Cerdagne, trouve la solution pour alimenter le canal : collecter l'eau des torrents et des ruisseaux de la Montagne noire. Il réussit à convaincre Colbert du bien-fondé de l'aventure. Pendant quatorze ans, il prend à sa charge les travaux de ce qui allait changer la physionomie du royaume et assurer son rayonnement. Il meurt pratiquement ruiné trois mois à peine avant l'inauguration de son chef-d'œuvre.

## Autour de la place Saint-Aphrodise

**Église Sainte-Madeleine (plan 13, A1)** En passant le porche, on laisse derrière soi la fébrilité de la place et du quartier des halles pour pénétrer dans un ample vaisseau empreint d'austérité (XI^e^-XII^e^ s.), épuré, aux tons blancs contrastant avec l'opulence de l'autel en marbre polychrome. Située sur le tracé de l'ancien rempart, que l'on dit wisigoth, l'église fut le décor de l'assassinat du vicomte Raimond Trencavel en 1167 avant d'être incendiée – alors que de très nombreux habitants s'y étaient réfugiés – par les croisés de Simon de Montfort lors du massacre de 1209. La tour-clocher qui la domine a été surélevée au XIV^e^ siècle, doublée d'une tourelle d'escalier au XV^e^ siècle et reprise au XVII^e^ siècle. *Pl. de la Madeleine Ouvert mer.-jeu. et sam.-dim. 10h-12h et 14h-16h, ven. 10h-12h*

**Basilique Saint-Aphrodise (plan 13, B1)** L'édifice, premier lieu de culte chrétien à Béziers, fut érigé aux XII^e^ et XIV^e^ siècles sur la tombe du saint patron de la ville, venu d'Égypte à dos de chameau pour évangéliser la population. La légende veut qu'Aphrodise, condamné à mort et décapité, se saisît de sa tête et allât l'ensevelir dans une grotte, à l'endroit où s'élèverait aujourd'hui la basilique. À la suite de ce miracle, Béziers prit soin de sa monture (devenue l'emblème de la ville) et une fête en souvenir du saint est donnée tous les ans, à la fin du mois d'avril. À cette occasion, un chameau, de toile et de bois, chemine dans les rues de la cité. *En cours de restauration*

**Cimetière-Vieux (plan 13, A1)** Reflétant l'opulence de Béziers au XIX^e^ siècle, le Cimetière-Vieux, établi à partir de 1838, abrite les impressionnants caveaux et tombeaux des familles les plus influentes de la viticulture, des affaires et du monde des arts. On voit fleurir des minicathédrales gothiques, des chapelles romanes, des mastabas égyptiens, et l'on peut y admirer un étonnant festival de sculptures signées Injalbert. *Av. du Cimetière-Vieux (juste au nord de la vieille ville) Tél. 04 67 31 14 86 Ouvert tlj. 8h-18h*

### ● Où faire une pause déjeuner ?

**Au Soleil (plan 13, A1 n°10)** Difficile de résister au magnétisme de la terrasse les jours de soleil... Sur la place de la Madeleine, hors de portée des voitures, pour un petit plat du jour, des assiettes découvertes (10,50€) cuisinées à partir des spécialités de la patronne (des conserves de tapenade, courgettes à la menthe, aubergines à la tomate...) en vente dans ce restaurant-épicerie. Les brunchs du dimanche connaissent un vrai succès. Mais aussi de la jolie vaisselle et des produits étonnants (les épices de Rabelais, son vin vinaigre romain...). Plats 13€. *1, pl. de la Madeleine Tél. 04 67 28 54 26 Ouvert mar.-jeu. 12h-15h, ven.-sam. 12h-15h et soir sur réservation, dim. 11h-15h30*

### ● Où prendre un verre en terrasse ?

**Couleur Café (plan 13, A1 n°27)** En face de l'église, un petit café tout blanc et brun qui a jeté sur la place une poignée de tables, en inox et bois, idéales pour profiter du soleil du matin. À midi les parasols se déplient et on peut aussi y grignoter quelques salades. Plat du jour env. 10€. *Pl. de la Madeleine Tél. 04 67 49 31 09 Ouvert mar.-sam. Service 12h-14h*

## Autour de la place Gabriel-Péri

**Chapelle des Pénitents-Bleus (plan 13, B2)** On ne peut emprunter la rue du 4-Septembre, artère commerçante du centre historique, sans admirer la porte gothique ornementée de la chapelle des Pénitents Bleus, typique du gothique flamboyant du XVe siècle. À l'intérieur de l'édifice, un trompe-l'œil original du XIXe siècle redonne vie au chœur détruit au cours de la Révolution. *Rue du 4-Septembre Ouvert lun.-sam. 8h-19h*

**Hôtel des Barons de Sarret (plan 13, B2)** L'ancien palais médiéval, reconstruit aux XVIe et XVIIe siècles, ne se visite pas, mais on peut admirer de la rue et de la cour l'arc de la porte en angle, le grand escalier ouvert – unique en ville – et les fenêtres à fronton. *Rue des Balances*



### ● Où faire son shopping ?

**Au Paraverse (plan 13, B2 n°40)** Un surprenant bouquiniste, à l'humour grinçant. Vous trouverez dans sa boutique des livres anciens, bien sûr, des cartes postales, des bandes dessinées, des affiches et tout un bric-à-brac aussi surprenant que réjouissant... *Rue des Anciens-Combattants Tél. 06 81 30 78 18 Ouvert lun.-ven. 10h-12h et 14h30-19h, sam. 10h-12h*

**Hélène (plan 13, B2 n°41)** Cette boutique agréable est remplie de sacs, de lampions, de bijoux et de tissus bariolés. Une sélection toute personnelle reflétant les coups de cœur d'Hélène. *21, rue du 4-Septembre Tél. 04 67 28 33 80 Ouvert lun. 14h30-19h, mar.-sam. 10h-12h30 et 14h30-19h*

### ● Où faire une pause déjeuner ?

**Cannelle (plan 13, A2 n°12)** Assiettes composées, salades, tartes salées, que l'on peut accompagner d'un jus de fruit fraîchement pressé ou bien d'une tasse de thé. À savourer au soleil en terrasse. Formule 13,10€, plat du jour 9,10€. *11, pl. Gabriel-Péri Tél. 04 67 28 06 01 Ouvert lun.-sam. 7h30-19h*

### ● Où boire un verre de vin ?

**Caves Paul-Riquet (plan 13, A2 n°26)** Les caves Paul-Riquet, modernes et bien fournies, sont enrichies d'une épicerie fine où l'on déniche des spécialités artisanales de la région, mais aussi une sélection de produits italiens, basques... Le bar à vins, à l'étage, est ouvert lors des fréquentes dégustations, ou sur réservation. *7, rue Flourens Tél. 04 67 28 28 73 www.comptoirgourmand.com Ouvert mar.-sam. 9h-12h30 et 15h-19h30, dim. 9h-12h30*

## Allées Paul-Riquet

Artère vitale de Béziers, cette promenade (plan 13, B2), aménagée en 1827 sur le tracé des remparts aujourd'hui disparus, sépare la partie médiévale de la cité des quartiers cossus nés de l'âge d'or viticole. En son sommet, le théâtre, construit par Charles-Édouard Isabelle, est orné sur la façade de bas-reliefs attribués à David d'Angers. Il fait face au plateau des Poètes, au sud des allées. Entre les deux, une statue de Paul Riquet, également œuvre de David d'Angers, des galeries commerciales, des magasins, des immeubles aux riches décors, des cafés, des terrasses et un marché aux fleurs le vendredi. Les allées reçoivent, les soirs de match de l'ASBH, le club de rugby de Béziers, cf. Assister à un match de rugby (p.390), la foule des supporters venus soutenir l'équipe locale.

**Jardin du plateau des Poètes (plan 13, B3)** Dessiné par les frères Bühler (à qui l'on doit aussi le bois de Boulogne près de Paris) entre 1863 et 1867, ce jardin de 5ha est le rendez-vous romantique du centre-ville. Il mêle, dans son aménagement "à l'anglaise", espaces ouverts, recoins et pièces d'eau. C'est aussi un bel écrin pour quelques œuvres d'Injalbert, comme sa *Fontaine de Titan* (réalisée à Rome lors de son séjour à la Villa Médicis). *Allées Paul-Riquet Ouvert avr.-mi-oct. : tlj. 7h-20h ; mi-oct.-mars : tlj. 7h-18h*

## Où boire un verre de vin ?

☺ **Le Chameau ivre (plan 13, B2 n°29)** Quand un vrai personnage (Philippe Catusse, du Clos Saint-Gabriel) réalise un rêve vieux de vingt ans, il y a des chances pour qu'il en fasse une pépite. En l'occurrence une cave à vins alignant près de 500 références en Languedoc, une dizaine de propositions au verre (2,50-6€), et des tapas maison (3,50-6€). Également des assiettes repas (10-20€). *15, pl. Jean-Jaurès Tél. 04 67 80 20 20 Ouvert mar.-sam. 10h-0h*

## Voir de l'art

**A.D. Galerie (plan 13, B1)** Ce lieu de rencontre branché de la ville est signalé par un grand cube de verre et de béton. Il accueille des artistes de la scène internationale, chefs de file de la figuration libre et narrative (Combas, Erro, Di Rosa...), ainsi que de jeunes artistes pop... *40, allée Giacometti Tél. 04 67 83 61 93 Ouvert lun.-sam. 10h-12h et 14h-18h*

# Autour de la place Saint-Jacques

**Église Saint-Jacques (plan 13, B3)** Du bel art roman (XIIe s.), simple et épuré, à l'ornementation antiquisante (chapiteaux du chevet). De la terrasse, on découvre des jardins surplombant la vallée de l'Orb. Expositions temporaires en été. *Pl. Saint-Jacques Tél. 04 67 31 03 53 ou 04 67 28 22 89 Ouvert été : horaires affichés sur la porte*

**Musée du Biterrois (plan 13, B3)** Un musée en *open space*, une coque moderne relevant la structure d'origine (l'ancienne caserne Saint-Jacques, 1702), tout de métal et de verre pour des collections extrêmement variées : statues-menhir du Saint-Ponais, bracelets de l'âge de fer finement incisés de Rieussec, des bornes de la *via Domitia*, le Pépézuc original – statue impériale de marbre blanc, fierté de Béziers –, des chapiteaux romans… La muséographie, qui privilégie trois grands axes : archéologie, histoire et ethnologie locale, est parfois un peu limitée, comme par exemple dans la partie traitant de la vie quotidienne, ou celle qui présente l'âge d'or de la ville, lorsque Béziers était capitale viticole, culturelle et économique de la région, au XIXe siècle. Au premier étage, les collections du Muséum d'histoire naturelle ne sont visibles que sur demande. Expositions temporaires. Pour les enfants, jeux de piste, ateliers et goûter les mercredi et samedi de 14h à 16h30, sur réservation. *Rampe du 96e, caserne Saint-Jacques Tél. 04 67 36 81 61 Ouvert juin-sept. : ven.-mer. 10h-18h,* *jeu. 10h-21h ; oct.-mai : mar.-ven. 10h-17h, sam.-dim. 10h-18h Fermé 1er jan., dim. de Pâques, 1er mai, 25 déc. Tarif 3€, réduit 2€ Forfait 3 musées (avec musée des Beaux-Arts et musée Injalberty) 4€, réduit 3€* **Atelier et goûter enfants** *Tous les mer. ap.-m. et sam., sauf vac. scol. Séance 5,50€*

**Amphithéâtre (plan 13, B3)** Une surprise au milieu du tissu urbain. Au débouché d'une ruelle (l'impasse qui porte son nom), l'espace entre les immeubles est resté ouvert sur les ruines de ces arènes qui, bâties autour de 80 apr. J.-C., ont accueilli jusqu'au IIIe siècle combats de gladiateurs et jeux du cirque. Les gradins, de 17m de hauteur, pouvaient héberger plus de 8 000 spectateurs ! Il ne reste que peu de vestiges, le site ayant pendant un temps servi de carrière. *Rue du Moulin-à-Huile (ou imp. des Anciennes-Arènes) Ne se visite pas*



## À l'est de la vieille ville

**Jardins de la villa Antonine** Une balade bucolique dans les jardins de ce qui fut la villa familiale d'Antonin Injalbert. On y admire encore ses œuvres, en toute quiétude. *Pl. Antonin-Injalbert Ouvert avr.-mi-oct. : tlj. 10h-19h ; mi-oct.-mars : tlj. 10h-17h30*

**Arènes (plan 13, B2)** Si, en août, c'est la feria qui anime les arènes, en octobre, la poussière se lève à l'occasion des journées taurines... Il faut alors graviter alentour pour mesurer l'importance de la culture taurine à Béziers, qui compte aujourd'hui encore plus de vingt associations, clubs ou *peñas*. Construite en 1897, sur le modèle espagnol, cette "place des toros" fait partie des plus renommées de France. Y sont organisées corridas et novilladas de tout premier plan et reçus des toreros confirmés. Le lieu possède également une acoustique exceptionnelle : opéras et spectacles lyriques s'y sont déroulés, sous l'impulsion d'un mécène, ami de Camille Saint-Saëns. Des concerts y sont encore parfois donnés aujourd'hui. *Av. Claparède Tél. 04 67 76 13 45 www.arenes-de-beziers.com Visites guidées en été par l'office de tourisme Tarif 7€, réduit 5€*

**Espace taurin-Espace Chapat** Pour en savoir plus sur les traditions de la corrida à Béziers – et admirer d'étincelants costumes de toreros. Une exposition permanente (peintures, sculptures). *1, av. du Président-Wilson Tél. 04 67 35 28 46 Ouvert juil.-août : mar.-dim. 10h-18h*

● **Assister à un match de rugby** N'hésitez pas à aller encourager l'équipe locale de rugby, l'Association sportive Béziers Hérault (ASBH). Ce club a connu ses heures de gloire de 1961 à 1984, période durant laquelle il a été onze fois champion de France ! Il revient aujourd'hui progressivement sur le devant de la scène et évolue actuellement en Pro D2. Les rencontres ont lieu au stade de la Méditerranée, où se sont tenus quelques matchs de la Coupe du monde de rugby en 1999. Construite en 1989, cette enceinte peut accueillir plus de 18 000 spectateurs.
**ASBH** *www.asbh.net*
**Stade de la Méditerranée** *Av. des Olympiades Tél. 04 67 35 04 91*

## En remontant le cours de l'Orb

**Pont-Vieux (plan 13, A3)** Ce pont, édifié à la fin du XIe et au début du XIIe siècle, a peut-être réutilisé les bases du pont romain qui permettait à la *via Domitia* de franchir l'Orb. Des travaux, entrepris dans les années 2000, lui ont quasiment rendu sa physionomie d'origine, cinq arches ayant été dégagées à l'occasion de l'abaissement de l'une des berges à son niveau initial. On lui préfère aujourd'hui le Pont-Neuf pour sortir de la ville, en direction de Narbonne et de l'arrière-pays. *Av. du Pont-Vieux*

**Jardin de la Plantade et moulin Cordier** Cette ancienne propriété de Jean-Marie Cordier (1785-1860) fut achetée en 1898 par la commune et transformée en jardin public. Le long de l'Orb, où se dressaient déjà au Moyen Âge les moulins de la ville, cet ingénieur hydraulique autodidacte rénova au début du XIXe siècle un bâtiment bien endommagé par une forte crue et l'assortit d'une tour : le moulin Cordier. Il y installa des machines à vapeur qui permirent d'élever l'eau de la rivière et d'alimenter aussi la ville haute. C'est aujourd'hui un joli but de promenade qui offre un point de vue différent sur la cité. En été, une guinguette aligne quelques tables sur la berge de l'Orb. *Av. Valentin-Duc Ouvert avr.-mi-oct. : tlj. 10h-19h ; mi-oct.-mars : tlj. 10h-17h30*

**Château de Raissac (plan 13, A1)** Fruit d'une histoire de famille ancrée dans la tradition viticole du XIXe siècle, le château se visite entièrement : des écuries jusqu'aux combles et des chambres jusqu'aux jardins dessinés par Bühler ! La propriétaire, elle-même céramiste, commente son impressionnante collection de faïences des manufactures européennes du XIXe siècle. Il est aussi possible d'explorer la cave à vins, creusée au XVIIe siècle directement dans la roche. *Route de Murviel (à 3km du centre-ville en bordure de l'Orb) Tél. 04 67 49 17 60 ou 04 67 28 15 61 www.raissac.com Visite guidée (musée, château et parc) toute l'année sur rdv Tarif 8€* **Cave** *Ouvert lun.-ven. 9h-12h30 et 14h30-18h, sam. sur rdv*

### L'Hérault antique

Musée archéologique Lattara (Lattes) 86
Oppidum d'Ambrussum (Villetelle) 100
Villa Loupian 136
Amphithéâtre (Béziers) 390
Oppidum d'Enserune (Nissan-lez-Enserune) 393
Musée de l'Éphèbe (Agde) 409

## Le long du canal du Midi

**Écluses de Fonsérannes** Pour franchir un dénivelé de plus de 20m, Pierre-Paul Riquet (1609-1680) a doté sa ville natale d'un ensemble d'exception : dix écluses disposées les unes à la suite des autres, sur 300m de longueur, véritable escalier d'eau qui nécessita huit ans de travaux. Un lieu de promenade aujourd'hui bien agréable à parcourir à pied ou à vélo. C'est aussi le point de départ de balades en bateau électrique pour naviguer en solo ou en péniche avec guides-conférenciers – en direction du pont-canal (en 2h), vers Agde (6h) ou vers le tunnel du Malpas (en remontant les 9 écluses, en 6h). Des bateaux croisière naviguent aussi sur le canal. *Rens. à l'office de tourisme* **Fluvia Promenade** *1, écluses de Fonsérannes Tél. 06 14 05 42 25 www.fluvia-promenade.com* **Les Bateaux du Soleil** *Tél. 04 67 94 08 79 www.bateaux-du-soleil.com*

**Pont-canal** Autre curiosité, ce pont-canal construit en 1857. Cet ouvrage d'art, sur lequel les bateaux circulent librement, enjambe le cours de l'Orb. Suivez les panneaux au départ du centre-ville de Béziers, en direction du sud-ouest, de l'autre côté de l'Orb. *Tél. 04 67 94 08 79 (Visite) www.bateaux-du-soleil.com En saison uniquement*

## ● Où faire une pause au bord de l'eau ?

**Café Plaisance (plan 13, B3 n°25)** Café de port ou bistrot de ville ? Un peu les deux en fait. Située sur les rives du canal du Midi, cette salle large, généreuse, avec terrasse, attire les promeneurs avides de siroter une mousse, faire un billard, savourer une belle entrecôte grillée ou une salade copieuse (magret de canard, figues, etc.), autour de tables en marbre et de banquettes en moleskine. Les appliques Ricard d'un autre siècle complètent le tableau. Menu 15,90€, formules 13,50€, salades et grillades de 9 à 17€. *1, quai du Port-Neuf Tél. 04 67 76 15 90 www.cafedeplaisance.fr* **Bar** *Ouvert hiver : lun.-ven. ; été : tlj. sauf dim. matin* **Restaurant** *Ouvert hiver : lun.-ven. uniquement midi ; été : lun.-sam. uniquement midi Fermé vac. scol. fév. et Toussaint, 1 sem. fin août*

### Un canal au patrimoine mondial

Route du silence qui se déroule paisiblement de Toulouse au bassin de Thau, le **canal du Midi** relie la Garonne – et l'Atlantique – à la Méditerranée. Il fut le plus grand chantier du XVII^e^ siècle, grand œuvre de Pierre-Paul Riquet – qui meurt en 1680 avant la fin des travaux –, réalisé entre 1667 et 1681. Son parcours a marqué la physionomie du Languedoc. Favorisant les exportations de vin, de marbre et de céréales, le développement de petits villages et la création de ports, il fut une artère commerciale capitale jusqu'à l'arrivée du chemin de fer. Délaissé dans les années 1970, il revit désormais avec le tourisme fluvial. Familles en petites péniches, riches américains sur de luxueux hôtels flottants, promeneurs des berges... chacun vient y trouver un peu de sérénité, sous l'ombre mouchetée des platanes, glissant le long de courbes douces, enlacées par les vignes et les contreforts de la Montagne noire ou du Minervois, à la découverte des 328 ouvrages d'art (dont certains ont plus de 300 ans !) qui ponctuent les 240km d'un parcours classé par l'Unesco, cf. GEOPlus Canal du Midi : amarres fixez, amarres larguez ! (p.394).

# Les environs de Béziers

☆ ☺ **Oppidum d'Ensérune** Une agréable façon d'en apprendre un peu plus sur nos ancêtres les Gaulois qui occupèrent le site du VI^e^ siècle av. J.-C. au I^er^ siècle de notre ère. Au gré du chemin, on découvre l'évolution de l'habitat. Tout d'abord des traces de modestes cabanes en terre disséminées sur le terrain. De la fin du V^e^ au III^e^ siècle av. J.-C., une véritable petite ville sort de terre, munie de puissants remparts et d'une grande nécropole, située à l'écart des habitations – dont les richesses sont désormais à l'abri dans le musée installé sur le site. Les sujets sont prospères, ils tirent parti d'échanges commerciaux avec le monde méditerranéen et notamment avec l'Espagne. La cité se développe ensuite sur toute la colline et l'on aperçoit encore des vestiges de rues. De l'oppidum – situé à 100m au-dessus de la vallée –, on jouit également d'un panorama à couper le souffle : un réseau de champs évoquant le dessin d'une roue dont les rayons correspondent aux canaux de collecte des eaux. Ces derniers ont servi à assécher l'étang au XIII^e^ siècle, marquant aujourd'hui encore le parcellaire. ***Nissan-lez-Enserune*** *(11km au sud-ouest de Béziers) Tél. 04 67 37 01 23 http://enserune.monuments-nationaux.fr Ouvert mai-août : tlj. 10h-19h (visites guidées en juil.-août) ; avr., sept. : mar.-dim. 10h-12h30 et 14h-18h ; oct.-mars : mar.-dim. 9h30-12h30 et 14h-17h30 Dernière admission 1h avant fermeture Fermé j. fér. Tarif 7,50€, réduit 4,50€, moins de 25 ans gratuit*

☆ **Musée régional d'art contemporain Languedoc-Roussillon** C'est l'un des principaux musées d'art contemporain du département. Pour présenter les dessins de Jean Messagier, Vera Molnar, Robert Crumb, Daniel Buren, Erró, Dado, etc., les architectes ont imaginé un écrin noir laqué et verre où l'on tire des petits tiroirs à secrets… Une atmosphère recueillie, à l'opposé de la scénographie de ce musée extrêmement clair et vaste qui propose plusieurs expositions temporaires par an. La collection permanente est le fruit de quinze années de collaboration entre le maire de Sérignan et le peintre hollandais Piet Moget, créateur du Hameau du LAC (Lieu d'art contemporain) à Sigean (Aude). Un regard bouillonnant sur la création des années 1960 à nos jours : Pierre Alechinsky, Eduardo Arroyo, Daniel Buren, Ben, etc. *146, av. de la Plage* ***Sérignan*** *(13km au sud de Béziers) Tél. 04 67 32 33 05 www.mrac.languedocroussillon.fr Ouvert mar.-ven. 10h-18h, sam.-dim. 13h-18h Visite commentée de l'expo temporaire le dim. à 15h Tarif 5€, réduit 3€, moins de 18 ans gratuit*

**Capestang** Les chaises des deux cafés de la place principale tendent tout naturellement les bras aux visiteurs venus admirer la fabuleuse collégiale Saint-Étienne, bel exemple de gothique méridional au chevet unique, inachevée, comme à Narbonne. Le clocher de 44m de hauteur, couronné de ferronneries et de nombreuses gargouilles, donne envie de tourner autour des murs le nez en l'air. Quant au château, propriété des archevêques de Narbonne attirés par la prospérité des salines voisines dès le XIII^e^ siècle, il mérite très certainement une visite pour sa grande salle ornée de peintures murales du début du XIV^e^ siècle et son plafond à caissons peint au siècle suivant. Les premières laissent apparaître les armes de l'archevêque Bernard de Fargues et de la maison de France tandis que le second offre au regard plus

GEOPLUS

# Canal du Midi : amarres fixez, amarres larguez !

**Faites vôtre ce fragment du patrimoine mondial, pour une nuit à quai dans une péniche maison-d'hôtes, une journée en bateau promenade ou une longue croisière.**

## Naviguer sur le canal

**Permis** Les bateaux à louer ne nécessitent pas de permis particulier ; une miniformation est assurée avant la remise des clés (amarrage, passage d'écluses).
**Ouverture du canal** Les berges sont toujours accessibles mais la navigation s'arrête env. de début nov. à fin déc.
**Horaires des écluses** Elles ouvrent le matin à 9h, ferment de 12h30 à 13h30 et le soir en fonction des saisons (17h, 18h ou 19h). Mi-mars-début nov. : tlj. (sauf 1er mai et 14 juil.) ; fin déc.-mi-mars : lun.-ven. à la demande (sauf 25 déc. et 1er jan.).
**Quand partir ?** Avr.-juin et oct. sont les meilleures périodes du point de vue du climat, de la fréquentation et des prix.

**VIGNETTE PLAISANCE** Pour les propriétaires de bateaux, une taxe de passage est à payer auprès des Voies navigables de France en fonction de la longueur et de la durée du séjour. VNF recommande l'achat en ligne. **VNF** *Tél. 04 68 71 74 55 www.vnf.fr*

**À combien ?** Naviguer seul n'est pas envisageable, il faut deux personnes pour passer les écluses.
**Vitesse** Limitée à 8km/h, comptez en moyenne 150-250km par semaine ou 5h de navigation par jour.
**Sens de navigation** Comme sur la route, on tient sa droite.
**Pêche** Pour pêcher, il faut acheter un permis pêche provisoire, disponible dans les boutiques de pêche. www.unpf.fr
**Manifestations** En été, les écluses sont en fête : découvertes, promenades en bateau, marché, théâtre, illuminations...

## Partir en croisière

**La plupart des loueurs offrent une gamme très étendue de bateaux, pouvant accueillir de deux à douze personnes. Tous sont équipés de sanitaires et de salles de bains, d'une petite cuisine, de linge de maison, etc. Tous les prestataires pratiquent la location de mi-mars à début nov. mais restent ouverts le reste de l'année pour enregistrer les demandes de location, réparer les bateaux, etc.**

**AU DÉPART DE...**

**Le Somail (Aude)**

**Minervois Cruisers** Une des rares entreprises familiales sur le canal, tenue par des Anglais. *38, chemin des Patiasses Tél. 04 68 46 28 52 www.minervoiscruisers.com Fermé en hiver*

**Névian (Aude)**

**Belle du Midi Cruises** Une petite compagnie qui dispose de quatre bateaux, tarifs intéressants (réservez dès janvier). *Tél. 04 68 93 53 94 www.belledumidicruises.com*

**Colombiers (Aude)**

**Rive de France** Pénichettes hollandaises, bateaux classiques et de forme maritime. *Port de plaisance Tél. 04 67 37 14 60 www.rivedefrance.com*

**Agde (p.405)**

**Les Canalous** Propose bateaux classiques et pénichettes. *Bassin de l'écluse ronde Tél. 03 85 53 76 74 www.canalous-plaisance.fr*

## Louer un bateau électrique

**Ces prestataires proposent des bateaux à la journée.**

**Le Somail (Aude)**

**Le Comptoir Nature**
Restaurant, bar, loueur de vélos... De 22€/1h à 86€/6h. *1, chemin de Halage Tél. 04 68 46 01 61 http://comptoirnature.free.fr Ouvert fin mars-Toussaint*

**Portiragnes (Hérault)**

**Les Bath'o du canal**
Durée de location : 1h à 5h. Tarif : de 28 à 91€ pour 5 pers. *Pont de la Haute Roque, Les Gaillardels Tél. 06 60 43 73 52 www.bateaux-canal-midi.com*

> **CONSEIL** Réservez votre bateau au moins 2 mois à l'avance. En haute saison, les locations se font à la semaine ; en basse saison, pour un week-end, 3 ou 4 jours.

## Profiter d'un bateau promenade

**Promenades commentées, à l'heure ou à la journée, avec possibilité de restauration à bord, en général sur des trajets aller-retour, ou aller en bateau et retour en bus.**

**Homps (Aude)**

**Croisières du Midi** Balades de 2h (adulte 12€, réduit 6,60€) en gabare traditionnelle jusqu'à l'épanchoir de l'Argent-Double. Accessible aux handicapés. *35, quai des Tonneliers Tél. 04 68 91 33 00 www.croisieres-du-midi.com*

**Agde (p.405)**

**Les Bateaux du soleil** (p.408)
Plusieurs formules pour partir à la découverte du canal (2h, 4h et 6h avec repas à midi, en soirée, etc.), en direction de Béziers ou de Marseillan.

## Circuler à vélo

**65km de pistes cyclables aménagées, le reste des chemins de halage en terre. Le sol est inégal mais, dans l'ensemble, accessible à tous les niveaux. Un VTT ou un VTC est recommandé. Les sportifs peuvent découvrir l'ensemble du canal en 5-7 jours. De nombreux renseignements sur www.canal-et-voie-verte.com**

**LOCATION DE VÉLOS**

Dans la plupart des ports et des villages qui émaillent le canal, vous trouverez en saison des locations de vélos à l'heure, à la journée ou pour de plus longues périodes. Comptez environ 15€ par jour avec des

GEOPLUS

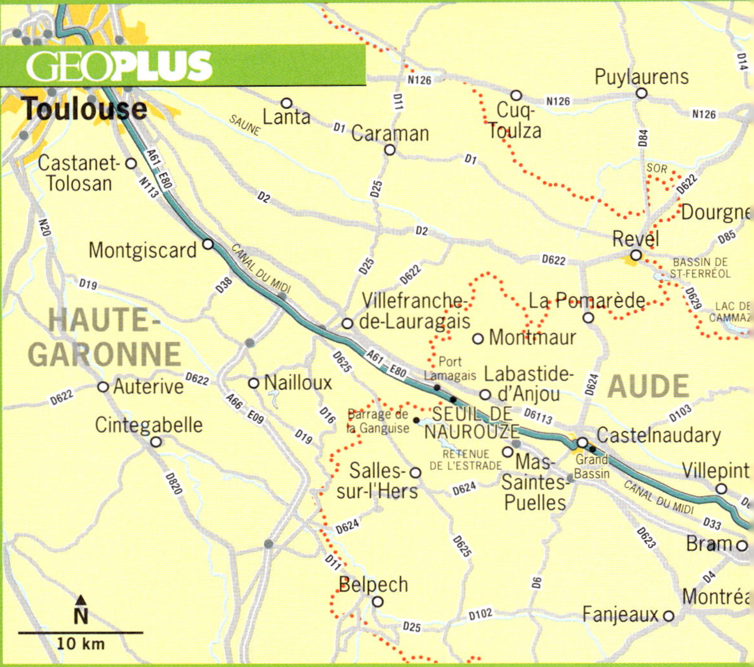
Toulouse
Castanet-Tolosan
Lanta
Caraman
Cuq-Toulza
Puylaurens
Dourgne
Revel
BASSIN DE ST-FERRÉOL
LAC DE CAMMAZ
Montgiscard
CANAL DU MIDI
HAUTE-GARONNE
Villefranche-de-Lauragais
La Pomarède
Montmaur
Port Lamagais
Labastide-d'Anjou
AUDE
Auterive
Nailloux
Cintegabelle
Barrage de la Ganguise
SEUIL DE NAUROUZE
RETENUE DE L'ESTRADE
Castelnaudary
Grand Bassin
Villepint
Mas-Saintes-Puelles
Salles-sur-l'Hers
Bram
Belpech
Montréa
Fanjeaux
SAUNE
SOR
N126
D1
D11
D84
D622
D14
D85
D629
D2
D25
N20
N113
A61
E80
D19
D38
D622
D624
D6113
D103
A66
E09
D16
D19
D625
D624
D820
D33
D623
D11
D6
D4
D102
N
10 km

MONTAGNE NOIRE
Saint-Chinian
Mas-Cabardès
PONT NATUREL
CESSE
OGNON
Sériège
La Croisade
Argeliers
Ouvei
Mirepeisset
Ginestas
Le Somai
Conques-sur-Orbiel
Peyriac-Minervois
Olonzac
Homps
Paraza
Carcassonne
La Redorte
Pont-Canal de Fresquel
Épanchoir de Foucaud
Trèbes
Puichéric
Épanchoir de l'Argent-Double
Argens-Minervois
Ventenac-en-Minervois
Névian
CANAL DU MIDI
Capendu
Lézignan-Corbières
ORBIEU
PARC NATURE RÉGIONAL DI LA NARBONNA
Lagrasse
AUDE
Sigear
D907
D20
D36
D112
D620
D12
D910
D118
D11
D111
D5
D26
D607
D6113
D118
D104
N113
D24
A61
E80
D224
D3
D611
D106
D613
D212
D611A
E15
A9
D6009
N
10 km

Castres
Toulouse
Carcassonne
Béziers
TARN
Anglès
Labruguière
Mazamet
Saint-Amans-Soult
Saint-Pons-de-Thomières
GROTTES DE LA DEVÈZE
LAC DES SAINTS-PEYFES
LAC DE LA RAVIÈGE
AGOUT
DURENQUE
ARN
THORÉ
CESSE
OGNON
PONT NATUREL
MONTAGNE NOIRE
Saissac
Mas-Cabardès
Montolieu
Conques-sur-Orbiel
Peyriac-Minervois
Olonzac
Homps
Ginestas
Paraza
Carcassonne
Pont-Canal de Fresquel
Épanchoir de Foucaud
Trèbes
CANAL DU MIDI
Capendu
La Redorte
Puichéric
Éparchoir de l'Argent-Double
Argens-Minervois
Lézignan-Corbières
N112
D93
D68
D612
D621
D52
D908
D56
D54
D118
D907
D203
D112
D620
D12
D910
D11
D5
D26
D111
A61
E80
N113

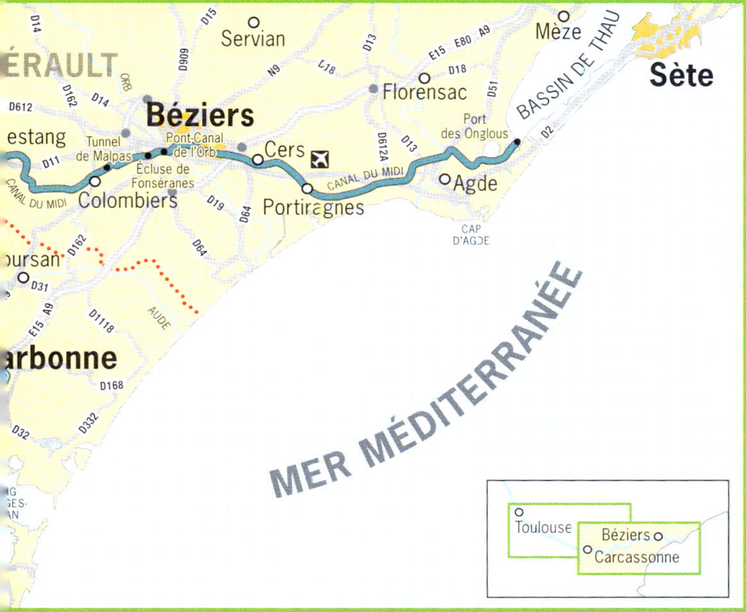
Servian
Mèze
BASSIN DE THAU
Sète
HÉRAULT
ORB
Béziers
Florensac
Port des Onglous
Tunnel de Malpas
Pont-Canal de l'Orb
Écluse de Fonséranes
Cers
Colombiers
CANAL DU MIDI
Agde
Portiragnes
CAP D'AGDE
MER MÉDITERRANÉE
Narbonne
AUDE
Toulouse
Béziers
Carcassonne
D14
D15
D909
N9
D18
D13
E15
E80
A9
D51
D162
D612
D11
D19
D64
D612A
D2
D31
D1118
D168
D32
D332

➤ tarifs dégressifs pratiqués à la semaine...

**Béziers (p.380)**

**LVR Cycles** Location à l'heure, à la journée, à la semaine... *9, écluses de Fonsérannes Tél. 06 58 10 84 70 ou 04 67 37 17 52 (hors saison)*

## À voir entre Le Somail et Sète

**Du Somail à Sète : on entre dans le monde méditerranéen, on quitte le Minervois pour les plaines du Narbonnais et du Biterrois, ouvertes sur la mer, aux douces collines, coteaux calcaires, une lumière incroyable sur les champs de vigne à perte de vue, la garrigue et la rocaille.**

**Tunnel du Malpas** (p.392) Le premier tunnel ouvert à la navigation a été creusé en secret sur ordre de Riquet en moins de 3 mois (165m de longueur sur 8m de hauteur et de largeur). Il est possible de le traverser à pied. Véritable prouesse, cet ouvrage, remarquable, s'ajoute à deux autres percées : la voûte d'assèchement de l'étang de Montady (1247) et le tunnel de la voie ferrée (1855).

**Écluses de Fonsérannes** (p.391) Un véritable escalier d'eau permettant de franchir les 21m de dénivelé qui séparaient Fonsérannes de l'Orb à Béziers. À l'origine dix écluses s'étiraient sur plus de 300m, mais au XIXe siècle, la dernière fut condamnée afin de ne plus passer par l'Orb mais de l'enjamber grâce à un pont-canal. En haut des écluses se trouvent l'ancienne "dînée", la chapelle et les écuries.

**Pont-canal de l'Orb** (p.392) Au pied de Béziers, à 1km de la dernière écluse, il a été édifié entre 1854 et 1857, et s'étire sur 240m, c'est le plus important aqueduc du canal.

**Écluse ronde d'Agde** (p.407) Unique exemplaire du genre, cette écluse était à l'origine parfaitement ronde. Elle permettait de relier trois cours d'eau, comme une sorte de plaque tournante. Elle a été élargie depuis pour permettre le passage des péniches.

**Port des Onglous** Ici, les eaux douces du canal se mêlent à celles de l'étang. Deux grandes jetées en pierre de taille marquent le début du canal. Très animé au XIXe siècle, le port n'est désormais plus égayé que par les voiles de l'école des Glénans.

## Faire du shopping

**Cassoulet et autres productions du terroir : il s'agit surtout d'un shopping de bouche.**

**Le Somail (Aude)**

**La Péniche épicière** Tout le charme d'une épicerie flottante ! *Tél. 04 68 46 95 11 Ouvert avr.-oct. : tlj. 7h30-19h30*

**GLOSSAIRE**

**Avalant** Se dit d'un bateau qui descend le canal dans le sens du courant

**Bajoyer** Paroi latérale du sas d'une écluse

**Bief** Portion entre deux écluses

**Épanchoir** Ouvrage maçonné par lequel s'écoule le trop-plein d'un canal

**Montant** Se dit d'un bateau qui remonte le canal dans le sens contraire du courant

**Sassement** Passage d'une écluse

**Le Trouve-tout du livre** Excellente librairie ancienne sur le quai. *Tél. 04 68 46 21 64*

## Boire un verre au bord de l'eau

**Tous les marins d'eau douce sont des soiffards, c'est bien connu !**

Mirepeisset (Aude)

**La Porte minervoise** Un ancien relais transformé en épicerie de terroir-bar à vins ! À deux pas du pont-canal de la Cesse. *Tél. 04 68 46 29 65 Ouvert avr.-oct. : tlj. 10h-20h*

Béziers

**Café de Plaisance** (p.392)
Pour profiter du port de Béziers.

**Le Capharnarhum** (p.401)
Une péniche transformée en bar à rhum. Dépaysement garanti !

## Manger sur le canal du Midi

**La vie sur l'eau s'agrémente naturellement de joviales haltes gastronomiques.**

Le Somail (Aude)

**Le Comptoir Nature**
Bar, glacier et restaurant nature. Concerts en été. *1, chemin de Halage Tél. 04 68 46 01 61 http://comptoirnature.free.fr Ouvert fin mars-Toussaint : tlj.*

Argeliers (Aude)

**Le Chat qui pêche** Ancien relais de cantonniers transformée en restaurant coloré. *Tél. 04 68 70 78 67 www.lechatquipeche.eu Ouvert avr.-sept. : lun.-sam. le soir* ; hors saison : se rens.

Cruzy (Hérault)

**Auberge de la Croisade**
Dans un virage langoureux du canal, un repaire de gastronomes avertis... *Tél. 04 67 89 36 36 www.auberge-de-la-croisade.com Ouvert juil.-août : mer. soir-lun. ; mi-mars-juin, sept.-mi-nov. : jeu.-lun. ; mi-nov.-mi-mars : jeu.-lun. midi Fermé 10 jours en nov. et 3 sem. en fév.*

## Dormir sur l'eau

**En péniche-hôtel : très onéreux, ce type d'hébergement est en outre souvent réservé longtemps à l'avance par la clientèle américaine. Vous voyagerez au fil du canal et aurez la possibilité de participer à des excursions dans les environs.**

Portiragnes (Hérault)

**Péniche Béatrice** Une nuit et deux jours, direction Agde : 490€/pers. en pension complète (2 300€/pers. la semaine). *Port-Cassafières (entre Béziers et Agde) Tél. 06 03 25 00 42 www.bateau-beatrice.com*

**En péniche-maison d'hôtes : le nombre de cabines étant limité, réservez à l'avance ! On dort à quai. Des péniches organisent des promenades à la journée sur demande.**

Argeliers (Aude)

**Péniche La Baïsa** À quai au pied du vieux pont. Double 85€. *Tél. 06 07 88 18 30 www.peniche-chambres-hotes.com Ouvert toute l'année sur rés.*

Cers (Hérault)

**L'Appart des Anges** (p.404)
Une péniche glamour avec piscine sur le joli petit port de Cers (à 8km de Béziers). Double 128-165€.

de 160 scènes aux thèmes variés : fêtes avec danseurs et musiciens, bestiaires – réels et fantastiques –, chasse, religion… Pour en savoir plus, un centre d'interprétation, avec vidéos, maquettes et vitrines d'exposition, jouxte cette salle. ***Capestang*** *(16km à l'ouest de Béziers)* **Point d'information** *5, bd Pasteur Tél. 04 67 93 34 23 Ouvert toute l'année* **Collégiale** *Ouvert tlj. 10h-18h* **Château** *Tél. 04 67 93 40 90 (Rens.) Ouvert lun.-ven. 9h-18h, sam.-dim. 10h-18h Possibilité de visite guidée*

**Abbaye de Fontcaude** Le lieu en soi est déjà une merveille : un hameau de pierre aux teintes douces, orangées, au milieu des vignes et de la garrigue. On comprend qu'une équipe de passionnés se soit penchée sur les vestiges de ce qui fut une riche abbaye de sa fondation en 1154 jusqu'aux guerres de Religion. Ils ont remis en état le chevet de l'église abbatiale (fin XII^e^ s.), tout en finesse et en harmonie, ainsi que le petit oratoire. De ces travaux sont ressortis des objets témoins d'un vrai luxe d'apparat : figurines du XIII^e^ siècle aux têtes de soldat, vieillard ou jeune fille, fragments de vaisselle. Ont été également découverts les restes du moulin à huile des chanoines et d'une fonderie de cloches (XII^e^ s.), dans laquelle est installé le musée qui présente les plus belles pièces de la sculpture de Fontcaude, signes des activités passées. Le cloître et les bâtiments conventuels sont tombés à terre après le démantèlement de l'abbaye au XVIII^e^ siècle, mais ce lieu, objet d'une restauration approfondie, est un parfait exemple d'archéologie active ! Ne manquez pas, dans le musée, les photos des chantiers de restauration. De là, un sentier à travers vignes vous entraîne vers un menhir et à une table d'orientation, avec vue jusqu'à la mer par temps clair. Au retour, beau recul sur la silhouette de l'abbaye (20min AR). ***Cazedarnes*** *(21km au nord-ouest de Béziers) Tél. 04 67 38 23 85 www.abbaye-de-fontcaude.com Ouvert juil.-août : 10h-19h ; juin, sept. : lun.-sam. 10h-12h et 14h30-19h, dim. 14h30-19h ; oct.-déc., fév.-mai : lun.-sam. 10h-12h et 14h30-17h30, dim. 14h30-17h30 ; jan. : dim. 14h30-17h30 Tarif 5€, réduit 2€, moins de 8 ans gratuit*

## ● Galoper en pleine nature

**Ranch Le Petit Sam** Randonnées à cheval et cours d'équitation au cœur d'une faune et d'une flore protégées, dans les salins, le long de l'étang ou du canal du Midi, au coucher du soleil, pour cavaliers débutants ou confirmés. Balade-découverte Faune et Flore 30€/2h. ***Sérignan-Plage*** *Tél. 04 67 32 57 08 www.ranchlepetitsam.com*

**Les Trois Temps** Plaisir, progression et sécurité, voici les trois grandes valeurs de ce centre équestre. Balades et stages : 45€/j. à cheval, 40€/j. à poney. *13, av. du Peras* ***Cazouls-lès-Béziers*** *(13km au nord-ouest de Béziers) Tél. 06 99 44 22 08 http://les-trois-temps.ffe.com*

**● Aller à la plage** De l'estuaire de l'Aude jusqu'à Agde s'étire à perte de vue un long cordon dunaire au bord duquel se dessinent de belles plages, agréables au printemps et à l'automne mais surpeuplées en été. **Valras-Plage**, le rendez-vous du tout Béziers, aligne boutiques et restaurants. Si la **plage de Sérignan**, surtout dans sa partie naturiste, est de loin la plus sauvage, les extrémités de **Vias-Plage** (le plus loin possible des campings) ne sont pas sans charme, entre petits graus et roseaux.

### Sauter de branche en branche

**Béziers Aventure** Pour les amateurs de sensations fortes et de circuits sportifs, dix parcours aventure au milieu de la forêt de Bourbaki. Ces bois, où se mêlent diverses essences d'arbres comme le pin d'Alep ou le chêne-liège, s'étendent à l'est de Béziers. Des ponts de singe, des tyroliennes, des échelles de trappeur, pour virevolter dans les airs, d'arbre en arbre... à partir de 5 ans. *Route de Bessan* ***Béziers*** *(D28 à 5km du centre-ville) Tél. 06 25 43 41 37 www.beziersaventure.com Ouvert juil.-août : tlj. 10h-20h ; fév.-mi-nov. : mer., w.-e. et j. fér. et vac. scol. (horaires, se rens.)*

# CARNET D'ADRESSES

## Lieux de sortie

### Bars

**Le Korrigan (plan 13, A2 n°22)** Dans le vieux Béziers, près des halles, un chaleureux pub irlandais. *9, rue Paul-Riquet* ***Béziers*** *Tél. 04 67 28 69 23 Ouvert tlj. 19h-1h*

**Le Capharnarhum (plan 13, B3 n°21)** Une péniche repeinte en rouge, jaune, bleu, vert et éclairée aux lampions de village, spécialiste des rhums arrangés. Ici, on met à disposition des jeux de société de tous les pays, un piano, on organise de petits concerts, des soirées citoyennes, etc. Quelques petites choses à grignoter pour les faims tardives. *Pont de Sauclières* ***Béziers*** *Tél. 04 67 35 17 81 www.carpharnarhum.info Ouvert mer.-sam. 19h-1h*

### Théâtres

Une programmation éclectique de qualité toute l'année : théâtre, musique, danse, spectacles jeune public... *Saison oct.-mai*

**Théâtre municipal (plan 13, B1 n°24)** *Allées Paul-Riquet* ***Béziers*** *Tél. 04 67 36 82 82 www.ville-beziers.fr* **Billetterie** *Ouvert mar.-sam. 13h-18h*

**Théâtre des Franciscains (plan 13, B1)** *13, bd bd Bertrand-Duguesclin* ***Béziers*** *Tél. 04 67 31 17 24 www.bml-theatredesfranciscains.com*

### Salles de spectacle

**Zinga Zanga (hors plan 13 par A3)** Cette salle de concert a commencé très fort en 2011 avec de belles têtes d'affiche comme Zazie, Hugues Aufray, Cali, Isabelle Boulay, Michel Fugain... Bref, le lieu que tout le monde attendait. Demandez le programme ! *Traverse de Colombiers* ***Béziers*** *Tél. 04 67 36 44 46 www.ville-beziers.fr*

**Sortie Ouest (hors plan 13 par A3)** Théâtre, concert, performances : une programmation osant aussi bien Marivaux que Novarina, en passant par les musiciens Bojan Z ou Avishai Cohen... mais aussi des "cabinets de curiosités". *Domaine de Bayssan le Haut Route de Vendres* ***Béziers*** *Tél. 04 67 28 37 32 www.sortieouest.fr Ouvert sept.-juil.*

**La Cigalière** Un grand rdv avec de grosses pointures et de jeunes talents, de la danse, de la comédie... Au cœur d'une colonnade lumineuse signée Buren, pour laquelle on se déplace de tout le département ! *Parc de la Cigalière* ***Sérignan*** *(13km au sud de Béziers, à hauteur du premier rond-point de Sérignan) Tél. 04 67 32 63 26 www.lacigaliere.fr* **Billetterie** *Ouvert sept.-juin : mar.-ven. 14h-18h30, sam. à partir de 16h si représentation Fermé l'été*

## Boîte de nuit

**L'Usine à gaz (plan 13, A3 n°23)** "La" boîte de nuit de Béziers. En bordure du fleuve, dans une ancienne usine : un site étonnant. *111, rue du Lieutenant-Pasquet* ***Béziers*** *Tél. 06 87 26 12 84 Ouvert ven. soir, sam. soir*

# Restauration

### prix moyens

☺ **La Raffinerie (plan 13, B3 n°15)** Dans l'ancien quartier des négociants en vin, une raffinerie de soufre transformée en restaurant, avec une terrasse immense, idéale pour dîner le long du canal. Décoration contemporaine mêlant métal et matériaux bruts, éclairages discrets et étudiés, cuisine créative et savoureuse. Nous vous recommandons son excellent pot de chocolat presque cru... Formule 2 plats 23€ et 3 plats 29,50€. Réservation conseillée. *14, av. Joseph-Lazare* ***Béziers*** *Tél. 04 67 76 07 12 www.la-raffinerie.com Ouvert lun.-ven. 12h-14h et 19h30-22h, sam. 19h30-22h*

**Bistrot Maison blanche (plan 13, B1 n°11)** Des tabourets hauts et des tables en bois dans la première partie de ce qui fut un garage, des chaises plus cosy au fond, une dominante blanche, des pavés lissés au sol et un jardin pour les beaux jours. Une carte courte, des tapas et une ardoise qui circule de table en table pour découvrir les nouveautés... proposant parfois du confit de canard "haricots comme un cassoulet", et des déclinaisons de foie gras. S'y retrouvent à midi de jeunes actifs, entre costards cravates et copines en goguette. Carte avec des plats principaux copieux (de 16 à 24€), tapas de 6 à 16€. *24, rue d'Alsace* ***Béziers*** *Tél. 04 67 09 38 35 Ouvert mer.-sam. 12h-14h et 19h30-22h Fermé 3 sem. en juil.*

### prix très élevés

**L'Ambassade (plan 13, B3 n°14)** "Le" restaurant gastronomique de Béziers. Cuisine classique de qualité, avec une carte des vins remarquable – des classiques de la région aux découvertes de l'année. Menus de 29€ (sauf sam. et j. fériés) à 105€. *22, bd de Verdun* ***Béziers*** *(face à la gare) Tél. 04 67 76 06 24 www.restaurant-lambassade.com Ouvert mar.-sam. 12h-13h30 et 19h30-21h30*

☺ **Octopus (plan 13, B2 n°16)** On vient de toute la région goûter la cuisine de Fabien Lefebvre, ami des petits producteurs régionaux et grand "réinventeur" des classiques méditerranéens. Rouget iodé, seiche et cocotte de légumes d'été, un voyage assuré vers la mer ! Au dessert, laissez-vous tenter par un chocolat grand cru et son sorbet à la mélisse. Le tout à déguster dans l'une des trois ambiances du lieu : sur les tabourets hauts de l'entrée, sur les tables larges et les banquettes confortables autour du patio, ou, plus simplement, au soleil. Formules déjeuner à 22 et

### Et aussi...

#### Pour une pause déjeuner

Au Soleil ____ 387
Cannelle ____ 388

#### Pour une pause-café, un apéritif

La Brasserie du Palais ____ 386
Couleur Café ____ 387
Caves Paul-Riquet ____ 388
Le Chameau ivre ____ 389
Café Plaisance ____ 392

30€ (2 ou 3 plats, vin et café !), le soir à 45, 60 et 80€, carte env. 50€. *12, rue Boïeldieu* ***Béziers*** *Tél. 04 67 49 90 00 www.restaurant-octopus.com Ouvert mar.-sam. 12h-13h30 et 19h30-21h30*

## Dans les environs

### prix très élevés

☺ **Ô Bontemps** Le chef, Olivier Bontemps, aime ce qu'il fait, non, adore ce qu'il fait, et cela se sent lorsqu'il débarque en salle vous servir à même le poêlon des moules sautées au lard, ou qu'il vous guide dans son menu-découverte pour profiter des meilleurs produits du marché (viandes à la découpe ou fumées comme la côte de bœuf fumée au sarment des vignes...). Le reste est à l'avenant, du sommelier amoureux des vins de sa région, à la salle, claire, qui décline le mauve et le l'anis en petites touches... Excellent rapport qualité-prix. Formules déjeuner à 24 et 30€ (2 ou 3 plats), menus de 35 à 50€. *Pl. de l'église* ***Magalas*** *(17km au nord de Béziers) Tél. 04 67 36 20 82 www.o-bontemps.com Ouvert mar.-jeu. 12h15-13h30, ven.-sam. 12h15-13h30 et 20h-21h30*

# Hébergement

Vous trouverez ici peu d'hôtels de charme. À Béziers, les établissements sont plutôt fonctionnels... pour dépanner ou faire escale une nuit ou deux, à petits prix.

### petits prix

**Hôtel de France (plan 13, B2 n°30)** Le principal atout de cet hôtel ? Être situé dans la même rue qu'Octopus (p.402), l'un des très bons restaurants de la ville. Des chambres correctes, à l'espace limité au maximum, une certaine proximité avec les voisins de palier, mais des tarifs modérés et un accueil plein d'entrain. En tout, 23 chambres de 38 à 70€ selon le confort. Petit déj. 7€. *36, rue Boïeldieu* ***Béziers*** *Tél. 04 67 28 44 71 www.hotel-2-france.com Ouvert toute l'année*

**Hôtel du Champ-de-Mars (plan 13, B1 n°32)** Les dix chambres donnent sur un jardin tranquille. De 49 à 59€ la double en haute saison. Garage privé à disposition 8-10€ la nuit. Petit déj. 8€. *17, rue de Metz* ***Béziers*** *Tél. 04 67 28 35 53 Ouvert toute l'année*

### prix moyens

☺ **Hôtel des Poètes (plan 13, B3 n°31)** L'unique hôtel de charme de la ville. Un accueil spontané, une salle de petit déjeuner aux couleurs vives, des murs rehaussés d'affiches de la feria, un petit feu de cheminée quand il faut... Et, côté chambres, une déco soignée : coco ou parquet au sol, couvre-lit matelassé rouge, chocolat ou violet accordé à la tête de lit à grosses fleurs design. Propre, calme, avec magazines de déco, cuisine... À proximité des allées Paul-Riquet, face au romantique jardin du plateau des Poètes, et à deux pas de la gare à pied. Un seul défaut, une insonorisation peu performante. 14 chambres de 45 à 70€. Petit déjeuner 7,50€. Accès wifi. *80, allées Paul-Riquet* ***Béziers*** *Tél. 04 67 76 38 66 www.hoteldespoetes.net Ouvert toute l'année*

### prix élevés

**Hôtel Imperator (plan 13, B2 n°33)** En plein cœur de la ville (donc plutôt bruyant). un hôtel du XIXe siècle remis à neuf et doté de chambres meublées de façon un peu lourde, mais confortables et climatisées. Double de 75 à 125€. Petit déj. 11€. Parking

12€. *28, allées Paul-Riquet* ***Béziers*** *Tél. 04 67 49 02 25 www.hotel-imperator.fr Ouvert toute l'année*

### prix très élevés

**Château de Raissac (hors plan 13)** De sublimes chambres au mobilier des XVIIIe et XIXe siècles, amples, avec vue sur le parc, cf. Château de Raissac (p.391). De 130 à 150€ la double, avec petit déj. Également une charmante maison avec 5 chambres disponibles toute l'année. Formule apéritif avec dégustation des nectars du vignoble et de tapas. *Route de Murviel* ***Béziers*** *(à 3km du centre-ville en bordure de l'Orb) Tél. 04 67 28 15 61 www.raissac.com Fermé 3 sem. en jan.-fév.*



## Dans les environs

### camping

**Aloha Village** Terrain de camping 5 étoiles de 444 emplacements le long de la plage. Piscines, activités, commerces, etc. De 20 à 56€ la nuit pour 2 pers. et une voiture selon la saison. Location de mobil-homes (de 45 à 249€ la nuit pour 4-6 pers.) ou des chalets (de 59 à 209€ la nuit pour 6 pers.). ***Sérignan-Plage*** *(16km au sud-est de Béziers) Tél. 04 67 39 71 30 www.alohacamping.com Ouvert mai-mi-sept.*

### prix élevés

**La Chamberte** Caroline et Vivian Kaesbach proposent 5 chambres aménagées dans une ancienne cave de vinification, aux tons chauds, entourées d'un jardin luxuriant, et débouchant sur une vaste salle à manger, haute et claire. Évidemment, avec des murs pareils, le calme est royal ! 98€, petit déj. compris. Table d'hôtes 27€. *10, rue de la Source* ***Villeneuve-lès-Béziers*** *(6,5km au sud-est de Béziers) Tél. 04 67 39 84 83 www.lachamberte.com*

☺ **Château de Murviel** De grandes chambres somptueuses dans un château du XVe siècle (une partie Renaissance et une médiévale). Plafonds à la française, murs en pierres apparentes, parquets anciens dans les parties à vivre et sdb modernes. Comptez de 85 à 105€ pour 2 pers., petit déj. inclus (2 nuits minimum). *1, pl. Clemenceau* ***Murviel-lès-Béziers*** *(15km au nord-ouest de Béziers) Tél. 06 89 88 10 41 ou 04 67 32 35 45 www.chateau-de-murviel.com Ouvert fév.-déc.*

### prix très élevés

**L'Appart des Anges** Une péniche à la décoration glamour, amarrée dans un joli petit port du canal du Midi… Avec piscine et spa sur le pont et poêle à bois pour l'hiver ! Bicyclettes disponibles. Trois chambres-cabines de 128 à 165€, petit déj. inclus. Accès wifi. *Christophe et Jean-Philippe D612 en dir. de Sète et du canal* ***Cers*** *(8,5km au sud-est de Béziers) Tél. 04 67 26 05 57 ou 06 11 11 05 87 www.appartdesanges.com Ouvert mars-nov.*

| GAMME DE PRIX | RESTAURATION | HÉBERGEMENT |
|---|---|---|
| Très petits prix | moins de 10€ | moins de 40€ |
| Petits prix | de 10 à 15€ | de 40 à 60€ |
| Prix moyens | de 15 à 25€ | de 60 à 80€ |
| Prix élevés | de 25 à 45€ | de 80 à 120€ |
| Prix très élevés | plus de 45€ | plus de 120€ |

# ★ AGDE

34300

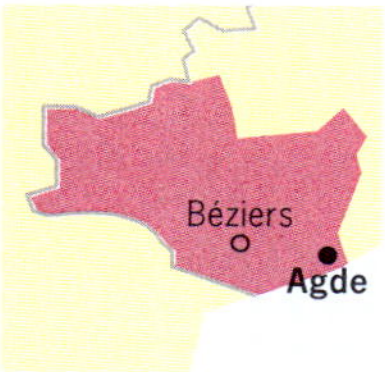


Des Grecs, elle a gardé le nom, Agathê Tychê, qui signifie "bonne fortune" et, sous les eaux, on a retrouvé leurs vestiges, pièces, statues et bronzes antiques comme la célèbre statue de l'Éphèbe, qui après être partie au Louvre, est enfin revenue à la ville. L'activité portuaire, elle, s'est transformée. Le comptoir commerçant, idéalement situé et encore bien en verve jusqu'au XVIIIe siècle, est devenu une promenade rythmée par les orangers, les bars et les restaurants sur barges flottantes. C'est d'ici aujourd'hui que l'on embarque encore pour une croisière sur le canal. L'estuaire de l'Hérault a perdu son côté sauvage – au Cap-d'Agde il a presque disparu, au Grau-d'Agde et à La Tamarissière il transparaît encore par endroits... Dans l'ancien quartier des pêcheurs, dans des maisons joliment délabrées, l'art a repris le flambeau. Le centre du vieil Agde, bâti en partie à l'aide de roches basaltiques provenant du mont Saint-Loup, dernier relief volcanique de l'arc qui relie la Méditerranée au Velay, abrite des richesses insoupçonnées : des hôtels particuliers des XVIe, XVIIe et XVIIIe siècles florissants, des ruelles pavées et escarpées d'où s'échappent des rires et des cris d'enfants à l'accent chantant, une cathédrale de pierre noire au clocher imposant.

## MODE D'EMPLOI

### accès

**EN VOITURE**
Agde se trouve 24km à l'est de Béziers par la D612B, la D612 et la D912 ; et 62km au sud-ouest de Montpellier par l'A9/E15, la D612A, la D612 et la D912.

**EN TRAIN**
À 11min de Béziers et à env. 4h30 de Paris.
**SNCF** *Tél. 3635 www.voyages-sncf.com*

**EN CAR**
Des bus relient Agde à Béziers (ligne 210), à Pézenas (ligne 216), mais aussi à Marseillan.
**Hérault Transport** *Tél. 04 34 88 89 99 www.herault-transport.fr*

### orientation

Agde, vieux village anciennement fortifié, est encerclé par un boulevard qui fait le tour du centre historique. Essayez de vous garer dès qu'une place apparaît ou bien optez pour les parkings payants (celui de la promenade ayant le mérite d'être ombragé). Il faut reprendre la voiture, ou louer un vélo, pour rejoindre, au sud de la ville, le Grau-d'Agde, installé au bord de la mer et sur la rive gauche de l'Hérault, ou La Tamarissière, sur la rive droite. Le Cap-d'Agde, au sud-est de la "ville noire", est très étendu. Une bande de boulevards-parkings longe la côte, derrière une haie d'immeubles et de rues piétonnes. Son port et ses plages sont totalement piétons.

## informations touristiques

**Office de tourisme d'Agde** Il recense chaque année les chambres chez l'habitant. Visitez le cœur historique de la ville (avr.-sept.) avec un guide conférencier et admirez la plus belle vue sur la côte et les falaises de basalte lors d'une sortie en bateau. Départ de Cap d'Adge et du Grau-d'Agde. Demandez le guide des activités, il est gratuit. *Rond-Point de la Belle-Agathoise Tél. 04 67 31 87 50 www.capdagde.com Ouvert juil.-sept. : lun.-sam. 9h-19h, dim. 10h-13h et 14h30-18h30 ; juin : lun.-ven. 9h-12h30 et 14h30-18h30, sam. 9h-19h, dim. 10h-13h et 14h30-18h30 ; oct.-mai : lun.-sam. 9h-12h30 et 14h-17h30 Fermé 1er jan., 24 et 31 déc. l'ap.-m., 25 déc.*

**Office de tourisme du Cap-d'Agde** Bulle d'accueil. *Rond-Point du Bon-Accueil Tél. 04 67 01 04 04 www.capdagde.com Ouvert juil.-août : tlj. 9h-20h ; avr.-mai, sept. : tlj. 9h-12h30 et 14h-19h ; oct.-mars : lun.-ven. 9h-12h et 14h-18h, sam. 10h-12h et 14h-17h Fermé 1er jan., 24 et 31 déc. l'ap.-m., 25 déc.*

## marchés

**Marché traditionnel d'Agde** *Sur la promenade et le pourtour des halles Jeu. Place du Jeu-de-Ballon Jeu.*

**Marché au fleurs d'Agde** *Pl. du Jeu-de-Ballon Jeu. matin*

**Marché nocturne d'Agde** *La Promenade Lun. soir en été*

**Marchés de Grau-d'Agde** *Pl. de la République Grau-d'Agde Jeu. matin. et dim. toute l'année, tous les matins en haute saison*

**Marchés de Cap-d'Agde** *En différents points Lun.-sam. matin en été, sam. matin toute l'année*

## fêtes et manifestations

Agenda complet sur www.capdagde.com

**Joutes nautiques** *Sur l'Hérault Juin-sept.*

**Fête des Pêcheurs** *Début juil.*

**Fête de la mer** *Fin juil.*

## transports urbains

Des bus assurent la liaison d'Agde au Cap-d'Agde (lignes 3 et 4) et d'Agde au Grau-d'Agde (ligne 2).

**Cap'bus** *Tél. 04 67 01 22 24 www.capbus.fr*

# DÉCOUVRIR

☆ **Les essentiels** La falaise de basalte, la plage de sable noir et le musée de l'Éphèbe au Cap-d'Agde **Découvrir autrement** Visitez en famille l'aquarium du Cap-d'Agde, passez une après-midi sur la plage du Castellas

## Agde

**Musée agathois** Dans cette ancienne maison de charité Renaissance, des passionnés s'attachent à retracer l'histoire agathoise de l'Antiquité à nos jours, notamment son folklore, ses activités viticoles et marines, en abordant des thèmes variés. Outre des collections de dentelle, fichus, robes et coiffes traditionnelles, de nombreuses reconstitutions témoignent de la vie quotidienne d'antan, comme cette cuisine cossue à l'âtre large, aux plats en terre et aux céramiques. Le musée accueille temporairement une partie du mobilier du château de Laurens, qui mérite un coup d'œil : un petit salon Art nouveau a été reconstitué, avec ses divans bas, liseuses, armoires à fresques et fauteuils au décor en cuir pyrogravé et aquarellé. *5, rue de la Fraternité Tél. 04 67 94 82 51 Ouvert juil.-août : tlj. 10h-18h ; sept.-juin : lun.-ven. 10h-12h et 14h-18h, sam.-dim. 9h-12h et 14h-17h Tarif 4,80€, réduit 1,80€, moins de 10 ans gratuit*

**Basilique Saint-André** À proximité de la place des Halles, cette église exige un rapide détour. Selon Grégoire de Tours, elle aurait été la première cathédrale de la ville. Des sépultures du Ve siècle, découvertes à l'occasion de fouilles, semblent confirmer cette hypothèse. Les vitraux datent de 1874 et le porche, néogothique, date également du XIXe siècle. *Pl. Gambetta Ouvert tlj. 10h-12h (sous réserve)*

**Cathédrale Saint-Étienne** Ce dense cube noir posé en bordure du fleuve évoque davantage un tableau de Soulages qu'une cathédrale du XIIe siècle… Sans doute est-ce l'utilisation de la pierre de basalte caractéristique de la cité qui crée cette impression austère, renforcée par l'architecture militaire – elle est fortifiée au XIVe siècle par la construction de mâchicoulis sur chacun de ses côtés et l'édification d'un puissant donjon. À l'intérieur, les tons gris-noir de rigueur sont contrebalancés par le vert de l'orgue et le baroque du retable (XVIIe s.) en marbre de Caunes et de Carrare. *Rue Louis-Bages Ouvert mar.-dim. 8h-12h et 14h-18h*

**Château Laurens** Sur ce domaine de 12ha devenu une île au moment du percement du canal du Midi, Emmanuel Laurens, Agathois et grand voyageur, se fit construire un château (1898) dans un style néoclassique. Il imagina même un auditorium privé pour sa femme cantatrice. La décoration intérieure est de style Art nouveau. Eugène Dufour, peintre provençal, réalisa les peintures murales ; une partie du mobilier, exécuté par Léon Cauvy, demeure visible au Musée agathois. Une visite virtuelle de l'ensemble est possible sur le site Internet. À voir pour la promenade dans le parc et, au-delà, pour l'**écluse**

## Navigation sur le canal du Midi : coup d'œil dans le rétro

Chargée du transport du courrier et des voyageurs entre Toulouse et Agde, la barque postale, confortable et sûre, marquait des étapes régulières qui nécessitaient une auberge, des écuries pour le réassort des chevaux – la traction animale et humaine fut remplacée par les moteurs seulement dans les années 1930 – et une chapelle. Le trajet durait quatre jours, moyennant deux étapes quotidiennes : la "dînée" (le déjeuner) et la "couchée" (le dîner et la nuit). La première nuit se passait à Castelnaudary, la dernière à Trèbes. Le troisième jour, la "dînée" avait lieu à La Redorte, la nuit au Somail. Enfin, le quatrième jour, le déjeuner se déroulait aux écluses de Fonsérannes et le dîner à Agde.

**ronde**, en basalte, sur le canal – 1676 –, un des chefs-d'œuvre de Riquet permettant à l'origine de desservir trois niveaux d'eau différents. *Parc de Belle-Îsle Av. Raymond-Pitet http://chateau-laurens.ville-agde.fr Ne se visite pas* **Parc** *Ouvert tlj. 9h-18h (plus tard en été)*

### Partir en croisière

**Les Bateaux du Soleil** Ces longues péniches vous promènent sur les voies d'eau des environs, au départ d'Agde, Béziers, Vias ou Marseillan, sur le canal du Midi et/ou sur l'étang. À l'heure (2h minimum, 11€), à la journée ou en soirée, avec le repas, au choix. *6, rue Chassefières Tél. 04 67 94 08 79 www.bateaux-du-soleil.com Ouvert avr.-oct.*

### Admirer des taureaux en liberté

**Manade Sauvan** Pour découvrir un élevage de chevaux et taureaux de Camargue et assister à une démonstration de tri (isolement d'une bête après le rassemblement du troupeau dans l'enclos) par les gardians à cheval... *Rampe de Pastre (sur la route de Vias) Tél. 06 15 46 14 77 www.manade-agde.com Ouvert avr., sept., mai-juin : jeu. ap.-m. ; juil.-août : mar. et jeu. ap.-m.*



# Les environs d'Agde

## L'étang de Bagnas

**Maison de la Réserve** Deux cent cinquante espèces d'oiseaux, migrateurs, hivernants, rares (la cigogne noire) ou plus communs (le flamant rose), font les beaux jours des ornithologues en herbe. Aux confins de l'ancien delta de l'Hérault, entre Agde et Marseillan, voici 561ha de réserve naturelle : dunes, roselières, marais à sansouïres, landes, etc. En observation libre d'un point de vue aménagé (sur la D51E, entre Marseillan-Plage et Marseillan), sinon animations organisées par l'Adena (balades avec jumelles, longues-vues, et guide). *Domaine du Grand Clavelet Route de Sète* ***Agde*** *Tél. 04 67 01 60 23 ou 07 81 14 71 14 (animations) Ouvert lun.-ven. 9h-12h et 14h-17h (réserve lun.-ven. 9h-17h) Tarif à partir de 5€, moins de 12 ans gratuit*

## Le Cap-d'Agde

Les polémiques entourant la création *ex-nihilo* de cette station balnéaire dans les années 1960 en feraient presque oublier que le Cap-d'Agde, posé sur une coulée de lave datant d'il y a environ un million d'années, avait dans un premier temps été convoité par Richelieu. Le Cardinal avait en effet jeté son dévolu sur cette avancée terrestre pour y créer une rade défensive englobant le fort du Brescou. De ces velléités ne demeure que la jetée qui porte son nom, car son rêve ne sera pas poursuivi après sa mort. Il faudra attendre les années 1960, et le plan d'aménagement du littoral, pour que l'architecte Jean Le Couteur domestique cette côte restée sauvage, imagine un village organisé autour de huit ports de plaisance, et pouvant accueillir jusqu'à 250 000 personnes l'été ! Un conseil pour dénicher un peu d'authenticité : filez en direction de l'avant-port, le rendez-vous des pêcheurs, point de départ de la jetée Richelieu, porte d'entrée de la ☆ **falaise de basalte** et de la saisissante ☆ **plage de sable noir** au "rocher des deux frères", fruit d'une remontée de magma. *À 5,5km au sud-est d'Agde par la N112*

☆ **Musée de l'Éphèbe** Le musée, créé pour accueillir et présenter au public le célèbre bronze hellénistique, appelé l'éphèbe d'Agde, abrite la plus belle collection française de bronzes antiques qui ait été remontée à la surface par des plongeurs archéologues depuis plus de quarante ans… Les salles nous enveloppent dans leur semi-obscurité, faisant briller les œuvres et les objets comme de véritables bijoux. L'Éphèbe – qui aurait été inspiré par Alexandre le Grand – fut découvert en 1964 dans le fleuve Hérault au pied de la cité antique, exposé à partir de 1967 au Louvre au côté de la *Victoire de Samothrace* puis réacheminé à Agde en 1987 après l'ouverture du musée en 1985. C'est l'unique bronze hellénistique mis au jour *in situ* dans les eaux françaises. Il a été rejoint par un petit Cupidon aux détails saisissants et une mosaïque retrouvée intacte représentant le défi du satyre Marsyas contre Apollon. Reconstitution d'un atelier de bronzier et grandes expositions temporaires. *Mas de la Clape Av. des Hallebardes Tél. 04 67 94 69 60 www.ville-agde.fr Ouvert juil.-août : tlj. 10h-18h ; reste de l'année : lun.-ven. 9h-12h et 14h-18h, sam.-dim. 9h-12h et 14h-17h Tarif 4,80€, réduit 1,80€, moins de 11 ans gratuit*



## ● Où manger une glace ?

**O Kakao Beach** Sans hésiter, les habitués s'y donnent rendez-vous, pour une glace divine aux parfums sans cesse renouvelés (pas moins de 90 !), dans cette partie du Cap un peu à part, avec son ambiance *ramblas* et sa plage au bout de la promenade. Sur place ou à emporter. *Mail de Rochelongue Tél. 04 67 26 34 79 Ouvert été*

## ● Où sortir le soir ?

**La Plage du golf** Ce bar musical propose tout un programme de soirées latinas, parmi lesquelles la salsa le mercredi soir. Fait aussi restaurant et plage privée la journée. *Plage Richelieu-est Île des Loisirs Tél. 06 27 58 19 76 Ouvert mai-sept.*

## ● Pratiquer des sports nautiques

**Centre nautique du Cap-d'Agde** Stages et location de matériel : planche à voile, catamaran, canoë. *Plage Richelieu-est Av. du Passeur-Challiès Tél. 04 67 01 46 46 www.centrenautique-capdagde.com Ouvert mi-jan.-mi-déc.*

## ● Voguer jusqu'à l'îlot de Brescou

**Trans Cap Croisières** L'îlot de Brescou, rocher situé au large du Cap-d'Agde, offre une bonne occasion de faire une balade en bateau et de jouir d'une vue imprenable sur la côte. Le fort du XVII<sup>e</sup> siècle, construit selon des plans de Vauban sur un ancien volcan sous-marin, entrait dans le projet de port défensif de Richelieu avant d'être transformé en prison aux XVIII<sup>e</sup> et XIX<sup>e</sup> siècles. *Départ quai Jean-Miquel Tél. 06 08 31 45 20 www.transcapcroisieres.com Ouvert été*

## ● En savoir plus sur la vie sous-marine

**Aquarium** Trente-deux bassins et 250 000l d'eau de mer offrent aux touristes une contemplation idéale et aux pensionnaires des conditions optimales.

La visite commence avec des espèces locales puis tropicales : murènes, poulpes, rascasses tropicales des mers du Sud et hippocampes mais aussi des balistes, requins, méduses et d'étonnants coraux luminescents. L'aquarium propose également des sorties, pour les 4-13 ans, autour de la vie marine et sous-marine des petits fonds rocheux, au pied des falaises sur la **plage de la Grande Conque** (à proximité de l'aquarium). *11, rue des Deux-Frères Tél. 04 67 26 14 21 www.aquarium-agde.com Ouvert juil.-août : tlj. 10h-23h ; juin, sept. : tlj. 10h-19h ; oct.-mai : lun.-sam. 14h-18h, dim. 11h-19h* **Sorties 4-13 ans** *Juil.-août : lun.-ven. à 9h30 Tarif 7,50€ (avec un adulte, obligatoire et gratuit, prévoir des sandales de mer)*

**Sentier sous-marin** Un concept original : la randonnée sous-marine, pour observer la faune et la flore de roche, au pied des falaises de basalte. Des animateurs de l'Adena (Association de défense de l'environnement et de la nature des pays d'Agde) animent la promenade qui s'effectue avec palmes, masque, tuba et combinaison (env. 2h). *La Plagette (dir. Avant-Port) Tél. 04 67 94 60 00 (mairie) Visite guidée accompagnée mi-juin-mi-sept.*

## L'Hérault en famille

### Navigation fluviale

Les Bateaux du soleil (Marseillan) 140
Canoë Rapido (Saint-Guilhem-le-Désert) 148
Le long du canal du Midi 391

### Balades avec ânes

Ser'âne (Saint-Jean-de-Buèges) 167
Jim Ronez (La Salvetat-sur-Agout) 424
L'Âne bleu (Vieussan) 434

### Visites

Serre amazonienne-Parc zoologique de Montpellier 84
Aquarium Mare Nostrum (Montpellier) 85
Plaine des dinosaures (Mèze) 135
Grotte de Clamouse (Saint-Jean-de-Fos) 149
Cambous (Viols-en-Laval) 165
Grotte des Demoiselles (Le Vigan) 360
Musée des Beaux-Arts-hôtel Fabrégat (Béziers) 385
Musée du Biterrois (Béziers) 389
Aquarium (Agde) 409
Musée du jouet et merveilles d'antan (Pézenas) 414

### Activités diverses

Maison de la Nature (Lattes) 87
L'Atelier de cuisine du Jardin des Sens (Montpellier) 92
L'Échappée verte (La Grande-Motte) 99
Découverte du Vivant (La Grande-Motte) 99
Accro'parc (Villeneuve-lès-Maguelone) 109
Syndicat mixte des étangs littoraux 109
École de rire (Frontignan) 114
Béziers Aventure 401
Aquarium (Agde) 409
Sentier sous-marin (Agde) 410
Aqualand (Agde) 411
Cebenna (Olargues) 432
Base nautique de Réals (Cessenon-sur-Orb) 434

### Passer la journée dans un parc aquatique

**Aqualand** Le premier parc aquatique créé en Europe... Un paradis pour les amateurs de glisse, quels que soient leur âge et leurs goûts : bains à remous, croisière romantique, déferlantes ou rapides, slaloms à l'air libre, circuits à l'aveugle et minipark pour les plus petits ! *Av. des Îles-d'Amérique Tél. 04 67 26 85 94 www.aqualand.fr Ouvert juil.-août : tlj. 10h-19h ; mi-juin-fin juin, début sept.-mi-sept. : tlj. 10h-18h Tarif 26€, réduit 18,50€, enfant de 0,90 à 1,10m 10€, moins de 0,90m gratuit*

## Le Grau-d'Agde et La Tamarissière

L'accès le plus pratique se fait au départ d'Agde. La Tamarissière, à peine urbanisée, est un long cordeau de maisons basses le long de l'embouchure de l'Hérault, ouvrant sur une plage à perte de vue. Le Grau-d'Agde représente la quintessence de la petite station balnéaire populaire, sur la rive opposée : une litanie de restaurants, boutiques, hôtels – presque tous clos en basse saison – se suivent jusqu'au front de mer et à la plage de sable fin. ***Le Grau-d'Agde** (4km au sud-ouest d'Agde)* ***La Tamarissière** (5km au sud-ouest d'Agde)*



**S'étendre au soleil et se baigner** Les plages sont peu aménagées à **La Tamarissière**, très équipées au Cap-d'Agde sur la plage Richelieu – mais assez larges et de sable fin. Entre le Grau-d'Agde et le Cap-d'Agde, quelques blocs de basalte pour empêcher l'ensablement créent des miniplages et des baies les unes à la suite des autres, prises d'assaut en été... puis apparaissent quelques falaises, pour changer un peu de décor. On peut aussi se rapprocher de Sète et traverser les dunes survivantes de la **plage du Castellas**, en évitant la foule de Marseillan-Plage, cf. Aller à la plage (p.124). L'endroit le plus tranquille reste l'**étang de Thau,** sans plage véritable mais avec de l'eau – histoire de se rafraîchir quelque peu entre deux balades. Pour les joies de la baignade sans maillot, rendez-vous au quartier naturiste du Cap-d'Agde (entrée et accès à la plage payants).

### Randonner à cheval

**Ranch Luke** Balades à cheval sur la plage, accompagnées, de 8h à 10h et de 19h à 21h : l'heure rêvée... 15€/h, 28€/2h. *125, quai Théophile-Cornu La Tamarissière (5km au sud-ouest d'Agde) Tél. 06 70 02 20 39 http://ranch.luke.monsite.orange.fr Ouvert avr.-sept.*

# CARNET D'ADRESSES

## Hébergement

La commune d'Agde dispose sur son territoire d'une trentaine de campings, du terrain familial à la structure super équipée (rens. sur le site Internet de l'office de tourisme).

### camping

**Camping Club Sainte-Cécile** Location de mobil-homes et de bungalows, au bord de la plage, dans le grand parc d'un domaine viticole. De 300 à 1000€ la semaine. *Vias-Plage*

*Vias (7km à l'ouest d'Agde) Tél. 04 67 21 63 70 www.camping-sainte-cecile.com Ouvert avr.-sept.*

### prix moyens

**Hôtel Araur** Cet établissement 2 étoiles, dont les chambres ont été refaites en 2013, bénéficie d'une situation privilégiée : à proximité du canal du Midi, des commerces et offrant une vue sur l'Hérault et la cathédrale Saint-Étienne. Pour un séjour placé sous le signe de la simplicité. Double à 61 et 65€, petit déj. 6-8€. *7, quai du Commandant-Réveille* **Agde** *Tél. 04 67 94 97 77 www.hotelaraur.com Ouvert toute l'année*

**Hôtel l'Éphèbe** Sur le quai de l'Hérault, ce petit hôtel familial propose des chambres simples, avec ou sans douche, certaines avec vue sur le grau, d'environ 35 à 75€ (selon la saison, le confort et la situation). Petit déj. 6,50€. Forfaits "Soleil" : 10% de réduction à partir de 5 nuits avec petit déj. *12, quai du Commandant-Méric* **Le Grau-d'Agde** *(4km au sud-ouest d'Agde) Tél. 04 67 21 49 88 www.lephebe.com Ouvert toute l'année*

BÉZIERS ET SES ENVIRONS

# ★ PÉZENAS

34120

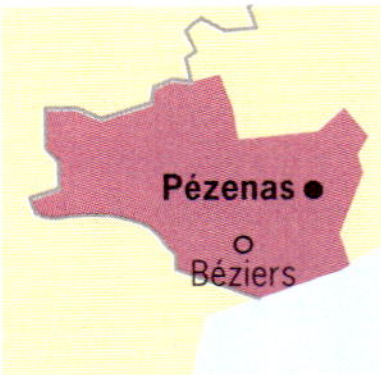


**On croirait y entendre le frou-frou des étoffes, le bruit des petits pas pressés, apercevoir la silhouette d'un gentilhomme, tout de velours pourpre ou grenat habillé... Les trois coups ont déjà été frappés, le rideau coulisse, glisse sur le plancher... Festivals et représentations s'égrènent tout au long de l'année, renouant avec une tradition qui remonte à Molière, invité en son temps à séjourner ici par le prince de Conti, avec toute sa troupe de l'Illustre théâtre. Il avait pour mission de divertir la bonne compagnie, de distraire les notables de leurs états généraux (qui ont longtemps siégé ici, contribuant à l'essor de la ville) et autres administrations.**
**À l'ombre des vieux murs, on trouve encore une cinquantaine d'artisans, costumiers, décorateurs, ébénistes, pour prouver que le théâtre, à Pézenas, est toujours vivant, hors du temps.**

**VILLAGES CIRCULAIRES** La plupart des petits villages qui s'égrènent entre Pézenas et Clermont-l'Hérault, comme Magalas, Margon, Caux, Aspiran, Roujan, Paulhan, présentent cette topographie. Mais s'il faut prendre le temps de se perdre dans leurs charmantes ruelles, encore faut-il en dénicher le passage d'entrée ! Car ainsi protégés, ces villages se révèlent encore de nos jours quasi imprenables... On tourne sur le boulevard d'enceinte, sur les traces des anciens remparts, on longe ces maisons serrées les unes contre les autres jusqu'à ce que l'on aperçoive enfin, engoncé entre deux façades, une voûte, une porte, un porche. De là, il ne reste plus qu'à suivre les rues concentriques menant au noyau de l'escargot : l'église ou les vestiges du château selon la prééminence des uns ou des autres au moment de la constitution des lieux.

# MODE D'EMPLOI

## accès

**EN VOITURE**
Pézenas se trouve 26km au nord-est de Béziers par la N9 et l'A75 ; et 54km au sud-ouest de Montpellier par l'A9/E15.

**EN CAR**
Liaisons au départ de Béziers (ligne 216), de Montpellier (lignes 103) et de Clermont-l'Hérault (lignes 304 et 380).
**Hérault Transport** *Tél. 04 34 88 89 99 www.herault-transport.fr*

## orientation

Le centre historique de Pézenas est exclusivement piéton. Vous pouvez vous garer aux abords sur les parkings gratuit (Voltaire) ou payants (pl. du 14-Juillet et av. du Maréchal-Leclerc), ou encore dans les rues plus éloignées.

## informations touristiques

**Office de tourisme de Pézenas-Val d'Hérault** Réservations de spectacles, boutique, exposition permanente sur l'architecture du XVIIe siècle. Nombreuses visites guidées avec un guide conférencier spécialisé. L'été, des visites théâtralisées ont lieu en nocturne et des jeux de piste sont prévus pour les enfants, avec un goûter et une animation contée. *Pl. des États-du-Languedoc Tél. 04 67 98 36 40 www.pezenas-tourisme.fr Ouvert juil.-août : lun.-mar., jeu. et sam. 9h-19h, mer. et ven. 9h-20h, dim. 10h-19h ; sept.-juin : lun.-sam. 9h-12h et 14h-18h, dim. 14h-18h*

## location de vélos

**Planète vélos** Location de vélos à la demi-journée (8,50€), journée (15€), ou plus, pour parcourir villages et vignobles à volonté... Demandez à l'office la carte VTT du pays de Pézenas, avec des idées de circuits dans les environs. *31, av. Émile-Combes Tél. 04 67 98 34 04 www.planetevelos.com Ouvert lun.-ven. 9h-12h et 14h15-19h Fermé j. fér. ; 1 sem. autour du 15 août*

## marchés, fêtes et manifestations

**Marchés** *Cours Jean-Jaurès Sam. (alimentation uniquement le matin)*
**Carnaval** *En fév.*
**Printival Boby-Lapointe** *www.printivalbobylapointe.com En avr.*
**Mirondela dels Arts** Théâtre, musique et expositions. *www.mirondeladelsarts.com De juin à sept.*
**Rencontres cinématographiques** *Fin fév.-début mars*
**Les estivales** Dégustation de vins et produits de terroir autour d'animations musicales. *Pl. Jean-Jaurès En été*



# DÉCOUVRIR

☆ **Les essentiels** Les escaliers monumentaux des hôtels particuliers du XVIIe siècle de Pézenas, les villages viticoles **Découvrir autrement** Parcourez le musée Boby-Lapointe, goûtez au petit pâté de Pézenas chez Lallemand

## Pézenas

Il ne faut pas hésiter à passer sous les porches des palais, admirer les fameux ☆ **escaliers** sur cour, typiques de la deuxième moitié du XVIIe siècle. À quatre noyaux, tournant, à vis, à arcades et autres ornements, ils visaient à asseoir la notoriété de leur propriétaire (hôtels des Landes, de Grasset, de Latude aux n^os^ 18, 20 et 33, cour Jean-Jaurès ; Malibran, 47, rue Denfert-Rochereau ; Lacoste, 8, rue François-Oustrin ; d'Alfonce, 32, rue Conti). En chemin, ne manquez pas la collégiale Saint-Jean (XVIII^e^ s.), son architecture classique d'une grande sobriété, ses orgues de Lépine et son trésor, rue des Chevaliers-Saint-Jean.

**Musée de la Porte et de la Ferronnerie** Il peut sembler cocasse d'admirer des portes sorties de leurs gonds, posées côte à côte, sans plus de fonction. Mais quelles belles pièces ! Trente ans de persévérance ont permis à Serge Ivorra, ébéniste compagnon du Tour de France, d'établir, de chantiers de restaurations en trouvailles diverses, cette collection et de la présenter au public. Avec quelques objets hors du commun telles cette porte de cave à claire-voie du XVI^e^ siècle, ou ces ferronneries des XVII^e^ et XVIII^e^ siècles, sans compter une copie du fauteuil de Molière. Un musée original, situé dans une vieille demeure de la ville, qui réjouira les amateurs d'artisanat d'art. *17, rue de Montmorency Tél. 04 67 98 35 05 Ouvert juil.-août : lun.-sam. 10h30-12h30 et 15h-19h30 ; mars-juin, sept.-oct. : lun.-ven. 10h30-12h30 et 15h-18h30 ; nov.-fév. : lun.-ven. 14h30-17h15 Entrée libre*

☺ **Musée du jouet et merveilles d'antan** Trop discret musée des merveilles, niché dans une belle maison du centre historique de Pézenas. Cette collection unique dans la région – elle recèle plus de six mille poupées, dînettes, peluches, autos et jeux de constructions dont les plus anciens datent de la fin du XIX^e^ siècle – est un enchantement pour les petits et les grands. Ici, on peut toucher (délicatement) et la visite se déroule de surprises en surprises. Jusqu'à ces très inattendues voitures de collections, de vraies voitures de grands, l'autre passion des propriétaires. *2, rue de Montmorency Tél. 04 67 35 92 88 www.museedujouetpezenas.com Ouvert juil.-sept. : tlj. 10h-20h ; oct.-juin : mar.-dim. 14h-19h (tlj. vac. scol. et j. fér.) Fermé 6 janv.-1^er^ fév. et dernière semaine de mars Tarif 6€, moins de 6 ans gratuit*

**Scénovision Molière** Pour rendre hommage au personnage le plus illustre de la ville, on a sorti l'artillerie lourde ! Dans l'un des prestigieux hôtels particuliers du centre historique, un parcours en forme de spectacle-déambulation au milieu de décors et de reconstitutions, le tout agrémenté d'effets spéciaux à faire frissonner le spectateur… *Hôtel de Peyrat Pl. des États-du-Languedoc Tél. 04 67 98 35 39 www.scenovisionmoliere.com Ouvert juil.-août : lun.-mar. et jeu.-sam. 9h-19h, mer. et ven. 9h-22h, dim. 10h-19h ; sept.-juin : lun.-sam. 9h-12h et 14h-18h, dim. 10h-12h et 14h-18h Départ des visites toutes les 15min (durée 55min) Tarif 7€, réduit 6€*

**Musée Vulliod-Saint-Germain** Un musée très classique, dont la visite donne le loisir d'admirer l'agencement intérieur d'un bel hôtel particulier du XVI^e^ siècle fortement remanié au XIX^e^ siècle (salles voûtées, escalier monumental), des tapisseries d'Aubusson relatant l'histoire d'Alexandre, une intéressante salle lapidaire (bouches de fontaines, plaques de marbre Renaissance), les cuisines originales, du mobilier du XVII^e^ siècle ainsi qu'une collection de faïences du XVIII^e^ siècle assez remarquable. Enfin, le clou de la visite : les quelques souvenirs laissés par le passage de Molière à Pézenas (un petit portrait, des documents d'archives et surtout le fameux fauteuil…) *3, rue Albert-Paul-Alliès Tél. 04 67 98 90 59 Ouvert juin-sept. : mar., jeu. et sam.-dim. 10h-12h et 15h-19h (et 21h-23h mer. et ven. en juil.-août) ; mi-fév.-mai, oct.-début nov. : mar.-dim. 10h-12h et 14h-17h30 Fermé début-nov.-mi-fév. Tarif 1€*

**Musée Boby-Lapointe** Les fans de ce Piscénois, né le 16 avril 1922 à Pézenas et décédé dans la même ville le 29 juin 1972, se délecteront des dernières images de leur héros, et les novices s'initieront enfin aux subtilités de *La Maman des poissons* ! Un petit musée tenu par des passionnés, présentant la vie du chansonnier mathématicien en textes et photos, mais surtout en extraits vidéo passionnants, une heure durant. Le musée sert aussi de cabaret. *1, pl. Gambetta Tél. 04 67 21 02 87 www.bobylapointe.com Ouvert juil.-août : tlj. 10h-13h et 16h-20h ; avr.-juin : mar.-dim. 10h-12h et 14h-19h ; sept.-déc., fév.-mars : mar.-dim. 10h-12h et 14h-18h Fermé jan. Tarif 2€, réduit 0,50€*

**Hôtel d'Alfonce** C'est dans cet hôtel particulier du XVIIe et du XVIIIe siècle que Molière et sa troupe auraient donné leur première représentation du *Médecin volant*. Passé la monumentale porte en bois, on pénètre dans une première cour intérieure, tout en escaliers et colonnades, puis, après un second porche, on plonge dans un petit jardin : là, une magnifique loggia dans le style Renaissance italienne du XVIIe siècle. *32, rue de Conti Tél. 04 67 98 36 40 (OT Pézenas) Ouvert dans le cadre des visites de la vieille ville organisée par l'office de tourisme*

## ● Où acheter des créations uniques ?

**Maison des Métiers d'art** Une boutique avant tout, mais qui procure aussi une mine d'informations sur les nombreux artisans d'art de la ville et des environs : ferronniers, fabricants de costumes, créateurs de vêtements, de bijoux, de

### L'impromptu de Pézenas

En pleine tournée dans le Languedoc après un échec cuisant à Paris et un séjour en prison, celui qui n'a pas encore écrit Les *Précieuses ridicules*, *Tartuffe* et *Dom Juan* devient en 1653 le protégé du prince de Conti. C'est à Pézenas que **Molière** trouvera l'inspiration pour certains de ses personnages, dans la personne de son protecteur pour le séducteur impénitent et dans celle de son confesseur, l'abbé Rouquette, pour le dévot hypocrite. Entre 1650 et 1656, toute cette cour peut l'applaudir à la Grange-des-Prés – la résidence des Montmorency – mais aussi en ville, au Jeu de paume ou même à Béziers et à Montpellier. Marcel Pagnol dira d'ailleurs que "Jean-Baptiste Poquelin est né à Paris, Molière est né à Pézenas". Lorsque Conti, sous l'influence de l'évêque, lui retire sa protection, le saltimbanque s'en retourne à Paris, mais la ville reconnaissante lui élèvera un monument en 1897 signé Injalbert (place du 14-Juillet), et commencera à collectionner les copies de son fauteuil… en attendant l'acquisition de l'original.

lampes, etc. Expositions temporaires de grande qualité. Les objets exposés sont à vendre, de quoi dénicher des créations originales. *6, pl. Gambetta Tél. 04 67 98 16 12 http://metiersdart.cahm.net Ouvert juil.-août : mar., jeu. et sam.-dim. 10h-19h, mer. et ven. 10h-22h ; sept.-juin : mar.-sam. 10h-18h*

## ● Où déguster les petits pâtés de Pézenas ?

**Chez Lallemand** On y confectionne les célèbres petits pâtés sucrés-salés (une farce d'agneau et d'épices dans une petite tour crénelée et dorée, un vrai délice de gourmands…), dont la recette aurait été apportée au XVIII$^e$ siècle par les cuisiniers de lord Clive, gouverneur des Indes, en séjour à Pézenas. *19, rue des Chevaliers-Saint-Jean Tél. 04 67 98 81 98 Ouvert été : tlj. 7h-13h et 15h-20h ; reste de l'année : mar.-dim. 7h-13h et 15h-19h30*



## ● Où goûter des berlingots parfumés ?

☺ **Confiserie Boudet** Multicolores, oblongs, ronds comme des billes ou torsadés : les couleurs de ces berlingots viennent de la violette, de la carotte, de la chlorophylle ou de la betterave, et les meilleurs se vendent chez Boudet, confiseur depuis trois générations. Les plus curieux peuvent même visiter la fabrique ! *5, pl. Gambetta www.lesberlingotsdepezenas.com Ouvert mar.-sam. 10h-12h et 14h30-18h, dim. 14h30-18h* **Fabrique** *Chem. de Saint-Christol Tél. 04 67 98 16 32 Ouvert Pâques-sept. : lun.-ven. 9h-11h30*

## ● Où dénicher le bibi de ses rêves ?

**Les Chapeaux de Galinette** Du gibus à la capeline, Céline Feilles invente ou reproduit tous les chapeaux du monde, des plus simples aux plus originaux. Sa boutique, un régal de couleurs et de formes, propose un vaste choix de modèles, de matières et de coloris. Et si, malgré tout, vous ne trouvez rien à votre goût, Céline vous le confectionnera sur mesure. *13, place Gambetta Tél. 04 67 90 70 00 www.chapeaux-galinette.fr Ouvert mar.-sam. 10h30-12h et 14h30-18h*

## ● Où faire une pause-café ?

☺ **Café Blablah** Les meilleurs crus de café du monde entier, fraîchement torréfiés, à savourer sur place. Non loin, appartements de charme à louer à la semaine (de 850 à 1 500€ pour 4-6 pers.), dans un ancien couvent des Ursulines. *2, rue Aristide-Rouzière Tél. 04 34 53 26 44 Ouvert mar.-sam. 9h-13h30 et 15h-19h*
**L'Aparté** Parmi quelques milliers de bouquins anciens surgissent des tables, des tasses et une grande variété de thés, à apprécier en papivore, le nez entre les lignes… *13, rue de la Foire Tél. 04 67 98 03 04 Ouvert juil.-août : lun.-sam. 10h30-12h30 et 14h30-19h, dim. 15h-19h ; sept.-juin : mar.-dim. 15h-19h*

## ● Admirer un tourneur sur bois

**Autour de l'arbre** Dans cette ville de métiers d'art, l'atelier d'Éric Bourneil présente une activité rare et méconnue. Comme un potier, le tourneur travaille sur un tour et confectionne des vases, des coupes ou des coupelles. À une nuance près : sa matière première est le bois et non la terre. Très originaux, ses grands plats en cerisier, ses vases en if ou en ébène, ses petites coupes en pistachier sont des objets simplement luxueux. *11, rue Triperie-Vieille Tél. 06 08 40 15 72 www.autour-de-larbre.com Ouvert haute saison : mar.-dim. 10h-12h30 et 15h-19h ; hiver : mar.-dim. 14h-18h Fermé jan.*

# Les environs de Pézenas

**Château abbaye de Cassan** Les soubresauts de l'histoire se sont imprimés au fil des ans dans la pierre de ce prieuré offert en 1080 à cinq chanoines du chapitre de Béziers. Au XII^e^ siècle, les lieux acquièrent une notoriété et une richesse dignes d'une abbaye. Pour preuve, l'église consacrée en 1115 et son audacieuse nef unique à la portée de voûte de 11,40m (très certainement décorée, puisque l'on a retrouvé un fragment de fresque du XII^e^ s.). La famille Trencavel en fait alors sa nécropole. En 1671, le prieuré est rattaché à l'abbaye de Sainte-Geneviève de Paris qui, au XVIII^e^ siècle, édifie l'actuel palais, le dotant d'une façade classique de 70m de pierre jaune mordoré offerts au soleil couchant, que l'on admire depuis les jardins à la française. On comprend que le prince de Conti racheta, en 1790, ce qui était devenu avec la Révolution un château pour sa maîtresse Mme de Brimont ! Au XX^e^ siècle, il sera un foyer d'accueil, une école de cirque… avant de revenir aux mains de passionnés. Plusieurs espaces sont ouverts à la visite : l'église, les salons donnant sur le jardin, la galerie sans fin ouverte au soleil du matin, l'herboristerie et la cuisine médiévale. Certains s'y produisent en concerts. Également des expositions et des journées thématiques. *Route de Gabian, sur la D13* ***Roujan*** *(11km au nord-ouest de Pézenas) Tél. 04 67 24 52 45 www.cassan.org Ouvert juil.-août : tlj. 11h-19h ; avr.-juin, sept. : tlj. 14h-19h ; oct. : sam.-dim. 14h-19h Tarif 7,10€, réduit 4,60€, moins de 7 ans gratuit*

## ● Flâner au jardin

**Jardin de Saint-Adrien** Un couple s'est emparé d'un projet fou : faire naître un jardin luxuriant à la place d'anciennes carrières de basaltes abandonnées depuis le Moyen Âge. Cela donne 4ha de verdure, sculptures, folies florales et aquatiques, des herbes de la pampa, des corbeilles de lauriers-roses, du genêt d'or et des agaves argentés, aux côtés de forêts de bambous. Week-ends thématiques. ***Servian*** *(15km à l'ouest de Pézenas) Tél. 04 67 39 24 92 www.stadrien.paysdepezenas.com Ouvert Pâques-Toussaint : dim. et j. fér. 14h-19h Visite guidée (1h30) juin-sept. : mer. et ven. à 17h Entrée ou visite 6€*

# ☆ Les villages viticoles

**Caux** L'animation du boulevard extérieur contraste bien avec la paix qui règne dans les ruelles en pierre de cette bourgade du X^e^ siècle. Boucher, marchand de journaux, boulanger, tous se serrent au pied des vestiges de la muraille. Au cœur du village, on déambule entre le clocher-porche de l'église (XII^e^-XIV^e^ s.), les remparts en basalte, l'ancien hospice, et on lève les yeux avant de quitter la place de l'église pour ne pas rater ce détail de fenêtre Renaissance, à motifs de cordes et de bêtes fantastiques. ***Caux*** *(7,5km au nord-ouest de Pézenas)*

**Aspiran** Les enfants jouant au ballon après le déjeuner sur la place principale ne risquent pas d'être dérangés… Car c'est à pied que l'on rejoint l'église Saint-Julien, ses vestiges romans et ses riches fonts baptismaux, la chapelle des Pénitents-Blancs et sa porte sculptée du XVII^e^ siècle, la maison dite “du Viguier” (XV^e^ s.) à meneaux croisés ou la maison Lapierre (XVII^e^ s.), témoins de la richesse passée des lieux, à laquelle l'activité du commerce des draps, au XVII$^{e}$ siècle, puis l'exploitation de la vigne, au XIX$^{e}$ siècle, ne furent pas étrangères. ***Aspiran*** *(14km au nord de Pézenas)*

☺ **Montagnac** La rivale commerciale de Pézenas depuis le Moyen Âge avec ses foires puis ses vins. On reste aussi bouche bée devant l'église Saint-André, fortifiée au XIV$^{e}$ siècle, sur les mâchicoulis de son porche, ses échauguettes et autre donjon aux baies jumelées… Puis on se perd dans les ruelles du centre où se cachent de petites merveilles d'hôtels particuliers, l'un présentant une jolie fenêtre trilobée (rue Corderie), l'autre un portail monumental de 1587 (hôtel Leignadier, rue Malirat), qui un escalier à vis, qui des ferronneries du XVIII$^{e}$ siècle… ***Montagnac*** *(6,5km à l'est de Pézenas)*

## Où acheter du vin ?

☺ **Domaine Fontedicto** Labourées par ses juments de trait, les belles vignes de Bernard Bellahsen font battre le cœur ; ses vins sont tout aussi émouvants et d'une finesse étonnante. Cuvée Pirouette 13€, Coulisse 20€, Promise 24€. *Fontarèche* ***Caux*** *(7,5km au nord-ouest de Pézenas) Tél. 04 67 98 40 22 Ouvert toute l'année sur rdv*

**Domaine Saint-Martin-de-la-Garrigue** Riche gamme de vins (une dizaine de références, dont un atypique picpoul 9€ et leur cuvée Bronzinelle, 9,60€), sur un domaine splendide, au milieu des pinèdes. De 6,60 à 15€. *Route de Mèze* ***Montagnac*** *À la sortie de la ville (6,5km à l'est de Pézenas) Tél. 04 67 24 00 40 www.stmartingarrigue.com Ouvert lun.-ven. 8h-12h et 14h-17h30 Visites libres et sur rdv pour les groupes*

**Domaine de la Clapière** Un très bon domaine, producteur de vins de pays d'Oc. Sophie et Xavier Palatis ont créé plusieurs cuvées, du Jardin de Jules, tout en rondeur et chaleur (5€), à la cuvée Gatefer, souvent remarqué (9€). On dégustera leur rosé à l'ombre des oliviers ou le temps d'une halte dans l'une des 4 chambres d'hôtes (80-100€ la double). ***Montagnac*** *(vers Villeveyrac 6,5km à l'est de Pézenas) Tél. 04 67 24 06 16 www.laclapiere.com Ouvert lun.-ven. 10h-12h30 et 15h-18h30 (sam.-dim. sur rdv)*

# CARNET D'ADRESSES

## Restauration, hébergement

### camping

**Domaine de Saint-Martin-du-Pin** Au milieu des vignes et des pins, un terrain ombragé sur un domaine viticole. Charmant. Comptez 15-23€ par jour pour 2 pers. avec voiture. En chambre d'hôtes, comptez 55-65€ la nuit et en gîte (4 pers.), 58-65€ la nuit. ***Montagnac*** *(6,5km à l'est de Pézenas) Tél. 04 67 24 00 37 ou 05 63 60 47 50 www.saint-martin-du-pin.com Ouvert mars-mi-oct.*

### petits prix

**Lou Cantou** Au cœur du village, une chambre d'hôtes des plus familiales : l'hôtesse, pleine d'entrain, vous sert le petit déjeuner dans sa salle à manger baignée de soleil, ou sur la vaste terrasse quand il fait chaud. Deux des chambres ont accès à une cuisine et permettent donc d'être indépendantes. Toutes ne sont pas très claires mais elles sont vraiment spacieuses, confortables et calmes. Double 60€, petit déj. compris. *Andrea Kutzke-Yvelin 3, av. Jean-Jaurès* ***Caux*** *(7,5km au nord-ouest de Pézenas) Tél. 04 67 90 87 48 http://loucantou1.free.fr Ouvert toute l'année*

## prix moyens

**Les Marronniers** Le cuisinier est là, derrière le comptoir, à s'affairer sur sa *plancha* tout en discutant avec des amis de passage. Le soir, aux Marronniers, c'est tapas à l'espagnole, savamment relevées, généreuses, crémeuses, croustillantes... Le tout dans une ambiance bistrot bodega avec carreaux de ciment colorés au sol, affiches de corrida et joli jardin ombragé... à midi, l'ardoise se veut plus traditionnelle (tête de veau ravigote, harengs à l'huile, pieds de porc, tripes, mais aussi risotto au chorizo). Formules midi à 16 et 19€ (2 et 3 plats), tapas 4 ou 7€. Le soir comptez de 19 à 30€. *6, av. de Verdun* ***Pézenas*** *Tél. 04 67 90 13 80 Ouvert haute saison : mar.-sam. 11h45-14h et 19h30-22h30 ; reste de l'année : lun.-ven. 11h45-14h, ven.-sam. 11h45-14h et 19h30-22h30*

**Les Palmiers** Un restaurant à ciel ouvert avec une cour parée de palmiers, parsemée de lampions, de lumières, de couleurs, et une cuisine ouverte sur le monde, mêlant produits locaux et épices venues d'ailleurs – lait de coco, gingembre... On s'y régale, dans une atmosphère pleine de vie et de sourires. Formule déjeuner à 15€ et plats de 12 à 24€. *10, rue Mercière* ***Pézenas*** *Tél. 04 67 09 42 56 Ouvert mai-sept. : lun.-sam. 12h-14h et 19h30-22h, dim. 19h30-22h*

☺ **Château Les Sacristains** Le restaurant de cet établissement hôtelier (p.420) est ouvert le soir. Menu 24€, 28€ pour les non-résidents. ***Montagnac*** *(6,5km à l'est de Pézenas) Tél. 04 67 43 49 89 www.chateau-les-sacristains.fr Ouvert mai-oct. : 19h-21h30*

**Maison d'hôtes De Fleurus** Deux chambres simples et claires, dans une maison de village rénovée au cœur de Pézenas. Comptez 65€ la double, petit déj. (sur la terrasse) inclus. *3, rue de Fleurus* ***Pézenas*** *Tél. 04 67 90 08 78 ou 06 09 28 87 26 www.defleurus.fr Ouvert toute l'année*

**Maison d'hôtes À la Dordine** Une jolie maison de l'ancien quartier juif de Pézenas, toute de guingois, abrite 3 chambres aux murs en pierres apparentes et mobilier de maison de campagne. Une famille des plus accueillantes prépare un petit déjeuner à se damner : pain d'épice, brioche, pain de campagne et confitures, le tout entièrement fait maison... eh oui, ils étaient restaurateurs de métier ! Chambres de 51 à 66€ pour 2 pers. selon la saison, petit déj. inclus. Le soir, "découverte gourmande" : dégustation de vins et produits régionaux, 25€/pers. Vous pourrez aussi loger dans l'un des 3 studios aménagés par les propriétaires : 299-439€/sem. *9, rue des Litanies* ***Pézenas*** *Tél. 04 67 90 34 81 www.ladordine.com Ouvert toute l'année*

**Le Molière** Un hôtel 3 étoiles sur la place principale, à l'entrée de la vieille ville. Un point de départ très pratique, aux chambres tout à fait convenables dans un bâtiment qui a vraiment du cachet (coursives intérieures, beaux salons cosy à l'entrée...). Double de 56€ (basse saison) à 70€ (haute saison), petit déj. 8€.

*Pl. du 14-Juillet* ***Pézenas*** *Tél. 04 67 98 14 00 www.hotel-le-moliere.com Ouvert toute l'année*

### prix élevés

**L'Entre-Pots** Le lieu branché de Pézenas. Voici une adresse qui allie les bons plaisirs de la table à un décor design mais chaleureux : lumière dorée, banquettes marron glacé confortables, larges tables de bois sombre et un comptoir où l'on fait halte pour l'apéritif. Au menu, des poissons du marché, des variations méditerranéennes, du foie gras, du canard, le tout présenté comme à la dernière fashion week. Menus à midi 22 et 27€ (29€ le soir), plat du jour 12€, carte de 33 à 40€ (2 plats). *8, av. Louis-Montagne* ***Pézenas*** *Tél. 04 67 90 00 00 www.restaurantentrepots.com Ouvert mar.-sam. 12h-13h30 et 19h30-21h30*

☺ **Domaine du Cayrat** Dans la cour d'un ancien domaine viticole, 2 chambres d'hôtes à 90€, petit déj. inclus. Également 3 petites maisons, pour 6 pers., à louer à la semaine, de 650 à 1 800€ selon la saison. Accueil charmant, atmosphère sereine et couleurs claires reposantes. Piscine. Balades dans les environs. *Route de la Grange* ***Cazouls-d'Hérault*** *(5km au nord de Pézenas) Tél. 04 67 25 15 44 www.lecayrat.com Ouvert toute l'année*

☺ **Château Les Sacristains** Au cœur du vignoble, une demeure magnifique, restaurée et décorée avec goût, dans des tons chauds. Tomettes, meubles en bois et piscine dans le parc... Vraiment plaisant. Double 95€ hors saison et 110€ en juillet-août. Petit déj. 8-15€. Gîtes (pour 2, 4, 6 et 8 pers.) à partir de 515€/sem. Le tout s'inscrit dans un domaine de 70ha avec restaurant (p.419), piscine et, à proximité, practice de golf et terrains de tennis. ***Montagnac*** *(6,5km à l'est de Pézenas) Tél. 04 67 43 49 89 www.chateau-les-sacristains.fr Ouvert mi-déc.-mi-nov.*

# SAINT-PONS-DE-THOMIÈRES

*34220*

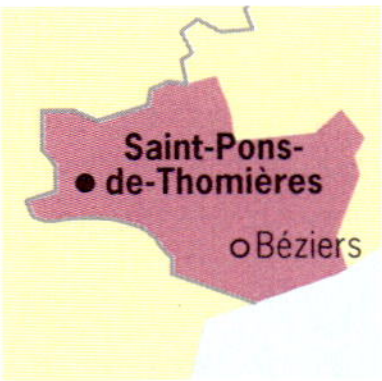


**En dépit de la balafre de la route nationale et son ballet de camions, Saint-Pons a su préserver un visage paisible. La pénombre des venelles désertes, les majestueuses portes anciennes, leurs encadrements de marbre rose : retrouvez l'atmosphère d'une riche cité drapière du XVII^e^ siècle. À cette époque, les deux bourgs fortifiés qui se déployaient de part et d'autre de la rivière ont été réunis. Saint-Pons, la ville "mage" (grande), construite autour d'une puissante abbaye bénédictine fondée en 936 par Raymond Pons, comte de Toulouse ; et Thomières, la ville "moindre", de l'autre côté du Jaur. Aujourd'hui, c'est sur la Grand'Rue que se concentrent toutes les activités, au son des cloches de la cathédrale romano-baroque et au rythme des bars, des commerces et du marché couvert.**

# MODE D'EMPLOI

## accès

### EN VOITURE

Par la D612 au départ de Béziers, au sud-est (51km) ; la D10 et la D907 au départ de Minerve, au sud (27km) ; la D908 et la D612 au départ de Bédarieux, au nord-est (44km).

### EN CAR

Liaisons au départ de Béziers (lignes 214, 441), de Bédarieux (lignes 482, 485).
**Hérault Transport** *Tél. 04 34 88 89 99 www.herault-transport.fr*

## orientation

Que l'on arrive de Narbonne ou de Béziers, les routes mènent naturellement au centre-ville, où vous trouverez plusieurs parkings gratuits ainsi que des places sur la Grand'Rue, à proximité des commerces. La visite de la ville s'effectue de préférence à pied.

## informations touristiques

**Maison du tourisme** Organise safaris spéléo (de 25 à 35€, pour sportifs, enfants, familles) et nombreuses activités sportives. Plaquette décrivant quelques promenades faciles aux alentours de Saint-Pons et vente de fiches détaillées sur une vingtaine de randonnées (Le sentier d'Artenac, 1h30, 4,5km ; Lo Camin Nostre, 2h30, 6km). *Pl. du Foirail Tél. 04 67 97 06 65 www.saint-pons-tourisme.com Ouvert juil.-août : lun.-sam. 9h30-12h30 et 14h-19h30, dim. 10h-13h ; sept.-juin : mar.-ven. 9h-12h et 14h-18h, ven. 9h-12h et 14h-17h*

**Siège du parc naturel régional du Haut-Languedoc** Accueil et informations sur le parc. Brochures, listes des hébergements et des activités (comme les stages de constructions de murs en pierres sèches l'été). *1, pl. du Foirail Tél. 04 67 97 38 22 www.parc-haut-languedoc.fr Ouvert lun.-ven. 8h-12h30 et 13h30-17h*

## marchés, fêtes et manifestations

**Marchés** ***Saint-Pons-de-Thomières*** *Le mer.* ***La Salvetat-sur-Agout*** *Jeu. et dim.*

**Fête du cochon et de la truffe** Les charcutiers de la région préparent saucisses, bougnettes, boudin, etc. et les trufficulteurs font des démonstrations de cavage. Vente, exposition, repas dansant. *Dernier week-end de fév.*

**Marché des potiers** Sur les bords de la rivière et en ville. *2e ou 3e week-end de juil. selon l'année*

**Fête de la châtaigne** Repas, stands, dégustations, concerts, bal, etc. *Dernier week-end d'oct.*

**Fête du navet** ***Pardailhan*** *Tél. 04 67 97 10 80*



# DÉCOUVRIR

☆ **Les essentiels** La cathédrale de Saint-Pons, les toitures d'ardoise de La Salvetat-sur-Agout **Découvrir autrement** Arpentez le plateau des Lacs, faites-vous griller des châtaignes en saison et goûtez le navet de Pardailhan

# Saint-Pons-de-Thomières

☆ **Cathédrale** La visite de la grande nef de la cathédrale s'effectue au rythme d'un plaisant son et lumière. Les chapelles latérales s'illuminent par cycles, glissant du chœur au jubé ferronné, aux stalles en noyer sculpté (1655), au maître-autel (XVIIIe s.) en marbre de Caunes et de Carrare et aux orgues qui résonnent (festival en juil.-août). Mais attention, cette animation ne doit pas faire oublier l'extérieur. On y lit les aléas de l'histoire de l'église. Liée à l'abbaye fondée en 936 par le comte de Toulouse, elle fut consacrée en 957 puis remaniée à plusieurs reprises : en 1166 elle est fortifiée, au XVIe siècle un chœur gothique remplace le roman et au XVIIIe siècle le plan est inversé, brouillant les pistes. La façade principale date de 1716, dans un style classique, mais on peut aussi admirer à l'arrière (rue de l'aumônerie) la façade de l'époque romane avec les deux tympans en marbre sculptés (*Cène*, *Lavement des pieds* et *Crucifixion*, XIIe s.) et sur le côté (rue du cloître) la porte des Morts (XIIe s.), ornée des figurations du Soleil et de la Lune. *Ouvert jeu.-mar. 8h-18h, mer. 8h30-12h (variable en été) Son et lumière 2€ dans la machine prévue à cet effet à droite du jubé*

**Musée de la Préhistoire régionale** Dans les années 1950, les grottes voisines de Resplandy et de Camprafaud ont livré bien des secrets… Mises en scène dans une construction ultra contemporaine, poteries, outils, parures témoignent de l'histoire des premiers habitants de la région. Quelques pièces remarquables : les "déesses muettes", ces statues menhirs les plus anciennes d'Europe érigées par la civilisation des Saintponiens (3600-2500 av. J.-C., originaire des Alpes) et la petite statuette zoomorphe trouvée dans la grotte de la source du Jaur, représentant un animal encore vivant de nos jours, le protée, une petite salamandre ! *8, Grand'Rue Tél. 04 67 97 22 61 www.pays-saintponais.com Ouvert juil.-mi-sept. : mar.-dim. 10h-12h et 15h-18h ; Pâques-juin, mi-sept.-fin sept., fin oct.-mi-nov. : jeu.-dim. 15h-18h Fermé mars, oct. Tarif 3,50€, réduit 2,50€, moins de 6 ans gratuit*

# Les environs de Saint-Pons-de-Thomières

**Grotte de la Devèze et musée de la Spéléologie** "Le palais de la fileuse de verre", creusé dans les contreforts calcaires du Somail, est l'unique grotte ouverte à la visite, sur la quarantaine de cavités que compte la commune de Courniou. L'exploration de ses boyaux souterrains, galeries, couloirs et diverticules permet d'admirer ses scintillants bouquets de fleurs de roche aragonite (salle Casteret), ses quasi sculptures, ses incongruités géologiques telle cette bague translucide pendant au plafond (salle de Rouville) ou ses draperies murales d'une finesse incomparable dans la salle G.-Milhaud, la plus décorée et la plus riche du site. Le musée explique la formation des concrétions et cavités. À la sortie de la grotte, petit sentier botanique à travers les plantes de la garrigue (30min, recommandé entre avril et juillet). ***Courniou*** *(5km à l'ouest de Saint-Pons) Tél. 04 67 97 03 24 www.courniougrottes.fr* ***Visites*** *Ouvert juil.-août : tlj. 10h30-18h30 (dernière visite) ; avr.-juin, sept. : tlj. à 14h30, 15h30 et 16h30 ; fév.-mars, oct. : dim. à 14h30 et 16h Fermé nov.-jan. Tarif 8€, 6-12 ans 4,50€, 12-18 ans 5,50€*

**Sentier des capitelles** Au départ de la grotte de la Devèze, un sentier aménagé chemine au milieu des murs soutenant les faïsses (terrasses), des cabanes de vignes et des capitelles, ces constructions typiques du début du XIXe siècle en pierres sèches (bâties selon la technique de la voûte en encorbellement) qui ponctuent encore les pentes des collines. La porte se trouvait au sud, à l'opposé des vents dominants. Aujourd'hui, elles continuent de marquer le paysage. *Courniou (5km à l'ouest de Saint-Pons)* ***Parcours*** *Le musée de la Spéléologie (cf. ci-avant) distribue un dépliant détaillant les 13 stations* ***Durée*** *1h15 env.* ***Balisage*** *Bleu*

## ● Où faire griller des châtaignes ?

**Ferme de la Métairie Basse** Vingt kilomètres à peine séparent deux appellations bien distinctes pour les spécialistes locaux : à Saint-Pons la châtaigne, à Olargues le marron. En automne, c'est le moment de rencontrer un producteur passionné pour faire le plein de châtaignes à griller au feu de bois. En dehors de la saison, on s'approvisionnera en crème de marrons (au goût bien prononcé, pas trop sucrée et aux petits éclats de marrons...) et en farine de châtaigne. Également un gîte (280 à 420€/sem. selon la saison) et deux chambres d'hôtes, 58€ la double petit déj. inclus. *M. et Mme Lunes* ***Prouilhe*** *(8,5km à l'ouest de Saint-Pons) Tél. 04 67 97 21 59 www.metairie-basse.com Fermé pendant la période de récolte : oct.-déc. Boutique sur rdv*

## ● Où trouver du miel ?

**La Ruche du Languedoc** Tout commence par une belle histoire d'amour... Une Anglaise, cuisinière sur une péniche du canal du Midi, un chef de la région, une

### À parcourir en tous sens : le PNR du Haut-Languedoc

Le territoire de ce parc naturel régional, créé en 1973, englobe la partie sud-ouest du Massif central – ses derniers soubresauts avant la mer – et subit encore les influences conjointes de l'Atlantique et de la Méditerranée, tant dans son climat que dans sa végétation. On y dénombre plus de 2 500 espèces animales et végétales : l'armérie de Malinvaud, l'ail doré, mais aussi des mouflons, des sangliers, ou l'aigle royal, à découvrir à pied, à cheval, à VTT ou avec un âne, en alternant pêche, baignade, botanique, spéléo... Au-delà de son rôle de conservatoire, le parc s'inscrit dans une démarche de développement durable – économique, culturel et social. De Saint-Pons, on montera vers le **Salvetois** et les villages de La Salvetat et de Fraïsse, le long de l'Agout, puis vers le **plateau des Lacs**, ses sources et ses torrents aux eaux cristallines. Plus à l'ouest, le **Sidobre** offre des paysages aux rocs de granit impressionnants, la **Montagne noire** joue les chevelues et prospère encore sur les draps de laine. Tout au nord, les **monts de Lacaune** sont réputés pour leurs charcuteries. On finira par l'est du parc, en grimpant à l'assaut du **mont Caroux**, réservé aux randonneurs chevronnés, ou en flânant, pour les amateurs de bons crus, au gré des chemins entre vignes et vallons, dans le Saint-Chinianais (p.433).

passion qui naît pour les abeilles, et voilà, l'un des meilleurs miels de la vallée, au plus proche du travail de ces butineuses, déclinant une infinité de parfums : thym, acacia, bruyère, romarin, mono et polyfloraux... Mais c'est évidemment le miel de châtaignier qui s'impose ! *M. Pruneddu Ardouane* ***Riols*** *(4km au nord-est de Saint-Pons) Tél. 04 67 97 15 29 Ouvert toute l'année (téléphoner avant de s'y rendre)* **Régis Bergheaud** Les meilleurs restaurants de Béziers ne jurent que par lui. Lavande, romarin, arbousier, plus de dix miels différents par an, millésimés et le plus souvent monofloraux. Mais également du miel de miellat, du pollen et des confitures maison. Difficile de ne pas succomber à l'appel de ces nectars plus ou moins cristallisés, non chauffés, naturellement crémeux, jaune clair ou quasi bruns... *Coulouma* ***Pardailhan*** *(14km à l'est de Saint-Pons) Tél. 04 67 97 60 28 Ouvert haute saison : tlj. 9h-13h ; basse saison : tlj. 9h-16h (téléphoner avant de s'y rendre)*



### ● Où goûter le navet de Pardailhan ?

**Domaine du Crouzal** La saison débute vers la mi-octobre, et l'on voit alors les étals des marchés se couvrir de ces tubercules oblongs aux longues moustaches terreuses. Un délice (c'est d'ailleurs son surnom !) une fois préparés. Crus en salade, ils s'avèrent nettement plus doux que leurs cousins blancs et violets (on les râpe comme du céleri), cuits, ils sont si sucrés que certains les utilisent même en desserts ! De nombreux restaurants en agrémentent leurs plats jusqu'à la mi-janvier. Pour les acheter directement au producteur, filez chez le président de l'association qui promeut ce produit "sentinelle" du mouvement *Slow food. Elian Robert* ***Pardailhan*** *(14km à l'est de Saint-Pons) Tél. 04 67 97 65 44 Ouvert nov.-jan. : sur rdv*

## ☆ La Salvetat-sur-Agout

Perchés à 700m sur un éperon rocheux, les habitants de La Salvetat ont utilisé les richesses du sol pour se protéger de l'humidité et du froid portés par les vents, et ont couvert leurs ☆ maisons d'ardoise, donnant encore aujourd'hui au village son aspect singulier. Désormais connu pour son eau naturellement pétillante (l'usine de mise en bouteilles se visite), le bourg sert toujours de halte aux pèlerins de Compostelle, aux randonneurs du réseau vert (sentier reliant Montpellier à Cabrerolles dans les Corbières, fiches gratuites disponibles à l'office de tourisme), de point de départ pour les randonnées vers le plateau des Lacs, et de lieu de villégiature nature, familial. Ne manquez pas l'ancien pont roman à la sortie du village, en direction de Lacaune, ni le lac de la Raviège pour un pique-nique, une baignade ou un tour de voile ! ***La Salvetat-sur-Agout*** *(22km au nord de Saint-Pons)* **Office de tourisme** *Pl. des Archers Tél. 04 67 97 64 44 www.salvetat-tourisme.fr Ouvert juil.-août : lun.-ven. 9h-13h et 14h-19h, sam. 10h-12h30 et 15h-18h, dim. 10h-12h30 ; avr.-juin, sept.-oct. : lun.-ven. 9h-12h et 14h-18h, sam. 10h-12h et 14h-17h ; nov.-mars : lun.-ven. 9h-12h et 14h-18h* **Usine La Salvetat** *Visite mi-juin-mi-sept. : lun.-ven. à 10h et 11h sur rdv à l'office de tourisme Tarif 1€, moins de 12 ans gratuit*

### ● Randonner avec un âne de bât

**Jim Ronez** Jim a repris l'activité de ses parents, éleveurs d'ânes et de vaches écossaises. Il vous propose des promenades et randonnées, le long des chemins à travers les hêtraies, les sapinières et la lande, au rythme des ânes de bât. Pour marcher léger pendant que l'animal porte les fardeaux, ou pour laisser les enfants se reposer. Attachement garanti ! À la demi-journée, journée ou semaine, selon vos envies ! Vous pourrez également dormir en yourte ou en tente de prospecteur, de 30 à 50€/2 pers. Réservez. 30€/demi-journée, 48€/jour. *Les Signoles Tél. 04 67 97 52 93 ou 06 83 09 58 37 www.signoles.com Ouvert toute l'année*

## Autour de Fraïsse-sur-Agout

Les automobilistes sont priés de se garer à l'entrée du village : la place principale sert de cour d'école ! Et le reste est à l'avenant : des ruelles fleuries, une promenade sur les berges de l'Agout où l'on apprend à reconnaître les plantes de talus et de murets. La curiosité des lieux : une statue-menhir découverte au col de la Bôle qui trône à quelques pas de l'office de tourisme, le long de la route nationale. On part ensuite vers la ferme de Prat-d'Alaric où se dresse encore un pailler, grange monumentale caractéristique du Somail. ***Fraisse-sur-Agout** (22km au nord de Saint-Pons) Visite Rens. à l'office de tourisme Allée des Cerisiers Tél. 04 67 97 53 81*

**Col de Fontfroide** Culminant à 972m, c'est le seuil qui partage les monts du Somail et les monts de l'Espinouse. Ce massif montagneux granitique de moyenne altitude, appartenant au sud du Massif central, se développe sur une ligne ouest-est, du Tarn à Lamalou-les-Bains, entre les vallées de l'Agout au nord et du Jaur au sud. Au nord s'étendent forêts et landes, au sud chênes verts, châtaigniers et des paysages escarpés de granites et gneiss sillonnés de profonds canyons. Le plus typique étant celui du Caroux, avec les gorges d'Héric et de Colombières, paradis des baigneurs de torrents et des randonneurs, cf. Olargues (p.428). Le col marque également la ligne de partage des eaux : l'Agout descend vers l'Atlantique, le Jaur vers la Méditerranée. Dans ce paysage recouvert de forêts, fruits d'une active politique de reboisement entreprise dans les années 1950, on chemine au milieu des sapins, douglas vert, épicéas et hêtres où vivent chevreuils, sangliers, et sur le Caroux, des mouflons introduits dans les années 1960. *4,5km à l'est de Fraïsse-sur-Agout sur la D14, dir. Olargues*

**Lac du saut de Vésoles** Comme un détour par les lacs canadiens, des impressions d'été indien, au milieu de paysages sauvages de prairie, landes et bruyères, bosquets et forêts. La masse irisée de l'eau passant du bleu sombre au gris métallisé se découpe sur la crête des monts à l'horizon… Le barrage a détruit la cascade naturelle qui avait donné son nom au site (saut), mais l'on peut toujours randonner sur les berges du lac et pratiquer la voile (pas d'activités moteur), sans craindre la cohue ni les aménagements outranciers. Un vrai bol d'air pur. Prévoyez 3h30 pour la randonnée autour du lac sur 10km, dénivelé de 100m. *6km au sud de Fraïsse-sur-Agout dir. Saint-Pons D169, puis à gauche D169E (aire de pique-nique, parking)*

# CARNET D'ADRESSES

## Restauration

### prix moyens

**Auberge de l'Espinouse** C'est le dimanche à midi qu'il faut franchir le porche de cette auberge située en bord de route. Rien de très recherché, juste une vaste salle aux tables de bois, plutôt claire, avec une cheminée digne d'un château fort dans lequel tourne et retourne une broche... avec, c'est selon, un jambon, un cochon de lait, du chevreuil, qui sait ! Au-dessus, des chambres aux couleurs vives. Menus de 13,90 à 21€ (à midi, lun.-sam.) et carte de 17 à 34€ (2 plats). Chambre double 54€. *Allée des Frênes* ***Fraisse-sur-Agout*** *(22km au nord de Saint-Pons) Tél. 04 67 95 40 46 www.aubergeespinouse.fr Ouvert mars-déc.*

**La Plage** Toute la région converge ici pour commander une platée d'écrevisses l'été, une truite du torrent ou déguster du veau rosé... Dommage que la salle ne soit pas aussi alléchante que la carte... En revanche, aux beaux jours, on s'attable en terrasse, avec vue sur le lac de la Raviège. Menus de 12,50€ (en sem.) à 38€, carte env. 30€ (2 plats). Possibilité de dormir sur place (p.427). *Route du lac* ***La Salvetat-sur-Agout*** *(22km au nord de Saint-Pons) Tél. 04 67 97 69 87 Ouvert haute saison : tlj. 12h-14h et 19h30-21h ; reste de l'année : mar.-sam. 12h-14h et 19h30-21h, dim. 12h-14h*

### prix élevés

☺ **Auberge de Sainte-Colombe** De l'ancien relais du XVIII^e^ siècle, le couple à la tête de cette auberge a su garder le sens de l'hospitalité. Même à la nuit tombée, le voyageur pourra se laisser guider par sa petite lumière pour venir se réchauffer au fumet de plats de terroir dignes de ce nom. Pas d'associations hasardeuses mais de belles portions, des produits choyés, choisis avec soin auprès des petites exploitations voisines. Coloré et accueillant. Menus à 13€ (à midi en sem.) et de 23 à 38€. *Hameau de Sainte-Colombe* ***Rieussec*** *(9,5km au sud de Saint-Pons) Tél. 04 67 97 16 45 Ouvert haute saison : jeu.-mar. 12h-14h et 19h-21h ; basse saison : lun.-mar. et jeu.-ven. 12h-14h, sam.-dim. 12h-14h et 19h-21h*

## Hébergement

### campings

**Les Cerisiers du Jaur** Comme son nom l'indique, un camping situé au milieu des cerisiers, au pied du Jaur, avec quelques agréables attentions : le barbecue commun, le pain frais livré le matin, le snack en saison... À 1km de Saint-Pons, accessible à vélo. 106 emplacements. De 15 à 24€ (basse-haute saison) pour 2 pers. avec une voiture. *Route de Bédarieux* ***Saint-Pons-de-Thomières*** *Tél. 04 67 95 30 33 www.cerisierdujaur.com Ouvert avr.-oct.*

**Solongo** Un camping équitable et créatif en pleine nature, proposant gîte en yourtes, roulotte, caravane tzigane... ou en tente libre. Au milieu des chevaux, avec possibilité de séances de *qi gong* le matin, un chalet commun où cuisiner (réservé aux yourtes, caravanes et roulottes) et prendre ses repas, des tables dehors, une guinguette et une table d'hôtes (18€/pers.) sur demande, avec produits de la ferme (œufs, légumes bio). 20-23€ l'emplacement pour deux personnes, 85€ la yourte (de 1 à 6 pers.).

*La Garrigue* ***Pardailhan*** *(14km à l'est de Saint-Pons) Tél. 04 67 97 18 08 ou 06 82 35 93 57 www.camping-solongo.com Ouvert mai-sept.*

**Belaman** Adeptes du camping à la ferme, cette adresse vous est acquise. Dans un champ légèrement en pente, où broutent à l'année les chevaux de ce couple d'Allemands convertis en paysans, 6 emplacements noyés dans la verdure (16€ pour 2 pers., petit déj. 7€). Les propriétaires tiennent aussi des chambres d'hôtes monacales, accueillantes et fraîches. Double 56€, petit déj. copieux inclus. Table d'hôtes sur demande 19€. *Iris et Markus Kreitner Domaine de Belaman* ***Fraisse-sur-Agout*** *(22km au nord de Saint-Pons) Tél. 04 67 97 59 54 www.belaman.com* **Camping** *Ouvert juin-mi-sept.* **Chambres d'hôtes** *Ouvert Pâques-mi-oct.*

**Domaine du Pioch** Un camping en pleine nature, près des lacs et des sentiers de randonnée. Pour les amateurs de tranquillité. Pain frais du jour et produits du terroir. 14,50€ pour 2 pers. avec une voiture. Table paysanne sur demande (14,50€) et location de gîtes familiaux (à partir de 276€ la semaine). ***Fraisse-sur-Agout*** *(22km au nord de Saint-Pons) Tél. 04 67 97 61 72 www.lepioch.com* **Gîtes** *Ouvert toute l'année* **Camping** *Ouvert Pâques-oct.*

## petits prix

**L'Oustal** Loin de toute agitation mais au cœur d'une nature majestueuse et sauvage, 3 chambres dans une ancienne ferme près du plateau des Lacs. Un grand bol d'air frais... pour 48€ la double (petit déj. inclus). Possibilité de table d'hôtes : 14€. *Ferme de la Moutouse* ***La Salvetat-sur-Agout*** *(22km au nord de Saint-Pons) Tél. 04 67 97 61 63 www.loustal-lamoutouse.com Ouvert avr.-fin oct.*

**La Plage** Une construction récente les pieds dans l'eau, à deux pas de la base de loisirs, munie de chambres petites et sans réel charme certes, mais qui ont le mérite d'être bien tenues. On prend le petit déjeuner (8€) l'été sur la grande terrasse. Double 53€. *Route du lac* ***La Salvetat-sur-Agout*** *(22km au nord de Saint-Pons) Tél. 04 67 97 69 87 www.pageloisirs.com/hotel-la-plage Ouvert mi-jan.-mi-déc.*

## prix moyens

☺ **Ardouane** Un hameau presque pour vous tout seul ! La patronne, anglaise, de ce charmant gîte-chambres d'hôtes, affiche un goût cosy prononcé. Trois chambres, alcôves, petit escalier menant à la cuisine-salle à manger, le tout dans de vieilles maisons de village dont les ouvertures ont été repensées pour laisser pénétrer plus de lumière et ouvrir sur le jardinet gorgé de fleurs et d'arbres fruitiers. Les propriétaires sont aussi apiculteurs, cf. Où trouver du miel ? (p.423). Double de 60 à 65€, petit déj. inclus. *Clare Burnford et André Pruneddu Ardouane* ***Riols*** *(4km au nord-est de Saint-Pons) Tél. 04 67 97 15 29 www.ardouane.com Ouvert toute l'année*

**Le Martinet** M. et Mme Brunaux ont décidé de passer une retraite confortable, animée par le va-et-vient de leurs hôtes. Et dans quelle maison ! La décoration, comme la construction, date des années 1950. Tout a été réalisé sur mesure par les anciens propriétaires, pour s'adapter à la forme en arc de cercle de la salle à manger. Le tout est extrêmement bien conservé, les pièces à vivre et les chambres brillent comme un sou neuf. Un petit déjeuner généreux avec des confitures maison pour tous les goûts. Double 70€, petit déj. inclus. Wifi. *Route de Béziers* ***Saint-Pons-de-Thomières*** *(juste à l'entrée du village) Tél. 04 67 95 21 57 http://perso.wanadoo.fr/lemartinet Ouvert toute l'année*

## prix élevés

**La Cerisaie** Une maison de maître restaurée avec talent par les Simkens, joyeuse famille hollandaise, élevée un peu en retrait de la rue principale du tout petit village de Riols. Les volets bleus attirent l'œil, ensuite ce sont les meubles anciens, les coloris clairs, la douce lumière, le jardin... Piscine. Double de 75 à 110€, petit déj. inclus. Deux gîtes de 450 à 800€/sem. selon la saison. *1, av. de Bédarieux* ***Riols*** *(4km au nord-est de Saint-Pons) Tél. 04 67 97 03 87 www.cerisaie.net Ouvert Pâques-oct.*

# OLARGUES

34390

**C'est par Olargues que l'on pénètre au pays du schiste tiède, au détour d'un virage du Jaur, sa rivière préférée. Plus haut se déploient les grands lacs, les vastes étendues de prairies et de bois, que l'on quitte soudain, par-delà le col du Cabaretou, pour plonger dans l'air sec et chaud de l'Espinouse, du Caroux. Vous voici en terre méditerranéenne, au milieu des palmiers, des orangers, des mimosas. Les vignes s'abreuvent de cette alchimie, donnant des vins généreux et élégants. Accrochée au balcon des monts, Olargues semble immuable avec ses ruelles qui s'enroulent en colimaçon vers le ciel. On aperçoit encore la tour-clocher du XIIe siècle, vestige du castrum médiéval, ou la maison de la famille de Thézan, seigneurs d'Olargues depuis le XIVe siècle.**

# MODE D'EMPLOI

## accès

### EN VOITURE

Par la D908 en venant de Saint-Pons-de-Thomières à l'ouest (20km) ou de Bédarieux à l'est (25km), et par la D14 de Béziers (50km).

### EN CAR

Plusieurs liaisons quotidiennes au départ de Clermont-l'Hérault via Bédarieux (lignes 482-485).
**Hérault Transport** *Tél. 04 34 88 89 99 www.herault-transport.fr*

## fêtes et manifestations

**Fête du Mimosa** Foire artisanale avec animations. ***Roquebrun*** *En fév.*
**Fête de la brouette** Grand marché aux fleurs et aux plantes, des animations et des jeux pour les enfants. *1er dim. avant le 11 mai*
**Fête de la cerise** ***Mons*** *En juin*
**Festival Les Nuits de la terrasse et Del Catet** Du théâtre, du cirque à Murviel-les-Béziers, Causses-et-Veyran, Saint-Nazaire-de-Ladarez, Thézan-les-Béziers et Pailhès.

*Tél. 04 67 37 84 97 (Mairie) Dernière sem. de juil.*

**Les Médiévales** Grand marché médiéval avec repas, animations et spectacles. *3e dim. de sept.*

**Fête du marron d'Olargues** La spécialité de la région déclinée sous toutes ses formes. Stands, repas, randonnées, concerts, etc. *1er w.-e. après la Toussaint*

## marchés

**Olargues** *Dim. matin*

**Saint-Chinian** *Jeu. matin et dim. matin*

## informations touristiques

**Office de tourisme intercommunal du Caroux en Haut-Languedoc** Trois antennes : Olargues, Roquebrun et Mons-la-Trivalle. *Tél. 04 67 23 02 21 www.ot-caroux.fr Ouvert juil.-août : lun.-sam. 9h-13h et 15h30-19h, dim. 9h-13h ; avr.-juin, sept. : mar.-sam. 9h-12h et 14h-18h ; oct.-mars : mar.-mer. et ven.-sam. 10h-12h et 14h-17h*



# DÉCOUVRIR

☆ **Les essentiels** Le pont du Diable, les gorges d'Héric, les producteurs de saint-chinian **Découvrir autrement** Baignez-vous dans les piscines naturelles des gorges de Colombières, réchauffez-vous à Roquebrun

## Olargues

Classé parmi les plus beaux villages de France, l'ancienne cité se découvre au hasard de ses ruelles. On y pénètre par l'une des deux portes vestiges des

### Un patchwork de terroirs à sillonner

Olargues se trouve au centre d'une mosaïque de terroirs divers et complémentaires. La route des Vins traverse les plus grands vignobles du Languedoc et quelques villages vraiment attachants, de Saint-Chinian à Faugères, environnés de garrigues odorantes et brûlantes... Au départ d'Olargues et de Mons-la-Trivalle, on redescend par Vieussan vers Roquebrun – le "Petit Nice", comme on le surnomme ici en raison de son microclimat et de son jardin méditerranéen. Puis on traverse les vignes et on serpente jusqu'à Berlou et Cessenon. De là, il faut remonter sur Saint-Nazaire-de-Ladarez et Causses-et-Veyran, ou bifurquer vers les traverses de Lenthéric, la Liquière et Cabrerolles. La route de l'Orb remonte vers la source de la rivière et révèle d'autres hameaux – non plus viticoles mais montagnards, ruraux, de pierres brutes et d'ardoises collées aux parois ventées... – autant d'escales de caractère dans une région tour à tour gaie, austère, lumineuse puis intensément rayonnante, variant au gré des heures, des jours ou des saisons.

anciennes fortifications. Montez vers les ruines de la tour-clocher (XII^e s.) par l'escalier d'ardoise de la rue du Four, longez les maisons joliment restaurées, et les autres, à l'abandon, envahies d'herbes folles, avant de redescendre vers la rivière, jusqu'au ☆ **pont du Diable**, magnifique ouvrage à arche unique (XIII^e s.), pour poursuivre, au fil de l'eau, dans la vallée des cerisiers et des châtaigniers…

**Musée des Arts et Traditions populaires** En grimpant, à travers les ruelles, les escaliers de l'ancienne Commanderie, on accède à un petit musée sans prétention : collections archéologiques de la région (dont une copie de statue-menhir), quelques vitrines accordées aux métiers d'antan et la reconstitution



## L'Hérault au grand air

### Jardins



### Sorties découverte



### Balades et randonnées



### Randonnées accompagnées

d'un intérieur du XIX^e siècle. *Escalier de la Commanderie Tél. 04 67 23 02 21 (office de tourisme) www.olargues.org Ouvert juin-sept. : mar.-dim. 15h-18h Participation libre*

● **Partir en randonnée** Une dizaine de sentiers aménagés au pied de l'Espinouse et du Caroux, dans les vallées des rivières Orb et Jaur, entre vignes, schistes et châtaigneraies. Cartes IGN et guides des PR® édités par la Fédération de randonnée pédestre, cf. Sports et loisirs (p.45), en vente dans les offices de tourisme d'Olargues et des environs. Également une balade le long de l'ancienne voie ferrée transformée en voie verte de plus de 60km, à emprunter à pied ou à vélo.

### Randonnées avec âne



### Centres équestres



### Golf



### Canoë et kayak



### Accrobranche et parcs aventure



### Hébergement

**Gorges de Colombières** Environ 5h de randonnée sur 600m de dénivelé, à l'assaut de paysages sauvages, cascades, forêts, habitats troglodytiques et, pour les plus chanceux, de mouflons ! Attention, réservé aux bons marcheurs. Très bien balisé. *Tarif 1€ Fiches éditées par le parc naturel régional du Haut-Languedoc en vente à l'office de tourisme d'Olargues*

### ● Faire une balade naturaliste

**Cebenna** Situé à l'entrée du village, ce centre multimédia d'information sur l'environnement organise des sorties à la découverte du patrimoine et de la nature, mais aussi des ateliers (de Pâques à août) pour tout public ainsi que des "balades terroirs". Ne manquez pas les deux spectacles du kaléidoscope géant (durée 14min) ni les projections en 3D. *Av. du Champ-des-Horts Tél. 04 67 97 88 00 www.cebenna.org Ouvert juil.-août : lun.-ven. 9h-12h et 15h-19h, sam. 10h-13h et 16h-19h ; reste de l'année : mar.-ven. 9h-12h et 14h-18h Tarif spectacle et projections 2,50€, réduit 1,50€, moins de 6 ans gratuit*



# Les environs d'Olargues

## Autour de Mons-la-Trivalle

Deux villages accolés, point de départ des randonnées dans les gorges d'Héric. Faites une halte à La Trivalle un dimanche matin pour siroter un petit noir à la terrasse de l'Auberge du Caroux, au rythme des habitués : anciens hippies, néoruraux ou familles anglaises installés dans la vallée. Totalement à part. Non loin, Pablo Quedad, jeune artiste de Béziers, a posé ses cartons et sa ferraille. À voir : ses totems et ses bicyclettes détournées. *34390* ***Mons*** *(4,5km à l'est d'Olargues)* **Auberge du Caroux** *Pl. du Village Tél. 04 67 97 72 12 Ouvert fév.-nov.* **Pablo Quedad** *RD908 À l'entrée du village Tél. 06 07 54 98 78 Visite sur rdv*

### ● Randonner dans les gorges d'Héric

☆☺ **Gorges d'Héric** Elles offrent de véritables piscines naturelles (malheureusement très fréquentées le dimanche après-midi !). Le parking (payant aux beaux jours) est obligatoire au pied des gorges, puis il faut remonter à pied jusqu'à l'endroit désiré : plus on monte, plus on est tranquille… La promenade, sur une ancienne route, est tout à fait accessible. Comptez 3h de marche AR si vous voulez monter jusqu'au petit hameau d'Héric. ***Mons*** *(4,5km à l'est d'Olargues) Fléché à partir de Mons-la-Trivalle*

### ● Découvrir la vallée de l'Orb en canoë

**Atelier Rivière Randonnée** Découverte, en canoë ou en kayak (env. 18€/pers.), de la vallée de l'Orb : 7 parcours de 5 à 36km (niveau initiation, perfectionnement). *Moulin de Tarassac 34390* ***Mons*** *(4,5km à l'est d'Olargues) Tél. 04 67 97 74 64 www.canoe-tarassac.com*

## ☺ Roquebrun

Le premier réflexe qui vient au voyageur arrivant dans ce "petit Nice" est d'ôter son pull-over ou sa veste. Accroché à flanc de coteau, plein sud, au

pied des montagnes, le village jouit d'un étonnant climat méditerranéen à cette distance de la mer. Les mimosas fleurissent comme sur la Côte d'Azur et l'on cueille des oranges et des citrons en hiver. Il faut visiter le Jardin méditerranéen, où poussent 4 000 plantes (350 espèces différentes, 80 variétés de figues de barbarie !). Et, avant de partir, n'oubliez pas de visiter les caves d'un des producteurs de Saint-Chinian, cf. Où déguster et acheter un saint-chinian ? ci-après.
***Roquebrun** (20km au sud-est d'Olargues)* **Jardin méditerranéen** *Rue de la Tour Tél. 04 67 89 55 29 www.jardin-mediterraneen.fr Ouvert juil.-août : tlj. 9h-19h ; mi-fév.-juin, sept.-nov. : dim.-ven. 9h-12h et 12h30-17h30, sam. 12h30-17h30 (fermé dim. matin mi-fév.-avr. et oct.-nov.) Fermé déc.-mi-fév. Tarif 5€, 6-16 ans 3€*

### ● Faire du canoë

**Grandeur Nature** Location de canoës selon diverses formules de parcours : 1h30, 3h, 5h, 7h (très sportif), voire plusieurs jours de descente avec dépose en minibus au départ du parcours choisi. Bon accueil, bon matériel et magnifiques itinéraires. Parfait pour s'initier. *Tél. 04 67 89 52 90 www.canoeroquebrun.com Ouvert mi-avr.-mi-oct. Réservation conseillée en raison du niveau d'eau*

## ☆ Le Saint-Chinianais

Au nord-ouest de Béziers, aux pieds du Caroux et de l'Espinouze, vingt villages, parmi lesquels Roquebrun au nord, Murviel-lès-Béziers à l'est et Quarante au sud, produisent le saint-chinian, l'un des crus les plus fameux de la région, AOC depuis 1982. On trouve à Olargues et dans les proches environs des domaines réputés, de bonnes caves coopératives et des figures montantes, soucieuses du respect des sols.

### ● Où déguster et acheter un saint-chinian ?

**Maison des vins de Saint-Chinian** La demeure du père de Charles Trenet (notaire de Saint-Chinian) abrite la Maison des vins. Parfait pour faire ses premiers pas à la découverte de ce terroir, sans complexe. Avec, tout l'été, des dégustations en présence d'un vigneron. *Av. de la Promenade* ***Saint-Chinian** (38km au sud d'Olargues) Tél. 04 67 38 11 69 www.saint-chinian.com Ouvert juil.-août : lun.-sam. 9h-12h et 14h-18h30 dim. 10h-13h ; mai-juin, sept. : lun.-sam. 9h-12h et 14h-18h30 ; oct.-avr. : lun.-ven. 9h-12h et 14h-18h30, sam. 9h-12h*

#### Les vins, vous les aimez racés, bourrus ou canailles ?

Le terroir Saint-Chinian tire profit d'un heureux mélange entre altitude, pluviosité, microclimat et nature des sols. Les schistes et les grès, au nord de Saint-Chinian, donnent des vins fruités et généreux évoquant le cacao, la réglisse et les parfums de la garrigue ; les calcaires, plus au sud, recèlent des breuvages corsés aux arômes de fruits rouges. Rouges typés et rosés délicats sont issus principalement de cépages syrah, grenache et mourvèdre associés dans les rouges au carignan et dans les rosés au Cinsault noir.

**Domaine Marquise des Mûres** Un vin qui exprime parfaitement la terre et la chaleur de ce terroir. *Jean-Jacques Mailhac Av. de Balaussan **Roquebrun** (20km au sud-est d'Olargues) Tél. 06 84 30 76 20 Sur rdv*

**Domaine Navarre** Un bon produit à des prix très doux, composé par un vigneron passionné, Thierry Navarre. *Av. de Balaussan **Roquebrun** (20km au sud-est d'Olargues) Tél. 04 67 89 53 58 www.thierrynavarre.com Sur rdv*

☺ **Domaine Lisson** Pour vous faire goûter à la magie du lieu, Iris Rutz-Rudel vient vous chercher au bourg, puis l'aventure commence dans cette vallée du Jaur secrète et paisible. Ses vignes panachent mourvèdre et petit verdot, pinot et grenache, cabernet, avec quelques pieds mystérieux. ***Olargues** Tél. 04 67 97 80 49 www.olargues.info Sur rdv*

☺ **Domaine Rimbert** Son fameux Mas au schiste est tout simplement magnifique ! *Pl. de l'Aire **Berlou** (21km au sud d'Olargues) Tél. 04 67 89 74 66 www.domainerimbert.com Dégustation tlj. sur rdv*

**Domaine Borie La Vitarèle** Goûtez en priorité les cuvées Crès, issues d'un terroir de galets roulés, et Schistes, issues d'un terroir... de schistes. ***Causses-et-Veyran** (28km au sud-est d'Olargues) Tél. 04 67 89 50 43 www.borielavitarele.fr Sur rdv*

**Château Cazal-Viel** Un hameau perché, noyé dans la pinède, et des vins d'excellente qualité. ***Cessenon-sur-Orb** (sur la D14 vers Béziers, 28km au sud-est d'Olargues) Tél. 04 67 89 74 93 www.laurent-miquel.com Ouvert lun.-ven. 10h-12h et 13h-18h Fermé j. fér.*

## ● Randonner avec un âne de bât

**L'Âne bleu** Randonnées d'une journée à une semaine avec des ânes bâtés, qui porteront vos provisions, matériels, et enfants fatigués ! Comptez 45€ par âne et par jour, tarifs dégressifs. *Mathias Cambon **Vieussan** (11km à l'est d'Olargues) Tél. 04 67 97 82 16 ou 06 76 04 38 78 www.lanebleu.com Ouvert toute l'année*

## ● Se rafraîchir en famille

**Base nautique de Réals** Une grande base de loisirs aménagée dans le chaos de Réals aux abords de l'Orb (vastes pelouses, barbecues communs, location de canoës et kayaks, escalade, randonnée), très fréquenté en été. Attention, la baignade est interdite. ***Cessenon-sur-Orb** (28km au sud-est d'Olargues) Tél. 04 67 89 61 65 www.base-reals.com Ouvert avr.-sept. : tlj.*

# CARNET D'ADRESSES

## Restauration, hébergement

### camping

**Camping Le Baoüs** Un peu plus de 70 emplacements sous les arbres. Convivial et paisible. Env. 14€ pour deux avec voiture. *Le Baoüs **Olargues** Tél. 04 67 97 71 50 www.campingolargues.com Ouvert mai-août*

### petits prix

**Les Quatr'Farceurs** Dans l'une des ruelles du village perpendiculaires à la rue principale (remontez par l'escalier à la hauteur de l'épicerie), la maison est réservée aux hôtes, qui peuvent y consulter les livres de la bibliothèque, écouter de la musique... Au-dessus, quelques chambres simples et chaleureuses. Double 47,50€ avec petit déjeuner, et repas à 25€ vin compris. Cuisine végétarienne possible et pique-nique. *Rue de la Comporte* ***Olargues*** *Tél. 04 67 97 81 33 www.olargues.net Fermé vac. scol. de Noël*

### prix moyens

**La Mazette** À la limite du village, quelques petites bâtisses de pierre rénovées avec goût bénéficient d'une vue magique sur Olargues et la rivière. Ici, l'on s'endort avec délice, surtout si l'on a dégusté des châtaignes grillées dans la cheminée après s'être promené par monts et vallées... Sauna. Gîtes de 320 à 480€/sem. selon la saison (forfait week-end hors saison). *La Mazette Le Tour-des-Ponts* ***Olargues*** *Tél. 04 67 97 33 80 (w.-e. et soir) ou 06 07 05 60 14 la-mazette@orange.fr Ouvert fév.-déc. Sur réservation*

### prix élevés

☺ **Fleurs d'Olargues** Une Danoise de Copenhague a choisi de faire revivre une vieille maison du sud de la France. Couvre-lits matelassés blancs, dentelles, tomettes astiquées, parquet de cèdre, robinetterie à l'ancienne, objets chinés, bref, du cosy à l'état pur. Le petit déjeuner se prend en face, au restaurant (à ne fréquenter que pour sa sublime terrasse, orientée au soleil, et sa tonnelle, avec vue sur le village). Comptez de 60 à 100€ environ la double en saison (petit déjeuner inclus). *Pont du Diable D908* ***Olargues*** *Tél. 04 67 97 27 04 www.fleurs-de-olargues.com Ouvert mi-mars-mi-nov.*

## Dans les environs

### camping

**Camping de Tarassac** Ce camping offre quelque 130 emplacements au bord de la rivière à l'ombre de chênes et de saules. Au pied du pont du même nom, à l'embranchement de la petite route pour Roquebrun. Comptez 11,60€ pour 2 pers. et une voiture en basse saison et 13,20€ en haute saison. ***Tarassac*** *(5km à l'est d'Olargues) Tél. 04 67 97 72 64 Ouvert mars-déc.*

### petits prix

☺ **Le Lézard bleu** Un café bien agréable qui propose une impressionnante palette de bières, une petite restauration originale, du café issu du commerce équitable, ainsi que des animations culturelles (expositions, cinéma, cabaret...) en été. Dans le jardin, des jeux pour les enfants. Vue sublime sur la vallée de l'Orb. Accès wifi gratuit. Menu du jour 15€. Comptez env. 15€ à la carte. *CD14* ***Vieussan*** *(11km à l'est d'Olargues) Tél. 04 67 97 10 21 Ouvert juin-sept. : mer.-lun. 12h-14h et 19h-21h30 ; oct.-mai : jeu.-lun. 12h-14h et 19h-21h30 Réservation souhaitée*

**La Maison du parc** Derrière l'imposante maison de maître (4 chambres d'hôtes) à la décoration totalement kitsch mais *vintage*, s'ouvre le jardin, pour le plus grand bonheur des voyageurs. Un conseil : réservez la table d'hôtes (20€), en été, le dîner se prend sur la longue table bleue, au jardin, à la lumière des bougies... Très bon petit déjeuner avec confitures maison. Double 55€, petit déj. inclus. *5, rue du Canal-de-l'Abbé* ***Saint-Chinian*** *(38km au sud d'Olargues) Tél. 04 67 89 34 88 www.maisonduparc.com Ouvert toute l'année*

### prix élevés

☺ **Le Petit Nice** De la vraie cuisine de grand-mère, avec charcuteries ou crudités en entrée, pintadeau au salmis, civet de lapin, truite du Jaur, le tout accompagné de pommes de terre sautées et champignons en proportions gargantuesques. Venez à deux pour pouvoir profiter de l'étroite terrasse en plein soleil. Clientèle d'habitués qui viennent souvent en famille. Formule déjeuner 22€ et menu 29,50€. *Av. du Roc-de-l'Estang* **Roquebrun** *(20km au sud-est d'Olargues) Tél. 04 67 89 64 27 www.restaurant-petit-nice.fr Ouvert haute saison : mar.-dim. 12h-14h et 19h-21h30 ; basse saison : mar.-dim. 12h-14h (appeler avant de s'y rendre)*

# BÉDARIEUX

*34600*

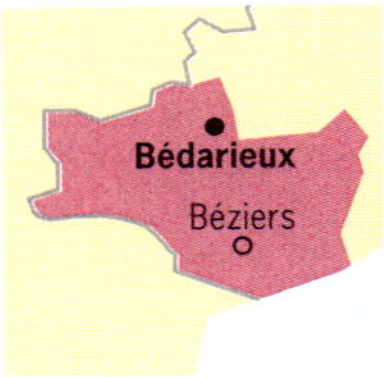


**Les jours de marché, la ville change de physionomie, une foule empressée converge vers le centre, se faufile sur les trottoirs, la chaussée, paquets et sacs sous le bras. La rue de la République se charge d'électricité, les terrasses des cafés regorgent de monde et les boutiquiers retrouvent le sourire. Les décennies passées le dos courbé dans les mines de bauxite ou de charbon, aux champs et aux vignes sur le causse (après des siècles dans l'industrie lainière et les tanneries) sont petit à petit enterrées sous une boulimie culturelle et un gros chantier de réhabilitation urbaine. On ne viendra donc pas ici admirer un décor de carte postale, mais on profitera de tous les services, commerces, cinémas et salles de spectacles offerts par la ville, avant de se perdre sur le causse, de rayonner vers les paysages de la verte vallée de l'Orb, des rudes Cévennes ou, plus au sud, des vallées du pays de Faugères, pour des activités de pleine nature ou des découvertes gastronomiques hors pair.**

## MODE D'EMPLOI

### accès

**EN VOITURE**

Par la D909 au départ de Béziers au sud (35km), la D908 au départ de Saint-Pons-de-Thomières à l'ouest (43km), ou de Clermont-l'Hérault à l'est (28km), la N109, l'A750, l'A75, la D2 et la D908 de Montpellier à l'est (76km).

**EN TRAIN**

Paris-Bédarieux (env. 6h), Béziers-Bédarieux (35min).

**Gare SNCF** *Route de Saint-Pons*
**SNCF** *Tél. 3635 www.voyages-sncf.com*

**EN CAR**

Liaisons au départ de Béziers (ligne 215), de Saint-Pons-de-Thomières (lignes 482, 485), de Clermont-l'Hérault (lignes 485, 303), de Montpellier (ligne 485, 303).
**Hérault Transport** *Tél. 04 34 88 89 99 www.herault-transport.fr*

## orientation

Bédarieux se développe en longueur au fond de la vallée de part et d'autre des berges de l'Orb. Le vignoble s'étend autour de la ville. L'ensemble est dominé par le causse. Le centre-ville, situé sur la rive gauche, compte plusieurs parkings facilement accessibles. Dans les rues commerçantes, Saint-Louis et de la République, le stationnement est gratuit mais limite à une heure (il faut prendre un ticket).

## informations touristiques

**Maison du tourisme** Abrite également l'association La Pastorale, chargée de promouvoir les produits du pays. *1, rue de la République Tél. 04 67 95 08 79 www.bedarieux.fr Ouvert juil.-août : lun.-ven. 9h-12h et 14h-18h, sam. 9h-12h et 15h-18h ; sept.-juin : lun.-ven. 9h-12h et 15h-18h, sam. 9h-12h*

## location de voitures

**Wallgreen** Location de petites voitures à 40€/j. *4, rue de la République Tél. 04 67 23 18 23 Ouvert lun.-ven. 9h-12h et 14h-18h*

## marchés, fêtes et manifestations

**Marché** *Le lun.*
**Marché Bio** *Pl. Abbal et pl. aux Fruits Sam.*
**Les mercredis au pays** Visites de fermes et domaines de la région. *Maison de pays Tél. 04 67 95 01 72 En été*
**Les Vindredis** Six vendredis pour découvrir les producteurs de vin de la région (dont la fête de Bacchus, le premier vendredi d'août). *Juin-août*
**Festival d'opérette** *Lamalou-les-Bains Tél. 04 67 95 67 35 Juil.-août et pour les fêtes de fin d'année*



# DÉCOUVRIR

☆**Les essentiels** L'espace d'Art contemporain, les deux causses (de Bédarieux et de Villemagne), le village fortifié de Boussagues **Découvrir autrement** Allez voir une opérette à Lamalou-les-Bains, perdez-vous dans le vignoble de l'AOC faugères

## Bédarieux

En parcourant Bédarieux, vous ne pourrez manquer d'apercevoir quelques-unes des 37 arches du viaduc, qui totalise plus de 700m de longueur, et date du milieu du XIXe siècle ; y circulaient les liaisons ferroviaires Béziers-Graissessac. De la promenade de la Perspective (XVIIIe s.), sur le tracé de l'ancienne digue protégeant la ville des crues de l'Orb, aujourd'hui bien assagie, vous en aurez une très belle vue. À savoir également, les églises Saint-Alexandre, Saint-Louis, ainsi que le Temple renferment trois orgues remarquables, dont deux sont classés monuments historiques (visibles uniquement sur demande auprès de la maison du tourisme).

☆ **Maison des arts et espace d'Art contemporain** La Maison des arts tente de redonner vie à un habitat languedocien du XIXe siècle, abrite un musée du rail et propose une reconstitution du bureau de l'écrivain Ferdinand Fabre, originaire de la ville. Elle accueille également, au rdc, un espace d'Art contemporain : trois belles salles ouvertes sur l'extérieur pour présenter de grands noms de la création contemporaine (Corneille, César, Claude Viallat, Arman…) comme de moins connus, au rythme de plusieurs expositions par an. *19, av. de l'Abbé-Tarroux Tél. 04 67 95 48 27 www.bedarieux.fr* **Maison des arts** *Ouvert mer. et ven. 15h-17h Tarif 3€, réduit 1,50€* **Espace d'Art contemporain** *Ouvert mar. et ven.-sam. 14h-18h, mer. 9h30-12h et 14h-18h Entrée libre*

**Chapelle Saint-Raphaël** Au sud de la ville, cette chapelle préromane (XIe s.), ancien lieu de pélerinage, est accessible par une route qui traverse le vignoble, le long de l'Orb. *Visible à travers une grille*

**Pic de Tantajo** Pendant la Seconde Guerre mondiale, les Allemands en avaient fait leur poste d'observation, et on comprend pourquoi. À 518m d'altitude, ce pic surgi au milieu de la vallée, assez éloigné des autres monts, offre un panorama à 360°. On aperçoit, au loin, la mer qui brille au soleil, la montagne de la Clape, l'Espinouse, le Caroux, les traces rouges des mines de bauxite et même Béziers… Table d'orientation. *Sortir de Bédarieux par la D909 et prendre le petit chemin à gauche avant le tunnel du col du Buis Attention, il n'y a aucune indication*



## ● Où goûter les produits locaux ?

**Sica du Caroux** Cette coopérative agricole vend les fameux pois chiches et lentilles du plateau de Carlencas. Fondants, moins gros que les pois habituels, ils ont presque un petit goût de châtaigne… C'est qu'ils apprécient cette terre

### Le causse : liberté, identité, fidélité

Du début du XIXe siècle jusqu'au milieu du XXe siècle, les ouvriers "montaient" sur leur parcelle de vigne une fois leur journée de travail finie. Ils y emmenaient toute la famille le dimanche, pour un copieux déjeuner à l'ombre du maset (modeste cabane en pierre servant d'abri ou d'habitat d'appoint). De cette tradition est resté un profond attachement au causse, ce plateau calcaire de 400ha, situé à environ 300m d'altitude et creusé par les ruisseaux, qui domine la ville au nord. La vigne a été abandonnée dans les années 1950 en même temps que les usines, mais les anciennes capitelles et les masets reprennent aujourd'hui vie. On les reconstruit, on les habite même, à l'année ou le temps des vacances. C'est qu'il souffle encore sur le causse ce vent de liberté qui attirait jadis les travailleurs une fois leur besogne accomplie. Tramontane et marin emportent toujours les effluves de la garrigue, s'y engouffrent entre les murets un peu renflés, aux teintes rouges et beiges, dans cet entrelacs de chemins noueux où l'on déniche encore des plantes sauvages (salades champêtres, asperges, câpres, mûres, azeroles, thym, bourrache…) et les vestiges d'anciennes cerisaies.

pauvre des derniers contreforts de la chaîne du Puy. *Route de Saint-Pons (à la sortie de Bédarieux, près de l'Intermarché) Tél. 04 67 95 00 74 Ouvert lun.-sam. 9h-12h30 et 15h-19h Également à La Pastorale dans la Maison du tourisme*

## ● Où déguster du vin bio en grignotant des tapas ?

**Chai Christine Cannac** Découvrir quelques vins de producteurs locaux, du Roussillon ou d'ailleurs, issus d'un raisin bio et d'une vinification naturelle, servis au verre ou à emporter ; s'asseoir au milieu des barriques, pour déguster un choix de tapas (charcuteries d'Hérépian, produits ibériques, fromages...) ou du cassoulet : voilà ce que propose Christine Cannac, qui a fait ses classes en tant que sommelière chez Gagnaire à Paris, Aux Feuillants à Céret, à L'Ambassade à Béziers... L'été, la salle déborde en terrasse sur le square. Tapas de 4 à 19€. *3, square Robert-Schumann Tél. 04 67 95 86 14 Ouvert mar.-sam. 10h30-16h et 18h-23h (plus tard en juil.-août) Fermé mar. midi et mer. midi de mi-juin à fin août*

## ● Où aller au spectacle ?

**La Tuilerie** La salle de spectacle de Bédarieux joue un rôle culturel actif dans la vallée ! Concerts de pointures nationales, humoristes, spectacles jeune public, orchestres symphoniques mais aussi des cycles de conférences. *Route de Clermont-l'Hérault Tél. 04 67 95 48 27 www.bedarieux.fr Programme disponible au service culturel de la mairie*

## ● S'initier à la botanique

**Sorties botaniques** En été, l'Association mycologique et botanique de Bédarieux organise, au départ de la gare de Bédarieux, des balades découverte dans la région. *Tél. 04 67 95 08 79 (Maison du tourisme)*

## ● Randonner à cheval sur les causses

**Association hippique du Caroux** Idéal pour partir en randonnée sur les causses et dans les parages. Initiation ou promenades 35€/2h. En juil.-août, sorties nocturnes 75€ sur demande. *Chemin de Clairac Tél. 04 67 23 94 38 ou 06 17 96 75 83 http://associationhippiqueducaroux.unblog.fr Ouvert mi-déc.-mi-nov. Sur rdv*

## ☆☺ Randonner à pied sur les causses

Un itinéraire pédestre vous entraînera sur le causse de Villemagne et celui de Bédarieux, ces plateaux calcaires couverts de garrigue. Il faut ici cheminer le long de ces hauts murets en pierres sèches, cueillir les mûres des buissons secs, se baigner dans la Mare, rivière qu'enjambe le pont du Diable (XVIIIe s.)... Le circuit vous mènera aussi au bourg-abbatial de Villemagne-l'Argentière, nom donné en référence aux mines de plomb argentifère alentour qui assurèrent, au Moyen Âge, la prospérité de l'abbaye. Au loin, les cimes bleutées des Cévennes et à portée de main, des champs minuscules où il semble que "la pierre a poussé". Descriptif à l'office de tourisme. ***Départ*** *Office de tourisme de Bédarieux* ***Durée*** *4h* ***Parcours*** *Boucle de 10,5km* ***Balisage*** *Bleu* ***Difficulté*** *Difficile*

# Les environs de Bédarieux

## Au nord

☆☺ **Boussagues** Ce bourg castral, dominé des siècles durant par la famille des seigneurs de Déodat, est né de l'exploitation des mines d'argent. Une fois entré dans le village médiéval, vous serez entraîné, le long des ruelles aux maisons de pierre, autour du Castellas ou château haut (XII^e^ s.), du château bas (XIII^e^ et XVII^e^ s.), jusqu'aux vestiges des remparts. On remarquera l'église Sainte-Marie et son clocher roman, la maison du Bailli aux fenêtres Renaissance qui, dit-on, aurait appartenu à Toulouse-Lautrec, et sa tourelle d'escalier. *Boussagues **La Tour-sur-Orb** (8km au nord de Bédarieux)*

**Saint-Gervais-sur-Mare** On entre ici dans les Cévennes, et cela se sent ! La rivière, le Casselouvres, qui traverse le village, l'altitude – 350m – et la situation de Saint-Gervais sur le couloir d'une vallée à demi enfermée entre les flancs de l'Espinouse favorisent l'humidité, donnant ainsi une sensation de froid l'hiver, mais se transformant en agréable fraîcheur l'été. La physionomie de ce petit village ne rappelle en rien celle de ses confrères de l'amphithéâtre biterrois : ruelles en escaliers, passages couverts et moussus, maisons aux fenêtres étroites. En son cœur, la Maison cévenole fait office de point informations touristiques et propose des randonnées et des stages (vannerie et pierres sèches) ainsi qu'une visite guidée du village (2€). Elle abrite également une boutique de produits locaux et un musée des Arts et Traditions populaires qui retrace bien la réalité de ces contrées, par petites touches, en abordant entre autres les vieux métiers ou le travail de la châtaigne, activités économiques locales d'importance. On remarquera aussi l'église Saint-Gervais-et-Saint-Protais, fortifiée au XIV^e^ siècle, ou encore le domaine de la Pièce. *17km au nord-ouest de Bédarieux* **Maison cévenole** *12, rue du Pont Tél. 04 67 23 68 88 www.lamaisoncevenole.over-blog.com Ouvert juil.-août : tlj. 10h30-12h30 et 15h-19h ; mai-juin, sept.-oct. : tlj. 14h-18h ; nov.-avr. : lun.-ven. 14h-18h*

**Avène** Austère au premier abord, cette station thermale se révèle pourtant sauvage et belle, posée au cœur de montagnes noires de hêtres et de sapins. On peut venir y passer quelques jours, goûter au calme et à la fraîcheur, et se baigner dans le lac d'Avène, plus haut, ou encore à Ceilhes, un peu plus au nord et plus facile d'accès. Sorties botaniques organisées par des spécialistes hors pair. *25km au nord de Bédarieux **Sorties botaniques** Tél. 04 67 23 43 38 (office de tourisme) www.avene-orb-gravezon.com Ouvert toute l'année*

## Au sud

**Hérépian** Ce village est connu pour sa fonderie de cloches. Depuis 1930, le bronze en fusion est coulé dans les formes de cloches, sonnailles, clous et autres objets de métallurgie. Les troupeaux et les églises des environs se fournissent encore ici. La cave coopérative des côteaux de Capimont mérite le détour pour une dégustation des vins locaux. *5km au sud-ouest de Bédarieux* **Cellier de Capimont** *Tél. 04 67 95 03 53 Ouvert lun.-sam. 9h-12h et 14h-19h*

**Lamalou-les-Bains** Le temps semble s'être figé dans cette petite ville de cure où André Gide, Alexandre Dumas et Alphonse Daudet ont séjourné. Elle a conservé son architecture du XIXe siècle typique des stations thermales : de grandes bâtisses aux couleurs pastel délavées, un casino et des promenades arborées. L'exploitation de ses sources remonte au XVIIIe siècle, lorsque l'on découvrit les pouvoirs sédatifs de ces eaux. Après les cures, les thermes ont toujours accordé une grande place à la détente… La preuve, depuis 130 ans, le festival d'opérette divertit les curistes mais aussi les amateurs venus des quatre coins de France pour un rendez-vous unique en son genre. *9,5km au sud-ouest de Bédarieux* **Théâtre** *Pl. du Casino Tél. 04 67 95 67 35 www.festivaldelamalou.com*

**Faugères** Cet ancien fief protestant entouré de remparts vit au rythme de son cru éponyme. Les venelles désertes et tortueuses où flâner au gré des petits passages voûtés vous mèneront au chemin des moulins à vent (XVIe s.), pour une promenade d'environ 1h AR (2€, réduit 1€). En récompense pour cet effort, faites un tour chez un des cavistes de l'appellation. *9km au sud de Bédarieux Se garer à proximité de la salle Bacchus, monter, le sentier est indiqué* **Syndicat d'initiative** *4, rue de la Poste Tél. 04 67 98 54 73 Ouvert mar.-sam. 14h-18h Accueil aux moulins Juin-sept. : mar.-dim. 10h-13h et 15h-18h*

## ● Où trouver de la charcuterie de Lacaune ?

**Charcuterie Aninat** Une des spécialités de Lacaune, le saucisson de foie, se déguste frais, poêlé, ou séché comme du saucisson sec. On se laissera tenter aussi par le jambon de montagne – coupé pas trop fin s'il vous plaît –, le pâté de campagne bien poivré et les bougnettes du pays, le tout fait maison… *13, av. Marcellin-Albert* ***Hérépian*** *Tél. 04 67 95 14 95 http://cabrie.free.fr Ouvert juil.-août : lun.-sam. 8h-12h30 et 15h-19h30, dim. 8h-13h ; sept.-juin : mar.-sam. 8h-12h30 et 15h-19h30, dim. 8h-13h Également sur le marché paysan de Béziers le sam. matin, pl. de la Madeleine et à la Citadelle, le mer. soir*

## ● Où déguster du faugères ?

**La Vigneronne** Avant d'être les charmants propriétaires d'une maison et table d'hôtes à se damner, cf. La Vigneronne (p.442), Christian et Régine Godefroid sont producteurs de vin et commercialisent celui de leurs confrères de Faugères. Une belle palette, des conseils avisés : vous saurez tout sur l'élixir, la terre, les bons produits des fermes alentour… *1207, route de Pézenas* ***Faugères*** *Tél. 04 67 95 78 49 www.lavigneronne.com Ouvert mi-avr.-mi-oct. : tlj. 10h-19h Hors saison : téléphoner avant de s'y rendre*

# CARNET D'ADRESSES

## Restauration, hébergement

### petits prix

**Chambre d'hôtes Les Vignals** La maison, en contrebas de la petite route, offre une vue sur toute la vallée verdoyante. Des chambres indépendantes, une chaleureuse salle commune où l'on découvre quelques réalisations d'élèves de l'école de tournage sur bois voisine, et des confitures maison à foison ! Et puis il y a une piscine, des ânes... idéal pour rayonner dans la région quelques jours, épaulés par ce charmant couple de Belges au dynamisme communicatif. Double 59€, petit déj. inclus. Table d'hôtes sur demande 18€. *M. et Mme Leblond* ***Pézènes-les-Mines*** *(16km à l'est de Bédarieux) Tél. 04 67 95 12 42 www.bonadresse.com/languedoc-roussillon/pezenes.htm*

### prix moyens

**Hôtel Belleville** Une gestion familiale à l'ancienne pour cet hôtel avec brasserie traditionnelle en rdc, aux murs tapissés de miroirs et aux fauteuils confortables. Les chambres sont impeccables. Double 54-74€ avec sdb, petit déj. 8€. *1, av. Charcot* ***Lamalou-les-Bains*** *(9,5km à l'ouest de Bédarieux) Tél. 04 67 95 57 00 www.hotel-lamalou.com*

### prix élevés

☺ **Ocre Rouge** Foie gras maison, joues de porc fondantes au vin, ou de petites fantaisies comme du chutney pour relever un plat du jour, une envie de lentilles de Carlencas sur un autre... Le chef donne de l'âme à sa cuisine tandis que son épouse anime la salle aux tons chauds, dont le mobilier en fer forgé s'agence sous les voûtes de cette belle bâtisse installée au cœur du village. Une judicieuse sélection de vins de la région. Menus 19€ (à midi) et de 26 à 50€. Également 5 chambres d'hôtes (2 à 4 pers.) de 62 à 87€ la double. Agréable terrasse pour prendre le petit déjeuner à la belle saison. *12, pl. de la Croix* ***Hérépian*** *(5km au sud-ouest de Bédarieux) Tél. 04 67 95 06 93 www.locrerouge.fr Ouvert haute saison : mar.-sam. 12h-13h30 et 19h30-21h30, dim. 12h-13h30 ; basse saison : mar.-mer. 19h30-21h30, jeu.-sam. 12h-13h30 et 19h30-21h30, dim. 12h-13h30*

☺ **La Vigneronne** Une grande bâtisse restaurée avec élégance, dotée d'une magnifique piscine et d'un jardin accueillant. Dans la belle salle du rdc, la patronne tient la table d'hôtes avec talent et propose une dégustation de ses vins et de ceux des domaines voisins. Au matin, on vous servira la meilleure confiture de figues qui soit. Chambre double de 79 à 111€, petit déjeuner inclus, repas 35€ avec sélec-

| GAMME DE PRIX | RESTAURATION | HÉBERGEMENT |
|---|---|---|
| Très petits prix | moins de 10€ | moins de 40€ |
| Petits prix | de 10 à 15€ | de 40 à 60€ |
| Prix moyens | de 15 à 25€ | de 60 à 80€ |
| Prix élevés | de 25 à 45€ | de 80 à 120€ |
| Prix très élevés | plus de 45€ | plus de 120€ |

tion de 4 vins. En été, séjour de 3 jours consécutifs minimum. *Christian Godefroid 1207, route de Pézenas* ***Faugères*** *(9km au sud de Bédarieux) Tél. 04 67 95 78 49 ou 06 11 57 12 22 www.lavigneronne.com Ouvert avr.-mi-nov.*

## prix très élevés

**Auberge de Combes** Une salle vitrée qui domine toute la vallée, contemporaine, chaleureuse et confortable. La spécialité du chef : le foie gras cuit sur la braise de sarments… mais aussi une terrine de sanglier aux marrons d'Olargues, un panini de foie gras, cèpes et mozzarella, du gibier, des produits du terroir en accompagnement, comme les fameux pois chiches. Service agréable, belle terrasse… et un dessert "tout marrons" en saison. Menus de 30 à 75€. *Le village* **Combes** *(16km à l'ouest de Bédarieux) Tél. 04 67 95 66 55 www.aubergedecombes.com Ouvert haute saison : mar.-sam. 12h-13h45 et 19h30-21h15, dim. 12h-13h45 ; basse saison : mer.-sam. 12h-13h45 et 19h30-21h15, dim. 12h-13h45 Fermé jan.*

**Le Couvent** Un établissement hors du commun. Le secteur manquait cruellement d'hébergement de luxe ; ce n'est plus le cas grâce à cet ancien couvent restauré et aménagé en résidence hôtelière très haut de gamme. Des chambres ou suites avec coin cuisine, terrasse pour certaines, large sdb, le tout dans les tons gris souris, mauves, avec de belles pierres et des matières naturelles. Cave à vins, table d'hôtes chaleureuse pour le petit déjeuner ou le dîner, espace bien-être, jardin… et une piscine. Quatorze chambres (dont 7 suites) de 129 à 299€ selon le confort et la saison. Petit déj. 16€. *2, rue du Couvent* ***Hérépian*** *(5km au sud-ouest de Bédarieux) Tél. 04 67 23 36 30 www.couventherepian.com Ouvert toute l'année 9h-22h*

# TOURISME BIO DANS LE LANGUEDOC

La diversité des terroirs se retrouve dans la nature des productions agricoles : raisin sur les coteaux et dans les plaines ; miels, fromages, châtaignes sur les hauteurs. Nombre de cultivateurs se sont tournés vers l'agriculture biologique. On s'en réjouit ! Le voyageur qui privilégie le naturel aura d'agréables surprises et appréciera le fruit de leurs efforts. Il pourra vagabonder, passant d'un lieu à l'autre, au gré de ses inspirations et de son désir de découvertes…

PAR BRUNO MOYSOULIER

# TERROIRS FRAGILES, PAYSANS PASSIONNÉS

Le Languedoc est façonné par la rencontre d'habitants de longue date et de nouveaux venus. Néoruraux et jeunes cultivateurs talentueux accompagnent aujourd'hui les pionniers du bio. Ils défendent la cause d'une agriculture sans artifices, bonne pour la nature et pour les hommes. C'est à la rencontre de ces producteurs que nous vous convions.

**12 273**
**ruches bio dans le Languedoc-Roussillon, soit le deuxième parc de France**

## Terroirs et climats

Le Languedoc est une région qui jouit d'un climat typiquement méditerranéen, très ensoleillé et relativement aride. Ce qui évite en partie, pour l'agriculture, les problèmes liés à l'humidité tels que les moisissures. Toutefois, au nord, les hauts plateaux de la Margeride, de l'Aubrac et des Causses connaissent des hivers froids et sont plus arrosés. D'une manière générale, la Lozère, plus humide que le reste de la région, est parcourue de nombreux cours d'eau : le Lot et l'Allier y prennent leur source, de même que, dans sa partie cévenole, le Tarn. La géologie régionale est extrêmement variée : schistes, calcaires, argiles, granites… d'où une grande diversité de terroirs, et de productions agricoles. En bio, la viticulture domine dans l'Hérault et le sud du Gard. Dans les Cévennes, on trouve majoritairement une production de châtaignes, de miels et de fromages. Sur les plateaux des Causses, de l'Aubrac et de la Margeride, les producteurs bio sont moins nombreux et pratiquent presque exclusivement de l'élevage.

Gard **28%** — Hérault **41%**

**Augmentation de la Surface agricole utile bio**
**Entre 2010 et 2011**

# Le renouveau de la viticulture

C'est à partir du XIXe siècle que le vignoble languedocien se développe réellement. Au milieu du XXe siècle, la vigne y est parfois plus chère que dans le Bordelais. Dans une volonté de produire en grande quantité, la région plante alors beaucoup trop et, au prix d'une forte utilisation d'intrants chimiques, pousse les rendements jusqu'à 120 hectolitres par hectare. Le vin de table obtenu dans les caves coopératives est médiocre, et vaut à la production régionale une image de mauvaise qualité dont elle a encore du mal à se défaire. C'est dans les années 1980 qu'a véritablement lieu le virage qualitatif. Outre la reconnaissance des AOC régionales – coteaux-du-languedoc, faugères, saint-chinian, costières-de-nîmes… –, le travail des vignerons indépendants va vraiment changer la donne.

Parmi eux, quelques pionniers décident de valoriser les cépages et les terroirs locaux, dont pesticides, herbicides, engrais chimiques, ajouts exogènes et autres levures de synthèse avaient fait oublier les grandes qualités. Ils passent alors pour un peu fous, dans une région où une vigne est considérée comme propre lorsque le moindre brin d'herbe a été éradiqué chimiquement. Mais les critiques élogieuses ne tardent pas à pleuvoir et les œnologues redécouvrent les magnifiques potentiels du Languedoc. Depuis, la région connaît une vague de conversion à l'agriculture biologique et à la biodynamie. Elle est portée par une génération de vignerons et de vigneronnes passionnés, qui y trouvent des vignes financièrement accessibles, et peuvent laisser libre cours à leur imagination et à leur talent. Les producteurs de vins bio ont-ils, plus que d'autres, la fibre poétique ?

**3,6%**
**Part du bio dans la Surface agricole utile en France**

**9,2%**
**Part du bio dans la Surface agricole utile dans l'Hérault fin 2011**

**Le Languedoc-Roussillon est n°2 de la France Bio avec…**

**9,3%**
**de Surface agricole utile bio***

**2 532**
**exploitations bio (fin 2011)**

## Dynamique de conversion

**+ 15%** C'est l'augmentation du nombre d'exploitations bio ou en conversion entre 2010 et 2011.

**+ 31%** C'est l'augmentation des surfaces cultivées en bio entre 2010 et 2011.

**87 622ha** étaient en bio ou en conversion dans le Languedoc-Roussillon fin 2011.

**Source des chiffres** : Agence Bio
*en bio ou en conversion fin 2011

**15%**
**Augmentation du nombre d'exploitations bio dans le Languedoc-Roussillon entre 2010 et 2011**

**N°1 dans le vin bio (fin 2011) avec...**

**19 907**
**hectares bio***

**1 199**
**exploitations viticoles bio**

Ci-contre : paysage viticole dans l'Hérault.

On pourrait le croire au vu des dénominations de leurs cuvées : Fleuve Amour (sur le), Embruns rouges, Nuit d'Encre… Cela reflète sans doute la part de rêve et de passion de la nature qui habite ces vignerons. Dionysos s'en réjouirait, lui qui était à la fois le dieu du vin, de la nature, des mystères, et de la poésie.

## Des producteurs de tous horizons

C'est dans les années 1970 que l'on a vu arriver les premiers néoruraux en provenance des métropoles régionales, du reste de la France et même souvent de l'étranger. Certains sont arrivés à cette époque du "retour à la terre", d'autres plus récemment. Partant souvent de rien, ils ont dû travailler dur, ce qui leur a valu d'être acceptés par une population traditionnellement accueillante. Ceux qui se sont installés durablement proposent maintenant des produits du terroir de grande qualité, aux saveurs non dénaturées. On trouve ainsi dans la région des femmes et des hommes venus d'horizons très variés : il y a autant de parcours de vie que de personnalités.

## Qu'entend-on par agriculture biologique ?

Respectueuse des équilibres écologiques, l'agriculture biologique interdit l'utilisation de produits chimiques de synthèse et de beaucoup d'autres substances (antibiotiques, hormones…), et elle proscrit les OGM. Obtenir la certification bio pour un produit oblige à respecter une réglementation précise et très détaillée dans beaucoup de domaines : modes de production et de transformation, pratiques d'élevage, liste positive de produits utilisables, règles d'importation, de contrôle. Du champ à l'assiette, tous les aspects sont abordés. Cette réglementation est identique pour toute l'Union européenne, les labels AB (français) et la feuille étoilée (UE) indiquent le respect du même cahier des charges (cf. logos p.482). Ainsi, un producteur ne pourra pas obtenir une certification bio pour son foie gras, même s'il n'utilise aucun antibiotique et que ses canards sont nourris au maïs bio, car le gavage est interdit en bio. En France, l'organisme public en charge du développement et de la promotion de l'agriculture biologique est l'Agence Bio. La FNAB (Fédération nationale de l'agriculture biologique) regroupe les organisations régionales d'agriculteurs bio.

## Montpellier et ses environs

# AU PAYS DE LA GARRIGUE

La splendide frontière naturelle des gorges de l'Hérault sépare les garrigues du pic Saint-Loup des contreforts du Larzac et, plus à l'ouest, des montagnes du Haut-Languedoc. Dans ces régions arides, chênes kermès et autres arbustes méditerranéens n'ont laissé de place qu'aux vignes.

## les meilleurs magasins bio

**Le Chêne Vert** *ZAC Trifontaine 5, rue des Genêts 34980* ***Saint-Clément-de-Rivière*** *(banlieue nord de Montpellier) Tél. 04 99 61 42 30 Ouvert lun.-sam. 9h30-19h30*

**Biocoop Le Crès** *10, route de Nîmes 34920* ***Le Crès*** *(banlieue nord-est de Montpellier) Tél. 04 67 87 05 88 www.ailedupapillon.fr www.biocoop.fr Ouvert lun.-sam. 9h30-19h30*

**Rayons Verts** *15, passage de l'Horloge 34000* ***Montpellier*** *Tél. 04 67 64 46 11 Ouvert lun.-sam. 9h30-19h30*

**La Vie Saine** *31, rue Caizergues de Pradines 34000* ***Montpellier*** *Tél. 04 67 58 71 54 www.laviesaine.fr Ouvert lun.-sam. 9h-19h*

**Satoriz** *ZAC du Fenouillet 34470* ***Pérols*** *(proche aéroport de Montpellier) Tél. 04 99 53 00 19 http://satoriz-montpellier.com Ouvert lun.-sam. 9h-19h30*

# Prendre la route

Quittez Montpellier par la D17, au nord, qui vous emmène vers les jolis villages et vignobles bio de la région du pic Saint-Loup. Dirigez-vous ensuite vers Saint-Martin-de-Londres, à l'ouest, par la D1 puis la D122 qui serpentent au pied du pic. Continuez sur la D122, puis la D4 vers le sud, pour rejoindre et longer les gorges de l'Hérault. Après une pause à Saint-Guilhem-le-Désert, prenez la D141 à l'ouest vers Montpeyroux et plongez au cœur du pays des vins bio des Terrasses du Larzac. Vous pouvez ensuite poursuivre au nord, à la rencontre des éleveurs du Haut-Languedoc ou de l'Aveyron.

# Déguster et acheter des vins bio à la cave

☺ **Mas Foulaquier** Ce domaine commence à faire parler de lui. Blandine Chauchat et Pierre Jéquier exploitent 13ha (dont une petite partie est consacrée aux oliviers) sur le terroir du pic Saint-Loup et produisent en biodynamie 8 cuvées rouges, un rosé et un blanc. Caractéristiques du domaine, L'Orphée et le Rollier (syrah/grenache) sont des vins gourmands et élégants, au beau potentiel de vieillissement. À découvrir : les Tonillières (syrah/carignan, notes de fruits rouges et de réglisse), Gran T (grenache/carignan, notes florales et de fruits rouges), l'original Petit Duc (100% grenache, une curiosité dans la région). Sans oublier les cuvées à boire l'été : Violetta (70% syrah) et le Rosé. Attention, encensées par la critique spécialisée, toutes ces cuvées, victimes de leur succès, disparaissent rapidement ! Vins de 10 à 25€. Un gîte (8 pers.) de 800 à 1200€/sem. *Route des Embruscalles 34270* ***Claret*** *(33km au nord de Montpellier) Tél. 04 67 59 96 94 www.masfoulaquier.com Vente au caveau (dans l'ancien four à pain) juin-sept. : lun.-sam. 10h-19h ; hors saison : sur rdv*

**Domaine de la Prose** Aux portes de Montpellier, Bertrand de Mortillet a repris ce beau domaine familial, et en 2003, il a converti les vignes en bio. Le vin est élevé entre 10 et 18 mois en barriques et fûts de chêne. La Grande Cuvée (rouge), emblématique du domaine, dégage des arômes de fruits noirs et de garrigue, avec beaucoup de fraîcheur. On a beaucoup aimé aussi Embruns Blanc aux arômes subtils de fruits jaunes, poires et pain grillé, ainsi que le très parfumé Rosé. Ne pas passer également à côté des autres cuvées : Embruns rouge, Cadières (en rouge et en blanc)... Vins de 7 à 22€. *Route de Saint-Georges-d'Orques 34570* ***Pignan*** *(10km au sud-ouest de Montpellier) Tél. 04 67 03 08 30 Vente au caveau sur rdv*

**Château de Cazeneuve** Passionné de développement durable, André Leenhardt et son fils Quentin ont repris en 1987 puis restructuré un domaine viticole à l'abandon, sur le terroir du pic Saint-Loup. Le domaine couvre 45ha tout en bio et produit 6 rouges, 2 blancs et 1 rosé. Des vins réputés (servis chez Bras, Veyrat, Bocuse, Ducasse…) auxquels le terroir, le climat et le travail de vinification confèrent fraîcheur, élégance et finesse. Face au caveau se dresse l'excellente Auberge du Cèdre (vins bio, restauration non bio mais favorisant les produits locaux). Vins de 8 à 34€. 34270 ***Lauret*** *(30km au nord de Montpellier) Tél. 04 67 59 07 49 www.cazeneuve.net Vente au caveau sam. sans rdv et lun.-ven. sur rdv*

**Domaine de Roquemale** Issus de familles vigneronnes, Valérie Tabaries et Dominique Ibanez ont créé ce domaine de 10ha en 2001 et ont entamé la démarche de conversion en bio en 2008 (vigne et oliveraie), pour officialiser une pratique déjà respectueuse de l'environnement. Ils ont emménagé en 2006 dans une nouvelle cave-caveau rénovée, au cœur du village. Sept cuvées de vin (rouges, blanc, rosé) parfumées et très équilibrées, et de l'huile. Vins de 6,20 à 18,50€. *25, route de Clermont 34560* ***Villeveyrac*** *(17km à l'est de Pézenas) Tél. 04 67 78 24 10 ou 06 85 93 51 64 / 06 10 89 59 11 www.roquemale.com Vente de vins et huile d'olive au caveau sur rdv*

**Domaine de Malavieille** Sur le terroir de Mérifons, les roches basaltiques affleurent, ce qui donne une teinte rouge au paysage et un caractère très singulier aux vins. Mireille Bertrand gère le domaine de 55ha. Passée au bio en 2000, elle a aussi adopté les principes de la biodynamie. Le

**bonne nuit**

Il est possible de dormir au domaine de Roquemale. Une chambre d'hôtes vous y attend. 60€/nuit, avec une bouteille offerte.

Les gorges de l'Hérault, au nord-ouest de Montpellier.

La culture bio remet à l'honneur des variétés de tomates oubliées.

## les marchés

**Avec des producteurs bio :**
**Mardi** Montpellier (Arceaux), Lodève (été).
**Mercredi** Avène (été), Clermont-l'Hérault, Frontignan (1er et 3e du mois).
**Jeudi** Sète (corniche), Octon (été), Mèze.
**Vendredi** Ganges.
**Samedi** Montpellier (Arceaux, partiellement bio), Gignac, Lodève, Grabels.
**Dimanche** Montpellier (Antigone), Lattes, Mauguio, Mèze.

## bonne nuit

Pour passer encore plus de temps dans le beau village de Montpeyroux, on peut louer un des deux gîtes que Sylvain Fadat a créés au-dessus de son caveau (Domaine d'Aupilhac), à côté de la petite place centrale (et de son excellent bar à vins).

domaine propose entre 8 et 10 cuvées (rouges, blancs, rosé) à partir de 8 cépages blancs et 9 cépages rouges. Les blancs et les rouges sont fermentés et élevés en partie en fûts de chêne. Vins de 5,60 à 13€. *34800* ***Mérifons*** *(14km à l'ouest de Clermont-l'Hérault) Tél. 04 67 96 34 67 ou 04 67 96 06 58 www.domainemalavieille.com*

**Domaine Virgile Joly** Un domaine dont les prix des vins sont assez élevés (de 7,20 à 29,60€), mais justifiés. Virgile Joly a créé ce domaine de 15ha en 2000 et a converti les vignes en bio, avec une orientation vers la biodynamie. À partir de grenache, syrah, carignan et cinsault, il produit sous l'appelation saint-saturnin, 3 cuvées rouges et 3 blancs haut de gamme, tout en finesse et élégance. *22, rue du portail 34725* ***Saint-Saturnin-de-Lucian*** *(10km au nord de Clermont-l'Hérault) Tél. 04 67 44 52 21 www.domainevirgilejoly.com Vente au caveau lun.-ven. 9h-12h et 14h-18h et 1er et 3e sam. du mois 14h-18h*

**Domaine d'Aupilhac** La vue est splendide des Cocalières, coteaux d'altitude que Sylvain Fadat a repris, après deux siècles d'abandon, afin de diversifier les terroirs de son domaine. Issu d'une famille de cinq générations de vignerons, il produit depuis 1989, sur l'aire d'appellation des Terrasses du Larzac, des cuvées (6 rouges, 2 blancs, 1 rosé) aux personnalités très marquées. Prévoyez du temps pour la dégustation et n'oubliez pas non plus de goûter l'huile d'olive de Sylvain ! Vins de 7 à 38€. Gîtes. *28, rue du Plô 34150* ***Montpeyroux*** *(11km au nord-est de Clermont-l'Hérault) Tél. 04 67 96 61 19 www.aupilhac.com Vente au caveau sur rdv*

# Acheter des produits du terroir bio à la ferme

**Ferme Regain** La chèvre du Rove, aux belles cornes torsadées, produit relativement peu de lait, mais sa richesse permet d'obtenir des fromages très parfumés élaborés dans la tradition pastorale. Michel et Sandra Carrié élèvent un troupeau de 200 de ces chèvres. Ils produisent du chèvre fermier frais crémeux bien sûr, mais aussi demi-sec et sec et la délicieuse brousse de Rove (à savourer avec de la crème de marrons, du miel de lavande ou quelques gouttes d'huile d'olive). *Le Frouzet 34380* ***Saint-Martin-de-Londres*** *(23km au nord-ouest de Montpellier) Tél. 04 67 55 05 41 carrie.michel@wanadoo.fr Ouvert Pâques-fin oct : jeu.-dim. 11h-13h et 16h-19h*

**La Ferme des saveurs** Les fromages de chèvre de Nelly et Christophe Brodu figurent parmi les meilleurs de l'Hérault. Il faut aussi goûter leurs fameux yaourts de chèvre (nature ou avec du miel d'acacia) : surprenant au début, mais on en devient vite amateur. À la ferme, une petite boutique vend leurs fromages et les produits d'autres exploitations locales bio. Une adresse qu'on aime beaucoup ! *Mas Saint- Farriol, route de Loupian 34560* ***Villeveyrac*** *(17km à l'est de Pézenas) Tél. 04 67 78 92 71 ou 06 75 69 24 32 lafermedessaveurs@orange.fr Vente à la ferme lun.-ven. 15h-20h Traite tlj. à 17h30*

**Ferme La Barraque** À Ceilhes, on est presque dans l'Aveyron. C'est dans cette belle campagne que Jean-Luc et Dominique Malicorne vous reçoivent, dans leur ferme, pour vous faire déguster leurs produits : pélardons, pérails, tommes de montagne, et bien d'autres fromages de chèvre ou de brebis, miel. Vous pouvez rester plus longtemps au domaine, dans une de leurs chambres d'hôtes et/ou vous régaler de leur cuisine (chevreau et légumes de la ferme, lapin grillé...), et en terrasse par beau temps. Chambre : 50€. Repas : 20€ (avec ou sans hébergement). *La Barraque 34260* ***Ceilhes*** *(24km à l'ouest de Lodève) Tél. 04 67 23 42 96 www.fermelabarraque.com Vente à la ferme tlj. 8h-18h*

**Jardin de Bentenac** Bentenac est un lieu d'accueil et de réinsertion pour des jeunes en difficulté. Il propose des

## Engagés

**Une commune sans OGM** Jean-Noël Malan, éleveur de brebis bio et maire d'Olmet-et-Villecun, proche de Lodève, a déclaré son village "commune sans OGM". Défenseur des produits du terroir de qualité, il a initié la création de la boutique paysanne "À travers Champs" à Lodève. Il milite également pour la réappropriation des terres en friche du Lodévois par des paysans bio et projette la création d'un éco-hameau dans sa commune. *34700* ***Olmet-et-Villecun*** *Tél. 04 67 44 19 92. Ouvert mer. et ven. 8h-12h*

## les meilleurs magasins bio

**Bio et Sens** (2 magasins) *12, rue Louis Breguet, parc Clément Ader 34830* ***Jacou*** *(banlieue nord de Montpellier) Tél. 04 67 66 19 78 et centre comm. Les Portes du Soleil 34990* ***Juvignac*** *(banlieue nord-ouest de Montpellier) Tél. 04 67 72 07 13 www.bioetsens.net Ouvert lun.-sam. 9h30-19h30*

**Biocoop de l'étang de Thau** *Avenue de la Barrière 34540* ***Balaruc-le-Vieux*** *(6km au nord de Sète) Tél. 04 67 53 92 06 www.biocoop.fr Ouvert lun. 15h-19h, mar.-ven. 9h-12h30 et 15h-19h30, sam. 9h-19h*

## boutique de producteur

**La Boutique Paysans Producteurs** est située à côté du magasin Biomonde. Ce magasin de producteurs propose beaucoup de produits bio, dont de délicieux fromages régionaux (souvent rares dans les magasins bio). Un arrêt immanquable sur la route du lac de Salagou. *Place Marcel-Gontier 34800* ***Clermont-l'Hérault*** *Tél. 04 67 44 61 43 Ouvert lun.-sam. 9h30-13h et 15h-19h*

ateliers d'artisanat et une activité de maraîchage bio sur 5ha. Les légumes sont vendus à la ferme du mardi au vendredi, de 10h à 12h. Un bon moyen d'encourager cette organisation en se faisant plaisir. *Association ETAP, route des Cabanes 34130* ***Mauguio*** *(12km à l'est de Montpellier) Tél. 04 67 29 52 45 ou 06 82 10 53 06 www.bentenac.fr*

**Le Jardin d'Olivier** À deux pas de Montpellier, Magali Horteur et Noël Cartier produisent tomates, salades, pommes de terre, haricots, poireaux, courges, carottes, navets et des légumes méditerranéens, ainsi que des pêches, des pommes et des poires. *Allée du Bois 147, rue de Madrid 34130* ***Mauguio*** *(12km à l'est de Montpellier) Tél. 04 67 29 71 85 ou 06 99 06 19 52 Ouvert lun.-sam. 17h30-20h30 et dim. 10h-13h*

**Les Fruits de la Mourre** Une très bonne adresse sur la route entre Mauguio et Lattes. Chez Claude et Denis Menoury, on trouve des fruits méditerranéens (melons, pastèques...), des légumes de saison et des plantes aromatiques. *Chemin du Mas des Pères, 34130* ***Mauguio*** *(12km à l'est de Montpellier) Tél. 04 67 29 67 18 ou 06 63 24 62 16 Ouvert mer. et ven. 10h-12h et 16h-18h, sam. 9h30-12h30 Vente sur le marché de Mauguio*

**Isabelle Jourdan** Isabelle propose plus de 30 variétés de légumes (selon les saisons) et les œufs de ses poules. *Chemin des Vignes 34270* ***Le Triadou*** *(17km au nord de Montpellier) Tél. 04 67 54 53 30 ou 06 82 89 04 51 Ouvert mer. et sam. 9h-12h*

**Domaine Mas Renée** Guilhem Aigouy vend dans sa petite boutique ses raisins et ses vins (Muscat de Mireval), ainsi que ses légumes en été. *3, chemin des Cabanis 34110* ***Vic-la-Gardiole*** *(à mi-chemin entre Montpellier et Sète) Tél. 06 13 62 06 32 Vente au village à la cave à vin du domaine Mas*

## Engagés

**Domaine Terre du Pic** Pour cultiver son domaine familial (depuis quatre générations), Patrick Maurel ne fait pas de concessions. Il a repris les 5ha de vignes déjà converties en bio par son père pour les cultiver en biodynamie depuis 1991. Résultat, des vins de terroir (5 ou 6€ la bouteille) aux millésimes très marqués, des vins de soif que l'on retrouve sur la table de beaucoup de ses pairs, un signe qui ne trompe pas ! À noter que deux gîtes (6 pers.) sont à louer au domaine. *La Liquière 34380* ***Mas-de-Londres*** *(23km au nord-ouest de Montpellier) Tél. 04 67 55 06 57 www.terredupic.com Vente au caveau tlj. 17h-19h ou sam. matin au marché des Arceaux à Montpellier*

Artificiel, le lac du Salagou permet d'irriguer la région.

*Renée (bd des Aresquiers), oct.-juin : mer., ven.-sam. 9h-12h30, dim. 9h30-12h30 ; juil.-sept. : tlj. 9h-12h30 17h-19h30, dim. 9h30-12h30*

## Se restaurer de produits bio régionaux

**Le Symposia (plan 3, A1 n°13)** Au cœur de l'Écusson, dans une jolie ruelle piétonne, un petit restaurant avec quelques tables. Chez Henry Jean Masson, patron et chef du lieu, on se sent comme à la maison. Tous les légumes, l'épicerie et la crèmerie sont bio, ainsi que la majorité des vins. La cuisine, familiale, est simple mais savoureuse : poissons à la vapeur, brochettes de bœuf, légumes croquants... De 12 à 18€ au déjeuner, de 15 à 30€ le soir. *7, rue de Ratte 34000* ***Montpellier*** *Tél. 04 99 61 04 86 http://symposia.co Ouvert sept.-juil. : tlj. 11h-14h et 19h-23h ; août : lun.-sam. 19h-23h*

**Le Méridien (plan 1, B2 n°4)** Au bord du bassin Jacques Cœur, à Port-Marianne, ce restaurant sert une cuisine en partie bio, raffinée et souvent issue de produits régionaux choisis par le chef, Dimitri Crouzet. Ce dernier utilise aussi des ingrédients venus d'ailleurs pour concocter des recettes originales, telles les brochettes de crevettes au lait de coco ou la tarte au citron et gingembre confit. Formules déjeuner à 16€ ; le soir, menu à 30€. *Rue Elie-Wiesel Bassin Jacques-Cœur Port-Marianne 34000* ***Montpellier*** *Tél. 04 67 20 97 54 www.meridien34.fr Ouvert lun.-sam. 12h-14h et mer.-sam. 19h-22 h*

**Le Des Lys (plan 1, B2 n°1)** Ce petit restaurant bio est une des rares adresses agréables du quartier froid et impersonnel d'Antigone, à Montpellier. Les produits sont frais, la cuisine est familiale et savoureuse, et les prix très raisonnables. Plats du jour à 10,90€. *39, pl. du Millénaire 34000* **Montpellier** *Tél. 04 99 64 42 03 Ouvert lun.-ven. 12h-14h30 (et en été : sam. midi et le soir sur réservation)*

**La Part des Anges (plan 5, B1 n°11)** Quelques tables, un salon de thé (thés issus du commerce équitable) avec restauration légère 100% bio : rien de bien nouveau ? Et pourtant... À Sète, Sylvie Hammonais a créé un de ces petits endroits magiques, bien que sans prétention, une de ces terrasses où l'on a envie de traîner des heures et de revenir souvent. Pour la gentillesse de Sylvie d'abord, et pour sa délicieuse cuisine familiale, sans gluten, composée essentiellement de produits provenant de la pêche locale : plat du jour, tartes salées crudités... Pour le cadre aussi : au bord du, canal Royal, une des plus jolies vues de Sète. *1, quai*

## Venus d'ailleurs

☺ **Nid d'Oiseau (plan 3, B1 n°44)** Originaire de Boston, Donald Legere a joliment décoré, dans un style contemporain, un grand appartement au cœur de l'Écusson (le centre historique de Montpellier). Passionné d'art (de nombreuses toiles habillent les murs) et très actif au sein du Centre franco-américain de Montpellier, Donald est une mine d'informations sur la vie culturelle. Le copieux petit déjeuner est composé de produits majoritairement bio. Vous pouvez loger dans une chambre d'hôtes ou louer l'appartement entier (2 chambres). Chambre à partir de 100€. Appartement à partir de 130€. *13, rue de l'École-de-Pharmacie 34000* **Montpellier** *Tél. 06 77 69 64 70 www.nidoiseau.com*

Barques traditionnelles sur le grand canal de Sète.

*Léopold-Suquet 34200* **Sète** *Tél. 04 67 51 46 31 Ouvert tlj. midi et soir ; hors saison : lun.-sam. midi uniquement*

**Les Saveurs de l'Escale** Concept exceptionnel en milieu rural, voilà un restaurant-buffet à volonté 100% bio. Difficile d'imaginer qu'en entrant dans le petit village de Saint-André-de-Sangonis, presque désert à l'heure du déjeuner, on va trouver un restaurant plein ! Lorine Sevenier et son compagnon savent associer engagement (produits locaux, fournisseurs rémunérés au juste prix, aucune utilisation de produits transformés ni de fruits et légumes hors saison) et bonne cuisine. Le tout accompagné par de goûteux vins locaux. Buffet lun.-ven. à midi à 16€, mar.-jeu le soir et sam. midi à 19€, ven. soir, sam. soir et dim. midi à 24€. *16, av. de Lodève 34725* ***Saint-André-de-Sangonis*** *(11km à l'est de Clermont-l'Hérault) Tél. 04 67 60 94 26 www.lessaveursdelescale.fr*

## Se restaurer dans une cave à vin

☺ **Mesdames Messieurs (plan 3, B1 n°21)** Ce restaurant-bar à vins est l'une des meilleures caves de vins bio et naturels de Montpellier, assurément notre préférée ! Valérie Villeneuve a investi depuis septembre 2011 ce grand espace à la déco contemporaine, sobre mais chaleureuse. Carte des vins remarquable. La restauration n'est qu'en partie bio, mais c'est une cuisine du marché, qui met l'accent sur des petits producteurs locaux ou du sud de l'Europe. Des plats simples, composés de produits frais de grande qualité et parfaitement préparés : tout ce qu'on aime. Brunch/buffet très couru le dimanche. *5, rue de Girone 34000* **Montpellier** *Tél. 04 67 63 49 53 www.mesdamesmessieurs.com Ouvert sept.-avr. : mar.-sam. 19h-1h, dim. 11h-16h (brunch) et 19h-1h, mai-juin : mar.-sam. 19h-1h. Fermé juil.-août*

## Se restaurer dans un lieu exceptionnel

**Abbaye de Valmagne, ferme-auberge de Frère Nonenque** On s'attable dans un cadre somptueux, de préférence en terrasse, au milieu des vignes du domaine et des collines de pins et de chênes verts. Les plats, bien que sans prétention, sont de petites merveilles concoctées avec les produits du potager (bio) du domaine et des produits locaux. En parfaite harmonie avec les vins de l'abbaye (plusieurs cuvées de rouges, blancs et rosés). Menus de 17 à 30€, vins à emporter de 5 à 20€. *34560* ***Villeveyrac*** *(14km à l'est de Pézenas) Tél. 04 67 78 13 64 / 04 67 78 06 09 (Abbaye) www.valmagne.com Ouvert mi-juin-mi-sept. : mar.-dim. à midi, jeu.-sam. le soir ; hors saison : vac. de Noël, vac. de Pâques, dim. et j. fér. à midi*

### d'autres vins...

**Domaine Le Temps des Cerises** *2, rue des Bernouvrels Le Mas Blanc 34260* ***La-Tour-sur-Orb*** *Tél. 06 87 77 56 37*

**Domaine Coston** *3, route de Montpellier 34150* ***Puechabon*** *Tél. 04 67 57 48 96 ou 06 17 35 64 80 www.domainecoston.fr*

### boutique de producteur

**À travers champs** Cette petite boutique de producteurs regorge de délicieux produits régionaux, dont beaucoup sont bio : fromages et yaourts de brebis et de chèvre (région oblige), viande, volaille et charcuterie, œufs, miels et confitures, fruits et légumes, huile d'olive... Une très bonne adresse sur la route entre Millau et le littoral. *8, avenue Denfert 34700* ***Lodève*** *Tél. 04 67 88 58 54 Ouvert lun.-sam. 9h-13h et 15h30-19h*

### art cistercien

L'abbaye de Valmagne est un bel ensemble de bâtisses, l'un des mieux conservés de l'art cistercien (cf. GEORégion Montpellier et ses environs). Elle est entourée d'un grand domaine viticole biologique où se trouve la ferme-auberge de Frère Nonenque. *Tél. : 04 67 78 13 64*

### les meilleurs magasins bio

**Biomonde** *Place Marcel-Gontier 34800* ***Clermont-l'Hérault*** *Tél. 04 67 88 10 69 www.biomonde.fr Ouvert lun.-mar., jeu.-ven. 9h-12h30 et 15h30-19h, mer. et sam. 9h30-12h30*

**La Moisson** *ZA Les Tanes Basses rue Syrah 34800* ***Clermont-l'Hérault*** *Tél. 04 67 44 47 20 Ouvert lun. 15h-19h, mar.-sam. 9h30-12h30 et 15h-19h*

**Distribio** *30, rue Neuve des Marchés 34700* ***Lodève*** *Tél. 04 67 44 48 98 Ouvert mar.-ven. 9h-12h30 et 15h 30-19h, sam. 9h-13h et 15h30-19h*

Ci-contre : flamants roses en Petite Camargue.

*Rés. recommandée Visite de l'Abbaye et boutique, mi-juin-sept. : tlj. 10h-18h ; Pâques-mi-juin : lun.-ven. 14h-18h, sam.-dim. 10h-18h, et j. fér. ; oct.-Pâques : lun.-sam. 14h-18h, dim. 10h-18h*

## Séjourner chez les producteurs et/ou en chambre d'hôtes

Voir aussi nos encadrés Bonne nuit.

☺ **Clos Romain** On est accueilli très chaleureusement au Clos Romain par Romain Cabanes et Céline Beauquel, au cœur d'un vaste domaine de 350ha. Dans ce cadre superbe se mêlent vignes, oliveraies et nature sauvage. Leur maison et les gîtes coiffent une colline, avec vue panoramique sur la région. Un paradis pour les amoureux de paysages méditerranéens. Chaque écogîte (6 pers.), joliment rénové avec des matériaux écologiques, est autonome en énergie grâce aux panneaux photovoltaïques et à une éolienne. Gîtes : 110 à 210€/w.-e. ou 230 à 680€/sem. Au caveau, une petite boutique permet d'acheter, en plus des vins et de l'huile, des produits régionaux. *Route de Clermont 34800* ***Cabrières*** *(8km au sud-ouest de Clermont-l'Hérault) Tél. 06 28 06 40 23 www.closromain.fr*

☺ **Symbozen** Sandrine D'Halluin et Patrice Mathé ont créé un lieu d'accueil convivial dans une maison en vieilles pierres du XVII<sup>e</sup> siècle, tout en terrasses et jardin clos. Les hôtes vous font partager leur très bonne connaissance de la région et peuvent organiser à la demande des séjours à thèmes (randos, vins bio...). Chambre d'hôtes (copieux petit déjeuner bio) ou gîte, avec table d'hôtes à la demande. Chambre : 55 à 65€, gîte : 485€/sem. *2, impasse du Marin 34160* ***Saint-Bauzille-de-Montmel*** *(24km au nord de Montpellier) Tél. 04 99 63 00 90 ou 06 10 31 65 24 www.symbozen.com*

**Couette et Café Bio** Danie et Christian Perrenot, apiculteurs bio à Olmet, ont aménagé un appartement d'hôtes (360€/sem. ; 68€/nuit) à Lodève, non loin de la Lergue, la rivière qui traverse la ville. Les petits déjeuners sont composés de produits bio et locaux, dont les miels de Danie et Christian bien sûr ! *18 rue de Lergue 34700 Lodève.Tél. 06 86 57 94 63 http://couetteetcafebio.overblog.com*

Nîmes et ses environs

# AU FIL DU GARD ET DE LA CÈZE

Entre Provence et Cévennes, plaines et collines de pins et de chênes verts se succèdent des étangs de Camargue aux gorges de l'Ardèche. En bio, si la viticulture domine toujours, oliveraies et vergers de fruits méditerranéens se développent dans les vallées du Gard et de la Cèze.

# Prendre la route

Quittez Nîmes par le nord, la jolie D979 vous emmène vers Uzès, ses vignes et ses oliveraies bio. Poursuivez vers le nord, en empruntant les petites D5, D23 et D211, à la rencontre des producteurs et artisans bio de Saint-Quentin-la-Poterie, Vallabrix, et La Bastide-d'Engras. Toujours vers le nord, rejoignez le village médiéval de La Roque-sur-Cèze par la D6 puis la D166. Dirigez-vous alors vers la ville très bio de Barjac, en prenant la D980 vers l'ouest, ou en faisant un crochet par les D23, puis D256 et D901, en direction du beau village d'Aiguèze qui surplombe les gorges de l'Ardèche. À partir de Barjac, vous pouvez poursuivre votre voyage vers les Cévennes ou l'Ardèche méridionale.

## les marchés

**Avec des producteurs bio : Tlj. y compris jours fériés** Halles centrales de Nîmes.
**Mardi** Nîmes (Chemin Bas), Le Grau-du-Roi, Saint-Quentin-la-Poterie
**Mercredi** Nîmes, Poulx, Uzès, , Bagnols-sur-Cèze, Goudargues.
**Jeudi** Grau-du-Roi.
**Vendredi** Générac, Nîmes (J. Jaurès), Saint-Quentin-la-Poterie
**Samedi** Uzès, Bagnols-sur-Cèze, Pont-Saint-Esprit, Sommières, Marguerittes, Caveirac.
**Dimanche** Calvisson.

# Se régaler de produits bio régionaux

**Les Petites Mains (plan 8, A1 n°21)** Ce café associatif et convivial n'est pas réellement un restaurant, mais il propose des bières ou des assiettes végétariennes bio à petits prix, que l'on peut accompagner d'un verre de vin bio. *7, av. du Général-Vincent 30700* ***Uzès*** *Tél. 04 66 81 19 40 http://lespetitesmainsuzes.free.fr Ouvert mar.-sam. 10h-16h*

# Déguster et acheter des vins bio à la cave

**Domaine du Joncier** Marine Roussel a repris en 1989 ce magnifique domaine, fondé par son père dans les années 1960, entre Tavel et Lirac. Elle cultive maintenant 32ha de vignes en biodynamie, dont la moitié de grenache.

Le pont du Gard, chef-d'œuvre de l'Antiquité.

## Engagés

**Maison Heureuse** Cette association, dont l'objectif est de mettre en place des séjours de rupture pour des jeunes en grande difficulté, s'est installée à Vic-le-Fesq en 1996. Paul Van Munsteer, éducateur, a eu l'idée de s'associer avec Mireille Delarue, éleveuse de chèvres depuis les années 1970 dans le Gard. Avec Cyril Goillot et deux autres salariés, ils ont créé un grand élevage de chèvres destiné à la production de fromages et une association de dressage de chiens de troupeau. Pour nombre de jeunes accueillis, d'origine citadine, il s'agit d'un choc culturel et social, mais le succès est souvent au rendez-vous ! Vente de fromages sur place, ou aux marchés de Sommières le samedi et de Quissac le mercredi. *Grand-Rue Quartier Haut 30260* ***Vic-le-Fesq*** *(23km à l'ouest de Nîmes) Tél. 04 66 77 84 96 ou 06 79 95 42 17*

Rendements très faibles, vendanges manuelles, vins ni levurés, ni collés, ni filtrés, élevage deux ans en cuve, mise en bouteille au domaine : résultat, des vins tout à fait remarquables, élégants et équilibrés (4 cuvées de rouge, 2 rosés et 3 blancs), aux personnalités marquées, et il serait dommage de repartir sans les avoir tous goûtés ! Vins de 6 à 20€. *Rue de la Combe 30126* ***Tavel*** *(14km au nord-ouest d'Avignon) Tél. 04 66 50 27 70 www.domainedujoncier.com Vente au domaine sur rdv de préférence*

**Domaine de Malaïgue** François Reboul a converti en bio les 30ha de vigne du domaine familial. Il a également développé une petite oliveraie pour produire en AOC Huile d'Olive de Nîmes. Il produit en outre de la farine issue de quelques hectares de variétés anciennes de blé et de petit épeautre. Le domaine, qui évolue vers la biodynamie, produit quatre cuvées de rouge, dont une élevée treize mois en barrique et une cuvée sans soufre ajouté. Ce sont des vins d'assemblage bien structurés, qui accompagnent aussi bien une cuisine légère (Le Fruit) que des viandes rouges (Le Rond) ou des plats en sauce (Jour de Fête). Également trois cuvées de blanc et une cuvée de rosé, dont un remarquable Blanc de Blancs Brut, et un vin blanc élevé huit mois en barrique, idéal à l'apéritif. Vins de 5 à 13€. Huile d'olive 9,80€/50cl. *Malaïgue 30700* ***Blauzac*** *Tél. 04 66 22 25 43 www.domainedemalaigue.com Vente au domaine*

**Domaine Costeplane** Françoise et Vincent Coste, tous deux ingénieurs agronomes, ont repris ce domaine familial en 1982. Ils ont converti en bio les 30ha de vignes, en

## les meilleurs magasins bio

**Biocoop Mère Nature** *Route de Saint-Gervais 30200* ***Bagnols-sur-Cèze*** *Tél. 04 66 79 94 97 www.biocoop.fr Ouvert mar.-sam. 9h-12h30 et 15h-19h*

**Biocoop Fleur de sel** *ZAC Terres de Campagne 224, rue des Marchands 30220* ***Aigues-Mortes*** *Tél. 04 66 88 45 07 www.biocoop.fr Ouvert lun. 15h30-19h, mar.-ven. 9h30-12h et 14h30-19h, sam. 9h30-19h*

**Alimentation Biologique** *Parc de l'Arnède 30250* ***Sommières*** *Tél. 04 66 80 92 10 http://bio.sommieres.free.fr Ouvert mar.-jeu. 9h-12h15 et 15h-19h15, ven.-sam. 9h-19h*

**Grain de Lotus** *ZAC des Garrigues. Imp. Malautière 30250* ***Sommières*** *Tél. 04 66 71 61 37 Ouvert lun. 15h-19h, mar.-sam. 9h-12h30 et 15h-19h www.graindelotus.fr*

## d'autres vins...

**Le Clos des Grillons** *25, rue du Grand Pont 30650* ***Rochefort-du-Gard*** *Tél. 04 90 92 44 47 ou 06 09 36 97 73*

**Domaine Mouressipe** *164, rue du Grand-Jardin 30870* ***Saint-Côme-et-Maruéjols*** *Tél. 04 66 81 42 48*

respectant le cahier des charges Nature et Progrès pris celui de Demeter. Ils produisent maintenant plusieurs cuvées de rouge, blanc et rosé. La gamme va d'agréables vins "de tous les jours" à des cuvées de grande qualité, issues de leurs meilleures parcelles avec de très faibles rendements. Vins de 3 à 18€. 30260 **Cannes-et-Clairan** *(26km à l'ouest de Nîmes) Tél. 04 66 77 85 02 www.costeplane.com Vente au caveau sur rdv*

**Domaine Zélige-caravent** Nuit d'Encre, Fleuve Amour... Les cuvées que Luc et Marie produisent sur leurs vignes à Corconne, non loin du pic Saint-Loup, méritent leurs noms poétiques. Le beau vignoble, divisé en 22 parcelles en terrasses, est parsemé d'oliviers. Tisanes et composts naturels sont utilisés dans les vignes, aucun intrant n'est ajouté lors de la vinification, hormis une faible quantité de soufre. Les vins rouges et blancs du domaine sont des références pour les vignerons, cavistes et restaurateurs régionaux. Vins de 8 à 25€. *Chemin de la Gravette 30260* **Corconne** *Tél. 06 87 32 35 02 www.zelige-caravent.com. Vente au caveau sur rdv*

## Savourer du pain bio

**Le Pain d'Oz** Cette grande boulangerie, en bio depuis plus de dix ans, est située dans le joli village de Saint-Quentin-la-Poterie, proche d'Uzès. Outre une grande variété de très bons pains, de viennoiseries et de pâtisseries, on y trouve un coin épicerie bio et un salon de thé. Un deuxième point de vente se trouve dans les Halles de Nîmes et on peut également trouver le pain d'Oz aux marchés d'Uzès, de Barjac et d'Anduze. *Place du Marché 30700* **Saint-Quentin-la-Poterie** *(5km au nord d'Uzès) Tél. 04 66 03 04 28 Ouvert mar.-sam. 7h-13h et 15h30-18h30, dim. 7h30-13h*

## Acheter des produits du terroir bio à la ferme

**Monastère de Solan** Une communauté de sœurs orthodoxes a créé le monastère de Solan dans un ancien domaine agricole, près d'Uzès, en 1992. Les sœurs ont hérité de terres à l'abandon et ont décidé, sur les conseils du célèbre agro-écologue Pierre Rabhi, de faire de leur domaine un modèle d'agriculture biologique. Se sentant plus responsables de leurs terres que propriétaires, et loin de toute considération mercantile, elles ont souhaité être, dans leurs activités, en cohérence avec leur foi. Harmonie des lieux, productions de qualité remarquable : leur objectif semble largement atteint. Les sœurs cultivent 5ha de vigne, une châtaigneraie, des vergers et des potagers, et produisent plusieurs cuvées de vins et apéritifs, des confitures exceptionnelles et des pâtes

### les meilleurs magasins bio

**Biocoop La Marigoule** *Centre commercial Les 7 collines, 42 rue du Forez 30000* **Nîmes** *Tél. 04 66 84 92 82 www.biocoop.fr Ouvert lun.-sam. 9h-19h*

**Le Primitif** *866, av. Maréchal-Juin 30000* **Nîmes** *Tél. 04 66 84 37 00 Ouvert lun. 14h30-19h, mar.-ven. 8h30-19h, sam. 8h30-12h30 et 14h30-19h*

**Satoriz** *115, bd des Français-Libres 30900* **Nîmes** *Tél. 04 66 62 36 10 www.satoriz.fr Ouvert lun.-sam. 9h-19h*

**Biocoop La Marigoule** *ZAC Pont des Charrettes 30700* **Uzès** *Tél. 04 66 37 27 74 www.biocoop.fr Ouvert lun.-sam. 9h-13h et 15 h-19 h*

Récolte du miel.

de fruits. Vente sur place et sur le marché d'Uzès le mer. et le sam. *Mas de Solan (accès D144) 30330* ***La-Bastide-d'Engras*** *(17km au nord d'Uzès) Tél. 04 66 82 94 25 www.monasteredesolan.com Ouvert mar.-dim. 11h-17h*

## Séjourner en gîte et/ou chambre d'hôtes

**Le Clos des restanques** Un hébergement de charme à deux pas d'Uzès. Benoît et Tara ont merveilleusement rénové la maison de leurs rêves avec des matériaux écologiques et traditionnels. Outre leur appartement familial, la maison, décorée avec goût, comprend une grande suite en duplex avec une belle terrasse donnant sur les toits du village et une piscine intérieure chauffée, deux suites avec entrée indépendante sur le jardin et Jaccuzzi privé. Hammam pour tous. Le petit déjeuner est un copieux repas à base de produits bio, confiture maison et délicieuses spécialités préparées par vos hôtes. Suites 200-300€. *Place de l'Église 30700* ***Vallabrix*** *(8km au nord-est d'Uzès) Tél. 04 66 22 28 10 ou 06 24 42 20 04 www.clos-des-restanques.com*

### et la bière ?

Les brasseries sont rares dans le Languedoc, en bio c'est carrément unique. Créée par Gwenaël Samotyj et Emmanuel Pierre-Auguste, la **brasserie des Garrigues** produit une quizaine de bières différentes. La plupart sont disponibles toute l'année, mais d'autres sont produites au gré des saisons, comme la Bière du Coing en automne-hiver, ou la Triple Hot (au piment, poivre et gingembre) au printemps. L'eau de Sommières, assez calcaire et minérale, donne aux bières un goût assez rustique de type *ale*. Un régal pour les amoureux des bières vivantes. Vente sur place ou dans plusieurs magasins et cavistes bio régionaux, dont l'Alimentation Biologique à Sommières. *Local B4 ZA de l'Arnède 30250* ***Sommières*** *Tél. 04 66 71 05 53 www.brasseriedesgarrigues.fr Ouvert lun.-sam. 9h-12h, jeu.-ven. 9h-18h*

Lozère et terres cévenoles

# DES RIVIÈRES SECRÈTES AUX PLATEAUX INFINIS

Voilà une région bien différente du reste du Languedoc. Une terre sauvage partagée entre la montagne cévenole, ciselée par ses cours d'eau, et les magnifiques mais austères plateaux des Causses, de la Margeride et de l'Aubrac. Préservée de toute pollution, c'est la terre d'élection de nombreux producteurs bio, qu'ils fassent de la châtaigne, du miel, des fromages ou de l'élevage.

# Prendre la route

La Corniche des Cévennes (D9) est très belle, avec de beaux points de vue panoramiques. Mais toutes les petites routes qui serpentent à travers les Cévennes sont charmantes, et ce sont elles que l'on doit prendre pour aller à la rencontre des nombreux producteurs bio, du mont Aigoual au mont Lozère, d'Anduze à Florac. Une boucle de plusieurs jours, au départ de Florac, vous permettra de découvrir les magnifiques paysages des gorges du Tarn, des Causses, de l'Aubrac et de la Margeride, en séjournant chez des producteurs bio. De Florac, longez les gorges du Tarn jusqu'à Sainte-Enimie, puis traversez le Causse de Sauveterre par la D998 jusqu'à La Canourgue. Remontez ensuite la vallée du Lot par la D809, direction Marvejols. À l'entrée du Monastier-Pin-Moriès, prendre la petite D56 vers Le Bruel et Les Salces. La D52, qui traverse le plateau de l'Aubrac entre Les Salces et Nasbinals, est une des routes les plus propres à enchanter des esprits contemplatifs. De Nasbinals, rejoignez Aumont-Aubrac et Saint-Alban-sur-Limagnole, à l'est. Puis traversez la Margeride par les D4 et D58 jusqu'à Grandieu et dirigez-vous vers le village médiéval de Châteauneuf-de-Randon par la D985. Gagnez Le Bleymard, au sud, et traversez le mont Lozère par la D20, jusqu'au Pont-de-Montvert. Puis empruntez la D998 jusqu'à Florac.

# Acheter des produits du terroir bio à la ferme

**Mas Rivière** Il suffit de voir les chèvres vaquer librement dans la forêt et le maquis cévenols pour comprendre le vrai sens de “l'élevage extensif”. Hermine et Jean-Pierre Couturou-Borrel, arrivés au début des années 1980 à Molières, produisent avec le lait de leurs 40 chèvres plusieurs sortes de fromages et de yaourts, dont une brousse que l'on accompagnera de la confiture de châtaigne d'Hermine. Car la ferme produit également des œufs, des châtaignes et tous les produits dérivés : confitures et crèmes, farine... Mas Rivière est sous label Nature et Progrès. *30410* ***Molières-sur-Cèze*** *(6km à l'ouest de Saint-Ambroix) Tél. 06 51 93 85 51 Ouvert mer. et sam. 16h-20h ; été : tlj. toute la journée, ou au marché d'Uzès mer. et sam.*

**GAEC de Pin** Nulle part ailleurs vous ne trouverez Lou Jarlou, la tomme de vache que Pascal Mougeot, d'origine vosgienne, a créée à partir du lait de ses vaches, qu'il élève avec Martine Peytavin, sur le plateau de la Margeride, à

## bonne nuit

Au Mas Rivière, un gîte rural (4 à 6 pers. ; 400 à 450€/sem.) de type chalet en bois, se trouve à 200m de la ferme.

## les marchés

**Avec des producteurs bio :**
**Lundi** Alès
**Mardi** Saint-Hippolyte-du-Fort, Barjac (après-midi en juil.-août), Le Vigan (mi-mai à mi-oct.), Saint-Ambroix, Alès.
**Mercredi** Alès, Le Pont-de-Montvert, Gagnières.
**Jeudi** Alès, Florac, Villefort.
**Vendredi** Alès, Barjac, Ganges, Saint-Hippolyte-du-Fort, Meyrueis, Saint-Germain-du-Teil.
**Samedi** Mende, Anduze, Alès, Le Vigan, Génolhac, Monoblet, Ispagnac, Langogne, Marvejols.
**Dimanche** Sainte-Croix-Vallée-Française, Saint-Martial, Chamborigaud, Florac (avr. à oct.)

Ci-contre : le lac de Saint-Andéol, dans l'Aubrac.

15km du mont Lozère. Il faudra donc vous rendre à la ferme, au marché de Bagnols-les-Bains (jeu.) ou dans les épiceries locales. *L'Altaret 48190* ***Allenc*** *(17km à l'est de Mende) Tél. 04 66 47 65 03 ou 06 31 33 25 01 Ouvert tlj. mais le lait n'est vendu que le matin après la traite*

**Produits fermiers du Ventalon (plan 12, C1 n°66)** Un point de vente collectif au col de la Croix-de-Berthel, entre le Pont-de-Montvert et Génolhac. On trouve ici tous les produits dérivés de la châtaigne (crèmes et confitures, farine...), des fromages de chèvre, du miel, des vinaigres, des jus de fruits, de la charcuterie... Un arrêt reposant sur cette route belle mais tortueuse. *Les Bastides, Col de la Croix-de-Berthel 48220* ***Saint-Maurice-du-Ventalon*** *(bord de route, 9km à l'est du Pont-de-Montvert) Tél. 04 66 45 80 95 ou 04 66 61 17 86 / 04 66 41 05 67 Ouvert juil.-août : tlj., mai-juin et sept.-oct. : sam.-dim. et j. fér.*

**Les Esperelles (plan 12, C1 n°63)** Entre Alès et Florac, n'hésitez pas à faire un petit crochet de 5km à partir de la N106, direction Saint-Frezal-du-Ventalon, pour aller rencontrer Christian et Sabine Clermon. Ils se sont installés en 1990 dans une belle ferme au milieu des châtaigniers, ils y fabriquent des crèmes de marron nature, à l'orange ou au chocolat, ainsi que leurs spécialités de terrines végétales à la châtaigne. En été, vous pourrez goûter leur miel de châtaignier. Ils produisent aussi (sous mention Nature et Progrès) une gamme variée de jus et confitures, issus des fruits de leurs vergers : pommes, coings, framboises, pêches de vignes, cassis... *Les Esperelles 48240* ***Saint-Frezal-de-Ventalon*** *(à mi-chemin entre Alès et Florac) Tél. 04 66 45 57 00 Ouvert tlj. mais il est préférable d'appeler avant*

## Un pain bio 100% local

**Le Raspaillou** Voilà une initiative à encourager ! Le Civam bio du Gard et l'Union des maîtres boulangers du Gard, avec le soutien du conseil général, ont créé le Raspaillou, un pain bio 100% local. Les farines sont issues de blés cultivés dans le nord-est du département et le sel provient des salins d'Aigues-Mortes. Ce pain était originellement vendu dans les boulangeries gardoises. Mais maintenant, on le trouve aussi dans quelques bonnes boulangeries de l'Hérault et de l'Aude, grâce au Moulin de Sauret, à Montpellier, où il est également possible d'acheter de la farine du Raspaillou. *60, av. Saint-Maurice-de-Sauret 34000* ***Montpellier*** *Tél. 04 67 72 64 47*

## les meilleurs magasins bio

**Chez Mialet** Si vous randonnez sur le GR®61, vous serez content de faire une pause déjeuner chez Mialet, lieu associatif et convivial qui a été créé afin de maintenir un lieu de vie et d'échanges dans le village de Mialet. On y trouve entre autres un café-buvette et une épicerie qui privilégie les produits locaux et/ou bio. *30140* ***Mialet*** *(10km au nord d'Anduze) Tél. 04 66 54 18 90 http://chezmialet.lautre.net Ouvert lun.-sam. 10h-19h*

**Biocoop La Fourmi et la Cigale** *16, bd des Remparts 30170* ***Saint-Hippolyte-du-Fort*** *Tél. 04 66 77 99 10 www.biocoop.fr Ouvert lun. 15h-19h, mar.-sam. 9h-12h30 et 15h-19h*

**Biocoop Soleil Levain** *16, av. Jules-Guesde 30100* ***Alès*** *Tél. 04 66 52 75 57 www.biocoop.fr Ouvert lun. 14h-19h30, mar.-ven. 10h-12h et 14h-19h30, sam. 9h-12h*

Vaches d'Aubrac, l'une des plus belles races bovines d'Europe.

**Ferme d'Auzillargues (plan 12, B2 n°61)** Parmi les meilleurs fromages de brebis des Cévennes, on trouve sans conteste ceux de Laurie et Jean-Marc Petit. La route est tortueuse jusqu'à Saint-André-de-Valborgne et dans la Vallée Borgne, mais la ferme d'Auzillargues vaut le détour. Car outre les fromages (tomme, brousse, bleu, fromage blanc), Laurie et Jean-Marc produisent des conserves de plats cuisinés, des terrines à base d'agneau et des sirops de fruits. Si vous ne pouvez pas venir jusqu'à la ferme vous trouverez leurs produits à la boutique de producteurs Terroir Cévennes (cf. p.471) ainsi qu'aux marchés de Saint-Jean-du-Gard le mardi et le samedi, de Sainte-Croix-Vallée-Française le dimanche. *30940 **Saint-André-de-Valborgne** (30km au sud de Florac) Tél. 04 66 83 78 99 À la ferme : ouvert avr.-août : tlj. 10h-12h*

**Miels du Cambonnet (plan 12, C2 n°65)** Si vous êtes en vacances ou de passage dans la Vallée Française, faites une pause à Saint-Étienne-Vallée-Française pour faire le plein des très bons miels des Cévennes et miels de châtaignier de Véronique Gros, unique production de la ferme du Cambonnet. *48330 **Saint-Étienne-Vallée-Française** (14km au nord-ouest de Saint-Jean-du-Gard). Tél. 04 66 85 27 19 ou 04 66 45 70 64 Vente à la ferme sur rdv*

**Fromagerie Jo et Agnès Combes** Si les chèvres ont un paradis, il se peut qu'il soit à Gagnières. Au cœur des Cévennes, Jo et Agnès Combes élèvent un troupeau caprin parmi les chênes et les buissons sauvages. Ils produisent les fameux pélardons (AOC), des tommes fraîches, des fromages frais battus à l'ail ou à la ciboulette. Et leurs fameuses faisselles, délicieuses accompagnées de miel cévenol. *Les Avesses 30160 **Gagnières** (13km à l'ouest de Saint-Ambroix) Tél. 04 66 25 21 65 http://fromageriecombes.free.fr Vente tlj. 10h-15h à la fromagerie, et sur les marchés de Gagnières le mer., Bessèges le jeu., et Génolhac le sam.*

## slow food

**Les produits sentinelles Slow Food dans la région**
L'association Slow Food cherche à sauvegarder et relancer la production et la consommation de produits du terroir menacés, bien que de grande qualité. Elle le fait par le biais de campagnes de promotion de "produits sentinelles" et d'aide aux petits producteurs. Dans le Languedoc, elle a classé en "produit sentinelle" le navet noir de Pardailhan, le pélardon affiné et le vin Rancio sec du Roussillon. *www. slowfood.fr*

## les meilleurs magasins bio

**La Vie Claire** *117, av. André-Malraux 30100* ***Alès*** *Tél. 04 66 60 05 58 Ouvert lun.-sam. 9h-19h*

**La Vie Saine** *(2 magasins à Alès) 30100* ***Alès*** *www. laviesaine.fr : 1, pl. de l'Abbaye Tél. 04 66 30 72 91 Ouvert lun.-sam. 9h-12h30 et 14h30-19h et 220 av. Olivier-de-Serres Tèl. 04 66 52 72 38 Ouvert lun.-sam. 9h-12h30 et 14h-19h*

**Biocoop La Claire Fontaine** *Impasse Four-Moulon 48000* ***Mende*** *Tél. 04 66 65 98 57 http://laclairefontaine. biocoop.net Ouvert lun. 15h-19h30, mar.-sam. 9h30-13h et 15h-19h30*

**Bio'jour** *7, rue Pecher 48400* ***Florac*** *Tél. 04 66 94 04 01 Ouvert mar.-sam. 9h-12h30 et 15h30-19h*

## Engagés

**Edouard Chaulet,** maire de Barjac depuis plus de vingt ans, est le personnage central du film *Nos enfants nous accuseront* (2008) de Jean-Paul Jaud, qui dénonce les méfaits de l'alimentation industrielle. Précurseur de l'introduction d'aliments bio dans les cantines scolaires, il a engagé sa commune dans la conversion en bio de domaines agricoles. Son engagement a suscité de nombreuses actions favorables au développement de la filière bio, à Barjac et dans les communes avoisinantes.

**Kokopelli** est une association basée à Alès, qui milite pour le maintien de la biodiversité et la préservation des semences anciennes ou rares. Elle commercialise les graines de plus de 2 700 variétés de légumes, plantes aromatiques, fleurs et quelques fruits (melons, pastèques...). Kokopelli organise des formations, anime des séminaires et est présente sur de nombreux salons et foires. *131, impasse des Palmiers* ***Alès*** *Tél. 04 66 30 64 91 www.kokopelli-semences.fr*

☺ **Chèvrerie de l'Hermet** Il s'agit d'un élevage de chèvres et d'une fromagerie produisant des fromages de grande qualité. La ferme se visite toute l'année de 10h à 17h, mais les fromages ne sont produits et vendus que de fin avril à octobre, afin de respecter les cycles biologiques des chèvres. Si la route est longue pour parvenir à la Chèvrerie de l'Hermet, les beaux paysages traversés justifient eux aussi le détour. *L'Hermet 48250* ***La Bastide-Puylaurent*** *(18km au nord de Villefort) Tél. 04 66 46 22 35 www. lachevrerie.com*

# Savourer du bon pain bio

☺ **Le Fournil des Sens** Après Montpellier, Paris, Londres et Tokyo, Olivier Langlois est revenu au Vigan, sa ville d'origine, pour y reprendre le fournil où il s'était formé. Fabrication au levain, pétrissage lent, fermentation longue, façonnage à la main : tout le travail passionné d'Olivier se retrouve dans la saveur de ses nombreuses variétés de pain. On trouve aussi au Fournil des Sens un petit coin épicerie de produits bio et équitables. Cerise sur le... pain : Olivier respecte la cahier des charges Nature et Progrès. *18, rue des Casernes 30120* ***Le Vigan*** *Tél. 04 67 64 23 10 http:// fdslevigan.free.fr Ouvert mar.-sam. 9h-13h*

## Se régaler de produits bio

**La Pause Caladon** Voilà une adresse rare et magique qui se mérite : quelques kilomètres de petite route tortueuse pour arriver dans un endroit exceptionnel. Anne Berger a ouvert dans un petit hameau une chambre d'hôtes et installé quelques tables sur une jolie terrasse d'où la vue est époustouflante. Même s'il s'agit de "petite" restauration, la carte reposant essentiellement sur de copieuses assiettes de tartines-salade, on se régale des recettes inventives d'Anne, à base de produits frais et locaux couchés sur le délicieux pain bio du Fournil des Sens. *Le Caladon 30770* ***Aumessas*** *(12km à l'ouest du Vigan) Tél. 04 67 82 03 50 ou 06 10 71 52 47 www.la-pause-caladon.fr Ouvert tlj. à midi, sur rés. le soir (fermé lun. en juil.-août) ; avr.-juin et sept.-oct. : uniquement sur rés.*

### bonne nuit

La chambre d'hôtes de La Pause Caladon, accrochée à flanc de colline, est rustique (toilettes à l'extérieur) mais vaste et décorée avec beaucoup de goût, et donne envie de s'y retirer, pour quelques jours de randonnées ou de lecture... Chambre d'hôtes : 1 nuit pour 2 pers. 55€.

## Séjourner chez les producteurs

Voir aussi nos encadrés Bonne nuit.

☺ **Ferme Amarger** Deux des plus belles races de vaches européennes, l'Aubrac et l'Auroch, sont élevées sur le plateau de la Margeride, près du joli village de Chateauneuf-de-Randon. Marie et son frère Jean-Baptiste Amarger ont reprit l'exploitation de leurs parents en 2012. Ces derniers s'étaient installés dans les années 1980 et s'étaient spécialisés autant dans l'accueil paysan que dans l'élevage. Dans la grande ferme en pierre, sont proposés plusieurs formes d'hébergement : 4 chambres d'hôtes, 1 gîte d'étape (15 lits) pour les randonneurs, et 1 gîte rural (6 pers.). Décoration traditionnelle, rurale et conviviale. Outre la gentillesse de la famille Amarger, il faut venir pour leur table d'hôtes, dont les produits proviennent principalement de la ferme (ils élèvent également quelques porcs, chèvres, volailles, et cultivent un potager). Chambres en demi-pension : 35€/pers., gîte d'étape : 13€/nuit ou 32€ en demi-pension, gîte rural : 340€/sem. ou 100€/w.-e. *Le Giraldès 48170* ***Arzenc-de-Randon*** *(8km au nord-ouest de Chateauneuf-de Randon) Tél. 04 66 47 92 70 www.vacances-en-lozere.fr*

**Le Mas de Cocagne (ferme de la Baraque) (plan 12, D1 n°30)** On est là chez des pionniers du bio : Jonas Nivon Buchberger et sa compagne Lysanne Bruneau reprennent l'activité des parents de Jonas et travaillent en agrobiologie (mention Nature et Progrès) depuis le milieu des années 1970 ! Leur ferme, au milieu des pins, domine la haute vallée de la Cèze. Parallèlement à leurs activités agricoles (maraîchage, fruits, ânes, brebis et poules), ils ont développé plusieurs offres d'accueil paysan : 2 chambres d'hôtes, 1 camping (6 emplacements), avec location de tipi ou caravane et 1 table d'hôtes. Des visites de la ferme et de ses environs sont également organisées. La Cèze, claire et sauvage à cet endroit, est à 10min à pied de la ferme. Il faut venir aussi pour la table d'hôtes, où l'on découvre qu'il y a plus de vingt espèces de champignons comestibles dans la région, et toutes sortes de salades sauvages savoureuses. Chambre : 57€, camping : 5€/emplacement et 4,5€/pers., tipi et caravane : 12€/nuit, table d'hôtes : 20€ ou 23€ avec viande (cf. GEORégion Lozère et terre cévenoles, Villefort). *Ferme de la Baraque 30450* ***Aujac*** *(entre Saint-Ambroix et Villefort) Tél. 04 66 61 12 77*

**Les Jardins de Veyrassi (plan 12, C2 n°36)** Une belle ferme en pierre au milieu de 25ha de forêt et de vergers, avec une vue dégagée sur le mont Ventoux et les crêtes cévenoles. C'est dans ce cadre idyllique qu'Hélène et Jean-François Hible se sont installés en 1990, pour produire, à partir de leurs fruits, des jus, des confitures et des sirops. Leurs productions sont variées, mais ce sont la châtaigne et les baies rouges et noires (fraises, framboises, groseilles, cerises, mûres sauvages, sureau) qui dominent. Hélène et Jean-François ont rénové un gîte (4 pers.), joliment mais sans chichis, qui bénéficie de la plus belle vue de la ferme. Deux ânesses sont à votre disposition pour des randonnées. Gîte de 300 à 360€/sem.

## Engagés

**L'Arbre aux abeilles** La ruche-tronc est une très ancienne technique d'apiculture, qui consiste à faire nidifier les colonies d'abeilles dans des troncs évidés, recouverts d'une dalle de lauze (schiste). Dans les Cévennes, le tronc de châtaignier était traditionnellement utilisé, ses tanins très actifs repoussant les parasites et constituant un habitat très sain pour les abeilles. L'ensemble des ruches forme de beaux ensembles architecturaux, qui ont malheureusement été en grande partie abandonnés. L'association L'Arbre aux abeilles a pour objectif la conservation de l'abeille noire des Cévennes, espèce dont la résistance remarquable s'est forgée au cours de milliers d'années dans le midi de la France et particulièrement dans les montagnes. Elle travaille donc à la restauration des ruchers-troncs, son habitat traditionnel en Lozère. Et organise des week-ends de découverte, des visites guidées, des stages d'initiation à l'apiculture traditionnelle ainsi qu'une dégustation des miels au centre du village toute l'année. ***Le Pont-de-Montvert*** *Tél. 04 66 45 83 16 www.ruchetronc.fr*

Location au w.-e. possible en basse saison. *Le Veyrassi 48160 **Saint-Hilaire-de-Lavit** (à mi-chemin entre Alès et Florac) Tél. 04 66 45 40 06 http://cevennes.com/veyrassi.htm Ouvert mar. et ven. 10h-12h, et marché de Florac le jeu.*

**Magnanerie du Serre (plan 12, C2 n°41)** L'une des vues les plus spectaculaires sur la Vallée Longue est celle que l'on a de la terrasse de la Magnanerie du Serre. Cette belle bâtisse en pierre, rénovée écologiquement et signataire de la charte européenne du tourisme durable, fonctionne en grande partie grâce aux énergies renouvelables (solaire, bois). Dans leur exploitation de 15ha de châtaigneraies, vergers et forêts, Geneviève Mataillet a créé un refuge pour oiseaux LPO. Et pour les vacanciers, deux chambres d'hôtes (1 à 3 pers.) et un gîte (2 pers.). La décoration est simple et chaleureuse, à l'image des hôtes, qui auront plaisir à se promener avec vous dans leurs vergers. La table d'hôtes, végétarienne, est issue des produits de la ferme ou d'autres producteurs bio locaux. Suite avec chambre : 28€/pers. Gîte : 260€/sem. Table d'hôtes : 15€. *48160 **Saint-Hilaire-de-Lavit** (à mi-chemin entre Alès et Florac) Tél. 04 66 45 27 99 www.lamagnanerie duserre.tel*

**Le Cure Bousso (plan 12, D2 n°29)** Sabine et Jean-Michel Pintard-Jacquot se sont installés dans une magnifique vallée cévenole préservée, au bord du GR® 44b, et ont relancé une production de châtaignes à l'abandon. Après beaucoup de travail, la châtaigneraie est splendide, et les produits dérivés (châtaignes sèches, farine, confiture, sirop...) délicieux. Sabine et Jean-Michel sont aussi producteurs de fruits rouges, pour

## Venus d'ailleurs

☺ **Durantis (plan 12, C2 n°14)** Voilà une de nos adresses préférées en Lozère. Durantis est une vieille ferme en pierre, isolée sur un versant sud des Cévennes, rénovée écologiquement et avec beaucoup de goût par Angela Jacobs et Bernd Ackermann. Arrivés d'Allemagne en 1999, ils travaillent la châtaigne et le maraîchage avec aussi une activité d'accueil à la ferme, le tout dans un esprit écologique. On peut loger dans deux petits gîtes avec terrasse privée : la Fermette (2 pers. + bébé) et le Chalet (4 pers.). Ou encore dans la yourte ou au camping. Location d'ânes pour randonner. Vente de paniers de légumes (sur commande), ainsi que des pains et des autres produits de la ferme. *48370 **Saint-Germain-de-Calberte** (39km au sud-est de Florac) Tél. 04 66 45 70 36 www.durantis.eu*

## boutiques de producteurs

**Chez les paysans**
Une boutique de producteurs au cœur de Florac. On y trouve de très bons produits bio locaux tels que les fruits, confitures et sirops de Mathilde Lucain, les produits de la châtaigne de Serge Travers, les pélardons de la ferme de l'Elzere, les vins du Mas de la Salle... *8, esplanade Farelle 48400 **Florac** Tél. 04 66 47 76 61 www.boutiques paysannes-lr.fr Ouvert juil.-août : tlj. 9h-19h ; reste de l'année : jeu. 9h30-12h30, ven.-sam. 9h30-12h30 et 16h-19h*

**Terroir Cévennes**
La plus jolie boutique de producteurs du Languedoc. Les adhérents offrent un vaste choix qui couvre toute la palette gastronomique locale, en grande partie bio : de l'huile d'olive aux produits de la châtaigne, des canards aux pintades, des condiments aux confitures... *La Chataîgneraie 30140 **Thoiras** (23km au sud-ouest d'Alès) Tél. 04 66 85 15 26 www.terroircevennes.com www.boutiques paysannes-lr.fr Ouvert mar.-sam. 9h30-13h et 15h-19h ; juil.-août et 2e quinzaine de déc. : tlj. 9h30-19h*

Toits de lauzes à Nîmes-le-Vieux, sur le causse Méjean.

## boutique de producteur

**Terres d'Aigoual** Une petite boutique qu'on aime beaucoup, située dans l'ancienne maison forestière du col de la Serreyrède. Des agriculteurs du mont Aigoual, dont certains sont en bio (mais tous produisent le plus naturellement possible), y vendent toutes les spécialités régionales : charcuterie, fromages, produits de la châtaigne, miels, confitures, oignons des Cévennes... *Col de la Serreyrède L'Espérou 30570* ***Valleraugue*** *(22km au nord du Vigan) Tél. 04 67 82 65 39 www.terres-aigoual.com www.boutiquespaysannes-lr.fr Ouvert mi-mai-mi-oct. : tlj. 10h-19h ; mi-avr.-mi-mai et mi-oct.-mi-nov. : tlj. 11h-18h ; mi-nov.-mi-avr. : mar.-sam. 14h-17h, dim. 11h-17h*

les confitures. Les repas, qui révèlent tous les talents de cuisinière de Sabine (notamment les excellentes pâtisseries), sont composés des produits bio de la ferme et de produits locaux très majoritairement bio – comme les petits déjeuners. La maison dispose pour les visiteurs d'une chambre double, d'une chambre simple et de trois couchages sur une mezzanine pour les randonneurs. La rénovation d'un vaste

## Venus d'ailleurs

**Mas de la Devèze (plan 12, C2 n°43 et 64)** Venir de Hollande pour cultiver des champignons shiitaké en Lozère vous paraît farfelu ? Pas pour Léonore Folmer et Charles Veenstra, qui se sont installés dans les Cévennes où ils ont restauré un mas du XVIII<sup>e</sup> siècle à l'abandon, dans le respect des matériaux traditionnels. Ils y ont développé la culture des shiitaké, réputés pour leurs qualités nutritionnelles, des fruits rouges, des légumes (dont l'oignon doux des Cévennes), des plantes aromatiques, et élèvent également un troupeau de brebis. Léonore et Charles ont créé un gîte dans l'ancienne bergerie (2 à 4 pers.), rénovée simplement mais avec goût, qui bénéficie d'une très belle vue de la terrasse et un gîte dans la grange. On peut acheter les champignons, fruits, confitures, jus et autres produits de la ferme sur place, ou à la Maison des paysans à Florac. Gîte de 390 à 475€/sem. Attention, pour s'y rendre, depuis la N106, au col de Jalcreste, ne pas prendre la direction Saint-André-de-Lancize, mais Rouve Bas, Rabiers ! *La Devèze 48240* ***Saint-André-de-Lancize*** *(28km à l'est de Florac) Tél. 04 66 45 25 92 www.ladeveze-cevennes.com*

abri et son aménagement en gîte sont en projet. *30110 **Lamelouze** (20km au nord-ouest d'Alès) Tél. 04 66 34 02 01 www.chataigneraieducurebousso.com*

**Le Plateau des Fées** Dans un hameau isolé du village d'Avèze, près du Vigan, William et Sylvie Chérino ont eu le coup de cœur pour une bâtisse typiquement cévenole du XIe siècle, en très mauvais état. Quasiment sans aide, ils ont entrepris une rénovation de grande ampleur, en respectant les principes d'écoconstruction, dont William est devenu un spécialiste. Murs intérieurs en pierres apparentes, passerelle en bois, tourelle aménagée en petit salon : il se dégage du Plateau des Fées un charme indéniable, et l'originalité des lieux ne laissera personne indifférent. Le petit déjeuner, composé de produits bio et locaux, peut être pris dans le jardin, qui domine la vallée de l'Arre, ou dans la grande salle voûtée. Chambre double à 72€/nuit. Gîte (4 pers.) 106€/nuit. Tarifs dégressifs. *Le Cayla 30120 **Avèze** (3km au sud du Vigan) Tél. 04 67 81 26 23 ou 06 14 52 33 53 www.cevennesecogite.fr*

**Le Mas perdu–Lo Parpalho**. Ces deux exploitations, gérées par Monique Garcia-Robert, sont distantes d'une trentaine de kilomètres. Le Mas perdu, au sud d'Alès, est une ferme en polyculture qui accueille des jeunes en difficulté, des groupes et des familles. Elle propose des chambres et des gîtes (3-6 pers.), avec possibilité de manger sur place. Des séjours santé y sont organisés. Plus au nord, Lo Parpalho est un gîte tranquille (3-4 pers.) au cœur d'une châtaigneraie. Prix sur demande. *Le Mas Perdu Boujac 30380 **Saint-Christol-les-Alès** (7km au sud d'Alès). Lo Parpalho 48160 **Saint-Martin-de-Boubaux** (23km au nord-ouest d'Alès) Tél. 04 66 60 76 80 ou 04 66 45 56 02*

**Gîte de Valès (plan 12, C2 n°19)** Pour randonner avec des ânes ou des poneys, le gîte de Valès est une des meilleures adresses des Cévennes. Séverine Kieffer s'est installée à Saint-André-de-Lancize dans une ferme du XIIe siècle qu'elle a restaurée en utilisant des matériaux traditionnels. Elle y a créé à partir de 1994 des structures d'accueil pour différentes catégories de vacanciers : familles, randonneurs, amoureux de la nature, artistes... Gîte de 4 chambres, 3 chambres d'hôtes, sans cuisine mais avec salle de bains privative ; gîte d'étape (dortoir de 6 lits et 3 chambres de 2 pers.). La table d'hôtes est à très forte dominante bio et végétarienne. Chambres pour 2 pers. 58€ ou 99€ en demi-pension. Gîte d'étape : 17€ ou 40€ en demi-pension. *Valès 48240 **Saint-André-de-Lancize** (35km à l'est de Florac) Tél. 04 66 45 93 20 www.gite-cevennes.fr*

**Ferme des Passadoires (plan 12, C2 n°16)** Une bonne adresse pour les amoureux des petites rivières cévenoles,

## boutique de producteur

**Entre Thym et Châtaigne** Non loin du village médiéval de Sauve, cette boutique de producteurs bio est un endroit idéal pour faire ses courses, face à une coopérative du réseau Biocoop, les deux magasins étant parfaitement complémentaires. On y trouve charcuteries, miels, vins, fromages, confitures, plats préparés... vendus à tour de rôle par les paysans eux-mêmes. Une bonne occasion de discuter avec des petits producteurs passionnés. *Le Village **Saint-Hippolyte-du-Fort** Tél. 04 66 77 21 68 www.thymetchataigne.com www.boutiques paysannes-lr.fr Ouvert période scolaire : mar.-sam. 9h-12h30 et 15h-19h ; vac. scol. : lun.-dim. 9h-12h30 et 15h-19h*

Jardin de plantes aromatiques.

car la ferme se situe près du Gardon de Saint-Germain, où l'on peut se rafraîchir l'été. Cécile Urrusty y élève un troupeau de chèvres dont le lait sert à la fabrication de tommes. Elle a créé, dans une belle et ancienne bâtisse en pierre, trois chambres d'accueil paysan, dont la décoration est d'une sobriété reposante. La table d'hôtes est fondée sur des produits de l'exploitation (volailles, fruits, légumes) et d'autres producteurs locaux. Chambres : 50€ ou 75€ en demi-pension. Repas : 15€. *48330* ***Saint-Étienne-Vallée-Française*** *(14km au nord-ouest de Saint-Jean-du-Gard) Tél. 04 66 31 74 06 www.la-ferme-des-passadoires.com*

**Les Fromentières** Quand on arrive dans cette jolie ferme de pierre, blottie dans la forêt cévenole, on est d'abord touché par l'accueil chaleureux de Gladys Chagnolleau. On y vient pour ses fameuses confitures ainsi que pour ses plantes aromatiques séchées. Mais on peut aussi rester

## wwoofing

**Découvrir et partager le quotidien des producteurs bio**
Le Wwoofing se développe beaucoup en France, après quelques années de retard. Il s'agit de séjourner chez des agriculteurs, majoritairement bio, et de participer aux travaux de la ferme quelques heures dans la journée, en étant logé et nourri sur place. C'est un temps d'échange et d'apprentissage, et rares sont les wwoofeurs qui se déclarent déçus. Liste des producteurs uniquement après adhésion sur *www.wwoof.fr*

## Engagés

**L'association Cévennes Écotourisme**, basée à Florac, rassemble une centaine de professionnels engagés dans la démarche de progrès définie par la Charte européenne du Tourisme durable dans les espaces protégés. Hébergement, activités de plein air, actions éducatives : nombreux renseignements sur *www.cevennes-ecotourisme.com Tél. 04 66 45 12 44* dans une des chambres d'hôtes de la ferme, décorées dans un style campagnard, ce qui donne l'occasion de goûter les confitures au petit déjeuner. Chambres (1 à 4 pers.) : de 55 à 90€. *Les Plaines 30270* ***Saint-Jean-du-Gard*** *Tél. 04 66 85 10 25 http://chambres-lesfromentieres.pagesperso-orange.fr Vente à la ferme avr.-oct., ou aux marchés de Saint-Jean-du-Gard le mar. et d'Uzès le sam.*

**La Borie (plan 12, B1 n°23)** Cette grande ferme de 200ha produit essentiellement des fromages de chèvre mais aussi du miel, des salaisons et pâtés, de la crème de marron et bien d'autres spécialités. Jean-Christophe Barthes y a créé des chambres d'hôtes et un gîte d'étape pour permettre aux vacanciers de découvrir la vie à la ferme et les Cévennes. La décoration est simple. On y dîne des bons produits de la ferme au coin du feu. Chambres de 42 à 53€. Repas : 17€ (cf. GEORégion Lozère et terres cévenoles, Florac). *48400* ***La Salle-Prunet*** *(3km à l'est de Florac) Tél. 04 66 45 10 90 www.gite-et-chambre-a-la-ferme-en-cevennes.com*

**La Borieta del Prat** L'Aubrac est une région magnifique et sauvage, propre à attirer les randonneurs. Cependant, on trouvera peu d'hébergement chez les producteurs bio. On apprécie donc de pouvoir séjourner chez Gabrielle et Guillaume Granier, jeunes éleveurs de vaches d'Aubrac, qui se sont établis en 2008 dans une vieille ferme. Sur place, une yourte (6 lits) et un camping (4 places). La ferme accueille les randonneurs accompagnés d'ânes ou de chevaux. Yourte : 15€/nuit/pers. camping : 5€/emplacement et 3€/pers. *Pratviala 48100* ***Prinsuéjols*** *(13km à l'est de Nasbinals) Tél. 04 66 45 21 46 ou 06 82 69 17 44 www.chemindecompostelle.com/borieta*

**Détente Nature (plan 12, B1 n°12)** Dans les gorges du Tarn, à quelques kilomètres du village médiéval de Sainte-Enimie, Détente Nature est une réalisation réussie, dans un lieu propice au repos, aux randonnées ou à la baignade. Lilian Musichini et Flore Cavallini proposent deux chambres d'hôtes dans leur vieille maison en pierre, rénovée avec goût en éco-habitat. Ils pratiquent plusieurs sortes de massages bien-être (ayurvéda, californien...) dont peuvent bénéficier leurs hôtes ou les visiteurs, sur rdv. La table d'hôtes est élaborée avec les produits du jardin, complétés par des produits majoritairement bio et/ou locaux. Chambre : 73€/2 pers., 109€ en demi-pension. *La Chadenède 48210* ***Montbrun*** *(18km à l'ouest de Florac) Tél. 04 66 45 77 96 ou 06 84 50 57 99 www.detente-nature.com*

## salons bio

**Les Salons Bio de l'Hérault et du Gard**
Plusieurs salons bio ont lieu dans la région, avec des thèmes spécifiques (cf. Calendrier des manifestations bio, p.483). L'Orbio, à Bédarieux, Bio Alès, Bio-Harmonies, à Montpellier, et Sésame, à Nîmes. Une part prédominante est réservée aux produits santé et bien-être, et la place faite aux productions alimentaires régionales y est très réduite. Notre préférence va aux foires bio d'Olargues, Remoulins, Barjac et Mende. *www.goral-expo.com*

## boutique de producteur

**Aura des Champs**
Le Vigan ne manque pas d'épiceries bio, mais c'est dans cette boutique de producteurs que l'on préfère faire ses courses. On y trouve toutes les productions locales, en grande partie bio, dont le très bon pain du Fournil des Sens. *16, place Saint-Euzeby 30120* ***Le Vigan*** *Tél. 04 67 85 71 35 www.boutiques paysannes-lr.fr Ouvert avr.-déc. : mar.-sam. 9h-12h30 et 15h-18h30, dim. 9h-12h30 ; reste de l'année : mar.-sam. 9h-12h30 et 15h-18h30*

## Béziers et ses environs

# AU PIED DE LA MONTAGNE NOIRE

De la plaine littorale aux gorges de l'Orb, le paysage rural, façonné par le vignoble, prend du relief en allant vers l'ouest, jusqu'aux villages montagnards du Haut-Languedoc. De nombreux domaines viticoles bio se sont développés sur les terroirs de Faugères et de Saint-Chinian, dont les pionniers sont Barral à Cabrerolles et Fontedicto à Caux.

## Prendre la route

De Béziers, empruntez la D14, en direction de Cessenon-sur-Orb et Roquebrun, qui longe les domaines viticoles bio de la vallée de l'Orb. À Roquebrun, prenez la petite D19 puis la D136 jusqu'à Faugères, qui vous emmènera à travers les beaux vignobles bio de Causses-et-Veyran et Cabrerolles. Puis dirigez-vous vers la ville médiévale de Pézenas, en faisant un crochet par la D15 vers Cabrières, pour vous reposer quelques jours au Clos Romain.

## Déguster et acheter des vins bio à la cave

**Domaine Borie la Vitarèle** 18ha de vignes isolées et un mas imposant constituent ce beau domaine, que Jean-François et Cathy Izarn ont créé en 1990. Il a fallu rénover la vieille bâtisse, planter des vignes, convertir les existantes en bio... Pour leurs cuvées, l'accent est mis sur les terroirs : "Les Terres Blanches" (calcaires), "Les Schistes", "Les Crès" (galets roulés), "La Combe" (terroir argilo-calcaire de fond de vallée). Seule la "Cuvée des Cigales" provient de merlot et grenache prélevés sur les différents terroirs du domaine. Vins de 6,50 à 39€. *34490* ***Causses et Veyran*** *(27km au nord-ouest de Béziers) Tél. 04 67 89 50 43 www.borielavitarele.fr Vente au caveau sur rdv*

**Château Bousquette** Surplombant la vallée de l'Orb, le domaine (en bio depuis 1972 !) a été repris par Isabelle et Eric Perret, vignerons suisses, en 1996. Une bonne restructuration fut toutefois nécessaire pour tirer le meilleur des vignes et du terroir. À partir de 5 cépages, Isabelle et Eric produisent 5 vins rouges, 1 rosé et 1 blanc régulièrement récompensés. Vins de 5 à 15€. Si vous souhaitez passer plus de temps sur ce beau domaine, vous pouvez louer un gîte (5 pers.), dans une aile de la bâtisse. Gîte de 300 à 800€/sem., selon saison. *Route de Cazouls 34460* ***Cessenon-sur-Orb*** *(20km au nord-ouest de Béziers) Tél. 04 67 89 65 38 www.chateaubousquette.com Vente au caveau sur rdv*

## Acheter des produits du terroir bio à la ferme

**La Plantation** Une bonne adresse pour faire le plein de kiwis, cerises, figues, abricots, et ... fuyus. Thierry Collignon vend ses fruits et légumes de saison chez lui le week-end et peut même faire visiter son jardin. *Mas de Langlou 34420* ***Villeneuve-lès-Béziers*** *(14km au sud-est de Béziers) Tél. 06 72 26 96 54 thierry-collignon@yahoo.fr. Vente à la ferme sam. 9h-18h, dim. 9h-13h*

### d'autres vins...

**Domaine Canet-Valette** *Route de Causses et Veyran 34460* ***Cessenon-sur-Orb*** *Tél. 04 67 89 51 83 www.canetvalette.com*

**Domaine Navarre** *Avenue de Balaussan 34460* ***Roquebrun*** *Tél. 04 67 89 53 58 http://thierrynavarre.com*

**Le Petit Domaine de Gimios** *Anne-Marie Lavaysse 34360* ***Saint-Jean-de-Minervois*** *Tél. 04 67 38 26 10*

**La Grange de Quatre Sous** *34360* ***Assignan*** *Tél. 04 67 38 06 41*

**Clos Fantine** *La Liquière 34480* ***Cabrerolles*** *Tél. 04 67 90 20 89*

**Domaine Barral** *Lentheric 34480* ***Cabrerolles*** *www.domaineleonbarral.com*

**Le Temps des Cerises** *2, rue des Bernouvrels Le Mas Blanc 34260* ***La-Tour-sur-Orb*** *Tél. 06 87 77 56 37*

Ci-contre : la cathédrale Saint-Nazaire dominant l'Orb, à Béziers.

**Miellerie du Languedoc** Une bonne raison (de plus) de se rendre au marché bio de Pézenas ? Francis Zaragoza y vend ses délicieux miels, pains d'épices et hydromels (ainsi que des fruits en saison) le samedi matin ; il est aussi au marché de Saint-Pons-les-Thomières le mercredi matin, ou à sa ferme sur rdv. *Hameau de Violgues 34390* ***Saint-Vincent-d'Olargues*** *(8km à l'ouest d'Olargues) Tél. 04 67 97 01 94 / 06 83 44 00 68 www.miellerie-du-languedoc.fr*

**Les Jardins du Salvet** Vous ne connaissez pas les sirops de fleur de sureau, d'acacia, de coing, romarin, thym et mélisse ? Caroline Rondineau et Jean-Louis Rey les produisent dans leur ferme, près d'Olargues. Ils vendent également leurs herbes aromatiques et médicinales en sachets, font de la confiture avec des fruits sauvages (arbouse, cynorrhodon) et des châtaignes, ainsi que de l'huile aromatisée au basilic (et encore d'autres merveilles). *Le Salvet 34390* ***Olargues*** *Tél. 04 67 97 08 47 Vente à la ferme sur rdv*

## Se régaler de produits régionaux

**Le Bar à Vins** Un des meilleurs bars à vins-caves de l'Hérault, ouvert par Xavier Demas, sommelier, et Daniel Le Conte des Floris, vigneron (domaine éponyme), où l'on peut également manger une cuisine simple, fraîche et goûteuse (tapas, assiettes de charcuteries, fromages). La restauration n'est pas bio, mais la majorité des vins proposés le sont (ou sont en conversion), y compris ceux du domaine de Daniel. La décoration est sobre et réussie, et la terrasse donne sur le joli cours principal de Pézenas. Vins à emporter de 5 à 40€. *20, cours Jean-Jaurès 34120* ***Pézenas*** *Tél. 04 67 31 71 98 www.domainelecontedesfloris.com Ouvert mer.-sam. 11h-15h et 18h-23h, dim.-mar. 18h-23h*

## S'approvisionner et se restaurer dans un lieu atypique

**Cave Saint-Martin** Voilà une adresse originale, à ne pas manquer ! Dans le joli village de Roquebrun, au cœur d'une splendide région, Raymond Le Coq, d'origine hollandaise, et Betty Ferrandon ont ouvert en 2010 cette cave-bar à vins-épicerie, où ils ne proposent que des vins naturels et bio régionaux, et des produits du terroir d'Espagne, d'Italie et des Pays-Bas. Raymond fournit les restaurateurs les plus recommandables ("Mesdames Messieurs" à Montpellier, par exemple), et il ne vend rien sans connaître le producteur et sa méthode de travail (agriculture bio ou naturelle). Jambon et charcuterie Pata Negra, huile d'olive bio d'Extrémadure, préparations méditerranéennes bio de Ligurie, gouda bio

### les marchés

**100% bio :**
**Samedi matin** Pézenas (place Gambetta) et Bédarieux (marché Bionat)
**Avec des producteurs bio :**
**Lundi** Bédarieux
**Mardi** Lamalou-les-Bains, Olonzac
**Mercredi** Saint-Pons-de-Thomières
**Vendredi** Montagnac,
**Samedi** Béziers, Bédarieux
**Dimanche** Ferrals-les-montagnes (été), Olargues

de Hollande, et autres conserves de poisson artisanales peuvent être emportés ou consommés sur place. Car la Cave Saint-Martin est également un bar à vins-restaurant de tapas. Plats de 8,50 à 22€. *26, av. du Roc-de-l'Estang 34460* ***Roquebrun*** *(28,5km au nord-ouest de Béziers) Tél. 04 67 24 56 49 www.raimondlecoq.fr*

**Chai Christine Cannac** Cette ancienne sommelière de restaurants réputés s'est installée à Bédarieux. À la carte, tapas, cassoulet... et vins bio. Cf. GEORégion Béziers et ses environs.

## Séjourner chez les producteurs

**Ferme de Roquecave** Jadis abandonné, ce lieu a été magnifiquement restauré par Carole et Ingo Herbst. Assez austère en hiver, le site devient paradisiaque dès les premiers bourgeons et jusqu'à la fin de l'automne. Carole et Ingo s'occupent d'un troupeau de 35 chèvres, d'un grand potager, d'un studio campagnard mitoyen de leur maison (2 à 5 pers.) et d'une maison de vacances indépendante, idéale pour une famille (jusqu'à 9 pers.). Pas de table d'hôtes, mais la ferme peut fournir de délicieux fromages, légumes, et fruits selon les saisons, et il serait dommage de s'en priver ! Maison de vacances de 500 à 750€/sem. selon saison, studio campagnard de 350 à 450€/sem. ***Ferrals-les-Montagnes*** *(18km à l'ouest de Minerve) Tél. 04 67 97 20 09 www.roquecave.ouvaton.org*

**Métairie Basse** Voilà une base idéale pour découvrir la région, entre Piémont biterrois et Montagne Noire. Éliane et Jean-Louis Lunes ont créé dans leur belle ferme, au sein

### Engagés

**Domaine Fontedicto** Les chevaux, aidés d'un tracteur, travaillent les sols des vignes de ce domaine, proche de Pézenas. Culture en biodynamie, vinification naturelle : dans tous ces domaines, Bernard Bellahsen a été un pionnier, et sa démarche a servi de modèle pour de nombreux vignerons dans la région, et au-delà. Ses vins sont rares et recherchés des connaisseurs, et la cohérence totale de sa démarche fait référence.
Il a également créé avec Cécile, sa femme, le **Moulin de Fontedicto**, et ils produisent, à partir de variétés anciennes et régionales de blé, de la farine et plusieurs sortes de pain qu'ils vendent au domaine. Vins de 12 à 30€. *Fontarèches, 34720* ***Caux*** *(6km au nord-ouest de Pézenas) Tél. 04 67 98 40 22 Vente au domaine sur rdv et sur le marché de Pézenas le samedi*

### coup de cœur

**Le Pain des Moissons** Un boulanger qui moud son grain, ça existe encore. À partir de grains de blés, de petit épeautre et de seigle (qu'il transforme en farine grâce à son moulin à meule de granit), d'herbes aromatiques et de fruits secs, Jean-Yves Frances prépare une gamme de pains de campagne et spéciaux particulièrement goûteux. Il réhabilite aussi les recettes traditionnelles de tartes (tatin, citron,...) et propose des cakes originaux très prisés. Tous les ingrédients sont sans additif chimique ni produit synthétique. *67, av. du Mar. Foch 34500* ***Béziers*** *Tél. 04 34 53 93 16 Ouvert lun.-sam. 8h-13h et 15h30-19h30*

## les meilleurs magasins bio

**Distribio** *11, place Bonnet 34120* ***Pézenas*** *Tél. 04 67 98 01 45 http://distribio-pezenas.fr Ouvert lun.-ven. 9h-13h et 15h-19h30, sam. 9h-19h30*

**L'Eau Vive** *Impasse de la Giniesse, ZAC de la Giniesse 34500* ***Béziers*** *Tél. 04 67 90 93 24 Ouvert lun.-sam. 9h30-19h30*

**Terre Mère** *51, av. Auguste-Cot 34600* ***Bédarieux*** *Tél. 04 67 23 00 99 Ouvert lun.-mer. et ven.-sam. 9h-12h30, mar.-mer. et ven. 15h-18h30*

**Delicat' et Saine** *Rue Neuve 34390* ***Olargues*** *Tél. 04 67 23 91 48 Ouvert lun.-mar. et jeu.-sam. 9h-12h30 et 16h30-19h, dim. et mer. 9h-12h30*

du Parc du Haut-Languedoc, deux chambres d'hôtes et un gîte (2-3 personnes). Vous pouvez choisir de vous reposer à la ferme, parmi les brebis, ou rayonner à pied dans les alentours, où les balades ne manquent pas. Les chambres et le gîte sont décorés dans un joli style rural, et Éliane a créé une petite boutique des produits de la ferme : crème de marrons, marrons grillés ou confits, noix, farine de châtaigne... Chambres d'hôtes 58€/2 pers. Gîte de 280 à 420€/sem. selon saison. *Prouilhe 34220* ***Courniou*** *(5km à l'ouest de Saint-Pons-de- Thomières) Tél. 04 67 97 21 59 www.metairie-basse.com*

**Bergerie de La Vernède** Le Château La Vernède est avant tout un grand et beau domaine viticole, qui produit une gamme assez large de bons vins (AOC coteaux-du-languedoc). Vous pouvez séjourner dans une des chambres d'hôtes (ou suite) de la Bergerie, décorées dans un style classique, avec goût. Cela vous laissera plus de temps pour visiter les caves et goûter les vins dans le joli caveau du domaine. *34440* ***Nissan-lez- Ensérune*** *(11km au sud de Béziers) Tél. 06 09 77 71 81 www.labergeriedelavernede.com*

Pélardons, crottins, bûches... quelques fromages de chèvre.

# VOYAGE DANS LE BIO

Où séjourner dans le Languedoc lors de manifestations bio, comment profiter d'un hébergement écologique, distinguer les différents labels : voici les réponses à ces questions et à quelques autres.

## PRÉPARER SON SÉJOUR

### s'informer sur Internet

Très bien construits et destinés au grand public, les **sites des CIVAM Bio** (Centre d'initiative pour valoriser l'agriculture et le milieu rural) de chaque département : *www.bio34.com, www.biogard.fr, www.civamgard.fr et www.lozerebio.fr*

Plutôt destinée aux professionnels, donc très complet, Sud et Bio est une association interprofessionnelle pour le développement de l'agriculture bio en Languedoc-Roussillon. **www.sud-et-bio.com**

Pour des informations plus approfondies sur le bio dans l'Hérault : **www.civamagrobio34.asso.fr**

Sur la viticulture bio, www.sudvinbio.com, **le site de Sudvinbio** (Association interprofessionnelle des vins biologiques du Languedoc-Roussillon)

***Pour des informations plus générales, l'Agence Bio** : www.agencebio.org **ou la FNAB** : www.fnab.org*

### joindre les CIVAM

Centres d'initiative pour valoriser l'agriculture et le milieu rural.

**Civam Bio 34** *Tél. 04 67 06 23 90*

**Civam Bio Gard** *Tél. 04 66 77 11 12*

**Lozère Bio** *Tél. 04 66 65 62 00*

## S'Y RETROUVER DANS LES LABELS

### les différentes façons de travailler en bio

Tous les professionnels présentés dans ces pages travaillent en bio, sauf exceptions précisées. Ils respectent, au minimum, la réglementation européenne de l'agriculture biologique. Certains vont plus loin, en suivant les principes de la biodynamie, et/ou ceux de l'association Nature et Progrès, et/ou de Bio Cohérence (ce n'est pas incompatible, bien au contraire), ou pour les vins, la charte de l'AVN (Association des vins naturels).

### Nature et Progrès

Association de professionnels et de consommateurs créée en 1964, Nature et Progrès est basée à Alès, dans le Gard. Pour elle, le strict respect des règles techniques de l'agriculture biologique édictées par l'Union européenne n'est pas suffisant. Elle souhaite le développement d'une société conviviale, plus humaniste, respectueuse de l'environnement et des hommes, loin des dérives d'un système productiviste. Elle a donc rédigé des cahiers des charges techniques, évolutifs, pour les différentes productions, mais aussi une charte qui traite des multiples aspects environnementaux, économiques et sociaux. La délivrance de la mention Nature et Progrès pour un produit (qui permet d'utiliser ce logo) dépend du respect de cette charte et des cahiers des charges spécifiques. *www.natureetprogres.org.*

## l'agriculture biodynamique

Rudolf Steiner a posé, en 1924 en Allemagne, les fondements de l'agriculture biodynamique : "L'agriculture biodynamique est une agriculture assurant la santé du sol et des plantes pour procurer une alimentation saine aux animaux et aux hommes." Elle se base sur une profonde compréhension des lois du vivant acquise par une vision qualitative/globale de la nature. Elle considère que la nature est actuellement tellement dégradée qu'elle n'est plus capable de se guérir elle-même et qu'il est nécessaire de redonner au sol sa vitalité féconde indispensable à la santé des plantes, des animaux et des hommes grâce à des procédés "thérapeutiques", selon le mot de Steiner. La ferme est donc un organisme agricole qui doit être le plus autonome possible, les sols sont fertilisés (dynamisés) par des préparations spécifiques, les influences du cosmos (planètes, lune, soleil) sont prises en compte. On reconnaît les produits issus de l'agriculture biodynamique au logo de la marque Demeter. La biodynamie, qui donne de bons résultats qualitatifs dans le vin, séduit de plus en plus de vignerons du Languedoc et du Roussillon. Les vignerons produisant selon ces principes ont créé un syndicat, le SIVCBD, et leurs vins arborent le logo Biodyvin : *www.biodyvin.com*. Vous pouvez aussi consulter le site du mouvement de l'agriculture bio dynamique : *www.bio-dynamie.org*

NATURE & PROGRES

demeter

Bio Cohérence

AB AGRICULTURE BIOLOGIQUE

Logos officiels des principaux labels bio.

## Bio Cohérence

L'association Bio Cohérence est née de la volonté de compléter la réglementation européenne sur l'agriculture biologique dans plusieurs domaines comme l'élevage ou les contaminations OGM. Une concertation, menée en 2009, entre plusieurs acteurs majeurs du bio en France, a abouti à la création de l'association et à la rédaction d'un cahier des charges qui impose comme préalable le respect de la réglementation européenne et instaure quelques règles spécifiques. Parmi les plus importantes : l'interdiction des fermes mixtes bio/non bio et une alimentation bio à 100% pour les animaux, produite majoritairement à la ferme. Elles concernent aussi le refus des contaminations OGM dès le seuil de détection de 0,1%, et une liste de procédés de transformation respectueuse des produits. La charte Bio Cohérence rappelle l'engagement des adhérents pour une agriculture porteuse de sens et solidaire. Les produits qui respectent le cahier des charges de l'association sont signalés par le logo vert et blanc Bio Cohérence. *www.biocoherence.fr*

## les vins naturels

Le vin bio n'existe pas réellement, on trouve seulement du vin issu de raisins bio. Des vignerons souhaitent aller plus loin dans le respect du terroir et du vin, et s'inspirent, pour le processus de vinification, de la même philosophie et éthique que celle qui prévaut pour le travail des vignes en bio. Ils se sont regroupés dans l'Association des vins naturels, dont la charte d'élaboration des vins "nature" impose le respect des règles de l'agriculture biologique pour la production de raisin, et des vendanges uniquement manuelles. Elle interdit l'ajout de levures exogènes et autres intrants œnologiques lors de la vinification, à l'exception des sulfites en quantités très faibles. Si la démarche a pu paraître expérimentale à ses débuts, elle est maintenant reconnue et appréciée des spécialistes, et les vins naturels trouvent de plus en plus souvent place sur la table des restaurants étoilés. Le consommateur ne s'en plaindra pas. D'ailleurs, une fois qu'on y a goûté, il est difficile de boire un vin autre que naturel ! *www.lesvinsnaturels.org*

## PROFITER DE SON SÉJOUR

### déguster et acheter sur place

Certains producteurs ne pratiquent que la vente directe, à la ferme, sur les marchés ou dans une boutique de producteurs. D'autres, et notamment les vignerons, vendent leurs productions à la fois à la ferme/cave et dans des magasins ou chez des cavistes. Dans ce guide, nous ne présentons que les producteurs qui

### Calendrier des manifestations bio

Dates et renseignements : www.bio34.com, www.biogard.fr

| | |
|---|---|
| **Janvier** | **Millésime Bio** À Montpellier, c'est le plus grand salon des vins bio en France mais il est réservé aux professionnels. En revanche, en marge de Millésime Bio, se tient le salon des vins naturels **La Remise**. De nombreux vignerons, parmi les meilleurs du Languedoc et d'ailleurs, présentent leurs vins. Un repas est organisé le soir. *Les dates de ces salons étant changeantes, vérifiez dates, horaires et emplacements sur http://laremise.fr et www.millesime-bio.com* |
| **Mars** | **Sésame, Nîmes** *www.goral-expo.com* |
| | **L'Orbio, Bédarieux** *www.goral-expo.com* |
| **Juillet** | **Ethic et Nature, Barjac** *www.ethic-nature.com* |
| | **Foire Bio, Barjac** Un marché de paysans engagés a lieu à Barjac. Ici, aucun revendeur, uniquement des producteurs qui viennent vendre mais aussi informer et échanger sur leurs méthodes de travail. Une bonne raison pour venir découvrir cette jolie ville très écolo. *www.biogard.fr www.civamgard.fr* |
| | **Foire Bio la Cardabelle** La Foire Bio de Mende a lieu tous les ans le deuxième week-end de juillet. De nombreux exposants de Lozère et d'ailleurs vous présentent leurs meilleurs produits. Des conférences, des points de restauration et une ambiance festive accompagnent les visiteurs toute la journée. *http://foirebiomende.over-blog.com* |
| **Septembre** | **Terrabio, Remoulins** Le très convivial salon Terrabio a été créé par l'association Nature et Progrès, comme son grand frère Biocybèle à Gaillac (Tarn). Il réunit plus de 150 exposants pendant un week-end, avec un concert le samedi soir. *www.natureetprogres.org* |
| **Octobre** | **Bio Alès** *www.goral-expo.com* |
| **Nov.-décembre** | **Bio-Harmonies, Montpellier** *www.goral-expo.com* |

pratiquent la vente sur place – sauf rares exceptions, auxquels cas nous précisons le lieu de vente. Les agriculteurs étant souvent dans leurs champs, attention aux horaires de vente indiqués ! Pour le vin, nous avons privilégié les petits domaines, souvent bien plus intéressants, où l'on déguste les vins avec le producteur. Il faut alors penser à prendre rendez-vous avant de se rendre au domaine !

### faire un stage chez un producteur

**Savoir-Faire et Découverte** est la principale association proposant des stages de courte durée chez des producteurs (ou artisans) bio. Ils ont pour objectif l'accès à des savoir-faire agricoles ou artisanaux écologiquement responsables. Plusieurs stages sont proposés dans le Languedoc. *Renseignements : www.lesavoirfaire.fr Tél. 09 70 80 52 62 ou 02 33 66 74 67.* Pour passer plus de temps chez les producteurs, voir notre encart sur le wwoofiung.

## FOIRE AUX QUESTIONS

### les produits bio sont-ils moins chers chez les producteurs ?

Oui, très majoritairement, puisqu'il n'y a pas d'intermédiaires. Mais c'est moins vrai pour le vin.

### un hébergement écologique, c'est quoi ?

Il n'y a pas de définition officielle. Certains établissements respectent des cahiers des charges tels que ceux de l'Ecolabel européen ou de la Clef Verte. Ces labels prennent en compte la plupart des aspects du développement durable, avec plus ou moins d'exigence. Mais rien n'empêche un particulier de qualifier son gîte ou son camping d'"écologique". Les hébergements que nous avons sélectionnés sont soit des chambres d'hôtes, gîtes ou campings, chez des producteurs bio, et/ou servant une cuisine à base de produits bio, soit des hébergements dont les engagements écologiques sont exemplaires.

### tous les magasins bio se valent-ils ?

Il est possible d'évaluer l'engagement éthique d'un magasin bio à quelques critères : l'origine des produits vendus, ses actions en matière de développement durable (lorsqu'elles sont visibles) ou de sensibilisation des consommateurs. Il n'est pas bon signe qu'un magasin vende des produits en contre-saison ou d'origine lointaine (à l'exception de ceux qui ne sont pas produits en Europe comme la banane). Inversement, il faut encourager les magasins qui offrent une large place aux produits locaux. Certains réseaux de magasins ont rédigé des cahiers des charges éthiques prenant en compte des critères écologiques, sociaux et économiques. C'est le cas du réseau Biocoop, pionnier dans ce domaine, et l'un des plus exigeants, mais aussi d'autres réseaux tels que Biomonde ou Satoriz. Ne pas hésiter à consulter les sites web des magasins ou à vous renseigner lorsque vous faites vos courses.

### qu'est-ce qu'une boutique de producteurs ?

Les producteurs eux-mêmes tiennent la boutique à tour de rôle. Les intermédiaires étant supprimés, c'est avantageux pour eux comme pour les consommateurs. Cela permet également un échange entre agriculteurs et consommateurs. Les produits proposés ne sont pas tous certifiés bio, mais tous sont issus de petites productions respectueuses des animaux et de l'environnement.

GEODOCS

# EN SAVOIR PLUS

V

# BIBLIOGRAPHIE

## histoire et société

***Belles demeures familiales d'Uzès, XVe-XIXe siècle (Les)*** J.-C. Galant et M. Olmière, Éd. Presses du Languedoc, Montpellier, 2005
***Châteaux du Gard (Les)*** M. Moreau, Éd. Presses du Languedoc, Montpellier, 1999
***Gard de la préhistoire à nos jours (Le)*** collectif, Éd. Bordessoules, Saint-Jean-d'Angély, 2003
***Histoire du Languedoc*** P. Wolff, coll. "Histoire des provinces", Éd. Privat, Toulouse, 2004
***Lozère de la préhistoire à nos jours (La)*** collectif, Éd. Bordessoules, Saint-Jean-d'Angély, 2002
***Initiation à l'art roman*** F. Leriche-Andrieu, Éd. du Zodiaque, Paris, 1993
***Languedoc protestant XVIe-XVIIIe siècle (Le)*** L. Puech, Éd. E&C, Le Vigan, 2004
***Petite histoire sociale de la langue occitane : usages, images, littératures, grammaires et dictionnaires*** F.-P. Kirsch, G. Kremnitz et B. Schlieben-Lang, Éd. Trabucaire, Le Canet, 2002
***Route des abbayes du Languedoc-Roussillon (La)*** Barbut, Éd. Ouest-France, Rennes, 1999
***Voie Domitienne (La)*** P.-A. Clément et A. Peyre, Éd. Presses du Languedoc, Montpellier, 1998
***1907 : la guerre du vin*** G. Ferré, Éd. Loubatières, Portet-sur-Garonne, 1997

## littérature

**Camus, R.** *Le Département de la Lozère, Éd. POL, Paris, 1996*
**Carrière, J.** *L'Épervier de Maheux*, Éd. Robert Laffont, Paris, 2002
**Chabrol, J.-P.** *Les Fous de Dieu*, coll. "Folio", Éd. Gallimard, Paris, 1998 ; *Mille et une veillées*, Éd. Pocket, Paris, 2000 ; *Colères en Cévenne*, Éd. Robert Lafont, Paris, 2000
**Courchay, C.** *Retour à Malaveil*, Éd. LGF, Pont-Saint-Esprit, 1997
**Durand-Vignes, A.** *Une enfance cévenole*, Éd. La Mirandole, Pont-Saint-Esprit, 2001
**Esposito, F.** La Dette du Gévaudan Éd. du Bon Albert, Nasbinals, 2001
**Puech, L.** *La Montagne et le Verbe : l'Aigoual à travers la littérature*, Éd. La Mirandole, Pont-Saint-Esprit, 1997
**Stevenson, R. L.** *Voyage avec un âne dans les Cévennes*, Éd. Le Rouergue, Paris, 2007

## gastronomie

***Cuisine secrète du Languedoc-Roussillon (La)*** A. Soulier, Éd. Presses du Languedoc, Montpellier, 2000
***Mes recettes du Languedoc et des Cévennes,*** M.-A. Favand, coll. "Cahiers de cuisine", Éd. C. Bonneton, Clermont-Ferrand, 2005
***Terrines du soleil*** collectif, Éd. Équinoxe, Barbentane, 2000

## guides de randonnée

***Aubrac, balades et randonnées à pied et à VTT (L')*** collectif, Éd. Chamina, Clermont-Ferrand, 2009
***Balades nature dans le parc des Cévennes*** collectif, Éd. Dakota/Parc national des Cévennes, Paris, 2003
***Chemin de Stevenson - Parc National des Cévennes (Le)*** collectif, coll. "Topo-guide", Éd. FRP, Paris, 2011
***Chemin du Puy vers Saint-Jacques-de-Compostelle (Le)*** G. Laborde-Balen et J.-P. Siéjol, coll. "Chemins d'Histoire", Rando Éditions, Ibos, 2011

**Gorges du Tarn, de la Jonte et Causses** collectif, coll. "Promenades et randonnées à pied et à VTT", Éd. Chamina, Clermont-Ferrand, 2000

**Hérault à pied du haut Languedoc à la Méditerranée (L')** collectif, coll. "Topo-guide", Éd. FFRP, Paris, 2007

**Lozère à pied (La)** collectif, coll. "Topo-guide", Éd. FFRP, Paris, 2011

**Sentiers d'émilie dans le Gard** F. de Richemond, Rando Édition, Ibos, 2002

**Sentiers d'Émilie dans l'Hérault Vol. 1 : du littoral montpelliérain au sud du Larzac et Vol. 2 : du littoral biterrois à l'Espinouse** F. de Richemond, Rando Édition, Ibos, 2006

**Tour des monts d'Aubrac** collectif, coll. "Topo-guide", Éd. FFRP, Paris, 2011

**Tour du mont Lozère, des Causses Méjean et du Sauveterre** collectif, coll. "Topo-guide", Éd. FFRP, Paris, 2011

## guides de voyage

**Géologie du Languedoc-Roussillon (La)** J.-C. Bousquet, Éd. Presses du Languedoc, Montpellier, 2006

**Hérault** collectif, coll. "Encyclopédies du voyage", Éd. Gallimard Loisirs, Paris, 2004

**Montpellier**, coll. "Cartoville", Éd. Gallimard Loisirs, Paris, 2014

**Nature méditerranéenne en France** collectif, coll. "Les guides du naturaliste", Éd. Delachaux et Niestlé, Lonay, 2011

**Parc national des Cévennes** collectif, coll. "Encyclopédies du voyage", Éd. Gallimard Loisirs, Paris, 2013

**Vallée du Lot (La)** collectif, coll. "Encyclopédies du voyage", Éd. Gallimard Loisirs, Paris, 2009

## albums

**Bambouseraie d'Anduze (La)** F. Desbordes, coll. "Carrés de jardin", Éd. Gallimard, Paris, 2006

**Languedoc : étang de Bages** Sigean C. Remblier, coll. "Carnets du Littoral", Éd. Gallimard, Paris, 1997

**Saint-Jacques : le chemin des chemins, du Puy-en-Velay à Compostelle** J.-Y. Grégoire, coll. "Album", Rando Éditions, Ibos, 2005

## cartes

**Michelin**

- départementales N°339 (Gard-Hérault) et N°330 (Cantal-Lozère) - régionale N°526

**IGN**

- régionale R17 - départementales N°30 (Gard) ; N°34 (Hérault) ; N°48 (Lozère)
- topographiques Top 100 N° 163 (Avignon - Nimes) ; N° 170 (Montpellier - Nimes)

# Glossaire

**Acol (ou bancel)** Gradin aménagé par l'homme, à flan de montagne, pour y pratiquer la polyculture
**Aligot** Mélange de purée de pommes de terre et de tomme fraîche avec adjonction d'ail
**Aven** Puits naturel creusé en terrain calcaire après dissolution ou effondrement
**Borie** Terme désignant une ferme ou une bergerie
**Cathare** Adepte du catharisme, doctrine religieuse médiévale prônant une absolue pureté des mœurs et considérée comme hérétique par l'Église
**Causse** Vaste plateau, calcaire ou karstique
**Cers** Vent souvent violent et froid, venant de l'ouest et du nord-ouest – appelé mistral dans la vallée du Rhône et tramontane en Catalogne
**Clède** Maisonnette à un étage où les Cévenols faisaient sécher les châtaignes
**Combe** Vallée profonde
**Doline** Cuvette d'effondrement, souvent circulaire, caractéristique des paysages calcaires
**Draille** Voie de transhumance (souvent reconvertie en sentier de randonnée)
**Gardon** Nom donné aux cours d'eau dans les Cévennes
**Garrigue** Ensemble d'espèces végétales clairsemées, poussant sur des sols calcaires : thym, romarin, lavande, genévrier, chêne kermès, buis, chêne vert
**Gouffre** Cavité dotée d'une résurgence d'eau douce, souterraine ou à l'air libre en cas d'effondrement de la voûte
**Grau** Embouchure d'un fleuve ou d'une rivière, mais aussi un canal reliant un marais ou un étang à la mer
**Lauze** Pierre plate épaisse utilisée pour couvrir les toits et les murs des maisons, dans les régions de montagne en particulier
**Lavogne** Mare naturelle servant d'abreuvoir
**Maquis** Ensemble d'espèces végétales poussant de manière touffue et dense sur des terrains siliceux : ciste, lavande, bruyère, arbousier, chêne liège, châtaignier, pin maritime
**Marin** Vent venant de la mer, d'est à sud-est, humide et chaud
**Mas** Diminutif de mazet, le terme désigne une maison paysanne, mais aussi, sur le bord de l'étang de Thau, le lieu de l'exploitation ostréicole
**Ostal (ou oustau)** Maison d'habitation (très usitée en Lozère)
**Pouteille** Bœuf mariné, pieds de porc et pommes de terre servis en ragoût à La Canourgue et dans les environs
**Raïolette** Gros oignon cévenol à la saveur douce
**Retable** Panneau sculpté posé en surplomb de l'autel
**Rigole** Petit canal non navigable, étroit et pentu, alimentant un canal principal
**Serre** Crête d'une montagne
**Souquet** Petit bois de taille issu de la vigne ramassé pour le feu
**Troubadour** Poète-musicien courtois de langue d'oc des XII^e^-XIII^e^ siècles, équivalant du trouvère du nord de la France. Vient de l'occitan trobar – trouver, composer
**Truc** Sommet isolé, raboté par l'érosion, typique des paysages de Lozère

# AIDEZ-NOUS À CONSTRUIRE DES GEOGUIDE QUI RÉPONDENT ENCORE MIEUX À VOS ENVIES !

**Merci de nous retourner ce questionnaire à l'adresse suivante :**

Questionnaire GEOGUIDE - BP 67 - 59053 Roubaix Cedex 1

## VOS VOYAGES

● **Combien de séjours à but touristique effectuez-vous chaque année ?**

En France ❑ 1 ❑ 2 ❑ 3 et +
À l'étranger ❑ 1 ❑ 2 ❑ 3 et +

● **Vous partez pour** (plusieurs réponses possibles, hors visite parents et amis) :

La France ❑ 1 semaine ❑ 2 semaines ❑ 3 semaines et +
L'étranger ❑ 1 semaine ❑ 2 semaines ❑ 3 semaines et +

● **Combien de week-ends à but touristique effectuez-vous chaque année ?**
(hors visite parents et amis)

En France ❑ 1 ❑ 2 ❑ 3 et +
À l'étranger ❑ 1 ❑ 2 ❑ 3 et +

● **Vous partez** (plusieurs réponses possibles) :

| | Voyage en France | Voyage à l'étranger | Week-end |
|---|---|---|---|
| Seul | ❑ | ❑ | ❑ |
| En couple | ❑ | ❑ | ❑ |
| En famille | ❑ | ❑ | ❑ |
| Avec des amis | ❑ | ❑ | ❑ |
| En voyage organisé | ❑ | ❑ | ❑ |

## VOS GUIDES DE VOYAGE

● **Quand vous partez, combien et quel type de guides achetez-vous ?**

| | Voyage en France | Voyage à l'étranger | Week-end |
|---|---|---|---|
| Guides pratiques * | ...... | ...... | ...... |
| Guides culturels ** | ...... | ...... | ...... |

*axés sur les informations pratiques et les adresses, contenant plus de texte et de cartes que de photographies
**axés sur l'histoire et la culture, contenant beaucoup de photographies et d'illustrations

● **Combien de temps avant votre départ achetez-vous votre (vos) guide(s) ?**

| | Voyage en France | Voyage à l'étranger | Week-end |
|---|---|---|---|
| Entre 3 et 6 mois avant | ❑ | ❑ | ❑ |
| Dans le mois qui précède | ❑ | ❑ | ❑ |
| Sur place | ❑ | ❑ | ❑ |

● **Avec les guides de quelles collections partez-vous le plus souvent ?** (plusieurs réponses possibles) ..........................................................................................................................

..........................................................................................................................................

● **Cherchez-vous de l'information sur votre destination ailleurs que dans les guides de voyage ?**

❑ Oui ❑ Non

Si oui, où :
❑ presse magazine
❑ forums de voyageurs
❑ voyagistes en ligne
❑ sites internet des offices de tourisme
❑ offices de tourisme (sur place)
❑ autre : ...................................................................

## VOTRE GEOGUIDE

● **Si vous avez acheté ce guide vous-même, pourquoi avez-vous choisi GEOGUIDE ?**
(plusieurs réponses possibles) :

❑ conseil de votre entourage
❑ conseil de votre libraire
❑ publicité
❑ vous l'avez découvert sur votre lieu d'achat
❑ article de presse
❑ confiance dans les guides Gallimard
❑ confiance dans le magazine GEO

Dans ce dernier cas, qu'est-ce qui a motivé l'achat de ce GEOGUIDE ?

❑ format
❑ couverture
❑ rabat proposant des cartes dépliantes
❑ photographies couleur
❑ présentation intérieure en couleurs
❑ contenu pratique
❑ contenu culturel
❑ volume d'information
❑ prix
❑ autre : ..............................................................

● **Que pensez-vous de votre GEOGUIDE et de ses différentes rubriques ?**
Concernant les informations culturelles, vous avez trouvé GEOGUIDE :
❑ Très fiable ❑ Fiable ❑ Assez fiable ❑ Pas du tout fiable

Concernant les informations pratiques (horaires, coordonnées...), vous avez trouvé GEOGUIDE :
❑ Très fiable ❑ Fiable ❑ Assez fiable ❑ Pas du tout fiable

Votre opinion sur la sélection d'adresses :

| | **Qualité des adresses** | | **Nombre d'adresses** | |
|---|---|---|---|---|
| | Suffisante | Insuffisante | Suffisant | Insuffisant |
| Hébergement | ❑ | ❑ | ❑ | ❑ |
| Restauration | ❑ | ❑ | ❑ | ❑ |
| Monuments, sites | ❑ | ❑ | ❑ | ❑ |
| Balades et randonnées | ❑ | ❑ | ❑ | ❑ |
| Activités de loisirs | ❑ | ❑ | ❑ | ❑ |
| Shopping | ❑ | ❑ | ❑ | ❑ |

● **Avez-vous des remarques et suggestions ?** ..............................................................
..............................................................
..............................................................

● **Repartirez-vous avec un GEOGUIDE ?** ❑ Oui ❑ Non

## VOUS

● **Vous êtes :** ❑ un homme ❑ une femme

● **Votre âge :** ❑ - de 25 ans ❑ 25-34 ans ❑ 35-44 ans ❑ 45-64 ans ❑ 65 ans et +

● **Votre profession :**
❑ agriculteur ❑ profession libérale ❑ cadre supérieur ❑ encadrement et technicien
❑ employé ❑ ouvrier ❑ retraité ❑ sans activité professionnelle ❑ étudiant

● **Êtes-vous lecteur du magazine GEO ?** ❑ Oui ❑ Non

Quel est votre magazine préféré ? ..............................................................

Merci de nous indiquer votre adresse

Nom : ..............................................................

Adresse : ..............................................................

Code postal : .......................... Ville : .............................................. Pays : ..........................

Acceptez-vous d'être contacté(e) par mail sur les nouveautés GEOGUIDE ? ❑ Oui ❑ Non

Adresse mail : ______________________________

En application de l'article 27 de la loi du 6 janvier 1978, les personnes physiques sont informées qu'elles pourront faire l'objet d'un droit d'accès et de rectification des données nominatives les concernant.

# INDEX

## A



## B



## C

## T



## U



## V

# LÉGENDES DES CARTES ET DES PLANS

Aaa Ville ou site étape
Axe urbain principal
Zone urbaine
Espace vert
Cimetière
Site remarquable
Sommet, col
Panorama

Autoroute et 2x2 voies
Route principale
Route secondaire
Autre route
Voie ferrée
Liaison maritime
Limite de département, frontière

Office de tourisme
Aéroport
Gare maritime
Gare ferroviaire
Gare routière
Station de sports d'hiver
Plage
Site de plongée

● AUTEURS
**GEOPANORAMA** Pierre Guitton, Frédéric Denhez (Les fonds marins), Saskia Leblon, Christine Barrely.
**GEOPLUS Parc naturel régional de la Narbonnaise** Hélène Spiral
**GEOPRATIQUE** Lara Brutinot, Frédéric Denhez (Plongée sous-marine).
**GEORÉGION Montpellier et ses environs** Sabine Albertini, Lara Brutinot, Saskia Leblon, Elisabeth Mauris.
**Nîmes et ses environs** Lara Brutinot, Nicolas Peyroles, Saskia Leblon, Elisabeth Mauris.
**Lozère et terres cévenoles** Pierre Guitton, Saskia Leblon , Elisabeth Mauris.
**Béziers et ses environs** Lara Brutinot, Assia Rabinowitz, Saskia Leblon.
**DOSSIER BIO** Bruno Moysoulier.
CRÉDITS PHOTOGRAPHIQUES **Couverture et 3** © Mathieu Colin/hemis.fr. **8** © Florian Villesèche/Fotolia.fr. **32 haut** © Tilio&Paolo/Fotolia.fr. **bas** Reimbold/Hoa-Qui. **172 haut** © Loïc Kervagoret/Fotolia.fr. **bas** © Pratt-Priess/Photononstop. **210-211** © Macumazahn/Fotolia.fr. **212-213** © Dekoo/Fotolia.fr. **214-215** © André Cuzel/Fotolia.fr. **216-217** © Camille Moirenc/Photononstop. **218** PF/Fotolia.fr. **219** Pat on Stock/Fotolia.fr. **220-221** © Mathieu Ducros/Artedia. **222-223** © Macamuzahn/Fotolia.fr. **224-225** © Florian Villesèche/Fotolia.fr. **226** © Macéo/Fotolia.fr. **227** © Lilufoto/Fotolia.fr. **228-229** © Fred/Fotolia.fr. **230-231** © Reimbold/Hoa-Qui. **232-233** © Fred/Fotolia.fr. **280 haut** © Vivega/ ›tolia.fr. **bas** © Philippe Graille/Fotolia.fr. **376** © Fred/Fotolia.fr. **444** © Lucgillet/Fotolia.fr. **9** © Margouillat-photo/Fotolia.fr. **451** © Fabzane/Fotolia.fr. **452** © illustrez-vous/Fotolia.fr. **5** © Véviga/Fotolia.fr. **456** © Fred/Fotolia.fr. **459** © Nicolas Berthy/Fotolia.fr **460** © Marrigand-Labourayre/ olia.fr. **463** © C. Bluesman/Fotolia.fr. **464** © Patrick Pichard/Fotolia.fr. **467** © M. B/Fotolia.fr. © Crobard/Fotolia.fr. **474** © Dominique Vernier/Fotolia.fr. **476** © Julien Leblay/Fotolia.fr. © Laurent Hamels/Fotolia.fr
ARTOGRAPHIE INFOGRAPHIQUE Édigraphie.
SE À JOUR 2014 L'Atelier d'édition.
MERCIEMENTS Marc Lugand (conseiller scientifique), Nicole-Lise Bernheim, Colin, Brigitte Donnadieu, r Drouault, Jacques Le Cacheux, Catherine Nouzille, Françoise Paran, Didier et Virginie.
3LICITÉ **Régie publicitaire** LM la Pub 112 bis, rue Cardinet 75017 Paris.
**ısable de clientèle** Laurence Ountzian Tél. 01 44 29 04 66.
LIMARD LOISIRS 5, rue Gaston-Gallimard 75328 Paris Cedex 07.
9 54 42 00 contact@geo-guide.fr www.geo-guide.fr

ard Loisirs 2014. **Premier dépôt légal** Février 2012.
**gal** Mars 2014. **Numéro d'édition** 252569. **ISBN** 978-2-74-243495-4.
**vure** ARG (Gentilly). **Impression** Grafica Veneta (Italie).

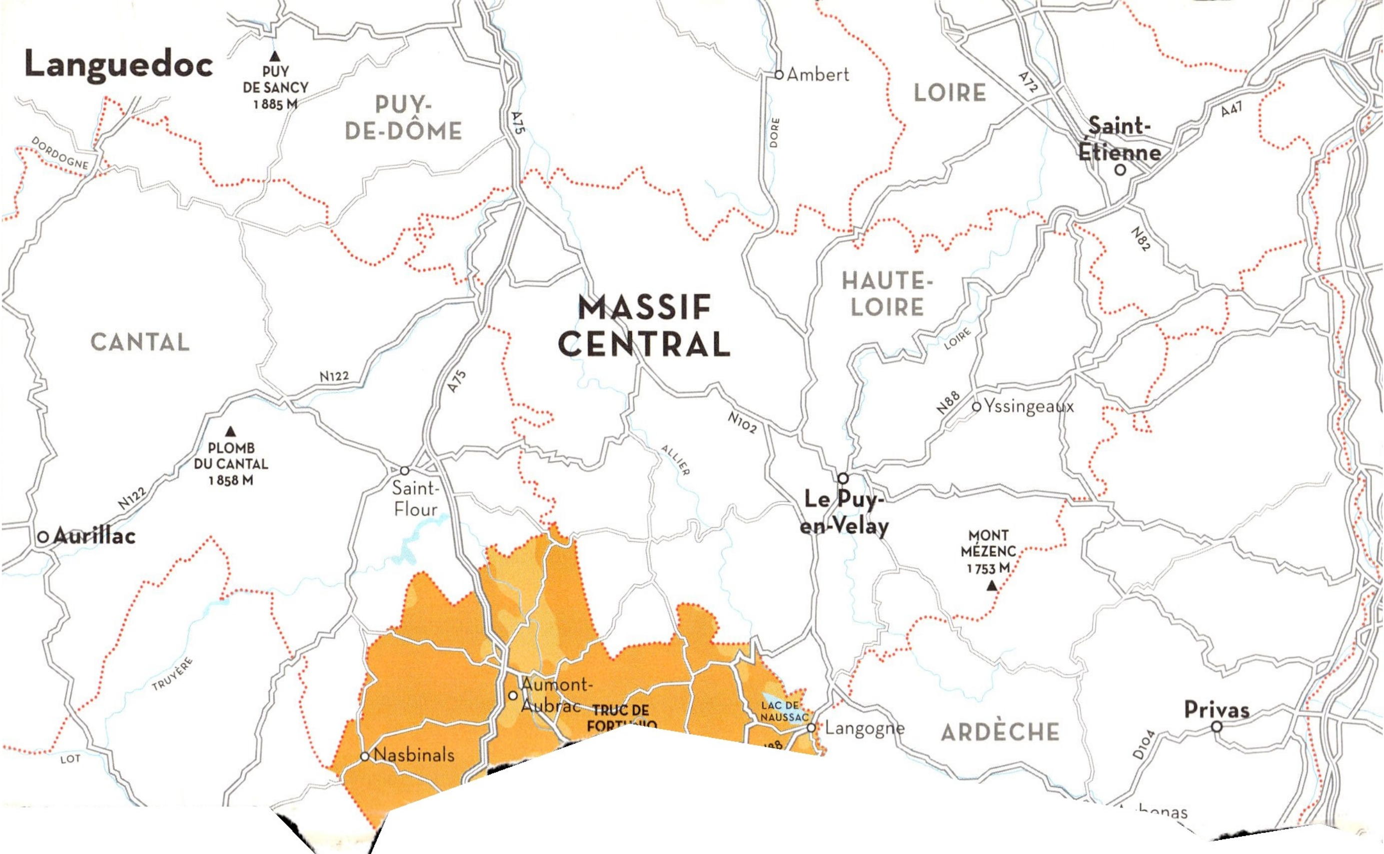

Languedoc
PUY DE SANCY 1 885 M
PUY-DE-DÔME
DORDOGNE
A75
Ambert
DORE
LOIRE
A72
Saint-Étienne
A47
N82
CANTAL
MASSIF CENTRAL
HAUTE-LOIRE
LOIRE
N122
N88
Yssingeaux
N102
ALLIER
PLOMB DU CANTAL 1 858 M
Saint-Flour
Le Puy-en-Velay
Aurillac
MONT MÉZENC 1 753 M
TRUYÈRE
Aumont-Aubrac
LAC DE NAUSSAC
Langogne
Privas
ARDÈCHE
D104
Nasbinals
LOT